U0852069

扫码观看

配套视频课程

关注公众号

人大社法律出版

中国民法典释评

ZHONGGUO MINFADIAN SHIPING

物权编

下卷

崔建远　著

中国人民大学出版社
·北京·

目　录

第三分编　用益物权

第三分编　用益物权

本分编共辖第十章“一般规定”、第十一章“土地承包经营权”、第十二章“建设用地使用权”、第十三章“宅基地使用权”、第十四章“居住权”和第十五章“地役权”共六章。由于本分编第 328 条规定了海域使用权，第 329 条规定了探矿权、采矿权、取水权、养殖权和捕捞权，而海域使用权的具体规则由《海域使用管理法》设计，探矿权和采矿权由《矿产资源法》详加规定，取水权在《水法》中具体化，养殖权和捕捞权则交由《渔业法》细化，因而，用益物权的法律规范较为庞大。

第十章

一般规定

一、本章概貌

本章设有 7 个条文，首先界定用益物权，接着规定自然资源可由非所有权人取得用益物权，随即明确国家所有的自然资源以有偿使用为原则，再从对面宣明用益物权人基本的权利和义务，包括容忍征收、征用和取得补偿，最后设置两条引致性（管道性）条款，把对海域使用权的调整引向规定得更为详细的《海域使用管理法》，将对探矿权和采矿权的调整引向规定得更为详尽的《矿产资源法》，把对取水权的调整引向规定得更为详细的《水法》，将对养殖权和捕捞权的调整引向规定得更为详尽的《渔业法》。

不难发现，本章并非抽象出土地承包经营权、建设用地使用权、宅基地使用权、居住权、地役权、海域使用权、探矿权、采矿权、取水权、养殖权和捕捞权等用益物权共有的法律规范而形成的“一般规定”，而是把第二编第十一章以下的有关章节无法容纳的用益物权的内容放置于此。也就是说，本章没有遵从潘德克顿模式。

按照潘德克顿模式，“一般规定”应当覆盖全部，至少是大部的用益物权。笔者认识到，现行法欠缺协调各种用益物权之间效力冲突的规范，一直呼吁《物权法》《民法典》应该设置之，只是未被采纳，但这不意味着此类规范不需要、不重要。有鉴于此，笔者把此种意见及阐释陈述如下。

二、土地承包经营权与有关权利之间的效力冲突及其协调①

（一）土地承包经营权与建设用地使用权之间的效力冲突及其协调

土地承包经营权和建设用地使用权不会并存于同一宗土地的地表而相互排斥。不过，建设用地使用权以地下、地上为客体时，与土地承包经营权可发生相邻关系或地役权关系。

（二）土地承包经营权与矿业权之间的效力冲突及其协调

在现行法上，土地承包经营权与矿业权的客体存在于土地的不同部位，二权有并存的可能。在二权的客体未呈上下排列结构的情况下，二权或为物权之间的一般关系，或为相邻关系，或为地役权关系，不存在谁的效力优先的问题。在二权的客体呈上下排列结构、建设用地使用权不取代土地承包经营权的情况下，同样如此。

如果勘查、开采作业需要占用农户承包的土地，那么，只有矿业权人依法取得该宗土地的建设用地使用权，方能从事勘查、开采作业。在一般情况下，矿业权与土地承包经营权并无高下优劣之分，矿业权人并不享有必定终止土地承包经营权而代之以建设用地使用权的特权。于此场合，需要矿业权人和土地承包经营权人洽商，达成终止土地承包经营权的协议，由矿业权人向土地承包经营权人支付约定的赔偿金；而后，国家将该宗土地征为国有，国土资源管理部门和矿业权人签订建设用地使用权出让合同，矿业权人交付建设用地使用权出让金（矿地使用费），国土资源管理部门予以登记，发给矿业权人建设用地使用权证，矿业权人自此取得建设用地使用权。一旦土地承包经营权人不同意终止土地承包经营权，矿业权人便不能取得建设用地使用权。所以，那种绝对的“矿地使用优先权”说，即“矿业生产经营者所必需占用的土地的位置，具有先定性”② 的观点，值得商榷。

当然，如果矿业权的运作，取得特定的矿产品，事关国计民生、国家战略利益，勘查、开采矿产资源的作业必须占用农户承包的土地，那么，应该适用“矿地使用优先权”理论，土地承包经营权必须终止，再经过征归国有、出让、登记发证等手续，由矿业权人取得建设用地使用权。

（三）土地承包经营权与渔业权之间的效力冲突及其协调

土地承包经营权的适用范围非常广泛，包括农户使用特定水域从事养殖并获

---

① 参见崔建远：《土地上的权利群研究》，北京，法律出版社2004年版，第322～325页。

② 江平主编：《中国矿业权法律制度研究》，北京，中国政法大学出版社1991年版，第129页。

得利益的权利类型。[①]《土地管理法》关于"农用地是指直接用于农业生产的土地，包括耕地、林地、草地、农田水利用地、养殖水面等"（第4条第3款前段）的规定，关于"农民集体所有和国家所有依法由农民集体使用的耕地、林地、草地，以及其他依法用于农业的土地，采取农村集体经济组织内部的家庭承包方式承包，……从事种植业、林业、畜牧业、渔业生产"（第13条第1款）的规定，为其法律根据。这就出现了它与渔业权的关系问题。由于按照《渔业法》的规定，养殖必须取得养殖证，必须由县级以上地方人民政府核发（第11条第1款），而按照《民法典》的规定，土地承包经营权的产生无须行政许可，而是基于承包合同（第333条第1款），《农村土地承包法》也体现了这一精神，因此可以说，对于农户承包集体所有的或国家所有由集体使用的水面从事养殖的权利，在无须该农户申请养殖许可的情况下，认定为土地承包经营权，在该农户取得养殖证的情况下，渔业权产生。如果该农户首先基于农业承包合同取得土地承包经营权，其内容系养殖水生动植物，而后又取得养殖证，土地承包经营权和渔业权是并存还是排斥？从《渔业法》第11条第2款关于"集体所有的或者全民所有由农业集体经济组织使用的水域、滩涂，可以由个人或者集体承包，从事养殖生产"的规定看，不宜认定为养殖权排斥承包经营权，而应该解释为二权并存。如此解释的根据还在于：（1）二权的母权不同。养殖权自水资源所有权或曰水域所有权中派生，土地承包经营权的母权是土地所有权。（2）赋予二权的主体不同。养殖权由渔业行政主管部门授予，土地承包经营权来自发包方和承包方签订的承包合同（《农村土地承包法》第23条），县级以上人民政府对承包经营权进行登记、颁发土地承包经营权证或林权证，只起确认权利的作用（《农村土地承包法》第24条第1款）或使权利具有对抗效力（《农村土地承包法》第35条）。在某些养殖权业已存在的情况下，排斥土地承包经营权在同一水域产生，例如《渔业法》规定，重要的苗种基地和养殖场所不得围垦（第34条后段）。

（四）土地承包经营权与取水权之间的效力冲突及其协调

取水权与土地承包经营权系分立的二权，它们发生联系，主要表现在以下三个方面。

1. 土地承包经营权系某些取水权取得的根据。按照河岸权原则，河岸的地权人就与河岸毗连的水流享有取水权。按照《水法》第48条第1款的规定及其解释，河岸的土地承包经营权人为家庭生活和零星散养、圈养畜禽饮用等少量取水的，无须取水许可就可以享有取水权。土地承包经营权人属于地权人，他基于

---

① 崔建远：《"四荒"拍卖与土地使用权》，载《法学研究》1995年第6期，第29页。

对河岸的土地承包经营权便当然地获得上述类型的取水权。于此场合，土地承包经营权就是某些取水权取得的根据。

2. 即使承包地远离河岸，土地承包经营权人为家庭生活和零星散养、圈养畜禽饮用等从地下少量取水，也无须经过水资源行政主管部门的审批，即可打井取水，当然享有取水权（《水法》第48条第1款）。

3. 无论承包地是否为河岸地，土地承包经营权人大量的农业用水等，依据《水法》第48条第1款的规定及其解释，都需要通过申请用水许可的方式取得取水权。当然，实务中落实得不尽理想。

（五）土地承包经营权与狩猎权之间的效力冲突及其协调

狩猎权在一般情况下不涉及土地承包经营权，如果狩猎权人需要进入土地承包经营权人所承包的区域，行使狩猎权，需要获得土地承包经营权人的同意，否则，构成侵权。当然，如果承包合同已经规定承包地属于狩猎场所，土地承包经营权人有义务容忍狩猎权人在此处狩猎，那么，只要狩猎权的行使方式合理，就不以侵权行为论，而是按相邻关系的规则处理。

三、建设用地使用权与有关权利之间的效力冲突及其协调①

（一）建设用地使用权与土地承包经营权之间的效力冲突及其协调

1. 在现行法上，建设用地使用权与土地承包经营权的目的及功能不同，决定了其客体不会重合，它们能同时存在。在其并存期间，仅仅发生相邻关系，或地役权关系，或一般的物权关系，不产生其他效力冲突。

2. 如果需要在承包地进行房地产开发建设，就必须依法先终止土地承包经营权，将该承包地征收，变成国有土地，然后再出让给用地者，产生建设用地使用权。

3. 如果需要在承包地进行采矿，就必须依法先终止土地承包经营权，将该承包地征收，变成国有土地，然后再出让给用地者，产生建设用地使用权。

4. 如果需要将承包地变成铁路或公路，也必须依法先终止土地承包经营权，将该承包地征收，变成国有土地，然后再出让给用地者，产生建设用地使用权。

（二）建设用地使用权与矿业权之间的效力冲突及其协调

1. 在矿区或工作区和建设用地使用权的客体未呈上下排列结构的情况下，矿业权和建设用地使用权之间的关系，或是物权之间的一般关系，或是相邻关系，或是地役权关系，不存在谁的效力优先的问题。在二权的客体呈上下排列结

---

① 参见崔建远：《土地上的权利群研究》，北京，法律出版社2004年版，第317～321页。

构、建设用地使用权不取代矿地使用权（建设用地使用权的一种形式）的情况下，同样如此。建设用地使用权人基于房地产开发建设的需要，可以改变基地的形状，新建或改建房屋。更有甚者，即使因施工而挖掘出矿产品，只要不是以勘探、开采矿产资源为目的，就仍系行使建设用地使用权，而非侵害矿业权。当然，这种行为的合法性有一定的边界，即不得破坏矿产资源，不得严重损害矿业权人的合法权益。同时，矿业权的行使也应该选择不损害或少损害建设用地使用权的方式，例如，不得因勘探、开采矿产资源而使土地地表断裂乃至塌陷，使房屋倒塌。

2. 矿业权先成立并处于有效期间，如果建设用地使用权在矿区或工作区上产生会损害矿业权和矿地使用权，那么，建设用地使用权不得成立。于此场合，贯彻不相容物权之间先成立者排斥后设立者的规则。

3. 建设用地使用权先成立，矿业权后产生，矿区或工作区须占用存在建设用地使用权的地表时，应该如何协调它们之间的效力冲突？在一般情况下，由当事人双方协商解决。经协商同意，终止原建设用地使用权，改设用于探矿或采矿的建设用地使用权，矿业权人赔偿原建设用地使用权人的损失。在港口、机场、国防工程设施圈定的区域，重要工业区、大型水利工程设施、城镇市政工程设施附近一定距离以内的区域，铁路、重要公路两侧一定距离以内的区域，重要河流、堤坝两侧一定距离以内的区域等，矿业权不得取代原建设用地使用权，除非国务院授权有关主管部门同意（《矿产资源法》第20条）。除上述区域外，如果国计民生、国家战略利益决定，矿业权必须产生，矿区或工作区必须占用存在建设用地使用权的地表，那么，原建设用地使用权必须终止，用于探矿或采矿的建设用地使用权取而代之，效力优先。①

（三）建设用地使用权与取水权之间的效力冲突及其协调

一般说来，建设用地使用权与取水权系两立的关系，两者分别产生，既可以归同一个主体享有，也可以分属于不同的主体。在后者场合，可能发生相邻关系、地役权的问题。但细细琢磨，此二权之间的关系呈现着几种类型。

1. 建设用地使用权人当然享有取水权，无须水资源行政主管部门的审批。这发生在国有土地系河岸地（包括湖边地，下同），建设用地使用权人为家庭生活和零星散养、圈养畜禽饮用等少量取水的情况下（《水法》第48条第1款）。

2. 国有土地远离河岸，建设用地使用权人为家庭生活和零星散养、圈养畜禽饮用等从地下少量取水，有时无须经过水资源行政主管部门的审批，即可打井

---

① 崔建远、晓坤：《矿业权基本问题探讨》，载《法学研究》1998年第4期，第87页。

取水，当然享有取水权（《水法》第48条第1款）；但有的也必须经过有关行政主管部门的审批，才可以打井。

3. 无论国有土地是否为河岸地，建设用地使用权人的工业用水、农业用水等，都需要通过申请取水许可的方式取得取水权。

四、宅基地使用权与有关权利之间的效力冲突及其协调①

（一）宅基地使用权与建设用地使用权之间的效力冲突及其协调

在现行法上，宅基地使用权以集体所有的土地为客体，建设用地使用权基本上以国有土地为标的物，所以，二权难以发生冲突。不过，由于《民法典》第345条规定了以地表、地上或者地下为客体的建设用地使用权，这就可能发生地表上存在着宅基地使用权、地下或地上存在着建设用地使用权的情况。于此场合，二权适用相邻关系或地役权的规则，不存在谁优先于谁的问题。

（二）宅基地使用权与土地承包经营权之间的效力冲突及其协调

二权均以地表为客体，不会重叠于同一宗土地上，故不会发生谁优先于谁的问题，而是一般物权之间的关系，或是相邻关系，或是地役权关系。

（三）宅基地使用权与取水权之间的效力冲突及其协调

取水权与宅基地使用权系一对相容物权，无相互排斥的属性，因而它们可以归同一主体享有。并且，由于这二权均为人们日常生活的重要法律手段，在宅基地使用权人的用水非基于水合同债权的情况下，同一主体必然拥有这二权。在上述情况下，二权不发生冲突。但在二权分属于不同的主体享有的前提下，取水权人引水、排水需要通过宅基地时，按相邻关系规则处理，有时由双方签订地役权合同加以解决。由宅基地使用权的特殊性所决定，相邻关系规则大多不允许引水、排水的渠道通过宅基地。

（四）宅基地使用权与矿业权之间的效力冲突及其协调

矿业权与宅基地使用权之间的关系，由矿业权的特殊性质和法律对其主体的特殊要求所决定，此二权基本上不会归同一个主体享有；同时，因为它们在目的、客体方面不同，所以，只要矿业权人勘查、开采作业不影响宅基地使用权人的正常生活，不损害住宅或不妨碍建造住宅，矿业权与宅基地使用权就可以呈上下排列结构并存。在这种情况下，宅基地使用权人为建造住宅，可以改变宅基地的形状，即使因施工、打井而挖掘出矿产品，也不以侵害矿业权论。如果行使矿业权非占用宅基地或损害住宅不可的话，须经有关部门批准，方可以终止宅基地

---

① 参见崔建远：《土地上的权利群研究》，北京，法律出版社2004年版，第320～321页。

使用权，由国土资源行政主管部门将土地使用权出让给矿业权人。在宅基地属于集体所有的情况下，终止宅基地使用权后，先将宅基地征为国有，然后把建设用地使用权出让给矿业权人。①

五、海域使用权与相关物权之间的效力冲突及其协调②

海域使用权、渔业权、某些土地承包经营权都以特定海域为客体，且都以占有、使用、收益为内容，因而，它们若并存于同一海域，难免要发生效力冲突。有冲突就必须协调，笔者就此提出以下建议。

（一）海域使用权与渔业权之间的效力冲突及其协调

依据《海域使用管理法》第 22 条的规定，海域使用权有时先于渔民的养殖权产生。虽然该条的文义本身不含有哪个权利优先的意思，但因二权均具有排他性，依据物权的排他效力的原理，先产生的物权优先，严格地说是后设立者不得存在。如果养殖权先设立，得出养殖权优先的结论，值得肯定。如果海域使用权先设立，便得出海域使用权优先于养殖权的结论，严格地说，于此场合养殖权不得产生。养殖权不得产生的结论，一是不符合《海域使用管理法》第 22 条规定的文义和精神，二是违反《渔业法》关于养殖特许的制度要求，三是未与国际惯例接轨。解决这个问题，在解释论的架构下，有如下方案可供选择：第一，就使用特定海域从事养殖而言，《渔业法》为特别法，《海域使用管理法》系普通法，依据特别法优先于普通法的规则，优先适用《渔业法》，确保渔民的养殖权。如此，不论是坚持养殖权的排他性不许海域使用权产生，还是暂时忽略排他性而赋予养殖权优先效力，都能达到目的。第二，按照民法解释学的规则，当适用某一具体规范解决个案会出现不适当的结果时，法官应当放弃该规范的适用，而改为以民法的基本原则判案。③ 对于《海域使用管理法》第 22 条的规定也可如此适用，为了优惠地保护渔民的合法权益，有利于发展渔业，当适用该条的规定处理个案会剥夺养殖权的优先效力时，就不再适用它，而基于公平正义的理念而确认养殖权优先。第三，套用专用渔业权——入渔权的法律架构，赋予海域使用权专用渔业权的地位和功能，使捕捞许可证产生入渔权的效力。渔民要想取得捕捞许可证（相当于获得入渔权），得向拥有海域使用权（相当于专用渔业权）的农村

① 崔建远、晓坤：《矿业权基本问题探讨》，载《法学研究》1998 年第 4 期，第 88 页。

② 参见崔建远：《土地上的权利群研究》，北京，法律出版社 2004 年版，第 322～344 页。

③ 史尚宽：《债法总论》，台北，荣泰印书馆股份有限公司 1978 年 9 月 5 刷，第 319 页；谢怀栻：《〈中华人民共和国合同法立法方案〉之说明》，转引自梁慧星：《民法解释学》，北京，中国政法大学出版社 1995 年版，第 311～312 页。

集体经济组织或村民委员会（相当于渔业合作社或渔会）提出申请，经批准方能如愿以偿。

第二个方案的实施，既需要主审法官拥有民法解释学的修养，熟知解释和适用法律的规则，更要求法官具有大无畏的精神，勇于承担责任，不怕受到批评、取消奖金和其他压力。在目前，我们不敢保证每个主审法官都能做到这一点。

第三个方案的实施面临着更大的困难，一是它缺乏立法目的和立法计划的支撑，无论是《海域使用管理法》还是《渔业法》，均无此类目的与计划；二是入渔权乃至整个渔业权制度尚付阙如，海域使用权制度与专用渔业权制度也相去甚远，一句话，连专用渔业权——入渔权的法律架构的雏形都不具备；三是捕捞许可证的审批机关，在现行法上根本不是农村集体经济组织或村民委员会，而是渔业资源行政主管部门。

相对而言，第一个方案容易实施，且还有以下理由的支持：渔业权的主体有资格上的限制，换言之，渔业权的主体必须具有渔民的身份。在将渔业权赋予特定的主体时，应当尊重历史习惯和满足就业需要，养殖权的授予应当考虑就近和方便的原则，捕捞权的授予应当考虑渔民世代以捕鱼为生的实际。而依据《海域使用管理法》的规定及其解释，海域使用权的主体身份不限于渔民（第 3 条、第 16 条等），海域使用权的取得方式相对较多，除申请—审批—登记—发证的方式以外，还有招标的方式和拍卖的方式（第 19 条、第 20 条）。招标方式增加了海域管理部门的自由裁量的机会，存在着不让历史上在特定海域从事渔业活动的渔民中标的可能。拍卖方式是价高者得，渔民因经济实力一般来说较弱，更有可能失去祖祖辈辈利用的海域，丧失生活来源。如此说来，若赋予海域使用权优先于渔业权的效力，会使渔民失业，酿成严重的社会问题。①

倘若渔民非取得海域使用权和渔业权不可，那么，为了不加重渔民的负担，应当只收取一种权利代价（权利使用金）。渔民取得了养殖证或捕捞许可证，缴纳了渔业资源增值保护费，就不要再强制其取得海域使用权，支付海域使用金；渔民取得了海域使用权，支付了海域使用金，就不要再强制其领取养殖证和捕捞许可证。

在渔民首先取得海域使用权的情况下，因为海域使用权本身不包含渔民利用

---

① 因实际上实行海域使用权优先的做法，所以产生了不容忽视的社会问题。参见《中国海洋报》2002 年 2 月 26 日，2002 年 4 月 9 日，2002 年 5 月 10 日；《内参选编》2002 年第 41 期；中央电视台《焦点访谈》，2003 年 4 月 16 日；《加快渔业现代化建设，为全面建设小康社会作出新的贡献——农业部渔业局局长杨坚在全国农业工作会议渔业专业会上的讲话》，载《中国渔业年鉴（2003 年）》，北京，中国农业出版社 2003 年版，第 281 页；等等。

海域进行经营的目的及功能，究竟是利用特定海域从事养殖，还是进行捕捞活动，抑或是其他，海域使用权自身无法反映出来，相应的主管部门也无进行此类管理的职能，所以，客观上需要渔民再申领养殖证，取得养殖权，或申领捕捞许可证，取得捕捞权。道理很简单，只有养殖证、捕捞许可证才会清楚地标明渔民所享有的权利性质、所从事的经营项目及活动范围。

（二）海域使用权与土地承包经营权之间的效力冲突及其协调

分析《海域使用管理法》第 22 条后段关于“将海域使用权确定给该农村集体经济组织或者村民委员会，由本集体经济组织的成员承包”的规定，似乎可以认为海域使用权系土地承包经营权的标的物，前者受后者的支配。但依据《农村土地承包法》的规定，土地承包经营权的标的物是土地（准确地说是地表）而非权利（第 3 条、第 5 条等），从土地承包经营权的运作机理来讲，也应如此。所以，这种情况下的土地承包经营权仍然是以特定的海域而非海域使用权作为客体，在暂时不考虑排他性的前提下，海域使用权与土地承包经营权并存于同一海域。

在这里，至少有两个问题需要探讨。其一，这二权是否归属于同一主体？其二，二权在法律效力上的关系如何？

先讨论“其一”。从《海域使用管理法》第 22 条后段关于“将海域使用权确定给该农村集体经济组织或者村民委员会”规定的文义看，海域使用权由农村集体经济组织或村民委员会取得，至少是首先由它们享有。由于该农村集体经济组织的成员（以下简称为“渔民”）承包的是海域而非海域使用权，所以，《海域使用管理法》第 22 条后段关于“由本集体经济组织的成员承包”的规定，仅仅表明渔民取得土地承包经营权，并无也要取得海域使用权之意。就是说，海域使用权归农村集体经济组织或村民委员会享有，土地承包经营权由渔民取得。

不过，将《海域使用管理法》第 22 条后段的规定解释为渔民既要取得土地承包经营权，亦须取得海域使用权，也说得通。究竟如何？站在立法论的立场，笔者赞同通过取消海域使用权的方案来消除这个疑问，在解释论的层面，笔者倾向于二权异其主体的解释。

再来探讨“其二”。如果采取渔民一并享有海域使用权与土地承包经营权的解释，并且暂时忽略物权的排他性，那么，因二权的主体同一，故谁的效力强主要是个理论问题，在实务上显得无关紧要。由于笔者采取二权异其主体的解释，哪个权利的效力强，便成为一个重要的问题。从周到保护渔民的合法权益出发，土地承包经营权的效力必须强于海域使用权，以免有关行政部门动辄剥夺渔民在特定海域养殖或捕捞的权益。

（三）海域使用权与建设用地使用权之间的效力冲突及其协调

一般地说，海域使用权与建设用地使用权冲突的机会不多，不过，依据《海域使用管理法》的规定，海域使用权若以建设工程用海为目的，在填海项目竣工并形成了土地的情况下，海域使用权人应当自竣工之日起3个月内，凭海域使用权证书，向县级以上人民政府土地行政主管部门提出土地登记申请，由县级以上人民政府登记造册，换发建设用地使用权证书，确认土地使用权（第32条）。该条规定至少含有这样的意思：其一，海域使用权以特定海域为客体，而建设用地使用权则以特定的地表为客体，填海项目竣工形成了土地，海域使用权因其客体不复存在而归于消灭，建设用地使用权因拥有客体且经过法定程序而产生。其二，物权的目的居于非常关键的地位，填海形成土地后，目的是要进行房地产开发建设，这正是建设用地使用权的目的所在，海域使用权无此目的，自然无用武之地，只好消失。

（四）海域使用权与矿业权之间的效力冲突及其协调

依据《海域使用管理法》的规定，在海域从事矿业需要取得海域使用权（第25条第4项），按照《矿产资源法》的规定，还需要取得矿业权（第16条第1款第4项）。如此，矿业权人必须分别取得海域使用权和矿业权，才符合法律的规定。虽然这违反物权的排他性原理，但在法律修订或废除之前，还得为了适用而予以解释，只好暂时忽略排他性，承认二权归属于同一主体。在内部，因二权由同一人享有，其效力的强弱便无关紧要，但如果二权都要由矿业权人支付代价的话，则加重权利人的负担，笔者赞同只收取一种权利金的方案；在外部，为了对抗行政主管部门的不当干预，又考虑到权利人的目的所在，应当赋予矿业权优先的效力。

六、地役权与用益权之间的效力冲突及其协调①

（一）地役权之间的效力冲突及其协调

地役权对供役地不具有排他的独占性，地役权Ⅰ设立后，供役地所有权人或使用权人只在地役权Ⅰ行使的必要范围内，负有容忍或消极不作为的义务，在不妨碍地役权Ⅰ行使的范围内，供役地所有权人的用益权仍然继续存在。如此，供役地设立诸如通行地役权等积极地役权后，可以在不妨碍它的范围内，再设立相同的或其他积极地役权Ⅱ，例如采光地役权，或其他用益物权。②

---

① 参见崔建远：《土地上的权利群研究》，北京，法律出版社2004年版，第331～332页。

② 谢在全：《民法物权论》（中册），台北，三民书局有限公司2003年7月修订2版，第205页。

（二）地役权与其他用益权之间的效力冲突及其协调

在地役权和其他物权共同存在的情况下，各权利的享有或行使，应当依优先原则予以确定。①

1. 地役权的行使与供役地所有权的利用相冲突时，换言之，地役权与供役地所有权在行使过程中发生冲突时，原则上应当依双方当事人原来约定的内容所确认的规则加以协调，如果无此约定，则应当依定限物权优先于所有权的原则，确认地役权人有优先使用权。这就是所谓地役权人利用优先原则。②

2. 地役权行使与供役地先成立的用益权并存时，如果用益权属于物权，则应当依物权发生先后的次序，确定其优先使用顺序。如果用益权属于债权，除该权为租赁权外，依物权优先于债权的原则，地役权人的使用顺序较债权为优先。不过，地役权系经供役地上先存在用益物权人之同意而设立者，后成立的地役权则优先于先成立的用益物权，原因在于用益物权因该物权人同意设立地役权而受限制。③

3. 地役权与其后的地役权或其他物权并存时，应当适用物权优先效力的原则，成立在先的地役权应当优先于成立在后的地役权或其他物权。在后的物权人行使权利不得妨碍在先地役权人的使用。存在疑问的是，如果成立在后的物权系经地役权人的同意而设立者，按同意者须自我设限的原则，后成立的物权应当具有优先效力。④

（三）地役权与矿业权

矿业权人未选择给矿区或工作区周围的土地的权利人造成损失最小的路线和方式通行、架设管线、施工等，又未同矿区或工作区周围的土地的权利人签订地役权合同，那么，这些行为并非在行使相邻权，而是侵权，矿业权人应承担损害赔偿责任；只有矿业权人同矿区或工作区周围的土地的权利人签订了地役权合同，取得了地役权，方有权按高于相邻关系规则所允许的标准通行、架设管线等。在矿区或工作区与供役地不毗邻的情况下，矿业权人只有同供役地的权利人签订合同，取得地役权，方有权通行、架设管线等。当然，也有学说认为，在这种情况下可以产生相邻权。⑤

（四）地役权与取水权

在取水权人所有或使用的用水地与供水地相邻场合，取水权人未选择给邻地

---

①②③④　谢在全：《民法物权论》（中册），台北，三民书局有限公司2003年7月修订2版，第205、223、223、223～224页。

⑤　［德］曼弗雷德·沃尔夫：《物权法》，吴越、李大雪译，北京，法律出版社2002年版，第171页。

的权利人造成损失最小的路线和方式埋设输水管或修筑输水渠，那么，取水权人就不享有相邻权，在取水权人未同邻地的权利人签订地役权合同的情况下，便构成侵权；只有取水权人同邻地的权利人签订了地役权合同，取得了地役权，方有权埋设输水管或修筑输水渠。在用水地和供水地不相邻的情况下，取水权人只有同供水地的权利人签订合同，取得地役权，方有权埋设输水管或修筑输水渠。[①]同样，按照有的学说，在这种情况下可以产生相邻权。[②]

（五）地役权与狩猎权

狩猎权只在极个别情况下才需要地役权。狩猎权人未选择给猎场周围的土地的权利人造成损失最小的路线和方式狩猎，又未和这些土地的权利人签订地役权合同，那么，该行为并非狩猎权的行使，而是侵权。只有狩猎权人和这些土地的权利人签订了地役权合同，取得地役权，其行为才合法。

第三百二十三条

用益物权人对他人所有的不动产或者动产，依法享有占有、使用和收益的权利。

本条主旨

本条是关于用益物权概念的规定。

相关条文

《物权法》第117条　用益物权人对他人所有的不动产或者动产，依法享有占有、使用和收益的权利。

理解与适用

一、本条概貌

本条是对《物权法》第117条的复制，界定了用益物权，显示出用益物权含有用益物权人、用益物权的客体和用益物权的积极权能。

---

① 崔建远：《水权与民法理论及物权法典的制定》，载《法学研究》2002年第3期，第55页。

② ［德］曼弗雷德·沃尔夫：《物权法》，吴越、李大雪译，北京，法律出版社2002年版，第171页。

二、用益物权的界定

根据本条的规定，所谓用益物权，是指以支配标的物的使用价值为内容的物权，或者说是权利人对他人所有的物依法享有占有、使用和收益的定限物权。土地承包经营权、土地经营权、建设用地使用权、宅基地使用权、居住权、地役权、探矿权、采矿权、养殖权、捕捞权等属于此类。用益物权不是一种物权的概念，而是一组物权的集合的称谓。这也影响到它的法律性质。

三、用益物权的性质

（一）用益物权人的规格因具体类型的用益物权而表现出差异

从权利主体方面看，用益物权人的规格因具体类型的用益物权而表现出差异。例如，以家庭承包方式设立的土地承包经营权，其主体限于本集体经济组织成员组成的农户。通过招标、拍卖、公开协商等方式设立的“四荒”土地承包经营权，以及由土地承包经营权派生的土地经营权，其主体则无身份限制。出让的建设用地使用权，其主体的限制很少；而行政划拨的建设用地使用权，其主体则无自然人、私营企业、个体工商户、中外合资经营企业、中外合作经营企业等。宅基地使用权的主体，在现行法上限于农村村民，实际上为农户。地役权的主体则没有上述限制，只要是两项不动产权利相互之间基于合同有扩张权利行使效力的，有容忍该项扩张的，其不动产权利人就可以是地役权的主体；甚至是一项不动产权利基于地役权合同将要容忍他人架设线路或铺设管道等，该项不动产权利人和享受便利之人均可为地役权的主体。探矿权和采矿权的主体均有严格的限制，非一般人所得充任。捕捞权的主体限于渔民或渔业公司，养殖权的主体为渔民、渔业公司或其他土地承包经营户。

（二）用益物权的标的物应为不动产，《民法典》也承认有动产

从标的物方面看，本条规定，用益物权的标的物有不动产和动产。因为《民法典》采取严格的物权法定主义（第 116 条），《民法典》及其他法律规定的用益物权，只含有土地承包经营权、建设用地使用权、宅基地使用权、地役权、海域使用权、探矿权、采矿权、取水权、养殖权、捕捞权，而这些用益物权的标的物均为不动产，所以，在现行法上，用益物权的标的物只有不动产，尚无动产。

［讨论］

本条规定不动产、动产均可为用益物权的客体。对此，可有两个角度的观察。其一，《民法典》采取严格的物权法定主义（第 116 条），只有它和其他法律

所规定的物权才具有物权效力，而这些法律规定的用益物权都是以不动产为标的物的，没有以动产作为客体的类型。就此看来，本条规定动产为用益物权的标的物，自相矛盾，有欠周全。其二，这样解释虽然符合事实，但显然消极。本着应尽可能地避免使法律条文形同虚设、最大限度地使法律规定发挥积极效果的法解释的精神，可从积极的角度对待它，前瞻性地审视它。就是说，《民法典》和其他法律规定的物权不敷使用，难以满足社会实际生活对物权种类及效力的需求，如《民法典》对典权不赋予物权的效力，导致农户融资渠道狭窄，有的根本融不到资。有鉴于此，当社会生活中出现某个或某些以动产为客体的以用益为内容的权利需要具有物权的效力时，若其被社会实践反复证实只有承认其为物权才是最佳的方案，且为越来越多的人所认识，已经形成习惯，应当认可它（们）为物权。认可的法律依据之一，就是本条规定的动产可为用益物权的客体。

（三）用益物权的内容包含占有、使用、收益

从权利内容方面看，用益物权以占有、使用标的物并保有收益为内容。至于处分，不允许针对标的物，只能处分用益物权自身。这是用益物权不同于所有权的突出之点，所有权可以处分标的物。用益物权的概念已经彰显出其使用和收益的内容。这是它不同于担保物权的重要之处。

（四）用益物权派生于所有权

从权利设立方面看，用益物权系分享了标的物所有权中的占有、使用、收益的权能而形成的物权。标的物所有权为用益物权产生的“母权”，用益物权为“子权”。没有标的物所有权，就不会有用益物权。[①]

［探讨］

需要探讨的是，建设用地使用权人以其建设用地作为供役地，土地承包经营权人以其承包地作为供役地，宅基地使用权人以其宅基地作为供役地，与他人协商一致设立地役权的场合，此类地役权还是分享不动产所有权中的占有、使用和收益的权能而形成的他物权吗？对此，可有两种思路。其一，即使是建设用地使用权人以其建设用地作为供役地，土地承包经营权人以其承包地作为供役地，宅基地使用权人以其宅基地作为供役地，地役权所分享的权能依然是土地所有权中的占有、使用、收益诸项权能。建设用地使用权人、土地承包经营权人、宅基地使用权人之所以能使供役地所有权的权能由需役地人分享，是因为在其权利设立

---

① 关于用益物权和担保物权派生于不动产所有权的原理及其详细阐述，见崔建远：《论争中的渔业权》，北京，北京大学出版社2006年版，第229～237页；崔建远：《论他物权的母权》，载《河南省政法管理干部学院学报》2006年第1期，第10～23页。

时法律已经将处分权直接授予他（它）们。建设用地使用权人、土地承包经营权人、宅基地使用权人正是借由这种法律的授权，将建设用地、承包地的土地所有权中的部分权能分离给地役权人；地役权人正是借由这种法律的授权，合乎双方当事人的意思且合法地分享了建设用地、承包地的土地所有权中的部分权能，从而形成了地役权。这种法律授权说有其应用的市场。例如，认定银行系统各分行、支行及分理处办理存贷款等业务时享有代理权，大多不是由于银行总行出具了授权书，实际上也往往没有这种授权书，而是推定法律已经将代理权授予了各分行、支行及分理处。再如，在高度集中的计划经济时代，国营企业/国有企业在对外购进原材料、销售产品时之所以有权处分国有财产，也不是由于国务院等部门出具了授权书，实际上也没有此类授权书，而是推定法律已经将代理权授予了各国营企业/国有企业。从母权—子权的结构方面观察和命名，土地所有权是地役权的母权，地役权为土地所有权的子权。其二，在建设用地、承包地或宅基地作为供役地的场合，将建设用地使用权、土地承包经营权、宅基地使用权视为民法上的“物”，其上存在着“所有权”，因建设用地使用权、土地承包经营权、宅基地使用权含有占有、使用和收益的权能，该“所有权”自然含有这些权能，地役权系分享其中的权能而形成。这种思路可能有助于大财产权及其理论的建构。本释评书赞同第一种思路。

接下来的问题是，可否直接将建设用地使用权、土地承包经营权、宅基地使用权作为地役权的母权，而不必路途遥远地到土地所有权中去攀亲呢？回答是否定的，因为在建设用地、承包地、宅基地作为供役地的情况下，若把建设用地使用权、土地承包经营权、宅基地使用权作为地役权的母权，则因建设用地使用权、土地承包经营权、宅基地使用权本身欠缺用水、排水、采光、眺望、通行等权能以及将它们转让给他人的权能，无法将这些权能遗传给地役权，因而不符合母权的规格。之所以称建设用地使用权、土地承包经营权、宅基地使用权本身欠缺用水、排水、采光、眺望、通行等权能以及将它们转让给他人的权能，而拥有占有、使用、收益和处分自己的权能，是因为建设用地使用权、土地承包经营权、宅基地使用权所含有的占有、使用、收益和处分自己的权能，具有特定的意义，即使用权人自己为达其权利目的可用水、排水、采光、眺望、通行等，无权为了另外的目的及利益而擅自将用水、排水、采光、眺望、通行转让给他人。之所以说建设用地使用权、土地承包经营权、宅基地使用权所含有的占有、使用、收益和处分自己的权能，具有上述特定的意义，是因为建设用地使用权、土地承包经营权、宅基地使用权含有的占有、使用、收益和处分自己的权能，正好与使用权人支付的一定对价或土地所有权人给予的优惠政策相吻合、相匹配、相协调；假如认为建设用地使用权、土地承包经营权、宅基地使用权还含有用水、排水、采光、眺望、通行等权能，就会出现使用权人获得的利益大于支付的对价或享受的优惠，额外地剥夺了所有权人的合法权益，破坏了所有权人与使用权人之间的利益平衡关系。

以上分析及结论，同样适合于土地经营权派生于土地承包经营权。

（五）用益物权为他物权

从权利所归属的体系方面看，用益物权是权利人直接支配标的物的权利，具有绝对性、排他性、优先性，故为物权。用益物权的标的物为他人所有的不动产，在地役权场合可能是他人使用的不动产，故为他物权。

（六）用益物权的存续期限较为复杂

从权利的存续期间方面看，情况较为复杂。出让的建设用地使用权都有明确的存续期间，不过，住宅建设用地使用权的存续期间届满时自动续期。行政划拨的建设用地使用权没有明确的终期。宅基地使用权具有永久性。通过招标、拍卖、公开协商等方式设立的“四荒”土地承包经营权具有明确的存续期间，以家庭承包方式设立的土地承包经营权的存续期间届满，发包人负有强制缔约义务。

四、用益物权的分类

（一）概说

在现行法上，用益物权包括土地承包经营权、土地经营权、建设用地使用权、海域使用权、宅基地使用权、居住权、地役权、取水权、探矿权、采矿权、养殖权和捕捞权。将它们按照一定标准分类，可有不同的类型。诸如意定用益物权与法定用益物权、登记用益物权与不登记用益物权、有期限用益物权与无期限用益物权等，这些符合本释评书对《民法典》第二编“物权”中第一章“一般规定”中开篇的介绍，此处不赘。

（二）典型用益物权与准物权

土地承包经营权、建设用地使用权、宅基地使用权、居住权、海域使用权、地役权均为典型用益物权，而取水权、探矿权、采矿权、养殖权和捕捞权为准物权。

（三）有偿用益物权与无偿用益物权

1．区分标准

以用益物权的取得是否需要对价为区分标准，用益物权可分为有偿用益物权和无偿用益物权。

2. 界定

有偿用益物权，是指取得用益物权必须支付对价的用益物权。出让的建设用地使用权、“四荒”土地承包经营权为其代表。无偿用益物权，是指无须支付对价即可取得的用益物权。宅基地使用权、行政划拨的建设用地使用权为其代表。地役权是否有偿，取决于当事人的约定。

3. 分类的法律意义

区分有偿用益物权与无偿用益物权的法律意义在于，法律对它们调整的规则有所差异。例如，对有偿用益物权，法律一般允许转让、抵押；而对无偿用益物权，法律一般不允许转让、抵押。[①] 不过，地役权即使为无偿的，法律也允许其转让、抵押。

（四）无从属性用益物权与有从属性用益物权

1. 区分标准

以用益物权是否具有从属性为区分标准，用益物权可分为无从属性用益物权与有从属性用益物权。

2. 界定

无从属性用益物权，即用益物权没有从属性。应当说，用益物权一般都无从属性，是完全独立的定限物权。有从属性用益物权，即用益物权具有从属性。学说认为，地役权具有从属性。

3. 分类的法律意义

区分无从属性用益物权和有从属性用益物权的法律意义在于，有从属性用益物权，即地役权，其设立以需役地的存在为前提，地役权不得单独转让、抵押。而无从属性用益物权没有这些限制。

（五）让与性用益物权与限制让与用益物权

1. 区分标准

以用益物权的让与性是否受限制为区分标准，用益物权可分为让与性用益物权和限制让与用益物权。

2. 界定

让与性用益物权，是指权利人可依法自由处分的用益物权。出让的建设用地使用权为其代表。限制让与用益物权，是指法律限制或禁止让与的用益物权。宅基地使用权为其典型。当然，所谓自由让与、限制让与是相对而言的。宅基地使用权虽属限制让与的用益物权，但也可随着地上住宅的转让而移转。出让的建设

① 房绍坤：《用益物权基本问题研究》，北京，北京大学出版社2006年版，第21页。

用地使用权虽为让与性用益物权，但建设用地未达到开发程度时，法律也不允许其转让。

3. 分类的法律意义

区分让与性用益物权和限制让与用益物权的法律意义在于：（1）两者的转让条件及其法律后果不同。（2）“自由流通型用益物权侧重的是资源利用的效率，以提高资源的经济效益；而限制流通型用益物权侧重的是社会保障，以实现社会的公平。当然，这两种用益物权都包含有效率、公平的价值观念，只不过各有所侧重而已。”①

五、用益物权与相关权利

（一）用益物权与所有权

在同一标的物上并存着所有权和用益物权，该用益物权系分享该所有权中的占有、使用和收益的权能而形成的权利，为子权，该所有权为母权。所有权将其占有、使用、收益的基因遗传给用益物权。

用益物权尽管派生于所有权，但为实现其目的及功能，它们的法律效力必须在一定范围内抑制着所有权的效力，否则，用益物权就会形同虚设。应当指出，所谓用益物权的效力抑制着所有权的效力，是相对而言的，系以每种用益物权的特定目的及功能为边界。超出这个边界，便构成权利的滥用，可能属于侵害所有权，产生侵权责任，此时，当然是以所有权的效力为准。还有，因某些用益物权欠缺若干物权请求权，例如，养殖权和捕捞权对于水生动物没有物的返还请求权，矿业权对于矿产品欠缺物的返还请求权，地役权和留置权同样没有物的返还请求权，所有权所拥有的物权请求权可被用来保护用益物权，使之保持理想的效力、运行状态的功能。例如，在他人不法侵占供役地，致使地役权人无法行使其地役权的情况下，供役地的所有权人可以行使物的返还请求权，收复失地，使地役权人可以正常行使地役权。这也是所有权和用益物权相得益彰的一个表现。最后，在用益物权的存续期限届满时，所有权的效力恢复如初，具有“收复失地”的效力及功能。②

（二）用益物权与担保物权

用益物权和担保物权均为定限物权，限制着所有权的效力，自己的效力也受到限制，包括受所有权效力的限制。至于二者相互之间，存在着某些用益物权是

---

① 房绍坤：《用益物权基本问题研究》，北京，北京大学出版社2006年版，第23～24页。

② 崔建远：《土地上的权利群研究》，北京，法律出版社2004年版，第316～317页。

担保物权的标的物的关系，如出让的建设用地使用权、土地经营权、“四荒”土地承包经营权都可作为抵押权的客体。除这些共同点之外，它们更具有如下差异。

1. 权利内容不同，所关注标的物的价值不同。用益物权以占有、使用和收益为内容，关注着标的物的使用价值。担保物权旨在取得标的物的交换价值，是一种价值权。由此决定着担保物权拥有物上代位性，而用益物权没有；同一标的物上可以并存着数个担保物权（只是需要确定担保物权的效力顺序），而不得并存着数个不相容的用益物权。

2. 权利客体的法律属性有别。1）用益物权的客体，在现实生活中为不动产及某些不动产权利。担保物权的客体则可以是不动产，也可以是动产；可以是不动产权利，也可以是债券、股权等权利。2）用益物权旨在支配标的物的使用价值，不重视标的物的让与性，故标的物是否为限制流通物或禁止流通物，可以不问。例如，国有土地为禁止流通物，不妨在其上设立建设用地使用权。与此不同，担保物权旨在支配标的物的交换价值，故其标的物必须具有让与性。①

3. 权利实现的时间不同。权利人取得用益物权的当时即可实现其权利——占有、使用和收益。可见，用益物权的取得与权利的实现同时发生，二者并无时间的间隔。权利人取得担保物权不能当即实现其权利，须待债权已届清偿期而未获清偿时，才可行使变价权，使其债权获得清偿。可见，担保物权的权利取得与权利实现之间存在着时间间隔。②

4. 权利的存续期间及确定方式有所不同。在现行法上，用益物权的存续期间及确定方式不尽一致。例如，宅基地使用权具有永久性，行政划拨的建设用地使用权没有明确的终期，土地承包经营权具有明确的存续期间。担保物权是有期物权，其存续期间的确定方式，在通常情况下由被担保债权及其救济权的存续期间决定，即被担保债权及其救济权的存续期限就是担保物权的存续期间。当事人直接约定担保物权存续期间的不多。

［反思］

法释〔2000〕44号第12条第1款规定，当事人约定的或登记部门要求登记的担保期间，对担保物权的存续不具有法律约束力。有学者对此表示赞同。③对此，笔者持有不同意见。因为担保人存在着风险，为了把担保风险降到最低，担保人有权采取必要的措施，包括约定担保物权的存续期间。担保人之所以愿意为

①③　王利明、尹飞、程啸：《中国物权法教程》，北京，人民法院出版社2007年版，第290页。

②　梁慧星、陈华彬：《物权法》（第4版），北京，法律出版社2007年版，第256页。

主债务人的债务清偿提供担保，动机和目的固然较多，但其中包含着这样的情况：担保人经过调查研究得出结论，在某特定的时间段（如债务履行期）债务人有较强的清偿能力，自己于此期间提供担保并不会实际履行担保债务；但若逾此期间，主债务人的财产状况就会恶化，很可能无力清偿，自己恐怕要实际履行担保债务。面对此情此景，担保人和主债权人约定担保物权存续期间相同于主债权的诉讼时效期间，有何可非难之处呢？当然，约定担保物权的存续期间不得与担保物权的目的和性质相抵触。例如，主债权的清偿期为2007年1月26日至2008年2月26日，担保人和主债权人约定的担保物权存续至2007年2月26日。这意味着担保物权实现的条件尚未成就担保物权便归于消灭，违反了担保物权的目的和性质，此类约定应为无效。不过，如果当事人约定担保物权存续至2009年2月26日，就不应认定该约定无效。

［辨析］

一种观点认为，《物权法》第202条亦即《民法典》第419条关于“抵押权人应当在主债权诉讼时效期间行使抵押权；未行使的，人民法院不予保护”的规定，说明担保物权的存续期间无须当事人约定和登记，即便当事人约定了或登记了，也是无效的。担保物权的存续期间为主债权的诉讼时效期间。主债权的诉讼时效期间因中止、中断的事由发生而变得可能不确定，担保物权的存续期间也因此不确定。法律未对诉讼时效的中止、中断的次数加以限制，因此很难说对担保物权的存续期间的上限有规定。①

在笔者看来，这种理解有误。(1)《物权法》第202条亦即《民法典》第419条系专就抵押权作的规定，并非当然地适用于其他担保物权。法律人不作阐释就直接地将其适用范围扩张至所有的担保物权，不合法解释学的规则。盲目扩张适用范围，留置权和质权领域可能会有不公平的结果。②（2）更为重要的是，《物权法》第202条亦即《民法典》第419条系为修正《担保法》第52条关于“抵押权与其担保的债权同时存在，债权消灭的，抵押权也消灭”的规定、第74条关于“质权与其担保的债权同时存在，债权消灭的，质权也消灭”的规定、第88条第1项关于债权消灭的留置权也消灭的规定，以及法释〔2000〕44号第12条第2款关于“担保物权所担保的债权的诉讼时效结束后，担保权人在诉讼时效结束后的二年内行使担保物权的，人民法院应当予以支持”的规定而特意设置的。而法释〔2000〕44号第12条第2款的本意是认为担保物权的存续期间为被

① 王利明、尹飞、程啸：《中国物权法教程》，北京，人民法院出版社2007年版，第290页。

② 胡康生主编：《中华人民共和国物权法释义》，北京，法律出版社2007年版，第440～441页。

担保主债权的诉讼时效期间再加上2年。[①] 这违反了担保物权与被担保债权之间主从权利关系的原理，剥夺了抵押人援用主债务人对债权人的抗辩权的权利，也忽视了担保人于诉讼时效期间届满2年以后仍自愿、主动地清偿债务的情况。《物权法》第202条亦即《民法典》第419条没有采纳法释〔2000〕44号第12条第2款的思路和观点，而是采取了这样的意见："过了主债权诉讼时效期间后，抵押权人丧失的是抵押权受人民法院保护的权利即胜诉权，而抵押权本身并没有消灭，如果抵押人自愿履行担保义务的，抵押权人仍可行使抵押权。"[②] 总的结论是，担保物权的存续期间应为被担保债权及其救济权的存续期间，被担保债权或其救济权存在，担保物权就存续；被担保债权及其救济权均已消灭，担保物权就消失。

毋庸讳言，《物权法》第202条亦即《民法典》第419条的规定的确不同于德国民法和中国台湾地区的"民法"及其学说。在德国，请求权上设有抵押权等担保物权的场合，请求权虽已罹于时效，权利人仍可实现其担保物权。本来，抵押债务人得依《德国民法典》第1137条第1项前段关于"所有人可以对抵押权主张特定人的债务人（即就本身事由而负责的债务人）对债权所有的抗辩，及保证人依第770条所有的抗辩，土地所有人均得援用对抵押权主张之"的规定，质押债务人得依《德国民法典》第1121条第1项前段关于"土地之出产物及其他构成部分以及从物，在为债权人之利益予以扣押以前，已经出让者，应免除其担保责任"的规定，主张从属性的抗辩。但《德国民法典》第223条第1项关于"以抵押权或质权担保的请求权虽经时效消灭，但不妨碍权利人就担保物请求履行"的规定放松了这种从属性抗辩。以抵押为例，该规定的意义在于，若债权人对债务人即所有权人既提起要求付款的对人诉讼，又提起要求其容忍强制执行抵押土地的对物诉讼，而被告主张请求权消灭时效期间已经届满的，则对人诉讼因《德国民法典》第222条第1项关于"消灭时效完成后，义务人有拒绝给付的权利"的规定而不成立，但是，债权人得依《德国民法典》第223条第1项的规定执行抵押土地，此项行使抵押权的权利不受时间方面的限制。[③]

类似的，中国台湾地区"民法"第880条规定："以抵押权担保之债权，其请求权已因时效而消灭，如抵押权人于消灭时效完成后，五年间不实行其抵押权者，其抵押权消灭。"实乃物权因除斥期间的经过而消灭的例外规定。良以抵押

---

① 李国光、奚晓明、金剑峰、曹士兵：《最高人民法院〈关于适用《中华人民共和国担保法》若干问题的解释〉理解与适用》，长春，吉林人民出版社2000年版，第88～89页。

② 胡康生主编：《中华人民共和国物权法释义》，北京，法律出版社2007年版，第441页。

③ ［德］迪特尔·梅迪库斯：《德国民法总论》，邵建东译，北京，法律出版社2000年版，第103页。

权系不占有标的物的物权，自不宜令其久悬，有害于抵押人的利益。何况外国立法例上，亦有担保物权得因一定时间经过，依公示催告程序，宣示为无效（《瑞士民法典》第 871 条，《德国民法典》第 1170 条、第 1171 条），则中国台湾地区“民法”径以抵押权因除斥期间经过而消灭，更为便捷，似无不可之处。再者，此项除斥期间系自消灭时效完成后起算，而消灭时效尚有时效中断或时效不完成的情形，故抵押权的消灭时间非必为消灭时效期间加 5 年除斥期间，以 15 年的一般请求权消灭时效期间为例，其抵押权非必然届满 20 年后即行消灭。①

究竟孰优孰劣？从抵押权与被担保债权之间的主从关系的机理、请求权与抗辩权的对抗层面观察，中国《物权法》第 202 条亦即《民法典》第 419 条的规定更具合理性；若着眼于实务，则有这样的现象：因被担保债权虽然罹于时效但并未消灭，抵押权也因而存续，抵押物上的负担依旧，这影响了抵押物的转让及价款，对抵押人十分不利。解决的方案之一，可以规定一段不同于被担保债权的存续期间的抵押权的存续期间，该存续期间一旦届满，抵押权就归于消灭，即使被担保债权依然存续，也是如此。只不过该种方案未被《民法典》采纳罢了。

5. 权利是否有主从性不同。在现行法上，用益物权原则上为独立的物权，只有地役权除外；担保物权均为从物权，因被担保债权的存在而存续（时间方面不一定先有债权，后产生担保物权），随着被担保债权的消灭而消失。

6. 权利消灭的原因有异。标的物灭失，用益物权因无法达到目的而归于消灭，而担保物权则不一定，只要存在着标的物的代位物，担保物权就继续存在于该代位物之上。

第三百二十四条

国家所有或者国家所有由集体使用以及法律规定属于集体所有的自然资源，组织、个人依法可以占有、使用和收益。

本条主旨

本条是关于组织、个人就国有的、集体所有的自然资源取得用益物权的规定。

相关条文

《民法通则》第 80 条　国家所有的土地，可以依法由全民所有制单位使用，

① 谢在全：《民法物权论》（中册），台北，三民书局有限公司 2003 年修订 2 版，第 637 页。

也可以依法确定由集体所有制单位使用，国家保护它的使用、收益的权利；使用单位有管理、保护、合理利用的义务。

公民、集体依法对集体所有的或者国家所有由集体使用的土地的承包经营权，受法律保护。承包双方的权利和义务，依照法律由承包合同规定。

土地不得买卖、出租、抵押或者以其他形式非法转让。

第 81 条　国家所有的森林、山岭、草原、荒地、滩涂、水面等自然资源，可以依法由全民所有制单位使用，也可以依法确定由集体所有制单位使用，国家保护它的使用、收益的权利；使用单位有管理、保护、合理利用的义务。

国家所有的矿藏，可以依法由全民所有制单位和集体所有制单位开采，也可以依法由公民采挖。国家保护合法的采矿权。

公民、集体依法对集体所有的或者国家所有由集体使用的森林、山岭、草原、荒地、滩涂、水面的承包经营权，受法律保护。承包双方的权利和义务，依照法律由承包合同规定。

国家所有的矿藏、水流，国家所有的和法律规定属于集体所有的林地、山岭、草原、荒地、滩涂不得买卖、出租、抵押或者以其他形式非法转让。

《物权法》第 118 条　国家所有或者国家所有由集体使用以及法律规定属于集体所有的自然资源，单位、个人依法可以占有、使用和收益。

《土地管理法》第 10 条　国有土地和农民集体所有的土地，可以依法确定给单位或者个人使用。使用土地的单位和个人，有保护、管理和合理利用土地的义务。

理解与适用

本条是对《物权法》第 118 条的复制，只是把原来的“单位”称谓换成了“组织”的术语。本条确立了国有的、集体所有的自然资源可以作为用益物权的客体，用益物权人可以是组织、个人。

本条所谓自然资源，包括《宪法》第 9 条以及《民法典》第 247 条以下规定的矿藏、水流、海域、海岛、土地、森林、山岭、草原、荒地、滩涂、野生动植物资源等自然资源。

本条所谓国家所有由集体使用的自然资源，例如，《水法》第 3 条规定：“水资源属于国家所有。水资源的所有权由国务院代表国家行使。农村集体经济组织的水塘和由农村集体经济组织修建管理的水库中的水，归各该农村集体经济组织使用。”《土地管理法》第 13 条第 1 款规定：“农民集体所有和国家所有依法由农民集体使用的耕地、林地、草地，以及其他依法用于农业的土地，采取农村集体经济组织内部的家庭承包方式承包，不宜采取家庭承包方式的荒山、荒沟、荒丘、荒滩等，可以采取招标、拍卖、公开协商等方式承包，从事种植业、林业、畜牧业、渔业生产。”

本条所谓组织，包括公司、合伙企业、农户等主体。本条所谓个人，应指自然人。

根据本条的规定，组织或个人占有、使用自然资源并取得相应的收益形成的用益物权，或是土地承包经营权或土地经营权，或是建设用地使用权，或是宅基地使用权，或是海域使用权，或是地役权，以及探矿权、采矿权、取水权、养殖权、捕捞权等。

这些用益物权派生于国家的自然资源所有权时，国家为一方，系母权人；派生于农村集体经济组织的自然资源所有权时，农村集体经济组织为一方，任母权人。

第三百二十五条

国家实行自然资源有偿使用制度，但是法律另有规定的除外。

本条主旨

本条是关于自然资源以有偿使用为原则的规定。

相关条文

《物权法》第 119 条　国家实行自然资源有偿使用制度，但法律另有规定的除外。

《土地管理法》第 2 条第 5 款　国家依法实行国有土地有偿使用制度。但是，国家在法律规定的范围内划拨国有土地使用权的除外。

第 54 条　建设单位使用国有土地，应当以出让等有偿使用方式取得；但是，下列建设用地，经县级以上人民政府依法批准，可以以划拨方式取得：

（一）国家机关用地和军事用地；

（二）城市基础设施用地和公益事业用地；

（三）国家重点扶持的能源、交通、水利等基础设施用地；

（四）法律、行政法规规定的其他用地。

第 55 条　以出让等有偿使用方式取得国有土地使用权的建设单位，按照国务院规定的标准和办法，缴纳土地使用权出让金等土地有偿使用费和其他费用后，方可使用土地。

自本法施行之日起，新增建设用地的土地有偿使用费，百分之三十上缴中央财政，百分之七十留给有关地方人民政府。具体使用管理办法由国务院财政部门会同有关部门制定，并报国务院批准。

第56条 建设单位使用国有土地的，应当按照土地使用权出让等有偿使用合同的约定或者土地使用权划拨批准文件的规定使用土地；确需改变该幅土地建设用途的，应当经有关人民政府自然资源主管部门同意，报原批准用地的人民政府批准。其中，在城市规划区内改变土地用途的，在报批前，应当先经有关城市规划行政主管部门同意。

《矿产资源法》第5条 国家实行探矿权、采矿权有偿取得的制度；但是，国家对探矿权、采矿权有偿取得的费用，可以根据不同情况规定予以减缴、免缴。具体办法和实施步骤由国务院规定。开采矿产资源，必须按照国家有关规定缴纳资源税和资源补偿费。

《水法》第7条 国家对水资源依法实行取水许可制度和有偿使用制度。但是，农村集体经济组织及其成员使用本集体经济组织的水塘、水库中的水的除外。国务院水行政主管部门负责全国取水许可制度和水资源有偿使用制度的组织实施。

第48条第1款 直接从江河、湖泊或者地下取用水资源的单位和个人，应当按照国家取水许可制度和水资源有偿使用制度的规定，向水行政主管部门或者流域管理机构申请领取取水许可证，并缴纳水资源费，取得取水权。但是，家庭生活和零星散养、圈养畜禽饮用等少量取水的除外。

理解与适用

本条是对《物权法》第119条的复制，确立了自然资源的使用以有偿为原则。

本条所谓有偿使用，一是表现为国家从占有、使用国有的自然资源者之处收取资源补偿费、土地使用权出让金等土地有偿使用费，资源税具有双重属性，也可作为自然资源有偿使用的一种表现形式；二是表现为农村集体经济组织从占有、使用农村集体经济组织的自然资源者手中收取土地出让金、承包费等。

本条但书"法律另有规定的除外"，即可以无偿使用自然资源的规定。例如，《土地管理法》第54条规定："建设单位使用国有土地，应当以出让等有偿使用方式取得；但是，下列建设用地，经县级以上人民政府依法批准，可以以划拨方式取得：（一）国家机关用地和军事用地；（二）城市基础设施用地和公益事业用地；（三）国家重点扶持的能源、交通、水利等基础设施用地；（四）法律、行政法规规定的其他用地。”再如，《水法》第7条规定：“国家对水资源依法实行取水许可制度和有偿使用制度。但是，农村集体经济组织及其成员使用本集体经济组织的水塘、水库中的水的除外。国务院水行政主管部门负责全国取水许可制度和水资源有偿使用制度的组织实施。”第48条第1款规定：“直接从江河、湖泊或者地下取用水资源的单位和个人，应当按照国家取水许可制度和水资源有偿使用制度的规定，向水行政主管部门或者流域管理机构申请领取取水许可证，并缴纳水资源费，取得取水权。但是，家庭生活和零星散养、圈养畜禽饮用等少量取水的除外。”

第三百二十六条

用益物权人行使权利，应当遵守法律有关保护和合理开发利用资源、保护生态环境的规定。所有权人不得干涉用益物权人行使权利。

本条主旨

本条是关于用益物权具有排他效力但其行使权利应当奉行绿色原则的规定。

相关条文

《宪法》第9条第2款　国家保障自然资源的合理利用，保护珍贵的动物和植物。禁止任何组织或者个人用任何手段侵占或者破坏自然资源。

《物权法》第120条　用益物权人行使权利，应当遵守法律有关保护和合理开发利用资源的规定。所有权人不得干涉用益物权人行使权利。

《土地管理法》第3条　十分珍惜、合理利用土地和切实保护耕地是我国的基本国策。各级人民政府应当采取措施，全面规划，严格管理，保护、开发土地资源，制止非法占用土地的行为。

《农业法》第57条第1款　发展农业和农村经济必须合理利用和保护土地、水、森林、草原、野生动植物等自然资源，合理开发和利用水能、沼气、太阳能、风能等可再生能源和清洁能源，发展生态农业，保护和改善生态环境。

第58条第1款　农民和农业生产经营组织应当保养耕地，合理使用化肥、农药、农用薄膜，增加使用有机肥料，采用先进技术，保护和提高地力，防止农用地的污染、破坏和地力衰退。

第66条　县级以上人民政府应当采取措施，督促有关单位进行治理，防治废水、废气和固体废弃物对农业生态环境的污染。排放废水、废气和固体废弃物造成农业生态环境污染事故的，由环境保护行政主管部门或者农业行政主管部门依法调查处理；给农民和农业生产经营组织造成损失的，有关责任者应当依法赔偿。

《农村土地承包法》第 8 条　国家保护集体土地所有者的合法权益，保护承包方的土地承包经营权，任何组织和个人不得侵犯。

国家鼓励增加对土地的投入，培肥地力，提高农业生产能力。

《草原法》第 14 条第 2 款　承包经营草原的单位和个人，应当履行保护、建设和按照承包合同约定的用途合理利用草原的义务。

第 33 条第 1 款　草原承包经营者应当合理利用草原，不得超过草原行政主管部门核定的载畜量；草原承包经营者应当采取种植和储备饲草饲料、增加饲草饲料供应量、调剂处理牲畜、优化畜群结构、提高出栏率等措施，保持草畜平衡。

第 34 条　牧区的草原承包经营者应当实行划区轮牧，合理配置畜群，均衡利用草原。

第 35 条　国家提倡在农区、半农半牧区和有条件的牧区实行牲畜圈养。草原承包经营者应当按照饲养牲畜的种类和数量，调剂、储备饲草饲料，采用青贮和饲草饲料加工等新技术，逐步改变依赖天然草地放牧的生产方式。

在草原禁牧、休牧、轮牧区，国家对实行舍饲圈养的给予粮食和资金补助，具体办法由国务院或者国务院授权的有关部门规定。

《矿产资源法》第 3 条第 2 款　国家保障矿产资源的合理开发利用。禁止任何组织或者个人用任何手段侵占或者破坏矿产资源。各级人民政府必须加强矿产资源的保护工作。

第 29 条　开采矿产资源，必须采取合理的开采顺序、开采方法和选矿工艺。矿山企业的开采回采率、采矿贫化率和选矿回收率应当达到设计要求。

第 30 条　在开采主要矿产的同时，对具有工业价值的共生和伴生矿产应当统一规划，综合开采，综合利用，防止浪费；对暂时不能综合开采或者必须同时采出而暂时还不能综合利用的矿产以及含有有用组分的尾矿，应当采取有效的保护措施，防止损失破坏。

第 32 条　开采矿产资源，必须遵守有关环境保护的法律规定，防止污染环境。开采矿产资源，应当节约用地。耕地、草原、林地因采矿受到破坏的，矿山企业应当因地制宜地采取复垦利用、植树种草或者其他利用措施。开采矿产资源给他人生产、生活造成损失的，应当负责赔偿，并采取必要的补救措施。

第 44 条　违反本法规定，采取破坏性的开采方法开采矿产资源的，处以罚款，可以吊销采矿许可证；造成矿产资源严重破坏的，依照刑法有关规定对直接责任人员追究刑事责任。

《煤炭法》第 11 条　开发利用煤炭资源，应当遵守有关环境保护的法律、法规，防治污染和其他公害，保护生态环境。

第 57 条　违反本法第二十二条的规定，开采煤炭资源未达到国务院煤炭管理部门规定的煤炭资源回采率的，由煤炭管理部门责令限期改正；逾期仍达不到规定的回采率的，责令停止生产。

《清洁生产促进法》第 25 条　矿产资源的勘查、开采，应当采用有利于合理利用资源、保护环境和防止污染的勘查、开采方法和工艺技术，提高资源利用水平。

《环境保护法》第 30 条　开发利用自然资源，应当合理开发，保护生物多样性，保障生态安全，依法制定有关生态保护和恢复治理方案并予以实施。

引进外来物种以及研究、开发和利用生物技术，应当采取措施，防止对生物多样性的破坏。

第 40 条第 3 款　企业应当优先使用清洁能源，采用资源利用率高、污染物排放量少的工艺、设备以及废弃物综合利用技术和污染物无害化处理技术，减少污染物的产生。

第 61 条　建设单位未依法提交建设项目环境影响评价文件或者环境影响评价文件未经批准，擅自开工建设的，由负有环境保护监督管理职责的部门责令停止建设，处以罚款，并可以责令恢复原状。

第 63 条　企业事业单位和其他生产经营者有下列行为之一，尚不构成犯罪的，除依照有关法律法规规定予以处罚外，由县级以上人民政府环境保护主管部门或者其他有关部门将案件移送公安机关，对其直接负责的主管人员和其他直接责任人员，处十日以上十五日以下拘留；情节较轻的，处五日以上十日以下拘留：

（一）建设项目未依法进行环境影响评价，被责令停止建设，拒不执行的；

（二）违反法律规定，未取得排污许可证排放污染物，被责令停止排污，拒不执行的；

（三）通过暗管、渗井、渗坑、灌注或者篡改、伪造监测数据，或者不正常运行防治污染设施等逃避监管的方式违法排放污染物的；

（四）生产、使用国家明令禁止生产、使用的农药，被责令改正，拒不改正的。

《水污染防治法》第 42 条　兴建地下工程设施或者进行地下勘探、采矿等活动，应当采取防护性措施，防止地下水污染。

报废矿井、钻井或者取水井等，应当实施封井或者回填。

《大气污染防治法》第 33 条　国家推行煤炭洗选加工，降低煤炭的硫分和灰分，限制高硫分、高灰分煤炭的开采。新建煤矿应当同步建设配套的煤炭洗选设施，使煤炭的硫分、灰分含量达到规定标准；已建成的煤矿除所采煤炭属于低硫分、低灰分或者根据已达标排放的燃煤电厂要求不需要洗选的以外，应当限期建成配套的煤炭洗选设施。

禁止开采含放射性和砷等有毒有害物质超过规定标准的煤炭。

第 34 条　国家采取有利于煤炭清洁高效利用的经济、技术政策和措施，鼓励和支持洁净煤技术的开发和推广。

国家鼓励煤矿企业等采用合理、可行的技术措施，对煤层气进行开采利用，对煤矸石进行综合利用。从事煤层气开采利用的，煤层气排放应当符合有关标准规范。

《海洋环境保护法》第 46 条　兴建海岸工程建设项目，必须采取有效措施，保护国家和地方重点保护的野生动植物及其生存环境和海洋水产资源。

严格限制在海岸采挖砂石。露天开采海滨砂矿和从岸上打井开采海底矿产资源，必须采取有效措施，防止污染海洋环境。

《水土保持法》第 19 条　水土保持设施的所有权人或者使用权人应当加强对水土保持设施的管理与维护，落实管护责任，保障其功能正常发挥。

第 20 条　禁止在二十五度以上陡坡地开垦种植农作物。在二十五度以上陡坡地种植经济林的，应当科学选择树种，合理确定规模，采取水土保持措施，防止造成水土流失。

省、自治区、直辖市根据本行政区域的实际情况，可以规定小于二十五度的禁止开垦坡度。禁止开垦的陡坡地的范围由当地县级人民政府划定并公告。

第 21 条　禁止毁林、毁草开垦和采集发菜。禁止在水土流失重点预防区和重点治理区铲草皮、挖树兜或者滥挖虫草、甘草、麻黄等。

第 22 条　林木采伐应当采用合理方式，严格控制皆伐；对水源涵养林、水土保持林、防风固沙林等防护林只能进行抚育和更新性质的采伐；对采伐区和集材道应当采取防止水土流失的措施，并在采伐后及时更新造林。

在林区采伐林木的，采伐方案中应当有水土保持措施。采伐方案经林业主管部门批准后，由林业主管部门和水行政主管部门监督实施。

第 23 条　在五度以上坡地植树造林、抚育幼林、种植中药材等，应当采取水土保持措施。

在禁止开垦坡度以下、五度以上的荒坡地开垦种植农作物，应当采取水土保持措施。具体办法由省、自治区、直辖市根据本行政区域的实际情况规定。

第 24 条　生产建设项目选址、选线应当避让水土流失重点预防区和重点治理区；无法避让的，应当提高防治标准，优化施工工艺，减少地表扰动和植被损坏范围，有效控制可能造成的水土流失。

第 25 条第 1 款　在山区、丘陵区、风沙区以及水土保持规划确定的容易发生水土流失的其他区域开办可能造成水土流失的生产建设项目，生产建设单位应当编制水土保持方案，报县级以上人民政府水行政主管部门审批，并按照经批准的水土保持方案，采取水土流失预防和治理措施。没有能力编制水土保持方案的，应当委托具备相应技术条件的机构编制。

《水法》第 31 条　从事水资源开发、利用、节约、保护和防治水害等水事活动，应当遵守经批准的规划；因违反规划造成江河和湖泊水域使用功能降低、地下水超采、地面沉降、水体污染的，应当承担治理责任。

开采矿藏或者建设地下工程，因疏干排水导致地下水水位下降、水源枯竭或者地面塌陷，采矿单位或者建设单位应当采取补救措施；对他人生活和生产造成损失的，依法给予补偿。

理解与适用

本条是对《物权法》第 120 条的承继并更加周全，前段规定用益物权人行使权利时必须奉行绿色原则，应当遵守保护和合理开发利用资源、保护生态环境的法律规定，后段宣明用益物权具有排他的效力，能够对抗所有权人的干涉。

本条第 1 款是个引致性（管道性）的条款，把用益物权人履行保护和合理开发利用资源、保护生态环境的义务规制引向规定得更为详细的其他法律。例如，《农业法》第 58 条第 1 款关于“农民和农业生产经营组织应当保养耕地，合理使用化肥、农药、农用薄膜，增加使用有机肥料，采用先进技术，保护和提高地力，防止农用地的污染、破坏和地力衰退”的规定、第 59 条第 1 款后段关于“从事可能引起水土流失的生产建设活动的单位和个人，必须采取预防措施，并负责治理因生产建设活动造成的水土流失”的规定；再如，《草原法》第 14 条第 2 款关于“承包经营草原的单位和个人，应当履行保护、建设和按照承包合同约定的用途合理利用草原的义务”的规定、第 33 条第 1 款关于“草原承包经营者应当合理利用草原，不得超过草原行政主管部门核定的载畜量；草原承包经营者应当采取种植和储备饲草饲料、增加饲草饲料供应量、调剂处理牲畜、优化畜群结构、提高出栏率等措施，保持草畜平衡”的规定，以及第 34 条关于“牧区的草原承包经营者应当实行划区轮牧，合理配置畜群，均衡利用草原”的规定；还如，《矿产资源法》第29条关于“开采矿产资源，必须采取合理的开采顺序、开采方法和选矿工艺。矿山企业的开采回采率、采矿贫化率和选矿回收率应当达到设计要求”的规定、第30条关于“在开采主要矿产的同时，对具有工业价值的共生和伴生矿产应当统一规划，综合开采，综合利用，防止浪费；对暂时不能综合开采或者必须同时采出而暂时还不能综合利用的矿产以及含有有用组分的尾矿，应当采取有效的保护措施，防止损失破坏”的规定，以及第32条第1款关于“开采矿产资源，应当节约用地。耕地、草原、林地因采矿受到破坏的，矿山企业应当因地制宜地采取复垦利用、植树种草或者其他利用措施”的规定。

自然资源稀缺，许多自然资源都难以再生；人口爆炸式地增长，自1975年以来自然界的自然供给低于人类的需求；消费奢侈之风盛行；污染严重；等等。所有这些都使奉行绿色原则势在必行，务必树立这样的理念乃至行为规则：资源是大家的，资源是社会的，资源是整个地球的；务必信仰能源、环境、气候领域的自然哲学观，践行人类命运共同体的构想。《民法典》不但在第一编“总则”中高扬绿色原则的大旗（第9条），而且在其他有关编章中落实这一原则，如第346条、第509条第3款、第585条，本条即为在用益物权制度中落实的体现。

本条后段确立用益物权的排他性，宣明所有权人不得干涉用益物权人行使其权利。这符合所有权和用益物权之间的关系，符合物权具有对世效力的本质要求。虽然用益物权派生于所有权，所有权是母权，用益物权是子权，但用益物权一经设立，其效力就压制着所有权的效力，所有权不再自由自在，所有权人负有容忍用益物权人在其权利边界之内的所作所为的义务，不得干涉用益物权人行使其权利。

第三百二十七条

因不动产或者动产被征收、征用致使用益物权消灭或者影响用益物权行使的，用益物权人有权依据本法第二百四十三条、第二百四十五条的规定获得相应补偿。

本条主旨

本条是关于用益物权的客体被征收、征用时权利人有权获得及时足额补偿的规定。

相关条文

《宪法》第10条第3款 国家为了公共利益的需要，可以依照法律规定对土地实行征收或者征用并给予补偿。

第 13 条第 3 款　国家为了公共利益的需要，可以依照法律规定对公民的私有财产实行征收或者征用并给予补偿。

《物权法》第 121 条　因不动产或者动产被征收、征用致使用益物权消灭或者影响用益物权行使的，用益物权人有权依照本法第四十二条、第四十四条的规定获得相应补偿。

《土地管理法》第 2 条第 4 款　国家为了公共利益的需要，可以依法对土地实行征收或者征用并给予补偿。

《农业法》第 71 条　国家依法征收农民集体所有的土地，应当保护农民和农村集体经济组织的合法权益，依法给予农民和农村集体经济组织征地补偿，任何单位和个人不得截留、挪用征地补偿费用。

《草原法》第 39 条　因建设征收、征用集体所有的草原的，应当依照《中华人民共和国土地管理法》的规定给予补偿；因建设使用国家所有的草原的，应当依照国务院有关规定对草原承包经营者给予补偿。

因建设征收、征用或者使用草原的，应当交纳草原植被恢复费。草原植被恢复费专款专用，由草原行政主管部门按照规定用于恢复草原植被，任何单位和个人不得截留、挪用。草原植被恢复费的征收、使用和管理办法，由国务院价格主管部门和国务院财政部门会同国务院草原行政主管部门制定。

《渔业法》第 14 条　国家建设征用集体所有的水域、滩涂，按照《中华人民共和国土地管理法》有关征地的规定办理。

理解与适用

本条是对《物权法》第 121 条的承继，系引致性条款，把用益物权的客体被征收、征用时获得补偿的法律依据引向《民法典》的另外条款，即第 243 条关于征收补偿的规定以及第 245 条关于征用补偿的规定。

在这里，存在着用益物权本身是否为征收的对象之争，笔者赞同征收的对象为不动产、动产的所有权，用益物权本身不作为征收的对象，不过它们随其母权的消灭而归于消灭。由于此种消灭因征收所致，而非用益物权客体的所有权人引起，因而用益物权消灭的损失应由征收机关予以补偿。

第三百二十八条

依法取得的海域使用权受法律保护。

本条主旨

本条是关于海域使用权的规定。

相关条文

《物权法》第 122 条　依法取得的海域使用权受法律保护。

《海域使用管理法》第 3 条第 2 款　单位和个人使用海域，必须依法取得海域使用权。

第 19 条　海域使用申请人自领取海域使用权证书之日起，取得海域使用权。

第 20 条第 2 款　中标人或者买受人自领取海域使用权证书之日起，取得海域使用权。

第 23 条　海域使用权人依法使用海域并获得收益的权利受法律保护，任何单位和个人不得侵犯。

海域使用权人有依法保护和合理使用海域的义务；海域使用权人对不妨害其依法使用海域的非排他性用海活动，不得阻挠。

第 25 条　海域使用权最高期限，按照下列用途确定：

（一）养殖用海十五年；

（二）拆船用海二十年；

（三）旅游、娱乐用海二十五年；

（四）盐业、矿业用海三十年；

（五）公益事业用海四十年；

（六）港口、修造船厂等建设工程用海五十年。

第 27 条　因企业合并、分立或者与他人合资、合作经营，变更海域使用权人的，需经原批准用海的人民政府批准。

海域使用权可以依法转让。海域使用权转让的具体办法，由国务院规定海域使用权可以依法继承。

理解与适用

一、本条含义概貌

本条是对《物权法》第 122 条的复制，确认海域使用权为用益物权，且法律保护之。本条是引致性条款，把海域使用权的调整引至规定得更为详尽的其他法律，主要是《海域使用管理法》。

二、海域使用权的概念

所谓海域使用权，是指民事主体基于县级以上人民政府海洋行政主管部门的批准和颁发的海域使用权证书，依法在一定期限内使用一定海域的权利。它具有如下法律性质：

（一）权利主体因海域使用权的类型不同而异其规格

从权利主体方面看，按照《海域使用管理法》的用语，海域使用权的主体包括单位和个人（第3条第2款、第16条、第33条）。

［辨析］

应当说，在物权法的视野里，单位、个人的用语不规范。此处所谓“个人”，当指自然人无疑，可是，所谓“单位”在海域使用权主体的层面究竟指向谁人，则不清楚。依据现行民法及其民事主体理论，团体可以成为民事主体的只有两类，一是法人，二是合伙企业。具体到海域使用权的主体，属于“单位”类型的，也应当限于法人和合伙企业。

结合具体类型的海域使用权观察，会发现不同的海域使用权对权利主体的要求不同。例如，养殖海域使用权的主体限于渔民或渔业合作组织，探矿和采矿的用海权的主体必须具有相应的资质，公益事业用海权（含海底电缆用海权、海底管线用海权等）、港口和修造船厂等建设工程用海权的主体亦然。

（二）海域使用权的客体为海域

从权利客体角度看，海域使用权的客体为海域。依据《海域使用管理法》的规定，所谓海域，是指中华人民共和国内水、领海的水面、水体、海床和底土（第2条第1款）。所谓内水，是指中华人民共和国领海基线向陆地一侧至海岸线的海域（第2条第2款）。

（三）海域使用权为用益物权

从权利的归属体系方面看，海域使用权是物权，且为用益物权。将海域使用权定位在物权，有以下理由支持：

1. 确立海域使用权制度的《海域使用管理法》，是全国人民代表大会常务委员会通过的法律。这符合物权法定主义所要求的“法”的位阶，为把海域使用权定位于物权提供了前提。

2. 按照《海域使用管理法》的规定，海域使用权实行登记制度（第6条第1款）。由国务院批准用海的，由国务院海洋行政主管部门登记造册；地方人民政府批准用海的，由地方人民政府登记造册（第19条）。国家建立海域使用统计制度，定期发布海域使用统计资料，依法登记的海域使用权受法律保护（《海域使用管理法》第6条）。这表明海域使用权有其完善的公示制度，为他人了解海域使用权的存在及其内容提供了制度保障，符合物权对于公示的要求。

3.《海域使用管理法》规定，海域使用权人依法使用海域并获得收益的权利受法律保护，任何单位和个人不得侵犯（第23条第1款）。这表明海域使用权含有占有、使用、收益各项权能，显现出海域使用权具有支配力，而非请求力。这符合物权的质的规定性，而同债权的特点相异。

4.《海域使用管理法》规定，海域使用权人对不妨害其依法使用海域的非排他性用海活动，不得阻挠（第23条第2款）。阻挠、妨害海域使用权人依法使用海域的，海域使用权人可以请求海洋行政主管部门排除妨害，也可以依法向人民法院提起诉讼（第44条）。这表明海域使用权具有排他性，而排他性是物权性质的表现。

［引申］

认定海域使用权具有排他性的根据在于，假如海域使用权为债权，对妨害其行使的不法用海行为，要么因债权的相对性和无排他效力致使海域使用权人无权请求侵权人停止侵害、排除妨害，要么海域使用权人有权请求侵权人承担侵权责任①，但不会因该不法行为有无排他性而有差异。就是说，《海域使用管理法》第23条第2款和第44条的规定画蛇添足。只有海域使用权为物权时，区分他人的用海是否具有排他性才有其道理，《海域使用管理法》第23条第2款和第44条的规定才合乎法理。其道理如下：如果他人用海系排他的，表明该他人在同一海域拥有另一个物权，那么，这违反了物权的一物一权主义，损害了海域使用权的排他效力，应被禁止。如果他人用海系非排他的，那么，在他人用海并非行使权利的情况下，海域使用权人自然有权制止；在他人用海系行使权利的情况下，

---

① 通说认为，《侵权责任法》尚未承认债权为侵权行为的标的，只有在个别情况下才承认第三人侵害债权构成侵权行为。例如，1995年5月5日，《最高人民法院关于信用社非法转移人民法院冻结款项应如何承担法律责任的复函》（法函〔1995〕51号）明确了侵害债权问题。这是中国司法解释第一次对侵犯他人债权行为及其民事责任作出的规定，但是，该复函仅简略地陈述侵害他人债权利益应承担赔偿责任，既未阐述侵害债权行为的构成要件，也未指明其请求权基础。当然，该复函于2002年3月10日被废止，其原因是被最高人民法院1998年7月8日《关于人民法院执行工作若干问题的规定（试行）》（法释〔1998〕15号）取代。该规定第33条规定："金融机构擅自解冻被人民法院冻结的款项，致冻结款项被转移的，人民法院有权责令其限期追回已转移的款项。在限期内未能追回的，应当裁定该金融机构在转移的款项范围内以自己的财产向申请执行人承担责任。"最高人民法院在《关于验资单位对多个案件债权人损失应如何承担责任的批复》（法释〔1997〕10号）中规定："金融机构、会计师事务所为公司出具不实的验资报告或者虚假的资金证明，公司资不抵债的，该验资单位应当对公司债务在验资报告不实部分或者虚假资金证明金额以内，承担民事赔偿责任。"这是最高人民法院承认第三人直接侵害债权的明确解释。

该权利若非物权，海域使用权人同样有权制止；在他人用海系行使物权的情况下，则只有该物权与海域使用权同为相容的物权时，该物权的存在才未否定海域使用权的排他效力，二权才可以并存。①

［论争］

同时，我们应当看到，依据物权法原理，不相容的物权不得并存于同一个客体之上。海域使用权、矿业权、渔业权、土地承包经营权、建设用地使用权都是以占有、使用、收益为内容的权利，相对于同一个客体，它们应当属于不相容的物权，是不应当并存于同一海域的。可是，在现行法上，它们恰恰可以并存于同一海域，违反了物权的排他性，在实务上酿成了社会问题。

反驳者或许会说，并非所有的物权都具有排他性，在同一宗土地上不但可以设置内容不同的地役权，而且可以设置若干内容相同的地役权，没有显现出排他性。对海域使用权不可以比照地役权处理吗？笔者认为，内容相同的地役权若不同时行使，它们相安无事，似乎看不出排他性，但若同时行使，则仍然存在着效力冲突问题，需要确定每个地役权的优先顺序。在这一点上，也可以说地役权具有排他性。

海域使用权和渔业权、矿业权、土地承包经营权、建设用地使用权之间的关系，可否比照若干内容相同的地役权之间的关系处理？笔者认为，在绝大多数情况下不行，因为海域使用权依其特性本应永远具有排他性，一定会同矿业权、土地承包经营权、建设用地使用权、养殖权相排斥。严格地按照物权法原理处理，如果矿业权、土地承包经营权、建设用地使用权、养殖权首先设立，海域使用权就不得存在；如果海域使用权首先设立，矿业权、土地承包经营权、建设用地使用权、养殖权本不应产生。但实际情况则不是如此简单，因从事养殖必须经过渔业行政主管机关的特许，所以养殖权仍须产生；矿业权与之类似，也须产生；依据《海域使用管理法》的规定，填海项目竣工后形成土地的建设用地使用权要取代海域使用权（第32条），土地承包经营权则以海域为客体（第22条）。②

至于海域使用权与捕捞权之间的关系，有点类似于几个内容相同的地役权之间的关系，在捕捞权不行使时，海域使用权与捕捞权并存于同一渔场问题不大，但在捕捞权实际行使时，二权依然相冲突，需要抑制海域使用权的效力，使捕捞权的效力强于海域使用权。

一句话，只要不否认渔业权、矿业权、水权（含排污权）、土地承包经营权、

①② 崔建远：《海域使用权制度及其反思》，载《政法论坛》2004年第6期，第62、60～61页。

建设用地使用权的正当性，海域使用权的存在便没有积极的意义，只有负面的影响。

5. 债权因其为手段性权利，含有死亡的基因①，一旦物权或与物权价值相当的权利产生，债权便因其目的达到而寿终正寝，故其存续期限一般较短，且大多不由法律直接规定。② 而物权由其目的及功能决定，其存续期限一般较长。依据《海域使用管理法》的规定，海域使用权的最高期限，分别为 15 年、20 年、25 年、30 年、40 年不等，显然较长。如此之长的存续期限，再加上上述各种性质综合判断，应当把海域使用权定位在物权，而非债权。

将海域使用权定位在用益物权，是因为它没有担保债权实现的目的及功能，却含有使用、收益的内容。

（四）海域使用权为典型物权

从典型物权与准物权间的类比关系看，海域使用权为典型物权。海域使用权以特定的海域为客体，与养殖权、捕捞权接近，而养殖权、捕捞权属于准物权，因此，容易将海域使用权定位为准物权。但笔者认为，海域使用权属于典型物权，而非准物权。其道理在于，海域使用权以特定的海域为客体，具有排他效力（《海域使用管理法》第 23 条、第 44 条）、优先效力（《海域使用管理法》第 22 条及其解释）、追及效力和物权请求权，不具有复合性，完全符合典型物权的特征，而不符合准物权的特征。

［反思］

虽然笼而统之地可以说海域使用权以特定的海域为客体，具有排他效力、优先效力、追及效力和物权请求权，符合典型物权的特征；不过，一旦海域使用权具体化为养殖用海权（养殖权）、探矿用海权（探矿权）、采矿用海权（采矿权）等权利时，典型物权的属性便弱化，准物权的色彩就彰显。这也表明设立海域使用权制度违反法律制度设置及运行的规律。

（五）海域使用权为集合性物权

从权利是否具有单一性的角度看，海域使用权为集合性的物权。海域使用权并非单一的物权，而是一系列权利的总称。按照《海域使用管理法》的规定，养殖权（养殖用海权）、拆船用海权、旅游用海权、娱乐用海权、矿业权（探矿用

---

① ［德］Radbruch，*Rechtsphilosophie*，1963，S. 243. 转引自王泽鉴：《民法债编总论 · 基本理论 · 债之发生》（总第 1 册），台北，三民书局有限公司 1993 年版，第 52 页。

② 在个别情况下，法律也直接规定债权的存续期限，如《中华人民共和国合同法》第 214 条第 1 款规定，租赁期限不得超过 20 年。超过 20 年的，超过部分无效。

海权、采矿用海权）、公益事业用海权（含海底电缆用海权、海底管线用海权等）、港口和修造船厂等建设工程用海权，均属海域使用权的范畴。这表明海域使用权是权利束，是集合性的权利。

［反思］

一部善法确立的用益物权，都应有其特定的目的及功能。例如，建设用地使用权的目的及功能在于，使用权人在国家所有的土地上进行房地产开发建设，建筑物的所有权不被土地所有权吸收，而是归属于建设用地使用权人；土地承包经营权的目的及功能在于，承包人在农村集体所有或国家所有的土地上进行农林牧渔经营，其收获不归土地所有权人享有，而是属于承包人；采矿权的目的及功能在于，权利人在特定的矿区采掘矿产资源并取得矿产品；养殖权的目的及功能在于，权利人利用特定水域从事养殖业，并享有该水域里的水生动植物的所有权，阻止水域所有权人享有此权；捕捞权的目的及功能在于，权利人在特定渔场捕捞作业，取得渔获物的所有权，使海域所有权不追及至该物之上。①

海域使用权的目的及功能何在？如果承认法律设置的渔业权、矿业权、水权、土地承包经营权、建设用地使用权正当合理，那么，海域使用权只是单纯地占有、使用海域，而无其他目的及功能。因为如果目的及功能是捕捞水生动物，那么捕捞权非常合适；如果目的及功能是养殖水生动植物，那么养殖权十分胜任，某些土地承包经营权也有此目的及功能；如果是探矿或采矿，那是矿业权的目的及功能；如果是用于航行，那是航运水权的目的及功能；如果是用于流放竹木，那是流放水权的目的及功能；如果是利用水道排放污水，那是排污权的目的及功能。如此，海域使用权存在的实质正当性就存在疑问：其一，设置海域使用权难道只是为了收取费用？其二，人为地造成了海域使用权和渔业权、矿业权、水权（含排污权）、土地承包经营权、建设用地使用权之间的竞合，效力冲突，徒增成本。②

或许有人会说，以海域使用权取代渔业权、矿业权、土地承包经营权等物权，不就使海域使用权有用武之地了吗?！笔者认为，就渔业权、矿业权、土地承包经营权等物权来说，一是概念本身就能反映出权利的目的及功能；二是养殖证、捕捞许可证、矿业权、土地承包经营权等物权形成在先，相应的法律也早已颁行，何况《民法典》已经规定了养殖权、捕捞权（第 329 条），而非养殖证、捕捞许可证；三是与国际惯例接轨；四是海洋行政主管部门尚无相应的管理权

①② 崔建远：《海域使用权制度及其反思》，载《政法论坛》2004 年第 6 期，第 61 页。

限，也不精通相应的业务。所以，没有理由以海域使用权取代它们。尤其是其中的土地承包经营权，既是中国改革重大成果的结晶，又有法律依据，农民和管理者对它情有独钟，更没有理由被海域使用权所置换。①

总之，海域使用权本身没有独立的目的与功能，既有的权利，如渔业权、矿业权、水权（含排污权）、土地承包经营权、建设用地使用权等各自拥有其目的及功能，完全能够满足权利人的需要，这在客观上排斥了海域使用权的存在价值。只要不否认渔业权、矿业权、水权（含排污权）、土地承包经营权、建设用地使用权存在的正当性，海域使用权的存在就不仅是无用的，而且是有害的。

赞同海域使用权而否定渔业权等准物权的论者，为证成其观点提出了各种理由，其中之一是，为改变多龙管海、用海无序的局面，由一个部门统一协调才会秩序井然。对此，笔者认为，如果从财产权的角度寻求一个部门统一协调用海的根据，单凭国家对海域享有所有权就足够了，完全没有必要降至海域使用权的他物权的层面；如果从行政权力的层面寻觅一个统一部门统一协调用海的权限依据，那么国务院一个授权就足以解决问题，用不着通过设置财产权的迂回曲折的路径。②

赞同海域使用权而否定渔业权等准物权的理由之二是，海域属于国家的自然资源，国家对海域享有所有权，渔民等用海人使用海域，必须支付权利金。不设置海域使用权，如何收取权利金？笔者认为，其一，如果国家收取权利金是必要且正当的话，完全可以基于探矿人取得了探矿权，采矿权人取得了采矿权，渔民取得了养殖证、捕捞许可证的事实，来收取权利金，没有必要新创一个海域使用权来作为收取权利金的对价。其二，对于渔民而言，收取权利金是否必要且适宜？笔者认为，向渔民收取这些权利金，的确增加了负担，这与中央逐年减轻、最终取消农业税的改革方向是逆向的，尤其是海域使用权的取得通过拍卖的方式，海域使用权被出价高者取得，祖祖辈辈在沿海以捕鱼、养鱼为生的渔民却因财力有限而失去谋生和就业的手段，会酿成严重的社会问题。③

赞同海域使用权而否定渔业权等准物权的理由之三是，海域是蓝色的国土，陆地上存在着土地使用权，海域使用权相当于陆地上的土地使用权，所以，创设海域使用权是非常科学的。

笔者认为，如果此处所谓土地使用权是广义上的，则它是指建设用地使用权、宅基地使用权、土地承包经营权等用益物权。如此，开发商取得一种土地使用权（现行法上的建设用地使用权），就有权在基地上建造房屋，此外无须再取

①②③　崔建远：《海域使用权制度及其反思》，载《政法论坛》2004年第6期，第61～62、63、63页。

得其他物权，作为建造并保有房屋的依据；农民取得一种土地使用权（现行法上的宅基地使用权），便可以在基地上建造住房，此外无须再取得其他物权，作为建造并保有住房的权源；农民取得一种土地使用权（现行法上的土地承包经营权），便可以从事农林牧渔，此外无须再取得其他物权，作为从事农林牧渔并保有收益的根据。把它类比到海上，便是只要用海人取得海域使用权便足够了，无须再取得探矿权、采矿权、养殖证、捕捞许可证等。①

如果此处所谓土地使用权是狭义的，则它专指建设用地使用权，于是，开发商取得建设用地使用权就完全可以在基地上建造商品房等，此外无须再取得另外一种物权作为建造房屋等的根据。而事实相反，渔民既必须取得海域使用权，又需要取得养殖证或捕捞许可证；探矿人既必须取得海域使用权，又需要取得探矿权；采矿权人既必须取得海域使用权，又需要取得捕捞权，非常不经济。海域所有权—海域使用权—探矿权/采矿权/养殖证/捕捞许可证……，三层结构，类比到陆地上，就相当于在土地所有权与建设用地使用权/土地承包经营权/探矿权/采矿权……中间再创设一种物权。这种结构在陆地上似乎无人赞同，在海上为什么就赞同呢?!②

三、海域使用权的效力

（一）概述

由于海域使用权是一束权利，聚集着养殖权（养殖用海权）、拆船用海权、旅游用海权、娱乐用海权、矿业权（矿业用海权）、公益事业用海权（如海底电缆用海权、海底管道用海使用权等）、港口建设工程用海权、修造船厂用海权（《海域使用管理法》第25条）。所谓海域使用权的效力，具体体现在各个具体的海域使用权之中，例如，以海域作为客体的养殖权、探矿权、采矿权的效力。

（二）海域使用权人的权利

1. 占有特定海域的权利

养殖权（养殖用海权）、拆船用海权、旅游用海权、娱乐用海权、矿业权（探矿用海权、采矿用海权）、公益事业用海权（如海底电缆用海权、海底管道用海权等）、港口建设工程用海权、修造船厂用海权均需占有特定的海域，只不过旅游用海权和娱乐用海权场合占有时间比较短暂罢了。

2. 使用特定海域的权利

海域使用权人依法使用特定的海域，是海域使用权的主要内容，只不过海域

①② 崔建远：《海域使用权制度及其反思》，载《政法论坛》2004年第6期，第63～64、64页。

使用权的亚类型不同，使用海域的表现形式可能有所区别罢了。例如，养殖权（养殖用海权）的使用表现为权利人立体化地利用特定的海域，而海底电缆用海权则仅仅利用海底的个别部位，采矿用海权比较长期地使用特定的海域，而旅游用海权仅仅是一时地利用特定的海域。

3. 收益权

海域使用权人对其使用特定海域所产生的收益享有权利。如养殖权（养殖用海权）人利用特定海域从事养鱼的经营活动，对所养之鱼享有所有权。采矿权（采矿用海权）人对从其矿区内采掘的矿物享有所有权。《海域使用管理法》第23条规定，海域使用权人依法使用海域并获得收益的权利受法律保护，任何单位和个人不得侵犯。

4. 转让权

海域使用权作为他物权，没有转让特定海域的效力，但用海者有将海域使用权自身转让的权利。《海域使用管理法》第27条规定："因企业合并、分立或者与他人合资、合作经营，变更海域使用权人的，需经原批准用海的人民政府批准。海域使用权可以依法转让。海域使用权转让的具体办法，由国务院规定。海域使用权可以依法继承。"于此场合，申请人可以申请海域使用权转移登记（《不动产登记暂行条例实施细则》第57条第1项）。不过，应当注意，海域使用权中的许多亚类型涉及国家安全、社会公共利益，不得随意转让。

5. 请求续期权

海域使用权是有期物权，《海域使用管理法》第25条规定："海域使用权最高期限，按照下列用途确定：（一）养殖用海十五年；（二）拆船用海二十年；（三）旅游、娱乐用海二十五年；（四）盐业、矿业用海三十年；（五）公益事业用海四十年；（六）港口、修造船厂等建设工程用海五十年。"

用海者若欲续期，按照《海域使用管理法》第26条的规定，海域使用权期限届满，海域使用权人需要继续使用海域的，应当至迟于期限届满前2个月向原批准用海的人民政府申请续期。除根据公共利益或国家安全需要收回海域使用权的外，原批准用海的人民政府应当批准续期。于此场合，申请人应当持不动产权属证书、海域使用权变更的文件等材料，申请海域使用权变更登记（《不动产登记暂行条例实施细则》第56条第4项）。

6. 请求改变海域用途的权利

按照《海域使用管理法》第28条后段规定，如果确需改变海域用途，应当在符合海洋功能区划的前提下，海域使用权人报原批准用海的人民政府批准。于此场合，申请人应当持不动产权属证书、海域使用权变更的文件等材料，申请海域使用权变更登记（《不动产登记暂行条例实施细则》第56条第6项）。

7. 取回所有物的权利

海域使用权人对其设置于特定海域的物品，有权取回，在海域使用权终止时尤其如此。①

8. 请求补偿的权利

《海域使用管理法》第30条规定，因公共利益或国家安全的需要，原批准用海的人民政府可以依法收回海域使用权。依照前款规定在海域使用权期满前提前收回海域使用权的，对海域使用权人应当给予相应的补偿。

9. 物权请求权

海域使用权人享有排除妨害、消除危险、返还海域诸物权请求权（《海域使用管理法》第3条、第23条等，《民法典》第235条、第236条）。

（三）海域使用权人的义务

1. 缴纳海域使用金

《海域使用管理法》规定，国家实行海域有偿使用制度（第33条第1款）。单位和个人使用海域，应当按照国务院的规定缴纳海域使用金。海域使用金应当按照国务院的规定上缴财政（第33条第2款）。对渔民使用海域从事养殖活动收取海域使用金的具体实施步骤和办法，由国务院另行规定（第33条第3款）。根据不同的用海性质或情形，海域使用金可以按照规定一次缴纳或按年度逐年缴纳（第34条）。但要注意，下列用海，免缴海域使用金：（1）军事用海；（2）公务船舶专用码头用海；（3）非经营性的航道、锚地等交通基础设施用海；（4）教学、科研、防灾减灾、海难搜救打捞等非经营性公益事业用海（第35条）。下列用海，按照国务院财政部门和国务院海洋行政主管部门的规定，经有批准权的人民政府财政部门和海洋行政主管部门审查批准，可以减缴或免缴海域使用金：（1）公用设施用海；（2）国家重大建设项目用海；（3）养殖用海（第36条）。

2. 合理用海

首先，海域使用权人必须按照海洋功能区划使用特定的海域（《海域使用管理法》第4条、第15条）。其次，海域使用权人须依法保护和合理使用海域，对不妨害其依法使用海域的非排他性用海活动，不得阻挠（《海域使用管理法》第23条第2款）。再次，海域使用权人应当尽量减少乃至杜绝污染海洋环境，在海域使用权终止后，原海域使用权人应当拆除可能造成海洋环境污染或影响其他用海项目的用海设施和构筑物（《海域使用管理法》第29条第2款）。最后，海域

① 尹田主编：《中国海域物权制度研究》，北京，中国法制出版社2004年版，第56页。

使用权人不得擅自改变经批准的海域用途；确需改变的，应当在符合海洋功能区划的前提下，报原批准用海的人民政府批准（《海域使用管理法》第 28 条）。

3. 不得擅自从事海洋基础测绘

《海域使用管理法》第 24 条规定，海域使用权人在使用海域期间，未经依法批准，不得从事海洋基础测绘（第 1 款）。

4. 不得擅自改变海域用途

海域使用权人不得擅自改变经批准的海域用途，除非原批准用海的人民政府已经批准（《海域使用管理法》第 28 条）。

5. 报告义务

海域使用权人发现所使用海域的自然资源和自然条件发生重大变化时，应当及时报告海洋行政主管部门（《海域使用管理法》第 24 条第 2 款）。

6. 接受监督

海域使用权人对海洋行政主管部门的监督检查应当予以配合，不得拒绝、妨碍监督检查人员依法执行公务（《海域使用管理法》第 40 条第 2 款）。

第三百二十九条

依法取得的探矿权、采矿权、取水权和使用水域、滩涂从事养殖、捕捞的权利受法律保护。

本条主旨

本条是关于探矿权、采矿权、取水权、养殖权和捕捞权为用益物权的引致性规定。

相关条文

《民法通则》第 81 条第 2 款、第 3 款　国家所有的矿藏，可以依法由全民所有制单位和集体所有制单位开采，也可以依法由公民采挖。国家保护合法的采矿权。

公民、集体依法对集体所有的或者国家所有由集体使用的森林、山岭、草原、荒地、滩涂、水面的承包经营权，受法律保护。承包双方的权利和义务，依照法律由承包合同规定。

《物权法》第 123 条　依法取得的探矿权、采矿权、取水权和使用水域、滩涂从事养殖、捕捞的权利受法律保护。

《土地管理法》第 13 条第 2 款　国家所有依法用于农业的土地可以由单位或者个人承包经营，从事种植业、林业、畜牧业、渔业生产。

《矿产资源法》第 3 条第 3 款　勘查、开采矿产资源，必须依法分别申请、经批准取得探矿权、采矿权，并办理登记；但是，已经依法申请取得采矿权的矿山企业在划定的矿区范围内为本企业的生产而进行的勘查除外。国家保护探矿权和采矿权不受侵犯，保障矿区和勘查作业区的生产秩序、工作秩序不受影响和破坏。

第 5 条第 1 款　国家实行探矿权、采矿权有偿取得的制度；但是，国家对探矿权、采矿权有偿取得的费用，可以根据不同情况规定予以减缴、免缴。具体办法和实施步骤由国务院规定。

第 6 条　除按下列规定可以转让外，探矿权、采矿权不得转让：

（一）探矿权人有权在划定的勘查作业区内进行规定的勘查作业，有权优先取得勘查作业区内矿产资源的采矿权。探矿权人在完成规定的最低勘查投入后，经依法批准，可以将探矿权转让他人。

（二）已取得采矿权的矿山企业，因企业合并、分立，与他人合资、合作经营，或者因企业资产出售以及有其他变更企业资产产权的情形而需要变更采矿权主体的，经依法批准可以将采矿权转让他人采矿。

前款规定的具体办法和实施步骤由国务院规定。

禁止将探矿权、采矿权倒卖牟利。

《煤炭法》第 6 条第 1 款　国家保护依法投资开发煤炭资源的投资者的合法权益。

第 20 条　煤矿投入生产前，煤矿企业应当依照有关安全生产的法律、行政法规的规定取得安全生产许可证。未取得安全生产许可证的，不得从事煤炭生产。

《监狱法》第 9 条　监狱依法使用的土地、矿产资源和其他自然资源以及监狱的财产，受法律保护，任何组织或者个人不得侵占、破坏。

《水法》第 7 条　国家对水资源依法实行取水许可制度和有偿使用制度。但是，农村集体经济组织及其成员使用本集体经济组织的水塘、水库中的水的除外。国务院水行政主管部门负责全国取水许可制度和水资源有偿使用制度的组织实施。

第 48 条第 1 款　直接从江河、湖泊或者地下取用水资源的单位和个人，应当按照国家取水许可制度和水资源有偿使用制度的规定，向水行政主管部门或者流域管理机构申请领取取水许可证，并缴纳水资源费，取得取水权。但是，家庭生活和零星散养、圈养畜禽饮用等少量取水的除外。

《渔业法》第 11 条　国家对水域利用进行统一规划，确定可以用于养殖业的水域和滩涂。单位和个人使用国家规划确定用于养殖业的全民所有的水域、滩涂的，使用者应当向县级以上地方人民政府渔业行政主管部门提出申请，由本级人民政府核发养殖证，许可其使用该水域、滩涂从事养殖生产。核发养殖证的具体办法由国务院规定。

集体所有的或者全民所有由农业集体经济组织使用的水域、滩涂，可以由个人或者集体承包，从事养殖生产。

第 12 条　县级以上地方人民政府在核发养殖证时，应当优先安排当地的渔业生产者。

第 23 条　国家对捕捞业实行捕捞许可证制度。

到中华人民共和国与有关国家缔结的协定确定的共同管理的渔区或者公海从事捕捞作业的捕捞许可证，由国务院渔业行政主管部门批准发放。海洋大型拖网、围网作业的捕捞许可证，由省、自治区、直辖市人民政府渔业行政主管部门批准发放。其他作业的捕捞许可证，由县级以上地方人民政府渔业行政主管部门批准发放；但是，批准发放海洋作业的捕捞许可证不得超过国家下达的船网工具控制指标，具体办法由省、自治区、直辖市人民政府规定。

捕捞许可证不得买卖、出租和以其他形式转让，不得涂改、伪造、变造。

到他国管辖海域从事捕捞作业的，应当经国务院渔业行政主管部门批准，并遵守中华人民共和国缔结的或者参加的有关条约、协定和有关国家的法律。

理解与适用

一、本条含义概貌

本条是对《物权法》第 123 条的复制，确立了探矿权、采矿权、取水权、养殖权和捕捞权为用益物权，将它们分别引向规定得更为详细的《矿产资源法》《水法》《渔业法》等法律、法规。

二、矿业权（探矿权、采矿权）

（一）矿业权的概念

探矿权和采矿权合称矿业权，简称为矿权，是一束权利的总称，指探采人依法在已经登记的特定矿区或工作区内勘查、开采一定的矿产资源，取得矿石标本、地质资料及其他信息，或矿产品，并排除他人干涉的权利。在中国，由于《矿产资源法》规定矿产资源属于国家所有（第 3 条第 1 款），勘查、开采矿产资源的主体主要为国有矿山企业，其次为集体矿山企业，以及个体采矿者，还有少量的外资企业、中外合作经营企业、中外合资经营企业，因而矿业权可以被定义为：国有矿山企业、集体矿山企业以及个体采矿者等主体，依照法定程序在已经登记的特定矿区或工作区内勘探、开采一定的国有矿产资源，取得矿产品，并排除他人干涉的权利。其中，勘探一定的国有矿产资源，取得矿石标本、地质资料及其他信息的权利，叫作探矿权；开采一定的国有矿产资源，取得矿产品之权，称为采矿权。它们具有如下法律性质。

1. 矿业权是准物权。除有些优先权以外，典型物权具有特定性，含有客体特定性之义。但矿业权的客体是特定矿区或工作区的地下部分及赋存其中的未特定的矿产资源，而矿产资源具有隐蔽性，“在矿业权的标的物是存在于矿区内的未具体特定的矿物这点上，与普通的物权不同”①。矿业权客体的未特定性，其一表现在，在探矿权场合，（局部的）矿产资源在登记的矿区或工作区可能并不存在，正所谓试掘权②并非像采掘权③那样以矿物的存在为前提，矿物的存在通常是预想的④；其二表现在，勘探工作进行到一定阶段时，矿区或工作区的面积应随着缩减，把未勘探的矿产资源的权利归还给国家，使有勘探能力者获得这些归还部分的勘探权。

正因为矿业权在客体方面存在着与典型物权不同的上述特点，故将矿业权称为准物权或视为物权。从日本的旧矿业法把“矿业权作为物权”（第 5 条）到新矿业法将“矿业权，视为物权，除法律有特别规定外，准用关于不动产的规定”（第 12 条），可以发现客体未特定这一性质所起的巨大作用。⑤

这里的“准用关于不动产的规定”，是广义的，即只要不违反矿业法的规定，不与矿业权的本质相冲突，不仅准用民法的规定，而且准用商法、民事诉讼法等关于不动产的规定。⑥

2. 矿业权的客体具有复合性。除财团抵押权等极个别的物权以外，典型物权的客体以单一性为原则，但矿业权的客体却是复合型的，即特定矿区或工作区内的地下部分与赋存其中的矿产资源。在探矿权场合，客体以特定矿区或工作区内的地下土壤为主，（局部的）矿产资源不明，或存在，或不存在。这丝毫不意味着（局部的）矿产资源不重要，探明矿产资源的情况是探矿权人所追求的目标。这从一个侧面表明物权的客体和物权的目的是两个不同的概念。在采矿权的情况下，客体由特定矿区内的地下土壤与赋存其中的（局部的）矿产资源结合而

---

①④⑤　［日］我妻荣、丰岛升：《矿业法》，东京，有斐阁 1958 年版，第 18、23、18 页。

②③　日本矿业法规定的采掘权相当于中国矿业法规定的采矿权。

⑥　［日］浅野语，转引自［日］我妻荣、丰岛升：《矿业法》，东京，有斐阁 1958 年版，第 19 页。

成，（局部的）矿产资源居于最有价值的地位。

3. 矿业权在权利构成上具有复合性。典型的物权构成，均以占有、使用、收益等权能作为要素，而矿业权的构成，一方面以在特定矿区或工作区内勘探、开采矿产资源的权利为要素，另一方面又存在着特定矿区或工作区内的地下部分的使用权，即地下使用权。① 正如有学者所言，矿区内的地下使用权构成了矿业权的内容。② 在设立了矿业权的土地上，土地所有权人就地下的使用受到了矿业法的限制，在其界限内，或负担着不作为的义务，或承受着容忍义务。③ 特定矿区或工作区内的地下使用权随着探矿权、采矿权的取得而当然拥有，并为探矿权、采矿权服务，为这二权而存在，而有积极的意义。

4. 矿业权是具有公权性质的私权。矿业权的设立需要行政许可，其内核有矿业权人向矿产资源行政主管部门要求探矿或采矿的利益的元素，受公法色彩浓厚的矿产资源法调整，矿业权纠纷多由行政方式解决，使得矿业权具有公权性。但由于矿业权的私权性更浓，宜将它定性和定位在具有公权性质的私权更为妥当。

5. 同典型物权相比，矿业权还具有一些不同点：因矿业权往往事关国家战略利益、国计民生，故在主体方面限定严格，权利转让方面也附有种种条件乃至禁止性规定。

（二）矿业权的客体

矿业权的客体不仅仅是矿产资源，因为在探矿权场合，（局部的）矿产资源可能并不存在，若将探矿权的客体界定为一定的矿产资源，在确实不存在该特定的矿产资源时，就无法解释探矿权无客体何以照样存续的现象。此其一。其二，矿业权所支配的，亦即其作用的，绝不是单纯的（局部的）矿产资源，必定有特定的矿区或工作区内的地下部分；在矿产资源埋藏于地下时，矿业权所支配的，首先是特定的矿区或工作区内的地下部分，而后才会是（局部的）矿产资源；在探矿权场合，若（局部的）矿产资源不存在，探矿权所支配的仅仅是特定的矿区或工作区内的地下部分。正因如此，矿业权的客体应是特定的矿区或工作区内的地下土壤与其中所赋存的矿产资源，是两者的组合体。有学者称之为特定矿区内的矿物。④ 其中的矿产资源不是抽象意义上的全国范围的整个矿产资源，而是作为具体矿业权作用的局部的矿产资源。此处所谓特定矿区或工作区内的地下土

---

① 崔建远、晓坤：《矿业权基本问题探讨》，载《法学研究》1998 年第 4 期，第 83 页。

②④ ［日］我妻荣、丰岛升：《矿业法》，东京，有斐阁 1958 年版，第 10、12 页。

③ 大判 1941 年 9 月 16 日新闻 4732 号，第 5 页。

壤，在不包含土地所有权和矿地使用权的意义上，可以用特定矿区或工作区的概念代替。

观察和界定矿业权的客体，应该采取多视角模式，即不仅从矿区或工作区的地表、水平方向着眼，而且注重矿区或工作区的垂直方向。所谓着眼于矿区或工作区的地表、水平方向，是指确定矿区或工作区的面积、四至和形状。在探矿权场合，对矿区或工作区按标准区块进行划分和登记管理，任何一个矿区或工作区均由标准区块组合而成。①

所谓注重矿区或工作区的垂直方向，是指将一个矿区或工作区的沉积层划分为若干个地层段或地层区，每个含有（局部的）矿产资源的地层段或地层区可以单独地成为矿业权的客体。这种垂直分层或曰纵向分层，在加拿大阿尔伯达省有两种形式：一是将一个矿区或工作区的沉积层分为浅层和深层，把它们分别出租，使之成为不同的矿业权的客体，由不同的矿业权人支配；二是把一个矿区或工作区垂直地划分为多个地层段或地层区，谁对哪一个地层段或地层区感兴趣，就将该地层段或地层区租给他，即各个地层段或地层区均可成为矿业权的客体，并可被不同的矿业权人支配。② 如此，就出现了区分矿业权，又叫纵向矿业权。在中国，国务院于1987年12月16日批准、石油工业部于1987年12月24日发布的《石油及天然气勘查、开采登记管理暂行办法》规定，存在两个或两个以上企业开采同一地区不同埋深油气藏的，应当根据双方协议和各自开采的不同油气藏属性及范围分别核（划）定矿区范围（第18条第2款）。对此，国务院于1998年2月12日发布、2014年7月9日修改的《矿产资源勘查区块登记管理办法》（国务院令第240号）虽然未明文延续，但也没有否定，属于明知漏洞，留待矿产资源勘查、开采的实务发展和理论探讨去解决。《民法典》承认了区分建设用地使用权（第271条），给区分矿业权提供了支持。

当然，如果仅有一个地层段赋存着（局部的）矿产资源，或因技术等原因难以划分各个地层段，或因经济原因无力或无必要采取区分矿业权的制度，就采纳单视角模式，观察和界定矿业权的客体，将一个矿区或工作区作为一个矿业权的客体的组成部分。在中国，近几年虽然倡导区分矿业权，但在相当数量的矿区或工作区，因在技术上暂时难以精确地划分不同的地层段，从而不易妥当地分配不

① 查全衡：《保护资源 保护环境 再创辉煌》，载《中国石油天然气总公司1995年油气资源管理工作会议文件选编》，1995年，第8页。

② ［加拿大］阿尔伯达省能源部矿产资源局：《加拿大阿尔伯达省石油、天然气的租地制》（埃德蒙顿1987年），李国玉、赵要德译，载能源部油气资源管理办公室、中国石油天然气总公司情报研究所编：《加拿大石油天然气勘探、开采登记条例》，1991年11月，第22～33页。

同矿业权人的应得利益，故仍把该矿区或工作区作为单层段看待，仅仅允许存在着一个矿业权。[①]

还有，作为矿业权客体组成部分的特定矿区或工作区内的地下部分，在法律上并非凝固静止，而是适时变动着的。在水平方向，随着勘探工作进行到一定阶段，矿区或工作区的面积应缩减，国家要收回一定面积。这是例行的面积缩减。此外，还有惩罚性的面积撤销：如果矿业权人不按照许可证核准的矿区或工作区、任务、工作性质、规划期限作业，视情节轻重，可能核减矿区或工作区的范围，甚至撤销全部矿区面积，吊销许可证。在垂直方面，随着勘探、开采作业的进展，有的地层段应归还给国家。所有这些，都表明矿业权客体具有未特定的属性。

应予指出，并非任何区域都可以成为矿区，相应的，有些区域内的矿产资源也就不得作为矿业权的客体。按照《矿产资源法》的规定，非经国务院授权的有关主管部门同意，下述区域不得成为矿区：港口、机场、国防工程设施圈定的地区；重要工业区、大型水利工程设施、城镇市政工程设施附近一定距离以内的区域；铁路、重要公路两侧一定距离以内的区域；重要河流、堤坝两侧一定距离以内的区域；国家划定的自然保护区、重要风景区，国家重点保护的不能移动的历史文物和名胜古迹所在地；国家规定不得开采矿产资源的其他地区（第 20 条）。

（三）矿业权的主体

成为矿业权的主体，需要具备法律要求的资质条件。按照《矿产资源法》第 15 条规定，设立矿山企业，必须符合国家规定的资质条件，并依照法律和国家有关规定，由审批机关对其矿区范围、矿山设计或开采方案、生产技术条件、安全措施和环境保护措施等进行审查；对合格者方予批准。

矿产资源具有隐蔽性、分布不均匀性，油气矿产资源还具有油气水“三相共生”、埋藏深、油气层高温高压、油气易燃易爆等属性，这决定了采矿业受地质、埋藏条件的约束大，并且影响安全的因素多。大部分矿山为地下开采，井下作业场所狭小、阴暗、潮湿、多变，生产环节多，过程复杂，导致灾害的因素多[②]，使得勘查、开采矿产资源成为高投入、高风险、技术程度要求高的行业，因而对矿山企业的资质要求远比对一般民事主体的要求高，法律对矿山企业特设资质条件的要求，而对一般民事主体则无此条件限制。此其一。

其二，为适应不同矿种、不同规模的矿产资源对勘查者、开采者不同的资质

---

① 崔建远、晓坤：《矿业权基本问题探讨》，载《法学研究》1998 年第 4 期，第 85 页。

② 李书蕙：《矿山企业的设立》，载《法制日报》1997 年 11 月 1 日，第 7 版。

要求，中国法律对不同的矿业权主体设置了不尽相同的资质条件。按照《矿产资源法实施细则》的规定，开办国有矿山企业，应当具备下列条件：（1）有供矿山建设使用的矿产勘查报告；（2）有矿山建设项目的可行性研究报告（含资源利用方案和矿山环境影响报告）；（3）有确定的矿区范围和开采范围；（4）有矿山设计；（5）有相应的生产技术条件（第 11 条）。申请开办集体所有制矿山企业或私营矿山企业，应当具备下列条件：（1）有供矿山建设使用的与开采规模相适应的矿产勘查资料；（2）有经过批准的无争议的开采范围；（3）有与所建矿山规模相适应的资金、设备和技术人员；（4）有与所建矿山规模相适应的，符合国家产业政策和技术规范的可行性研究报告、矿山设计或开采方案；（5）矿长具有矿山生产、安全管理和环境保护的基本知识（第 13 条）。申请个体采矿应当具备下列条件：（1）有经过批准的无争议的开采范围；（2）有与采矿规模相适应的资金、设备和技术人员；（3）有相应的矿产勘查资料和经过批准的开采方案；（4）有必要的安全生产条件和环境保护措施（第 14 条）。

其三，应当指出，有些资质条件，是任何矿业权主体均须具备的。例如，（1）供矿山建设使用的矿产勘查报告（勘查资料），是载有矿种、储量规模等基本情况，决定矿山企业的规模、矿山设计、生产技术条件等事项的基本因素，因而欲成为矿业权的主体必须具备该项条件。（2）矿区范围和开采范围，是勘查、开采矿产资源作业的领域，是矿业权主体与他人划分利益的标准之一，也是处理相邻关系的依据，故应为一切矿业权主体所必备的条件。（3）矿山设计或开采方案，是矿业权人有目的、有计划、速度相宜、效益较高地建设矿山，顺利地展开勘查、开采作业的前提条件，不可缺少。（4）相应的生产技术条件、必要的安全措施，同样是必备条件之一。这是由勘查、开采矿产资源系高投入、高风险、技术程度要求高的行业所决定的。（5）人类生活、社会发展需要良好的自然环境，而勘查、开采矿产资源往往污染环境，这就要求矿业权主体必须具有符合要求的环境保护方案，采取必要的环境保护措施，以提高而不是降低人们的环境生活品质。

其四，矿业权主体之间的法律地位不平等。现行法对国有矿山企业给予了诸多方面的优惠保护，国有矿山企业处于主导、核心的地位，国家规划矿区和对国民经济具有重要价值的矿区内的矿产资源、矿产储量规模在大型以上的矿产资源等，几乎都由国有矿山企业开采。在确定矿区范围上，国有矿山企业也受到了优惠保护：在国有矿山企业和其他所有制采矿者共同采矿的地区，国有矿山企业的矿区被核定或者划定之前，不得先行划定其他所有制采矿者的开采范围；先于国有矿山企业建设开办的，在补偿其损失、妥善安置群众生活的前提下，可令其关闭或搬迁，由国有矿山企业取而代之；或是国有矿山企业与其他所有制矿山企业联合经营；或是划出矿区范围内的边缘资源，安排其他所有制采矿者易地开采（《矿产资源法》第 4 条第 2 款、第 35 条等）。《矿产资源法》及其实施细则规定，集体矿山企业可以开采下列矿产资源：不适于国家建设大、中型矿山的矿床及矿点；经国有矿山企业同意，并经其上级主管部门批准，在其矿区范围内划出的边缘零星矿产；矿山闭坑后，经原矿山企业的主管部门确认，可以安全开采并不会引起严重环境后果的残留矿体；等等（《矿产资源法实施细则》第 38 条第 1 款）。私营矿山企业亦同（《矿产资源法实施细则》第 39 条）。个体采矿业者可以采挖零星分散的小矿体或矿点，只能用作普通建筑材料的砂、石、黏土，以及为生活自用采挖少量矿产（《矿产资源法》第 35 条第 1 款后段）。《国务院关于对黄金矿产实行保护性开采的通知》（国发〔1988〕75 号）明确规定："黄金矿产列为实行保护性开采的特定矿种，实行有计划的开采，未经国家黄金管理局批准，任何单位和个人不得开采；自本通知发出之日起，停止审批个体采金，不得再向个体发放黄金矿产采矿许可证。""对现在从事黄金矿产开采的个体采矿者，应当停采清理；对无证开采的，要依法处罚；对持有黄金矿产采矿许可证的，由原发证机关负责限期收回。"

如此区分，原因之一是有些矿产资源关系到国计民生、国家安全和战略需要，国家要加以控制。

股份有限公司已经普遍化，矿山企业至少是部分矿山企业股份化成为必然。这样，矿业权主体应有股份有限公司。

按照《合伙企业法》的规定，合伙已成为独立于自然人、法人的民事主体。《民法典》认可其为非法人组织（第 102 条第 2 款）。它依法勘探、开采矿产资源时，也就成了矿业权的主体。

在合作开采海洋石油资源、合作开采陆上石油资源、合资或合作开采煤炭资源等情况下，中外合作经营企业、中外合资经营企业可以成为矿业权的主体。

矿业是属于井下危险性大的作业，为安全有效起见，有关部门对开办矿山企业实行严格的审批和登记制度。

设立矿山企业，必须依照法律和国家有关规定，由审批机关对其矿区范围、矿山设计或开采方案、生产技术条件、安全措施和环境保护措施等进行审查，然后进行登记和颁发采矿许可证。通过审查把关，确保矿业权主体的资质合格，达到立法目的。在这方面，需要明确各行政部门之间的权限，防止渎职、越权、权力滥用、权力的冲突和掣肘。依法保证审查登记机关在法定范围内和按法定程序进行审批和登记，防止行政无效率、违法行政、行政侵权行为的发生。

（四）探矿权的内容

1. 探矿权人的权利

（1）探矿权人的排他性占有权。

探矿权人的排他性占有权是探矿权的首要权能，是探矿权人实施勘查作业的必备前提。探矿权的标的物是存在于特定工作区内的未特定的矿物。由此决定，探矿权人占有的对象为已登记的特定工作区和赋存其中的（局部的）矿产资源。当然，在矿产资源不存在的情况下，占有的对象仅为特定的工作区；在矿产资源不明的情况下，对该矿产资源的占有仅具有抽象的象征的意义，只是通过占有工作区来体现。

探矿权人的占有多为单独占有，但也存在共同占有的情况。例如，在盆地评价勘查石油、天然气的活动中，两个或两个以上的探矿权人可以在相同的工作区内取得探矿权（《石油及天然气勘查、开采登记管理暂行办法实施细则》第 25 条第 1 项、第 2 项第 2 目）。这样，就出现了两个以上的探矿权人共同占有的现象。

当两个以上的探矿权人分别占有各自的地层段或地层区时，便出现了区分占有探矿权客体的现象。

（2）按照勘查许可证规定的区域、期限、工作对象进行勘查。

勘查许可证规定的区域，是探矿权客体的组成部分——矿产资源勘查工作区。勘查许可证规定的期限，是探矿权存续的期间。勘查许可证规定的工作对象，是探矿权客体的另一组成部分，即局部的矿产资源。勘查，主要是探明该矿产资源的矿种、矿床及其储量、内外部特征、加工性能、社会经济地理状况等。葡萄牙的矿业法将勘查权界定为发现矿产资源以及确定它们的特性直至经济价值被确定之前而从事的活动（第 9 条第 1 款 a），即说明了这一点。欲达到探矿权的目的，探矿权人必须享有按照勘查许可证规定的区域、期限、工作对象进行勘查的权利（《矿产资源法实施细则》第 16 条第 1 款第 1 项）。

（3）根据工程需要临时使用土地。

矿业权仅含有地下使用权，并不包括地表的使用权，但探矿权的行使又必然使用土地。解决这一矛盾，需要探矿权人取得临时使用土地权（《矿产资源法实施细则》第 16 条第 1 款第 4 项）。该权的取得需要经过国土资源管理部门的审批，发给临时使用土地证。

矿产勘查分为普查、详查、勘探三个阶段。普查阶段之前，为区域地质调查工作。勘探阶段之后，为矿山开发地质工作（《矿产勘查工作阶段划分的暂行规定》第 2 条）。普查、详查、勘探，所对应的权能分别为普查权、详查权和勘探权三项权能。

（4）在工作区及相邻区域通行。

在工作区通行为行使探矿权所必需，是探矿权人取得临时使用土地权后的一项当然的权能。在相邻区域通行一般属于相邻权的范畴，探矿权人享有法定的通行权，无须征得相邻区域的所有权人或使用权人的同意，但应选择给他们造成损失最小的路线（《矿产资源法实施细则》第16条第1款第3项）。此外，若探矿权人欲享有超过法定范围的权利，则需要同有关所有权人或者使用权人签订合同，取得地役权。

（5）在工作区及相邻区域架设供电、供水、通讯的管线。

在工作区架设供电、供水、通讯的管线亦为行使探矿权所必需，仍为探矿权人取得临时使用土地权后所当然享有的一项权利，只是不得影响或损害原有的供电、供水的设施和通讯的管线（《矿产资源法实施细则》第16条第1款第2项）。

在相邻区域架设供电、供水、通讯的管线，在选择了给相邻他方造成损失最小的路线场合，其权利属于相邻权范畴，为探矿权人的一项法定权利，不以相邻区域的所有权人或使用权人的同意为必要。只是该相邻管线设置权的行使不得影响或损害原有的供电、供水的设施和通讯管线。但若架设供电、供水、通讯的管线给相邻他方增加的负担超出了法定的最低标准，就不再属于相邻权制度的范畴，探矿权人必须与相邻区域的所有权人或使用权人签订地役权合同，地役权产生，方可作业。不然，就构成侵权行为，承担民事责任。

（6）优先取得工作区内新发现矿种的探矿权。

《矿产资源法实施细则》第16条第1款第5项规定，探矿权人优先取得勘查作业区内新发现矿种的探矿权。就是说，在探矿权人就其工作区内的新发现矿种申请采矿权，他人亦就同一事项提出申请的情况下，探矿权人优先取得探矿权。这是因为探矿权人经过普查、详查、勘探的工作，对该工作区及其新矿种的情况比较了解，掌握的实际资料较多，研究程度比较深入，并且继续作业方便，故理应优先取得勘探区内新发现矿种的探矿权，只是必须办理探矿权取得的手续。

（7）优先取得工作区内矿产资源的采矿权。

《矿产资源法实施细则》第16条第1款第6项规定，探矿权人优先取得勘查作业区内矿产资源的采矿权。对此，《矿产资源勘查区块登记管理办法》以下述规定予以延续："探矿权人在勘查许可证有效期内进行勘查时，发现符合国家边探边采规定要求的复杂类型矿床的，可以申请开采，经登记管理机关批准，办理采矿登记手续"（第19条）。其理由与优先取得新发现矿种的采矿权的相同，不再赘言。

（8）取得和销售勘查中按照批准的工程设计施工回收的矿产品。

勘查中按照批准的工程设计施工回收的矿产品，系探矿权行使的一个结果。

探矿权人直接取得该矿产品的所有权，是矿业权效力的当然表现，是探矿权人的一项权利。

（9）申请保留探矿权。

探矿权人在勘查许可证有效期内探明可供开采的矿体后，经登记管理机关批准，可以停止相应区块的最低勘查投入，并可以在勘查许可证有效期届满的30日前，申请保留探矿权。但是，国家为了公共利益或因技术条件暂时难以利用等情况，需要延期开采的除外。保留探矿权的期限，最长不得超过2年，需要延长保留期的，可以申请延长2次，每次不得超过2年（《矿产资源勘查区块登记管理办法》第21条第1款、第2款前段）。

（10）依法转让探矿权。

探矿权人在完成规定的最低勘查投入后，经依法批准可以将探矿权转让他人（《矿产资源法》第6条第1款）。这为最有效益地探明矿产资源所必需。

2. 探矿权人的义务

（1）依法缴纳探矿权使用费。

国家实行探矿权有偿取得的制度。探矿权使用费以勘查年度计算，逐年缴纳。探矿权使用费标准：第一个勘查年度至第三个勘查年度，每平方公里每年缴纳100元；从第四个勘查年度起，每平方公里每年增加100元，但是最高不得超过每平方公里每年500元（《矿产资源勘查区块登记管理办法》第12条）。

申请国家出资勘查并已经探明矿产地的区块的探矿权的，除缴纳上述费用以外，还应当缴纳经评估确认的国家出资勘查形成的探矿权价款；探矿权价款按照国家有关规定，可以一次缴纳，也可以分期缴纳（《矿产资源勘查区块登记管理办法》第13条第1款）。

违反《矿产资源勘查区块登记管理办法》，不按期缴纳应当缴纳的上述费用，由登记管理机关责令限期缴纳，并从滞纳之日起每日加收千分之二的滞纳金；逾期仍不缴纳的，由原发证机关吊销勘查许可证（《矿产资源勘查区块登记管理办法》第31条）。

（2）在规定的期限内开始施工，并在勘查许可证规定的期限内完成勘查工作。

探矿权是有期准物权，这是效益原则所要求的，亦为有能力探矿人取代无能力者或能力不足者所必需，还是达到矿产资源勘查规划目的所必要的。因此，探矿权人有义务在规定的期限内开始施工，并在勘查许可证规定的期限内完成勘查任务。按照《矿产资源勘查区块登记管理办法》第18条规定，探矿权人应当自领取勘查许可证之日起6个月内开始施工；在开始勘查工作时，应当向勘查项目所在地的县级人民政府负责地质矿产管理工作的部门报告，并向登记管理机关报告工作。

（3）向勘查登记管理部门报告开工等情况，以便使有关部门监督管理。

《矿产资源勘查区块登记管理办法》第 25 条第 1 款规定，登记管理机关需要调查勘查投入、勘查工作进展情况，探矿权人应当如实报告并提供有关资料，不得虚报、瞒报，不得拒绝检查。否则，依据该办法第 29 条规定，由县级以上人民政府负责地质矿产管理工作的部门按照国务院地质矿产主管部门规定的权限，责令限期改正；逾期不改正的，处 5 万元以下的罚款；情节严重的，原发证机关可以吊销勘查许可证。

（4）严格按照工程设计规划施工，不得以探矿为名擅自进行以营利为目的的采矿活动。

如果矿产类型符合边探边采要求的，探矿权人必须向管理部门提交边探边采的论证材料，经审核批准，并依法办理采矿登记手续后，方可进行开采。未经批准，擅自进行滚动勘探开发、边探边采或试采的，由县级以上人民政府负责地质矿产管理工作的部门按照国务院地质矿产主管部门规定的权限，责令停止违法行为，予以警告，没收违法所得，可以并处 10 万元以下的罚款（《矿产资源勘查区块登记管理办法》第 27 条）。

（5）综合勘查、综合评价。

在查明主要矿种的同时，对共生、伴生的矿产资源进行综合勘查、综合评价。

（6）编写并提交勘查报告。

编写矿产资源勘查报告，提交有关部门审批。

（7）汇交档案资料。

按照国务院有关规定汇交矿产资源勘查成果档案资料。

（8）支付出让金。

探矿权人取得临时使用土地的权利需要交付土地使用权出让金的，应支付该出让金。

（9）补偿他人的损失。

探矿权人取得临时使用土地权后，在勘查过程中给他人造成财产损害的，应按下列规则补偿：1）对耕地造成损害的，根据受损害的耕地面积前 3 年平均年产量，以补偿时当地市场平均价格计算，逐年给以补偿，并负责恢复耕地的生产条件，及时归还；2）对牧区草场造成损害的，按照前项规定逐年给以补偿，并负责恢复草场植被，及时归还；3）对耕地上的农作物、经济作物造成损害的，根据受损害的耕地面积前 3 年平均年产量，以补偿时当地市场平均价格计算，给以补偿；4）对竹木造成损害的，根据实际损害株数，以补偿时当地市场平均价格逐株计算，给以补偿；5）对土地上的附着物造成损害的，根据实际损害的程度，以补偿时当地市场价格，给以适当补偿（《矿产资源法实施细则》第 21 条）。

（10）不作为义务及生态保护义务。

勘查作业不得阻碍或损害航运、灌溉、防洪等活动或设施，勘查作业结束后应当采取措施，防止水土流失，保护生态环境。

（五）采矿权的内容

1. 采矿权人的权利

（1）矿地占有权。

矿产资源赋存于地下，故采矿权人从事采矿活动必须占有特定矿区。所谓矿区，既包含地下部分，也包括地表。在法律上，取得采矿权的同时便获得了地下占有权和地下使用权。地表的占有权尚需另行取得。一种观点认为，采矿权人取得一定矿区的采矿权的同时就自然地取得该区域的占有权和使用权。① 这不符合矿产资源法的精神和实务操作的状况。

（2）建设用地使用权。

采矿权人实施开采矿产资源的作业，必然要使用矿地，但因采矿权中仅含有地下使用权，并不必然包括地表的使用权，故欲合法地使用矿地就得再取得以地表为客体的建设用地使用权。其权利取得有如下特点：矿区位于国有土地上时，采矿权人向国土资源管理部门申请办理建设用地使用权出让及登记手续，领取建设用地使用权证，取得建设用地使用权。如果该宗土地为荒漠等非耕地，采矿权人又是国有矿山企业，建设用地使用权通过行政划拨方式产生。如果该宗国有土地为耕地，建设用地使用权通过出让方式取得，采矿权人须支付出让金。勘探区位于集体所有的土地上时，土地征收主管机关首先将该宗土地征为国有，然后由国土资源管理部门将该建设用地使用权出让给采矿权人，并自采矿权人处取得出让金。采矿权人取得建设用地使用权后，便可占有、使用该宗土地。

（3）开采权。

开采权，是指采矿权人按照采矿许可证允许的特定矿区和矿种从事开采矿产资源的权能。所谓开采矿产资源，固然是指采矿许可证批准开采的矿产资源（《矿产资源法实施细则》第 30 条第 1 款第 1 项），但在个别情况下，考虑到矿山生产和发展而需要开采其他矿种，亦可包括在内，而不宜视为违法活动。例如，因矿山企业进行深入勘探而探明了新矿种，出于综合开采、经济合理的考虑，采

① 江平主编：《中国矿业权法律制度研究》，北京，中国政法大学出版社 1991 年版，第 286 页。

矿权人有权开采该新矿种，并对此部分无须再缴纳权利使用费，只交相应的产品税即足矣。还有，出于矿业技术或者安全技术的考虑，采矿权人有权同时开采其矿区内的非矿业地下资源。有时，这些非矿业资源与矿产资源混在一起，难以分离开；或者须经特殊程序及特定技术才可使二者分离开，成本高昂；有时，它们虽然可分，但基于矿山生产的安全要求须将它们一同采掘。于此场合，法律应赋予采矿权人共同开采权。①

开采权不仅仅指采矿权人自身的采掘活动，而且包括经采矿权人同意的他人的开采活动，不过，该他人的活动并不意味着采矿权的转移。

采矿权为有期准物权，这决定了在采矿许可证规定的期限内从事开采活动，方为采矿权的行使（《矿产资源法实施细则》第 30 条第 1 款第 1 项）；逾期开采则构成违法行为，产生法律责任。

（4）取得和销售矿产品的权利。

通过开采活动使矿产与土地及矿床相分离，形成矿产品。该产品系采矿权行使的结果，归采矿权人享有。采矿权人直接取得该矿产品的所有权，是矿业权法律效力的当然表现。这是最佳的效力配置。

采矿权人销售该矿产品，是他行使矿产品所有权的表现，原则上应由他自己决定，但国务院规定由指定单位统一收购的矿产品除外。

（5）矿山建筑权和辅助建筑权。

进行开采活动需要相应的设施，因而需要进行相应的建筑活动，包括建筑井架、修建开采用建筑物，以及进行辅助建筑的权利。所谓辅助建筑权，是指采矿权人在其矿地范围以外的区域建造地下设施的权利。此处的设施必须是同采矿权人的采矿活动有关的，特别是用于水的处理或气候的调节，如用于通风、排水和调节井巷内的气候环境的工程设施。此类行为不得损害其他矿业权人的合法权益。因这些权利的行使超出了矿区范围，故须由有关部门审批。②

（6）依法转让采矿权。

所谓依法转让采矿权，是指按照法定的条件，遵循程序转让采矿权。此处所谓法定条件，《探矿权采矿权转让管理办法》第 6 条规定如下：1）矿山企业投入采矿生产满 1 年；2）采矿权属无争议；3）按照国家有关规定已经缴纳采矿权使用费、采矿权价款、矿产资源补偿费和资源税；4）国务院地质矿产主管部门规定的其他条件（第 1 款）。国有矿山企业在申请转让采矿权前，应当征得矿山企

①② 江平主编：《中国矿业权法律制度研究》，北京，中国政法大学出版社 1991 年版，第 287～288、288～289 页。

业主管部门的同意（第 2 款）。此处所谓法定程序，由《探矿权采矿权转让管理办法》第 7 条至第 11 条予以规定。

2. 采矿权人的义务

（1）在批准的期限内进行矿山建设或开采。

采矿权是有期准物权，加上在批准的期限内进行矿山建设或开采矿产资源，系落实矿业发展规划、满足国民经济发展的需要，取得较佳或最佳的经济效益的需要，因而采矿权人在采矿许可证规定的期限内进行矿山建设或采矿，是其应尽的义务。在这方面，许多国家的矿业法有量化的规定，要求于此期间须有资金的投入、设备的投入和劳务的投入。

（2）有效保护、合理开采、综合利用矿产资源。

矿产资源是社会发展的物质基础，是经济增长和发展的前提，是国家主权安全的保证，但它又呈现有限性、可枯竭性以及需求的无限性，开采、利用它往往造成环境污染。由此决定，有效保护、合理开采、综合利用矿产资源，势必成为采矿权人的重要义务。履行该项义务，须做到在技术上对矿区予以合理安排，以达充分开采；对各种矿种进行综合开采，避免已经开采过的区域仍存留矿产，又因安全等方面的原因而不能再开采，致使资源浪费。

（3）国务院指定矿产品必须销售给特定单位时，采矿权人必须将该矿产品销售给该特定单位。

国务院于 1991 年 1 月 15 日发布的《关于将钨、锡、锑、离子型稀土矿产列为国家实行保护性开采特定矿种的通知》（国发〔1991〕5 号）规定，钨、锡、锑矿产品及其冶炼产品（指钨精矿、低度钨、钨酸、仲钨酸铵、钨酸钠、钨粉、钨铁、三氧化钨、碳化钨、蓝钨、锡精矿、精锡、焊锡、锑精矿、硫化锑、精锑、氧化锑及其他锑品）和离子型稀土矿产品，分别由中国有色金属工业总公司、国务院稀土领导小组会同国家工商行政管理局指定收购单位，实行统一收购，严禁自由买卖。开采其他矿产资源为主的矿山企业，对共生、伴生的钨、锡、锑、离子型稀土矿产要综合开采，合理利用，其矿产品应向指定的收购单位销售（第 5 条）。

（4）依法缴纳采矿权使用费和采矿权价款。

《矿产资源开采登记管理办法》规定，国家实行采矿权有偿取得的制度。采矿权使用费，按照矿区范围的面积逐年缴纳，标准为每平方公里每年 1 000 元（第 9 条）。申请国家出资勘查并已经探明矿产地的采矿权的，此外还应当缴纳经评估确认的国家出资勘查形成的采矿权价款；该价款按照国家有关规定，可以一次缴纳，也可以分期缴纳（第 10 条第 1 款）。不过，有下列情形之一的，由采矿权人提出申请，经省级以上人民政府登记管理机关按照国务院地质矿产主管部门会同国务院财政部门制定的采矿权使用费和采矿权价款的减免办法审查批准，可以减缴、免缴采矿权使用费和采矿权价款：1）开采边远贫困地区的矿产资源的；2）开采国家紧缺的矿种的；3）因自然灾害等不可抗力的原因，造成矿山企业严重亏损或停产的；4）国务院地质矿产主管部门和国务院财政部门规定的其他情形（第12条）。

（5）守法。

遵守国家有关劳动安全、水土保持、土地复垦和环境保护的法律、法规。

（6）接受监管、提交报告。

接受有关部门的监督管理，按照规定填报矿产储量表和矿产资源开发利用情况统计报告。

（7）缴纳出让金。

取得矿地使用权时，依法缴纳矿地使用权出让金。

三、取水权

（一）取水权的概念

取水权，为水权（water rights）的一类，是指权利人依法从地表水或地下水引取（divert）定量之水的权利。在一些立法例上，水权，除了包括汲水权、引水权等类型的取水权，还有水力水权、航运水权、竹木流放水权、排水权等类型。与此有所不同，中国的《取水许可和水资源费征收管理条例》将水力水权、航运水权、排水权纳入取水权之中（第4条第1款第3项、第5条第1款、第12条第7项、第20条第1款第4项、第24条第1款第5项、第32条第2款、第41条第1款第2项、第52条第3项），《取水许可管理办法》予以贯彻（第6条、第7条、第10条第5项、第14条、第20条第3项以下、第21条第1款第2项和第6项、第22条第1款第6项和第7项、第28条第3项和第4项、第38条第2款、第40条第2款、第42条、第43条第2款、第49条第3项）。有鉴于此，我们不妨把境外立法例及其理论所说的取水权叫作狭义的取水权，而将中国《取水许可和水资源费征收管理条例》及《取水许可管理办法》上的取水权称为广义的取水权。

水自身为“动产”，但取水权却是不动产权益。[1] 取水权派生于水资源所有权，故属于他物权；它是权利人使用水并获得利益，而不是为担保债权的实现，

① KAN. STAN. ANN. 82a－701（g）（1997）.

故为用益物权，即为特定的用途从特定的源流而引取、使用水的权利。① 但同一般的用益物权相比，取水权具有以下自身的特点，于是人们称其为准物权。

1. 取水权的客体及其特殊性

取水权的客体是水，包括地表水和地下水。② 它存在于河流、湖泊、池塘、地下径流、地下土壤之中。对于取水权的客体，有的以一定的水量界定，有的以特定的水域面积界定，有的单纯地以特定地域面积界定（以地下水作客体场合即如此），有的以一定期限的用水界定。如此，以特定池塘之水为取水权客体的场合，取水权的客体具有严格意义上的特定性，其他场合的取水权，其客体大多不具有特定性。

取水权不要求其客体具有特定性，与其权利性质及功能有关。取水权类似于物权取得权③，它开始运行，便使水体的所有权从水资源所有权中分离，转归取水权人享有。取水权犹如一道水所有权转让的开关或者说是水所有权主体的转换器，一旦运行就使得水的所有权不断地自水资源所有权人处移转到取水权人之手。④ 既然是取得水所有权的权利，自然就主要关心结果及其根据，即有多少水所有权已经或将要归属于取水权人；无须考虑远隔的水与水资源之间的关系，即不重视将要获取水资源中的哪部分水，于是，不要求客体具有特定性便顺理成章。

2. 取水权在占有权能方面具有特殊性

取水权不含有占有的权能。这既是它所具有的以使用为重心的性质（“use-based” nature）的反映，也是由取水权的客体和水资源所有权的客体融合一体的特点决定的，还是为保护其他用水人能够利用同一水资源所必需的。

3. 取水权原则上无排他性

所有权和用益物权均具有排他性，排他原则解决了这些物权之间的效力冲突。取水权作为用益物权却不尽相同，在特定区域的水资源上可同时存在着数个取水权，排他原则对取水权之间的效力冲突时常无能为力。至于取水权人之间的利益冲突，则通过优先权规则加以协调。先取得取水权者优先以有益目的而用

---

① See John C. Peck, “Assessing the Quality of a Water Right”, *Journal of the Kansas Bar Association* (May, 2001).

② 林柏璋：《台湾水权及其法律性质之探讨——公水之特许使用》，载《台湾水利》第 49 卷第 3 期，2001 年 9 月，第 98～100 页；崔建远：《水权与民法理论及物权法典的制定》，载《法学研究》2002 年第 3 期，第 39 页。

③ ［德］卡尔·拉伦茨：《德国民法通论》（上册），王晓晔、邵建东、程建英、徐国建、谢怀栻译，谢怀栻校，北京，法律出版社 2003 年版，第 292～293 页。

④ 崔建远：《准物权研究》，北京，法律出版社 2003 年版，第 263 页。

水，待其获得满足后，后取得取水权者才可用水；若水资源不足，后取得取水权者的用量即被削减，甚至其取水权的目的落空。① 这与担保物权的位序规则类似。

取水权的这一性质既与取水权的客体和水资源所有权的客体融为一体有关，又进而与取水权不含有占有权相呼应。因取水权不以占用水资源为必要，就为数个取水权并存提供了可能；因取水权的客体和水资源所有权的客体融为一体，就为数个取水权的实现奠定了物质保障。

关于排他性与优先权之间关系的认识，可有宽严之别。从宽解释，具有优先权的取水权优先得到实现，后位序的取水权不得越位。这同样体现出了排他性。还有，在河岸权原则为唯一的取水权取得原则的法律制度下，依河岸权原则取得的取水权暗含着排他性。

4. “用水则有取水权，反之则失取水权”

在先占用原则制度下，奉行“用水则有取水权，反之则失取水权”（use it or lose it）的原则，闲置的取水权将被废止，就是说，取水权人不利用水资源（达到一定期间）便不再享有取水权。② 不过，基于河岸权原则取得的取水权则不因权利的不行使而归于消灭。中国《取水许可管理办法》规定，连续停止取水满 2 年的，由水资源行政主管部门或者其授权发放取水许可的行政主管部门核查后，报县级以上人民政府批准，吊销其取水许可证（第 29 条前段）。这符合效益原则，是合理分配有限的水资源的良策，在水资源短缺的今天，更具有合理性。

（二）取水权的主体

市的水务公司取得取水许可，成为取水权的主体。有的单位或部门取得取水许可，获准抽取地下水，亦为取水权的主体。

在中国，目前大多为灌区取水口拥有取水许可证，其区域内的农户则无取水许可证；个别区域则为流域水管机构的下属职能单位拥有取水许可证，例如，黄河机构管理的引黄闸取得取水许可证。③ 从取水权的角度分析，就是灌区取水口享有取水权，其区域内的农户无取水权。至于流域水管机构的下属职能单位拥有取水许可证，则属既当运动员又作裁判员，应予改正。在这里，下述意见值得重

---

① Jan G. Laitos. “Water Rights, Clean Water Act Section 404 Permitting, and the Takings Clause”, *University of Colorado Law Review* (1989).

② Janet C. Neuman and Keith Hirokawa, “How Good Is An Old Water Right? The Application of Statutory Forfeiture Provisions to Pre-Code Water Rights”, *University of Denver Water Review* (Fall 2000).

③ 李吉庆、李庆伟、王霞：《试论黄河水资源管理中存在的问题及对策》，载孙广生、孙寿松、陈连军主编：《黄河水资源管理研究论文集》，郑州，黄河水利出版社 2002 年版，第 42 页。

视：应主要通过建立用水者协会，把现有灌区改造成为法人，使之成为取水权主体。它们作为灌溉供水服务机构与特许经营者向农户供水。针对个别地区的特殊情况，只要有利于水资源管理，必要时，拥有较大面积灌溉农田的农户也可以成为取水权主体。①

在非灌溉区，沿河或湖泊的农户自河流、湖泊中取水，大多适用河岸权原则，自然享有取水权；也有的适用先占用原则，获得取水许可后，享有取水权。

《取水许可和水资源费征收管理条例》规定，下列情形不需要申请领取取水许可证：农村集体经济组织及其成员使用本集体经济组织的水塘、水库中的水的；家庭生活和零星散养、圈养畜禽饮用等少量取水的；为保障矿井等地下工程施工安全和生产安全必须进行临时应急取（排）水的；为消除对公共安全或者公共利益的危害临时应急取水的；为农业抗旱和维护生态与环境必须临时应急取水的（第4条第1款）。其他情形均应申请领取取水许可证，并缴纳水资源费（第2条第2款），方可有资格取水。从取水权的角度观察，取得该项资格，就是取得取水权。

取水工程、利用机械提水设施的主办者，须申请取水许可。对此，《取水许可和水资源费征收管理条例》第23条规定，取水工程或设施竣工后，申请人应当按照国务院水行政主管部门的规定，向取水审批机关报送取水工程或设施试运行情况等相关材料；经验收合格的，由审批机关核发取水许可证（第1款）。直接利用已有的取水工程或设施取水的，经审批机关审查合格，发给取水许可证（第2款）。

（三）取水权的设立

所谓取水权的设立，也是取水权的初始配置，是指水资源所有权的主体或其管理者分离水资源所有权的部分权能给用水人，使其取得取水权。

按照理想的模式，中国未来的水法应该承认取水权设立的三种方式：一是土地的所有权人或使用权人基于其地权直接取得取水权，无须任何行政程序。《水法》第48条第1款但书规定的为家庭生活和零星散养、圈养畜禽饮用等少量取水而获得取水权，属于这种方式。二是基于行政许可而取得取水权。《水法》以及《取水许可和水资源费征收管理条例》、《取水许可管理办法》规定的取水许可制度，在引入取水权概念的情况下，便属此类方式。三是基于取得时效而取得取水权。如果中国法承认了取得时效，那么当用水人公然地、平和地、持续地用水达到法定期间时，可以自动地取得取水权。

---

① 刘斌：《我国水权制度探析》，清华大学法学院第二学士学位论文（2002），第26页。

按照《取水许可和水资源费征收管理条例》《取水许可管理办法》规定，取水权取得的具体程序包括申请、受理、审查、决定。按照行政许可法的设计，必要时还可以举行听证会。

（四）取水权的优先权

因为优先权是取水权的两大要素之一，在取水权制度中处于非常重要的地位，故单提出来专门讨论。剖析取水权制度中的优先权，会发现它有三个功能：一是决定取水权是否产生，在某些情况下（如依河岸权原则）甚至是排他地确定取水权的取得；二是确定数个取水权之间的先后顺序，协调取水权人之间的利益冲突；三是确定取水权优先于其他权利。称前者为取水权的产生依据，称后两者为取水权的优先位序，更为准确。为方便起见，同时照顾到用法习惯，本释评书在不同的场合使用相应的称谓。

因确定标准不同、取水权所处的场合不同，确定优先权的原则及规则便呈现出差异，以下分门别类予以介绍，并尽可能地作出评论。

1. 以地表水为客体场合，确定取水权取得的优先权类型

（1）河岸权原则（riparian principles）。准确地说，河岸权原则应该叫作依河岸地所有权或使用权确定取水权归属的原则。它指取水权附属于相邻于水的土地[①]，换言之，土地所有权人对与其土地相毗邻的河流当然地享有取水权。其性质有四：其一，它适用于河流与土地毗邻场合取得取水权。依该原则取得取水权，仅需要存在着河流的天然径流、土地所有人对毗邻的河岸享有所有权两项条件，至于当时该河流中是否蓄存着水，水量大或小，则在所不问。其二，依该原则取得取水权系当然的与自动的，无须经人为的程序来授予。其三，依该原则取得的取水权具有永续性，同权利人利用水资源与否无关。该取水权既不会因权利人不利用水资源而丧失，也不会因利用的时间先后而产生优先权。[②] 其四，此类取水权受制于其他河岸所有人同样的合理使用的平等权利。[③]

［辨析］

河岸权原则同中国法上的相邻用水排水权类似，但两者具有本质的不同：其一，相邻用水排水权，是不动产权利人用水排水，牺牲毗邻不动产的权利人的利

---

① David H. Getches, *Water Law in a Nutshell*, 77 (2d ed. 1990).

② John R. Teerink and Masahiro Nakashima：《美国 日本 水权 水价 水分配》，刘斌、高建恩、王仰仁译，王志民审阅，天津，天津科学技术出版社2000年版，第32～33页。

③ Bannister, "Interstate Rights in Interstate Streams in the Arid West", *Harv. L. R.*, Vol. 36, p. 960. 转引自［美］本杰明·内森·卡多佐：《法律的生长》，刘培峰、刘骁军译，冯克利校，贵阳，贵州人民出版社2003年版，第65页。

益的法律根据，反映的是这种利益彼长此消的关系，其主体是相互毗邻不动产的所有权人或使用权人，水资源所有权人及其利益不在其中。河岸权原则解决的恰恰是不动产权利人从水资源所有权人处取得用水的权源问题，有时是不动产权利人从其他取水权人处获得取水权的问题，总之不是相邻不动产权利人之间的问题。其二，在无偿用水的时代，或在土地与水相结合同为土地所有权客体的制度中，不动产权利人即使无取水权也可基于相邻用水排水权而自然享有用水的权利，一些国家或地区的民法确实是如此规定的，中国民法的通说也是这样主张的。但这确实是无故地牺牲了水资源所有权人的利益，是不当的利益分配；也同水法的原则相冲突，容易使人产生相邻用水权中当然含有取水权的错觉。在水资源所有权独立于土地所有权并归国家享有，又实行有偿用水制度的背景下，必须修正上述规定及其学说，确立下述规则：相邻用水排水权中无取水权这一成分，亦非确定取水权取得的基准；而河岸权原则恰恰是取得取水权的依据。《水法》第 20 条关于“开发、利用水资源，应当坚持兴利与除害相结合，兼顾上下游、左右岸和有关地区之间的利益，充分发挥水资源的综合效益”的规定，可以解释为取水权行使时存在着相邻关系，是取水权与相邻权并存，而非相邻权取代取水权。其三，在建筑物排水场合，相邻用水排水权与河岸权原则不搭界。在与河流毗邻的土地需用水排水场合，若无取水权存在，亦不会有相邻用水排水权，只有在已取得了取水权之后，才会产生上下游的土地所有权人或使用权人之间在用水排水方面存在的问题，才会有相邻用水排水权的运用。其四，河岸权原则解决的是取水权从无到有的问题；相邻用水排水权解决的是有了取水权以后，取水权运用过程中发生的利益冲突问题。

（2）先占用原则（prior appropriation principles）。它是指按占用水资源的时间先后来确定取水权的取得以及取水权之间的优先位序的原则。有人将它表述为，先占用水资源者，优先取得取水权，或其取水权居于优先位序（first in time，first in right）。其产生和存在的必要性首先表现在，非毗邻水资源的土地同样需要用水，可是按河岸权原则却达不到目的，而依据先占用原则就能如愿以偿。它包括三项基本规则：其一，水的利用仅可以是直接的、实际的和有益的。其二，首次有益用水者相对于其后的用水者取得优先权（paramount right）。其三，该权为继续的权利（continued right），以继续而有益地用水而非浪费为存续条件。[1] 其中，第一项规则包含着对取水权的三项限制：首先，取水权是用益

① Krista Koehl，“Partial Forfeiture of Water Rights：Oregon Compromises Traditional Principles to Achieve Flexibility”，28 *Envtl. L.* 1140－1141（1998）.

权，仅仅在于用水。其次，由有益用水决定的水量确定着取水权的范围[①]，取水权人不享有超出其实际有益用水量的权利。最后，起初将有益用水的类型限制为矿业用水、灌溉用水和畜牧用水。[②] 近来，法院与立法机构将有益用水的类型扩张到娱乐用水、环境用水和回流河道用水。[③] 第二项规则赋予了首先的或最早的有益用水者处于优先位序的取水权。该权整体地优先于随后的用水人的取水权。该取水权的优先日期溯及至用水人首次引取水的时间。[④] 其例外有，当居民申请家庭用水时，水资源管理部门可以不顾时间的先后而承认他优先于其他申请者。一旦该申请被批准，水资源管理部门签发取水权许可，那么该取水权便处于优先位序。[⑤] 第三项规则要求取水权人继续用水以保持其取水权。只要有益用水在继续，取水权便存续[⑥]；不用水或浪费地用水便导致取水权丧失。[⑦] 该规则使停止有益用水的取水权人无权阻止后位序的取水权人有益用水，也就是说，该规则使因纯粹猜想的目的而不行使取水权者不能继续享有取水权。[⑧]

2. *以地下水为客体场合，确定取水权取得的优先权规则*

地下水大致分为地面入渗水和地下径流。后者是指流动于一条“确定、已知、可探查”的地下水道中的水流。当地表河流入渗并在该河床下继续流动时，以地下径流论。根据《水法》第 48 条第 1 款的规定，可推知：宅基地使用权人有权不经审批程序而径直抽取其宅基地下之水来满足其生活需要。与此不同，土地所有权人须经水资源主管部门审批并签发取水许可证方有权抽取、使用其地下之水，土地承包经营权人亦应如此，建设用地使用权人须经批准方有权抽取、使用其地下之水。水资源行政主管部门审核、批准取水许可，应按申请时间的先后确定取水权的取得以及位序。就此说来，中国法实行的是先占用原则。

中国以往鲜有取水权人抽取、使用异地的地下水的现象，所以基于先占用原

---

① Wells A. Hutchins, “Water Rights Laws in the Nineteen Western States”, 440 (1971).

② Charles F. Wilkinson, “Crossing the Next Meridian: Land, Water, and the Future of the West”, 234 (1992).

③ Steven J. Shupe, “Waste in Western Water Law: A Blueprint for Change”, 61 Or. L. Rev. 483, 488 (1982).

④ National Water Comm'n, *A Summary-Digest of State Water Laws* 5 (Richard L. Dewsnup & Dallin W. Jensen eds., 1973).

⑤ John R. Teerink and Masahiro Nakashima:《美国 日本 水权 水价 水分配》，刘斌、高建恩、王仰仁译，王志民审阅，天津，天津科学技术出版社 2000 年版，第 50 页。

⑥ Janet C. Neuman, “Beneficial Use, Waste, and Forfeiture: The Inefficient Search for Efficiency in Western Water Use”, 28 *Envtl. L.*, 920 (1998).

⑦ David H. Getches, *Water Law in a Nutshell*, 76 (2d ed. 1990).

⑧ Darryl V. Wareham, “Washington Water Rights Based on Actual Use or on Delivery System Capacity? Department of Ecology v. Theodoratus”, *Seattle University Law Review* (Summer 2000).

则取得异地地下水的取水权尚不多见。就是说，在地下水的取水权取得方面，先占用原则的适用范围较窄。随着市场经济的发展，若取水权人抽取、使用异地的地下水的需要增强，事例增多，那么先占用原则的适用范围会拓宽。

3. 在以地表水为客体的情况下，数个取水权并存于同一水资源场合，确定取水权的优先位序（优先权）的规则

《水法》第21条确立了如下位序：生活用水、农业用水（灌溉用水）、工业用水、生态环境用水以及航运用水等。其中关于"在干旱和半干旱地区开发、利用水资源，应当充分考虑生态环境用水需要"的规定，意味着环境取水权的地位更高。这可谓巨大的进步。

4. 在以地下水为客体的情况下，数个取水权并存于同一水资源场合，确定取水权的优先位序（优先权）的规则

适用先占用原则取得地下水的取水权，同样会产生数个取水权的效力冲突问题，解决的规则基本上按地表水的取水权取得的时间顺序确定位序①，但也有特殊之处，即土地所有权人对其土地下之水享有的取水权绝对优先于从该地下抽取水并向异地输送的取水权。② 这实际上否定了依用水目的确定取水权位序的规则，带有绝对所有权原则的影子。对于中国法来说，在吸收该规则时应设有例外，方案可有二：一是依用水目的确定取水权的位序，二是通过征用的方式满足非土地权利人的取水权需要。

四、渔业权（养殖权、捕捞权）

（一）渔业权的概念

养殖权和捕捞权合称渔业权，它是个集合概念，指自然人、法人或其他组织依照法律规定，在一定水域从事养殖或捕捞水生动植物的权利，或游客在一定水域从事渔业娱乐的权利。其中，自然人、法人或其他组织依照法律规定，在一定水域从事养殖水生动植物的权利，叫作养殖权。自然人、法人或其他组织依照法律规定，在一定水域从事捕捞水生动物的权利，称为捕捞权。游客在一定水域从事渔业娱乐的权利，叫作娱乐渔业权。

《渔业法》明确规定了养殖业（第2章）及养殖证（第11条、第12条等）、捕捞业（第3章）及捕捞许可证（第23—25条），《渔业法实施细则》还规定了

---

① Department of Ecology v. Theodoratus，135 Wash. 2d 582，590，957 p. 2d 1241，1245，1246 (1998).

② John R. Teerink and Masahiro Nakashima：《美国　日本　水权　水价　水分配》，刘斌、高建恩、王仰仁译，王志民审阅，天津，天津科学技术出版社2000年版，第37页。

定置渔业（第23条）和娱乐性游钓（第18条），未出现渔业权以及养殖权或捕捞权的字样。《民法典》第329条采用的表述是“使用水域、滩涂从事养殖、捕捞的权利”，实质上即为养殖权、捕捞权。

（二）渔业权的性质

1. 渔业权是财产权

渔业权之目的利益为经济利益，因此，渔业权是一种财产权。[①] 渔业权是以水产动植物捕捞或养殖的经济事业为其权利内容的，其目的利益在于经济利益，故为财产权。[②]

2. 渔业权为物权

养殖权是使用特定水体而获取利益的权利，捕捞权是使用特定渔场而取得渔获物的权利，它们都具有直接支配其客体并享有利益这个物权的实质，所以说渔业权是物权。

3. 渔业权是准物权

渔业权的特殊之处主要表现在如下几点：(1) 在客体的特定性方面，就一般意义而言，渔业权具有特定性；从极为严格的意义上讲，渔业权在水体因素的变化方面具有不特定性。(2) 在权利构成方面，渔业权具有复合性。(3) 在排他性或优先性方面，养殖权具有排他性而无优先性，在同时并存于同一水域内的数个捕捞权相互之间无排他性，在对非捕捞权人的权利方面具有排他性。(4) 在权利是否具有公权色彩方面，渔业权是具有公权色彩的私权。(5) 在权利取得方面，大多渔业权需要行政许可。(6) 在追及效力方面，渔业权仅仅在他人不法占据捕捞许可证、养殖证所划定的特定水域时，才有追及效力。对于被他人盗捕的水生动植物，在养殖权场合是基于水生动植物所有权请求返还；在捕捞权场合，既不能基于水生动植物所有权主张返还，因捕捞权人无此所有权，也不能基于捕捞权请求返还，因水生动植物脱离于捕捞许可证所划定的特定水域就不再处于捕捞权的效力范围，在符合侵权行为的构成要件时，捕捞权人可以基于侵权行为主张损害赔偿。(7) 在一物一权主义方面，捕捞权一般无从体现，养殖权的一物一权主义体现在特定水域上。正因渔业权具有如此多的特性，所以我们称它为准物权。

4. 渔业权具有期限性

无论养殖证还是捕捞许可证都是有期限的，相应地，养殖权和捕捞权也均为

---

① 欧庆贤、郑天明：《日本渔业补偿的法律性质》，载《渔业推广》第161期，2000年2月，第44页。

② 陈俊佑：《专用渔业权管理制度之研究》，台湾海洋大学海洋法律研究所硕士学位论文（1994），第48页。

有期的权利。《水域滩涂养殖发证登记办法》第 18 条第 1 款前段关于“水域滩涂养殖权期限届满”的规定，表明了水域滩涂养殖权的期限性。《渔业捕捞许可管理规定》第 35 条第 1 款关于“海洋渔业捕捞许可证和内陆渔业捕捞许可证的使用期限为 5 年。其他种类渔业捕捞许可证的使用期限根据实际需要确定，但最长不超过 3 年”的规定，明确了海洋渔业捕捞权和内陆渔业捕捞权的存续期限为 5 年，其他类型的捕捞权的存续期限最长不超过 3 年。

5. 渔业权的客体具有特殊性

（1）渔业权的客体是一定的水域。

渔业权是以水域为标的物的，该水域包括水体与此水域下的土地，水产生物资源为水域的一部分。[①] 在中国，捕捞权的客体首先被限定于特定的渔场，其次才在该渔场内实际地占有一定水域。每个捕捞许可证都指定持有人在特定的渔场从事捕捞作业，否则，所谓捕捞行为被认定为违法。

（2）渔业权在其客体是否具有特定性方面呈现出特色。

捕捞权的客体为一定的水域，在一般情况下有个大致范围，可以说具有特定性。但就操作性而言，事情就不如此简单，现在以在海洋作业的捕捞权为例加以说明。由于在海洋中无法有效地设置永久性的标志物，只能利用经纬度坐标连线作为判别的依据，这带来了复杂的查证手续，不仅成本增高，而且困难重重。事实上，一个渔场的范围是不定的，会随着海洋环境、鱼群的聚集程度、鱼类习性的变化而改变，有时会涵盖不同的渔业权人管辖的水域。[②] 这表明，如果按照严格的标准，在海洋作业的捕捞权的客体呈现出不确定性。

之所以强调渔业权的客体具有特定性，是因为这有利于确权，划清渔业权人与他人之间的权利义务的边界，渔业权人对于特定的水域具有相对意义的排他性占有、捕捞的权利。之所以指出渔业权客体具有不特定性的一面，是因为这有利于解决如下问题：当水域的因素受自然力作用而发生重大变化，致使渔业权的目的部分或全部落空时，渔业权人应有权请求变更乃至解除合同，不负违约责任；当水域的因素因他人实施污染等不法行为的影响而发生重大变化，致使渔业权的目的部分或全部落空时，渔业权人有权请求侵权行为人停止侵害、消除污染、恢复原状，若有损失，还有权请求赔偿。

6. 渔业权在构成上具有复合性

养殖权的构成包括三方面的权利：其一是权利人占有一定水域并养殖水生动

---

①② 陈俊佑：《专用渔业权管理制度之研究》，台湾海洋大学海洋法律研究所硕士学位论文（1994 年），第 46、95 页。

植物的权利；其二是该水体的使用权；其三是保持该特定水域里水生动植物生存、生长状态的权利，也就是保持该水生动植物所有权存续状态的权利。这三方面的权利共同构成一个完整的养殖权。前两种权利在民法上都有相应的权利类型，属于用益权。后一种权利在民法上尚无类似的权利类型，可以作为特别法上的权利看待。但这种观点及其思维方式的法理基础是什么，需要继续研究。

［引申］

对于此类特性，有学者向笔者提出诘问：典型物权包含占有权、使用权、收益权乃至处分权，其权利构成具有复合性；债权含有请求权、给付受领权、自力救济权和抵销等处分权，其权利构成也显现出复合性。因而，称渔业权的权利构成具有复合性为渔业权的特色，不能成立。对此，笔者的回答是：占有权、使用权、收益权乃至处分权，在典型物权中只是权能，并非独立的民事权利；请求权、给付受领权、自力救济权和处分权能，在债权中也仅仅是权能，同样不是独立的民事权利。与此不同，养殖权的场合，权利人占有一定水域并养殖水生动植物的权利则为一种独立的用益权，其自身即含有占有、使用和收益三项权能，类似于土地承包经营权；水体使用权也是一种独立的民事权利，其本身也含有占有、使用和收益三项权能，相当于矿业权中的地下使用权；至于保持该特定水域里水生动植物生存、生长状态的权利，虽然在民法上不易找到与此相似的民事权利，但可以作为特别法上的权利看待。可见，养殖权至少由两种独立的民事权利构成，不同于由权能构成的典型物权等民事权利。

捕捞权人对于仍然生活在水域里的水生动植物没有所有权，仅仅对于渔获物享有所有权，可以说，捕捞权系取得未来渔获物的所有权的权利，类似于取水权系取得水所有权的资格。虽然捕捞权的拥有本身不包含对水生动物的所有权，渔业经营者有效益地行使捕捞权才取得渔获物的所有权，但是，水质的恶化、水深的不足、水温的增高等会使鱼类资源减少乃至枯竭，使捕捞权的目的落空，因而捕捞权也应该含有保持该特定水域里水生动物生存、生长状态的权利，也就是保持该水生动物所有权存续状态的权利。除此而外，捕捞权人尚有占有一定水域捕捞水生动物的权利、一定水域的使用权。这三种权利共同构成一个完整的捕捞权。

对于捕捞权构成上的复合性，如同养殖权构成上的复合性，同样有学者提出了诘问。笔者仍然回应为：占有权、使用权、收益权乃至处分权，在典型物权中只是权能，并非独立的民事权利；请求权、给付受领权、自力救济权和处分权能，在债权中也仅仅是权能，同样不是独立的民事权利。与此不同，捕捞权的场合，权利人占有特定渔场从事捕捞作业的权利则为一种独立的用益权，其自身即含有占有、使用和收益三项权能，类似于土地承包经营权；水体使用权也是一种独立的民事权利，其本身也含有占有、使用和收益三项权能，相当于矿业权中的地下使用权；至于保持该特定渔场中水生动物生存、生长状态的权利，也就是保持该水生动物所有权存续状态的权利，虽然在民法上不易找到与此相似的民事权利，但可以作为特别法上的权利看待。可见，捕捞权至少由两种独立的民事权利构成，不同于由权能构成的典型物权等民事权利。

虽然矿业权与渔业权在权利构成上都具有复合性，但在其构成因素方面有所不同。在矿业权场合，存在着两方面的权利：(1) 占有特定矿区或工作区，勘探（探矿权场合）、开采（采矿权场合）矿产资源；(2) 特定矿区或工作区的地下使用权。①

7. 渔业权是具有公权色彩的私权

现行法上的渔业权，没有入渔权，只有养殖权和捕捞权，还可以承认娱乐渔业权，从其取得的角度观察，确实有行政因素，其内核有渔业权人向渔业资源主管部门要求在特定水域从事养殖或捕捞的利益的元素，渔业权纠纷多由行政方式解决，就此可以说养殖权、捕捞权和娱乐渔业权具有公权的色彩；但是，养殖权、捕捞权、娱乐渔业权的基本面是权利人利用特定的水域从事渔业活动，并享有所产生的利益，以及就此形成的渔业权人与非渔业权人之间的关系，确实表现出私权的属性，且私权属性处于核心和主导的地位。

（三）渔业权的主体

关于养殖权的主体，在中国可以是全民所有制单位、集体所有制单位，也可以是个人（《渔业法》第 10 条、第 11 条）。按照民法原理，物权的主体分为自然人、法人、非法人组织，所有制性质在物权关系中不表现出来。把《渔业法》第 10 条和第 11 条所使用的称谓转换成民法术语，就是养殖权的主体可以是自然人、法人，也可以是非法人组织。

在自然人、法人、非法人组织均就同一水域（含滩涂）向渔业行政主管部门申请养殖证，而该水域不能并存多个养殖权的情况下，县级以上地方人民政府在核发养殖证时，应当优先安排当地的渔业生产者（《渔业法》第 12 条）。

养殖权的主体可以和承包经营权的主体重合，《渔业法》规定，集体所有的或全民所有由农业集体经济组织使用的水域、滩涂，可以由个人或集体承包，从事养殖生产（《渔业法》第 11 条第 2 款）。

---

① 崔建远、晓坤：《矿业权基本问题探讨》，载《法学研究》1998 年第 4 期，第 84 页。

准确些说，自然人、法人、非法人组织欲成为捕捞权的主体，首先必须具有行为能力，还须具有渔业船舶检验证书、渔业船舶登记证书，并符合国务院渔业行政主管部门规定的其他条件（《渔业法》第 24 条第 1 款）。县级以上地方人民政府渔业行政主管部门批准发放的捕捞许可证，应当与上级人民政府渔业行政主管部门下达的捕捞限额指标相适应（《渔业法》第 24 条第 2 款）。

《渔业法》第 8 条规定："外国人、外国渔业船舶进入中华人民共和国管辖水域，从事渔业生产或者渔业资源调查活动，必须经国务院有关主管部门批准，并遵守本法和中华人民共和国其他有关法律、法规的规定；同中华人民共和国订有条约、协定的，按照条约、协定办理"（第 1 款）；"国家渔政渔港监督管理机构对外行使渔政渔港监督管理权"（第 2 款）。《渔业捕捞许可管理规定》规定，中华人民共和国的公民、法人和其他组织从事渔业捕捞活动，以及外国人在中华人民共和国管辖水域从事渔业捕捞活动，应当遵守本规定。中华人民共和国缔结的条约、协定另有规定的，按条约、协定执行（第 2 条）。外国渔船捕捞许可证，适用于许可外国船舶、外国人在中国管辖水域的捕捞作业（第 17 条第 6 项）。这表明，外国人可以是中国渔业法上的捕捞权人。

（四）渔业权的内容

1. 养殖权的内容

渔业权中的养殖权和捕捞权在内容上有所不同，为清楚起见，分别讨论。

（1）占有权。

由使用特定水域养殖水生动植物这个养殖权的本质所决定，养殖权人占有特定水域、滩涂就成为养殖权必不可少的内容。在一般情况下，该占有是排他的，即养殖证所划定的特定水域全部归权利人占有，他人无权占有。但在养殖证授权数个渔业经营者在同一特定水域放养不同习性水生动植物、吃不同食物的水生动物的情况下，其占有就成为共同占有，每个养殖权人所拥有的占有便无排他性。在养殖证把该特定水域纵向分割成若干层面，不同层面的水域成为不同养殖权的客体的情况下，就水面而言，是数个养殖权并存于同一特定水面，此类占有就不是排他的；就水体而言，在绝大多数时间内，每个养殖权人占有的水体部位不同，甲养殖权人占有的是水体的上层，乙养殖权人占有的是水体的底层，甲养殖权人无权占有水体的底层，乙养殖权人无权占有水体的上层，可以说此类占有仍具有排他性。①

（2）使用特定水域的权利。

水生动植物一定生活在水域之中，故养殖权的行使自然表现为养殖权人使用

① 崔建远：《准物权研究》，北京，法律出版社 2003 年版，第 413～414 页。

特定的水域。在这里，所谓使用特定水域，要求具备若干因素：1）生活其中的水生动植物须符合法律的要求；2）使用特定水域的方式必须符合法律的要求；3）使用须有时间上的连续性，停止使用达法定期限，则养殖权终止。

（3）捕捞权。

此处所谓捕捞权只是养殖权中的一项权能，不同于作为一种独立权利的捕捞权。1）因为该捕捞权只是一项权能，不是独立的权利，所以它随养殖权的产生而自然具有，无须单独申请、登记。2）因为该捕捞权能只是养殖权的一项权能，所以，其作业方式不受《渔业法》关于捕捞权行使方式的规定的制约，可以由养殖权人自己决定，只要不恶化水质，影响他人的合法权益。3）该捕捞权作为养殖权的一项权能，自然不得单独转让，只能依法随同养殖权一同转让。倘若他人有权捕捞养殖权人所有的水生动物，要么是他已经受让了整个养殖权，要么是基于他与养殖权人签订的买卖该水域、滩涂所养水生动物的合同，捕捞本属于他所有的水生动物。①

（4）转让养殖权的权利。

《渔业法》未明文禁止养殖权的转让，实务中因养殖权人承包的水面（含滩涂）转让、养殖权人转换职业、养殖权人丧失从事养殖业的能力等原因，需要转让养殖权，法律没有必要加以禁止。因为转让养殖权较终止养殖权而闲置水面、渔业行政主管机关收回养殖权再授予他人，更有效益。② 有鉴于此，《水域滩涂养殖发证登记办法》（农业部令 2010 年第 9 号）明确规定了养殖权可以转让，只是必须符合条件和程序（第 9 条、第 13 条）。

按照《水域滩涂养殖发证登记办法》的规定，养殖权转让的情形包括将养殖权入股、转让、互换，以及养殖权分立、合并。对于将养殖权入股，不需要重新办理发证登记。对于采取转让、互换方式流转水域滩涂养殖权的，当事人可以要求重新办理发证登记。申请重新办理发证登记的，应当提交原养殖证和水域滩涂养殖权流转合同等相关证明材料（第 13 条）。依法转让国家所有水域、滩涂的养殖权的，应当持原养殖证，依照该登记办法的规定重新办理发证登记（第 9 条）。因转让、互换以外的其他方式导致水域滩涂养殖权分立、合并的，应当持原养殖证及相关证明材料，向原发证登记机关重新办理发证登记（第 13 条）。

（5）养殖权人的义务。

《渔业法》规定，养殖权人使用进口的水产苗种，须由国务院渔业行政主管部门或者省、自治区、直辖市人民政府渔业行政主管部门审批（第 16 条第 2

---

①② 崔建远：《准物权研究》，北京，法律出版社 2003 年版，第 415 页。

款）。养殖权人生产水产苗种，除非自用，应当由县级以上人民政府渔业行政主管部门审批（第 16 条第 3 款）。不得使用含有毒有害物质的饵料、饲料（第 19 条）。应当保护水域生态环境，科学确定养殖密度，合理投饵、施肥、使用药物，不得造成水域的环境污染（第 20 条）。

各种经济藻类和淡水食用水生植物，应当待其长成后方得采收，并注意留种、留株，合理轮采（《水产资源繁殖保护条例》第 5 条第 2 款）。

养殖权人负有继续性养殖的义务，无正当理由使水域（含滩涂）荒芜满 1 年的，又违反发放养殖证的机关关于限期开发利用水域从事养殖业的指令，逾期未开发利用的，会被吊销养殖证，即养殖权消灭；同时可能承担 10 000 元以下的罚款（《渔业法》第 40 条第 1 款）。

2. 捕捞权的内容

（1）占有权。

从事捕捞作业，必须占有一定水域。当然，该水域必须是捕捞许可证上指定渔场的水域。

（2）在特定渔场从事捕捞作业的权利。

捕捞权的核心在于权利人在捕捞许可证上指定的渔场从事捕捞作业。只要捕捞权人按照捕捞许可证上关于作业类型、场所、时限、渔具数量和捕捞限额的规定进行作业，就受到法律的完全保护。①

从事捕捞作业而有渔获物，并取得其所有权。该所有权的取得根据，从形式上看是渔业权人的捕捞行为，但实质根据在于捕捞权，就是说，捕捞权是以取得渔获物所有权为内容的权利。不这样理解，就难以解释产品系工人制造的，但该产品所有权却不归他们享有；渔获物系渔业权人所雇用的人捕捞的，但渔获物的所有权却归渔业权人享有。②

（3）对抗他人的权利。

捕捞权为准物权，具有对世的效力，故捕捞权人对于他人的一切不法干预，例如无根据地禁止正常的捕捞活动、妨碍捕捞作业等，均有对抗的权利。③

（4）请求损害赔偿的权利。

他人不法侵害捕捞权人的人身、财产并造成损害的，捕捞权人都有权请求损害赔偿。

（5）捕捞权人的义务。

从事捕捞作业，必须按照捕捞许可证关于作业类型、场所、时限、渔具数量

---

①②③　崔建远：《准物权研究》，北京，法律出版社 2003 年版，第 416、416、417 页。

和捕捞限额的规定进行，并遵守国家有关保护渔业资源的规定，大中型渔船应当填写渔捞日志（《渔业法》第25条）。违反此类义务的，会被没收渔获物和违法所得，并可被处以50 000元以下罚款；情节严重的，还可被没收渔具，吊销捕捞许可证（《渔业法》第42条）。①

其中，超过捕捞许可证上规定的限额进行捕捞，若无限制地继续下去，就构成超额捕捞或曰滥捕（over fishing）。对于其他任何一位捕捞权人而言，超额捕捞就意味着将降低其每单位劳力期待的渔获利益；对于整个渔业资源来说，可能导致某些特定鱼种的消失殆尽。② 所以，超额捕捞者应承担相应的法律责任。③

水生动物的可捕标准，应当以达到性成熟为原则。对各种捕捞对象应当规定具体的可捕标准（长度或重量）和渔获物中小于可捕标准部分的最大比重。捕捞时应当保留足够数量的亲体，使资源能够稳定增长（《水产资源繁殖保护条例》第5条第1款）。

不得使用炸鱼、毒鱼、电鱼等破坏渔业资源的方法进行捕捞。不得在禁渔期、禁渔区进行捕捞。不得使用小于最小网目尺寸的网具进行捕捞。捕捞的渔获物中幼鱼不得超过规定的比例（《渔业法》第30条）。

不得捕捞有重要经济价值的水生动物苗种（《渔业法》第31条）。不得捕杀、伤害国家重点保护的水生野生动物（《渔业法》第37条）。

不得买卖、出租和以其他形式转让捕捞许可证，不得涂改、伪造、变造（《渔业法》第23条第3款）。

对于跨界鱼类和高度洄游鱼类需要保护，现在已经通过了《执行1982年12月10日〈联合国海洋法公约〉有关养护和管理跨界鱼类种群和高度洄游鱼类种群的规定的协定》，捕捞权人必须遵守。依据该公约规定，捕捞权人若使用了禁用渔具，在禁渔区和禁渔期从事捕捞作业，属于严重违规（serious violation），任何国家均可登船检查，予以处分。④

（五）渔业权的物权效力

渔业权作为准物权，具有物权效力符合逻辑，同时又表现出特殊性。

1. 渔业权的排他效力

所谓渔业权的排他效力，包含两方面的内容：一是指在同一特定水域不得同时存在两个或两个以上的渔业权；二是指在同一特定水域只能存在一个渔业权，

---

① 崔建远：《准物权研究》，北京，法律出版社2003年版，第417页。

②③④ 陈荔彤：《国际渔业法律制度之研究》，载《中兴法学》第43卷，1997年12月，第233、233、280页。

不得同时存在水权等用益物权。

（1）同一特定水域不得同时存在两个或两个以上的渔业权。

基于养殖的自然物理性质，数个养殖权不得同时并存于同一特定水域，除非实行区分养殖权制度，或养殖证授权数个渔业经营者在同一特定水域放养不同习性水生动植物、吃不同食物的水生动物。捕捞权的情况比较复杂，需要具体分析。在中国，由于不存在专用渔业权、特定区划渔业权或共同渔业权作为中间环节，在近海、公海乃至他国水域捕捞，可以允许数个捕捞权同时存在于同一渔场，这些捕捞权之间不具有排他性。在这点上，捕捞权确实不同于典型的用益物权。例如，在中国管辖的北部湾渔场，就既有广西壮族自治区、广东省的渔船从事捕捞作业，又有海南省的渔船从事捕捞活动。每条渔船的作业海域可能重叠，在这些渔业权之间的关系上，不宜用排他性予以描述。但这些捕捞权与存在于其他渔场的渔业权之间，则是相互排斥的。

（2）在同一特定水域只能存在一个渔业权，不得并存着水权等用益物权。

划定航道，涉及水产养殖区的，航道主管部门应当征求渔业行政主管部门的意见（《内河交通安全管理条例》第 27 条第 2 款前段）。如果渔业行政主管部门基于正当理由不同意，就表明渔业权排斥航运水权。

在渔业权与排污权之间的关系上，原则上排污不得侵害渔业权。例如，海洋石油钻井船、钻井平台和采油平台不得向海域处置含油的工业垃圾。处置其他工业垃圾，不得造成海洋环境污染（《海洋环境保护法》第 52 条）。在重要渔业水域……不得新建排污口（《海洋环境保护法》第 30 条第 3 款）。向海域排放含热废水，应当采取有效措施，保证邻近的渔业水域的水温符合国家海洋环境质量标准，避免热污染对水产资源的危害（《海洋环境保护法》第 36 条）。《水污染防治法》也规定了排污不得侵害渔业权的内容（第 75 条、第 94 条第 3 款）。①

2. 渔业权的优先效力

（1）渔业权在法律效力上优先于债权。

某特定水域本来存在着租赁权，当该水域成为渔业权的客体时，该渔业权的效力优先于租赁权。如果租赁权因此而归于消灭，在采取物权的排他效力、物权的优先效力、物权的追及效力和物权请求权的所谓物权的“四效力说”的背景下，从严格的意义上可以说，这是渔业权排他效力的体现。②

（2）渔业权在法律效力上优先于水资源所有权。

水资源所有权虽然是渔业权产生的母权，但在特定水域的利用方面，渔业权

①② 崔建远：《准物权研究》，北京，法律出版社 2003 年版，第 420 页。

优先于水资源所有权，水资源所有权人不得妨碍渔业权的行使；取得所捕捞水生动物的所有权，属于捕捞权的效力，水资源所有权不发挥作用。否则，渔业权就没有存在的价值。

（3）渔业权在法律效力上优先于其他用益物权。

有时渔业权与水权虽然可以并存于同一水域，但渔业权优先受到保护。例如，任何单位和个人在鱼、虾、蟹、贝幼苗的重点产区直接引水、用水的，应当采取避开幼苗的密集期、密集区，或设置网栅等保护措施（《渔业法实施细则》第26条）。

（4）渔业权相互之间的优先效力。

此处所谓渔业权相互之间的优先效力，仅指并存于同一特定水域的数个渔业权之间的效力顺序，不包括数个渔业经营者申请某一特定水域的渔业权，渔业主管部门只批准其中一人取得渔业权的情况。因为在采取“四效力说”的背景下，从严格的意义上，按照物权排他性的一般原理，这种情况属于渔业权排他性的范畴。但在采取物权的优先效力和物权请求权的所谓物权“二效力说”的背景下，将上述现象归入优先效力之中，也有其道理。据此，所谓渔业权的优先性，指在同一水域上存有两种以上的渔业权时，先成立的渔业权较后成立的渔业权为优先，所以渔政主管部门应撤销后成立渔业权的核准。[①] 这种情况只有在采纳“二效力说”场合才能成立，在采纳“四效力说”的情况下，则值得商榷。

3. 渔业权的追及效力

关于物权的追及效力与物权请求权之间的关系，见仁见智。笔者持两者均有独立存在的价值，虽然相互有交叉，但并非完全重合的观点；赞同在渔业权场合，物权的追及效力基本上不表现为渔业权返还请求权的观点，但不同意妨害预防请求权（消除危险请求权）为渔业权追及效力的一种表现的意见，因为这种情况不符合物权追及效力的定义。较为详细些说，由于渔业权不是对水生动植物的所有权，渔业权所作用的水域被他人不法占用，渔业权人请求该侵权行为人离开该水域，消除该人对渔业权行使的妨害，属于渔业权的追及效力范畴；但如果是该水域中的水生动植物被他人侵占，则无渔业权追及效力发挥作用的余地。这若发生在养殖权场合，渔业经营者系基于其水生动植物的所有权，而非渔业权，请求侵占水生动植物者予以返还。这若发生在捕捞权场合，水生动植物不属于渔业权人所有，在它们被盗捕之后，因其脱离开捕捞权所作用的水域，它们不再是渔

① 欧庆贤、陈美宇：《渔业权制度》，载《中国水产》第487期，1993年7月，第48页；陈俊佑：《专用渔业权管理制度之研究》，台湾海洋大学海洋法律研究所硕士学位论文（1994），第47页。

业权的客体，渔业权的效力不及于它们。渔业权的效力所及，只是当他人不法侵占渔业权所作用的水域时，渔业权人才有权将不法侵占人驱逐出该特定水域。从物上请求权的角度观察，这类权利属于排除妨害请求权及其行使；在物权的追及效力的层面衡量，则为追及效力的表现。对此，有学者基于“准物权为水域之‘利用权’而非为水域之‘直接支配权’”的观点，加以论证：“由于渔业权不具有物的直接支配权利，所以就不必去考虑物的返还请求权，因此实质上渔业权在物上请求权上，仅有妨害排除请求权及妨害预防请求权而已。”① 这在总体上同本释评书的观点殊途同归，但其中的妨害预防请求权不宜被归入物权的追及效力的范畴，因为妨害预防请求权（消除危险请求权）针对的是可能在将来损害物权及准物权的“危险”，其行使与追及效力的含义不符。②

4. 渔业权的请求权

（1）物的返还请求权。

渔业权不是对水生动植物的所有权，所以，渔业权所作用水域中的水生动植物被他人侵占，无渔业权返还请求权发挥作用的余地。在养殖权场合，渔业经营者系基于其水生动植物的所有权，而非渔业权，请求侵占水生动植物者予以返还。在捕捞权场合，水生动植物不属于渔业权人所有，在它们被盗捕之后，因其脱离开捕捞权所作用的水域，它们不再是渔业权的客体，渔业权的效力不及于它们。渔业权的效力所及，只是当他人不法侵占渔业权所作用的水域时，渔业权人才有权主张其渔业权，将不法侵占人驱逐出该特定水域。但这种权利与其说是物的返还请求权，倒不如认为属于排除妨害请求权，更为贴切。③

（2）停止侵害请求权。

渔业权被他人不法侵害时，渔业权人有权请求停止侵害。该物权请求权主要适用于他人擅自进入养殖证、捕捞许可证所划定的水域，擅自捕捞该水域里的水生动植物等场合。④

（3）排除妨害请求权。

当存有妨害渔业权行使的障碍时，渔业权人可以直接主张也可以通过诉讼主张，请求不法妨害渔业权行使之人将该妨害排除。该物权请求权主要适用于他人不法在养殖证、捕捞许可证所划定的水域及其周围设置障碍物，影响乃至阻止渔

---

① 欧庆贤、陈美宇：《渔业权制度》，载《中国水产》第487期，1993年7月，第48～49页。

②③④ 崔建远：《准物权研究》，北京，法律出版社2003年版，第173～174、421～422、422页。

业权人从事养殖或捕捞作业等场合。[①]

（4）消除危险请求权。

当存有污染水域、堤坝将要决口等致渔业权损害的现实危险时，渔业权人可以直接也可以通过诉讼向危险责任者主张消除该危险。该物权请求权主要适用于水域污染将导致水生动植物死亡或不正常生长、堤坝行将决口会导致所养水生动物逃逸、水下爆破等作业致使水生动物死亡或逃逸等，最终使渔业权遭受损害的场合。[②]

当渔业权人从事养殖或捕捞的设施遭受不法损害时，渔业权人可以直接或通过诉讼请求侵权行为人予以修复。

① 崔建远：《准物权研究》，北京，法律出版社 2003 年版，第 422 页。

② 同上书，第 422～423 页。

第十一章

土地承包经营权

本章从土地承包经营权制度由农村集体经济组织实行家庭承包经营为基础、统分结合的双层经营体制所决定并反映其内在要求而成入手，界定土地承包经营权，划定其基本内容（权能），明确主要类型的土地承包经营权的存续期限，确定土地承包经营权的设立要件和对抗要件，准予土地承包经营权流转，严格限定调整承包地，确立以不得收回承包地为原则，引致承包地被征收时的补偿规范，创设“三权分置”的架构及土地经营权，赋权土地经营权的自由流转性，对于国有土地作为土地承包经营权及土地经营权的客体的，准用《民法典》“第二编 物权”的规定。

土地承包经营权，系用益物权之一种。土地经营权若因入股、抵押、转让等方式而生，则也被定性和定位在用益物权，利多弊少。在物权体系中，它们处于不可或缺的地位，地役权、抵押权、相邻关系、征收制度等都与之密切相关；没有它们，物权法的大厦就缺少了一根支柱。

土地承包经营权及土地经营权，其客体在全国土地中所占比重是其他用益物权的客体难以企及的；其主体在全国人口中所占比重，也是其他用益物权的主体只得望其项背的；其作用的结果是支撑生存权的生力军；是解决就业问题的法律基础之一。

中国，迄今是、今后仍然是个农业大国，14 亿人的穿衣、吃饭绝非小事、易事。假如满足这些需求的基础、主动权不在中国人自己的手里，而是依赖进口，则危险至极，国家战略安全会脆弱不堪。目前仍在肆虐的新冠肺炎疫情引发的极端少数人对于中国的恶意中伤、小动作连连、经济和外贸上的极端措施，都再次敲响了警钟：中国人的穿衣、吃饭必须依靠自我！再加上国际人道主义的践行需要，都决定了农林牧渔在整个国民经济中所处的重要地位，也显现出土地承包经营权及土地经营权的不可取代性，极端重要性！

中国，在很长的历史时期，只有土地的国家所有权、农民集体所有权，没有法律认可的用益物权。在城镇开展基本建设没有建设用地使用权，依靠行政法和政策行事；在农村从事农林牧渔缺乏土地承包经营权，由人民公社制度中的“三级所有，队为基础”解决。其结果，尽管农民每天都起早贪黑地下地劳作，可田野里总是杂草不尽，农获物不多，农民的生活水平不高，贫困地区和人群不少。

由安徽、四川率先发起的农村经济体制改革的探索开始，到农村集体经济组织实行家庭承包经营为基础、统分结合的双层经营体制的逐步铺开，极大地释放了农民的积极性和创造力，很短的时间里就不见了田地里的杂草，粮棉油丰收，农民的生活水平如同芝麻开花节节高。改革成功，土地承包经营权功不可没！

可是，随着时间的推移，化肥、种子及农机的开销加大，农民的负担不断加重，农村、农业的发展势头缓慢下来，即使国家免除了几千年以来奉行的农业地税，惠及农民，也无法抵消农民负担的增长。加上城镇改革的进程加快，收效喜人，农民工离乡入城，老人、妇幼留守故土，村庄“空壳化”，人们不由得感叹：农民真苦！农村农业真危险！

应该看到，土地承包经营权是基于土地按人或按劳动力均有（口粮田使用权是按人均有，责任田承包经营权是按劳动力或按人均有）的原则而产生的。每家农村承包经营户均享有与其人口或劳动力相应的土地承包经营权。这种社区成员与社区土地对应配置的模式与当时农户的生产能力相吻合。在当时的条件下，农户取得土地承包经营权至关重要，取得该权后也充分发挥出了应有的效能。新一轮土地承包制度下的土地承包经营权，虽然其存续期间延长了 30 年，《农村土地承包法》和《物权法》更是区分承包地的类型而分别规定了较长时期的土地承包经营权，如草地的承包期为 30 年至 50 年，林地的承包期为 30 年至 70 年，因“增人不增地，减人不减地”而修正了土地均有原则（有些地区尚未修正后者），可以经发包人同意而被转包、转让、互换、入股等，同第一轮土地承包制度下的土地承包经营权相比有所发展变化，但仍无根本性的改变，并未突破社区成员与社区土地之间对应配置的现状（当然，在现有背景下也不应突破）。①

这种分散的家庭经营，不太适合现代化大农业的规模化经营的要求，也不完全跟得不上农村经济向商品化、现代化转变的步伐，需要在保障农民生存权的基

① 崔建远：《“四荒”拍卖与土地使用权》，载《法学研究》1995 年第 6 期，第 29 页。

础上加快发展权，其中之一是让土地经营权超越原来的集体经济，超越行政界限，向擅长规模经营的“能手”集中。这就是土地经营权与土地承包经营权相分离的内在的、客观的要求。

其实，为了克服分散经营的局限，有效地抵御自然的和社会的双重风险，超越地域性集体经济组织的专业性，综合性服务组织，多种形式的合作与联合，已经开始在农村涌现出来。这些新型服务组织，有流通领域的各国营公司、供销社和新组建的各专业公司与农户的联合，有国家设在农村的技术推广单位和农垦企业与农户的联合（“场、站带户”），有农村能人兴办的上联市场、下联农户的中间组织，有以农村专业户为主体的各种专业协会和专业公司，等等。这些组织与农户之间大都以书面的或口头的形式约定相互间的权、责、利关系，展现出巨大的力量。[①] 如果法律承认农户将其土地承包经营权中的部分权能交由这些组织分享，形成土地经营权，就顺应了这种潮流，满足了社会经济发展的需要。

再者，《物权法》和《农村土地承包法》设计的土地承包经营权被抵押、自由转让所带来的风险过大，但同时权利人又有以土地承包经营权设立担保达到融资目的之现实且巨大的需求，其实也有金融机构扩张其金融业务的经济人渴望，如果再创设土地经营权制度，由农户保有土地承包权，流转土地经营权，以后者融资，就兼顾了生存权和发展权，相得益彰。

其实，实务中早有范例，那就是通过招标、拍卖公开协商等方式设立的“四荒”土地承包经营权，自由流转，满足了各方的需求。其原因在于：“四荒”拍卖、招标是一种开放的市场行为，“四荒”土地承包经营权原则上是基于价高者得或条件理想者得的游戏规则而归招标人或买受人享有。它不是土地按人或劳动力均有原则的产物，不存在社区成员与社区土地之间对应配置的分配问题。正因为投标人、竞买人通过公开、平等的竞买，支付出最高价或报出令招标人满意的条件而取得“四荒”土地承包经营权，其客体少则十几亩，多则几十亩，乃至几万亩，容易产生规模效益，因此可以说，“四荒”土地承包经营权是由市场按效益最大化原则配置的。同时，“四荒”土地承包经营权在不改变土地用途的前提下转让、出租、抵押、入股、互换等，真正进入了土地市场，容易导致“四荒”土地向经营能手集中，发挥出最佳效益。[②] 国务院办公厅《关于治理开发农村“四荒”资源进一步加强水土保持工作的通知》（国办发〔1996〕23 号）指出：

---

① 崔建远：《“四荒”拍卖与土地使用权》，载《法学研究》1995 年第 6 期，第 30 页。https：//baike. baidu. com/item/%E5%8F%8C%E5%B1%82%E7%BB%8F%E8%90%A5%E4%BD%93%E5%88%B6/500257?fr=aladdin. 2020 年 4 月 13 日最后访问。

② 崔建远：《“四荒”拍卖与土地使用权》，载《法学研究》1995 年第 6 期，第 30 页。

“实践证明，治理开发‘四荒’资源，对于进一步解放农村的生产力，控制水土流失、提高土壤肥力和土地的产出率，对于保护、改善和优化生态环境，加快农民 脱贫致富、壮大农村集体经济等，都有着重要的意义。”它代表了农业用地权利的发展方向。

农村、农业的改革势在必行。习近平总书记于 2013 年 7 月明确提出，深化农村改革，完善农村基本经营制度，要好好研究农村土地所有权、承包权、经营权三者之间的关系。2016 年 4 月 25 日，习近平总书记在小岗村农村改革座谈会上强调，新形势下深化农村改革，主线仍是处理好农民和土地的关系。这为我国农村土地产权制度改革指明了方向。中国共产党第十八届五中全会明确提出，完善土地所有权承包权经营权分置办法，依法推进土地经营权有序流转。在这种大背景下，中共中央办公厅、国务院办公厅于 2016 年 10 月印发了《关于完善农村土地所有权承包权经营权分置办法的意见》。①

《关于完善农村土地所有权承包权经营权分置办法的意见》明确：“……在土地经营权方面，土地经营权人对流转土地依法享有在一定期限内占有、耕作并取得相应收益的权利。在依法保护集体所有权和农户承包权的前提下，平等保护经营主体依流转合同取得的土地经营权，保障其有稳定的经营预期。在完善‘三权分置’办法过程中，要依法维护经营主体从事农业生产所需的各项权利，使土地资源得到更有效合理的利用。……”

在这个框架下，农村土地的集体所有权归集体所有，是土地承包权的前提。农户享有的承包经营权在土地流转中又派生出经营权，集体所有权是根本，农户承包权是基础，土地经营权是关键，这三者统一于农村的基本经营制度。②

集体土地所有权、农户承包权已由中国现行法确立为物权，《民法典》已经承继，不应存疑。但土地经营权究竟是被赋予物权的效力还是仅仅作为债权对待，较为理想，意见不一，需要慎思。从应尽可能地优化权利人的法律地位、使土地经营权成为更为有效的融资手段等方面出发，将土地经营权设计为用益物权确有必要。这从《中共中央、国务院关于完善产权保护制度依法保护产权的意见》关于“落实承包地、宅基地、集体经营性建设用地的用益物权”的规定中似可窥见一斑。不过，通过出租（转包）的方式流转的土地经营权被定性和定位在债权，理由似乎更充分些。看来，法学的任务仍然艰巨。

总而言之，土地承包经营权及土地经营权制度的诞生、发展、演变，正是中

①② 韩长赋、张红宇：《农村土地〈“三权分置”意见〉政策解读》，http：//www.scio.gov.cn/34473/34515/Document/1515220/1515220.htm.2016 年 11 月 23 日最后访问。

国农村、农业改革的真实写照！在一定意义上说，也是中国整个经济体制改革的缩影。

第三百三十条

农村集体经济组织实行家庭承包经营为基础、统分结合的双层经营体制。

农民集体所有和国家所有由农民集体使用的耕地、林地、草地以及其他用于农业的土地，依法实行土地承包经营制度。

本条主旨

本条是关于土地承包经营权的法律制度及其源自家庭承包的经济制度的规定。

相关条文

《宪法》第 8 条第 1 款　农村集体经济组织实行家庭承包经营为基础、统分结合的双层经营体制。农村中的生产、供销、信用、消费等各种形式的合作经济，是社会主义劳动群众集体所有制经济。参加农村集体经济组织的劳动者，有权在法律规定的范围内经营自留地、自留山、家庭副业和饲养自留畜。

《物权法》第 124 条　农村集体经济组织实行家庭承包经营为基础、统分结合的双层经营体制。

农民集体所有和国家所有由农民集体使用的耕地、林地、草地以及其他用于农业的土地，依法实行土地承包经营制度。

《土地管理法》第 13 条　农民集体所有和国家所有依法由农民集体使用的耕地、林地、草地，以及其他依法用于农业的土地，采取农村集体经济组织内部的家庭承包方式承包，不宜采取家庭承包方式的荒山、荒沟、荒丘、荒滩等，可以采取招标、拍卖、公开协商等方式承包，从事种植业、林业、畜牧业、渔业生产。家庭承包的耕地的承包期为三十年，草地的承包期为三十年至五十年，林地的承包期为三十年至七十年；耕地承包期届满后再延长三十年，草地、林地承包期届满后依法相应延长。

国家所有依法用于农业的土地可以由单位或者个人承包经营，从事种植业、林业、畜牧业、渔业生产。

发包方和承包方应当依法订立承包合同，约定双方的权利和义务。承包经营土地的单位和个人，有保护和按照承包合同约定的用途合理利用土地的义务。

《农村土地承包法》第 3 条　国家实行农村土地承包经营制度。

农村土地承包采取农村集体经济组织内部的家庭承包方式，不宜采取家庭承包方式的荒山、荒沟、荒丘、荒滩等农村土地，可以采取招标、拍卖、公开协商等方式承包。

第 4 条　农村土地承包后，土地的所有权性质不变。承包地不得买卖。

第 5 条　农村集体经济组织成员有权依法承包由本集体经济组织发包的农村土地

任何组织和个人不得剥夺和非法限制农村集体经济组织成员承包土地的权利。

第 13 条　农民集体所有的土地依法属于村农民集体所有的，由村集体经济组织或者村民委员会发包；已经分别属于村内两个以上农村集体经济组织的农民集体所有的，由村内各该农村集体经济组织或者村民小组发包。村集体经济组织或者村民委员会发包的，不得改变村内各集体经济组织农民集体所有的土地的所有权。

国家所有依法由农民集体使用的农村土地，由使用该土地的农村集体经济组织、村民委员会或者村民小组发包。

第 19 条　土地承包应当遵循以下原则：

（一）按照规定统一组织承包时，本集体经济组织成员依法平等地行使承包土地的权利，也可以自愿放弃承包土地的权利；

（二）民主协商，公平合理；

（三）承包方案应当按照本法第十二条的规定，依法经本集体经济组织成员的村民会议三分之二以上成员或者三分之二以上村民代表的同意；

（四）承包程序合法。

《农业法》第 10 条　国家实行农村土地承包经营制度，依法保障农村土地承包关系的长期稳定，保护农民对承包土地的使用权。

农村土地承包经营的方式、期限、发包方和承包方的权利义务、土地承包经营权的保护和流转等，适用《中华人民共和国土地管理法》和《中华人民共和国农村土地承包法》。

农村集体经济组织应当在家庭承包经营的基础上，依法管理集体资产，为其成员提供生产、技术、信息等服务，组织合理开发、利用集体资源，壮大经济实力。

理解与适用

本条是对《物权法》第 124 条的复制，第 1 款陈述《宪法》固定的农村集体经济组织实行家庭承包经营为基础、统分结合的双层经营体制，旨在引出第 2 款的土地承包经营权法律制度由其决定、又反映其内在要求。第 2 款明确土地承包经营权的客体是农民集体所有的耕地、林地、草地以及其他用于农业的土地，土地承包经营权的主体是农户，母权人是集体或国家。

本条第 1 款所谓所谓双层经营体制，是指中国农村实行联产承包制以后形成的家庭分散经营和集体统一经营相结合的经营形式。按照这一经营形式，农村集体经济组织在实行联产承包、生产经营，建立家庭承包经营这个层次的同时，还对一些不适合农户承包经营或农户不愿承包经营的生产项目和经济活动，诸如某些大型农机具的管理使用，大规模的农田基本建设活动，植保、防疫、制种、配种以及各种产前、产后的农业社会化服务，某些工副业生产等，由集体统一经营和统一管理，从而建立起一个统一经营层次。由于这种经营体制具有两个不同的经营层次，一是集体统一经营层次，一是家庭分散经营层次，因而称之为双层经营体制。①

在广大农村，以家庭为单位实行分散经营，适应了现阶段农业生产力水平较低的状况，有利于克服长期存在的管理过分集中、经营方式过分单一，以及吃“大锅饭”的弊端，有利于扩大农民的经营自主权，调动农民的积极性。但是，分散经营难以实现机械化耕作，抗御自然灾害能力较低，而集体经营能够完成一家一户难以承担的生产活动。分散经营与统一经营相结合的双层经营责任制，可以恰当地协调集体利益与个人利益，并使集体统一经营和劳动者自主经营两个积极性同时得到发挥，取得更大的经济效益。②

党的十一届三中全会以来，农村经营体制发生了根本性变化，集中到一点就是由高度集中统一的集体单一经营转变为家庭和集体统分结合的双层经营，作为我国农村集体经济的一项基本制度已经确立起来。稳定家庭承包经营，是社会主义初级阶段的必然选择。家庭联产承包责任制符合现阶段农村生产力水平和发展要求，显示了巨大的优越性和旺盛的生命力。正是这种经营形式的确立，使长期被压抑的生产力得以释放，促成了农村经济恢复性超高速增长，进而形成了发展商品生产的大潮。家庭经营既保持了它固有的优点，同时，又在商品经济发展过程中，与社会化服务组织日渐结合，开始出现专业化的萌芽，正摆脱落后技术、陈旧观念的束缚，展示了广阔的发展前景。③

社会经济的要求要变成现实且受到国家权力的有力保护，非被法律所反映、

①②③　https：//baike. baidu. com/item/%E5%8F%8C%E5%B1%82%E7%BB%8F%E8%90%A5%E4%BD%93%E5%88%B6/500257?fr=aladdin. 2020 年 4 月 13 日最后访问。

认可和保护不可，不然，承包人没有法定权利对抗发包人的所谓“行使土地所有权”的侵扰；反过来，发包人也不清楚其土地所有权的行使边界，不易判断承包人的哪些行为是不正当的，应予制止、请求损害赔偿，甚至终止双方的承包关系。《民法通则》《土地管理法》《农村土地承包法》《物权法》《民法典》先后设置土地承包经营权制度，反映和维护并促进发展家庭承包经营为基础、统分结合的双层经营体制，是正确的，应予坚持。

本条第2款所谓耕地，是指种植农作物的土地，包括灌溉水田、望天田（又称天水田）、水浇地、旱地等。所谓林地，是指生长乔木、竹类、灌木、沿海红树林的土地，包括有林地、灌木林地、疏林地、未成林造林地以及迹地和苗圃等。所谓草地，是指以生长草本植物为主，用于畜牧业的土地，包括天然草地、改良草地和人工草地。① 前述耕地、林地、草地，主要部分是人民公社时代由农村集体经济组织经营管理的耕地、林地、草地，也包括由农民（含牧民）自己经营管理的“自留地”“自留山”。本条第2款所谓“其他用于农业的土地”，应指荒山、荒沟、荒丘、荒滩等起初闲置之地（《农村土地承包法》第3条第2款），俗称“四荒地”。

第三百三十一条

土地承包经营权人依法对其承包经营的耕地、林地、草地等享有占有、使用和收益的权利，有权从事种植业、林业、畜牧业等农业生产。

本条主旨

本条是关于土地承包经营权人所享基本权利的规定。

相关条文

《民法通则》第80条第2款　公民、集体依法对集体所有的或者国家所有由集体使用的土地的承包经营权，受法律保护。承包双方的权利和义务，依照法律由承包合同规定。

第81条第3款　公民、集体依法对集体所有的或者国家所有由集体使用的森林、山岭、草原、荒地、滩涂、水面的承包经营权，受法律保护。承包双方的权利和义务，依照法律由承包合同规定。

---

① 胡康生主编：《中华人民共和国物权法释义》，北京，法律出版社2007年版，第283、284页。

《物权法》第125条 土地承包经营权人依法对其承包经营的耕地、林地、草地等享有占有、使用和收益的权利，有权从事种植业、林业、畜牧业等农业生产。

《土地管理法》第13条 农民集体所有和国家所有依法由农民集体使用的耕地、林地、草地，以及其他依法用于农业的土地，采取农村集体经济组织内部的家庭承包方式承包，不宜采取家庭承包方式的荒山、荒沟、荒丘、荒滩等，可以采取招标、拍卖、公开协商等方式承包，从事种植业、林业、畜牧业、渔业生产。家庭承包的耕地的承包期为三十年，草地的承包期为三十年至五十年，林地的承包期为三十年至七十年；耕地承包期届满后再延长三十年，草地、林地承包期届满后依法相应延长。

国家所有依法用于农业的土地可以由单位或者个人承包经营，从事种植业、林业、畜牧业、渔业生产。

发包方和承包方应当依法订立承包合同，约定双方的权利和义务。承包经营土地的单位和个人，有保护和按照承包合同约定的用途合理利用土地的义务。

《农村土地承包法》第6条 农村土地承包，妇女与男子享有平等的权利。承包中应当保护妇女的合法权益，任何组织和个人不得剥夺、侵害妇女应当享有的土地承包经营权。

第9条 承包方承包土地后，享有土地承包经营权，可以自己经营，也可以保留土地承包权，流转其承包地的土地经营权，由他人经营。

第17条 承包方享有下列权利：

（一）依法享有承包地使用、收益的权利，有权自主组织生产经营和处置产品；

（二）依法互换、转让土地承包经营权；

（三）依法流转土地经营权；

（四）承包地被依法征收、征用、占用的，有权依法获得相应的补偿；

（五）法律、行政法规规定的其他权利。

第23条 承包合同自成立之日起生效。承包方自承包合同生效时取得土地承包经营权。

《草原法》第13条第1款 集体所有的草原或者依法确定给集体经济组织使用的国家所有的草原，可以由本集体经济组织内的家庭或者联户承包经营。

理解与适用

一、本条含义概貌

本条是对《物权法》第125条的复制，规定了土地承包经营权人所享基本权利，也就是土地承包经营权的积极权能。

二、土地承包经营权的界定

按照本条的规定，土地承包经营权，是指农户等承包人对其承包经营的耕地、林地、草地等农村土地依法享有占有、使用和收益的权利，从事种植业、林业、牧业等农业生产活动，保有收获物的所有权的用益物权。其中，占主导地位的是，以家庭承包经营为基础产生的土地承包经营权，下文径称为土地承包经营权。不宜采取家庭承包方式的荒山、荒沟、荒丘、荒滩等农村土地（以下简称为“四荒”），大多采取招标、拍卖、公开协商的方式成立土地承包经营权，下文简称为“四荒”土地承包经营权（《农村土地承包法》第3条第2款）。

［拓展］

林权，有广义的和狭义的区分。狭义的林权，应为土地承包经营权在林地承包方面的表现，为林地承包经营权，属于土地承包经营权的一种类型（《民法典》第331条以下，《农村土地承包法》第21条，《中共中央国务院关于全面推进集体林权制度改革的意见》第3条第8项）。广义的林权，则包括林地的所有权和林地的使用权（《林木和林地权属登记管理办法》第3条）。此处所谓林地的使用权，当指林地的承包经营权。

笔者认为，从界定清晰、使用便利、易于区分可否流转等层面讲，狭义的林权（即林地承包经营权）的概念，更为可取。对此，较为详细地说明如下。

(1)《民法典》《农村土地承包法》的位阶高于《林木和林地权属登记管理办法》,《中共中央国务院关于全面推进集体林权制度改革的意见》更是林权制度改革的纲领性文件，十分重要。它们都使用了狭义的林权概念，我们没有理由改弦更张。

(2) 将林权界定为包含林地所有权和林地使用权，违反了财产权体系内部的位阶关系。林权属于财产权，而在财产权体系中，林地所有权的上位权利是财产所有权，再上位权利是物权，不会是林权。林权概念若有存在的必要，逻辑上只能是林地所有权的下位概念。所以，林权包括林地所有权和林地使用权之说，是把林权作为了林地所有权的上位概念，这不符合民法逻辑。

(3) 如果一个人既对某宗林地享有所有权，又自己利用该宗林地，那么，在法律上只设置林地所有权制度便足矣，没有林权制度存在的必要。只有在非所有权人为自己的利益而需要使用林地时，为清楚地划分他与所有人之间的利益，也为了对抗其他人，才有设置林权制度的必要。在这种背景下存在的林权，恐怕它只会从林地所有权中派生，系分离所有权中的占有、使用、受益诸权能而形成的他物权。由此可见，林权包括林地所有权和林地使用权之说，犯了本末倒置的错误。

（4）在中国，林地所有权和林地使用权是各自独立的。前者不得易其主体，而后者则可以转让。可见，林权包括林地所有权和林地使用权之说，显然忽视了林地所有权和林权之间的性质差别。其实，持林权含有林地所有权说的法规、规章、专家、学者，都一方面承认林权的转让，另一方面坚持宪法所规定林地所有权归国家享有的原则，否认林地所有权的转让。这使他（它）们陷入自相矛盾之中。这是不遵循民法思维的结果。在民法的视野里，林权系从林地所有权中派生出来的用益物权。这十分清晰、简单。如此，就非常容易表述林地所有权不得转让而林权可以转让的精神。

我们界定一个特定的事物，所采用的概念必须首先准确地揭示该事物的本质属性，这是起码的要求；其次是受此领域约定俗成的制约，符合此领域大家都遵循的界定概念的规则要求；再次是所用概念在使用上要方便，如果所采用的概念在使用时常常要作许多限定，作若干辅助说明，则所用概念难谓妥当。如果把林权界定为占有、使用、收益特定林地的权利，而非对林地所有的权利，就能避免上述徒劳无用之功。如此界定，才符合法学尤其是民法学既有的权利位阶体系理论，即受制于约定俗成，才遵循了“财产权——物权——所有权——用益物权——林权”的逻辑结构。如此界定，使用林权概念时才最便利，在谈论林权转让等现象时无须再作限定说明。

所谓农村土地，指农民集体所有和国家所有依法由农民集体使用的耕地、林地、草地，以及其他依法用于农业的土地（《农村土地承包法》第2条）。所谓“四荒”土地，属于“其他依法用于农业的土地”，是暂时闲置的土地，承包、租赁或拍卖使用权的“四荒”地必须是农村集体经济组织所有的、未利用的土地。自留山、责任山是林地的组成部分，不在“四荒”之列。耕地、林地、草原以及国有未利用土地不得作为农村“四荒”[国务院办公厅《关于进一步做好治理开发农村“四荒”资源工作的通知》（国办发〔1999〕102号）第1条第1项、第4项]。

三、土地承包经营权的法律性质

（一）权利主体因土地承包经营权的类型不同而异其规格

从主体上看，以家庭承包方式设立的土地承包经营权，其主体具有身份性，必须是本集体经济组织成员所组成的农户，至少在土地承包经营权设立之时是这样的（《农村土地承包法》第3条、第5条、第16条、第27条第3款、第31条）；“四荒”土地承包经营权的主体则无身份限制，不但“四荒”土地所在的农村集体经济组织的成员可作承包人，其他集体经济组织的成员也可以，即使是城镇的企事业单位、社会团体及其他组织或个人，只要有治理开发能力的，也可以成为承包人（《农村土地承包法》第48—53条，国务院办公厅《关于治理开发农村“四荒”资源进一步加强水土保持工作的通知》第3条第2项）。

（二）权利客体为土地的地表

从客体方面看，承包地绝大多数为农民集体所有的土地，少数情况下是国家所有由农民集体使用的土地（《民法典》第330条第2款，《农村土地承包法》第2条）。耕地、“四荒”土地、草原、水面均可成为土地承包经营权的客体。由土地承包经营权的目的及功能决定，建筑物、构筑物及其附属设施不会成为土地承包经营权的客体，城市国有土地基本上用作建设用地，只有极个别的宗地用于农业方面，并呈逐渐萎缩的趋势。

土地承包经营权因其目的及功能的缘故，其客体限于承包地的地表，不包含地上、地下，即土地承包经营权不是空间权。这是它与建设用地使用权的不同之处。

（三）权利的目的及功能是在承包地上从事农林牧渔生产经营活动，并保有收获物的所有权

从权利的目的及功能方面看，土地承包经营权的目的是，承包人对承包经营的耕地、林地、草地等享有占有、使用和收益的权利，从事种植业、林业、牧业等农业生产活动，保有收获物的所有权。这不同于建设用地使用权的目的及功能是在他人土地上建造建筑物、构筑物及其附属设施并保有所有权。

利用承包地从事养殖的权利也属于土地承包经营权，其目的及功能是承包人利用承包水域从事养殖经营活动，保有水生动植物所有权。

［引申］

由土地承包经营权的目的及功能所决定，承包人无权在承包地上兴建住宅、厂房、加油站、商品房等建筑物、构筑物及其附属设施，不得将承包地出租或转让给他人用于举办中外合资经营企业、中外合作经营企业、股份有限公司、有限责任公司等项目，也不得把承包地作为豪华的墓地。按照现行法的规定，在承包地上建造上述建筑物、构筑物及其附属设施，举办中外合资经营企业等项目的，均属非法，承包人违约，建造者、举办者不会取得建筑物、构筑物及其附属设施的所有权，发包人均有权责令其拆除。

可事实上，有些地区的相当数量的承包人的确将承包地用作了上述用途。对此，我们应当依法处理，坚持上述原则及规则。但同时应当看到，有些地区的处理方法富有弹性，其法律后果亦应相应变化。（1）如果将已经建造住宅的承包地经依法批准变性为宅基地的，此类住宅就不再属于违法建筑，不应再作拆除的处理，而应由农户取得住宅的所有权。（2）如果把用于兴建乡镇企业的承包地经依法批准变性为集体所有的建设用地，此类项目即为合法，厂房等建筑物、构筑物及其附属设施不应作拆除的处理，而应由乡镇企业取得所有权。（3）如果用于举办中外合资经营企业等项目的承包地经依法征收为国有，再由国土资源管理部门出让建设用地使用权给投资者或中外合资企业等主体，那么，此类项目即为合法，由投资者或中外合资企业等主体取得建筑物、构筑物及其附属设施的所有权。（4）如果用作商品房建设的承包地被征收为国有，再由国土资源管理部门出让建设用地使用权给商品房的开发商，则此类商品房即为合法建筑，开发商取得所有权；或者，按照社会主义新农村建设规划，此类承包地经依法批准变性为集体所有的建设用地，建造者或买受人取得此类商品房的"小产权"，此类商品房亦为合法建筑，法律应予保护。

（四）土地承包经营权派生于土地所有权

从权利所生之源角度看，土地承包经营权是承包人分享了农民集体土地所有权或国家土地所有权中的占有、使用、收益诸项权能而形成的他物权。其母权是农民集体土地所有权，少数情况下是国家土地所有权。

（五）土地承包经营权为用益物权

从权利的归属体系角度看，土地承包经营权以占有、使用、收益为内容，承包人对其承包地拥有支配力、排他力，属于物权，且为用益物权。

［论争］

鉴于经常闻知这样的诘问：土地承包经营权的设立不以登记为生效要件，承包合同生效，土地承包经营权就产生，它还是物权吗？它与债权还有区别吗？在这里有必要予以回答。笔者认为，土地承包经营权的设定不以登记为生效要件，的确模糊了物权与债权之间的界限，程度不同地影响着交易的顺畅进行，但是，未经登记的土地承包经营权虽然不得对抗善意第三人，但仍然不同于债权，兹举例说明如下：（1）在土地承包权人（农户）将 A 地的土地经营权流转给乙之后，乙取得的土地经营权作为物权且经过登记，其后，农户又把 A 地的土地经营权流转给丙，乙就可以否定丙的土地经营权，保有自己的土地经营权。但是，乙的土地经营权作为债权，乙对丙就没有这样强大的效力。特别是，在丙实际占有 A

地而乙却未占有的情况下，类推适用《最高人民法院关于审理涉及国有土地使用权合同纠纷案件适用法律问题的解释》（法释〔2005〕5号）第10条第1款第2项关于“均未办理土地使用权变更登记手续，已先行合法占有投资开发土地的受让方请求转让方履行土地使用权变更登记等合同义务的，应予支持”的规定，乙完全无力对抗丙享有土地经营权。(2) 如果因其尚未登记而把它当成债权，在发包人因合并等原因而不复存在的情况下，就会出现承包人难以保有土地承包经营权的后果。因为发包人不复存在就是债务人消灭，债权要随之消灭。可是，土地承包经营权若为他物权，一经设立就具有独立性，只要其母权——农村集体土地所有权——没有绝对消灭，只要土地承包经营权的存续期间没有届满，即使发包人不复存在，它也照样存在。(3) 土地承包经营权若作为债权，在第三人不法侵害承包地及其经营权的情况下，由于现行法尚未普遍承认债权为侵权行为的标的，承包人无权请求该第三人承担侵权责任。反之，土地承包经营权即使尚未登记也是物权，在第三人侵害它时，承包人就有权请求该第三人承担侵权责任。(4) 土地承包经营权若因其尚未登记而作为债权，在债务人宣告破产的情况下，承包人就此利益只能与其他债权人平等地按比例地受偿，而作为物权，则享有优先的权利。由此看来，还是赞同《民法典》和《农村土地承包法》将土地承包经营权归入物权的态度更好。

(六) 土地承包经营权为有期物权

从权利的存续期间看，土地承包经营权是有期物权，耕地的承包期为30年。草地的承包期为30年至50年。林地的承包期为30年至70年，经国务院林业行政主管部门批准可以延长[《民法典》第332条第1款，《农村土地承包法》第21条第1款，《中共中央国务院关于全面推进集体林权制度改革的意见》（2008年6月8日）第3条第8项]。承包期届满，由土地承包经营权人按照国家有关规定继续承包（《民法典》第332条第2款），《农村土地承包法》的表述是“前款规定的耕地承包期届满后再延长三十年，草地、林地承包期届满后依照前款规定相应延长”（第21条第2款）。“四荒”土地承包经营权的存续期间，在实务上大多由承包合同约定，起初有的约定为100年。国务院办公厅于1996年6月1日发出《关于治理开发农村“四荒”资源进一步加强水土保持工作的通知》（国办发〔1996〕23号），对承包期间予以限制，明确规定“承包、租赁、拍卖‘四荒’使用权，最长不超过50年”（第3条第6项）。国务院办公厅于1999年12月21日发布的《关于进一步做好治理开发农村“四荒”资源工作的通知》（国办发〔1999〕102号）再次重申（第2条第3项）。

从形式上看，土地承包经营权都有明确的存续期限，但由政策决定，期满时要么续期，要么重新发包给农业承包经营户。就农业承包经营户和承包地之间必须对应配置而言，土地承包经营权发挥着与无期物权相当的作用。

（七）土地承包经营权以有偿性为原则

土地承包经营权基本上为有对价的物权，但不排除依法经本集体经济组织成员的村民会议2/3以上成员或2/3以上村民代表的决议免交承包金。

承包金是指承包方依据承包合同的约定向发包方交纳的款项、实物或应当履行的劳务。

四、土地承包经营权人的基本权利

（一）占有、使用承包地的权利

土地承包经营权人占有承包地，是其从事农林牧渔经营活动的前提。使用承包地，或表现为耕种承包地，或表现为在承包地上植树造林，或表现为在承包地上种草、放牧，或表现为在承包水域养殖水生动植物。

但应注意，法律禁止占用耕地建窑、建坟或者擅自在耕地上建房、挖砂、采石、采矿、取土等。禁止占用基本农田发展林果业和挖塘养鱼（《土地管理法》第37条第2款、第3款）。

（二）享有收获物所有权的权利

土地承包经营权的目的及功能之一是，土地承包经营权人从事上述农林牧渔经营活动的收获物，归属于自己，而不归发包人，也不归国家或他人。所以，土地承包经营权人保有收获物的所有权为其重要权利，或者说是核心权利。

对此，国务院办公厅《关于治理开发农村“四荒”资源进一步加强水土保持工作的通知》特别予以明确：“实行谁治理、谁管护、谁受益的政策。在经过治理开发的‘四荒’地上种植的林果木、牧草及其产品等归治理者所有，新增土地的所有权归集体，在协议规定期限内，治理者拥有使用权，享受国家有关优惠政策。”如今，不限于“四荒”上的林木，《中共中央国务院关于全面推进集体林权制度改革的意见》明确规定：“在坚持集体林地所有权不变的前提下，依法将林地承包经营权和林木所有权，通过家庭承包方式落实到本集体经济组织的农户，确立农民作为林地承包经营权人的主体地位”（第3条第8项）。

（三）自主经营的权利

土地承包经营权人自主经营，根据农业生产经营规律和自己的意愿安排生产经营活动。对此，国务院办公厅《关于治理开发农村“四荒”资源进一步加强水土保持工作的通知》（国办发〔1996〕23号）明确指出：“治理者对‘四荒’享有治理开发自主权。国家依法保护治理开发'四荒'的成果和治理者的合法权益。在符合国家有关法律、法规、政策、水土保持总体规划和治理开发协议的前提下，允许并鼓励治理者在保持水土和培育资源的基础上，宜农则农，宜林则林，宜果则果，宜牧则牧，宜渔则渔，根据实际情况开发利用'四荒'。"对此，《农村土地承包法》于第15条第2项、第17条第1项从不同的方向两次强调，第9条前段也强调保护土地承包经营权人的自主经营。《中共中央国务院关于全面推进集体林权制度改革的意见》规定："实行商品林、公益林分类经营管理。依法把立地条件好、采伐和经营利用不会对生态平衡和生物多样性造成危害区域的森林和林木，划定为商品林；把生态区位重要或生态脆弱区域的森林和林木，划定为公益林。对商品林，农民可依法自主决定经营方向和经营模式，生产的木材自主销售。对公益林，在不破坏生态功能的前提下，可依法合理利用林地资源，开发林下种养业，利用森林景观发展森林旅游业等"（第3条第10项）。

（四）从发包人处依法获取生产、技术、信息等服务的权利

承包人从事农林牧渔经营活动所必需的生产、技术、信息，发包人若有能力提供这方面的服务，则依照《农村土地承包法》第15条第3项的规定，承包人有权获得。

（五）依法流转土地承包经营权的权利

这部分内容将在释评《民法典》第335条时再论，此处不赘。

（六）将承包地作为供役地设立地役权的权利

土地承包经营权人有权将承包地作为供役地为他人设立地役权（《民法典》第378条、第383条），至于土地承包经营权人把承包地作为需役地为自己设立地役权，同时有利于自己和土地所有权人，更应被准许（《物权法》第382条等）。

（七）承包地被依法征收时及时获得足额补偿的权利

为了公共利益的需要，国家征收农民集体所有的土地，该农民集体所有土地上存在的土地承包经营权随其母权——农民集体土地所有权——的消灭而不复存在，征收机关不但必须及时、足额补偿农民集体土地所有权人，而且必须及时、足额补偿土地承包经营权人（《民法典》第338条、第327条、第243条，《农村土地承包法》第17条第4项）。从权利的角度描述，就是土地承包经营权人享有足额补偿的请求权。

（八）对提高土地生产能力的投入，享有获得补偿的权利

在承包经营期间，土地承包经营权人若在承包地上依法兴建了农田水利设施等构筑物，或将"四荒"治理成了良田，或因多施有机肥料使承包地更加肥沃等，从而提高了土地的生产能力，承包方交回承包地或者发包方依法收回承包地

时，承包方对其在承包地上投入而提高土地生产能力的，有权获得相应的补偿（《农村土地承包法》第27条第4款）；土地承包经营权依法流转时，（原）承包人有权请求受让人给予相应补偿（《农村土地承包法》第43条，法释〔2005〕6号第17条第2款）。

[引申]

在承包人对其承包地上投入而提高土地生产能力的前提下，土地承包经营权没有流转，而是终止，于此场合，承包人应有权请求发包人给予相应补偿。其道理在于，承包人因此而付出了费用，发包人就此获得了利益，按照公平正义的理念，发包人不宜无偿地获得此类利益。此其一。这样有利于承包人对承包地积极投入，提高土地生产能力，减少乃至杜绝掠夺性经营、破坏土壤肥力等短期行为。此其二。其法律依据，可类推适用《农村土地承包法》第43条、法释〔2005〕6号第17条第2款的规定。

（九）对抗发包人非法行为的权利

发包人若违法地干涉承包人依法从事正常的生产经营活动、擅自调整承包地、擅自终止承包合同、擅自收回承包地、强迫土地承包经营权流转、将承包地收回抵顶欠款等，承包人均有权对抗（《农村土地承包法》第15条第2项、第27条第1款、第28条第1款、第37条、第57条、第58条，法释〔2005〕6号第6条第1项）。

承包期内，妇女结婚，在新居住地未取得承包地的，女性承包人有权对抗发包方收回原承包地的行为；妇女离婚或丧偶，仍在原居住地生活或不在原居住地生活但在新居住地未取得承包地的，女性承包人有权对抗发包方收回原承包地的行为（《农村土地承包法》第31条）。

[思考]

《农村土地承包法》奉行土地承包经营权基本稳定的原则，承包期内，发包方不得单方面解除承包合同，不得假借少数服从多数强迫承包方放弃或变更土地承包经营权，不得以划分“口粮田”和“责任田”等为由收回承包地搞招标承包，不得将承包地收回抵顶欠款（第15条、第25条、第27条、第28条）。承包期内，妇女结婚，在新居住地未取得承包地的，发包方不得收回其原承包地；妇女离婚或者丧偶，仍在原居住地生活或者不在原居住地生活但在新居住地未取得承包地的，发包方不得收回其原承包地（第31条）。对此精神，笔者表示同意，但问题是，违反了“不得”的后果如何，是承包合同消灭、土地承包经营权终止，发包方承担违约责任，还是承包合同和土地承包经营权都继续有效，发包方承担违约责任？易生歧义。不如直接表述为："没有正当事由，发包方撕毁承包合同，或假借少数服从多数强迫承包方放弃或变更土地承包经营权，或以划分'口粮田'和'责任田'等为由收回承包地搞招标承包，或将承包地收回抵顶欠款的，不发生承包合同终止的效果，土地承包经营权继续有效。"①

（十）依法请求延长土地承包经营权存续期限的权利

法释〔2005〕6号第7条规定，承包合同约定或土地承包经营权证等证书记载的承包期限短于农村土地承包法规定的期限，承包方请求延长的，人民法院应予支持。

（十一）依法解除承包合同、终止土地承包经营权的权利

在承包合同中约定的终止或解除合同的条件已经成就；发包人不履行承包合同约定的义务，致使承包合同无法继续履行的等情况下，承包人有权终止（含解除）承包合同。

（十二）自愿交回承包地的权利

承包期内，承包方可以自愿将承包地交回发包方。承包方自愿交回承包地的，可以获得合理补偿，但是应当提前半年以书面形式通知发包方。承包方在承包期内交回承包地的，在承包期内不得再要求承包土地（《农村土地承包法》第30条）。自愿交回承包地，有一种情形是承包农户进城落户，自愿或经引导自愿将承包地交回发包方（《农村土地承包法》第27条第3款）。

（十三）请求依法办理土地承包经营权登记的权利

在土地承包经营权设立时，现行法不强求土地承包经营权登记，在土地承包经营权转让、互换等方式流转的情况下，现行法规定不登记不得对抗善意第三人（《农村土地承包法》第35条）。法释〔2005〕6号甚至规定，承包方未依法登记取得土地承包经营权证等证书，即以转让、出租、入股、抵押等方式流转土地承包经营权，发包方请求确认该流转无效的，应予支持。但非因承包方原因未登记取得土地承包经营权证等证书的除外（第21条）。

五、土地承包经营权限于从事种植业、林业、畜牧业等农业生产

本条最后所谓土地承包经营权人有权从事种植业、林业、畜牧业等农业生产，既宣明了土地承包经营权人的权利，也暗含着对土地承包经营权运行的限制，即该权只得用于农林牧渔的生产、经营。之所以如此解释，是因为土地承包经营权的目的及功能如此，在这方面，法律及司法解释也有明确规定。例如，

---

① 崔建远：《土地上的权利群研究》，北京，法律出版社2004年版，第217页。

《农村土地承包法》第 11 条后段规定："未经依法批准不得将承包地用于非农建设。"第 18 条第 1 项加以承包方的义务是"维持土地的农业用途，未经依法批准不得用于非农建设"。第 63 条规定："承包方、土地经营权人违法将承包地用于非农建设的，由县级以上地方人民政府有关主管部门依法予以处罚"（第 1 款）；"承包方给承包地造成永久性损害的，发包方有权制止，并有权要求赔偿由此造成的损失"（第 2 款）。第 64 条规定："土地经营权人擅自改变土地的农业用途、弃耕抛荒连续两年以上、给土地造成严重损害或者严重破坏土地生态环境，承包方在合理期限内不解除土地经营权流转合同的，发包方有权要求终止土地经营权流转合同。土地经营权人对土地和土地生态环境造成的损害应当予以赔偿。"再如，法释〔2005〕6 号第 8 条规定："承包方违反农村土地承包法第十七条规定，将承包地用于非农建设或者对承包地造成永久性损害，发包方请求承包方停止侵害、恢复原状或者赔偿损失的，应予支持。"

第三百三十二条

耕地的承包期为三十年。草地的承包期为三十年至五十年。林地的承包期为三十年至七十年。

前款规定的承包期限届满，由土地承包经营权人依照农村土地承包的法律规定继续承包。

本条主旨

本条是关于土地承包期的规定。

相关条文

《物权法》第 126 条　耕地的承包期为三十年。草地的承包期为三十年至五十年。林地的承包期为三十年至七十年；特殊林木的林地承包期，经国务院林业行政主管部门批准可以延长。

前款规定的承包期届满，由土地承包经营权人按照国家有关规定继续承包。

《土地管理法》第 13 条第 1 款　农民集体所有和国家所有依法由农民集体使用的耕地、林地、草地，以及其他依法用于农业的土地，采取农村集体经济组织内部的家庭承包方式承包，不宜采取家庭承包方式的荒山、荒沟、荒丘、荒滩等，可以采取招标、拍卖、公开协商等方式承包，从事种植业、林业、畜牧业、渔业生产。家庭承包的耕地的承包期为三十年，草地的承包期为三十年至五十年，林地的承包期为三十年至七十年；耕地承包期届满后再延长三十年，草地、林地承包期届满后依法相应延长。

《农村土地承包法》第21条　耕地的承包期为三十年。草地的承包期为三十年至五十年。林地的承包期为三十年至七十年。

前款规定的耕地承包期届满后再延长三十年，草地、林地承包期届满后依照前款规定相应延长。

理解与适用

本条在承继《物权法》第126条的基础上有微调，删除了《物权法》第126条第1款后段规定的“特殊林木的林地承包期，经国务院林业行政主管部门批准可以延长”。

土地承包经营权是有期物权，必定有存续期间。但存续期间多长为宜，则取决于若干因素。如果过长，就意味着在期满前农村集体经济组织不得调整承包地，因农村集体经济组织内部成员的人口增加导致的承包地依人分配的不合理会明显突出；国家征收承包地时所付补偿款也会相应增大。如果太短，则会降低甚至阻碍土地承包经营权人改善土地品质、加大投入以提高土地的生产能力的积极性，可能促使其破坏性、掠夺性地利用土地。

农村实行家庭联产承包责任制之初，承包期一般较短，负面结果显现。于是，1984年，国家出台政策，要求土地承包期应当适当延长，一般应在15年以上。1993年，一些较早实行家庭联产承包责任制的地方，第一轮土地承包即将到期。为了及时指导，国家提出，在原定的耕地承包期届满之后，再延长30年不变。2002年颁布的《农村土地承包法》明确耕地的承包期为30年（第20条）。全国性的草地的承包经营始自1984年。一些地区把草地的承包期定为50年。在《农村土地承包法》出台之前，实践中林地的承包期一般为30～50年。国家政策曾原则要求，土地承包期再延长30年不变，营造林地和“四荒”地等开发性生产的承包期可以更长。[①] 直至2002年，修正的《农村土地承包法》规定：“草地的承包期为三十年至五十年。林地的承包期为三十年至七十年；特殊林木的林地承包期，经国务院林业行政主管部门批准可以延长”（第20条后段）。2018年修正的《农村土地承包法》在承继的基础上明确“前款规定的耕地承包期届满后再延长三十年，草地、林地承包期届满后依照前款规定相应延长”（第21条）。《民法典》对此予以固定（第322条第1款）。

---

① 胡康生主编：《中华人民共和国物权法释义》，北京，法律出版社2007年版，第284页。

本条第2款明确："前款规定的承包期限届满，由土地承包经营权人依照农村土地承包的法律规定继续承包。"这在实际效果上相当于把土地承包经营权变成了"无期物权"，给农民（含牧民）吃了一颗定心丸，使其不必担心其承包地失去，完全可以放心地对承包地投入，避免短期效应。

第三百三十三条

土地承包经营权自土地承包经营权合同生效时设立。

登记机构应当向土地承包经营权人发放土地承包经营权证、林权证等证书，并登记造册，确认土地承包经营权。

本条主旨

本条是关于土地承包经营权设立和登记及权证的规定。

相关条文

《物权法》第127条　土地承包经营权自土地承包经营权合同生效时设立。

县级以上地方人民政府应当向土地承包经营权人发放土地承包经营权证、林权证、草原使用权证，并登记造册，确认土地承包经营权。

《土地管理法》第12条　土地的所有权和使用权的登记，依照有关不动产登记的法律、行政法规执行。

依法登记的土地的所有权和使用权受法律保护，任何单位和个人不得侵犯。

《农村土地承包法》第23条　承包合同自成立之日起生效。承包方自承包合同生效时取得土地承包经营权。

第24条第1款、第2款　国家对耕地、林地和草地等实行统一登记，登记机构应当向承包方颁发土地承包经营权证或者林权证等证书，并登记造册，确认土地承包经营权。

土地承包经营权证或者林权证等证书应当将具有土地承包经营权的全部家庭成员列入。

《森林法》第3条第2款　国家所有的和集体所有的森林、林木和林地，个人所有的林木和使用的林地，由县级以上地方人民政府登记造册，发放证书，确认所有权或者使用权。国务院可以授权国务院林业主管部门，对国务院确定的国家所有的重点林区的森林、林木和林地登记造册，发放证书，并通知有关地方人民政府。

《草原法》第 11 条　依法确定给全民所有制单位、集体经济组织等使用的国家所有的草原，由县级以上人民政府登记，核发使用权证，确认草原使用权。

未确定使用权的国家所有的草原，由县级以上人民政府登记造册，并负责保护管理。

集体所有的草原，由县级人民政府登记，核发所有权证，确认草原所有权。

依法改变草原权属的，应当办理草原权属变更登记手续。

《渔业法》第 11 条第 1 款　国家对水域利用进行统一规划，确定可以用于养殖业的水域和滩涂。单位和个人使用国家规划确定用于养殖业的全民所有的水域、滩涂的，使用者应当向县级以上地方人民政府渔业行政主管部门提出申请，由本级人民政府核发养殖证，许可其使用该水域、滩涂从事养殖生产。核发养殖证的具体办法由国务院规定。

《不动产登记暂行条例实施细则》第 47 条　承包农民集体所有的耕地、林地、草地、水域、滩涂以及荒山、荒沟、荒丘、荒滩等农用地，或者国家所有依法由农民集体使用的农用地从事种植业、林业、畜牧业、渔业等农业生产的，可以申请土地承包经营权登记；地上有森林、林木的，应当在申请土地承包经营权登记时一并申请登记。

第 48 条　依法以承包方式在土地上从事种植业或者养殖业生产活动的，可以申请土地承包经营权的首次登记。

以家庭承包方式取得的土地承包经营权的首次登记，由发包方持土地承包经营合同等材料申请。

以招标、拍卖、公开协商等方式承包农村土地的，由承包方持土地承包经营合同申请土地承包经营权首次登记。

理解与适用

一、本条含义概貌

本条在承继《物权法》第 127 条的基础上有微调，删除了《物权法》第 127 条中“草原使用证”，改为在“林权证”后加“等”字的立法技术，为实践中权证类型可以因客观、风俗习惯的需要而定预留了空间。

二、土地承包经营权的设立

（一）概说

土地承包经营权的设立，属于创设继受取得土地承包经营权，是将农民集体土地所有权的部分权能分离和独立出来，形成土地承包经营权这种新权利的现象。在《民法典》及《农村土地承包法》上，土地承包经营权的创设继受取得包括两种情形：一是采取家庭承包方式，农村集体经济组织与其成员之间签订农业承包合同设立土地承包经营权；二是通过招标、拍卖、公开协商等方式，农村集体经济组织与承包人协商一致创设“四荒”土地承包经营权。

（二）通过家庭承包方式设立土地承包经营权

1. 界定

通过家庭承包方式设立土地承包经营权，是指农村集体经济组织的成员以农户的名义，与农村集体经济组织签订承包合同，创设土地承包经营权。

2. 程序

《农村土地承包法》第 20 条规定，土地承包应当按照以下程序进行：(1) 本集体经济组织成员的村民会议选举产生承包工作小组；(2) 承包工作小组依照法律、法规的规定拟订并公布承包方案；(3) 依法召开本集体经济组织成员的村民会议，讨论通过承包方案；(4) 公开组织实施承包方案；(5) 签订承包合同。

3. 承包合同

承包合同，有人叫作农业承包合同，《民法典》称之为土地承包经营权合同（第 333 条第 1 款），其主体包括发包人和承包人。

发包人，《农村土地承包法》称作发包方。在农村土地依法属于村集体所有的情况下，发包人是农村集体经济组织或村民委员会；已经分别属于村内两个以上农村集体经济组织的农民集体所有的，发包人是村内各该农村集体经济组织或村民小组（《农村土地承包法》第 13 条第 1 款）。在国家所有依法由农民集体使用的农村土地发包的情况下，发包人可以是该土地的农村集体经济组织，也可以是村民委员会，还可以是村民小组（《农村土地承包法》第 13 条第 2 款）。

承包人，《农村土地承包法》称作承包方，将其范围限定为农村集体经济组织的成员，以农户的名义出现（第 5 条、第 16 条）。妇女和男子均为平等的一分子，在农村土地承包方面享有同等的权利（《农村土地承包法》第 6 条）。

承包人享有依法承包本集体经济组织发包的农村土地，任何组织和个人不得剥夺和非法限制农村集体经济组织成员承包土地的权利（《农村土地承包法》第 5 条），表明发包人负有强制缔约的义务。

承包合同应当采取书面形式，一般包括以下条款：(1) 发包方、承包方的名称，发包方负责人和承包方代表的姓名、住所；(2) 承包土地的名称、坐落、面积、质量等级；(3) 承包期限和起止日期；(4) 承包土地的用途；(5) 发包方和承包方的权利和义务；(6) 违约责任（《农村土地承包法》第 22 条第 2 款）。

承包合同自成立之日起生效（《农村土地承包法》第 23 条前段）。

4. 土地承包经营权的设立要件和时间点

土地承包经营权自承包合同生效时设立（《民法典》第 333 条第 1 款，《农村土地承包法》第 23 条后段）。

登记尽管不是土地承包经营权设立的生效要件，但在土地承包经营权的确认、对抗他人方面仍然具有不可忽视的价值。《民法典》的有关规定表明了这一点，《不动产登记暂行条例实施细则》更是对此详加规定："承包农民集体所有的耕地、林地、草地、水域、滩涂以及荒山、荒沟、荒丘、荒滩等农用地，或者国家所有依法由农民集体使用的农用地从事种植业、林业、畜牧业、渔业等农业生产的，可以申请土地承包经营权登记；地上有森林、林木的，应当在申请土地承包经营权登记时一并申请登记"（第 47 条）。"依法以承包方式在土地上从事种植业或者养殖业生产活动的，可以申请土地承包经营权的首次登记"（第 48 条第 1 款）。"以家庭承包方式取得的土地承包经营权的首次登记，由发包方持土地承包经营合同等材料申请"（第 48 条第 2 款）。

登记完成后，县级以上地方人民政府应当向土地承包经营权人发放土地承包经营权证、林权证等证书，并登记造册，确认土地承包经营权（《民法典》第 333 条第 2 款，《农村土地承包法》第 24 条第 1 款）。

［拓展］

林权的取得虽然不以林权登记为生效要件，但为了明晰权属，对抗第三人，通过登记予以公示仍有其积极意义。现行法也规定了林权登记的种类、条件、程序和效力等内容（《林木和林地权属登记管理办法》第 2 条以下）。

在中国，有的法律文件将林权证的效力表述为：（1）林权证系森林、林木、林地所有权或使用权的法律凭证①，属于国家所有的和集体所有的森林、林木和林地，以及个人所有的林木和使用的林地，经县级以上人民政府盖章生效；属于国务院确定的国家所有的重点林区的森林、林木和林地，经国务院林业主管部门盖章生效。（2）林权证由林权权利人保存。（3）林权依法发生变更时，须持此证及时到原登记发证机关办理变更登记手续。（4）各级人民政府及其林权管理部门和司法机关调查了解有关林权事宜时，持证者应当出示此证。（5）严禁伪造、买卖、转借林权证。（6）持证单位和个人不得涂改林权证的内容。

按照《林木和林地权属登记管理办法》的规定，林权登记的机关为县级以上林业主管部门，林权登记包括初始登记、变更登记和注销登记（第 2 条）。对于

① 这是广义的林权说的体现。——笔者注

经过登记机关审查批准予以登记的申请，应当及时核发林权证（第 14 条）。按照森林法及其实施条例的规定，由国务院林业主管部门或省、自治区、直辖市人民政府以及社区的市、自治州人民政府核发林权证的，登记机关应当将核发林权证的情况通知有关地方人民政府（第 15 条）。林权发生变更的，林权人应当到初始登记机关申请变更登记（第 6 条）。林地被依法征收、占用或因其他原因造成林地灭失的，林权人应当到初始登记机关申请办理注销登记（第 7 条）。《国家林业局关于进一步加强和规范林权登记发证管理工作的通知》（林资发〔2007〕33 号）第 3 条第 1 款第 2 项规定，农民集体所有和国家所有由农民集体使用的森林、林木和林地，依法采取家庭承包或其他方式承包的，由承包方申请林权登记；承包后依法转让或互换的，由新的承包方申请林权登记；未发包的，由集体所有者或依法使用国家所有森林、林木和林地的集体使用者申请林权登记。

需要注意，按照《国家林业局关于进一步加强和规范林权登记发证管理工作的通知》（林资发〔2007〕33 号）第 4 条第 1 款第 2 项的规定，因农村集体林地承包经营权发生流转，当事人申请林地承包经营权变更登记时，对于以下几种情形应当不予登记：(1) 采取转让或互换方式对林地承包经营权进行流转，转让方未依法登记取得林权证，受让方直接申请林地承包经营权变更登记的；(2) 采取转包或出租方式对林地承包经营权进行流转，原承包关系不变，受转包方和承租方申请登记的；(3) 没有稳定的非农职业或没有稳定的收入来源的农户，将通过家庭承包方式取得的林地承包经营权转让给其他从事农业生产的农户，受让方申请林权变更登记的；(4) 有稳定的非农收入或有稳定的收入来源的农户，将通过家庭承包方式取得的林地承包经营权采取转让方式转让给非农户，受让方申请登记的；(5) 不宜采取家庭承包方式的荒山、荒沟、荒丘、荒滩等农村林地发包给农村集体经济组织以外的单位或个人承包，若承包方不能提供该承包经本集体经济组织成员的村民会议三分之二以上成员或三分之二以上村民代表的同意的证明文件和当地乡（镇）人民政府的批准文件，承包方申请登记的；(6) 不宜采取家庭承包方式的荒山、荒沟、荒丘、荒滩等，依法采用其他方式承包后，经依法登记取得林权证，其林地承包经营权不是采取转让方式流转的，受流转方申请登记的；(7) 其他不符合有关法律规定的申请林权登记条件的。

[论争]

通过以上介绍可知，中国现行法设置的模式是，通过承包合同而无须登记来直接设立土地承包经营权。对此，有学说表示赞同，认为这符合中国的实际。由此设立的权利虽然未经登记，也应当具有对抗第三人的效力。其理由在于，农村目前仍然属于熟人社会，在承包合同签订之后，即便没有登记，第三人也知悉该土地并非自己的，从而不会对其施加侵害。因此，公示的权利保护功能无从发挥。而在土地没有登记的情况下，第三人也不可能受让该权利或对之享有抵押权，因此，根本不可能存在标的物上有多个权利、从而哪项权利更为优先的问题，自然也不存在权利瑕疵而影响交易安全的情况。①

这种观点值得商榷。笔者认为，土地承包经营权的设立，事关农户或其他取得该权利之人的重大利益，尤其关系到农民的生存问题，为确保其利益不受侵犯，为了善意第三人免受不测的损害，对于土地承包经营权的设立应当采取登记成立要件主义，即土地承包经营权非经登记不得成立，以避免采取登记对抗主义甚至登记可有可无的模式而可能给农户带来的损害。② 这样，也可减少基于法律行为的物权变动模式的类型。

笔者认为，土地承包经营权无须登记公示的意见带有片面性。其一，土地承包经营权的信息应当准确和具有权威性。土地承包经营权登记公示制度最能达此目的。《农村土地承包法》对于土地承包经营权的初始产生不强行要求登记，土地承包经营权人大多不申请登记。在这些情况下，土地承包经营权的信息只有靠发包方的记载及知情人的记忆提供和证实，可靠性没有保障。因为人的记忆容易出错，发包人的记载相对而言容易毁损乃至遗失。其二，我们知道，土地承包经营权至少分为两种，其中，基于拍卖、招标产生的土地承包经营权，其主体可能是来自他乡的“陌生人”，不强制实行登记公示制度，或仅仅实行登记对抗要件主义，众多的土地承包经营权未登记于土地档案里。他人欲了解土地承包经营权是否存在、存续期限多长、农地面积及其四至如何等情形，或是无从下手，或是知情者不予配合，或同意提供信息但索要较高的费用，再就是该信息的准确性如何保证，其权威性如何确认？所有这些，都可能损害受让人的利益，进而阻碍土地承包经营权的流转。其三，不实行登记公示制度，土地承包经营权紧密地与承包合同联系在一起，发包人利用各种优势使土地承包经营权人同意解除合同，致使土地承包经营权也随之终止。在土地承包经营权人不能举证发包人欺诈、胁迫、乘人之危而迫使自己违心同意解除合同的情况下，就会遭受损失，土地承包经营权的物权性变得模糊。如果采取登记公示制度，土地承包经营权的登记不注销，土地承包经营权就不消灭，即使承包合同已被解除，也是如此。这对阻止发

① 王利明、尹飞、程啸：《中国物权法教程》，北京，人民法院出版社 2007 年版，第 303～304 页。

② 耿林、戴孟勇、崔建远等：《关于〈中华人民共和国物权法（征求意见稿）〉第 126 条的修改意见》，载清华大学法学院《关于〈中华人民共和国物权法（征求意见稿）〉的修改意见》（2003 年 3 月 20 日）。

包方擅自撕毁承包合同，保护土地承包经营权人的合法权益，具有积极的不可替代的作用。其四，对于家庭承包制，中央确立原则上稳定的政策。依据《民法典》和《农村土地承包法》，土地承包经营权的成立、转让等都不以登记为生效要件，发包方擅自撕毁承包合同，频繁调整承包地，土地管理部门也不知晓，使中央政策的贯彻没有监督，缺乏制度保障。如果将土地承包经营权登记作为土地承包经营权变动的生效要件，对于违法的随意调整不予承认，对既有的土地承包经营权不予变更登记，就能起到监督、保障的作用。①

所谓"我国农村目前仍然属于熟人社会，在承包合同签订之后，即便没有登记，第三人也知悉该土地并非自己的，从而不会对其施加侵害。因此，公示的权利保护功能无从发挥。而在土地没有登记的情况下，第三人也不可能受让该权利或对之享有抵押权，因此，根本不可能存在标的物上有多个权利、从而哪项权利更为优先的问题，自然也不存在权利瑕疵而影响交易安全的情况"，亦有片面性。在实务中，存在着善意之人受让土地承包经营权的情况。例如，甲村把良田B发包给乙农户，乙自土地承包合同生效时取得土地承包经营权，一直没有办理登记。实际上，丙一直以土地承包经营权人的名义在该宗承包地上耕种，甲村村委会不但默认，而且在丙把该土地承包经营权转让给丁时，同意该转让行为。事后，乙提出异议，不承认丁的土地承包经营权，丁则主张不知情，应当保有土地承包经营权。②

值得注意的是，《不动产登记暂行条例实施细则》设置4个条文规定农村集体所有权的登记（第29—32条），除关于登记的总则以外，还专门设置3个条文规定集体建设用地使用权的登记（第44—46条），设置7个条文规定土地承包经营权的登记（第47—53条）。尤其是第49条规定土地承包经营权的变更登记、第50条规定土地承包经营权的转移登记、第51条规定土地承包经营权注销登记时使用的术语是"应当"，表明了变更登记是项义务。当然，它们只是部门规章，效力位阶低于《民法典》和《农村土地承包法》。解决这个问题的最佳方案是，将登记作为土地承包权、土地经营权和地役权的变动的生效要件。但遗憾的是，《民法典》没有因应这个要求，因循守旧。

不容忽视的是，农村目前正如火如荼地开展农村土地权属的登记，这为将登记作为土地承包权、土地经营权的变动的生效要件奠定了基础，提供了前提。

---

① 崔建远：《土地上的权利群研究》，北京，法律出版社2004年版，第214～215页。

② 崔建远：《不动产物权的善意取得》，载《中国法律评论》（第1卷），北京，法律出版社2007年版，第77页。

(三) 通过招标、拍卖、公开协商等方式，设立“四荒”土地承包经营权

1. 概述

对于不宜采取家庭承包方式的“四荒”土地，《民法典》第342条和《农村土地承包法》第48—54条规定，可以通过招标、拍卖、公开协商等方式，设立土地承包经营权。与通过家庭承包方式设立土地承包经营权相比，它具有以下特点：(1) 承包地仅限于不宜采取家庭承包方式的“四荒”；(2) 承包人不限于本集体经济组织的成员，企业法人、私人企业、个体工商户、国家机关工作人员或其他自然人等均可承包“四荒”土地；(3)“四荒”土地承包经营权的设立采取招标、拍卖、公开协商等透明、竞争的方式，较一对一地洽商弊端较少；(4)“四荒”土地承包经营权可较为自由地转让、转包、抵押、互换、出租、入股等流转，更有效率。①

需要指出，通过招标、拍卖、公开协商等方式，设立“四荒”土地承包经营权，有消极条件的限制。国务院办公厅《关于治理开发农村“四荒”资源进一步加强水土保持工作的通知》(国办发〔1996〕23号) 第4条第1项规定，承包、租赁、股份制合作、拍卖“四荒”使用权等，要划清国家与农村集体所有“四荒”的权属界限，权属不明确、存在争议的，在问题没有得到解决前，不得进行承包、租赁、股份制合作或拍卖。严禁把国有土地变为集体所有。严禁将国有林地当作“四荒”拍卖。国务院办公厅于1999年12月21日发布的《关于进一步做好治理开发农村“四荒”资源工作的通知》(国办发〔1999〕102号) 对此再次重申 (第1条第2款)。

2. 设立方式

“四荒”土地承包经营权设立的方式，可以是招标、拍卖、公开协商等方式，也可以将土地承包经营权折股分给本集体经济组织成员后，再实行承包经营或股份制合作经营 (《农村土地承包法》第50条)。

国务院办公厅《关于治理开发农村“四荒”资源进一步加强水土保持工作的通知》(国办发〔1996〕23号) 规定：“哪种方式有利于调动群众的积极性，有利于保持水土，有利于发展壮大集体经济，就采取哪种方式，切忌‘一刀切’”(第2条第4项)。

招标、拍卖、公开协商等方式只是签订承包合同的方式，并未否定“四荒”土地承包经营权的设立依赖承包合同。所以，国务院办公厅《关于治理开发农村“四荒”资源进一步加强水土保持工作的通知》(国办发〔1996〕23号) 强调：

① 崔建远：《“四荒”拍卖与土地使用权》，载《法学研究》1995年第6期，第32～33页。

“承包和租赁治理开发‘四荒’，农村集体经济组织要与承包、承租者签订合同，经乡（镇）人民政府审核，报县级人民政府批准。合同要明确承包方与发包方、承租方与出租方的权利与义务。拍卖使用权的，要标定拍卖底价，实行公开竞价，拍卖后买卖双方要签订拍卖协议，办理交款手续，由县级人民政府依法核发或更换土地使用权证书”。《农村土地承包法》将其法律化：“以其他方式承包农村土地的，应当签订承包合同，承包方取得土地经营权。当事人的权利和义务、承包期限等，由双方协商确定。以招标、拍卖方式承包的，承包费通过公开竞标、竞价确定；以公开协商等方式承包的，承包费由双方议定”（第 49 条）。

3．农村集体经济组织成员有无优先承包权

尽管“四荒”土地承包经营权的设立采取公开透明的竞争方式，但对“四荒”土地所在农村集体经济组织成员的利益需要有条件地关照。至于具体途径，2002 年的《农村土地承包法》规定“以其他方式承包农村土地，在同等条件下，本集体经济组织成员享有优先承包权”（第 47 条）。按照法释〔2005〕6 号规定，该优先权的享有和行使附有条件，即流转价款、流转期限等主要内容相同。在符合这些条件下，本集体经济组织成员主张优先权的，人民法院应予支持。但下列情形除外：（1）在书面公示的合理期限内未提出优先权主张的。（2）未经书面公示，在本集体经济组织以外的人开始使用承包地两个月内未提出优先权主张的（第 11 条）。（3）在发包方将农村土地发包给本集体经济组织以外的单位或个人，已经法律规定的民主议定程序通过，并由乡（镇）人民政府批准后主张优先承包权的（第 19 条）。但是，2018 年修正的《农村土地承包法》删除了 2002 年的《农村土地承包法》第 47 条的规定，而是另辟蹊径，增设一条，即第 50 条，内容为：“荒山、荒沟、荒丘、荒滩等可以直接通过招标、拍卖、公开协商等方式实行承包经营，也可以将土地经营权折股分给本集体经济组织成员后，再实行承包经营或者股份合作经营。”其中，所谓“也可以将土地经营权折股分给本集体经济组织成员后，再实行承包经营或者股份合作经营”，在客观上使本集体经济组织成员就“四荒”土地承包利益的享有取得了优先权。

4．对农村集体经济组织成员以外的人承包“四荒”土地严格条件和程序

现行法允许农村集体经济组织成员以外的人，承包“四荒”土地，只不过在条件和程序上较为严格，对此，《农村土地承包法》第 52 条规定：“发包方将农村土地发包给本集体经济组织以外的单位或者个人承包，应当事先经本集体经济组织成员的村民会议三分之二以上成员或者三分之二以上村民代表的同意，并报乡（镇）人民政府批准”（第 1 款）。“由本集体经济组织以外的单位或者个人承包的，应当对承包方的资信情况和经营能力进行审查后，再签订承包合同”（第 2 款）。

［思考］

现行法对农村集体经济组织成员以外的人承包“四荒”土地严格条件和程序，仍然是基于土地承包经营权是农民唯一的或主要的就业手段、生活保障、福利体现、社会稳定的法律基础之一的背景。如果随着社会的发展，土地承包经营权不再是农民唯一的或主要的就业手段、生活保障及福利体现，立法政策就应该调整。

三、土地承包经营权的登记及其效力

分析《民法典》第333条第1款关于“土地承包经营权自土地承包经营权合同生效时设立”的规定，第335条关于“土地承包经营权互换、转让的，当事人可以向登记机构申请登记；未经登记，不得对抗善意第三人”的规定；《农村土地承包法》第35条关于“土地承包经营权互换、转让的，当事人可以向登记机构申请登记。未经登记，不得对抗善意第三人”的规定；第41条关于“土地经营权流转期限为五年以上的，当事人可以向登记机构申请土地经营权登记。未经登记，不得对抗善意第三人”的规定；第53条关于“通过招标、拍卖、公开协商等方式承包农村土地，经依法登记取得权属证书的，可以依法采取出租、入股、抵押或者其他方式流转土地经营权”的规定；以及《不动产登记暂行条例实施细则》第48条第3款关于“以招标、拍卖、公开协商等方式承包农村土地的，由承包方持土地承包经营合同申请土地承包经营权首次登记”的规定，可知登记并非“四荒”土地承包经营权设立的生效要件。从《民法典》第335条的规定看，在土地承包经营权互换、转让的情况下，登记是受让人取得土地经营权（含“四荒”土地经营权）对抗善意第三人的要件。从《农村土地承包法》第53条的规定看，登记是“四荒”土地承包经营权转让、出租、入股、抵押或其他方式流转的法律前提，不登记不发生“四荒”土地经营权移转的法律效力。法释〔2005〕6号第21条第1款就是如此解释的：“承包方未依法登记取得土地承包经营权证等证书，即以转让、出租、入股、抵押等方式流转土地承包经营权，发包方请求确认该流转无效的，应予支持。但非因承包方原因未登记取得土地承包经营权证等证书的除外。”看来，《民法典》和《农村土地承包法》的思路和精神尚未吻合。笔者认为，从解释论出发，实务中可以将它们同时适用于同一个案件之中。站在立法论的立场，未来修改法律时应当统一规定。

即使土地承包经营权设立的登记不是生效要件，只是对抗要件，登记对于土地承包经营权人也是非常有益处的。因此，土地承包经营权人还是及早地申请登记为好。在这方面，《不动产登记暂行条例实施细则》第48条规定：“依法以承包方式在土地上从事种植业或者养殖业生产活动的，可以申请土地承包经营权的首次登记”（第1款）。“以家庭承包方式取得的土地承包经营权的首次登记，由发包方持土地承包经营合同等材料申请”（第2款）。“以招标、拍卖、公开协商等方式承包农村土地的，由承包方持土地承包经营合同申请土地承包经营权首次登记”（第3款）。

本条第2款后段所谓“确认土地承包经营权”，其意如何，颇费思量。观察其字面意思，似有只要不动产登记簿簿页上记载某特定土地承包经营权为张三家享有就确定无疑之意。不过，如此理解不合法理，因为连《民法典》第209条第1款等条款赋予公信力的不动产物权登记都不可说登记所显示的不动产物权关系与真实的不动产物权关系百分之百地相符，故有更正登记、异议登记的矫正措施（第220条），并将其适用范围限于交易领域，何况本条所谓登记不具有公信力呢？此其一。本条第1款规定的是基于法律行为而设立土地承包经营权的现象，第2款所谓登记，依体系和逻辑，应当是对于此种土地承包经营权设立的登记，即它是对于基于法律行为而设立土地承包经营权这种不动产物权变动的登记。称此种登记具有确权的法律效力，应该慎重，因为连对作为不动产物权变动的生效要件的设权登记都未说具有确权的效力，何况本条所谓登记仅仅具有对抗善意第三人的效力呢？此其二。有鉴于此，不妨把本条第2款后段所谓“确认土地承包经营权”理解为，土地承包经营权合同已经生效，土地承包经营权据此设立，登记是对此种事实的进一步固定、认可。此其三。

在笔者看来，本条所谓登记，在证据法上的意义更大，即凭借该登记，登记名义人可以自称不动产登记簿登记的土地承包经营权归其享有，不必再举证其他证据；争议的对方若不同意此种意见，必须举证推翻登记名义人的此种主张，若推不翻，只得承认登记名义人的主张。此其一。在判断交易相对人知情与否、有无过错方面具有作用，如果非登记名义人转让、抵押土地经营权，那么，交易相对人有怠于查询不动产登记簿、判明转让人有无处分权的过错，他应承担相应的风险。如果承认土地承包经营权及土地经营权、地役权的转让、抵押也可以发生善意取得的法律效果，则于此场合交易相对人非善意，不能善意取得土地经营权或抵押权。此其二。

第三百三十四条

土地承包经营权人依照法律规定，有权将土地承包经营权互换、转让。未经依法批准，不得将承包地用于非农建设。

本条主旨

本条是关于土地承包经营权流转的规定。

相关条文

《物权法》第128条　土地承包经营权人依照农村土地承包法的规定，有权将土地承包经营权采取转包、互换、转让等方式流转。流转的期限不得超过承包期的剩余期限。未经依法批准，不得将承包地用于非农建设。

《农村土地承包法》第10条　国家保护承包方依法、自愿、有偿流转土地经营权，保护土地经营权人的合法权益，任何组织和个人不得侵犯。

第33条　承包方之间为方便耕种或者各自需要，可以对属于同一集体经济组织的土地的土地承包经营权进行互换，并向发包方备案。

第34条　经发包方同意，承包方可以将全部或者部分的土地承包经营权转让给本集体经济组织的其他农户，由该农户同发包方确立新的承包关系，原承包方与发包方在该土地上的承包关系即行终止。

第35条　土地承包经营权互换、转让的，当事人可以向登记机构申请登记。未经登记，不得对抗善意第三人。

第36条　承包方可以自主决定依法采取出租（转包）、入股或者其他方式向他人流转土地经营权，并向发包方备案。

第38条　土地经营权流转应当遵循以下原则：

（一）依法、自愿、有偿，任何组织和个人不得强迫或者阻碍土地经营权流转；

（二）不得改变土地所有权的性质和土地的农业用途，不得破坏农业综合生产能力和农业生态环境；

（三）流转期限不得超过承包期的剩余期限；

（四）受让方须有农业经营能力或者资质；

（五）在同等条件下，本集体经济组织成员享有优先权。

第39条　土地经营权流转的价款，应当由当事人双方协商确定。流转的收益归承包方所有，任何组织和个人不得擅自截留、扣缴。

第40条　土地经营权流转，当事人双方应当签订书面流转合同。

土地经营权流转合同一般包括以下条款：

（一）双方当事人的姓名、住所；

（二）流转土地的名称、坐落、面积、质量等级；

（三）流转期限和起止日期；

（四）流转土地的用途；

（五）双方当事人的权利和义务；

（六）流转价款及支付方式；

（七）土地被依法征收、征用、占用时有关补偿费的归属；

（八）违约责任。

承包方将土地交由他人代耕不超过一年的，可以不签订书面合同。

第 41 条　土地经营权流转期限为五年以上的，当事人可以向登记机构申请土地经营权登记。未经登记，不得对抗善意第三人。

第 42 条　承包方不得单方解除土地经营权流转合同，但受让方有下列情形之一的除外：

（一）擅自改变土地的农业用途；

（二）弃耕抛荒连续两年以上；

（三）给土地造成严重损害或者严重破坏土地生态环境；

（四）其他严重违约行为。

第 43 条　经承包方同意，受让方可以依法投资改良土壤，建设农业生产附属、配套设施，并按照合同约定对其投资部分获得合理补偿。

第 44 条　承包方流转土地经营权的，其与发包方的承包关系不变。

第 45 条　县级以上地方人民政府应当建立工商企业等社会资本通过流转取得土地经营权的资格审查、项目审核和风险防范制度。

工商企业等社会资本通过流转取得土地经营权的，本集体经济组织可以收取适量管理费用。

具体办法由国务院农业农村、林业和草原主管部门规定。

第 46 条　经承包方书面同意，并向本集体经济组织备案，受让方可以再流转土地经营权。

第 53 条　通过招标、拍卖、公开协商等方式承包农村土地，经依法登记取得权属证书的，可以依法采取出租、入股、抵押或者其他方式流转土地经营权。

理解与适用

一、本条含义概貌

本条在承继《物权法》第 128 条的基础上又有所调整，把《物权法》第 128 条所谓“有权将土地承包经营权采取转包、互换、转让等方式流转”中的“转包”和“等”字删除。做此修改，不是取消了转包的法律形式，也不是将土地承包经营权流转方式局限于互换和转让，而是出自如下原因：（1）土地承包经营权流转分为物权变动式的流转和债权式的流转。物权变动式的流转，在一定程度上牵涉物权法定主义，法律明确表态允许与否，有其必要性。至于转包，不属于物权变动式的流转，而是合同债权式的流转，而合同债的领域奉行意思自治原则，只要法不禁止，就自然允许当事人转包、转租等协议，法律不设明文亦可。实际上，《农村土地承包法》第 36 条明确："承包方可以自主决定依法采取出租（转包）、入股或者其他方式向他人流转土地经营权，并向发包方备案。"由此可知，《民法典》作为民事基本法，无须一一重复诸如《农村土地承包法》等单行法的全部条文，只需要认可其精神，作概括性、包容性的规定即可，《农村土地承包法》以特别法的身份在个案中优先适用。（2）以土地承包经营权设立抵押权，就设立本身而言，只是抵押权这个物权变动（设立）了，但作为抵押物的土地承包经营权于此阶段并未变动，在严格意义上的土地承包经营权流转的标题下，以土地承包经营权设立抵押权与土地承包经营权互换、转让不在一个层面上，"流转"概念和标题中不含有抵押权设立更符合逻辑。

尽管如此，基于本释评书的整体安排，在解读本条时还是把债权式的流转和以土地承包经营权设立抵押权一并介绍。

二、土地承包经营权流转概述

土地承包经营权作为他物权，无处分承包地的效力，但承包人有处分土地承包经营权自身的权利。对此，《农村土地承包法》设置 14 个条文全面调整（第 33 条以下）。林地承包经营权人可依法对拥有的林地承包经营权和林木所有权进行转包、出租、转让、入股、抵押或作为合资、合作的条件，对其承包的林地、林木可依法开发利用（《中共中央国务院关于全面推进集体林权制度改革的意见》第 3 条第 11 项）。《民法典》概括式地认可《农村土地承包法》的规定和精神（第 334 条等）。土地承包经营权流转的主体是承包方。承包方有权依法自主决定土地承包经营权是否流转和流转的方式（《农村土地承包法》第 9 条、第 10 条、第 27 条第 3 款、第 38 条第 1 项）。

值得指出并应予重视的是，中国共产党第十八届中央委员会第三次全体会议于 2013 年 11 月 12 日通过的《中共中央关于全面深化改革若干重大问题的决定》，赋予了土地承包经营权更为自由的让与性，于第 20 条第 1 款后段规定："稳定农村土地承包关系并保持长久不变，在坚持和完善最严格的耕地保护制度前提下，赋予农民对承包地占有、使用、收益、流转及承包经营权抵押、担保权能，允许农民以承包经营权入股发展农业产业化经营。鼓励承包经营权在公开市场上向专业大户、家庭农场、农民合作社、农业企业流转，发展多种形式规模经营。”

土地承包经营权流转应当遵循以下原则：（1）平等协商、自愿、有偿，任何组织和个人不得强迫或阻碍承包方进行土地承包经营权流转；（2）不得改变土地所有权的性质和土地的农业用途；（3）流转的期限不得超过承包期的剩余期限；（4）受让方须有农业经营能力；（5）在同等条件下，本集体经济组织成员享有优先权（《农村土地承包法》第38条）。

土地承包经营权采取互换、转让方式流转，当事人双方应当签订书面合同。采取转让方式流转的，应当经发包方同意；依法采取出租（转包）、入股或者其他方式向他人流转土地经营权，并向发包方备案（《农村土地承包法》第36条）。

［引申］

应注意，没有备案，主要发生行政法上的后果，不应影响转包、出租、互换等合同的效力。对此，法释〔2005〕6号第14条规定：“承包方依法采取转包、出租、互换或者其他方式流转土地承包经营权，发包方仅以该土地承包经营权流转合同未报其备案为由，请求确认合同无效的，不予支持。”

土地承包经营权流转合同一般包括以下条款：（1）双方当事人的姓名、住所；（2）流转土地的名称、坐落、面积、质量等级；（3）流转的期限和起止日期；（4）流转土地的用途；（5）双方当事人的权利和义务；（6）流转价款及支付方式；（7）违约责任（《农村土地承包法》第40条第2款）。

［拓展］

当事人对转包、出租地流转期限没有约定或约定不明的，参照《民法典》第730条关于“当事人对租赁期限没有约定或者约定不明确，依据本法第五百一十条的规定仍不能确定的，视为不定期租赁；当事人可以随时解除合同，但是应当在合理期限之前通知对方”的规定处理。除当事人另有约定或属于林地承包经营外，承包地交回的时间应当在农作物收获期结束后或下一耕种期开始前（法释〔2005〕6号第17条）。

土地承包经营权采取互换、转让方式流转，当事人要求登记的，应当向县级以上地方人民政府申请登记。未经登记，不得对抗善意第三人（《农村土地承包法》第35条）。《不动产登记暂行条例实施细则》予以细化（第50条），本释评书将在相应之处加以介绍。

土地经营权流转的价款，应当由当事人双方协商确定。流转的收益归承包方所有，任何组织和个人不得擅自截留、扣缴（《农村土地承包法》第39条）。发包方或其他组织、个人擅自截留、扣缴承包收益或土地承包经营权流转收益，承包方请求返还的，应予支持。发包方或其他组织、个人主张抵销的，不予支持（法释〔2005〕6号第18条）。因承包方不收取流转价款或向对方支付费用的约定产生纠纷，当事人协商变更无法达成一致，且继续履行又显失公平的，人民法院可以根据发生变更的客观情况，按照公平原则处理（法释〔2005〕6号第16条）。

三、具体流转方式的介绍和分析

（一）转包

转包，是指土地承包经营权人（转包人）和受包人（次承包人）签订转包合同，自己继续保有土地承包经营权，只是将其承包地的全部或部分以一定条件转交受包人（次承包人）经营，受包人（次承包人）向转包人支付或不支付转包金的现象（《农村土地承包法》第36条第1款）。于此场合，受包人（次承包人）并未受让土地承包经营权，不向发包人履行交付承包金等项义务；只是取得了利用承包地从事农林牧渔经营并获取收获物的资格。

［拓展］

转包对于解决农民进城打工而撂荒承包地的问题，是个较好的法律方式。但需要规定进城打工的承包人负有强制缔约义务，以解决宁肯撂荒也不将承包地转包给其他农户的问题。

（二）出租

土地承包经营权的出租，是土地承包经营权人（出租人）和承租人签订租赁合同，土地承包经营权继续由出租人享有，承租人不受让土地承包经营权（《农村土地承包法》第36条），只是取得在承包地从事农林牧渔经营并获取收获物的资格，向出租人支付租金的现象。承租人可以是本集体经济组织的成员，也可以是本集体经济组织以外的自然人、法人或其他组织。

值得一提的是，《农村土地承包法》第36条一改以往把出租和转包并列的理念，采用“出租（转包）”的表达方式，意味着已经将出租和转包等同看待，这值得赞同。其道理如下：由于转包和出租两种场合都是土地承包经营权不发生移转，都是第三人（受包人或承租人）取得利用承包地从事农林牧渔经营活动的资格，都是第三人（受包人或承租人）向土地承包经营权人支付一定对价（限于有偿转包场合），可见，两者具有质的统一性，现行法把“转包”与出租作为并列的、相互独立的两种法律形式，乃人为地割裂一项法律制度，至少在客观上要求法律人分别适用“转包”的法律规范和出租的法律规范，而实际上现行法又欠缺较为详细的“转包”规范，造成“准用”或类推适用的现象。①

（三）互换

互换，合同法称之为互易，按照《农村土地承包法》第33条规定，是承包方之间为方便耕种或者各自需要，可以对属于同一集体经济组织的土地的土地承包经营权进行互换。可见，此处的互换有较为严格的限定：（1）从主体方面看，互换人须是承包人，须为同一集体经济组织的成员；（2）就承包地而言，须为属于同一集体经济组织的两宗以上的土地；（3）从互换的标的物方面看，必须属于同一集体经济组织的土地上竖立的土地承包经营权。

互换与转让的区别在于：（1）通常意义上的转让，其受让人可以是本集体经济组织内的成员，也可以是本集体经济组织以外的人；土地承包经营权的互换，在现行法上，互换人须为同一农村集体经济组织的成员。（2）通常意义上的转让，其对价通常表现为货币；土地承包经营权的互换，其对价表现为另一土地承包经营权。其实，从学理的层面考虑，这些差异可看作上位概念和下位概念之间的区别。如果是这样，则可将互换看作转让的特例。②

互换场合，按照《不动产登记暂行条例实施细则》第50条第1款第1项的规定，当事人双方应当持互换协议等材料，申请土地承包经营权的转移登记。于此场合，两个土地承包经营权相向移转，按照德国民法思维，存在着两个物权行为，在法国和中国的法制上，因未确立物权行为制度，其表现为事实行为。

（四）入股

入股，是指将土地承包经营权作价，出资到股份合作制企业乃至股份有限公司之中，成为企业的财产的现象。不过，此时企业的责任财产包含的，不是土地承包经营权，而是土地经营权。承包人因其土地承包经营权入股而在股份合作制企业乃至股份有限公司之中享有股权，表现为被选举权、选举权、股息红利分配权等；其土地权利已经变成土地承包权。对此，《中共中央关于全面深化改革若干重大问题的决定》予以进一步肯定和倡导（第20条、第21条）。

入股，土地经营权移转至企业名下，按照德国民法思维，存在着两个物权行为，在法国和中国的法制上，因未确立物权行为制度，其表现为事实行为。

（五）转让

所谓转让，是指转让人（承包人）和受让人签订转让合同，将土地承包经营权移转给受让人，受让人向转让人支付对价的现象。于此场合，原承包方与发包方在该土地上的承包关系即行终止（《农村土地承包法》第34条）。对此，《中共中央关

①② 崔建远：《土地上的权利群研究》，北京，法律出版社2004年版，第216页。

于全面深化改革若干重大问题的决定》予以进一步肯定和倡导（第20条）。

转让场合，当事人双方应当持转让合同等材料，申请土地承包经营权的转移登记（《不动产登记暂行条例实施细则》第50条第1款第2项）。以家庭承包方式取得的土地承包经营权，采取转让方式流转的，还应当提供发包方同意的材料（《不动产登记暂行条例实施细则》第50条第2款）。

转让合同生效并履行是（物权变动的）法律事实，土地经营权移转至受让人名下是结果（物权变动）。按照德国民法思维，存在着两个物权行为，在法国和中国的法制上，因未确立物权行为制度，表现为事实行为。

中国现行法对通过招标、拍卖、公开协商等方式设立的“四荒”土地承包经营权的转让，未设诸如发包人同意之类的限制（《民法典》第342条，《农村土地承包法》第48条以下）。但对通过家庭承包方式设立的土地承包经营权的转让，采取的方案是新创设土地经营权，它派生于土地承包经营权，可以自由转让；但留在农户（原土地承包经营权人）的土地权利不再是土地承包经营权，而是土地承包权，它不得转让（《民法典》第339条等，《农村土地承包法》第34条以下）。

［引申］

转让和转包是性质差异很大的两项制度。民法通常所说的转让，系指权利主体的变更，权利由原权利人处移转到受让人之手，在土地承包经营权制度中，应指土地承包经营权由原承包人之手移转到受让人之处，原承包人退出承包合同关系，受让人取而代之地成为承包合同的当事人，享有土地经营权。而转包场合，土地承包经营权继续由转包人（承包人）享有，受包人（次承包人）并未受让土地承包经营权，只是取得了利用承包地从事农林牧渔经营并获取农获物的资格。换言之，转让，发生了物权变动；转包，没有发生物权变动。

就本质而言，转让与买卖、互换、赠与具有密切的联系。如果把转让作为物权变动的结果，在土地承包经营权转让场合，就是土地经营权移转至受让人名下的现象，那么买卖、互换、赠与等合同都是转让的法律事实。如果把转让作为转让合同的简称，那么它就是引起物权变动的法律事实，在土地承包经营权转让场合，转让合同是使土地经营权移转至受让人名下的法律事实。在这个层面上，转让（合同）与买卖、互换、赠与等合同就是并列的各自独立的关系，具体到土地承包经营权转让、买卖、互换、赠与场合，它们都是引起土地经营权移转至受让人之处的法律事实。

（六）抵押

以往，土地承包经营权的抵押仅仅限于“四荒”土地承包经营权，通过家庭承包方式设立的土地承包经营权不得设立抵押权［《物权法》第128条、第133条，2002年的《农村土地承包法》第32条、第37条、第49条，国务院办公厅《关于治理开发农村“四荒”资源进一步加强水土保持工作的通知》（国办发〔1996〕23号）第3条第6项］。法释〔2005〕6号第15条规定，承包方以其（家庭承包方式设立的）土地承包经营权进行抵押的，应当认定无效。对因此造成的损失，当事人有过错的，应当承担相应的民事责任。

之所以如此设计，是因为法律委员会经同国务院法制办、国土资源部、农业部等部门反复研究，一致认为：目前，农村社会保障体系尚未全面建立，土地承包经营权和宅基地使用权是农民安身立命之本，从全国范围看，放开土地承包经营权抵押和宅基地使用权转让的条件尚不成熟。因此，物权法草案仅规定通过招标、拍卖、公开协商等方式设立的“四荒”土地承包经营权，可以转让、抵押等，是适当的，与《宪法》《农村土地承包法》《土地管理法》等法律的规定也是一致的。①

《中共中央关于全面深化改革若干重大问题的决定》放弃了上述理念，明确规定，土地承包经营权可以抵押（第20条）。《农村土地承包法》于2018年据此修正（第47条），《民法典》固定这些改革成果（第339条）。至此，法律结构呈现出：抵押权设立之时，其标的物是土地经营权，不是土地承包经营权；抵押人握有的是土地承包权，不再是土地承包经营权。不过，土地经营权人作为抵押人的，抵押人握有的是土地经营权。

［回顾］

在相当长的时期，关于通过家庭承包方式设立的土地承包经营权可否抵押的问题，一直存在着激烈的争论。否定说担心，如果允许土地承包经营权抵押，一是抵押权可能在实际上难以实现，使抵押权人遭受经济损失；二是承包人因抵押权的实行而丧失生活来源，增加财政负担，酿成社会问题；三是农地可能因抵押权的实行而改变用途，危及国家的粮食安全。若不允许改变土地用途，金融机构和其他民事主体究竟能有多大的积极性？允许抵押并不能解决农民贷款难的问题。②

① 《全国人大法律委员会关于〈中华人民共和国物权法（草案）〉修改情况的汇报》（2006年10月27日），载全国人民代表大会常务委员会法制工作委员会民法室编：《物权法立法背景与观点全集》，北京，法律出版社2007年版，第64页。

② 《吴邦国委员长听取有关方面对物权法草案的修改意见》，《中央有关部门的负责同志和专家对物权法草案几个重大问题的意见》，载全国人民代表大会常务委员会法制工作委员会民法室编：《物权法立法背景与观点全集》，北京，法律出版社2007年版，第85～87、129页。

肯定说则认为，其一，土地承包经营权人需要资金购买种子、化肥、农药等生产资料，以正常地从事农林牧渔经营；有时急需钱款治疗重病或办理其他要事，等等。而土地承包经营权人在现行法上的融资方式非常有限，如果允许他们以其土地承包经营权甚至宅基地使用权设定抵押权，融到资金，治愈疾病以从事农林牧渔经营，或购置全生产资料，从事农林牧渔经营，并取得收获物，满足各方面的需要，包括偿还贷款本息，不是共赢吗?！如果不允许他们以土地承包经营权甚至宅基地使用权设定抵押权，许多人就会融不到急需的资金，无法正常从事农林牧渔经营，各方面的目的都会落空。① 其二，财产及其权利具有让与性，才会保有乃至增加财产权的价值。土地承包经营权作为财产权，也应当尽可能地体现出让与性，才会使承包人借助土地承包经营权更好地实现其利益。迄今为止的实务运作已经清楚地显示出，农村集体土地所有权几乎不具有让与性，土地承包经营权的让与性也有限，农村集体组织及农民的财产增值较低；而一旦国家先是将农村集体所有的土地征为国有，然后将土地使用权出让给开发商，开发商就会财源滚滚来，政府也收取了可观的出让金。何以如此？建设用地使用权具有较为充分的让与性，系重要原因之一。其三，土地承包经营权人是理性人，会趋利避害，选择适当的行为，而不会明知以土地承包经营权抵押会失生活来源，仍故意跳入火坑。其四，至于土地承包经营权抵押可能无法实现，那是抵押权人的商业风险问题，在市场经济的条件下，这应当由他自己审时度势，自我决定，无须立法者如同父母担心孩子摔跤般地多虑。其五，若聚焦在物权变动方面，土地承包经营权的转让是土地承包经营权彻底地立即地移转至受让人之处，土地承包经营权抵押则不一定发生土地承包经营权的移转，在一个正常运行的经济环境里，大多不发生移转。现行法既然已经有条件地承认了土地承包经营权的转让，举重以明轻，更应承认土地承包经营权的抵押，才更合逻辑。笔者原来持完全肯定说。

孙佑海博士看到了否定说的缺陷严重，也注意到了肯定说的不足——对于承包人丧失土地承包经营权，导致加重财政负担、社会负担，甚至于酿成严重的社会问题，尚无令人满意的解决方案。于是，他修正肯定说，主张在土地承包经营权抵押制度中，引入保险机制，规定由保险公司代替土地承包经营权人向抵押权人还本付息的条件，以最大限度地减少承包人丧失土地承包经营权的可能。“三权分置”之后，土地经营权抵押应无疑问，现行法在这方面应予修正。

① 《吴邦国委员长听取有关方面对物权法草案的修改意见》，《中央有关部门的负责同志和专家对物权法草案几个重大问题的意见》，载全国人民代表大会常务委员会法制工作委员会民法室编：《物权法立法背景与观点全集》，北京，法律出版社 2007 年版，第 84～87 页。

四、未经依法批准，不得将承包地用于非农建设

本条后段强调："未经依法批准，不得将承包地用于非农建设。"这非常必要，其道理已在对《民法典》第 244 条的释评中阐释，此处不赘。

第三百三十五条

土地承包经营权互换、转让的，当事人可以向登记机构申请登记；未经登记，不得对抗善意第三人。

本条主旨

本条是关于土地承包经营权互换、转让的登记及其效力的规定。

相关条文

《物权法》第 129 条　土地承包经营权人将土地承包经营权互换、转让，当事人要求登记的，应当向县级以上地方人民政府申请土地承包经营权变更登记；未经登记，不得对抗善意第三人。

《土地管理法》第 12 条第 1 款　土地的所有权和使用权的登记，依照有关不动产登记的法律、行政法规执行。

《农村土地承包法》第 35 条　土地承包经营权互换、转让的，当事人可以向登记机构申请登记。未经登记，不得对抗善意第三人。

第 36 条　承包方可以自主决定依法采取出租（转包）、入股或者其他方式向他人流转土地经营权，并向发包方备案。

《不动产登记暂行条例实施细则》第 50 条　已经登记的土地承包经营权发生下列情形之一的，当事人双方应当持互换协议、转让合同等材料，申请土地承包经营权的转移登记：

（一）互换；

（二）转让；

（三）因家庭关系、婚姻关系变化等原因导致土地承包经营权分割或者合并的；

（四）依法导致土地承包经营权转移的其他情形。

以家庭承包方式取得的土地承包经营权，采取转让方式流转的，还应当提供发包方同意的材料。

理解与适用

一、本条意义概貌

本条在承继《物权法》第 129 条的基础上有所微调，即由“当事人可以向登记机构申请登记”取代原来的“当事人要求登记的，应当向县级以上地方人民政府申请土地承包经营权变更登记”。本条是对《农村土地承包法》第 35 条的规定在民事基本法层面上的固定。其优点至少表现在两个方面：(1) 为将来尽可能统一登记机构预留空间；(2) 称土地承包经营权互换、转让的登记为“变更登记”不确切，叫作转移登记或俗称的过户登记则准确，何况《不动产登记暂行条例实施细则》已经如此使用转移登记的术语。

二、本条所涉登记的法律效力

在基于法律行为而发生的物权变动模式中，有把登记作为物权变动的生效要件的模式，其例证有《民法典》第 209 条第 1 款等条款的规定；也有将登记作为物权变动的对抗要件的，本条即属此类。

登记为对抗要件，而非生效要件，就是说，特定的土地承包经营权互换、转让已经因互换合同生效或转让合同生效而完成，在当事人双方之间已经发生法律效力，土地承包经营权变动完毕。登记与否，土地承包经营权之于当事人双方，都是如此。但对于第三人来说则不然，只有登记完毕，这种土地承包经营权变动的事实、法律效力才可“约束”第三人，取得土地承包经营权者可以对第三人主张自己拥有土地承包经营权，第三人无权否认此种事实和效力，不得侵害、干预土地承包经营权人行使其权利。与此不同，如果对于土地承包经营权的互换、转让未予登记，则互换、转让的事实和法律效力无法约束第三人，第三人有权不认可此种权利变动。关于未经登记不得对抗善意第三人的问题，借鉴日本民法的学说，稍微展开说明如下。

1. 所谓登记为对抗要件，是就以大体有效的土地承包经营权互换、转让为前提，取得土地经营权之人主张此种事实而言的。因而，如甲将 A 土地经营权转让给乙并已经登记，如果 A 土地承包经营权的转让合同无效，甲不仅可以请求其登记的注销，而且，即使在 A 土地经营权又转让给丙并已经登记时，甲也可以对丙主张 A 土地承包经营权应该属于他。因为并不问甲对 A 土地承包经营权的享有究竟有无可靠的法律依据，所以它不属于未经登记不能对抗第三人的问题。与此有别，假如甲和乙之间的 A 土地承包经营权转让合同被撤销，因该合同被撤销前是有效的，乙在这个阶段已经取得了A土地经营权，现在是甲依其撤销的意思表示使A土地承包经营权回复于自己。就此种变动需要具备对抗要件。假如乙从甲处受让的A土地经营权被丙非法妨害，乙以取得了A土地经营权为由请求丙撤离A承包地，则为对抗问题。

2. 未经登记，不得对抗第三人，其理论构成，大致有三种。第一种观点认为，未经登记的土地承包经营权互换、转让，第三人可以否认它。例如，甲将A土地经营权转让给乙，没有办理移转登记手续，甲又将A土地经营权转让与丙，丙可以甲乙之间转让A土地经营权尚未登记为理由，否认甲乙之间A土地承包经营权转让合同的效力。如此，会使A土地承包经营权转让失去效力，A土地承包经营权复归于甲，丙即可受让A土地经营权。该说不适宜说明下述情形：丙不否认甲乙之间发生了A土地经营权转让的特别的意思表示，或者丙不知甲乙之间发生了A土地经营权转让。第二种观点主张，未登记期间，A土地承包经营权互换、转让在对第三人的关系上不产生效力，或认为只不过发生债权性后果。该说想以债权侵害说明对侵权行为人的关系。不过，由于未登记的A土地承包经营权互换、转让并不妨碍第三人承认其有效，在对第三人的关系上，认为此类A土地承包经营权互换、转让全然无效，是不妥当的。第三种观点认为，只要没有登记，A土地承包经营权互换、转让便不产生完全的效力。也就是说，A土地承包经营权的归属——未必仅于物权，债权亦然——本来应是排他性的（一个权利不能同时归属于甲乙二人），但只要适用公示原则而采用了对抗要件制度，便不产生完全具有排他性的权利变动，让与人也就不成为完全无权利人。

3. 登记的效力，只是对第三人主张的要件，并不妨碍第三人承认未办理登记的A土地承包经营权互换、转让的效力。若丁进一步从乙的受让人丙处受让，丝毫不受妨碍。

4. 未经登记，不得对抗第三人的范围

（1）这里的第三人，无疑是指除A土地承包经营权互换、转让的当事人以外的人。但是否泛指除此之外的所有的人，是否加以限制，尚有疑问。无限制说主张不应设任何限制。限制说则认为，所谓对抗，是于彼此利害相反时才发生的事项，处于这种关系中的人，只限于就主张登记欠缺有正当利益的第三人，对于并无这种利益的第三人，无登记亦可对抗。其浅显的理由是，假如连对受让A土地承包经营权的不法妨害者都因无登记而不能要求其排除的话，就太不合理了。其标准是："对于就该不动产处于有效交易关系之第三人来说，无登记就不得对抗；但对其他第三人来说无登记亦可对抗。”① 在此大标准之下，还需要尽可能地拿出不同类型情形的准则。

（2）不得对抗的第三人，包括如下几类：其一，就A土地承包经营权最终拥有互不相容权利的人，未登记土地承包经营权的互换、转让，不得对抗另外的可以最终取得土地经营权之人。例如，甲是A土地承包经营权人，先把A土地经营权转让给乙，后又转让给丙。在这里，乙和丙都可以最终取得A土地经营权，乙若有权对丙主张A土地经营权属于他，就必须办理转移登记，否则，就无权对抗丙，其表现之一是，丙若办理了A土地经营权的转移登记，则乙肯定不能取得A土地经营权。在这种关系中，乙、丙究为善意还是恶意，在所不问。其二，对处于A土地承包经营权、土地经营权的法律地位之人拥有合同上权利义务之人，未登记，就不得对抗，善意或恶意，在所不问。

（3）未登记也可对抗的第三人。所谓A土地经营权转让未登记也可对抗的第三人，是指即使A土地经营权转让没有登记，唯此A土地经营权转让已经产生也是不容否定的情形下的第三人。没有登记的实体上的权利人，争夺已经登记的第三人权利的情形很多，而在与更广范围内的第三人之间的关系上能否对抗，则是一个问题。举其主要例子如下：1）以不公正的手段妨碍真实的A土地承包经营权人获得登记的人，或者负有协助登记义务而不履行的人，以及主张欠缺登记这仅仅是借口，实际上明显违背诚实信用的人，均属未登记的真实的A土地承包经营权人能够对抗的人。2）虽然从外形上看好像拥有与主张拥有A土地承包经营权、土地经营权的人不相容的权利，而实体上却没有真实的A土地承包经营权、土地经营权的人，一般被称为实质上无权利之人。未登记的真实的A土地承包经营权人、土地经营权人能够对抗他。3）侵权行为人，是指侵害A土地承包经营权、土地经营权的人，而且不具有交易当事人的身份。他也属于未登记的真实的A土地承包经营权、土地经营权能够对抗的人。

三、本条所涉登记的程序

本条所涉登记，应当适用《不动产登记暂行条例实施细则》第50条的规定：“已经登记的土地承包经营权发生下列情形之一的，当事人双方应当持互换协议、转让合同等材料，申请土地承包经营权的转移登记：（一）互换；（二）转让；（三）因家庭关系、婚姻关系变化等原因导致土地承包经营权分割或者合并的；

① ［日］我妻荣：《日本物权法》，有泉亨修订，李宜芬校订，台北，五南图书出版公司1999年版，第143页。

（四）依法导致土地承包经营权转移的其他情形”（第 1 款）。“以家庭承包方式取得的土地承包经营权，采取转让方式流转的，还应当提供发包方同意的材料”（第 2 款）。

第三百三十六条

承包期内发包人不得调整承包地。

因自然灾害严重毁损承包地等特殊情形，需要适当调整承包的耕地和草地的，应当依照农村土地承包的法律规定办理。

本条主旨

本条是关于承包地能否调整的规定。

相关条文

《物权法》第 130 条　承包期内发包人不得调整承包地。

因自然灾害严重毁损承包地等特殊情形，需要适当调整承包的耕地和草地的，应当依照农村土地承包法等法律规定办理。

《农村土地承包法》第 28 条　承包期内，发包方不得调整承包地。

承包期内，因自然灾害严重毁损承包地等特殊情形对个别农户之间承包的耕地和草地需要适当调整的，必须经本集体经济组织成员的村民会议三分之二以上成员或者三分之二以上村民代表的同意，并报乡（镇）人民政府和县级人民政府农业农村、林业和草原等主管部门批准。承包合同中约定不得调整的，按照其约定。

第 29 条　下列土地应当用于调整承包土地或者承包给新增人口：

（一）集体经济组织依法预留的机动地；

（二）通过依法开垦等方式增加的；

（三）发包方依法收回和承包方依法、自愿交回的。

第 30 条　承包期内，承包方可以自愿将承包地交回发包方。承包方自愿交回承包地的，可以获得合理补偿，但是应当提前半年以书面形式通知发包方。承包方在承包期内交回承包地的，在承包期内不得再要求承包土地。

第 31 条　承包期内，妇女结婚，在新居住地未取得承包地的，发包方不得收回其原承包地；妇女离婚或者丧偶，仍在原居住地生活或者不在原居住地生活但在新居住地未取得承包地的，发包方不得收回其原承包地。

《草原法》第 13 条第 2 款　在草原承包经营期内，不得对承包经营者使用的草原进行调整；个别确需适当调整的，必须经本集体经济组织成员的村（牧）民会议三分之二以上成员或者三分之二以上村（牧）民代表的同意，并报乡（镇）人民政府和县级人民政府草原行政主管部门批准。

理解与适用

本条是对《物权法》第 130 条的复制，对《农村土地承包法》第 28 条的规定在民事基本法层面上的固定，第 1 款宣明承包期内发包人不得调整承包地，这是强制性规定，违反者无效；第 2 款承认例外，点明“因自然灾害严重毁损承包地等特殊情形”，但主要是引致性（管道性）规定，把可以调整承包地的条件和法律效果引向《农村土地承包法》等法律的具体规定。

本条第 2 款所谓“等特殊情形”，究为何意？与如何界定调整有关。如果把调整界定为承包地的位置、面积，那么，土地承包经营权存续期届满，“重新洗牌”，再依据新的标准发包和承包，就属于特殊情形。再如，涨滩，扩张了张三家的承包地，农村集体经济组织认可此种自然现象导致的张三家的承包地增加面积。这样，涨滩又属于特殊情形。与此类似，水流冲刷，导致李四家的承包地的面积减少，农村集体经济组织无储备地可以增补李四家的承包地面积。如此，水流冲刷也属于特殊情形。因为在这些场合都使承包地发生了改变，进而使土地承包经营权发生了变化。

此外，承包地被征收或被用于村镇公共设施、公益事业的建设，失地农民不愿意“农转非”，不要征收补偿款等费用，坚决要求继续承包土地的，也应属于特殊情形。再就是人地矛盾非常突出，诸如因出生导致的人口增长，因婚嫁带来的人口迁移，因大中型水利、水电工程建设征收土地产生的移民安置等原因形成的人地矛盾，不调整会直接影响农民基本生活的，亦为特殊情形。[①]

如果扩张解释调整，把土地承包经营权人的变化也划归其中，那么，《农村土地承包法》第 29 条关于“下列土地应当用于调整承包土地或者承包给新增人口：（一）集体经济组织依法预留的机动地；（二）通过依法开垦等方式增加的；（三）发包方依法收回和承包方依法、自愿交回的”的规定也属于关于特殊情形调整承包地的规定。

《农村土地承包法》第 28 条规定：承包期内，因自然灾害严重毁损承包地等特殊情形对个别农户之间承包的耕地和草地需要适当调整的，必须经本集体经济组织

---

① 胡康生主编：《中华人民共和国物权法释义》，北京，法律出版社 2007 年版，第 295 页。

组织成员的村民会议 2/3 以上成员或者 2/3 以上村民代表的同意，并报乡（镇）人民政府和县级人民政府农业农村、林业和草原等主管部门批准。承包合同中约定不得调整的，按照其约定。

之所以有《农村土地承包法》第 28 条的规定，原因在于：在实践中，对因各种特殊情形造成人地矛盾突出的问题，一些地方尊重大多数农民意愿，因地制宜，分类施策，在坚持稳定土地承包关系的基础上，妥善解决矛盾纠纷。为进一步规范对个别农户之间承包的耕地和草地的适当调整，草案划定了红线：必须坚持土地承包关系稳定、不得打乱重分的原则；必须经本集体经济组织成员的村民会议 2/3 以上成员或者 2/3 以上村民代表的同意，并报乡（镇）人民政府和县级人民政府农业等行政主管部门批准。鉴于各地情况差异较大，《农村土地承包法》授权省、自治区、直辖市制定地方性法规具体规定。[①]《民法典》亦应持此立场。

第三百三十七条

承包期内发包人不得收回承包地。法律另有规定的，依照其规定。

本条主旨

本条是关于承包地不得收回以及法律可有另外规定的规定。

相关条文

《物权法》第 131 条　承包期内发包人不得收回承包地。农村土地承包法等法律另有规定的，依照其规定。

《农村土地承包法》第 27 条　承包期内，发包方不得收回承包地。

国家保护进城农户的土地承包经营权。不得以退出土地承包经营权作为农户进城落户的条件。

承包期内，承包农户进城落户的，引导支持其按照自愿有偿原则依法在本集体经济组织内转让土地承包经营权或者将承包地交回发包方，也可以鼓励其流转土地经营权。

承包期内，承包方交回承包地或者发包方依法收回承包地时，承包方对其在承包地上投入而提高土地生产能力的，有权获得相应的补偿。

① 《关于中华人民共和国农村土地承包法修正案（草案）的说明》（2018 年 12 月 29 日），http://www.npc.gov.cn/npc/c10134/201812/60d3dc48a86441f9b5dc2577edcc07c6.shtml. 2020 年 4 月 14 日最后访问。

理解与适用

本条承继了《物权法》第131条的规定精神，只是在文字方面略有变化，与《农村土地承包法》第27条的规定相一致。前段确立承包地不得收回的原则，后段承认例外，但它只是引致性（管道性）的条款，把例外引向其他法律的具体规定。

经查，《农村土地承包法》第27条规定："承包期内，承包农户进城落户的，引导支持其按照自愿有偿原则依法在本集体经济组织内转让土地承包经营权或者将承包地交回发包方，也可以鼓励其流转土地经营权"（第3款）；"承包期内，承包方交回承包地或者发包方依法收回承包地时，承包方对其在承包地上投入而提高土地生产能力的，有权获得相应的补偿"（第4款）。

第三百三十八条

承包地被征收的，土地承包经营权人有权依据本法第二百四十三条的规定获得相应补偿。

本条主旨

本条是关于承包地被征收时土地承包经营权人有权获得相应补偿的规定。

相关条文

《物权法》第132条　承包地被征收的，土地承包经营权人有权依照本法第四十二条第二款的规定获得相应补偿。

《土地管理法》第45条　为了公共利益的需要，有下列情形之一，确需征收农民集体所有的土地的，可以依法实施征收：

（一）军事和外交需要用地的；

（二）由政府组织实施的能源、交通、水利、通信、邮政等基础设施建设需要用地的；

（三）由政府组织实施的科技、教育、文化、卫生、体育、生态环境和资源保护、防灾减灾、文物保护、社区综合服务、社会福利、市政公用、优抚安置、英烈保护等公共事业需要用地的；

（四）由政府组织实施的扶贫搬迁、保障性安居工程建设需要用地的；

（五）在土地利用总体规划确定的城镇建设用地范围内，经省级以上人民政府批准由县级以上地方人民政府组织实施的成片开发建设需要用地的；

（六）法律规定为公共利益需要可以征收农民集体所有的土地的其他情形。

前款规定的建设活动，应当符合国民经济和社会发展规划、土地利用总体规划、城乡规划和专项规划；第（四）项、第（五）项规定的建设活动，还应当纳入国民经济和社会发展年度计划；第（五）项规定的成片开发并应当符合国务院自然资源主管部门规定的标准。

第 47 条第 4 款　拟征收土地的所有权人、使用权人应当在公告规定期限内，持不动产权属证明材料办理补偿登记。县级以上地方人民政府应当组织有关部门测算并落实有关费用，保证足额到位，与拟征收土地的所有权人、使用权人就补偿、安置等签订协议；个别确实难以达成协议的，应当在申请征收土地时如实说明。

第 48 条　征收土地当给予公平、合理的补偿，保障被征地农民原有生活水平不降低、长远生计有保障。

征收土地应当依法及时足额支付土地补偿费、安置补助费以及农村村民住宅、其他地上附着物和青苗等的补偿费用，并安排被征地农民的社会保障费用。

征收农用地的土地补偿费、安置补助费标准由省、自治区、直辖市通过制定公布区片综合地价确定。制定区片综合地价应当综合考虑土地原用途、土地资源条件、土地产值、土地区位、土地供求关系、人口以及经济社会发展水平等因素，并至少每三年调整或者重新公布一次。

征收农用地以外的其他土地、地上附着物和青苗等的补偿标准，由省、自治区、直辖市制定。对其中的农村村民住宅，应当按照先补偿后搬迁、居住条件有改善的原则，尊重农村村民意愿，采取重新安排宅基地建房、提供安置房或者货币补偿等方式给予公平、合理的补偿，并对因征收造成的搬迁、临时安置等费用予以补偿，保障农村村民居住的权利和合法的住房财产权益。

县级以上地方人民政府应当将被征地农民纳入相应的养老等社会保障体系。被征地农民的社会保障费用主要用于符合条件的被征地农民的养老保险等社会保险缴费补贴。被征地农民社会保障费用的筹集、管理和使用办法，由省、自治区、直辖市制定。

第 49 条　被征地的农村集体经济组织应当将征收土地的补偿费用的收支状况向本集体经济组织的成员公布，接受监督。

禁止侵占、挪用被征收土地单位的征地补偿费用和其他有关费用。

《农村土地承包法》第 17 条第 4 项　承包地被依法征收、征用、占用的，有权依法获得相应的补偿。

第 40 条第 2 款第 7 项　土地被依法征收、征用、占用时有关补偿费的归属。

第 62 条　违反土地管理法规，非法征收、征用、占用土地或者贪污、挪用土地征收、征用补偿费用，构成犯罪的，依法追究刑事责任；造成他人损害的，应当承担损害赔偿等责任。

理解与适用

本条是对《物权法》第 132 条、《农村土地承包法》第 17 条第 4 项等条款的承继，属于引致性（管道性）条款，将承包地被征收获得补偿的具体规则引至《民法典》第 243 条的规定。

其实，《民法典》第 243 条的规定仍为纲领性的原则规定，需要《土地管理法》等法律、法规补充一些具体规范，特别是《土地管理法》第 48 条的规定。

征收土地当给予公平、合理的补偿，保障被征地农民原有生活水平不降低、长远生计有保障。

征收土地应当依法及时足额支付土地补偿费、安置补助费以及农村村民住宅、其他地上附着物和青苗等的补偿费用，并安排被征地农民的社会保障费用。

征收农用地的土地补偿费、安置补助费标准由省、自治区、直辖市通过制定公布区片综合地价确定。制定区片综合地价应当综合考虑土地原用途、土地资源条件、土地产值、土地区位、土地供求关系、人口以及经济社会发展水平等因素，并至少每三年调整或者重新公布一次。

征收农用地以外的其他土地、地上附着物和青苗等的补偿标准，由省、自治区、直辖市制定。对其中的农村村民住宅，应当按照先补偿后搬迁、居住条件有改善的原则，尊重农村村民意愿，采取重新安排宅基地建房、提供安置房或者货币补偿等方式给予公平、合理的补偿，并对因征收造成的搬迁、临时安置等费用予以补偿，保障农村村民居住的权利和合法的住房财产权益。

县级以上地方人民政府应当将被征地农民纳入相应的养老等社会保障体系。被征地农民的社会保障费用主要用于符合条件的被征地农民的养老保险等社会保险缴费补贴。被征地农民社会保障费用的筹集、管理和使用办法，由省、自治区、直辖市制定。

第三百三十九条

土地承包经营权人可以自主决定依法采取出租、入股或者其他方式向他人流转土地经营权。

本条主旨

本条是关于以出租、入股或其他方式流转土地经营权的规定。

相关条文

《物权法》第 133 条　通过招标、拍卖、公开协商等方式承包荒地等农村土地，依照农村土地承包法等法律和国务院的有关规定，其土地承包经营权可以转让、入股、抵押或者以其他方式流转。

《农村土地承包法》第 36 条　承包方可以自主决定依法采取出租（转包）、入股或者其他方式向他人流转土地经营权，并向发包方备案。

理解与适用

一、本条的基本含义

本条是对《农村土地承包法》第 36 条的规定在民事基本法层面上的固定，吸纳了《物权法》第 133 条的合理精神，明确了除互换、转让以外的土地经营权的流转方式。

所谓土地承包经营权出租，达到流转土地经营权的目的和结果，是指这样的现象：土地承包经营权人（出租人）和承租人签订租赁合同，土地承包经营权继续由出租人享有，承租人不受让土地承包经营权（《农村土地承包法》第 36 条），只是取得土地经营权，即在承包地从事农林牧渔经营并获取农获物的资格，并向出租人支付租金的现象。承租人可以是本集体经济组织的成员，也可以是本集体经济组织以外的自然人、法人或其他组织。

所谓土地承包经营权入股，达到流转土地经营权的目的和结果，指的是这样的现象：将土地承包经营权作价，出资到股份合作制企业乃至股份有限公司之中，成为企业的财产的现象，股份合作制企业或股份有限公司取得土地经营权。另外，对于此处所谓入股，还可以作扩大解释，即业已设立的公司增资扩股时，土地承包经营权人将其土地承包经营权作价，成为股份合作制企业或股份有限公司的责任财产的组成部分。不过，它于此时已经变性，表现为土地经营权。承包人因其土地承包经营权入股而在股份合作制企业乃至股份有限公司之中享有股权，表现为被选举权、选举权、股息红利分配权等。对此，《中共中央关于全面深化改革若干重大问题的决定》予以进一步肯定和倡导（第 20 条、第 21 条），《农村土地承包法》落实到位（第 36 条）。对此，十三届全国人大常委会委员、农业与农村委员会副主任委员刘振伟先生做有如下解读。

党的十八届三中全会决定提出：“允许农民以承包经营权入股发展农业产业化经营”。2014年11月，中共中央办公厅、国务院办公厅《关于引导农村土地经营权有序流转发展农业适度规模经营的意见》提出：“引导农民以承包地入股组建土地股份合作组织”，“允许农民以承包经营权入股发展农业产业化经营”。对于农村土地承包经营权入股，2002年的《农村土地承包法》是将家庭承包方式和“四荒”土地招标、拍卖、公开协商承包方式分开处理的。对于家庭承包方式取得的土地承包经营权，将入股限定在承包方自愿联合从事农业合作生产的范围。对“四荒”招标、拍卖、公开协商承包方式取得的土地承包经营权，可以采取入股方式流转。2018年《农村土地承包法》，增加了土地承包经营权人可以采用入股的方式流转土地经营权的规定，但需向发包方备案。这与2002年《农村土地承包法》上的土地承包经营权入股发展农业合作不同，2018年《农村土地承包法》上的土地经营权入股的企业、公司宽泛，包括入股法人企业，2002年《农村土地承包法》上的土地承包经营权入股是入股组建土地股份合作社；2018年《农村土地承包法》上的入股目标公司在治理结构上可以是公司制，2002年《农村土地承包法》上的入股企业在组织形式方面是股份合作制，是特殊的法人治理结构；承包地的土地经营权入股法人企业后，能处置的只是承包地的土地经营权，土地承包权仍归承包方，农民集体土地所有权也不改变。对此，2018年《农村土地承包法》仅作原则性规定，给实践留出空间，以后总结经验并制定配套规定，同时注意与《公司法》等法律对接好。①

本条所谓“其他方式向他人流转土地经营权”，指的是以土地经营权融资担保的方式流转土地经营权。《农村土地承包法》第47条规定：“承包方可以用承包地的土地经营权向金融机构融资担保，并向发包方备案。受让方通过流转取得的土地经营权，经承包方书面同意并向发包方备案，可以向金融机构融资担保”（第1款）；“担保物权自融资担保合同生效时设立。当事人可以向登记机构申请登记；未经登记，不得对抗善意第三人”（第2款）；“实现担保物权时，担保物权人有权就土地经营权优先受偿”（第3款）；“土地经营权融资担保办法由国务院有关部门规定”（第4款）。对此，十三届全国人大常委会委员、农业与农村委员会副主任委员刘振伟先生做有如下解读。

党的十八届三中全会决定提出，在坚持和完善最严格的耕地保护制度前提下，

① 刘振伟：《对〈中华人民共和国农村土地承包法修正案（草案）〉解读》，https://www.tuliu.com/read-93994.html. 2020年4月14日最后访问。

赋予农民对承包地占有、使用、收益、流转及承包经营权抵押、担保权能。2015年12月27日，第十二届全国人大常委会第十八次会议决定，授权国务院在北京大兴区等232个试点县（市、区）行政区域，暂时调整实施物权法、担保法关于农民集体所有的耕地使用权不得抵押的规定，至2018年12月31日试点结束。①

以承包地的土地经营权作为融资担保标的物，是以承包人对承包地享有的占有、使用、收益和流转权利为基础的，满足用益物权可设定为融资担保标的物的法定条件。随着土地承包经营权确权登记、农村土地流转交易市场完善，将承包地的土地经营权纳入融资担保标的物范围水到渠成。以承包地的土地经营权为标的物设定担保，当债务人不能履行债务，债权人依法定程序处分担保物，只是转移了承包地的土地经营权，实质是使用权和收益权，土地承包权没有转移，承包地的农民集体所有性质也不因此改变。②鉴于实践中抵押担保融资的情况复杂，操作方式多样，加之各方面对土地经营权的性质认识分歧较大，《农村土地承包法》使用了“融资担保”的概念，包含了抵押和质押等多种情形，既解决农民向金融机构融资缺少有效担保物的问题，又保持了与《担保法》等法律规定的一致性（第47条）。③

第三方通过流转取得的土地经营权，经承包方书面同意并向发包方备案，也可以向金融机构融资担保。由于各方面对继受取得的土地经营权是物权还是债权有争议，是作为用益物权设定抵押，还是作为收益权进行权利质押，分歧很大。立法不陷入争论，以服务实践为目的，《农村土地承包法》使用了土地经营权融资担保概念（第47条），这是抵押、质押的上位概念，将两种情形都包含进去，既保持与相关民法的一致性，又避免因性质之争影响立法进程。④

总之，本条所谓“其他方式向他人流转土地经营权”，新创了一种权利产生的机制，因为在融资之前，土地承包经营权人之手并无土地经营权，有的是土地承包经营权，但在土地承包经营权人与金融机构签订融资担保合同并生效之时，土地经营权即告设立，成为金融机构（担保权人）所享融资担保权的标的物。就是说，不是在担保权设立之前已经存在土地经营权这个担保物，而是设立担保权之时才“催生”出土地经营权这个担保物，简言之，担保权和担保物同时诞生。这与建设用地使用权等用益物权作为担保物向金融机构设立担保非常不同，因为建设用地使用权抵押权设立之前已经存在建设用地使用权这个担保物，有了担保

①②④　刘振伟：《对〈中华人民共和国农村土地承包法修正案（草案）〉解读》，https：//www.tuliu.com/read-93994.html.2020年4月14日最后访问。

③　《关于中华人民共和国农村土地承包法修正案（草案）的说明》（2018年12月29日），http：//www.npc.gov.cn/npc/c10134/201812/60d3dc48a86441f9b5dc2577edfc07c6.shtml.2020年4月14日最后访问。

物才会有担保权。

看来，利用土地经营权融资担保，可有两种路径及方法：一种是本条和《民法典》第 342 条规定的路径及方法，其担保人是土地承包经营权人；另一种是在土地经营权融资担保设立之前，土地经营权已经存在，以业已存在的土地经营权作为担保物设立融资担保权，其担保人是土地经营权人，而非土地承包经营权人，亦非土地承包人。

二、"三权分置"的基本含义与创设根源

本条至第 342 条系"三权分置"架构下的设计，最为突出的创新是增设土地经营权。

所谓"三权分置"，是相对于农民集体土地所有权与土地承包经营权这种"两权分离"而言的农地权利划分（分置）的状态的简称，指的是农民集体土地所有权→土地承包经营权→土地经营权的配置格局。

观察和体会《民法典》涉及土地承包经营权、土地承包权、土地经营权的条文，可知这三个概念使用的场合和条件是：在农户亲自行使土地承包经营权、不流转该权的情况下，无须使用土地经营权的概念，仅有土地承包经营权的概念足矣；只有在农户流转土地承包经营权的情况下，才有使用土地承包权、土地经营权的必要，于此场合，农民集体土地所有权人拥有和行使土地所有权，土地承包经营权被分成土地承包权和土地经营权，农户享有其中的土地承包权并获得收益（土地经营权人支付的对价），土地承包经营权的概念退出使用，受让权利者同时是实际占有、使用、收益承包地之人，享有和行使土地经营权。其实，在利用土地经营权融资时，已经取得土地经营权的实际占有、使用、收益承包地之人可以是抵押人（在承认土地经营权为物权的理论体系下）或出质人（在把土地经营权作为债权的理论体系下）；在土地承包经营权尚未被分成土地承包权和土地经营权的情况下，土地经营权人（农户）在融资程序中将土地经营权独立出来，并抵押给（在承认土地经营权为物权的理论体系下）/出质给（在把土地经营权作为债权的理论体系下）出借人。有鉴于此，笔者赞同下面的概括：农民土地集体所有权与承包经营权是承包地处于未流转状态的一组权利，是两权分离。农民土地集体所有权与土地承包权、土地经营权是承包地处于流转状态的一组权利，是"三权分置"[①]。

"三权分置"的创设反映了社会经济制度乃至政治制度的内在要求。从农业

① 《关于中华人民共和国农村土地承包法修正案（草案）的说明》（2018 年 12 月 29 日），http：//www.npc.gov.cn/npc/c10134/201812/60d3dc48a86441f9b5dc2577edfc07c6.shtml.2020 年 4 月 14 日最后访问。

农村的现实情况看，随着富余劳动力转移到城镇就业，各类合作社、农业产业化龙头企业等新型经营主体大量涌现，土地流转面积不断扩大，规模化、集约化经营水平不断提升，呈现“家庭承包，多元经营”格局。农业产业化、水利化、机械化及科技进步等，都对完善农村生产关系提出新的要求。把实践检验行之有效的农村土地承包政策和成功经验及时转化为法律规范，是修改《农村土地承包法》首先要考虑的问题①，自然也是编纂《民法典》所要解决、反映的课题。既保障农民的生存权甚至发展权，又让实际从事农林牧渔所需要的土地权利向“能手”、实力雄厚的公司集中，以满足规模化、集约化经营的需求。其方案之一是创设土地经营权。

再者，鉴于《物权法》和《农村土地承包法》设计的土地承包经营权被抵押、自由转让带来过大的风险，但同时权利人又有以土地承包经营权设立担保达到融资目的之现实且巨大的需求，其实也有金融机构扩张其金融业务的经济人渴望，习近平总书记于2013年7月明确提出，深化农村改革，完善农村基本经营制度，要好好研究农村土地所有权、承包权、经营权三者之间的关系。2016年4月25日，习近平总书记在小岗村农村改革座谈会上强调，新形势下深化农村改革，主线仍是处理好农民和土地的关系。这为中国农村土地产权制度改革指明了方向。中国共产党第十八届五中全会明确提出，完善土地所有权承包权经营权分置办法，依法推进土地经营权有序流转。在这种大背景下，中共中央办公厅、国务院办公厅于2016年10月印发了《关于完善农村土地所有权承包权经营权分置办法的意见》。②

《关于完善农村土地所有权承包权经营权分置办法的意见》明确：“……土地经营权人对流转土地依法享有在一定期限内占有、耕作并取得相应收益的权利。在依法保护集体所有权和农户承包权的前提下，平等保护经营主体依流转合同取得的土地经营权，保障其有稳定的经营预期。在完善‘三权分置’办法过程中，要依法维护经营主体从事农业生产所需的各项权利，使土地资源得到更有效合理的利用。……”

在这个框架下，农村土地的集体所有权归农民集体所有，是土地承包权的前提。农户享有的承包经营权在土地流转中又派生出经营权，农民集体所有权是根

---

① 《关于中华人民共和国农村土地承包法修正案（草案）的说明》（2018年12月29日），http://www.npc.gov.cn/npc/c10134/201812/60d3dc48a86441f9b5dc2577edfc07c6.shtml.2020年4月14日最后访问。

② 韩长赋、张红宇：《农村土地〈“三权分置”意见〉政策解读》，http://www.scio.gov.cn/34473/34515/Document/1515220/1515220.htm.2016年11月23日最后访问。

本，农户承包权是基础，土地经营权是关键，这三者统一于农村的基本经营制度。①

“三权分置”是继家庭联产承包责任制后农村改革又一重大制度创新。目前，农村已有30%以上的承包农户在流转承包地，流转面积4.79亿亩。为此，《农村土地承包法》规定，以家庭承包方式取得的土地承包经营权在流转中分为土地承包权和土地经营权。同时，明确了土地承包权和土地经营权的权能（第36条以下）。土地经营权流转后，为了加强对土地承包权的保护，《农村土地承包法》规定，承包土地的经营权流转后，承包方与发包方的承包关系不变，承包方的土地承包权不变（第44条）。②

三、农民集体土地所有权行使说之反驳

在研讨和设计农地“三权分置”模式的过程中，有一种意见是反对土地经营权的创设，其路径是反思他物权乃分享所有权的权能而派生出来的物权这种理念及理论，主张单纯依赖所有权的行使这一面即足矣，无须赋予所有权人对面之人享有他物权，包括土地经营权。笔者把它命名为单纯依赖所有权的行使论。在笔者看来，这种理论在现行法上是没有依据的，在理论上是错误的，在实务中是有害的，极不可取。(1) 如果法律不承认土地所有权的行使在对方即农户或实际占有、使用、收益农地者一面凝聚成他物权，起码是债权，仅仅单纯依赖所有权的行使这一面，那么，在农民集体土地所有权人与农户或实际占有、使用、收益农地者之间的关系上，只是表现了前者对于后者从事农林牧渔的允许，后者从事这些活动具有合法性；但后者不享有他物权，起码是债权，似乎意味着前者恩赐于后者从事农林牧渔，前者随时可以收回此类恩惠，即停止行使农民集体土地所有权；后者没有他物权，就产生不出排除妨害、消除危险或恢复原状等请求权，后者便无正权源地对抗他人的不法侵害，也就难以及时和有效地得到救济；后者没有债权，凭什么对抗前者不适当地停止行使农民集体土地所有权的行为？(2) 如果法律不承认土地所有权的行使在对方即农户或实际占有、使用、收益农地者一面凝聚成他物权，起码是债权，农户或实际占有、使用、收益农地者的预期便不确定，短期行为就在所难免；农户或实际占有、使用、收益农地者的法益及边界

---

① 韩长赋、张红宇：《农村土地〈“三权分置”意见〉政策解读》，http：//www.scio.gov.cn/34473/34515/Document/1515220/1515220.htm. 2016年11月23日最后访问。

② 参考《关于中华人民共和国农村土地承包法修正案（草案）的说明》（2018年12月29日），http：//www.npc.gov.cn/npc/c10134/201812/60d3dc48a86441f9b5dc2577edfc07c6.shtml. 2020年4月14日最后访问。

不明，不易被他人了解，其合法利益容易遭受侵害，加上救济方式缺乏或者救济不及时，会促使农户或实际占有、使用、收益农地者的行为情绪化，破坏性地从事作业。(3) 土地所有权的对面就是相应的义务，法律不赋予农户或实际占有、使用、收益农地者享有他物权，起码是债权，就意味着义务的类型与范围不明，农户或实际占有、使用、收益农地者不清楚其负担的类型与边界，其行为反倒容易不规范。义务种类与程度不清，农民集体土地所有权人就难以认定他们是否违反了义务，会出现难以认定责任是否成立的怪现象。(4) 法律不赋予农户或实际占有、使用、收益农地者享有他物权，农民集体土地所有权人擅自将同一宗农地发包给第三人，农户或实际占有、使用、收益农地者完全无法对抗该第三人，只得追究农民集体土地所有权人的违约责任。这就有些方面而言不如农户或实际占有、使用、收益农地者享有他物权。(5) 法律不赋予农户或实际占有、使用、收益农地者享有他物权，起码是债权，农户或实际用地者就无法以该利益作为客体向金融机构设立抵押权/债权，融到资金，因为现行法承认的担保物权要么以特定之物为客体，要么以特定权利为客体，没有承认以除此以外的利益为客体的担保物权。(6) 单纯依赖所有权的行使论要想立得住，它必须在农民集体土地所有权人与农户之间的关系中，在农户与实际占有、使用、收益农地者之间的关系中，都说得通。但该论在实际上是无法完成该项任务的，因为在现行法上，农户对于农地的占有、使用、收益，早在《民法通则》上就被设计成土地承包经营权(第 80 条第 2 款)，《物权法》亦然，且十分明确地把它作为一种用益物权（第 124 条以下），一句话，在所有权行使的受体一方已经凝结成他物权，起码是产生债权（有专家、学者认为《民法通则》规定的土地承包经营权属于债权）。这与依赖所有权的行使论的理念及结论正好相反。也可能这堵法理之墙无法撼动，于是只想阻碍土地经营权的设计：农地“三权分置”的提出与落实，众人争议第三权土地经营权应为物权还是债权，所有权的行使论独出心裁，认为没必要设计第三权，只要依赖所有权的行使就够了。在笔者看来，依赖所有权的行使论至少存在如何问题：A. 它未做到相似的事物相同处理——在土地承包经营合同关系中农户享有土地承包经营权，在土地承包经营权流转关系中无须凝结成民事权利。B. 在土地承包经营权流转关系中不存在土地所有权的行使，只有土地承包经营权的行使，依逻辑，依赖所有权的行使论在此派不上用场，可该论却是要解决这种关系中实际占有、使用、收益农地者的法益的。

视野延伸，若依单纯依赖所有权的行使论，则在所有权人与他人之间的关系中，仅凭所有权的行使就万事大吉，无须他物权的存在和运作。如此，在“物权法”领域，只剩下所有权“一柱擎天”，不会有由所有权、用益物权和担保物权共同构建的殿堂，所谓“物权法”便名实不符，应叫所有权法。在笔者看来，这不是在建设农地权利乃至整个物权的制度，而是在为物权制度掘墓。这种忽视人类共同文明的结晶、抛弃传统文化的“开宗立派”是不切实际的。如果说言必称希腊、法必曰罗马为“右”倾，那么，单纯依赖所有权的行使论就能解决好农地权利问题，就是极左，这两个极端皆不可取。

第三百四十条

土地经营权人有权在合同约定的期限内占有农村土地，自主开展农业生产经营并取得收益。

本条主旨

本条是关于土地经营权人所享基本权利的规定。

相关条文

《农村土地承包法》第 37 条　土地经营权人有权在合同约定的期限内占有农村土地，自主开展农业生产经营并取得收益。

理解与适用

本条是对《农村土地承包法》第 37 条的复制，在民事基本法的层面固定《农村土地承包法》第 37 条的内容和精神。

本条赋权土地经营权人占有农村土地之权。此处所谓农村土地，应当是土地承包权人（“三权分置”之前的土地承包经营权人）的承包地。至于是其全部还是部分，取决于流转合同的约定。

本条所谓自主开展农业生产经营，包括几项因素：(1) 土地经营权人利用其占有的土地从事农业生产活动；(2) 开展合同约定的农业生产经营项目；(3) 土地经营权人独立自主地决定开展前述作业。同时，所有这些，都受有限制：(1) 在期限方面受合同约定的限制，不得超过合同约定的期限，除非有约定的或法定的延长事由；(2) 开展的农业生产经营的项目方面受合同约定的限制，也受法律的限制，如不得种植法律禁止的作物；(3) 土地经营权人经营的自主开展，首先体现在合同条款之中，此外，就是遵从农业生产经营的客观规律，只要合同、法律未禁止的，如种植玉米还是棉花，春耕夏锄，浇灌还是旱田，等等，均由土地经营权人自己决定，土地承包权人、农村集体经济组织不要指手画脚。

本条所谓取得收益，就是承包地上的孳息，农获物（含渔获物），由土地经营权人取得，至于土地承包权人的利益，依据流转合同的约定获取，未经土地经营权人的允许，土地承包权人不得擅自收割、捕获承包地上的果实。

第三百四十一条

流转期限为五年以上的土地经营权，自流转合同生效时设立。当事人可以向登记机构申请土地经营权登记；未经登记，不得对抗善意第三人。

本条主旨

本条是关于土地经营权类型及其登记效力的规定。

相关条文

《农村土地承包法》第 41 条　土地经营权流转期限为五年以上的，当事人可以向登记机构申请土地经营权登记。未经登记，不得对抗善意第三人。

理解与适用

一、本条概貌

本条在承继《农村土地承包法》第 41 条的基础上增加了土地经营权设立的规则。

二、土地经营权的设立

本条前段明确：土地经营权自流转合同生效时设立。这表明土地经营权的设立采取债权意思主义，而非债权形式主义，更非物权形式主义，只要流转双方就流转事项协商一致，当事人又未附设特别生效条件的，土地经营权就设立完毕。

三、土地经营权的类型

本条开首便使用“流转期限为五年以上的土地经营权”的表述，是因为在《农村土地承包法》修正、《民法典》编纂的调研和草案研讨的过程中，一直争论土地经营权的性质，用益物权说、债权说等，均有人力主。特别是其中有一种观点认为：“物权以长期存续为原则，建立在租赁合同基础上的土地经营权，期限长可视为物权，期限短则可视为债权，不能绝对化。”不妨将之称作折中说。鉴于对土地经营权性质见仁见智，修改农村土地承包法，以解决实践需要为出发点，只原则界定了土地经营权权利，淡化了土地经营权性质。但是，对原始取得的土地经营权和继受取得的土地经营权，在权能上还是做了些区分。[①] 虽然《农村土地承包法》和《民法典》在表面上没有明确土地经营权是物权还是债权，但在实际上受了折中说的影响，潜台词是流转期限低于5年的，为债权，至于高于5年的是否为物权，确实有些拿捏不准。由此出现了以流转期限的长短为判断标准形成的两种土地经营权，并将之与有无登记能力联系起来。流转期限5年以上的土地经营权为一种，具有登记能力，至于实际上是否登记，取决于土地经营权人的意愿。流转期限5年以下的土地经营权为另一种，无登记能力，即使土地经营权人渴望办理登记，也可能无人受理。

四、对土地经营权的定性和定位

《农村土地承包法》第41条规定："土地经营权流转期限为五年以上的，当事人可以向登记机构申请土地经营权登记。未经登记，不得对抗善意第三人。"《民法典》对此完全承继（第341条）。这两部法律如此设计的本意是：在实务中，不同的主体对土地经营权的实际需求不同，有些需要期限较短的土地经营权，有些要求流转期限较长的土地经营权，大体可以5年为时间节点，5年以上流转期限的经过登记可以为物权，5年以下的因期限较短不予登记，不宜被定位在物权，仅作债权。[②] 如此，就会出现同一类型的土地经营权会因存续期限的长短而表现为不同的权利属性和类型，或是物权，或是债权。在笔者看来，这肯定不是最佳的方案。

把土地经营权定性和定位在债权，最大的弱点是受债的相对性的限制，土地经营权对第三人不具有约束力，有时对抗不了第三人。将土地经营权定性和定位于物权正能克服这种弱点。（1）在土地承包权人（农户）将A地的土地经营权流转给乙之后，乙取得的土地经营权作为物权且经过登记，其后，农户又把A地的土地经营权流转给丙，乙就可以否定丙的土地经营权，保有住自己的土地经营权。但是，乙的土地经营权作为债权，乙对丙就没有这样强大的效力。特别是，在丙实际占有A地而乙却未占有的情况下，类推适用《最高人民法院关于

---

① 刘振伟：《对〈中华人民共和国农村土地承包法修正案（草案）〉解读》，https：//www.tuliu.com/read-93994.html.2020年4月14日最后访问。

② 在2020年1月16日上午由全国人民代表大会常务委员会法制工作委员会民法室组织召开的《中华人民共和国民法典·物权编（草案）》研讨会上，有关领导介绍了这种立法计划和立法目的；刘振伟：《对〈中华人民共和国农村土地承包法修正案（草案）〉解读》，https：//www.tuliu.com/read-93994.html.2020年4月14日最后访问。

审理涉及国有土地使用权合同纠纷案件适用法律问题的解释》（法释〔2005〕5号）第10条第2项关于“均未办理土地使用权变更登记手续，已先行合法占有投资开发土地的受让方请求转让方履行土地使用权变更登记等合同义务的，应予支持”的规定，乙完全无力对抗丙所享土地经营权。（2）如果把它作为债权，在土地承包权人（农户）不复存在的情况下，就会出现承包人难以保有土地经营权的后果。因为土地承包权人（农户）不复存在就是债务人消灭，债权要随之消灭。可是，土地经营权若为他物权，一经设立就具有独立性，只要其母权没有绝对消灭，只要土地经营权的存续期间没有届满，即使土地承包权人（农户）不复存在，它也照样存在。（3）土地经营权若作为债权，在第三人不法侵害经营地及土地经营权的情况下，由于现行法尚未普遍承认债权为侵权行为的标的，土地经营权人无权请求该第三人承担侵权责任。反之，土地经营权是物权，在第三人侵害它时，土地承包权人（农户）就有权请求该第三人承担侵权责任。（4）土地经营权作为债权由甲公司取得，甲公司再将之给乙公司通过出租、出借等债的方式流转给乙公司，乙公司尚未支付对价时，在乙公司宣告破产的情况下，甲公司就此利益只能与其他债权人平等地按比例地受偿，而作为物权，则甲公司享有取回的权利。（5）《民法典》第342条把“四荒”土地承包经营权流转时形成的土地经营权作为抵押物，意味着将此类土地经营权定性和定位在物权了。为达统一审视和规整土地经营权的体系化要求，把土地经营权定性和定位在物权，理由更充分些。如此看来，将土地经营权作为物权优点更多些。

不过，把土地经营权定性和定位在物权，一个回避不了的问题是：土地承包经营权作为一种他物权，何以能充任“母权”，由其派生出另一个他物权即“子权”——土地经营权来？可能的思路之一是：将既存的土地承包权视为母权，将分割出的权能所形成的土地经营权视为子权。子权和母权虽然形式一样，但内容不同。子权只是行使母权的一部分权能。子权在开始设定时，虽然与母权有着密切的关系甚至有着共同的命运，但是在其设定行为完成的瞬间，就与母权完全分离，成为一种独立的、新的、不同种类的权利。思路之二是：把土地承包权视为民法上的“物”，该“物”之上存在着“所有权”，该“所有权”即为土地经营权的母权。思路之三是：即使是农户以其承包地作为客体为受让人设立土地经营权，土地经营权所分享的权能，依然是农民集体土地所有权中的占有、使用、收益诸项权能。农户之所以能使农民集体土地所有权的权能由受让人分享，是因为在农户承包权设立时法律已经将处分权直接授予农户了。农户正是借由这种法律的授权，将农民集体土地所有权中的部分权能分离给土地经营权人；土地经营权人正是借由这种法律的授权，合乎双方当事人意思且合法地分享了农民集体土地所有权中的部分权能，从而形成了土地经营权。[①]

在利用土地经营权融资方面，土地经营权为债权时所设担保权是债权质，其为物权时所设担保权为抵押权。以土地经营权设立抵押权，采取物的编成主义，由不动产登记机构在不动产登记簿页上作他项权利登记，其公示效果最为显著，当事人及其利害关系人查询之最为便捷。但在债权质的设立方面，至少截至目前尚无统一的生效要件，有些以登记为生效要件，有些以交付为生效要件。以土地经营权出质时，债权质于何时设立，究为质押合同生效时还是债权质登记时，存在疑问。此其一。依现行登记制度，债权质的登记不在不动产登记机构，由哪个机构登记尚不清楚，且采取人的编成主义。人的编成主义与物的编成主义相比较，后者的优点更为明显。此其二。由此看来，把土地经营权作为债权，在设立担保权方面不够顺畅，非理想之选。

还有，土地经营权作为债权入股与作为物权入股，在财会手续上，在纳税科目及流程方面，都存在差异。

至于以存续期限长短来决定民事权利是债权还是物权，需要慎思，应予澄清。其一，关注物权在个案中的目的及功能。由物权的目的及功能决定，一般来说物权的存续期限较长甚至无期限，如建设用地使用权、宅基地使用权在这方面表现得特别突出；债权的存续期限较短，但也不尽然，有些债权的存续期限较长，如不动产租赁的存续期限可长达 20 年。其实，也有相反的事例。如一个面包，刚出炉就被消费掉，其所有权有点“转瞬即逝”。担保物权，特别是具有从属性的担保物权，因其附随于被担保的债权，而债权存有死亡的基因，目的已达便归于消灭[②]，故担保物权的存续期限也未必久长，在个案中可能十分短暂。其二，应当区分法律设计的物权存续期限与当事人选定的物权存续期限。鉴于所有权和用益物权的目的及功能，法律给与其较长的存续期限，这具有合理性和正当性。但这不妨碍当事人在不违背物权法定主义的前提下将法定的存续期限较长的物权在个案中约定为较短期限的物权。既然如此，《农村土地承包法》（第 41 条等）、《民法典》（第 339 条以下）又未禁止当事人约定较长期限或较短期限的土地经营权，土地承包权人（农户）与土地经营权人（实际占有、使用、收益承包地之人）约定存续期限较长的土地经营权可以，约定存续期限较短的土地经营权也可以。在这种背景下，宜统一地、整体地对待和把握土地经营权，仅以当事人

① 崔建远：《民法分则物权编立法研究》，载《中国法学》2017 年第 2 期，第 54～55 页。

② Radbruch，Rechtsphilosophie，1963，S. 243. 转引自王泽鉴：《债法原理》，北京，北京大学出版社 2009 年版，第 40 页。

约定了 5 年存续期限以下的土地经营权为由就把该权定性和定位在债权，而以当事人约定了 5 年以上存续期限的土地经营权为由就将该权定性与定位在物权，理由并不充分。

还有一种意见是：以登记与否作为界分物权和债权的准绳，据此衡量，5 年以下流转期限的土地经营权，《民法典》未规定其可登记，便非物权，而是债权。① 在笔者看来，这不足以说服人，因为在《民法典》上，有些权利虽未作登记却为物权，如《民法典》第 209 条第 2 款规定的未经登记的自然资源国家所有权，第 225 条规定的已归买受人占有的船舶或机动车即使未办理转移登记也发生了所有权转移，第 229 条规定的自法律文书或征收决定生效时即转移到另一主体的物权，第 230 条规定的因继承取得的物权，第 231 条规定的合法建造的房屋自其“封顶”时即产生的所有权，第 333 条前段规定的自土地承包经营权合同生效时设立的土地承包经营权（未经登记），第 374 条规定自地役权合同生效时设立的地役权（未经登记），第 335 条规定的受让的土地承包经营权（未经登记），第 403 条规定的自抵押合同生效时设立的动产抵押权，第 547 条第 2 款规定的随着债权转让而转移到受让人之处的抵押权或质权，均未经登记；与此相反，另一些权利虽经登记却亦非物权，如《民法典》221 条第 1 款规定的经过预告登记的小业主请求开发商转移商品房的占有和所有权的债权，仍非物权，至多是介于债权和物权之间，兼有二者的性质②；再如，根据《民法典》第 705 条的反面推论，已经登记备案的租赁合同项下的租赁权继续归属于债权，只是在买卖不破租赁这一点上被物权化了罢了。还如，《民法典》第 768 条关于“应收账款债权人就同一应收账款订立多个保理合同，致使多个保理人主张权利的，已登记的先于未登记的取得应收账款；均已登记的，按照登记的先后顺序取得应收账款；均未登记的，由最先到达应收账款债务人的转让通知中载明的保理人取得应收账款；既未登记也未通知的，按照保理融资款或者服务报酬的比例取得应收账款”的规定中，其中的应收账款即使经过了登记也仍然为债权。

诚然，事物大多有两面性，绝对化往往不妥当。通过出租/转包方式流转而形成的土地经营权，被定性和定位债权，理由更充分些：（1）在合同法领域，通说一直把租赁合同项下的租赁权作为物权化的债权，租赁权只在买卖不破租赁这一点上显示出强大的优先性、绝对性，但在其他任何一项具体的效力上都遵循着

---

① 在 2020 年 1 月 16 日上午由全国人民代表大会常务委员会法制工作委员会民法室组织召开的《中华人民共和国民法典·物权编（草案）》研讨会上，有专家学者如此主张。

② 王泽鉴：《民法物权》，北京，北京大学出版社 2009 年版，第 90 页。

相对性、平等性等债权的属性。至于转包场合由次承包人取得的权利，完全符合债权的一切属性，而缺乏物权的绝对性、排他性、优先性、物权请求权。尚未见到通过出租/转包方式流转而形成的土地经营权不遵循上述原理而改弦更张的理由。(2) 实务中通行的做法是，对于租赁/转包、合同式联营一直都适用合同法，未适用物权法，这也显示出把由此方式形成的土地经营权作为物权欠缺支撑。

第三百四十二条

通过招标、拍卖、公开协商等方式承包农村土地，经依法登记取得权属证书的，可以依法采取出租、入股、抵押或者其他方式流转土地经营权。

本条主旨

本条是关于通过招标、拍卖、公开协商等方式设立的土地承包经营权流转的方式和前提条件的规定。

相关条文

《物权法》第 133 条　通过招标、拍卖、公开协商等方式承包荒地等农村土地，依照农村土地承包法等法律和国务院的有关规定，其土地承包经营权可以转让、入股、抵押或者以其他方式流转。

《农村土地承包法》第 53 条　通过招标、拍卖、公开协商等方式承包农村土地，经依法登记取得权属证书的，可以依法采取出租、入股、抵押或者其他方式流转土地经营权。

理解与适用

本条是将《农村土地承包法》第 53 条的规定原原本本地上升至民事基本法层面的体现，相较于《物权法》第 133 条的规定，它放宽了客体的范围，不但以“四荒”土地为客体的土地承包经营权可以通过招标、拍卖、公开协商等方式设立，允许农村集体经济组织成员以外的人取得；而且以耕地、草场、林地为客体的土地承包经营权也可以通过招标、拍卖、公开协商等方式设立，允许农村集体经济组织成员以外的人取得。

本条所谓通过招标的方式设立土地承包经营权，是指由农村集体经济组织或由其组织的招标小组/委员会向数人或公众发出发包农地的招标通知或招标公告，在诸多投标人中选择自己最满意的投标人并与之订立土地承包经营权设立合同的方式。采取方式应当公开、公平、公正地进行，即所谓“三公原则”。

本条所谓通过拍卖的方式设立土地承包经营权，是指农村集体经济组织委托拍卖公司以公开竞价的方式，将农地发包给拍定人，由其取得土地承包经营权的方式。拍卖人一俟拍定，竞买人和拍卖人应当签署成交确认书，随后，农村集体经济组织与拍定人签署土地承包经营权设立合同。

本条所谓公开协商的方式，是指农村集体经济组织公开与谁协商、公开协商内容，包括承包期限、承包费的数额、付款方式、有无担保等内容。以此接受农村集体经济组织成员的监督，避免“暗箱操作”，保证公开、公平、公正地发包和承包。①

本条所谓“等方式”，例如，成立抵押合同的方式，再如，径直召开农村集体经济组织成员大会或代表大会，会议表决发包、承包；或者委托信誉高、诚信可靠的专业机构媒介设立土地承包经营权。

通过以上方式中的任何一种方式设立的土地承包经营权，若不流转，则可以不予登记，法律照样保护；但若流转，形成土地经营权，就必须先行办理土地承包经营权的登记，取得土地承包经营权证或林权证等证书（其实，按照《民法典》第 217 条的精神，只要办理完毕登记即可），而后方可依法采取出租、入股、抵押或者其他方式流转土地经营权，才会受到法律的认可和保护（《民法典》第 342 条，《农村土地承包法》第 53 条）。假如不办理土地承包经营权的登记，就不发生流转土地经营权的法律效力。

观察本条后段可知，土地经营权设立的原因行为，可以是出租、入股的方式，也可以是抵押的方式。本条后段所谓“其他方式”，例如，出质、联营的方式。

所谓采取出租方式流转土地经营权，是指土地承包经营权人与承租人签订租赁合同，一俟合同生效，承租人就取得土地经营权。所谓采取入股方式流转土地经营权，是指土地承包经营权人将其权利折价，成为目标公司或股份合作制企业的责任财产的组成部分，此时目标公司取得的是土地经营权，而非土地承包经营权。对于此处所谓入股，同样可以解释为包括两种情形：一是土地承包经营权人作为发起人与他人共同设立公司或股份合作制企业，将其土地承包经营权作价，已变性为土地经营权的权利成为目标公司或股份合作制企业的责任财产的组成部分；二是业已存在的公司或股份合作制企业增资扩股时，土地承包经营权人将其土地承包经营权作价，已变性为土地经营权的权利纳入目标公司或股份合作制企

① 胡康生主编：《中华人民共和国物权法释义》，北京，法律出版社 2007 年版，第 304 页。

业的责任财产之中。所谓采取抵押方式流转土地经营权，是指土地承包经营权人与债权人签订抵押合同，并办理抵押登记，抵押权设立，但该抵押权的客体不是土地承包经营权，而是土地经营权。这是把土地经营权作为用益物权看待的结果。如果把土地经营权作为债权，就不是设立抵押权，而是设立权利质权。

如同笔者在释评《民法典》第339条时所阐释的道理一样，《民法典》第342条新创了一种权利产生的机制，即在流转之前，土地承包经营权人之手并无土地经营权，有的是土地承包经营权，但在与交易相对人成立租赁合同或出资协议或增资扩股合同或抵押合同或质押合同等法律行为、且该法律行为生效之时，土地经营权即告设立，归属于交易相对人。这与建设用地使用权等用益物权的流转具有实质的差异，因为建设用地使用权等用益物权流转之前已经存在用益物权这些标的物，有了标的物才可能发生用益物权的流转。

看来，以土地经营权设立抵押权，可有两种路径及方法，一种是本条规定的路径及方法，其抵押人是土地承包经营权人；另一种路径及方法是在土地经营权抵押权设立之前，土地经营权已经存在，以业已存在的土地经营权作为抵押物设立抵押权，其抵押人是土地经营权人，而非土地承包经营权人，亦非土地承包人。

第三百四十三条

国家所有的农用地实行承包经营的，参照适用本编的有关规定。

本条主旨

本条是关于国有农用地实行承包经营的，准用《民法典》“第二编　物权”的规定。

相关条文

《物权法》第134条　国家所有的农用地实行承包经营的，参照本法的有关规定。

《土地管理法》第13条　农民集体所有和国家所有依法由农民集体使用的耕地、林地、草地，以及其他依法用于农业的土地，采取农村集体经济组织内部的家庭承包方式承包，不宜采取家庭承包方式的荒山、荒沟、荒丘、荒滩等，可以采取招标、拍卖、公开协商等方式承包，从事种植业、林业、畜牧业、渔业生产。家庭承包的耕地的承包期为三十年，草地的承包期为三十年至五十年，林地的承包期为三十年至七十年；耕地承包期届满后再延长三十年，草地、林地承包期届满后依法相应延长。

国家所有依法用于农业的土地可以由单位或者个人承包经营，从事种植业、林业、畜牧业、渔业生产。

发包方和承包方应当依法订立承包合同，约定双方的权利和义务。承包经营土地的单位和个人，有保护和按照承包合同约定的用途合理利用土地的义务。

《农村土地承包法》第 13 条第 2 款　国家所有依法由农民集体使用的农村土地，由使用该土地的农村集体经济组织、村民委员会或者村民小组发包。

《草原法》第 10 条　国家所有的草原，可以依法确定给全民所有制单位、集体经济组织等使用。

使用草原的单位，应当履行保护、建设和合理利用草原的义务。

第 11 条　依法确定给全民所有制单位、集体经济组织等使用的国家所有的草原，由县级以上人民政府登记，核发使用权证，确认草原使用权。

未确定使用权的国家所有的草原，由县级以上人民政府登记造册，并负责保护管理。

集体所有的草原，由县级人民政府登记，核发所有权证，确认草原所有权。

依法改变草原权属的，应当办理草原权属变更登记手续。

理解与适用

本条是对《物权法》第 134 条的复制，宣明国有农用地实行承包经营的，准用《民法典》“第二编　物权”的规定。

虽然实行家庭联产承包的土地大多属于农村集体经济组织所有，但也有一些国有土地长期由农民集体使用。在农村集体经济组织实行家庭承包经营为基础、统分结合的双层经营体制下，这些国有土地也被承包，产生了土地承包经营权。它们只是在权利客体的所有制属性上不同，所受法律限制有所差异，但在民事权利体系及理论层面基本上相同。既然如此，本条作为引致性（管道性）条款，宣明准用《民法典》“第二编　物权”的规定，简洁明快，立法技术可取。

第十二章

建设用地使用权

本章依次规定了建设用地使用权的概念和基本内容，建设用地使用权的客体，建设用地使用权人的基本义务，建设用地使用权的设立方式及由此决定的建设用地使用权基本类型，建设用地使用权设立合同的一般条款和书面形式，建设用地使用权以登记为设立的生效要件，建设用地使用权人不得改变土地用途、应当缴纳出让金等费用，地上建筑物、构筑物及其附属设施的所有权原则上归属于建设用地使用权人（房地权属的确定原则上一体），建设用地使用权具有转让性（让与性），建设用地使用权转让合同的形式、受让后的使用期限确定的规则，“房随地走”和“地随房走”的房地权属变动原则上一体，因公共利益的需要可以提前收回建设用地使用权，建设用地使用权期满时的续期规则与续期费用规则，建设用地使用权的注销登记，授权集体建设用地使用权和集体经营性建设用地使用权的问题由《土地管理法》调整。

本章设计的建设用地使用权，在目的及功能上是由建设用地使用权人享有地上建筑物、构筑物及其附属设施的所有权；从立体式的视野看，建设用地使用权的客体可以是地表、地上或地下；从转让性（让与性）的角度观察，建设用地使用权分为以出让方式设立的建设用地使用权、以行政划拨方式设立的建设用地使用权、集体经营性建设用地使用权；从土地所有制的层面着眼，存在国有建设用地使用权、集体建设用地使用权。

本章设计的建设用地使用权奉行以登记为设立和转让及抵押的生效要件的不动产物权变动模式，是《民法典》第 209 条第 1 款设立的债权形式主义的不动产物权变动模式的具体体现，与土地承包经营权及土地经营权、地役权的变动采取债权意思主义的不动产物权变动模式大不相同。

联系《民法通则》、各次修正的《土地管理法》和《城市房地产管理法》、《物权法》审视和思考，可知中国土地制度历经了重大变化、发展，《民法典》"第十二章 建设用地使用权"是对改革、发展和立法成果的固定和升华。在相当长的历史时期，集体土地所有权完全由《宪法》及《农业法》、《行政法》、《行政诉讼法》规制，远离民事法律的规范领域；国家土地所有权要么无偿地交由国家机关及事业单位、国有企业占有、使用，要么闲置，经济效益差强人意。通过深圳的土地制度改革的率先试点，其经验经过总结和完善，形成国有土地使用权模式，在全国逐步推开，经由《城镇国有土地使用权出让和转让暂行条例》、《土地管理法》、《城市房地产管理法》和《物权法》固定其成果，形成法律规范。至此，形成如下制度：(1) 国有土地使用权/国有建设用地使用权具有转让性（让与性)，可以转让、入股、抵押；(2) 客体，地表、地上、地下；(3) 行政划拨的，原则上不允许流转；(4) 集体建设用地使用权只可用于村、乡（镇）办公用房，乡镇企业用地，不得进入土地城市依民事程序流转。尽管如此，其功效仍然不可估量：(1) 培育和发展了房地产市场，带动了房地产业及其上下游的产业，解决了众多人的就业，为国家、社会的发展和繁荣做出了巨大贡献；(2) 解决了数十年来城镇居民住房短缺的难题，大大提升了人民的生活品质，使百姓大众有获得感，从而更加爱党、爱国；(3) 中央和地方政府通过收取土地使用权出让金、税金积累了丰厚的经济实力，为包括基本建设、教育、国防等各方面的快速发展提供了有效的经济保障。

诚然，所有这些并非终点，仍然在路上。随着改革的深化，试点探路，中央陆续出台方针、政策，诸如《中共中央关于全面深化改革若干重大问题的决定》《中共中央 国务院关于完善产权保护制度依法保护产权的意见》等。根据党中央关于农村土地制度改革的决策部署，全国人大常委会于 2015 年通过决定，授权国务院在试点地区暂时调整实施土地管理法、城市房地产管理法有关规定，并要求在总结试点经验基础上，对实践证明可行的方案和做法，上升为法律制度，修改完善有关法律。这些工作已经告一段落。2018 年修正的《土地管理法》和《城市房地产管理法》在建设用地使用权制度方面呈现出如下变化：(1) 住宅建设用地使用权期满时自动续期的费用，不再如同《物权法》那样保持沉默（第 149 条第 1 款)，而是有所表态："续期费用的缴纳或者减免，依照法律、行政法规的规定办理"(《民法典》第 359 条第 1 款后段)；(2) 集体经营性建设用地使用权被创设，可以与国有建设用地使用权同样入市，具有转让性（让与性)，而且同权同价。

第三百四十四条

建设用地使用权人依法对国家所有的土地享有占有、使用和收益的权利，有权利用该土地建造建筑物、构筑物及其附属设施。

本条主旨

本条是关于建设用地使用权概念的规定。

相关条文

《民法通则》第 80 条第 1 款　国家所有的土地，可以依法由全民所有制单位使用，也可以依法确定由集体所有制单位使用，国家保护它的使用、收益的权利；使用单位有管理、保护、合理利用的义务。

《物权法》第 135 条　建设用地使用权人依法对国家所有的土地享有占有、使用和收益的权利，有权利用该土地建造建筑物、构筑物及其附属设施。

《土地管理法》第 4 条　国家实行土地用途管制制度。

国家编制土地利用总体规划，规定土地用途，将土地分为农用地、建设用地和未利用地。严格限制农用地转为建设用地，控制建设用地总量，对耕地实行特殊保护。

前款所称农用地是指直接用于农业生产的土地，包括耕地、林地、草地、农田水利用地、养殖水面等；建设用地是指建造建筑物、构筑物的土地，包括城乡住宅和公共设施用地、工矿用地、交通水利设施用地、旅游用地、军事设施用地等；未利用地是指农用地和建设用地以外的土地。

使用土地的单位和个人必须严格按照土地利用总体规划确定的用途使用土地。

第 10 条　国有土地和农民集体所有的土地，可以依法确定给单位或者个人使用。使用土地的单位和个人，有保护、管理和合理利用土地的义务。

《城市房地产管理法》第 8 条　土地使用权出让，是指国家将国有土地使用权（以下简称土地使用权）在一定年限内出让给土地使用者，由土地使用者向国家支付土地使用权出让金的行为。

理解与适用

一、本条概貌

本条是对《物权法》第 135 条的复制，明确了建设用地使用权的基本内容，法律效力。虽然都在界定建设用地使用权，但《物权法》第135条所谓建设用地使用权基本上指向国有建设用地使用权，其暗含的意思是集体建设用地使用权不得用于工业、商业等经营性用途；而《民法典》第344条所谓建设用地使用权，既指向国有建设用地使用权，又指向集体建设用地使用权，特别是包含用于工业、商业等经营性用途的集体经营性建设用地使用权。

二、建设用地使用权的界定

建设用地使用权，是指为建造建筑物、构筑物及其附属设施，并保有其所有权，而在国家所有或农民集体所有的土地及其上下进行占有、使用和收益的用益物权（《民法典》第344条、第345条、第361条等）。

所谓建筑物，是指可以供人们在其中进行生产、生活的居住用房、生产用房、办公用房等设施。构筑物则是具有居住、生产经营功能的建筑物之外的人工建造物，主要包括道路、桥梁、隧道、堤坝、水渠、水池、水塔等设施，人工养殖设施，以及地窖、地下管网等人工构筑物。附属设施主要指附属于建筑物、构筑物并辅助其发挥功效的设施，如电线杆、电缆、变压器等电力、广播、通讯设施，以及雕塑、纪念碑等均属此类。①

所谓地表，是指经依法批准的地面及其以上一定高度和地下一定垂直深度的空间。所谓地上，是指经依法批准的距地表一定高度的空间范围。所谓地下，是指经依法批准的距地表一定深度的空间范围。可见，与其说它们具有物理的意义，莫如说是技术的和法律的概念。

[称谓的演变]

对以房地产开发建设并取得建筑物所有权为目的的土地权利，现行法有时直接称之为土地使用权（《土地管理法》第2条第2款、第56条、第60条、第63条、第66条第1款等，《城市房地产管理法》第2条第1款、第8条等），有时叫作国有土地使用权（《土地管理法》第2条第5款、第55条第1款、第58条、第81条，《城市房地产管理法》第2条第3款、第3条、第8条等），有时取名为集体经营性建设用地使用权或集体建设用地使用权（《土地管理法》第63条、第66条第3款）。

土地使用权的称谓本身过于概括和内容含混，反映不出个案中的权利是物

① 梁慧星、陈华彬：《物权法》（第4版），北京，法律出版社2007年版，第29页；胡康生主编：《中华人民共和国物权法释义》，北京，法律出版社2007年版，第306页；王利明、尹飞、程啸：《中国物权法教程》，北京，人民法院出版社2007年版，第320～321页。

权，还是债权，因为通过租赁、借用等合同都可以取得债权性质的土地使用权；即使单指物权，它也区分不清是以房地产开发建设并取得建筑物所有权为目的的建设用地使用权，还是以从事农林牧渔经营并取得收益为目的的土地承包经营权，抑或以通行、排水、引水、设置管线等为目的的地役权。

在禁止集体土地所有权或使用权作为建造商业用房，只允许以国有土地使用权作为商业用房的权源的背景下，《城市房地产管理法》等法律、法规采用了国有土地使用权的概念。

时至草拟《物权法》特别是编纂《民法典》时期，现实生活中已经出现了在集体土地上兴办中外合资经营企业、中外合作经营企业、外商独资企业、股份合作制企业等项目的现象。在这种背景下，继续用国有土地使用权作为建筑物所有权的权源显然涵盖不了集体土地使用权作为建筑物的正当根据的情形，而建设用地使用权则可解决这个问题，《物权法》采纳了这个概念，《民法典》亦然。如此，不考虑建设用地处于农村还是城市，也不论它是归国家所有还是归集体所有，只要竖立其上的权利系以建造并保有建筑物的所有权为目的，就称之为建设用地使用权。

［反思］

《物权法》以建设用地使用权的名称取代国有土地使用权的概念（第 135 条—第 151 条），《民法典》亦然（第 344—360 条），实际上也不尽如人意，因为在某些情况下，如工程已经竣工，建筑物被验收合格甚至于都被登记于不动产登记簿之中，把权利人对基地的权利还叫建设用地使用权，不再贴切。此其一。从名称上难以区分出农户以建造生活用房并享有住房所有权为目的权利（宅基地使用权）和发展商以房地产开发建设并取得建筑物所有权为目的的权利，因为从目的及功能方面审视宅基地使用权，它也是建设用地使用权。此其二。

三、建设用地使用权的类型

不同的建设用地使用权的类型，法律性质不尽相同。有鉴于此，先区分建设用地使用权的类型，再研讨建设用地使用权的性质。按照不同的分类标准，建设用地使用权可分为不同的类型。

（一）行政划拨的建设用地使用权与出让的建设用地使用权

按照取得建设用地使用权是否基于行政命令及是否缴纳建设用地使用权出让金，可有行政划拨的建设用地使用权与出让的建设用地使用权的分类。

所谓出让的建设用地使用权，是指用地者通过招标、拍卖、协议等公开方式，有偿取得工业、商业、旅游、娱乐和商品住宅等经营性用地的使用权（《民法典》第347条第1款、第2款等）。招标、拍卖、挂牌等公开竞价的方式具有公开、公平和公正的特点，能够充分体现标的物的市场价值，是市场经济中较为活跃的交易方式。中国土地资源的稀缺性，决定了采取公开竞价方式，能够最大程度地体现土地的市场价值。从保护土地资源和国家土地收益的大局来看，采取公开竞价方式不仅是必要的，而且其适用范围还应当不断扩大。①

关于行政划拨的建设用地使用权，将在释评《民法典》第347条第1款、第3款时叙述，此处不赘。

（二）国有土地上的建设用地使用权与集体所有土地上的建设用地使用权

按照建设用地使用权存在于土地所有权的种类和性质的不同，可有国有土地上的建设用地使用权与集体土地上的建设用地使用权的分类。

所谓国有土地上的建设用地使用权，是指用地者分享国家土地所有权中的占有、使用、收益的权能而形成的建设用地使用权。

关于集体所有土地上的建设用地使用权，将在释评《民法典》第361条时详述，此处不赘。

（三）以地表为客体的建设用地使用权与以地上或地下为客体的建设用地使用权

按照建设用地使用权的客体所处土地上下部位的不同，可有以地表为客体的建设用地使用权与以地上或地下为客体的建设用地使用权。这将在释评《民法典》第345条时讨论，此处不赘。

（四）意定建设用地使用权与法定建设用地使用权

以建设用地使用权是否依据法律的直接规定当然设立为标准，可有意定建设用地使用权与法定建设用地使用权的分类。

所谓意定建设用地使用权，是指用地者与有关当事人合意设立的建设用地使用权。

所谓法定建设用地使用权，是指为使建筑物、构筑物及其附属设施具有地权这个正当根据，在具备一定条件时，依据法律的直接规定而当然成立的建设用地使用权。在法律规定未尽周详的背景下，个别情况下依法理和利益衡平的需要而应当承认的建设用地使用权，也可划入法定建设用地使用权之列。它大体可有如下类型。

1. 于抵押权设立当时应当设立，至实际必要时使其成立，以保持建筑物、构筑物及其附属设施为目的的建设用地使用权。它发生在行使抵押权，拍卖或变

① 胡康生主编：《中华人民共和国物权法释义》，北京，法律出版社2007年版，第312页。

卖抵押物，导致建设用地使用权和地上建筑物、构筑物及其附属设施异其主体时，视为已有法定建设用地使用权的设立，作为建筑物、构筑物及其附属设施存在的正当权源。

2. 土地或建设用地使用权和建筑物、构筑物及其附属设施同属于一人，而仅以建筑物、构筑物及其附属设施典当，典当行取得建筑物、构筑物及其附属设施的所有权，致使建筑物、构筑物及其附属设施和土地或建设用地使用权异其主体的，应当承认典当行（建筑物、构筑物及其附属设施所有权人）就所占用的基地享有法定建设用地使用权，以使该建筑物、构筑物及其附属设施所有权具有地权的正当根据。

［知识］

当铺业，古已有之。人们将其动产（当物）交给当铺，获得一定数额的借款，于约定期间内回赎该物的，向当铺给付利息即可终止双方的关系；于约定期间届满没有回赎的，便成死当，当物由当铺自由处置。① 需要注意，2005 年 4 月 1 日起施行的《典当管理办法》将当和典统一调整，将典当界定为："当户将其动产、财产权利作为当物质押或者将其房地产作为当物抵押给典当行，交付一定比例费用，取得当金，并在约定期限内支付当金利息、偿还当金、赎回当物的行为"（第 3 条第 1 款）。

按照《典当管理办法》第 25 条第 3 项的规定，典当行可以经营房地产（外省、自治区、直辖市的房地产或者未取得商品房预售许可证的在建工程除外）抵押典当业务。由于《典当管理办法》就房地产的典当没有如同《民法典》第 397 条那样强行要求房屋与其所占用范围的建设用地使用权一并典当，可以出现典当物仅仅是房屋而不包括房屋占用范围的建设用地使用权的情况。于此场合，若当户没有依约赎回，典当行便取得该房屋所有权，致使房地权属异其主体，违反房屋所有权必须以地权为其正当权源的规则。解决这个问题的方案之一是，承认法定建设用地使用权的情况。

［延伸］

在实务中，存在着某些建筑物、构筑物及其附属设施的所有权人不享有相应的建设用地使用权的情形，如某些事业单位、国家机关利用行政划拨的建设用地为其职工建造了房屋，只给购房职工办理了《房屋所有权证》，未将该房屋所在地的建设用地使用权移转给购房职工。于此场合，倘若仍然按照法定建设用地使

---

① 江平、王家福主编：《民商法学大辞书》，南京，南京大学出版社 1998 年版，第 132～133 页。

用权的思路设计并处理，会有违不将该建设用地使用权移转给购房职工的初衷，莫不如采取另外的模式，更为合理。这些模式至少有两种：其一，此类事业单位、国家机关不再保留行政划拨的建设用地使用权，直接将房屋所有权和相应的建设用地使用权一并移转给购房职工，以贯彻房地权属的确定与变动原则上一体的基本理念及制度。同时，为了保护这些事业单位、国家机关的合法权益，防止国有资产流失，适当限制这些购房职工（房屋所有权人）处分其房屋；并且，一旦转让其房屋，则令其补交地价款。其二，此类事业单位、国家机关依然保留行政划拨的建设用地使用权，但赋予购房职工（房屋所有权人）对其房屋所在地的建设用地享有法定租赁权，以满足建筑物所有权以地权为正当根据的原则。

四、建设用地使用权的性质

1. 权利主体因建设用地使用权的类型不同而异其规格

从权利主体方面看，不同类型的建设用地使用权的主体的身份不同。例如，行政划拨的建设用地使用权的主体，限于国家机关、有关人民团体、军事部门、有关事业单位、某些公司，不会是自然人、股份有限公司、中外合资经营企业、中外合作经营企业、外商独资企业等。再如，集体土地上的建设用地使用权的主体，主要为乡镇企业，不可能是农民、国家机关、军事部门等。

2. 建设用地使用权的客体可以是国有土地，也可以是农民集体所有的土地

在2019年之前，从权利客体的所有制性质方面看，建设用地使用权的客体原则上为国有土地（《物权法》第135条等），在兴办乡镇企业、建设乡（镇）村公共设施和公益事业等情况下，经依法批准，可以是集体所有的土地（2004年的《土地管理法》第43条）。2018年修正了《土地管理法》，设置集体经营性建设用地使用权，该权可用于工业、商业等经营性用途（《土地管理法》第63条）。《民法典》固定了这种制度安排（第361条）。这样，农民集体所有的土地作为建设用地使用权的客体便较为宽泛了。

3. 权利客体的部位可以是地表、地下、地上

从权利客体的立体部位看，建设用地使用权的客体可以是某宗地的地表，也可以是某宗地的地上（空间），还可以是某宗地的地下（空间）（《民法典》第345条）。以地上空间、地下空间为客体的建设用地使用权，叫作区分建设用地使用权，或分层建设用地使用权，或径称为空间权。

4. 权利的目的及功能为建造建筑物、构筑物及其附属设施，并保有其所有权

从权利的目的及作用方面看，建设用地使用权旨在使权利人有权在国有的

（少数情况下为集体所有的）某宗地上建造建筑物、构筑物及其附属设施，并保有其所有权。一个人若欠缺某宗地的建设用地使用权，却在该宗地上建造建筑物、构筑物及其附属设施，其行为违法，对于所建建筑物、构筑物及其附属设施没有所有权（《民法典》第231条、第352条正文）。

就建造和保有之间的关系而言，建造建筑物、构筑物及其附属设施为初步目的，也可以说只是手段，保有建筑物、构筑物及其附属设施的所有权才是最终目的，更有价值。此其一。在受让建设用地使用权时，基地上已有建筑物、构筑物及其附属设施，或购买地上建筑物、构筑物及其附属设施的场合，按照《物权法》第356条、第352条正文的规定，受让人一并取得建设用地使用权和地上建筑物、构筑物及其附属设施，“土地上现存的建筑物能够满足建设用地使用权人的需要，故而其无须另行建造。权利内容仅为保有”①。此其二。

5. 建设用地使用权派生于土地所有权

从权利所出之源看，建设用地使用权系分享国家的（少数情况下为集体所有的）土地所有权中占有、使用、收益的权能而形成的他物权。土地所有权为母权，建设用地使用权为子权。

6. 建设用地使用权为用益物权

从权利的归属体系看，建设用地使用权为用益物权。建设用地使用权具有排他性、优先效力、物权请求权等效力，属于物权。它以占有、使用、收益为内容，属于用益物权。

五、建设用地使用权的基本内容（权能）

（一）建设用地使用权人的权利

1. 占有、使用建设用地的权利

建设用地使用权的目的及功能之一是，在国有或集体所有的土地上建造建筑物、构筑物及其附属设施，故权利人对该宗建设用地必须享有占有、使用的权利，才能达到权利目的，发挥权利功能。土地所有权人对此负有容忍义务。

占有、使用建设用地的范围，在基于行政划拨而取得建设用地使用权的场合，以行政主管部门批准和不动产登记簿的记载为准加以确定；在基于出让合同而取得建设用地使用权的场合，按照约定和不动产登记簿的记载加以确定；在继受他人的建设用地使用权的场合，依然如此确定。

尤其在同一宗建设用地上立体化地并存着以地表为客体的建设用地使用权、

① 王利明、尹飞、程啸：《中国物权法教程》，北京，人民法院出版社2007年版，第319页。

以地上为客体的建设用地使用权和以地下为客体的建设用地使用权的情况下，更应严格按照批准和登记的建设用地范围确定占有、使用的边界。

2. 保有建筑物、构筑物及其附属设施所有权的权利

建设用地使用权的目的及功能之二是，权利人对其建造于建设用地上的建筑物、构筑物及其附属设施保有所有权。其详述放置于释评《民法典》第352条之中，此处不赘。

3. 不动产相邻权

相邻关系规则旨在协调不动产权利人之间因不动产权利行使所产生的权益冲突，建设用地使用权为不动产权利之一，则相邻关系规则应当适用于建设用地使用权人之间、建设用地使用权人与土地所有权人之间、建设用地使用权人与相邻建筑物所有权人之间、建设用地使用权人与承租人等占有人之间的相邻关系。

4. 设立地役权的权利

建设用地使用权人有权将建设用地作为供役地为他人设立地役权（《民法典》第383条），至于建设用地使用权人把建设用地作为需役地为自己设立地役权，同时有利于自己和土地所有权人，更应被准许（《民法典》第372条）。

5. 出租、出借建设用地使用权的权利

租赁权、借用权为债权，原则上仅仅约束特定人，承租人、借用人欲将租赁物或借用物出租或出借与他人，得经出租人或出借人的同意。与此有别，建设用地使用权作为一项物权，具有对世效力，包括对建设用地所有权人的强大效力，建设用地使用权人将其建设用地出租、出借与他人的，现行法尚无关于必须经建设用地所有权人同意的规定。①

［拓展］

1. 租赁登记与租赁登记备案及其作用

《城镇国有土地使用权出让和转让暂行条例》第31条规定："土地使用权和地上建筑物、其他附着物出租，出租人应当依照规定办理登记。"而《城市房地产管理法》未规定建设用地使用权出租，只规定了房屋出租，且不要求登记，向房产管理部门登记备案即可（第53—56条）。《民法典》对租赁亦未要求登记。笔者认为，登记备案仅仅是行政及治安等管理的需要，在决定租赁合同的效力上，应以《民法典》的规定为准。

2. 行政租赁及其效力

在实务中，出现了市、县政府以行政命令的方式，强制农村集体经济组织将

① 崔建远：《确定建筑物所有权的依据》，载《甘肃政法学院学报》2007年第6期，第11～12页。

农地出租于政府或政府指定的公司，用于高速公路、楼堂馆所、广场、绿地等的建设。这违反了《土地管理法》《城市房地产管理法》等现行法关于不得利用集体所有的土地进行此类建设的规定，其合同基本上是政府以其行政命令强迫农村集体经济组织签订的，违反了《民法典》第153条等规定，应属无效。

对于此类案件是属于行政纠纷还是民事纠纷，存在着不同意见。笔者认为，政府以行政命令强制农村集体经济组织出租集体所有的土地，属于行政案件；土地租赁合同则属于民商事合同。处理此类案件，既适用行政法又适用民商法。之所以不赞同全部用行政法处理，是因为租赁合同符合民商法律关系的特征，民商法有恢复原状、排除妨害、消除危险、返还原物等救济手段，而行政法在这方面不尽如人意。在某些案件中，只有准予农村集体经济组织关于恢复原状、排除妨害、消除危险、返还原物的请求，才能完满地保护农村集体经济组织及农户的合法权益，落实国家的耕地政策。

6. 转让、互换、出资、赠与或抵押建设用地使用权的权利

这将在释评《民法典》第354条时详述，此处不赘。

7. 物权请求权

建设用地使用权作为一种物权，依据《民法典》第235－237条的规定，具有物权请求权的效力。

8. 抛弃的权利

建设用地使用权作为一项权利、一种利益，权利人应有权将其抛弃。不过，抛弃不得违反法律、行政法规的强制性规定，不得违反禁止权利滥用、公序良俗和诚实信用等原则。

（二）建设用地使用权人的义务

1. 支付出让金的义务

行政划拨的建设用地使用权场合，权利人无须缴纳出让金。出让的建设用地使用权场合，受让人必须依约缴纳出让金。

2. 合理使用土地的义务

建设用地使用权人应当按照法律规定或合同约定，依土地用途，合理开发、经营建设用地。若有违反，出让人有权予以纠正。

3. 返还建设用地的义务

《城市房地产管理法》第22条第2款规定："土地使用权出让合同约定的使用年限届满，土地使用者未申请续期或者虽申请续期但依照前款规定未获批准的，土地使用权由国家无偿收回。"《土地管理法》第58条第1款规定："（二）土地出让

等有偿使用合同约定的使用期限届满，土地使用者未申请续期或者申请续期未获批准的；（三）因单位撤销、迁移等原因，停止使用原划拨的国有土地的；（四）公路、铁路、机场、矿场等经核准报废的”。“由有关人民政府自然资源主管部门报经原批准用地的人民政府或者有批准权的人民政府批准，可以收回国有土地使用权”。这些规定表明，建设用地使用权终止，建设用地使用权人有义务返还建设用地。出让人此项请求权的法律性质，可以是债权，即合同终止时标的物返还请求权（债权），也可以是物的返还请求权，还可以是占有或登记的不当得利返还请求权。

4. 容忍出让人提前收回建设用地的义务

出让人提前收回建设用地，存在两种情形。第一种是因公共利益的需要而提前收回，这将在释评《民法典》第 358 条时详述，此处不赘。第二种情形，按照《城镇国有土地使用权出让和转让暂行条例》第 17 条第 2 款的规定：“未按合同规定的期限和条件开发、利用土地的，市、县人民政府土地管理部门应当予以纠正，并根据情节可以给予警告、罚款直至无偿收回土地使用权的处罚。”遇此无偿收回的处罚，建设用地使用权人负有容忍义务。

第三百四十五条

建设用地使用权可以在土地的地表、地上或者地下分别设立。

本条主旨

本条是关于建设用地使用权可以有三种客体之一的规定。

相关条文

《物权法》第 136 条　建设用地使用权可以在土地的地表、地上或者地下分别设立。新设立的建设用地使用权，不得损害已设立的用益物权。

理解与适用

一、本条意义概貌

本条一方面承继《物权法》第 136 条的规定，另一方面有两点改变：一是《物权法》第 136 条所谓建设用地使用权实质上指向的是国有建设用地使用权，而本条所指同时包括国有建设用地使用权和集体经营性建设用地使用权；二是本条没有包含《物权法》第 136 条后段的内容，由《民法典》第 346 条接纳该项内容。

二、建设用地使用权因其客体部位的不同而呈现的类型

本条所谓以地表为客体的建设用地使用权，是指以地面为基点向空中延伸至一定高度、向地下垂直至一定深度的空间为客体的建设用地使用权。物权法上的土地概念采取一种纯形式的地表界定①，因此，建设用地使用权以地表为客体应为常态，除非特别说明，建设用地使用权一语，应为以地表为客体的建设用地使用权。

本条所谓以地上为客体的建设用地使用权，是指以距地面一定高度的空间为客体的建设用地使用权，简称为空间权，又叫区分建设用地使用权或分层建设用地使用权。某些空中走廊的权源就是这种建设用地使用权。

本条所谓以地下为客体的建设用地使用权，是指以距地面一定深度的空间为客体的建设用地使用权，也简称为空间权，又叫区分建设用地使用权或分层建设用地使用权。许多地下商城、地铁的权源就是此类建设用地使用权。

以地上为客体的建设用地使用权（空间权）、以地下为客体的建设用地使用权（空间权）不与以地表为客体的建设用地使用权重合，而是呈现立体状态：以地上为客体的建设用地使用权（空间权）不得占用以地表为客体的建设用地使用权被批准的可利用空间，以地下为客体的建设用地使用权（空间权）同样不得占用以地表为客体的建设用地使用权被批准的可利用空间。

［拓展］

在现代社会，人口已越来越集中于大都市，形成都市密集化。这种都市密集化，必然伴随着地铁、上下自来水、排水沟及地下停车场等诸多都市设施的建设进程，进一步说，促进了空间、电线、单轨铁路、两楼房间的通道、特殊的防公害的烟囱、电视塔等都市设施的建设完善。这样，土地的立体利用已经从地表脱离，被横向地、水平地切割为地下或空中的断层，并使其具有了固有的价值（有交换价值）。在这种水平断层的空间，近代法确立的土地所有权等种类的权利制度还能够适用吗?②

在近代民法中，土地所有法的体系，与其说是以都市区域，不如说是以农业

① ［德］鲍尔/施蒂尔纳：《德国物权法》（上册），张双根译，北京，法律出版社 2004 年版，第 284 页。

② ［日］筱塚昭次：《空中权、地中权的法理——围绕土地的新利用形态》，载《法学家·临时增刊·土地问题——实态·理论·政策》第 476 号，东京，有斐阁，1971 年 4 月 10 日，第 122 页。

区域为中心构成，所以不能把对土地的立体使用之评价放在土地所有权概念的构成中心的位置上。一直以来，都把垂直于地表上下的古典的土地所有权的法制称为土地法（Bodenrecht），相反，把进行了横向切割的水平的土地所有权称为空间法（Raumrecht）。土地法因其所指的“土地”是以地表为中心的垂直于其上下的部分，故可以称之为垂直的不动产法；相反，空间法则由于将“空间”从地表分离出来，在一定的空间上水平地存在，所以也可以称之为水平的不动产法。① 这种空间法在美国是以普通法为基础并根据判例创设出来的，其核心为空间权（air rights）制度。② 空间权，表现在所有权方面，有建筑物区分所有权；表现在租赁权方面，即有空间租赁权；表现在役权方面，可有空间役权；表现在地上权方面，就是区分地上权。③ 中国《民法典》第 345 条规定的以地下、地上为客体的建设用地使用权，可称之为区分建设用地使用权，相当于大陆法系所谓的区分地上权。

第三百四十六条

设立建设用地使用权，应当符合节约资源、保护生态环境的要求，遵守法律、行政法规关于土地用途的规定，不得损害已设立的用益物权。

本条主旨

本条是关于设立建设用地使用权应当符合绿色原则、守法原则和与容忍义务相衔接的规定。

相关条文

《宪法》第 5 条第 4 款、第 5 款　一切国家机关和武装力量、各政党和各社会团体、各企业事业组织都必须遵守宪法和法律。一切违反宪法和法律的行为，必须予以追究。

任何组织或者个人都不得有超越宪法和法律的特权。

第 9 条第 2 款　国家保障自然资源的合理利用，保护珍贵的动物和植物。禁止任何组织或者个人用任何手段侵占或者破坏自然资源。

---

①③　［日］筱塚昭次：《空中权、地中权的法理——围绕土地的新利用形态》，载《法学家・临时增刊・土地问题——实态・理论・政策》第 476 号，东京，有斐阁，1971 年 4 月 10 日，第 122～123、123～128 页。

②　参见［日］高田寿史：《空中权与城市开发——从美国的实例所看到的问题及我见》，载《不动产研究》第 25 卷 1 号，第 35 页。

《民法通则》第 6 条　民事活动必须遵守法律，法律没有规定的，应当遵守国家政策。

《民法总则》第 8 条　民事主体从事民事活动，不得违反法律，不得违背公序良俗。

第 9 条　民事主体从事民事活动，应当有利于节约资源、保护生态环境。

《环境保护法》第 4 条第 1 款　保护环境是国家的基本国策。

第 19 条　编制有关开发利用规划，建设对环境有影响的项目，应当依法进行环境影响评价。

未依法进行环境影响评价的开发利用规划，不得组织实施；未依法进行环境影响评价的建设项目，不得开工建设。

第 35 条　城乡建设应当结合当地自然环境的特点，保护植被、水域和自然景观，加强城市园林、绿地和风景名胜区的建设与管理。

《土地管理法》第 15 条第 1 款　各级人民政府应当依据国民经济和社会发展规划、国土整治和资源环境保护的要求、土地供给能力以及各项建设对土地的需求，组织编制土地利用总体规划。

第 39 条第 1 款　国家鼓励单位和个人按照土地利用总体规划，在保护和改善生态环境、防止水土流失和土地荒漠化的前提下，开发未利用的土地；适宜开发为农用地的，应当优先开发成农用地。

《城市房地产管理法》第 25 条　房地产开发必须严格执行城市规划，按照经济效益、社会效益、环境效益相统一的原则，实行全面规划、合理布局、综合开发、配套建设。

理解与适用

相对于《物权法》的篇章结构而言，本条为新设的条文，前段宣明设立建设用地使用权应当符合绿色原则，中段宣明设立建设用地使用权应当守法的原则，后段宣明设立建设用地使用权以其他用益物权人负有容忍义务为原则。

本条使建设用地使用权承载了若干项义务，建设用地使用权人不可只享受权利，不负担义务。本条宣明不但所有权须社会化，建设用地使用权也必须社会化。

本条前段所谓“节约资源、保护生态环境”，即绿色原则。关于绿色原则与用益物权的关系，笔者在释评《民法典》第 326 条时已经阐发过，此处不赘。

本条中段所谓设立建设用地使用权应当遵守法律、行政法规关于土地用途的规定，属于引致性（管道性）条款，将设立建设用地使用权应当遵守法定的土地用途引向有关法律、法规。《土地管理法》是其中最为主要的法律，其第 23 条规定："各级人民政府应当加强土地利用计划管理，实行建设用地总量控制"（第 1 款）；"土地利用年度计划，根据国民经济和社会发展计划、国家产业政策、土地利用总体规划以及建设用地和土地利用的实际状况编制。土地利用年度计划应当对本法第六十三条规定的集体经营性建设用地作出合理安排。土地利用年度计划的编制审批程序与土地利用总体规划的编制审批程序相同，一经审批下达，必须严格执行"（第 2 款）。第 24 条规定："省、自治区、直辖市人民政府应当将土地利用年度计划的执行情况列为国民经济和社会发展计划执行情况的内容，向同级人民代表大会报告。"第 25 条规定："经批准的土地利用总体规划的修改，须经原批准机关批准；未经批准，不得改变土地利用总体规划确定的土地用途"（第 1 款）；"经国务院批准的大型能源、交通、水利等基础设施建设用地，需要改变土地利用总体规划的，根据国务院的批准文件修改土地利用总体规划"（第 2 款）；"经省、自治区、直辖市人民政府批准的能源、交通、水利等基础设施建设用地，需要改变土地利用总体规划的，属于省级人民政府土地利用总体规划批准权限内的，根据省级人民政府的批准文件修改土地利用总体规划"（第 3 款）。第 44 条规定："建设占用土地，涉及农用地转为建设用地的，应当办理农用地转用审批手续"（第 1 款）；"永久基本农田转为建设用地的，由国务院批准"（第 2 款）；"在土地利用总体规划确定的城市和村庄、集镇建设用地规模范围内，为实施该规划而将永久基本农田以外的农用地转为建设用地的，按土地利用年度计划分批次按照国务院规定由原批准土地利用总体规划的机关或者其授权的机关批准。在已批准的农用地转用范围内，具体建设项目用地可以由市、县人民政府批准"（第 3 款）；"在土地利用总体规划确定的城市和村庄、集镇建设用地规模范围外，将永久基本农田以外的农用地转为建设用地的，由国务院或者国务院授权的省、自治区、直辖市人民政府批准"（第 4 款）。第 56 条规定："建设单位使用国有土地的，应当按照土地使用权出让等有偿使用合同的约定或者土地使用权划拨批准文件的规定使用土地；确需改变该幅土地建设用途的，应当经有关人民政府自然资源主管部门同意，报原批准用地的人民政府批准。其中，在城市规划区内改变土地用途的，在报批前，应当先经有关城市规划行政主管部门同意。"第 60 条第 1 款规定："农村集体经济组织使用乡（镇）土地利用总体规划确定的建设用地兴办企业或者与其他单位、个人以土地使用权入股、联营等形式共同举办企业的，应当持有关批准文件，向县级以上地方人民政府自然资源主管部门提出申请，按照省、自治区、直辖市规定的批准权限，由县级以上地方人民政府批准；其中，涉及占用农用地的，依照本法第四十四条的规定办理审批手续。"第

64 条规定："集体建设用地的使用者应当严格按照土地利用总体规划、城乡规划确定的用途使用土地。"第 77 条规定："未经批准或者采取欺骗手段骗取批准，非法占用土地的，由县级以上人民政府自然资源主管部门责令退还非法占用的土地，对违反土地利用总体规划擅自将农用地改为建设用地的，限期拆除在非法占用的土地上新建的建筑物和其他设施，恢复土地原状，对符合土地利用总体规划的，没收在非法占用的土地上新建的建筑物和其他设施，可以并处罚款；对非法占用土地单位的直接负责的主管人员和其他直接责任人员，依法给予处分；构成犯罪的，依法追究刑事责任。超过批准的数量占用土地，多占的土地以非法占用土地论处。"第 78 条规定："农村村民未经批准或者采取欺骗手段骗取批准，非法占用土地建住宅的，由县级以上人民政府农业农村主管部门责令退还非法占用的土地，限期拆除在非法占用的土地上新建的房屋。超过省、自治区、直辖市规定的标准，多占的土地以非法占用土地论处。"此外，《城市房地产管理法》第 18 条规定："土地使用者需要改变土地使用权出让合同约定的土地用途的，必须取得出让方和市、县人民政府城市规划行政主管部门的同意，签订土地使用权出让合同变更协议或者重新签订土地使用权出让合同，相应调整土地使用权出让金。"第 44 条规定："以出让方式取得土地使用权的，转让房地产后，受让人改变原土地使用权出让合同约定的土地用途的，必须取得原出让方和市、县人民政府城市规划行政主管部门的同意，签订土地使用权出让合同变更协议或者重新签订土地使用权出让合同，相应调整土地使用权出让金。"

本条后段所谓设立建设用地使用权不得损害已设立的用益物权，究为何意，需要辨析。其实，即使依据法定的条件和程序设立建设用地使用权，也未见得不影响甚至害及已经设立的用益物权。比如，设立 A 建设用地使用权，待开发建设完工，在一定程度上遮掩了 B 宗建设用地上的住宅眺望海景；或者使 B 宗建设用地上的建筑物区分所有权人外出时须绕行。循此逻辑，几乎百分之百的建设用地使用权设立都会损害已经设立的建设用地使用权，结论便是禁止一切建设用地使用权的设立。但这显然不符合事实，不能满足社会生活的需要，无法满足发展建设的需要，也不是本条后段的立法目的。无论是社会现实，还是本条后段的规范意旨，都需要依法合规的建设用地使用权的设立。只要建设用地使用权的取得合法，符合城市规划设计，就受到法律保护，其他的建设用地使用权人就负有容忍义务。看来，不得按照字面意思理解本条后段，应该依其规范意旨进行解释。在笔者看来，由本条后段的规范意旨决定，凡是其他用益物权人依法对某宗土地的建设用地使用权的设立不负容忍义务的，该建设用地使用权就不得设立；凡是其他用益物权人依法对某宗土地的建设用地使用权的设立负有容忍义务的，该建设用地使用权即可设立。其他的用益物权人所负容忍义务，主要源自相邻关系规则及地役权制度，再就是公法上的义务。

第三百四十七条

设立建设用地使用权，可以采取出让或者划拨等方式。

工业、商业、旅游、娱乐和商品住宅等经营性用地以及同一土地有两个以上意向用地者的，应当采取招标、拍卖等公开竞价的方式出让。

严格限制以划拨方式设立建设用地使用权。

本条主旨

本条是关于建设用地使用权出让方式和行政划拨方式及其运用领域的规定。

相关条文

《物权法》第 137 条　设立建设用地使用权，可以采取出让或者划拨等方式。

工业、商业、旅游、娱乐和商品住宅等经营性用地以及同一土地有两个以上意向用地者的，应当采取招标、拍卖等公开竞价的方式出让。

严格限制以划拨方式设立建设用地使用权。采取划拨方式的，应当遵守法律、行政法规关于土地用途的规定。

《城市房地产管理法》第 8 条　土地使用权出让，是指国家将国有土地使用权（以下简称土地使用权）在一定年限内出让给土地使用者，由土地使用者向国家支付土地使用权出让金的行为。

第 13 条　土地使用权出让，可以采取拍卖、招标或者双方协议的方式。

商业、旅游、娱乐和豪华住宅用地，有条件的，必须采取拍卖、招标方式；没有条件，不能采取拍卖、招标方式的，可以采取双方协议的方式。

采取双方协议方式出让土地使用权的出让金不得低于按国家规定所确定的最低价。

《土地管理法》第 54 条　建设单位使用国有土地，应当以出让等有偿使用方式取得；但是，下列建设用地，经县级以上人民政府依法批准，可以以划拨方式取得：

（一）国家机关用地和军事用地；

（二）城市基础设施用地和公益事业用地；

（三）国家重点扶持的能源、交通、水利等基础设施用地；

（四）法律、行政法规规定的其他用地。

理解与适用

一、本条含义概貌

本条基本上继承了《物权法》第137条的规定，第1款规定设立建设用地使用权的方式有出让方式、行政划拨方式以及其他方式，第2款规定出让方式中应当采取招标、拍卖等公开竞价的方式的类型（情形），第3款明确严格限制行政划拨方式的运用。

本条不见了《物权法》第137条第3款后段所谓“采取划拨方式的，应当遵守法律、行政法规关于土地用途的规定”，不是该项规则不重要，已被删除，而是将之移至《民法典》第346条之中了。

二、以出让方式设立建设用地使用权

（一）概说

所谓以出让方式设立建设用地使用权，是指用地者通过招标、拍卖、协议等公开方式，有偿取得工业、商业、旅游、娱乐和商品住宅等经营性用地的使用权（《民法典》第347条第1款、第2款等）。按照本条第2款的规定，建设用地使用权的出让方式包括招标、拍卖、协议等方式。此处所谓“等方式”，例如挂牌的方式［国土资源部发布的《招标拍卖挂牌出让国有建设用地使用权规定》（2007年修订）第2条第4款以下］。

招标、拍卖、挂牌等公开竞价的方式具有公开、公平和公正的特点，能够充分体现标的物的市场价值，是市场经济中较为活跃的交易方式。中国土地资源的稀缺性，决定了采取公开竞价方式，能够最大程度地体现土地的市场价值。从保护土地资源和国家土地收益的大局来看，采取公开竞价方式不仅是必要的，而且其适用范围还应当不断扩大。①

（二）招标出让建设用地使用权

1. 招标出让建设用地使用权概述

招标出让建设用地使用权，是指市、县人民政府国土资源行政主管部门（以下简称出让人）发布招标公告，邀请特定或不特定的自然人、法人和其他组织参加国有建设用地使用权投标，根据投标结果确定国有建设用地使用权人的行为［《招标

① 胡康生主编：《中华人民共和国物权法释义》，北京，法律出版社2007年版，第312页。

拍卖挂牌出让国有建设用地使用权规定》（2007 年修订）第 2 条第 2 款前段]。

招标出让建设用地使用权，应当遵循公开、公平、公正和诚信的原则［《招标拍卖挂牌出让国有建设用地使用权规定》（2007 年修订）第 3 条］。与协议出让建设用地使用权的方式相比，这种方式引入了竞争机制，使许多投标人竞相展示各自的优长，给招标人提供了择优选取受让人的机会和可能，会使最有能力者取得建设用地使用权，进行最有价值和最有意义的开发建设。正因如此，应当以招标方式出让建设用地使用权而擅自采用协议方式出让的，对直接负责的主管人员和其他直接责任人员依法给予处分；构成犯罪的，依法追究刑事责任［《招标拍卖挂牌出让国有建设用地使用权规定》（2007 年修订）第 24 条］。

从适用范围上讲，对面积较大、开发要求较高或受城市规划严格制约的土地，采取招标方式出让建设用地使用权，比较适宜，容易达到开发目的。按照《物权法》第 137 条第 2 款规定，工业、商业、旅游、娱乐和商品住宅等经营性用地以及同一宗地有两个以上意向用地者的，应当采取招标、拍卖等公开竞价的方式出让。《招标拍卖挂牌出让国有建设用地使用权规定》（2007 年修订）予以贯彻并补充规定，所谓工业用地包括仓储用地，但不包括采矿用地（第 4 条第 2 款）。

与拍卖出让建设用地使用权的方式不同，招标出让建设用地使用权的方式可使招标人能够全面审视投标人的各个方面的条件，不是只关注出让金的数额。因而，出价最高者不一定能取得建设用地使用权。

2. 招标出让建设用地使用权的方法

招标出让的方法有公开招标和邀请招标两种。公开招标是一种一定范围内的无限制竞争性招标，凡对招标公告所列出让的建设用地愿意受让、又自认为合格的有意受让人均可申请投标。邀请招标，又叫定向招标，是一种有限竞争性招标，一般由招标人向它认为符合规定条件的主体发出招标通知，邀请其投标。两者各有优长，招标人可视具体情况酌定。

3. 招标出让建设用地使用权的程序

（1）招标

对于招标，《招标拍卖挂牌出让国有建设用地使用权规定》（2007 年修订）作了如下详细的规定：出让人应当根据招标出让地块的情况，编制招标出让文件（第 7 条第 1 款）。招标出让文件应当包括出让公告、投标或竞买须知、土地使用条件、标书、中标通知书、建设用地使用权出让合同文本（第 7 条第 2 款）。出让人应当至少在投标开始日前 20 日，在土地有形市场或指定的场所、媒介发布招标公告，公布招标出让宗地的基本情况和招标的时间、地点（第 8 条）。

（2）投标

投标方法有两种，可采取明标明投，也可采取明标暗投。每次投标的方法，由招标人根据实际情况确定。

投标的性质为要约，因而，在投标的有效期内，投标人不得擅自变更或撤回投标书，投标人应当对标书和有关书面承诺承担责任（《招标拍卖挂牌出让国有建设用地使用权规定》第 13 条第 1 款第 1 项）。

（3）开标、验标

《招标拍卖挂牌出让国有建设用地使用权规定》（2007 年修订）规定，出让人按照招标公告规定的时间、地点开标，邀请所有投标人参加。由投标人或其推选的代表检查标箱的密封情况，当众开启标箱，点算标书。投标人少于三人的，出让人应当终止招标活动。投标人不少于三人的，应当逐一宣布投标人名称、投标价格和投标文件的主要内容（第 13 条第 2 项）。

（4）评标、定标（决标）

《招标拍卖挂牌出让国有建设用地使用权规定》（2007 年修订）规定，评标小组进行评标。评标小组由出让人代表、有关专家组成，成员人数为 5 人以上的单数（第 13 条第 3 项）。招标人根据评标结果，确定中标人。按照价高者得的原则确定中标人的，可以不成立评标小组，由招标主持人根据开标结果，确定中标人（第 13 条第 4 项）。对能够最大限度地满足招标文件中规定的各项综合评价标准，或能够满足招标文件的实质性要求且价格最高的投标人，应当确定为中标人（第 14 条）。

（5）中标通知书及其法律效力

《招标拍卖挂牌出让国有建设用地使用权规定》（2007 年修订）规定，确定中标人后，中标人支付的投标保证金，转作受让地块的定金。出让人应当向中标人发出中标通知书。

（6）签约、对保证金的处理、公布招标出让结果

《招标拍卖挂牌出让国有建设用地使用权规定》（2007 年修订）规定，中标人应当按照中标通知书约定的时间，与出让人签订建设用地使用权出让合同。中标人支付的投标保证金抵作土地出让价款；其他投标人支付的投标保证金，出让人必须在招标活动结束后 5 个工作日内予以退还，不计利息（第 21 条）。招标活动结束后，出让人应在 10 个工作日内将招标出让结果在土地有形市场或指定的场所、媒介公布（第 22 条第 1 款）。

4. 取得建设用地使用权

《招标拍卖挂牌出让国有建设用地使用权规定》（2007 年修订）规定，受让

人依照建设用地使用权出让合同的约定付清全部土地出让价款后，方可申请办理土地登记，领取建设用地使用权证书。未按出让合同约定缴清全部土地出让价款的，不得发放建设用地使用权证书，也不得按出让价款缴纳比例分割发放建设用地使用权证书（第23条）。

5. 中标结果无效

《招标拍卖挂牌出让国有建设用地使用权规定》（2007年修订）规定，中标人提供虚假文件隐瞒事实的，或采取行贿、恶意串通等非法手段中标的，中标结果无效；造成损失的，应当依法承担赔偿责任（第25条）。

（三）拍卖出让建设用地使用权

1. 拍卖出让建设用地使用权概述

拍卖出让国有建设用地使用权，是指出让人发布拍卖公告，由竞买人在指定时间、地点进行公开竞价，根据出价结果确定国有建设用地使用权人的行为[《招标拍卖挂牌出让国有建设用地使用权规定》（2007年修订）第2条第3款]。

拍卖出让建设用地使用权，应当遵循公开、公平、公正和诚信的原则（《招标拍卖挂牌出让国有建设用地使用权规定》第3条）。拍卖出让和招标出让均为竞争性出让建设用地使用权的方式，但两者有较大区别。招标是由出让人（招标人）发出招标公告，以邀请投标人。各投标人各自提出自己的条件，最后由出让人（招标人）从中选出条件最优者，作为受让人。在招标出让的方式中，各投标人互不知晓其竞争对手，投标中一般只有一次投标机会，一旦提出标书，便不得随意变更或撤回。但拍卖出让方式是由各竞买人之间进行公开竞争，每位竞买人都可以随时根据其他竞买人提出的报价，提出更高的报价，最后由拍卖人和出价最高的竞买人签约。而且，在拍卖决定竞得人的过程中，出价最高者即赢得竞争，签约并依法登记后即成为建设用地使用权人。①

2. 拍卖出让建设用地使用权的程序

（1）拍卖公告

《招标拍卖挂牌出让国有建设用地使用权规定》（2007年修订）规定，出让人应当根据拍卖出让地块的情况，编制拍卖出让文件。拍卖出让文件应当包括出让公告、竞买须知、土地使用条件、竞买申请书、成交确认书、建设用地使用权出让合同文本（第7条）。出让人应当至少在拍卖开始日前20日，在土地有形市场或指定的场所、媒介发布拍卖公告，公布拍卖出让宗地的基本情况和拍卖的时间、地点（第8条）。

① 南路明、肖志岳：《中华人民共和国地产法律制度》，北京，中国法制出版社1991年版，第51页。

（2）主持人主持拍卖活动

（3）确定竞得人、签订成交确认书

确定竞得人后，竞得人支付的竞买保证金转作受让地块的定金。出让人应当与竞得人签订成交确认书［《招标拍卖挂牌出让国有建设用地使用权规定》（2007年修订）第20条第1款］。

（4）签约、对保证金的处理、公布拍卖出让的结果

按照《招标拍卖挂牌出让国有建设用地使用权规定》（2007年修订）的规定，竞得人应当按照成交确认书约定的时间，与出让人签订建设用地使用权出让合同。竞得人支付的竞买保证金抵作土地出让价款；其他竞买人支付的竞买保证金，出让人必须在拍卖活动结束后5个工作日内予以退还，不计利息（第21条）。拍卖活动结束后，出让人应在10个工作日内将拍卖出让的结果在土地有形市场或指定的场所、媒介公布（第22条）。

3. 取得建设用地使用权

按照《招标拍卖挂牌出让国有建设用地使用权规定》（2007年修订），受让人依照建设用地使用权出让合同的约定付清全部土地出让价款后，方可申请办理土地登记，领取建设用地使用权证书。未按出让合同约定缴清全部土地出让价款的，不得发放建设用地使用权证书，也不得按出让价款缴纳比例分割发放建设用地使用权证书（第23条）。

4. 特殊情况及其处理

（1）调整拍卖增加幅度

拍卖主持人在拍卖中可以根据竞买人竞价情况调整拍卖增价幅度［《招标拍卖挂牌出让国有建设用地使用权规定》（2007年修订）第16条第2款］。

（2）终止拍卖活动

竞买人的最高应价或者报价未达到底价时，主持人应当终止拍卖［《招标拍卖挂牌出让国有建设用地使用权规定》（2007年修订）第16条第1款］。

（四）挂牌出让建设用地使用权

1. 挂牌出让建设用地使用权概述

挂牌出让国有建设用地使用权，是指出让人发布挂牌公告，按公告规定的期限将拟出让宗地的交易条件在指定的土地交易场所挂牌公布，接受竞买人的报价申请并更新挂牌价格，根据挂牌期限截止时的出价结果或现场竞价结果确定国有建设用地使用权人的行为［《招标拍卖挂牌出让国有建设用地使用权规定》（2007年修订）第2条第4款］。

挂牌出让国有建设用地使用权，应当遵循公开、公平、公正和诚信的原则

[《招标拍卖挂牌出让国有建设用地使用权规定》(2007 年修订) 第 3 条]。

工业、商业、旅游、娱乐和商品住宅等经营性用地以及同一宗地有两个以上意向用地者的，应当以招标、拍卖或挂牌方式出让。前款规定的工业用地包括仓储用地，但不包括采矿用地 [《招标拍卖挂牌出让国有建设用地使用权规定》(2007 年修订) 第 4 条]。

2. 挂牌出让建设用地使用权的程序

(1) 挂牌文件及其编制

出让人应当根据挂牌出让地块的情况，编制挂牌出让文件。

(2) 挂牌文件的公告

出让人应当至少在挂牌开始日前 20 日，在土地有形市场或指定的场所、媒介发布挂牌公告，公布挂牌出让宗地的基本情况和挂牌的时间、地点 [《招标拍卖挂牌出让国有建设用地使用权规定》(2007 年修订) 第 8 条]。

市、县人民政府国土资源行政主管部门应当为竞买人查询拟出让土地的有关情况提供便利 [《招标拍卖挂牌出让国有建设用地使用权规定》(2007 年修订) 第 12 条]。

(3) 确定底价

市、县人民政府国土资源行政主管部门应当根据土地估价结果和政府产业政策综合确定底价。底价不得低于国家规定的最低价标准。确定挂牌的起始价、底价、竞买保证金，应当实行集体决策。挂牌的底价在挂牌出让活动结束之前应当保密 [《招标拍卖挂牌出让国有建设用地使用权规定》(2007 年修订) 第 10 条]。

(4) 竞买人的资格

中国境内外的自然人、法人和其他组织，除法律、法规另有规定外，均可申请参加国有建设用地使用权的挂牌出让活动。

(5) 挂牌及确定竞得人

挂牌时间不得少于 10 日。挂牌期间可根据竞买人竞价情况调整增价幅度 [《招标拍卖挂牌出让国有建设用地使用权规定》(2007 年修订) 第 18 条]。

《招标拍卖挂牌出让国有建设用地使用权规定》(2007 年修订) 第 17 条规定："挂牌依照以下程序进行：(一) 在挂牌公告规定的挂牌起始日，出让人将挂牌宗地的面积、界址、空间范围、现状、用途、使用年期、规划指标要求、开工时间和竣工时间、起始价、增价规则及增价幅度等，在挂牌公告规定的土地交易场所挂牌公布；(二) 符合条件的竞买人填写报价单报价；(三) 挂牌主持人确认该报价后，更新显示挂牌价格；(四) 挂牌主持人在挂牌公告规定的挂牌截止时间确定竞得人。"

（6）签订成交确认书

以挂牌方式确定竞得人后，竞得人支付的竞买保证金，转作受让地块的定金。出让人应当与竞得人签订成交确认书。

（7）签约、对保证金的处理、公布挂牌出让的结果

竞得人应当按照成交确认书约定的时间，与出让人签订建设用地使用权出让合同。竞得人支付的竞买保证金抵作土地出让价款；其他竞买人支付的竞买保证金，出让人必须在挂牌活动结束后 5 个工作日内予以退还，不计利息［《招标拍卖挂牌出让国有建设用地使用权规定》（2007 年修订）第 21 条］。挂牌活动结束后，出让人应在 10 个工作日内将挂牌出让结果在土地有形市场或指定的场所、媒介公布［《招标拍卖挂牌出让国有建设用地使用权规定》（2007 年修订）第 22 条第 1 款］。

3. 取得建设用地使用权

受让人依照建设用地使用权出让合同的约定付清全部土地出让价款后，方可申请办理土地登记，领取建设用地使用权证书。未按出让合同约定缴清全部土地出让价款的，不得发放建设用地使用权证书，也不得按出让价款缴纳比例分割发放建设用地使用权证书［《招标拍卖挂牌出让国有建设用地使用权规定》（2007 年修订）第 23 条］。

4. 挂牌出让的结果无效

竞得人提供虚假文件隐瞒事实的，或采取行贿、恶意串通等非法手段竞得的，竞得结果无效；造成损失的，应当依法承担赔偿责任［《招标拍卖挂牌出让国有建设用地使用权规定》（2007 年修订）第 25 条］。

（五）协议出让建设用地使用权①

1. 协议出让建设用地使用权的概念

协议出让建设用地使用权，是指出让人和受让人就出让建设用地使用权进行一对一的洽商，最终达成出让建设用地使用权的协议，待登记完毕，由受让人取得建设用地使用权的现象。

其特点之一是，适用《民法典》“第三编 合同”下辖第二章“合同的订立”规定的普通程序，按照要约—承诺的模式及一般规则达成协议。双方就出让建设用地使用权接触、洽商伊始，就是特定的当事人。这是与招标出让建设用地使用权、拍卖出让建设用地使用权的不同之点。

---

① 参见崔建远、孙佑海、王宛生：《中国房地产法研究》，北京，中国法制出版社 1995 年版，第 28～34 页。

其特点之二是，由于协议出让建设用地使用权的方式缺乏公开性、透明性，受具体经办人的主观因素的影响较大，容易出现出让金偏低、滋生腐败等不正常现象，法律、法规及规章开始限制协议出让建设用地使用权的范围。例如，《民法典》规定，工业、商业、旅游、娱乐和商品住宅等经营性用地以及同一土地有两个以上意向用地者的，应当采取招标、拍卖等公开竞价的方式出让（第 347 条第 2 款）。

其特点之三是，协议出让建设用地使用权体现国家的土地政策更加明显，受让人得到优惠的情形较多，具有一定的照顾性质。因此，如果允许受让人任意转让，就会使国家蒙受损失。于是，有些法规、规章原则上不允许协议出让的建设用地使用权任意转让，也不允许擅自改变土地用途。

其特点之四是，从协议出让建设用地使用权的类型看，一种类型是出让合同为完整的合同书形式，对当事人双方就出让建设用地使用权所享有的权利和承担的义务、用地要求等诸多事项，全部用合同条款加以固定、明确。另一种类型是出让合同的条款比较简明，出让人事先制定的建设用地使用规则作为合同的附件发生法律效力。

2. 协议出让建设用地使用权的范围

鉴于协议出让建设用地使用权方式的弊端较多，法律、法规及规章越来越限制协议出让建设用地使用权的范围。《民法典》第 347 条第 2 款规定了应当采取招标、拍卖等公开竞价出让建设用地使用权的情形。按照反面推论，这些情形以外的建设用地使用权即可采取协议出让的方式和行政划拨的方式。

3. 协议出让建设用地使用权的程序

协议出让建设用地使用权的程序是，用地者提出申请——出让人和用地人一对一地洽商——签约——登记——用地者取得建设用地使用权。

（六）余论

关于以出让方式设立建设用地使用权的其他问题，笔者将在对《民法典》第 348 条以下的若干条文的释评中发表意见，此处暂时不赘。

三、以行政划拨方式设立建设用地使用权

（一）以行政划拨方式设立建设用地使用权的界定和性质

所谓以行政划拨方式设立建设用地使用权，是指用地者基于行政命令无偿取得的建设用地使用权（见《民法典》第 347 条第 1 款、第 3 款等）。它具有如下法律性质。

1. 行政划拨的建设用地使用权的客体限于国有土地

行政划拨本质上是国家以其行政命令将某宗建设用地使用权授予建设单位(用地者)。单就行政命令及其法律效果而言，该建设用地使用权可以是用地者分享国家土地所有权中的占有、使用、收益的权能而形成的他物权，也可以是用地者分享集体土地所有权中的占有、使用、收益的权能而形成的他物权。但若将公平合理的因素考虑进来，则只有用地者分享国家土地所有权中的占有、使用、收益的权能才最具正当性。再联系国家同时兼有国有土地的所有权人和国家管理人的双重身份设计，该结论更易证成。如果拟行政划拨的建设用地属于集体所有的土地，则必须先行征收，将集体所有的土地变为国有土地，同时给予集体经济组织足额补偿，若该宗地已经发包与农户，还要给该农户（土地承包经营权人）足额的补偿，若该宗地上已经依法建造了建筑物、构筑物及其附属设施，还要给该所有权人足额的补偿（《民法典》第 243 条、第 327 条、第 338 条，《土地管理法》第 2 条第 4 款、第 45—49 条)，然后，国土资源管理部门再将建设用地使用权划拨给用地者。

2. 行政划拨的土地用途受到严格限制

从总的方面讲，行政划拨的用地必须是国家利益和社会公共利益所需要的，否则，不得以该种方式出让建设用地使用权，故本条第 3 款申明："严格限制以划拨方式设立建设用地使用权"。按照《土地管理法》第 54 条的规定，下列建设用地，经县级以上人民政府依法批准，可以以划拨方式取得：(1) 国家机关用地和军事用地；(2) 城市基础设施用地和公益事业用地；(3) 国家重点扶持的能源、交通、水利等基础设施用地；(4) 法律、行政法规规定的其他用地。本条所谓国家机关用地，包括党政机关和人民团体的用地；所谓城市基础设施用地，包括城市供水、供热、供气的设施用地，环境卫生设施用地，公共交通设施以及道路、广场、绿地等的用地；所谓公益事业用地，包括非营利性邮政设施、教育设施、体育设施、公共文化设施、医疗卫生设施、公益性科研机构的用地；所谓国家重点扶持的能源、交通、水利等项目的用地，包括石油天然气设施、煤炭设施、电力设施、水利设施的用地，铁路、公路、水路等交通设施的用地，以及民用机场的用地；所谓法律、行政法规规定的其他用地，主要包括监狱、戒毒所、看守所、治安拘留所、收容教育所的用地。①

由于国家机关用地和军事用地等现象会长期存在，完全取消行政划拨的建设

① 王利明、尹飞、程啸：《中国物权法教程》，北京，人民法院出版社 2007 年版，第 328～329 页；胡康生主编：《中华人民共和国物权法释义》，北京，法律出版社 2007 年版，第 311 页。

用地使用权并不现实。但这不表明某特定主体所需用地属于上述行政划拨用地的范围即当然地取得行政划拨的建设用地使用权。以行政划拨方式授予建设用地使用权应当是“确属必需的”①。但须注意，对以营利为目的的非国家重点扶持的能源、交通、水利等基础设施的用地项目，应当采取有偿出让的方式设立建设用地使用权。②

3. 行政划拨的建设用地使用权的取得须基于行政命令

这里的行政划拨是县级以上人民政府根据用地者的用地申请而依法许可其使用国有土地的行政行为。

4. 行政划拨的建设用地使用权的取得无须对价

行政划拨建设用地使用权制度的目的之一，在于扶持具有国家利益或社会公共利益的项目，并非为取得土地利用的对价而让渡建设用地使用权，因而，行政划拨建设用地使用权的设立是无偿的。至于拟行政划拨的土地本为集体所有的土地，依法进行征收而需要足额支付土地补偿费、安置补助费、地上附着物和青苗的补偿费、拆迁补偿等费用（《民法典》第243条第2款、第3款，《土地管理法》第48条），属于征收法律关系的内容，而非建设用地使用权划拨（转让）的权利义务关系，在法理上应由征收部门向被征收人支付，有些场合也确实是如此操作的。不过，由于政府难以全部承受众多的此类负担，实务中大多由建设单位（用地者）支付这些费用。③ 即使如此，这些费用也不是取得划拨建设用地使用权的对价。

5. 行政划拨的建设用地使用权在法律效力上受到诸多限制

用地者取得行政划拨的建设用地使用权时没有支付对价，国家政策仅限于若干土地用途才予批准，具有倾斜和照顾的性质。因而，行政划拨的建设用地使用权原则上不得转让、出租、抵押。不过，(1) 行政划拨的建设用地使用权改变为工业、商业等用途，在经过有关人民政府自然资源主管部门同意，报原批准用地的人民政府批准的前提下，可被允许。其中，在城市规划区内改变土地用途的，在报批前，应当先经有关城市规划行政主管部门同意（《土地管理法》第56条后段）。在经过有批准权的人民政府审批，依照国家有关规定缴纳建设用地使用权出让金的前提下，由受让方和国土资源管理部门办理出让手续（也有不办理出让手续的情况），行政划拨的建设用地使用权发生了转让（《城市房地产管理法》第

---

① 胡康生主编：《中华人民共和国物权法释义》，北京，法律出版社2007年版，第311页。

② 崔建远、孙佑海、王宛生：《中国房地产法研究》，北京，中国法制出版社1995年版，第44～47页；王利明、尹飞、程啸：《中国物权法教程》，北京，人民法院出版社2007年版，第328页。

③ 《城市房地产管理法》第23条第1款规定，用地者缴纳补偿、安置等费用。

40 条）。在实际操作上，时常将国土资源管理部门和受让人签订建设用地使用权出让合同的行为，视为有批准权的人民政府的批准。（2）以行政划拨的建设用地使用权设立抵押，在依法拍卖该建设用地使用权后，从拍卖所得的价款中缴纳相当于应缴纳的建设用地使用权出让金的款额，法律承认该抵押权的效力（参见《城市房地产管理法》第 51 条）。为了简化程序，国土资源管理部门依法办理了抵押登记手续，视为具有审批权限的国土资源管理部门予以批准，不必另行办理行政划拨的建设用地使用权抵押的审批手续（参见国土资源部于 2004 年 1 月 15 日发布的《关于国有划拨土地使用权抵押登记有关问题的通知》），人民法院不得以划拨建设用地使用权抵押未经批准而认定抵押无效（参见最高人民法院于 2004 年 3 月 23 日发布的《关于转发国土资源部〈关于国有划拨土地使用权抵押登记有关问题的通知〉的通知》）。

6. 行政划拨的建设用地使用权无确定的终期

出让的建设用地使用权都具有明确的存续期限，70 年、50 年、40 年不等（《城镇国有土地使用权出让和转让暂行条例》第 12 条）。与此不同，以行政划拨的方式取得的建设用地使用权，除法律、行政法规另有规定外，没有存续期限的限制（《城市房地产管理法》第 23 条第 2 款）。只要没有国家收回建设用地的法定事由（如城市建设发展的需要和城市规划的要求等），或自己抛弃建设用地使用权，用地者即可持续地享有建设用地使用权。就此看来，行政划拨的建设用地使用权具有无期性。

［辨析］

关于行政划拨的建设用地使用权是否具有永久性，学说的看法不同。一种观点认为，法律没有规定行政划拨的建设用地使用权的存续期限，只是意味着此种权利的存续期限是不确定的，而非意味着这种权利和所有权一样具有永久性。根据相关法规的规定，无偿取得划拨土地使用权者，因迁移、解散、撤销、破产或其他原因而停止使用土地的，市、县人民政府应当无偿收回其划拨土地使用权；以及市、县人民政府根据城市建设发展需要和城市规划的要求，可以无偿收回划拨土地使用权。① 笔者认为，这种观点若在阐明划拨的建设用地使用权在存续期间方面与所有权有所差异，可资赞同，因为所有权并非于一定期间后自然消灭的权利，不依消灭时效（诉讼时效）而消灭②，而行政划拨的建设用地使用权的消

① 王利明、尹飞、程啸：《中国物权法教程》，北京，人民法院出版社 2007 年版，第 330 页。

② ［日］我妻荣：《日本物权法》，有泉亨修订，李宜芬校订，台北，五南图书出版公司 1999 年版，第 241 页。

灭，有的是于一定期间后自然消灭，有的则否；但若否定建设用地使用权的永久性，说服力尚嫌不足。因为所谓永久性，乃当事人不得预定其存续期间之义，但并非永远不消灭之义，而是指所有权不得如地上权、典权等预定一定存续期间，使于期间届满当然归于消灭。至于所有权得因标的物灭失，得因他人基于取得时效取得而消灭，固不待言。① 行政划拨的建设用地使用权的存续期间，也不允许当事人预定，符合永久性的要求。

（二）以行政划拨方式设立建设用地使用权

以行政划拨方式设立建设用地使用权，必须基于行政命令，其大致的程序是：（1）列入国家固定资产投资计划，或准许建设的国家建设项目，经过批准，建设单位（用地者）方可申请建设用地。（2）用地者提出申请。建设单位（用地者）必须持国务院行政主管部门或县级以上地方人民政府按照国家基本建设程序批准的设计任务书，或对用地数量、用地选址方案已经明确规定的其他批准文件，向县级以上人民政府土地资源管理部门提出用地申请。（3）审批划拨。经县级以上人民政府根据法定的批地权限，对建设单位（用地者）提出的用地申请进行审查，对法律手续齐备的，以行政命令的方式确定具体使用的建设用地，由国土资源管理部门把用地划拨给建设单位。② （4）权属登记。建设单位（用地者）接到批准用地文件之后，可持该文件申请建设用地使用权的登记。申请国有建设用地使用权首次登记，应当提交下列材料：（1）土地权属来源材料，包括国有建设用地划拨决定书、授权经营批准文件；（2）权籍调查表、宗地图以及宗地界址点坐标；（3）土地出让价款、土地租金、相关税费等缴纳凭证；（4）其他必要材料（《不动产登记暂行条例实施细则》第 34 条第 1、2 款）。申请在地上或者地下单独设立国有建设用地使用权登记的，也照此办理（《不动产登记暂行条例实施细则》第 34 条第 3 款）。一经登记完毕，用地人即取得建设用地使用权。

以行政划拨方式设立建设用地使用权，有些特殊情况。例如，法释〔2005〕5 号第 13 条规定，土地使用权人与受让方订立合同转让划拨土地使用权，起诉前经有批准权的人民政府决定不办理土地使用权出让手续，并将该划拨土地使用

① ［日］我妻荣：《日本物权法》，有泉亨修订，李宜芬校订，台北，五南图书出版公司 1999 年版，第 241 页；郑玉波：《民法物权》，台北，三民书局有限公司 1988 年修订 12 版，第 54 页；王泽鉴：《民法物权·通则·所有权》（总第 1 册），台北，三民书局有限公司 2003 年 8 月增补版，第 153 页；谢在全：《民法物权论》（上册），台北，三民书局有限公司 2003 年 7 月修订 2 版，第 181 页；魏振瀛主编：《民法》（第 3 版），北京，北京大学出版社、高等教育出版社 2007 年版，第 234 页；王利明：《物权法研究》（上卷），北京，中国人民大学出版社 2007 年修订版，第 396 页。

② 王利明、尹飞、程啸：《中国物权法教程》，北京，人民法院出版社 2007 年版，第 327 页。

权直接划拨给受让方使用的，土地使用权人与受让方订立的合同可以按照补偿性质的合同处理。

四、以其他方式设立建设用地使用权

本条第1款所谓其他方式，包括置换方式。例如，为解决历史遗留的建设用地问题，采取由国土资源管理部门提供另一宗建设用地，来置换某公司既有的某宗建设用地。在军营由闹市区搬迁到郊外的事务处理中，有些地区采取了此种方式。

第三百四十八条

通过招标、拍卖、协议等出让方式设立建设用地使用权的，当事人应当采用书面形式订立建设用地使用权出让合同。

建设用地使用权出让合同一般包括下列条款：

（一）当事人的名称和住所；

（二）土地界址、面积等；

（三）建筑物、构筑物及其附属设施占用的空间；

（四）土地用途、规划条件；

（五）建设用地使用权期限；

（六）出让金等费用及其支付方式；

（七）解决争议的方法。

本条主旨

本条是关于建设用地使用权出让合同的形式和内容的规定。

相关条文

《物权法》第138条　采取招标、拍卖、协议等出让方式设立建设用地使用权的，当事人应当采取书面形式订立建设用地使用权出让合同。

建设用地使用权出让合同一般包括下列条款：

（一）当事人的名称和住所；

（二）土地界址、面积等；

（三）建筑物、构筑物及其附属设施占用的空间；

（四）土地用途；

（五）使用期限；

（六）出让金等费用及其支付方式；

（七）解决争议的方法。

《城市房地产管理法》第15条　土地使用权出让，应当签订书面出让合同。

土地使用权出让合同由市、县人民政府土地管理部门与土地使用者签订。

理解与适用

一、本条含义概貌

本条是对《物权法》第138条的复制，第1款规定建设用地使用权出让合同应当采取书面形式，第2款规定建设用地使用权出让合同的一般条款。

出让的建设用地使用权的设立，按照现行法的规定，必须通过用地者和国土资源管理部门签订建设用地使用权出让合同，再办理建设用地使用权移转登记（俗称过户登记），才能发生建设用地使用权设立的法律效力（《民法典》第348条、第349条）。

二、建设用地使用权出让合同的概念

建设用地使用权出让合同，简称出让合同，是指市县级人民政府的土地资源行政主管部门代表国家与用地者约定，国家以土地所有权人的身份将建设用地使用权在一定年限内让与用地者，用地者向国家支付建设用地使用权出让金的合同。

关于出让合同的性质，有行政合同说[①]和民商事合同说[②]的争论，本释评书赞同后者，主要理由如下：（1）出让合同中虽有行政因素，如出让人可依法对受让人警告、罚款乃至收回建设用地使用权，但所占比重较小；而民商事法律关系占据主要地位，如双方遵循平等、自愿和有偿的原则签订合同，出让金为建设用

① 详细论述，见南路明、肖志岳：《中华人民共和国地产法律制度》，北京，中国法制出版社1991年版，第33页；周岩、金心：《土地转让中的法律问题》，北京，中国政法大学出版社1990年版，第110～112页；应松年：《行政合同不可忽视》，载《法制日报》1997年6月9日，第1版。

② 详细论述，见王家福、黄明川：《土地法的理论与实践》，北京，人民日报出版社1991年版，第220～221页；崔建远、孙佑海、王宛生：《中国房地产法研究》，北京，中国法制出版社1995年版，第21页；王利明：《物权法研究》，北京，中国人民大学出版社2002年版，第426页；崔建远：《准物权研究》，北京，法律出版社2003年版，第53～60页；王利明、尹飞、程啸：《中国物权法教程》，北京，人民法院出版社2007年版，第341～346页；黄松有主编：《〈中华人民共和国物权法〉条文理解与适用》，北京，人民法院出版社2007年版，第419页。

地使用权的对价，交易目的乃移转建设用地使用权。遇此情境，应以主要部分的性质确定合同的性质。当然，对于行政因素也不得忽视，适用行政法的有关规定。①（2）确定某合同的性质和归属，不单纯是个逻辑问题、学术问题，而且涉及法律适用。倘若把出让合同定性和定位在行政合同，则必然适用行政法的规定解决纠纷。而行政法上的救济措施至今欠缺恢复原状、排除妨害、消除危险等请求权。（3）违约救济方式是违约责任的方式，而非国家赔偿的方式。就此看来，将出让合同定为行政合同也不妥当。

三、出让合同的主体

出让合同的主体分为出让人和受让人。其中的出让人，按《城市房地产管理法》第 8 条规定，实质上是以土地所有权人身份出现的国家，按该法第 15 条规定，由市、县人民政府土地管理部门与土地使用者签订。依据法理，在签订出让合同的问题上，市、县人民政府为国家的代表，与国家具有同一人格。国土资源管理部门为合同的经办人，亦即出让人的代理人。不过，在实务中，为了简便，人们直接把国土资源管理部门叫作出让人，也未引起误解。

受让人，即用地者，或建设用地使用人。对其范围、资质，国家法律、法规尚无具体要求，某些地方法规、规章倒有规定。例如，《深圳经济特区土地使用权出让条例》（2019 年修正）第 5 条规定："中华人民共和国境内外的企业、组织和个人，均可依照本条例的规定取得土地使用权，但法律、法规另有规定的除外。"《上海市土地使用权出让办法》（2008 年修正）第 5 条规定："境内外的自然人、法人和其他组织，除法律另有规定外，均可以按本办法的规定，在本市以出让方式取得土地使用权，并进行土地开发、利用和经营。"笔者认为，受让人须有权利能力，应有开发建设的能力。

四、建设用地使用权出让合同的内容

当事人依程序订立合同，意思表示一致，便形成合同条款，构成了作为法律行为意义上的合同的内容。合同条款固定了当事人各方的权利义务，成为法律关系意义上的合同的内容。此处介绍的合同内容限于合同条款。

按照本条第 2 款的规定，出让合同一般包括下列条款。

1. 当事人的名称和住所

当事人是合同权利和合同义务的承受者，没有当事人，合同权利义务就失去

---

① 崔建远：《准物权研究》，北京，法律出版社 2003 年版，第 53～60 页。

存在的意义，因此，订立出让合同必须有当事人这一必备条款。当事人由其名称或姓名及住所加以特定化、固定化，所以，具体的出让合同条款的草拟必须写清当事人的名称或姓名和住所。

2. 土地界址、面积等

土地界址和面积能使建设用地使用权的客体特定化，出让合同写清它们乃物权客体特定性的当然要求。为了准确界定建设用地的基本数据，出让合同一般会附“出让宗地界址图”，标明建设用地的位置、四至范围等。该附件须经双方当事人确认。

3. 建筑物、构筑物及其附属设施占用的空间

这里所谓建筑物、构筑物及其附属设施占用的空间，有两方面的含义。其一，在以地表为标的物的建设用地使用权场合，空间是指建筑物、构筑物及其附属设施的高度及所占用的基地，以及正常使用所必需的空间范围。① 其二，因为《民法典》第345条设计了以地下为客体的建设用地使用权和以地上为客体的建设用地使用权，即所谓空间权，或曰区分建设用地使用权，或曰分层建设用地使用权，所以本条第2款第3项所谓空间，指每一种建设用地使用权具体占用的空间范围，即出让合同须标明每一宗建设用地占用的面积和四至范围，建筑物、构筑物及其附属设施的高度和深度，从而确定用地者行使建设用地使用权的界限。②

4. 土地用途、规划条件

土地用途可分为工业、商业、娱乐、住宅等用途。国家对建设用地实行用途管制，不同用途的建设用地的使用期限是不同的。土地用途也影响着建设用地使用权出让金的数额，与城市的发展规划也有关。③ 正因如此重要，所以土地用途须经有关人民政府批准，出让合同约定的土地用途必须与此相符。假如要改变，应当征得出让人的同意，并经土地行政主管部门和城市规划行政主管部门的批准，重新签订或更改原有的出让合同，调整建设用地使用权出让金，并办理相应的登记。④

5. 建设用地使用权的期限

以出让方式设立建设用地使用权均有期限，但该期限不得由当事人擅自约定，而是依据法律、法规的规定。按照《城镇国有土地使用权出让和转让暂行条

---

① 黄松有主编：《〈中华人民共和国物权法〉条文理解与适用》，北京，人民法院出版社2007年版，第420页。

②④ 胡康生主编：《中华人民共和国物权法释义》，北京，法律出版社2007年版，第316页。

③ 崔建远、孙佑海、王宛生：《中国房地产法研究》，北京，中国法制出版社1995年版，第27页。

例》第 12 条规定，建设用地使用权出让最高年限按下列用途确定：（1）居住用地 70 年；（2）工业用地 50 年；（3）教育、科技、文化、卫生、体育用地 50 年；（4）商业、旅游、娱乐用地 40 年；（5）综合或其他用地 50 年。此类期限自出让人向受让人实际交付宗地之日起算，原行政划拨的建设用地使用权补办出让手续的，出让年限自合同签订之日起算。①

6. 出让金等费用及其支付方式

出让金，系建设用地使用权的对价，或曰以招标、拍卖、挂牌和协议方式出让国有土地使用权所确定的总成交价款［《国务院办公厅关于规范国有土地使用权出让收支管理的通知》第 1 条第 1 款］，由必须支付的征地补偿款、土地出让收益等项款额构成。

此处所谓“等费用”，如土地前期开发费用，土地出让业务费等。所谓土地前期开发费用，例如，土地一级开发阶段由某公司负责某宗“生地”变“熟地”，即该宗土地达到“七通一平”或“四通一平”的状态，该公司为此投入和应获取的利润本应由征收机关或土地收储中心支付，但实务中先由建设用地使用权人支付的也不鲜见。

土地使用权出让金等费用的数额直接关系着双方当事人的利益分配，体现着国家的土地政策，因此它为出让合同的主要条款。支付方式往往决定着出让金的实现，所以出让合同对此最好也应明确规定。此外，支付期限和币种也往往决定着出让金的实现，事关当事人之间的利益分配，亦应如此处理。② 在出让合同没有规定的情况下，按照有关规定处理，即出让金的支付期限为出让合同签订后 60 日内全部付清，否则，出让方有权解除合同。

［探讨］

现行的国有土地开发体制，分为两个阶段：第一阶段是土地一级开发；第二阶段是土地二级开发，即最终用地者利用“七通一平”或“四通一平”的建设用地建设商品房等获批项目。

所谓土地一级开发，在对象为集体土地的情况下，是先将集体土地征收为国有，然后完成“七通一平”或“四通一平”。这是俗称的把“生地”变成“熟地”，或曰将“毛地”变成“净地”。这个阶段的开发，其实际操作流程大体如下：土地收储中心或其他行政主管部门委托有实力（包括资金充足、具备相应的开发技能）的公司投入物力、人力完成“七通一平”或“四通一平”，包括付给

① 胡康生主编：《中华人民共和国物权法释义》，北京，法律出版社 2007 年版，第 316 页。
② 崔建远、孙佑海、王宛生：《中国房地产法研究》，北京，中国法制出版社 1995 年版，第 27 页。

被征收者补偿款，而后，土地收储中心或其他行政主管部门付给完成“七通一平”或“四通一平”的公司以对价。

此处所谓对价的支付方式，区分情况而分别处理：其一，在此类公司没有通过招拍挂的程序取得国有建设用地使用权的情况下，土地收储中心或其他行政主管部门直接付给其补偿款，或指令他人付给补偿款。其二，在此类公司没有通过招拍挂的程序取得国有建设用地使用权的情况下，不但土地收储中心或其他行政主管部门直接付给其补偿款，或指令他人付给补偿款，而且还把因土地一级开发使得土地升值的部分利益付给此类公司。其三，在此类公司参与招拍挂的情况下，清结、计算出土地一级开发的补偿款，部分或全额充作参与招拍挂的保证金，有余额时冲抵土地使用权出让金。其四，此类公司参与招拍挂，照常缴纳保证金，摘牌时照常缴纳土地使用权出让金，而后清结、计算出其土地一级开发的补偿款，有关行政部门据此数额予以返还。返还的文字表达不一，有些是“返还出让金”，有些是“返还地价款”，有些是“返还补偿款”，有些是“付给服务费”，有些是“支付奖励佣金”，等等。其实，无论如何表达，付给或返还给完成“七通一平”或“四通一平”的公司的款项，不是法律意义上的土地使用权出让金，而是补偿款。对此通过下面的案例予以解说。

笔者注意到，系争《句容仙林东路项目居间协议书》第 1.4 条约定：“如挂牌取得土地所有权的实际价格超出协议价格，超出部分由乙方负责和政府沟通和协调，并由政府负责返还给甲方。”第 1.5 条约定：“如产业园用地实际成交价格低于 15 万亩的，则甲方按照差额部分的 33%另外向乙方支付奖励佣金。该费用于正式签订该土地出让合同后一次性支付。”

笔者同时注意到，案涉巨擘控股（香港）有限公司与句容市宝华镇人民政府于 2013 年 4 月 25 日签订的《项目协议书》、句容市宝华镇人民政府与火炬公司于 2013 年 4 月 25 日签订的《项目补充协议》、句容市宝华镇人民政府与火炬公司、麦瑞克公司于 2013 年 7 月 25 日签订的《项目协议书》含有土地一级开发的内容。火炬公司等主体在案涉区域从事的开发建设，使得案涉土地增值，火炬公司等主体应当获得补偿。

结合这些情况，理解诉争《句容仙林东路项目居间协议书》第 1.4 条的约定，可以得出如下结论：所谓“如挂牌取得土地所有权的实际价格超出协议价格，超出部分由乙方负责和政府沟通和协调，并由政府负责返还给甲方”；“甲方按照差额部分的 33%另外向乙方支付奖励佣金”，均非返还法律意义上的土地使用权出让金，而是付给火炬公司等主体补偿款或奖励佣金或曰服务费，只不过使用了“实际价格”“协议价格”的措辞罢了。

既然不是返还法律意义上的土地使用权出让金，就未侵占国家利益，就不违反法律、行政法规的强制性规定，有关约定就不应无效。

7. 解决争议的方法

解决争议的方法，含有解决争议运用什么程序、适用何种法律、选择哪家检验或鉴定的机构等内容。当事人双方在出让合同中约定的仲裁条款、选择诉讼法院的条款、选择检验或鉴定机构的条款、协商解决争议的条款等，均属解决争议的方法的条款。

五、出让合同的形式

按照本条第1款规定，采取招标、拍卖、协议等出让方式设立建设用地使用权的，当事人应当采取书面形式订立建设用地使用权出让合同。

近年来，有一种思潮，说什么既然意思自治，那么，只要当事人已有合意，就应当认定合同成立，进而生效，至于合同是否采取了特定形式，应该在所不问。或者干脆说：无须合同形式。

在笔者看来，这是一种极端的单向度地思考问题，不及其他的表现。该种思潮仅仅沿着形式逻辑推理，无视客观世界的复杂性，不懂不同的事务极可能需要不尽相同的处理及表现形式。其实，重意思不等于完全否定形式。法律难以评价纯粹内心的意思，只有意思以一定形式表现出来，能被人们把握和认定时，法律才能准确地评价。所以，在任何社会，合同的形式都不可或缺。1804年的《法国民法典》把合同视为一种单纯的合意，过分忽视合同形式，有矫枉过正之嫌，不但在证据法看来弊端严重，而且与在一定条件下合同形式有利于交易便捷的性质不符。现代合同法兼顾交易安全与交易便捷两项价值，已经不同程度地将要式合同的运用范围加以扩大，对某些重要的合同、关系复杂的合同强调书面形式。格式合同的普遍推广更能说明问题。因为经过法律规制的格式合同，除去其不公正条款以后，省去消费者调查的麻烦，使其不必耗神费力地就交易条件讨价还价，促进企业内部的合理化，使缔约迅速化，更加符合交易安全与交易便捷的要求。

现代法律基于维护交易安全以及便于政府监督管理等的考虑，规定某些类型的合同应当采用书面形式、公开认证或者作成公证证书等形式①，否则将影响到

① 参见［德］迪特尔·梅迪库斯：《德国民法总论》，邵建东译，北京，法律出版社2000年版，第461页以下。

合同的效力或者合同的强制履行。① 在德国，如果被掩盖的法律行为符合与其相关的法律规定，则这一被掩盖的法律行为生效。当被掩盖的法律行为属于要式行为却未履行形式要件时，它因欠缺形式要件而无效。②

法律人要面对活生生的社会实际，应使民法满足社会生活的实际需要。有人说得好，形式要件的目的有多种，其中之一是，使人们可以基于形式所记载的表示了解规则的内容，尽管这一目的并不是所有形式规则的关键性要素。③ 体现这种思想的例证之一是婚姻的公示。例如，本为夫妻共同财产（如双方约定共有），却无结婚形式（事实婚姻），甲不知情，丈夫擅自出卖夫妻共同财产，在符合《民法典》第 311 条第 1 款规定的构成要件的情况下，甲可善意取得。但是，若有结婚登记特别是拜天地的仪式，甲为这对夫妻的同事，受邀出席结婚仪式，在丈夫擅自出卖夫妻共同财产时，极有可能构成恶意，甲不能善意取得该财产的物权。

对某些特殊合同仍然采取方式强制，以达到警告目的、证据或内容明确的目的、确保合同关系的公开性和促进一定债权的流通性等法律政策的保护目的。警告目的，能使当事人了解合同的意义和利害关系，避免仓促、轻率地签订合同。证据或内容明确的目的，有助于确定合同是否成立与其内容。④ 在中国现行法中，法律要求的要式合同多为普通的书面形式的合同。

现行运转机制决定了某些合同必须采取特定的形式。例如国有建设用地使用权出让合同、商品房买卖合同，若不采取书面形式，就无法在不动产登记机构办理国有建设用地使用权的转移登记、房屋所有权的转移登记。在这方面，《不动产登记暂行条例实施细则》第 34 条规定："申请国有建设用地使用权首次登记，应当提交下列材料：（一）土地权属来源材料；（二）权籍调查表、宗地图以及宗地界址点坐标；（三）土地出让价款、土地租金、相关税费等缴纳凭证；（四）其他必要材料"（第 1 款）。"前款规定的土地权属来源材料，根据权利取得方式的不同，包括国有建设用地划拨决定书、国有建设用地使用权出让合同、国有建设用地使用权租赁合同以及国有建设用地使用权作价出资（入股）、授权经营批准文件"（第 2 款）。"申请在地上或者地下单独设立国有建设用地使用权登记的，按照本条规定办理"（第 3 款）。其中，所谓"土地权属来源材料"及"国有建设用地使用权出让合同、国有建设用地使用权租赁合同以及国有建设用地使用权作

① 崔建远、戴孟勇：《合同自由与法治》（上），载高鸿钧等：《法治：理念与制度》，北京，中国政法大学出版社 2002 年版，第 341～343 页。

②③ ［德］维尔纳·弗卢梅：《法律行为论》，迟颖译，北京，法律出版社 2013 年版，第 483、351 页。

④ 王泽鉴：《民法总则》，台北，三民书局有限公司 2000 年版，第 328 页。

价出资（入股）”文件，都是书面形式的。

在有的情况下，合同形式成为义务履行的条件，具备此种形式直接制约着义务的履行是否届期。例如，某《信托贷款合同》第 1.2.2.1 条约定：“除贷款人以书面形式同意放弃本条约定的全部或部分条件外，当且仅当下列放宽条件全部、持续满足后，贷款人才有义务向借款人发放（首笔）信托贷款。”该条款约定了 15 种贷款人向借款人放款的条件，倘若贷款人对借款人宽容，放弃一条或数条放款的限制条件，借款人就相对容易实际取得借款款项。不过，贷款人此类放弃限制条件的意思表示，必须采取书面形式才会发生法律效力，若只是口头的，则不发生放弃限制放款条件的法律效力。可见，书面形式是极端重要的。

重视书面形式的例证还有，上述《信托贷款合同》第 1.14.2 条后段约定：“对本合同的修改或变更必须经贷款人、借款人协商一致，并达成书面协议。”第 1.16.1 条约定：“除本合同另有约定外，双方之间的一切通知均为书面形式，可以专人送达、挂号邮递、特快专递、传真等方式传递。”

当然，该《信托贷款合同》第 1.14.2 条后段关于书面形式的约定属于强制性的还是倡导性的，即欠缺书面形式时，修改、变更未采取书面形式时是否还发生修改、变更的法律效力？若是，则该约定属于倡导性的；若否，则该约定属于强制性的。对该《信托贷款合同》第 1.16.1 条约定的判断，也应如此认识。

诚然，不得从一个极端走向另一个极端，必须承认并坚持：合同形式在不少场合不决定合同成立与否、有效与否，主要是发挥证据法上的作用。只要有证据证明，合同已经成立，即使没有采取约定的形式，也应承认合同已经成立；在符合《民法典》第 502 条第 1 款的要求时发生法律效力。对此，有德国学者认为：根据当事人各方的共识，一个通过 E-mail 传输的文本是有效的，即使根据协议的字面意义这些表示本应通过传真作出，所使用的语词的含义经常以类似的方式从缔结合同的信件往来中得以确定。① 有中国的专家、学者认为：在没有采用书面形式之前，应当推定合同不成立。但是，形式不是主要的，重要的在于当事人之间是否真正存在一个合同。如果合同已经得到履行，即使没有以规定或约定的书面形式订立，合同也应当是成立的。如果合同不违反法律的强制性规定，就是有效的。② 对于设立动产质押合同未采用书面形式的，依据《合同法》第 36 条的规定，一方已经履行主要义务，对方接受的，该合同成立。③ 这些道理同样适

① ［德］哈里·韦斯特曼：《德国民法基本概念》（第 16 版），哈尔姆·彼得·韦斯特曼修订，张定军、葛平亮、唐晓琳译，北京，中国人民大学出版社 2013 年版，第 49 页。

② 胡康生：《中华人民共和国合同法释义》（第 3 版），北京，法律出版社 2013 年版，第 76 页。

③ 胡康生主编：《中华人民共和国物权法释义》，北京，法律出版社 2007 年第 1 版，第 458 页。

合于对《民法典》关于合同形式要求的把握。

与此道理相同或类似，在某些情况下，虽然法律规定合同应当采取书面形式，但依规范意旨此处书面形式并非合同的成立要件、生效要件的，欠缺书面形式的合同只要有有关证据证明该合同存在，就仍应认定该合同已经成立；在符合《合同法》第 44 条第 1 款的要求时发生法律效力。在这方面，耿林副教授从基本理论方面阐释："应当"含义可以有很多。例如，既有关于对制度性规定的要求，也有纯粹对当事人意思的推定解释。前者比如《合同法》第 115 条关于定金罚则（"应当"双倍返还）。如果当事人约定了不必双倍返还效果的罚则，或者没有惩罚性的约定，不是约定无效，而是不发生定金制度的后果。后者比如《合同法》第 66 条关于同时履行抗辩权的规定。"没有先后履行顺序的，应当同时履行"，这里的"应当"就相当于意思"推定"。不过"应当"一词也完全可能包含有强制规范的含义，并且影响到合同的效力。例如，在很多基本原则的规定和构成要件的规定中常使用"应当"一词。关于基本原则的，如《民法通则》第 4 条、第 7 条；《合同法》第 5 条、第 6 条、第 7 条、第 8 条。这里，"应当"和"必须"在含义上就没有什么区别。所以，对于遵守法律，《民法通则》使用的是"必须"（第 6 条），《合同法》使用的是"应当"（第 7 条）。关于构成要件的比如《民法通则》第 55 条。《合同法》第 10 条第 2 款是强制规范。这可以从《合同法》第 36 条的反对解释中看出来。就是说，如果没有采用法定形式或者当事人约定的形式，一方没有履行或者虽履行但是对方没有接受的，合同不成立。合同便因为形式要件不具备而无效。只不过是该反对解释的后果还必须进一步接受规范目的的审查。总之，关于形式要件的要求肯定包含着强制规定的含义，不能因为其属于当事人之间的利益关系就认定其与效力无关。关于形式要求，在中国，存在问题的是太多使用了含义不明、当然也就不统一的"应当"一词，而不是形式要求本身的强制性问题。[①] 王轶教授从法律规范的三分法层面澄清：《合同法》确立了不少倡导性规范，如第 10 条第 2 款规定："法律、行政法规规定采用书面形式的，应当采用书面形式。当事人约定采用书面形式的，应当采用书面形式。"……当事人未依照倡导性规范的规定采用书面形式，属于自甘冒险的行为。由当事人自己承受由此带来的不利后果，法律并不因此就认定合同无效或不成立。[②] 这些道理

① 耿林：《强制规范与合同效力——以合同法第 52 条第 5 项为中心》，北京，中国民主法制出版社 2009 年版，第 190 页。

② 王轶：《民法典的规范配置——以对我国〈合同法〉规范配置的反思为中心》，载《烟台大学学报》（哲学社会科学版）2005 年第 3 期；王轶：《论倡导性规范——以合同法为背景的分析》，载《清华法学》2007 年第 1 期。

同样适合于对《民法典》关于合同形式要求的把握。

总的说来，在中国，合同形式分为约定形式与法定形式，法律兼采要式与不要式的原则。中国已经实行社会主义市场经济，应当按照符合交易安全与交易便捷的要求设计合同的形式，对某些重要的合同、关系复杂的合同强调书面形式，其他合同采取何种形式，宜由当事人决定。建设用地使用权设立合同属于重要的合同，也是国土资源管理部门监管的对象，应当采取书面形式。

第三百四十九条

设立建设用地使用权的，应当向登记机构申请建设用地使用权登记。建设用地使用权自登记时设立。登记机构应当向建设用地使用权人发放权属证书。

本条主旨

本条是关于建设用地使用权以登记为设立要件以及权属证书发放的规定。

相关条文

《物权法》第139条　设立建设用地使用权的，应当向登记机构申请建设用地使用权登记。建设用地使用权自登记时设立。登记机构应当向建设用地使用权人发放建设用地使用权证书。

《土地管理法》第12条　土地的所有权和使用权的登记，依照有关不动产登记的法律、行政法规执行。

依法登记的土地的所有权和使用权受法律保护，任何单位和个人不得侵犯。

《城市房地产管理法》第60条　国家实行土地使用权和房屋所有权登记发证制度。

第61条第1款　以出让或者划拨方式取得土地使用权，应当向县级以上地方人民政府土地管理部门申请登记，经县级以上地方人民政府土地管理部门核实，由同级人民政府颁发土地使用权证书。

第63条　经省、自治区、直辖市人民政府确定，县级以上地方人民政府由一个部门统一负责房产管理和土地管理工作的，可以制作、颁发统一的房地产权证书，依照本法第六十一条的规定，将房屋的所有权和该房屋占用范围内的土地使用权的确认和变更，分别载入房地产权证书。

《不动产登记暂行条例》第5条第5项　下列不动产权利，依照本条例的规定办理登记：

……

（五）建设用地使用权；

第6条 国务院国土资源主管部门负责指导、监督全国不动产登记工作。

县级以上地方人民政府应当确定一个部门为本行政区域的不动产登记机构，负责不动产登记工作，并接受上级人民政府不动产登记主管部门的指导、监督。

第7条第1款、第2款 不动产登记由不动产所在地的县级人民政府不动产登记机构办理；直辖市、设区的市人民政府可以确定本级不动产登记机构统一办理所属各区的不动产登记。

跨县级行政区域的不动产登记，由所跨县级行政区域的不动产登记机构分别办理。不能分别办理的，由所跨县级行政区域的不动产登记机构协商办理；协商不成的，由共同的上一级人民政府不动产登记主管部门指定办理。

《不动产登记暂行条例实施细则》第2条第1款 不动产登记应当依照当事人的申请进行，但法律、行政法规以及本实施细则另有规定的除外。

第3条 不动产登记机构依照《条例》第七条第二款的规定，协商办理或者接受指定办理跨县级行政区域不动产登记的，应当在登记完毕后将不动产登记簿记载的不动产权利人以及不动产坐落、界址、面积、用途、权利类型等登记结果告知不动产所跨区域的其他不动产登记机构。

理解与适用

一、本条含义概貌

本条是对《物权法》第139条的复制，前段宣明设权登记义务，中段确立登记为建设用地使用权设立的生效要件，后段规定发放权属证书的义务。

二、建设用地使用权的登记

出让合同生效，并非建设用地使用权取得的充分条件，只有办理完毕建设用地使用权登记手续，受让人才能取得建设用地使用权。因此，本条前段和中段规定："设立建设用地使用权的，应当向登记机构申请建设用地使用权登记。建设用地使用权自登记时设立。"

本条所谓登记，不同于《民法典》第232条规定的宣示登记。前者是建设用地使用权设立的生效要件，不办理此种登记，建设用地使用权就没有设立；后者不是不动产物权变动的生效要件，其功效在于对于已经客观存在的不动产物权予以公示，更重要的是此种登记系此类不动产物权（再度）变动的前置程序（前提条件），不办理完毕此种登记，不发生不动产物权变动的效力。

结合《不动产登记暂行条例》及《不动产登记暂行条例实施细则》的规定，可知本条前段含有如下意思：（1）建设用地使用权的登记由不动产登记机构负责，由国土资源管理部门指导、监督；（2）建设用地使用权设立的登记属于首次登记，采取当事人申请制。当事人未予申请，不动产登记机构原则上不得依职权办理此种登记。

在办理此种登记的程序方面，《不动产登记暂行条例实施细则》第34条规定：申请国有建设用地使用权首次登记，应当提交下列材料：（1）土地权属来源材料，包括国有建设用地使用权出让合同或国有建设用地使用权作价出资（入股）、授权经营批准文件；（2）权籍调查表、宗地图以及宗地界址点坐标；（3）土地出让价款、土地租金、相关税费等缴纳凭证；（4）其他必要材料（第1、2款）。申请在地上或地下单独设立国有建设用地使用权登记的，也照此办理（第3款）。

在过去，至少有的理论和实务把登记作为出让合同或转让合同的生效要件，《物权法》已经改弦易辙，特于第15条规定："当事人之间订立有关设立、变更、转让和消灭不动产物权的合同，除法律另有规定或者合同另有约定外，自合同成立时生效；未办理物权登记的，不影响合同效力。"《民法典》亦然（第215条）。可知建设用地使用权登记仅是建设用地使用权设立的生效要件（或曰成立要件），是物权变动的要件，而不是出让合同的生效要件。这样既能区别开物权变动与（出让或转让）合同，又能在出让人、转让人不履行登记义务时，受让人可基于合同及违约请求法院强制出让人、转让人办理登记手续，从而取得建设用地使用权。①

[探讨]

出让合同无效、被撤销或被解除对建设用地使用权的影响

德国法系实行物权行为的独立性和无因性，地上权已经登记完毕的场合，即使设定地上权的债权合同无效或被撤销，地上权也不受其影响。中国现行法没有采取物权行为的独立性和无因性，建设用地使用权的设立直接受出让合同的影响。这就产生一个问题，出让合同无效、被撤销或被解除，建设用地使用权设立的效果是否随之化为乌有？若一律作肯定的回答，会害及交易安全，对受让人不利。为了解决这个问题，应当区分情况，确立如下三项规则及理论：其一，出让合同合法有效，出让人却违法地将之解除，不发生解除的效果，业已登记完毕的建设用地使用权不因此而受影响。其二，在建设用地使用权业已登记完毕的情况下，只要未注销登记，受让人就仍然享有建设用地使用权，即使出让合同已被确

① 崔建远：《土地上的权利群论纲》，载《中国法学》1998年第2期（总第82期），第16～17页。

认为无效、被撤销或被解除，也是如此。其三，出让合同被依法确认为无效或被撤销，或被出让人依法解除，若尚未办理建设用地使用权登记，受让人不能取得建设用地使用权，若业已办理登记手续，则需要办理注销登记手续，只有这样，才能使建设用地使用权不复存在。

三、建设用地使用权证的发放义务

理解本条后段关于"登记机构应当向建设用地使用权人发放权属证书"的规定，应当把握如下几点：(1) 向建设用地使用权人发放建设用地使用权证，系不动产登记机构对当事人负有的义务；反过来说，建设用地使用权人有权请求不动产登记机构向自己发放建设用地使用权证，包括有权诉讼请求。(2) 建设用地使用权证的制作和发放不是建设用地使用权设立的生效要件，该权属证书重在起证据作用，在一般情况下，权利人出示该权属证书，就完成了证明自己是某宗建设用地的建设用地使用权人。他人若不同意此说，就必须举反证推翻该种举证证明。(3) 在建设用地使用权证与不动产登记簿簿页记载的权利人不一致时，应当适用《民法典》第 217 条关于"不动产权属证书是权利人享有该不动产物权的证明。不动产权属证书记载的事项，应当与不动产登记簿一致；记载不一致的，除有证据证明不动产登记簿确有错误外，以不动产登记簿为准"的规定。

第三百五十条

建设用地使用权人应当合理利用土地，不得改变土地用途；需要改变土地用途的，应当依法经有关行政主管部门批准。

本条主旨

本条是关于土地用途与建设用地使用权之间关系的规定。

相关条文

《宪法》第 10 条第 5 款　一切使用土地的组织和个人必须合理地利用土地。

《物权法》第 140 条　建设用地使用权人应当合理利用土地，不得改变土地用途；需要改变土地用途的，应当依法经有关行政主管部门批准。

《土地管理法》第 4 条　国家实行土地用途管制制度。

国家编制土地利用总体规划，规定土地用途，将土地分为农用地、建设用地和未利用地。严格限制农用地转为建设用地，控制建设用地总量，对耕地实行特殊保护。

前款所称农用地是指直接用于农业生产的土地，包括耕地、林地、草地、农田水利用地、养殖水面等；建设用地是指建造建筑物、构筑物的土地，包括城乡住宅和公共设施用地、工矿用地、交通水利设施用地、旅游用地、军事设施用地等；未利用地是指农用地和建设用地以外的土地。

使用土地的单位和个人必须严格按照土地利用总体规划确定的用途使用土地。

第 56 条 建设单位使用国有土地的，应当按照土地使用权出让等有偿使用合同的约定或者土地使用权划拨批准文件的规定使用土地；确需改变该幅土地建设用途的，应当经有关人民政府自然资源主管部门同意，报原批准用地的人民政府批准。其中，在城市规划区内改变土地用途的，在报批前，应当先经有关城市规划行政主管部门同意。

《城市房地产管理法》第 18 条 土地使用者需要改变土地使用权出让合同约定的土地用途的，必须取得出让方和市、县人民政府城市规划行政主管部门的同意，签订土地使用权出让合同变更协议或者重新签订土地使用权出让合同，相应调整土地使用权出让金。

第 26 条 以出让方式取得土地使用权进行房地产开发的，必须按照土地使用权出让合同约定的土地用途、动工开发期限开发土地。超过出让合同约定的动工开发日期满一年未动工开发的，可以征收相当于土地使用权出让金百分之二十以下的土地闲置费；满二年未动工开发的，可以无偿收回土地使用权；但是，因不可抗力或者政府、政府有关部门的行为或者动工开发必需的前期工作造成动工开发迟延的除外。

第 44 条 以出让方式取得土地使用权的，转让房地产后，受让人改变原土地使用权出让合同约定的土地用途的，必须取得原出让方和市、县人民政府城市规划行政主管部门的同意，签订土地使用权出让合同变更协议或者重新签订土地使用权出让合同，相应调整土地使用权出让金。

《城镇国有土地使用权出让和转让暂行条例》第 18 条 土地使用者需要改变土地使用权出让合同规定的土地用途的，应当征得出让方同意并经土地管理部门和城市规划部门批准，依照本章的有关规定重新签订土地使用权出让合同，调整土地使用权出让金，并办理登记。

理解与适用

本条是对《物权法》第 140 条的复制，前段确立建设用地使用权人不得改变土地用途的原则，后段允许有条件地改变土地用途。

土地资源的稀缺性和重要性越发明显，全国及每个地区设计合理的土地利用规划并坚决落实事关子孙万代，非同小可。千里之行始于足下，所谓落实用地规划，需要从一宗宗的建设用地使用权不折不扣地贯彻、执行已经确定的土地用途做起。

在这方面，2019 年修正的一系列法律、法规都在贯彻落实中共中央、国务院的方针、政策，《土地管理法》在其中担负着历史的重任。其第 4 条规定："国家实行土地用途管制制度"（第 1 款）；"国家编制土地利用总体规划，规定土地用途，将土地分为农用地、建设用地和未利用地。严格限制农用地转为建设用地，控制建设用地总量，对耕地实行特殊保护"（第 2 款）；"前款所称……建设用地是指建造建筑物、构筑物的土地，包括城乡住宅和公共设施用地、工矿用地、交通水利设施用地、旅游用地、军事设施用地等"（第 3 款）；"使用土地的单位和个人必须严格按照土地利用总体规划确定的用途使用土地"（第 4 款）。

本条前段之意是：以行政划拨方式设立的建设用地使用权，原则上不得将用地规划确定的国家机关用地和军事用地，城市基础设施用地和公益事业用地，国家重点扶持的能源、交通、水利等基础设施用地，已经法律、行政法规规定的其他用地改变为工业、商业、娱乐、旅游和商品住宅等经营性用地。在这方面，《土地管理法》第 56 条前段规定："建设单位使用国有土地的，应当按照土地使用权出让等有偿使用合同的约定或者土地使用权划拨批准文件的规定使用土地。"《城市房地产管理法》第 26 条前段规定："以出让方式取得土地使用权进行房地产开发的，必须按照土地使用权出让合同约定的土地用途、动工开发期限开发土地。"

考虑到实际情形，本条后段明确："需要改变土地用途的，应当依法经有关行政主管部门批准。"在这方面，《土地管理法》第 56 条中段和后段规定："确需改变该幅土地建设用途的，应当经有关人民政府自然资源主管部门同意，报原批准用地的人民政府批准。其中，在城市规划区内改变土地用途的，在报批前，应当先经有关城市规划行政主管部门同意。"《城市房地产管理法》第 18 条规定："土地使用者需要改变土地使用权出让合同约定的土地用途的，必须取得出让方和市、县人民政府城市规划行政主管部门的同意，签订土地使用权出让合同变更协议或者重新签订土地使用权出让合同，相应调整土地使用权出让金。"

第三百五十一条

建设用地使用权人应当依照法律规定以及合同约定支付出让金等费用。

本条主旨

本条是关于建设用地使用权人应当支付出让金等费用的规定。

相关条文

《物权法》第 141 条　建设用地使用权人应当依照法律规定以及合同约定支付出让金等费用。

《土地管理法》第 55 条　以出让等有偿使用方式取得国有土地使用权的建设单位，按照国务院规定的标准和办法，缴纳土地使用权出让金等土地有偿使用费和其他费用后，方可使用土地。

自本法施行之日起，新增建设用地的土地有偿使用费，百分之三十上缴中央财政，百分之七十留给有关地方人民政府。具体使用管理办法由国务院财政部门会同有关部门制定，并报国务院批准。

《城市房地产管理法》第 13 条第 3 款　采取双方协议方式出让土地使用权的出让金不得低于按国家规定所确定的最低价。

第 16 条　土地使用者必须按照出让合同约定，支付土地使用权出让金；未按照出让合同约定支付土地使用权出让金的，土地管理部门有权解除合同，并可以请求违约赔偿。

第 18 条　土地使用者需要改变土地使用权出让合同约定的土地用途的，必须取得出让方和市、县人民政府城市规划行政主管部门的同意，签订土地使用权出让合同变更协议或者重新签订土地使用权出让合同，相应调整土地使用权出让金。

第 22 条第 1 款　土地使用权出让合同约定的使用年限届满，土地使用者需要继续使用土地的，应当至迟于届满前一年申请续期，除根据社会公共利益需要收回该幅土地的，应当予以批准。经批准准予续期的，应当重新签订土地使用权出让合同，依照规定支付土地使用权出让金。

《城镇国有土地使用权出让和转让暂行条例》第 14 条　土地使用者应当在签订土地使用权出让合同后六十日内，支付全部土地使用权出让金。逾期未全部支付的，出让方有权解除合同，并可请求违约赔偿。

理解与适用

本条是对《物权法》第141条的复制，规定建设用地使用权人应当依法、依约支付出让金等费用。本条只适用于以出让方式设立建设用地使用权的领域，不适用于以行政划拨方式设立建设用地使用权的场合。

本条所谓出让金，是指取得建设用地使用权的对价，是土地所有权行使所生收益的表现，或曰以招标、拍卖、挂牌和协议方式出让国有土地使用权所确定的总成交价款［《国务院办公厅关于规范国有土地使用权出让收支管理的通知》第1条第1款］，由必须支付的征地补偿款、土地出让收益等项款额构成。

此处所谓“等费用”，如土地前期开发费用，土地出让业务费等。

缴纳出让金等费用，系建设用地使用权人最主要的义务之一，必须履行。对此，《城市房地产管理法》规定：“采取双方协议方式出让土地使用权的出让金不得低于按国家规定所确定的最低价”（第13条第3款）；“土地使用者必须按照出让合同约定，支付土地使用权出让金；未按照出让合同约定支付土地使用权出让金的，土地管理部门有权解除合同，并可以请求违约赔偿”（第16条）。《土地管理法》规定：“以出让等有偿使用方式取得国有土地使用权的建设单位，按照国务院规定的标准和办法，缴纳土地使用权出让金等土地有偿使用费和其他费用后，方可使用土地”（第55条第1款）。

所谓新增建设用地的土地有偿使用费，是指国务院或省级人民政府在批准农用地转用、征收土地时，向取得出让等有偿使用方式的新增建设用地的县、市人民政府收取的平均土地纯收益。它与土地使用权出让金存在差异：土地使用权出让金应当全部上缴财政，列入预算，用于城市基础设施建设和土地开发（《城市房地产管理法》第19条前段）。土地出让收入由财政部门负责征收管理，可由国土资源管理部门负责具体征收，收入全部缴入地方国库，支出一律通过地方基金预算从土地出让收入中予以安排，实行彻底的“收支两条线”。在地方国库中设立专账，专门核算土地出让收入和支出情况。国土资源管理部门和财政部门应当督促土地使用者严格履行土地出让合同，确保将应缴的土地出让收入及时足额缴入地方国库。地方国库负责办理土地出让收入的收纳、划分、留解和拨付等各项业务，确保土地出让收支数据准确无误［《国务院办公厅关于规范国有土地使用权出让收支管理的通知》（国办发〔2006〕100号）第1条第1款前段、第2条第1款］。而“自本法施行之日起，新增建设用地的土地有偿使用费，百分之三十上缴中央财政，百分之七十留给有关地方人民政府。具体使用管理办法由国务院财政部门会同有关部门制定，并报国务院批准”（《土地管理法》第55条第2款）。

《国务院办公厅关于规范国有土地使用权出让收支管理的通知》（国办发〔2006〕100号）规定："对未按照合同约定足额缴纳土地出让收入，并提供有效缴款凭证的，国土资源管理部门不予核发国有土地使用证。要完善制度规定，对违规核发国有土地使用证的，收回土地使用证，并依照有关法律法规追究有关领导和人员的责任"（第1条第3款中段）；"土地出让合同、征地协议等应约定对土地使用者不按时足额缴纳土地出让收入的，按日加收违约金额1‰的违约金。违约金随同土地出让收入一并缴入地方国库。对违反本通知规定，擅自减免、截留、挤占、挪用应缴国库的土地出让收入，不执行国家统一规定的会计、政府采购等制度的，要严格按照土地管理法、会计法、审计法、政府采购法、《财政违法行为处罚处分条例》（国务院令第427号）和《金融违法行为处罚办法》（国务院令第260号）等有关法律法规进行处理，并依法追究有关责任人的责任；触犯刑法的，依法追究有关人员的刑事责任"（第7条第2款）。

第三百五十二条

建设用地使用权人建造的建筑物、构筑物及其附属设施的所有权属于建设用地使用权人，但是有相反证据证明的除外。

本条主旨

本条是关于"房随地走"原则及其例外的规定。

相关条文

《物权法》第142条　建设用地使用权人建造的建筑物、构筑物及其附属设施的所有权属于建设用地使用权人，但有相反证据证明的除外。

理解与适用

本条是对《物权法》第42条的复制，正文确立了"房随地走"的原则，但书表明了例外。

本条正文关于"建设用地使用权人建造的建筑物、构筑物及其附属设施的所有权属于建设用地使用权人"的规定，就是对该权利目的及功能的确认。从另一角度阐释就是，建设用地使用权是建设用地上建筑物、构筑物及其附属设施的所有权的正当权源，建筑物、构筑物及其附属设施的所有权归属于它们所位于基地的建设用地使用权人。

［引申］

建筑物所有权不可能凭空孤立存在，必须以地权作为自己的正当根据，否则构成无权占有。[①] 其道理在于，自罗马法以来，法律奉行土地吸收地上物的原则，尚未收割的农作物、生长于土地上的树木、竖立于土地上的建筑物都属于土地的成分，甚至于落在土地上的小鸟都要如此认定。这固然周到地保护了土地所有权人的利益，但也阻碍了人们投资于他人的土地且保有建筑物所有权的热情和行为。衡平地协调土地所有权人和投资于土地的非所有权人之间的利益，让土地所有权人仅仅取得非所有权人利用土地的对价，使非所有权人保有建造在他人土地上的建筑物的所有权，法律创设了地上权制度，只要非所有权人在他人的土地上取得地上权，建筑物便不被土地所吸收，而是与地上权相结合，成为地上权人的所有物。

中国法借鉴了这种思想及路径，但没有采用地上权的称谓，而是使用了宅基地使用权、集体土地使用权、国有土地使用权、建设用地使用权等概念。其中，宅基地使用权作为农户在集体所有的土地上建造住房并保有住房所有权的正当根据；集体土地使用权作为乡镇企业建造建筑物并保有所有权的正当根据，在广东省也能作为中外合资经营企业、中外合作经营企业、外商独资企业等建造建筑物并保有所有权的正当根据；国有土地使用权作为在国有土地上建造建筑物并保有所有权的正当根据。《物权法》放弃了国有土地使用权的称谓，改称建设用地使用权，其目的及功能没有变化，其第 142 条正文的规定就是明证。《民法典》亦然（第 352 条）。该条正文对于澄清土地权利与建筑物、构筑物及其附属设施的物权之间关系的理念、形成适当的房地产权属理论、正确裁判房地产案件，都具有不可或缺的重要作用。但也须注意，它也有提升的空间，即房地权属的确定与变动原则上一体，不限于建设用地使用权人建造建筑物的场合，非建设用地使用权人在建设用地上建造建筑物，在基于合作建房合同（约定建造一方仅仅取得使用建筑物的债权）、出于为建设用地使用权人谋利益的目的等情况下，建筑物的所有权也归属于建设用地使用权人。不动产抵押权的行使结果，建筑物的所有权同样归属于建设用地使用权人。如此看来，《物权法》第 142 条亦即《民法典》第 352 条正文的涵盖范围过窄，应予扩展其适用范围，合理的条文正文应是：“建筑物、构筑物及其附属设施的所有权属其所在地的建设用地使用权人。”

理解《民法典》第 352 条正文的规定，疑问之一是，非建设用地使用权人在

---

① 王泽鉴：《民法物权·通则·所有权》（总第 1 册），台北，三民书局有限公司 2003 年 8 月增补版，第 250～251 页。

建设用地上建造建筑物，所有权归属于谁？根据上文所述，建设用地使用权是阻挡建筑物属于土地（在现行法上，准确的表述是“建设用地使用权是阻挡建筑物所有权归土地所有权人享有”）、使建筑物与建设用地使用权相结合的法律制度，因而，即使是他人出资建造的建筑物，该建筑物所有权也归属于建设用地使用权人，而不归出资者，除非建设用地使用权人补办手续，国土资源管理部门将建设用地使用权变更为双方共有。①

出资者若不能拥有出资建造的建筑物，所能采取的救济途径大概有如下几种：（1）可以基于《民法典》第985条的规定，请求建设用地使用权人返还不当得利。于此场合，需要出资者举证建设用地使用权人获得了多少利益，在个案中，举证困难，尤其损失大于利益时，出资者会遭受损失，更不要说在房价日益飙升背景下的情形了。（2）在构成无因管理的情况下，出资者也可以基于无因管理请求本人（取得建筑物所有权者）偿还其建造建筑物所支出的费用。其数额与基于不当得利制度所得返还相差不会太大。（3）出资者基于合同而合作建房的场合，合同无效或被撤销时，出资者可以基于《民法典》第157条的规定请求取得建筑物所有权的一方予以赔偿。这对出资者也不太有利。

需要注意，《民法典》第352条尚有一但书——“但有相反证据证明的除外”。笔者认为，该但书所指情形应为土地租赁权可以作为建筑物、构筑物及其附属设施的所有权的正当根据。其理由有二：（1）国土资源部于1999年8月1日发布了《规范国有土地租赁若干意见》，其中第4条规定：“国有土地租赁可以根据具体情况实行短期租赁和长期租赁。对短期使用或用于修建临时建筑物的土地，应实行短期租赁，短期租赁年限一般不超过5年；对需要进行地上建筑物、构筑物建设后长期使用的土地，应实行长期租赁，具体租赁期限由租赁合同约定，但最长租赁期限不得超过法律规定的同类用途土地出让最高年期。”这就明确承认了建筑物所有权得以国有土地租赁权为其正当根据。当然，笔者注意到，《规范国有土地租赁若干意见》第1条第3款也规定：“对原有建设用地，法律规定可以划拨使用的仍维持划拨，不实行有偿使用，也不实行租赁。对因发生土地转让、场地出租、企业改制和改变土地用途后依法应当有偿使用的，可以实行租赁。对于新增建设用地，重点仍应是推行和完善国有土地出让，租赁只作为出让方式的补充。对于经营性房地产开发用地，无论是利用原有建设用地，还是利用新增建设用地，都必须实行出让，不实行租赁。”这清楚地表明国有土地租赁权

① 详细论述，请参阅崔建远：《确定建筑物所有权的依据》，载《甘肃政法学院学报》2007年第6期，第10页。

不得作为商品房所有权的正当根据。就是说，作为解释论，把国有土地租赁权作为建筑物、构筑物及其附属设施的所有权的正当根据，列为《民法典》第352条但书的内容，只能是非经营性房屋所有权可以国有土地租赁权为正当根据。(2) 日本等国家或地区，以土地租赁权作为建筑物、构筑物及其附属设施的所有权的权源的情形不在少数，其中一个重要原因是租金相对于地上权的代价而言较低。代价低却能够保有建筑物、构筑物及其附属设施的所有权，何乐而不为呢?! 这应当引起我们的重视。①

［延伸］

若将视野扩及整个物权法，会发现作为构筑物及其附属设施所有权的正当根据，甚至于作为建筑物及其附属设施所有权的正权源，确实不限于建设用地使用权，还有集体土地所有权、宅基地使用权、土地承包经营权和地役权。集体组织建造办公场所直接以集体土地所有权为正权源，农户建造住宅系以宅基地使用权为正当根据，承包人在承包地上建造必要水利设施则以土地承包经营权为正权源，地役权人为达到需役地主要目的而建造构筑物及其附属设施，其所有权则以地役权为正当根据。无论是土地承包经营权，还是地役权，都具有“实施必要的附随行为、设置并保有必要的设施”的效力。

［辨析与论争］

其实，对于《物权法》第142条但书亦即《民法典》第352条但书关于“但有相反证据证明的除外”的规定，在理解上并不一致。仅就表面现象而言，该但书可包括以下几种情形：(1) 上文所述的基于土地（使用权）租赁权，享有建筑物所有权。(2) 建设用地使用权人尚未履行将该建设用地使用权变更登记（过户登记）的约定义务，无权以《物权法》第142条正文亦即《民法典》第352条正文的规定为依据主张享有建筑物所有权，而应当继续履行协助变更登记（过户登记）的义务，以实现“地随房走”。属于此类情况的，如买卖、互易、赠与等法律行为已经生效且实际履行，建筑物所有权的变更登记业已完成，但因房地权属分别由不同的登记机构办理登记的体制等原因，导致建设用地使用权尚未完成变更登记。(3) “在现在的城市房地产建设中，一部分市政公共设施，是通过开发商和有关部门约定，由开发商在房地产项目中配套建设，但是所有权归国家。这部分设施，其性质属于市政公用，其归属就应当按照有充分证据证明的事先约定来确定，而不是当然地归建设用地使用权人。后续通过房地产交易成为建设用地

① 参阅崔建远：《确定建筑物所有权的依据》，载《甘肃政法学院学报》2007年第6期，第10页。

使用权人的权利人也应当尊重这种权属划分。”① （4）建设用地使用权人尚未履行将该建设用地使用权变更登记（过户登记）的法定义务，无权以《物权法》第142条正文亦即《民法典》第352条正文的规定为依据主张享有建筑物所有权，而应当继续履行协助变更登记（过户登记）的义务，以实现“地随房走”。属于此类情况的，例如，由于历史的原因，各个机关、国有企事业单位利用行政划拨的国有土地建造了住房，出租给本单位的职工。在公房改制过程中，单位依法及政策将职工承租的公房出卖与职工，仅仅按照成本价（或者标准价）向购房职工收取了房价款（《国务院关于深化城镇住房制度改革的决定》第2条、第15条，《已购公有住房和经济适用住房上市出售管理暂行办法》第3条），国土资源管理部门没有收取土地使用权出让金。在实务中，有些地区按照《国务院关于深化城镇住房制度改革的决定》《已购公有住房和经济适用住房上市出售管理暂行办法》的规定出售公有住房，购房职工同时取得房屋所有权和基地的土地使用权；另有些地区则有所不同，购房职工只能领取房屋所有权证，不能获得房屋基地的使用权，拿不到国有土地使用权证（建设用地使用权证）。

笔者认为，古今中外的立法、实务和理论都表明，法律应当尽可能地贯彻房地权属的确定与变动原则上一体的思想，在中国也就是尽量适用《物权法》第142条正文亦即《民法典》第352条正文。如此，《物权法》第142条但书亦即《民法典》第352条但书所指，涉及的房地权属分别归属于不同的主体，且建筑物所有权不由建设用地使用权人享有，虽属例外，却唯有如此方为最合理，因而也属于终局的状态，而非不合理的状态、过渡性的状态。如果这种界定是正确的，那么，第一种情形应为《民法典》第352条但书的题中应有之义，不再赘言。而上述第（2）、（3）、（4）三种情形都不宜作为《物权法》第142条但书亦即《民法典》第352条但书所包含的内容。对此，详细分析如下：

首先，分析第（2）种情形。于此场合，建设用地使用权的登记名义人有义务协助建筑物所有权人请求登记机构办理建设用地使用权的变更登记，无权以其为建设用地使用权的登记名义人而主张自己拥有该地上建筑物所有权，否则，就是将义务当作权利来运用，违反了债法的规则，也破坏了债法和物权法之间的相互衔接。

其次，分析第（3）种情形。1）建筑物所有权以地权为其正当根据，乃古今中外的立法例及其理论所共认，是衡平土地所有权人和土地利用人之间利益关系

① 参阅全国人大常委会法制工作委员会民法室编：《中华人民共和国物权法条文说明、立法理由及相关规定》，北京，北京大学出版社2007年版，第142页。

的最佳模式，没有充分的理由不宜轻易放弃，何况《物权法》《民法典》已经贯彻了这种理念，设置了相应的法律制度，如建设用地使用权、宅基地使用权等。2）设置例外，得有充分的必要性和正当性，否则，任其存在会破坏整体及其和谐要求，在法律制度领域就是破坏法制的统一。若将第（3）种情形作为《物权法》第142条但书亦即《民法典》第352条但书所包含的情形（例外），则缺乏必要性和正当性，不宜存在。这种情形完全可以而且能够按照建筑物所有权以地权为其正当根据的思路加以解决，这从下文的分析中可以明了。由开发商在房地产项目开发中配套建设的市政公共设施，可以甚至必须归国家所有。其处理方式可有若干类型：其一，在建设用地使用权出让金合理并已被国土资源管理部门收取的情况下，市政出资由开发商负责建设市政公共设施，但不减少开发商所应支付的建设用地使用权出让金的数额，国家取得这些设施的所有权，但无相应的建设用地使用权；其二，市政出资由开发商负责建设市政公共设施，就该设施的基地部分，减少开发商所应支付的建设用地使用权出让金的数额，国家取得这些设施的所有权，同时享有相应的建设用地使用权；其三，开发商支付全部的建设用地使用权出让金，承担建造市政公共设施的费用，国家无偿取得这些设施的所有权，同时享有相应的建设用地使用权；其四，开发商支付全部的建设用地使用权出让金，承担建造市政公共设施的费用，国家无偿取得这些设施的所有权，但不享有相应的建设用地使用权；其五，开发商取得行政划拨的建设用地使用权，承担建造市政公共设施的费用，国家无偿取得这些设施的所有权，但不享有相应的建设用地使用权。最后一种类型是实务中较为常见的现象。分析比较上述五种类型，第一种处理类型存在着两个缺点，一是不符合建筑物所有权必须以地权为正当根据的原理，二是国家变相地占用了开发商的部分建设用地使用权，有违公正。第三种类型虽然符合建筑物所有权以地权为正当根据的原理，但国家侵占了开发商的合法利益，不可取。第四种和第五种类型既不符合建筑物所有权以地权为正当根据的原理，又不是恰当的利益分配，同样不可取。第二种类型符合房地权属间的规则，妥当地处理了各方的利益关系，最为可取。由此可知，第（3）种情形应不在《物权法》第142条但书亦即《民法典》第352条但书的范围之内。①

最后，分析第（4）种情形亦不宜作为《物权法》第142条但书亦即《民法典》第352条但书所包含的内容。由于各个机关、国有企事业单位的职工取得的工资及奖金远远低于给国家和社会所做的贡献，在公房改制过程中，购买公房时

---

① 崔建远：《确定建筑物所有权的依据》，载《甘肃政法学院学报》2007年第6期，第11页。

有福利的因素，不但房价款低于市场价格，而且免交了土地使用权出让金。这是应当的。同时，限制职工的房屋所有权的某些效力，也是合理的。但是，限制购房职工的权利，并不意味着必须剥夺购房职工的建设用地使用权，并不意味着必须破坏建筑物所有权以地权为正当根据的基础性原则。我们完全可以选择一条代价较低且公平合理的模式平衡各方的利益关系。在笔者看来，最佳的模式应当是，职工依法及政策购买单位的公房时，同时取得房屋的所有权及其基地的建设用地使用权，尽管不支付建设用地使用权出让金；但若把该房屋出卖或互易与他人，则应当分区情况，按照虽然现已失效但曾发挥重大作用的《国务院关于深化城镇住房制度改革的决定》中关于“职工以成本价购买的住房，产权归个人所有，一般住用 5 年后可以依法进入市场，在补交土地使用权出让金或所含土地收益和按规定交纳有关税费后，收入归个人所有”（第 21 条第 2 款）的规定处理；或按照该规定中关于“职工以标准价购买的住房，拥有部分产权，即占有权、使用权、有限的收益权和处分权，可以继承。产权比例按售房当年标准价占成本价的比重确定。职工以标准价购买的住房，一般住用 5 年后方可依法进入市场，在同等条件下，原售房单位有优先购买、租用权，原售房单位已撤销的，当地人民政府房产管理部门有优先购买、租用权。售、租房收入在补交土地使用权出让金或所含土地收益和按规定交纳有关税费后，单位和个人按各自的产权比例进行分配”（第 21 条第 3 款）的规定处理。更应注意的是，应当按照该规定关于“职工购买住房，都要由房产管理部门办理住房过户和产权移转登记手续，同时办理相应的土地使用权变更登记手续，并领取统一制定的产权证书”的规定处理。十分明显，国务院的行政法规是强调房屋所有权以土地使用权（建设用地使用权）为正当根据的，而非承认房屋所有权脱离建设用地使用权等地权而凭空存续的。[①]

至于有专家认为，在房屋买卖中，买受人拿到了所购房屋的钥匙，即使尚未办理变更登记（过户登记）手续，也已经取得了房屋所有权，只是不能以该所有权对抗善意第三人，笔者则回应如下：在商品房市场上购买商品房，属于基于法律行为的不动产物权的变动，在现行法上几乎占了不动产物权变动的半壁江山，假如不适用《民法典》第 208 条规定的不动产物权变动的公示原则，不遵循该法第 209 条第 1 款、第 216 条等关于不动产物权变动以登记为生效要件的规定，民法典物权编采取的公示原则和公信原则、不动产物权的变动模式将名不副实，“原则”反倒成了例外。此其一。其二，这违反了《民法典》的立法计划和立法目的。其三，这不符合物权法的原理。

---

① 崔建远：《确定建筑物所有权的依据》，载《甘肃政法学院学报》2007 年第 6 期，第 11～12 页。

第三百五十三条

建设用地使用权人有权将建设用地使用权转让、互换、出资、赠与或者抵押，但是法律另有规定的除外。

本条主旨

本条是关于建设用地使用权流转及其方式的规定。

相关条文

《宪法》第10条第4款　任何组织或者个人不得侵占、买卖或者以其他形式非法转让土地。土地的使用权可以依照法律的规定转让。

《物权法》第143条　建设用地使用权人有权将建设用地使用权转让、互换、出资、赠与或者抵押，但法律另有规定的除外。

《土地管理法》第63条第3款、第4款　通过出让等方式取得的集体经营性建设用地使用权可以转让、互换、出资、赠与或者抵押，但法律、行政法规另有规定或者土地所有权人、土地使用权人签订的书面合同另有约定的除外。

集体经营性建设用地的出租，集体建设用地使用权的出让及其最高年限、转让、互换、出资、赠与、抵押等，参照同类用途的国有建设用地执行。具体办法由国务院制定。

《城市房地产管理法》第28条　依法取得的土地使用权，可以依照本法和有关法律、行政法规的规定，作价入股，合资、合作开发经营房地产。

第37条　房地产转让，是指房地产权利人通过买卖、赠与或者其他合法方式将其房地产转移给他人的行为。

第38条　下列房地产，不得转让：

（一）以出让方式取得土地使用权的，不符合本法第三十九条规定的条件的；

（二）司法机关和行政机关依法裁定、决定查封或者以其他形式限制房地产权利的；

（三）依法收回土地使用权的；

（四）共有房地产，未经其他共有人书面同意的；

（五）权属有争议的；

（六）未依法登记领取权属证书的；

（七）法律、行政法规规定禁止转让的其他情形。

第39条　以出让方式取得土地使用权的，转让房地产时，应当符合下列条件：

（一）按照出让合同约定已经支付全部土地使用权出让金，并取得土地使用权证书；

（二）按照出让合同约定进行投资开发，属于房屋建设工程的，完成开发投资总额的百分之二十五以上，属于成片开发土地的，形成工业用地或者其他建设用地条件。

转让房地产时房屋已经建成的，还应当持有房屋所有权证书。

第 40 条　以划拨方式取得土地使用权的，转让房地产时，应当按照国务院规定，报有批准权的人民政府审批。有批准权的人民政府准予转让的，应当由受让方办理土地使用权出让手续，并依照国家有关规定缴纳土地使用权出让金。

以划拨方式取得土地使用权的，转让房地产报批时，有批准权的人民政府按照国务院规定决定可以不办理土地使用权出让手续的，转让方应当按照国务院规定将转让房地产所获收益中的土地收益上缴国家或者作其他处理。

《担保法》第 34 条　下列财产可以抵押：

（一）抵押人所有的房屋和其他地上定着物；

（二）抵押人所有的机器、交通运输工具和其他财产；

（三）抵押人依法有权处分的国有的土地使用权、房屋和其他地上定着物；

（四）抵押人依法有权处分的国有的机器、交通运输工具和其他财产；

（五）抵押人依法承包并经发包方同意抵押的荒山、荒沟、荒丘、荒滩等荒地的土地使用权；

（六）依法可以抵押的其他财产。

抵押人可以将前款所列财产一并抵押。

《城镇国有土地使用权出让和转让暂行条例》第 19 条　土地使用权转让是指土地使用者将土地使用权再转让的行为，包括出售、交换和赠与。未按土地使用权出让合同规定的期限和条件投资开发、利用土地的，土地使用权不得转让。

理解与适用

一、本条含义概貌

本条是对《物权法》第 143 条的复制，正文允许建设用地使用权转让、互换、出资、赠与、抵押，但书系引致性（管道性）条款，引向禁止建设用地使用权流转的法律规定。

二、转让、互换、出资、赠与、抵押建设用地使用权的法律及法理依据

与所有权具有处分所有物的效力不同，建设用地使用权作为他物权没有处分建设用地的效力，但有处分权利本身的效力，权利人可以转让建设用地使用权。对此，《土地管理法》第63条规定："通过出让等方式取得的集体经营性建设用地使用权可以转让、互换、出资、赠与或者抵押，但法律、行政法规另有规定或者土地所有权人、土地使用权人签订的书面合同另有约定的除外"（第3款）。"集体经营性建设用地的出租，集体建设用地使用权的出让及其最高年限、转让、互换、出资、赠与、抵押等，参照同类用途的国有建设用地执行。具体办法由国务院制定"（第4款）。《城市房地产管理法》第28条规定："依法取得的土地使用权，可以依照本法和有关法律、行政法规的规定，作价入股，合资、合作开发经营房地产。"《民法典》将这些规定上升至民事基本法的层面，于第353条规定，建设用地使用权人有权将建设用地使用权转让、互换、出资、赠与或抵押，但法律另有规定的除外。

三、概念分析

建设用地使用权转让，是指转让人和受让人签订转让合同，将其建设用地使用权移转给受让人，受让人支付相应对价的现象。转让合同生效并履行加上移转登记（变更登记）是（物权变动的）法律事实，建设用地使用权由转让人之手移转至受让人之处是结果（物权变动），按照德国民法思维，这就是物权行为，在法国和中国大陆的法制上，因未确立物权行为制度而表现为事实行为。

建设用地使用权互换，是指用地人将其建设用地使用权与相对人的建设用地使用权相互交换，各自取得对方的建设用地使用权。实质上是两个建设用地使用权的相向转让。互换合同生效并履行加上移转登记是（物权变动的）法律事实，建设用地使用权更换主体是结果（物权变动），按照德国民法思维，这里有两个物权行为，在法国和中国大陆的法制上，因未确立物权行为制度而表现为事实行为。

建设用地使用权出资，是指将建设用地使用权作价，投入企业法人、私人企业、个体工商户或合伙之中，归法人享有或成为个体工商户、合伙等主体的共有财产。出资行为加上移转登记（简易合伙等场合不办移转登记）是（物权变动的）法律事实，建设用地使用权移转至法人名下或成为合伙财产等是结果（物权变动）。

建设用地使用权赠与，是指用地人将其建设用地使用权无偿地移转给受赠人

的现象。赠与合同生效并履行加上移转登记是（物权变动的）法律事实，建设用地使用权移转至受赠人名下是结果（物权变动），按照德国民法思维，这就是物权行为，在法国和中国大陆的法制上，因未确立物权行为制度而表现为事实行为。

建设用地使用权抵押，是指把建设用地使用权作为抵押物，自抵押登记完成时抵押权设立。

四、流转的条件

本条但书“法律另有规定的除外”，属于引致性（管道性）条文，引向的法律有《土地管理法》和《城市房地产管理法》等法律、法规的规定，计有两大类限制流转的情形。

（一）以出让方式设立的建设用地使用权的流转与限定

现行法一方面赋权出让方式设立的建设用地使用权具有流转性（让与性），另一方面出于反对甚至禁止“炒地炒房”的考量对流转设置限定条件。《城市房地产管理法》第 39 条规定：“以出让方式取得土地使用权的，转让房地产时，应当符合下列条件：（一）按照出让合同约定已经支付全部土地使用权出让金，并取得土地使用权证书；（二）按照出让合同约定进行投资开发，属于房屋建设工程的，完成开发投资总额的百分之二十五以上，属于成片开发土地的，形成工业用地或者其他建设用地条件”（第 1 款）。“转让房地产时房屋已经建成的，还应当持有房屋所有权证书”（第 2 款）。《城镇国有土地使用权出让和转让暂行条例》第 19 条第 2 款也规定了类似的内容。建设用地使用权人和受让人违反上述规定，签订流转合同，《城市房地产管理法》第 38 条第 1 项的措辞是“不得转让”。以往的判决和学说都认为，此处所谓“不得转让”系禁止性规定，效力性的强制性规定，此类案件应当适用《合同法》第 52 条第 5 项（与《民法典》第 153 条第 1 款同义）的规定，此类转让合同无效，不发生建设用地使用权移转的效果。不过，随着人们对此类问题研究的深入，开始转变观念，有些司法解释和学说区分情形，而作不同的处理。[①] 例如，《最高人民法院关于审理房地产管理法施行前房地产开发经营案件若干问题的解答》规定：“以出让方式取得土地使用权的土地使用者虽已取得土地使用证，但未按土地使用权出让合同约定的期限和条件对土地进行投资开发利用，与他人签订土地使用权转让合同的，一般应当认定合同

① 参见崔建远主编：《合同法》（第 4 版），北京，法律出版社 2007 年版，第 103～105 页；崔建远：《合同法总论》（上卷），北京，中国人民大学出版社 2008 年版，第 284～286 页。

无效；如土地使用者已投入一定资金，但尚未达到出让合同约定的期限和条件，与他人签订土地使用权转让合同，没有其他违法行为的，经有关主管部门认可，同意其转让的，可认定合同有效，责令当事人向有关主管部门补办土地使用权转让登记手续”（第8条）。“享有土地使用权的土地使用者未按照项目建设的要求对土地进行开发建设，也未办理审批手续和土地使用权转让手续，转让建设项目的，一般应当认定项目转让和土地使用权转让的合同无效；如符合土地使用权转让条件的，可认定项目转让合同有效，责令当事人补办土地使用权转让登记手续”（第9条）。如今，有学说主张：“随着中国土地市场的建立和逐步完善，应当放开上述限制，允许建设用地使用权自由转让。”①

［探讨］

实务中时常出现本意为受让案涉建设用地使用权，亲自开发房地产项目，但出于种种考虑，在实际操作上采取的是受让案涉建设用地使用权所归属的项目公司中的控股股权路径，旨在绕过《城市房地产管理法》第39条设定的限制转让建设用地使用权的条条框框。对此，笔者不赞同适用《民法典》第146条第1款关于虚假的意思表示归于无效的规定，因为股权转让合同系双方当事人的真实意思表示，只不过其动机是受让案涉建设用地使用权，亲自开发房地产项目。对于此种规避法律的行为，笔者赞同不直接审视股权转让合同本身，而是假定双方当事人成立了案涉建设用地使用权转让合同，该建设用地使用权转让合同是否因不符合《城市房地产管理法》第39条的规定而无效？至此，问题转变为适用/类推适用《最高人民法院关于审理房地产管理法施行前房地产开发经营案件若干问题的解答》第8条或第9条的价值判断，或者在法政策的层面是否柔性化地对待《城市房地产管理法》第39条的规定，不再是千篇一律地令转让合同无效。

顺便提及，对于《城市房地产管理法》第38条第2项至第6项关于“下列房地产，不得转让：……（二）司法机关和行政机关依法裁定、决定查封或者以其他形式限制房地产权利的；（三）依法收回土地使用权的；（四）共有房地产，未经其他共有人书面同意的；（五）权属有争议的；（六）未依法登记领取权属证书的”规定，是否一律以效力性的强制性规定论，学说、判决也有一个变化的过程。前期都持效力性的强制性规定说，转让合同违反其中任何一项，就适用《合同法》第52条第5项（与《民法典》第153条第1款同义）的规定，使合同无效，不发生建设用地使用权移转的效果。但近几年来，专家、学者的观点发生了

① 王利明、尹飞、程啸：《中国物权法教程》，北京，人民法院出版社2007年版，第364页。

不小的变化：在不发生房地产物权转移的效果方面的立场依然如故，但在转让合同的效力方面则开始区别类型而有不同的结论。(1) 转让依法收回的建设用地使用权，其合同应当无效，不然，建设用地使用权制度及合同无效制度的立法目的就会完全落空，国家权威形同儿戏。(2) 转让未依法登记领取权属证书的房地产物权应当有效，在首次登记已经完成只是未领取权属证书的情况下，因权属证书主要发生证据法的效力，不动产登记簿的记载才具有公示和公信的法律效力（《民法典》第 216 条第 1 款、第 217 条），所以，令转让合同无效实在缺乏理由；在不动产物权首次登记也没有完成的情况下，可作为未来物买卖看待，也大可不必令转让合同无效。(3) 司法机关和行政机关依法裁定、决定查封或者以其他形式限制房地产权利，使案涉房地产物权成为限制流通物，的确不可以发生房地产物权转移的法律效果，但鉴于总有一天会解除查封、限制，那时案涉房地产物权就回复到流通物的状态，于此场合把转让合同视为未来物的买卖，具有法律效力，全无问题。退一步说，即使案涉房地产被司法拍卖，转让合同成为不能履行，受让人追究转让人的违约责任，而非令转让合同无效，不存在法理障碍。何况《民法典》已经放弃《合同法》第 51 条的立场，改采转让人欠缺无处分权不影响买卖合同效力（第 597 条）的理念呢！(4) 共有房地产，未经其他共有人书面同意而转让的，应当适用共有规则，无权处分时审视其是否符合善意取得的构成要件，转让合同的效力适用《民法典》第 597 条的规定，不受欠缺处分权的影响。(5) 权属有争议的房地产转让，最严重的情形就是转让人对于标的物没有房地产物权，构成无权处分，按照《民法典》第 597 条的规定，转让合同的效力不受欠缺处分权的影响。

（二）原则上禁止行政划拨的建设用地使用权流转，但设有例外

对于以行政划拨方式设立的建设用地使用权，现行法原则上禁止其流转，但设有例外。对其例外，《城市房地产管理法》第 40 条规定：“以划拨方式取得土地使用权的，转让房地产时，应当按照国务院规定，报有批准权的人民政府审批。有批准权的人民政府准予转让的，应当由受让方办理土地使用权出让手续，并依照国家有关规定缴纳土地使用权出让金”（第 1 款）。“以划拨方式取得土地使用权的，转让房地产报批时，有批准权的人民政府按照国务院规定决定可以不办理土地使用权出让手续的，转让方应当按照国务院规定将转让房地产所获收益中的土地收益上缴国家或者作其他处理”（第 2 款）。法释〔2005〕5 号第 11 条规定：“土地使用权人未经有批准权的人民政府批准，与受让方订立合同转让划拨土地使用权的，应当认定合同无效。但起诉前经有批准权的人民政府批准办理土地使用权出让手续的，应当认定合同有效。”第 12 条规定：“土地使用权人与受

让方订立合同转让划拨土地使用权，起诉前经有批准权的人民政府同意转让，并由受让方办理土地使用权出让手续的，土地使用权人与受让方订立的合同可以按照补偿性质的合同处理。”第 16 条规定：“土地使用权人未经有批准权的人民政府批准，以划拨土地使用权作为投资与他人订立合同合作开发房地产的，应当认定合同无效。但起诉前已经办理批准手续的，应当认定合同有效。”笔者认为，用地者取得行政划拨的建设用地使用权时没有支付对价，国家政策仅限于若干土地用途才予批准，具有倾斜和照顾的性质，因而严格限制转让具有合理性。

这里所谓有批准权的人民政府，是指县级以上人民政府，在国务院所辖机关转让以行政划拨方式取得的建设用地使用权时，须经国务院机关事务管理局批准。

以行政划拨方式设立的建设用地使用权，典型的转让、通过与出资金的一方合作建房的方式变相地转让，在实务操作中必须完成的是依照国家有关规定缴纳土地使用权出让金，至于由有批准权的人民政府准予转让，则有典型的和变通的两种方式。所谓典型的有批准权的人民政府准予转让，是由有批准权的人民政府出具准予转让的批文。所谓变通的方式，是指由国土资源管理部门与受让人签订《国有建设用地使用权出让合同》，就意味着有批准权的人民政府已经准予转让了。

[思考]

转让合同无效、被撤销或被解除对建设用地使用权的影响

在现行法没有采取物权行为独立性和无因性原则的背景下，为了保护交易安全，维护合法取得的建设用地使用权，应当确立如下规则及理论：其一，转让合同合法有效，出让人却违法地将之废除，不发生转让合同无效、被撤销或被解除的效果，受让人取得的建设用地使用权不因此而受影响。其二，在建设用地使用权业已登记完毕的情况下，只要未注销登记，受让人就仍然享有建设用地使用权，即使转让合同被违法地撤销或解除，也是如此。其三，在转让合同被依法认定为无效，或者被出让人依法撤销或解除的情况下，建设用地使用权若尚未办理移转登记（变更登记）手续，自然不发生移转的效力；若已经办理完毕移转登记手续，则需要先行注销登记，再将建设用地使用权重新登记在转让人名下。

第三百五十四条

建设用地使用权转让、互换、出资、赠与或者抵押的，当事人应当采用书面形式订立相应的合同。使用期限由当事人约定，但是不得超过建设用地使用权的剩余期限。

本条主旨

本条是关于建设用地使用权流转合同应当采取书面形式和使用期限如何确定的规定。

相关条文

《物权法》第 144 条　建设用地使用权转让、互换、出资、赠与或者抵押的，当事人应当采取书面形式订立相应的合同。使用期限由当事人约定，但不得超过建设用地使用权的剩余期限。

《城市房地产管理法》第 41 条　房地产转让，应当签订书面转让合同，合同中应当载明土地使用权取得的方式。

第 43 条　以出让方式取得土地使用权的，转让房地产后，其土地使用权的使用年限为原土地使用权出让合同约定的使用年限减去原土地使用者已经使用年限后的剩余年限。

《城镇国有土地使用权出让和转让暂行条例》第 22 条　土地使用者通过转让方式取得的土地使用权，其使用年限为土地使用权出让合同规定的使用年限减去原土地使用者已使用年限后的剩余年限。

理解与适用

本条是对《物权法》第 144 条的复制，前段要求建设用地使用权流转合同应当采取书面形式，后段允许当事人双方约定建设用地的使用期限，但不得超过建设用地使用权的剩余期限。

本条前段要求书面形式，其必要性和重要性笔者在释评《民法典》第 348 条第 1 款时已经阐释过，不再一一复述，在此有必要提及的是，此类合同不采取书面形式，不动产登记机构不予办理相应的登记。

本条后段不允许流转后的建设用地使用权的存续期限亦即建设用地的使用期限超过建设用地使用权的剩余期限，是因为超过了，建设用地使用权已经消灭了，转让人等于无权处分。此其一。假如允许超过，就不符合所有权的弹力性，就会损害土地所有权人的权益。于此场合，土地所有权人主张物权请求权，酿成较为复杂的法律关系。此其二。

第三百五十五条

建设用地使用权转让、互换、出资或者赠与的，应当向登记机构申请变更登记。

本条主旨

本条是关于建设用地使用权流转以变更登记（转移登记）为生效要件的规定。

相关条文

《物权法》第 145 条　建设用地使用权转让、互换、出资或者赠与的，应当向登记机构申请变更登记。

《土地管理法》第 12 条　土地的所有权和使用权的登记，依照有关不动产登记的法律、行政法规执行。

依法登记的土地的所有权和使用权受法律保护，任何单位和个人不得侵犯。

《城市房地产管理法》第 61 条第 3 款　房地产转让或者变更时，应当向县级以上地方人民政府房产管理部门申请房产变更登记，并凭变更后的房屋所有权证书向同级人民政府土地管理部门申请土地使用权变更登记，经同级人民政府土地管理部门核实，由同级人民政府更换或者更改土地使用权证书。

《城镇国有土地使用权出让和转让暂行条例》第 25 条　土地使用权和地上建筑物、其他附着物所有权转让，应当依照规定办理过户登记。

《不动产登记暂行条例实施细则》第 27 条　因下列情形导致不动产权利转移的，当事人可以向不动产登记机构申请转移登记：

（一）买卖、互换、赠与不动产的；

（二）以不动产作价出资（入股）的；

（三）法人或者其他组织因合并、分立等原因致使不动产权利发生转移的；

（四）不动产分割、合并导致权利发生转移的；

（五）继承、受遗赠导致权利发生转移的；

（六）共有人增加或者减少以及共有不动产份额变化的；

（七）因人民法院、仲裁委员会的生效法律文书导致不动产权利发生转移的；

（八）因主债权转移引起不动产抵押权转移的；

（九）因需役地不动产权利转移引起地役权转移的；

（十）法律、行政法规规定的其他不动产权利转移情形。

理解与适用

本条是对《物权法》第 145 条的复制。因建设用地使用权转让、互换、出资、赠与均属建设用地使用权转让（让与），与建设用地使用权抵押、出租等流转类型有别，故本条实际在重申基于法律行为而发生建设用地使用权的变动以登记为生效要件，在呼应《民法典》第209条等条文的规定。

关于此种登记的意义和道理，笔者在对《民法典》第208条、第209条、第214条、第216条、第349条的释评中已经多次说明和阐释，此处不赘。

本条所谓变更登记，不如改称转移登记更为准确，理由如下：学说对变更登记的界定存在着分歧。狭义说认为，不动产变更登记，是指不动产物权的分割、合并、设立和增减时所为的登记。所谓不动产物权的分割，是指作为不动产分为数宗（栋）的情形，包括一人所有的一宗土地或一栋房屋被分为数宗或数栋，或者数人共有的一宗土地或一栋房屋被分割为数宗或数栋等情形。所谓不动产权利的合并，是指属于同一权利人的或分属于不同权利人的两宗（栋）或两宗（栋）以上的不动产合并为一宗（栋）的情形。所谓不动产他项权利的设立，是指在不动产总登记后，在不动产上设立土地承包经营权、建设用地使用权、宅基地使用权、地役权、抵押权等权利的情形。所谓不动产权利的增减，是指不动产面积的增加或减少，如因流失或涨滩而导致的土地面积的增减，因增建或拆毁而发生的建筑物面积的增减等。[①] 最狭义说把不动产物权设立也排除在外。在广义说来看，不动产变更登记，包括狭义说所指的范围，加上不动产权利的移转登记。不动产权利移转登记，是在不动产权利的主体发生变更时，对不动产权利从原权利人处转移至受让人之手的现象所为的登记。依据最广义说，不动产变更登记涵盖总登记以外的不动产登记，不但包括广义说所指的范围，而且包括更名登记、更址登记、不动产用途变更登记、更正登记和注销登记。所谓更名登记，是指权利人的姓名或名称发生变更时所为的登记。所谓更址登记，是指不动产权利人的住址变更时所为的登记。所谓不动产用途变更登记，是指不动产的使用用途发生改变时所为的登记。[②]《不动产登记暂行条例实施细则》采纳了狭义的变更登记概念，因其第27条单独规定了不动产权利的移转登记，其第26条规定的不动产变更登记不包含不动产权利的移转登记。

所谓移转登记，俗称过户登记，是指不动产物权从转让人移转到受让人时所办理的登记。因基于法律行为的不动产物权变动以移转登记为生效要件，不办理移转登记，不动产物权就不发生变动，故它属于设权登记。

---

① 崔建远、孙佑海、王宛生：《中国房地产法研究》，北京，中国法制出版社1995年版，第246页；李昊、常鹏翱、叶金强、高润恒：《不动产登记程序的制度建构》，北京，北京大学出版社2005年版，第328～332页；李鸿毅：《土地法论》，台北，1999年自版，第228～231页。

② 崔建远、孙佑海、王宛生：《中国房地产法研究》，北京，中国法制出版社1995年版，第246～247页。

总的说来，在变更登记一侧采取最狭义说，另设转移登记一侧，两侧各自的内涵和外延都很清晰，更为合理。具体到本条所谓登记使用转移登记（过户登记）的术语更好。

第三百五十六条

建设用地使用权转让、互换、出资或者赠与的，附着于该土地上的建筑物、构筑物及其附属设施一并处分。

本条主旨

本条是关于"房随地走"的房地产权属变动原则上一体的规定。

相关条文

《物权法》第146条　建设用地使用权转让、互换、出资或者赠与的，附着于该土地上的建筑物、构筑物及其附属设施一并处分。

《担保法》第36条第2款　以出让方式取得的国有土地使用权抵押的，应当将抵押时该国有土地上的房屋同时抵押。

《城镇国有土地使用权出让和转让暂行条例》第23条　土地使用权转让时，其地上建筑物、其他附着物所有权随之转让。

理解与适用

本条是对《物权法》第146条的复制，确立了"房随地走"的房地产权属变动原则上一体的模式。

在房地关系方面，至少存在两大模式：其一，罗马法及后世的德国民法奉行的土地吸收地上物的原则，生长在土地上的植物，建造在土地上的房屋，都与土地附合，成为土地的重要成分。这体现在物权关系上，就是只有土地所有权，而无房屋所有权，土地所有权中包含着房屋这个组成所有物的成分；住宅所有权仅为例外。其二，日本民法、大陆与台湾地区民法采取的土地和房屋各为独立之物，这反映在物权关系上，就是既有土地所有权，也有房屋所有权。这两种模式各有千秋：第一种模式免去房、地相邻关系等许多复杂的协调机制，同一个不动产所有权人统领土地和房屋，矛盾减少了许多。当然，面对像中国、日本这样众人密居于同一栋大楼的需求和关系协调的难题，第一种模式显得笨拙；融资担保所需担保物的价值不高但担保权设立之后新建了高楼大厦的场合，第一种模式不利于房屋所有权人利用该大厦再去融资。第一种模式的“缺点”正是第二种模式的优长，第一种模式的优点正是第二种模式需要着力解决的问题。

由于中国的土地归国家或农村集体经济组织所有，其房地权属变动原则上一体，指的是建设用地使用权与地上建筑物、构筑物及其附属设施的所有权转移时原则上一体，或者宅基地使用权与地上建筑物、构筑物及其附属设施的所有权转移时原则上一体，而非土地所有权与地上建筑物、构筑物及其附属设施的所有权转移时原则上一体。

全面地说，房地产权属原则上一体还包括房地产权属确定时原则上一体，即只要无相反的证据证明，地上建筑物、构筑物及其附属设施的所有权归属于建设用地使用权人或宅基地使用权人。因此，房地权属在确定和变动时原则上一体，这是较为周延的表述。

法律确立房地权属在确定和变动时原则上一体的模式，具有许多优长：(1) 免去建设用地使用权或宅基地使用权与地上建筑物、构筑物及其附属设施异其主体时意见相左、各不相让的纷争，即使房地产权人把房地产出租、出借给他人，且出现了矛盾，也因物权对债权而相对容易解决。(2) 便于房地产权人统一地、长远考量地利用甚至处分房地产，符合效率原则，不至于因异其主体各唱各的调而办不成“好事”。(3) 适合建筑物区分所有权制度创设的需要，没有逻辑障碍地把区分所有的建筑物所在基地的建设用地的面积公摊到各个建筑物区分所有的面积之中，在物权方面是建筑物区分所有权含有一定比例的建设用地使用权。(4) 便于房地产权人根据个案审时度势地分别利用“房”“地”，妥当地处理各种关系，也使自己利益最大化。(5) 融资担保所需担保物的价值不高但担保权设立之后新建了高楼大厦的场合，抵押权的效力不及于新建的大楼，这对房地产权人最为有利。

［辨析］

出卖人甲将其行政划拨的国有土地使用权与地上房屋一并转让与买受人乙，在乙支付了绝大部分购房款的前提下，办理完毕该房屋所有权的过户登记。其后发生纠纷，甲以涉案国有土地使用权系行政划拨的国有土地使用权，依法不得转让为由，主张涉案国有土地使用权与地上房屋一并转让合同无效，双方当事人之间恢复原状。乙则针锋相对，认为涉案房屋所有权已经移转于自己，按照“地随房走”的原则，系争合同有效且应继续履行，即甲应当配合自己将涉案行政划拨的国有土地使用权变为出让的国有土地使用权，并过户到自己名下。甲拒绝这样做，构成违约，应当承担继续履行、支付违约金的责任。一审判决支持了乙的主张。

笔者认为：妥善处理系争案件，应当区分情况，而后作出结论：(1) 如果有批准权的人民政府已经作出了不予批准的决定，并且沿用《物权法》实施之前的法律、法规及其精神，以及实务操作的惯例，那么，系争合同应当无效。其法律依据在于，《城镇国有土地使用权出让和转让暂行条例》第 44 条规定："划拨土地使用权，除本条例第四十五条规定的情况外，不得转让、出租、抵押。"第 45 条第 1 款规定："符合下列条件的，经市、县人民政府土地管理部门和房产管理部门批准，其划拨土地使用权和地上建筑物、其他附着物所有权可以转让、出租、抵押：(一) 土地使用者为公司、企业、其他经济组织和个人；(二) 领有国有土地使用证；(三) 具有地上建筑物、其他附着物合法的产权证明；(四) 依照本条例第二章的规定签订土地使用权出让合同，向当地市、县人民政府补交土地使用权出让金或者以转让、出租、抵押所获收益抵交土地使用权出让金。"2009 年修正的《城市房地产管理法》第 40 条第 1 款规定："以划拨方式取得土地使用权的，转让房地产时，应当按照国务院规定，报有批准权的人民政府审批。有批准权的人民政府准予转让的，应当由受让方办理土地使用权出让手续，并依照国家有关规定缴纳土地使用权出让金。"这告诉我们，只有在有批准权的人民政府批准转让，受让方依法补缴了土地使用权出让金的情况下，行政划拨的国有土地使用权才可以转让，否则，不得转让。在有批准权的人民政府已经作出了不予批准的决定时，行政划拨的国有土地使用权不得转让。由于上述法律、行政法规的规定均为效力性的强制性规定，按照《合同法》第 52 条第 5 项的规定，系争合同应当无效。系争合同无效了，涉案房屋所有权的过户登记便失去了原因，或曰失去了合同依据和法律依据，应予注销。转让人有权援用《物权法》第 19 条的规定，请求登记部门将涉案房屋的登记予以注销。在这里，必须抛弃这样的错误见解：由于地上房屋所有权已经移转了，按照"地随房走"的原则，行政划拨的国有土地使用权也得转让。之所以必须抛弃它，是因为如此一来就规避了法律、行政法规禁止行政划拨的国有土地使用权转让的立法目的。法律人应当树立的理念是，只要转让行政划拨的国有土地使用权违法，就不得转让地上房屋。(2) 如果有批准权的人民政府已经作出了不予批准的决定，适用《物权法》第 15 条关于区分物权变动与其原因行为的规定，那么，系争合同的效力可以不受政府批准与否的影响，但行政划拨的国有土地使用权不得移转。按照 2009 年修正的《城市房地产管理法》第 32 条关于"房地产转让、抵押时，房屋的所有权和该房屋占用范围内的土地使用权同时转让、抵押"的规定，以及《城镇国有土地使用权出让和转让暂行条例》第 23 条关于"土地使用权转让时，其地上建筑物、其他附着物所有权随之转让”的规定，第24条第2款关于“土地使用者转让地上建筑物、其他附着物所有权时，其使用范围内的土地使用权随之转让，但地上建筑物、其他附着物作为动产转让的除外”的规定，不得仅仅移转房屋的所有权而不移转房屋所在地的国有土地使用权，故因涉案行政划拨的国有土地使用权不得转让，涉案房屋所有权也不得移转。因此，转让人同样有权援用《物权法》第19条的规定，请求登记部门将涉案房屋的登记予以注销。(3) 在有批准权的人民政府就是否批准转让行政划拨的国有土地使用权未决之前，无论适用《物权法》第15条的规定与否，系争合同不应作为无效处理，而应等待有批准权的人民政府的决定。《民法典》实施之后，应采“(2) 和 (3)”的分析结论。

第三百五十七条

建筑物、构筑物及其附属设施转让、互换、出资或者赠与的，该建筑物、构筑物及其附属设施占用范围内的建设用地使用权一并处分。

本条主旨

本条是关于“地随房走”的房地产权属变动原则上一体的规定。

相关条文

《物权法》第147条　建筑物、构筑物及其附属设施转让、互换、出资或者赠与的，该建筑物、构筑物及其附属设施占用范围内的建设用地使用权一并处分。

《城市房地产管理法》第48条第1款　依法取得的房屋所有权连同该房屋占用范围内的土地使用权，可以设定抵押权。

《担保法》第36条第1款　以依法取得的国有土地上的房屋抵押的，该房屋占用范围内的国有土地使用权同时抵押。

《城镇国有土地使用权出让和转让暂行条例》第24条　地上建筑物、其他附着物的所有人或者共有人，享有该建筑物、附着物使用范围内的土地使用权。

土地使用者转让地上建筑物、其他附着物所有权时，其使用范围内的土地使用权随之转让，但地上建筑物、其他附着物作为动产转让的除外。

理解与适用

本条是对《物权法》第147条的复制，确立了“地随房走”的房地产权属的变动原则上一体的另一原则。它最适合建筑物区分所有权的构成和法理，因为业主出卖其区分所有的建筑物，转移房屋所有权，买受人自然取得相应的（一定比例的）建设用地使用权。于此场合，称出卖商品房，而不叫转让建设用地使用权，最合人们的意识、观念。殊不知，实质上是“商品房”和“建设用地使用权”一同买卖了。

看来，究竟是“房随地走”还是“地随房走”，并非千篇一律，而是根据具体情况而定。大可不必争执何者最为根基。

至于为何在此仍须遵循房地权属的变动原则上一体的模式，个中道理与笔者在释评《民法典》第356条时阐释的一样，不再赘言。

第三百五十八条

建设用地使用权期限届满前，因公共利益需要提前收回该土地的，应当依据本法第二百四十三条的规定对该土地上的房屋及其他不动产给予补偿，并退还相应的出让金。

本条主旨

本条是关于建设用地使用权被提前收回并予以补偿的规定。

相关条文

《物权法》第148条　建设用地使用权期间届满前，因公共利益需要提前收回该土地的，应当依照本法第四十二条的规定对该土地上的房屋及其他不动产给予补偿，并退还相应的出让金。

《土地管理法》第58条　有下列情形之一的，由有关人民政府自然资源主管部门报经原批准用地的人民政府或者有批准权的人民政府批准，可以收回国有土地使用权：

（一）为实施城市规划进行旧城区改建以及其他公共利益需要，确需使用土地的；

（二）土地出让等有偿使用合同约定的使用期限届满，土地使用者未申请续期或者申请续期未获批准的；

（三）因单位撤销、迁移等原因，停止使用原划拨的国有土地的；

（四）公路、铁路、机场、矿场等经核准报废的。

依照前款第（一）项的规定收回国有土地使用权的，对土地使用权人应当给予适当补偿。

《城市房地产管理法》第 20 条　国家对土地使用者依法取得的土地使用权，在出让合同约定的使用年限届满前不收回；在特殊情况下，根据社会公共利益的需要，可以依照法律程序提前收回，并根据土地使用者使用土地的实际年限和开发土地的实际情况给予相应的补偿。

《城镇国有土地使用权出让和转让暂行条例》第 42 条　国家对土地使用者依法取得的土地使用权不提前收回。在特殊情况下，根据社会公共利益的需要，国家可以依照法律程序提前收回，并根据土地使用者已使用的年限和开发、利用土地的实际情况给予相应的补偿。

理解与适用

本条是对《物权法》第 148 条的承继。之所以不叫征收建设用地使用权，而称提前收回，是因为征收的对象是土地所有权，而非土地使用权，故只要因公共利益需要由他人占有、使用、收益该宗建设用地，因该宗建设用地已经归属于国家，国家就以权力把该国有建设用地使用权提前收回即可，征收派不上用场。

依法理，本条不调整集体建设用地使用权［包括为乡镇企业、乡（镇）村公共设施、公益事业的需要而设立的（非经营性）集体建设用地使用权与集体经营性建设用地使用权］的“提前收回”，因为实务中国家不会保留农民集体土地所有权而单纯地取得集体建设用地使用权，要么是既不取得农民集体土地所有权也不取得集体建设用地使用权，要么是征收农民集体土地所有权，同时运用农民集体土地所有权这个母权消灭导致集体建设用地使用权这个子权随之消灭的原理，消灭集体建设用地使用权。

建设用地使用权被提前消灭肯定给权利人带来损失，该宗建设用地上建造有房屋及其他不动产（如房屋的附属设施）时，权利人也遭受此类不动产所有权的不复存在所遭受的损失。造成这些损失的原因是国家提前收回建设用地使用权，按照公平正义的要求，国家对此应予补偿。鉴于建设用地使用权被提前收回给权利人带来的财产损失，相同于或曰类似于不动产被征收给建设用地使用权人造成的损失，包括《民法典》在内的现行法准用征收补偿的法律规定，没有叠床架屋地设置提前收回的补偿条文，而是采取准用的立法技术，本条后段规定“应当依据本法第二百四十三条的规定对该土地上的房屋及其他不动产给予补偿”。

建设用地使用权人于此场合遭受的损失还有一个组成部分，就是剩余期限的土地使用权出让金。处理这个问题可有两种路径及方法：一是把它作为建设用地使用权人全部损失的构成部分，一并“依据本法第二百四十三条的规定对该土地上的房屋及其他不动产给予补偿”；二是把它单独出来，依据不当得利返还的规则处理，本条后段采取了后一种路径及方法，规定“退还相应的出让金”。

建设用地使用权作为一种民事权利，受法律保护，《民法典》在数个条文中一再强调之（第 113 条、第 207 条、第 326 条）。只有在具备强有力的理由时，才可以消灭它，该种理由就是公共利益需要，故本条一开始就已明确这一点。

第三百五十九条

住宅建设用地使用权期限届满的，自动续期。续期费用的缴纳或者减免，依照法律、行政法规的规定办理。

非住宅建设用地使用权期限届满后的续期，依照法律规定办理。该土地上的房屋以及其他不动产的归属，有约定的，按照约定；没有约定或者约定不明确的，依照法律、行政法规的规定办理。

本条主旨

本条是关于建设用地使用权续期及地上房屋及其他不动产归属的规定。

相关条文

《物权法》第 149 条　住宅建设用地使用权期间届满的，自动续期。

非住宅建设用地使用权期间届满后的续期，依照法律规定办理。该土地上的房屋及其他不动产的归属，有约定的，按照约定；没有约定或者约定不明确的，依照法律、行政法规的规定办理。

《城市房地产管理法》第 22 条　土地使用权出让合同约定的使用年限届满，土地使用者需要继续使用土地的，应当至迟于届满前一年申请续期，除根据社会公共利益需要收回该幅土地的，应当予以批准。经批准准予续期的，应当重新签订土地使用权出让合同，依照规定支付土地使用权出让金。

土地使用权出让合同约定的使用年限届满，土地使用者未申请续期或者虽申请续期但依照前款规定未获批准的，土地使用权由国家无偿收回。

《城镇国有土地使用权出让和转让暂行条例》第 40 条　土地使用权期满，土地使用权及其地上建筑物、其他附着物所有权由国家无偿取得。土地使用者应当交还土地使用证，并依照规定办理注销登记。

第 41 条　土地使用权期满，土地使用者可以申请续期。需要续期的，应当依照本条例第二章的规定重新签订合同，支付土地使用权出让金，并办理登记。

理解与适用

一、本条含义概貌

本条在承继《物权法》第 149 条及其他有关法律、法规的精神的基础上又有所调整，第 1 款宣明住宅建设用地使用权期满时自动续期，续期费用的缴纳或减免依据其他法律、行政法规的规定；第 2 款明确非住宅建设用地使用权期满时的续期、地上房屋及其他不动产的归属问题。

二、住宅建设用地使用权期满时自动续期与续期费用的规则

建设用地使用权属于有期物权，其存续期限届满时权利终止。根据房地权属的变动原则上一体的精神，地上建筑物、构筑物及其附属设施的所有权会随着建设用地使用权的终止而不复存在。这关系着千家万户的切身利益，经过反复争论和研讨，《物权法》最终决定住宅建设用地使用权的存续期限届满时自动续期，而非终止（第 149 条第款），并且无须到不动产登记机构办理续期手续，即可达到目的。如此，地上建筑物、构筑物及其附属设施的所有权也相应地继续存在。这的确是为人民服务的法律表现，值得赞扬！《民法典》予以承继（第 359 条第 1 款），值得肯定。

当然，从最安全、可靠的角度出发，建设用地使用权人宜及时地到不动产登记机构办理建设用地使用权的变更登记为好。

住宅建设用地使用权存续期间届满的，自动续期，是否适用于外国人和无国籍人?《民法典》第 359 条第 1 款的规范意旨无歧视外国人和无国籍人之意，只要外国人、无国籍人在中国境内购买了住宅，就享受该条款所带来的权益。

自动续期是否再收取出让金？素有争论，《物权法》第 149 条第 1 款的立法倾向性意见，不再收取。[①] 不过，近年来，地方财政不再宽裕，不少地方政府呼吁开征房产税和收取建设用地使用权期满时的续期费用，要求《民法典》明定收费，于是便有《民法典》第 359 条第 1 款后段“续期费用的缴纳或者减免，依照法律、行政法规的规定办理”之语。其意为：(1) 缴纳续期费用系建设用地使用权人的义务；(2) 续期费用的收取权归属于地方政府，地方政府可以行使该项权

① 《全国人大法律委员会关于〈中华人民共和国物权法（草案）〉修改情况的汇报》（2006 年 10 月 27 日十届全国人大常委会第二十四次会议），载全国人民代表大会常务委员会法制工作委员会民法室编：《物权法立法背景与观点全集》，北京，法律出版社 2007 年版，第 65 页。

利，也可以不行使，即有权“减免”续期费用；（3）这将由法律、行政法规另行规定。

自动续期后的建设用地使用权有无明确的期间？回答是应当具有明确的存续期间，并且应为建设用地使用权的原存续期间。至于建设用地使用权在实际上长短不一，按照原存续期间确定续期后的建设用地使用权的存续期间，是否有失公正的问题，笔者认为，由于住宅建设用地使用权是自动续期，只要存续期限一届满就自动续期，因而，在客观上各个建设用地使用权人的利益鲜有差异。

建设用地使用权期间届满前地上建筑物、构筑物及其附属设施倒塌，且一直未复建，待建设用地使用权期间届满时，是否自动续期？回答是不再自动续期。其道理在于，建设用地使用权的目的及功能在于阻断土地所有权吸收地上物的法律效力，使用地者保有其建造的建筑物、构筑物及其附属设施的所有权。既然建筑物、构筑物及其附属设施已经不复存在，无须为用地者保有这些物的所有权，建设用地使用权已经完成了历史使命，便应功成身退，寿终正寝了。

建设用地使用权人为了自己的利益，应当在建设用地使用权期间届满前，通过加固等方法防止建筑物、构筑物及其附属设施倒塌，若已经倒塌，应当及时重建。

三、非住宅建设用地使用权期满时的续期及其费用的规则

《物权法》对非住宅建设用地使用权期间届满采取了不同的处理方案，于第149条第2款前段规定：非住宅建设用地使用权期限届满后的续期，依照法律规定办理。《民法典》对此完全承继（第359条第2款前段）。此处所谓依照法律规定办理，例如，《城市房地产管理法》第22条规定：“土地使用权出让合同约定的使用年限届满，土地使用者需要继续使用土地的，应当至迟于届满前一年申请续期，除根据社会公共利益需要收回该幅土地的，应当予以批准。经批准准予续期的，应当重新签订土地使用权出让合同，依照规定支付土地使用权出让金”（第1款）。“土地使用权出让合同约定的使用年限届满，土地使用者未申请续期或者虽申请续期但依照前款规定未获批准的，土地使用权由国家无偿收回”（第2款）。再如，《不动产登记暂行条例实施细则》第37条规定：“申请国有建设用地使用权及房屋所有权变更登记的，应当根据不同情况，提交下列材料：（一）不动产权属证书；（二）发生变更的材料；（三）有批准权的人民政府或者主管部门的批准文件；（四）国有建设用地使用权出让合同或者补充协议；（五）国有建设用地使用权出让价款、税费等缴纳凭证；（六）其他必要材料。”

应当注意，本条第1款前段规定建设用地使用权期满时的续期，存在着强制

缔约义务，即建设用地使用权的存续期间届满，建设用地使用权人需要继续使用该宗建设用地的，应在期间届满前 1 年申请续期，该宗土地的所有权人应当同意，但因社会公共利益需要收回该宗土地的除外。①

［引申与讨论］

1. 续期的申请人。在独栋建筑物归属于一个民事主体所有的情况下，申请人为该所有权人，没有疑问。在建筑物区分所有权场合，申请人是某业主个人还是业主委员会？应当是业主委员会，因为建设用地使用权既是某特定建筑物区分所有权的权源，也是整栋区分所有的建筑物权属的正当根据，仅仅由单个的业主申请建设用地使用权的续期，不能解决全部问题。特别是在各业主的意见不一致时，以单个业主的意见为准，更不妥当，而按照管理规约或业主大会决定，申请或不申请建设用地使用权的续期，方为上策。

2. 单个业主或业主委员会申请建设用地使用权续期，出让人是否负有强制缔约义务？鉴于只有出让人必须承诺才能保护建设用地使用权人的合法权益，应当确立出让人的强制缔约义务，基于公共利益需要必须收回建设用地使用权的除外（参见《民法典》第 358 条）。

非住宅建设用地使用权续期，办理建设用地使用权变更登记，需要缴纳续期费用，包括土地使用权出让金及办理手续的费用等。

四、地上房屋及其他不动产的归属规则

本条第 2 款后段的适用领域，实际上不包括非住宅建设用地使用权已经办理完毕续期登记手续的情形，因为本条第 2 款后段所谓“该土地上的房屋以及其他不动产的归属，有约定的，按照约定”，只能是该房地产权利人与国土资源管理部门、房管部门之间的约定，不会是该房地产权人与交易相对人的约定，因为只要不续期该建设用地使用权，该房地产权属一并丧失，故其效力不会依其约定引发该房地产权属的转移。该房地产权利人与国土资源管理部门、房管部门之间约定“该土地上的房屋以及其他不动产的归属”，只会在该建设用地使用权不再续期的情况下进行，才符合生活常理和逻辑。因为只要该建设用地使用权已经续期，权利人有权自主决定自己继续保有该房地产权属，或是将之转让给交易相对人，何以与国土资源管理部门、房管部门之间约定？可见，本条第 2 款后段只适

① 《全国人大法律委员会关于〈中华人民共和国物权法（草案）〉修改情况的汇报》（2005 年 10 月 19 日十届全国人大常委会第十八次会议），载全国人民代表大会常务委员会法制工作委员会民法室编：《物权法立法背景与观点全集》，北京，法律出版社 2007 年版，第 38 页。

用于非住宅建设用地使用权期满时未再续期的场合。

本条第2款后段所谓“有约定的，按照约定”，符合意思自治原则的要求，是尊重房地产权利的体现，值得肯定。

本条第2款后段关于“没有约定或者约定不明确的，依照法律、行政法规的规定办理”的规定中，所谓“依照法律、行政法规的规定办理”，包括若干法律规范。例如，基于《民法典》第352条正文关于地上建筑物、构筑物及其附属设施的所有权归属于其所在基地的建设用地使用权人的规定，建设用地使用权期满时未再续期，便回归国家土地所有权之中（弹力性），“该土地上的房屋及其他不动产”随之归属于国家。再如，《民法典》第360条规定：“建设用地使用权消灭的，出让人应当及时办理注销登记。登记机构应当收回权属证书。”

第三百六十条

建设用地使用权消灭的，出让人应当及时办理注销登记。登记机构应当收回权属证书。

本条主旨

本条是关于建设用地使用权消灭的应当办理注销登记的规定。

相关条文

《物权法》第150条　建设用地使用权消灭的，出让人应当及时办理注销登记。登记机构应当收回建设用地使用权证书。

《城镇国有土地使用权出让和转让暂行条例》第40条　土地使用权期满，土地使用权及其地上建筑物、其他附着物所有权由国家无偿取得。土地使用者应当交还土地使用证，并依照规定办理注销登记。

《不动产登记暂行条例》第14条第2款　属于下列情形之一的，可以由当事人单方申请：

……

（五）不动产灭失或者权利人放弃不动产权利，申请注销登记的；

《不动产登记暂行条例实施细则》第28条第1款　下列情形之一的，当事人可以申请办理注销登记：

（一）不动产灭失的；

（二）权利人放弃不动产权利的；

（三）不动产被依法没收、征收或者收回的；

（四）人民法院、仲裁委员会的生效法律文书导致不动产权利消灭的；

（五）法律、行政法规规定的其他情形。

理解与适用

本条是对《物权法》第150条的复制，只改动了个别术语。

建设用地使用权的登记具有公示和公信的效果，对于第三人影响很大。如果建设用地使用权本已消灭，但登记名义人仍然以权利人的身份将该“建设用地使用权”转让或抵押给他人，该他人查阅不动产登记簿，信以为真，便同意以实际上不存在的建设用地使用权作为标的物成交，会带来极为负面的后果。即使是强制执行大多不适用不动产登记的公信原则，未注销登记，也会给强制执行的申请人带来错觉，劳师动众，结果因不存在强制执行的标的物而落个一场空，增大了成本。有鉴于此，本条前段规定“出让人应当及时办理注销登记”，《不动产登记暂行条例》设置第14条第2款，《不动产登记暂行条例实施细则》设置第28条，予以配合，很有必要。

建设用地使用权证书具有证据的作用，不及时收回，给“建设用地使用权人”提供骗人的机会，酿成上个自然段所述的后果，也是应当避免发生的。故本条后段规定“登记机构应当收回权属证书”，也是必要的。

第三百六十一条

集体所有的土地作为建设用地的，应当依照土地管理的法律规定办理。

本条主旨

本条是关于集体建设用地使用权法律适用的规定。

相关条文

《物权法》第151条　集体所有的土地作为建设用地的，应当依照土地管理法等法律规定办理。

《土地管理法》第61条　乡（镇）村公共设施、公益事业建设，需要使用土地的，经乡（镇）人民政府审核，向县级以上地方人民政府自然资源主管部门提出申请，按照省、自治区、直辖市规定的批准权限，由县级以上地方人民政府批准；其中，涉及占用农用地的，依照本法第四十四条的规定办理审批手续。

第63条　土地利用总体规划、城乡规划确定为工业、商业等经营性用途，并经依法登记的集体经营性建设用地，土地所有权人可以通过出让、出租等方式交由单位或者个人使用，并应当签订书面合同，载明土地界址、面积、动工期限、使用期限、土地用途、规划条件和双方其他权利义务。

前款规定的集体经营性建设用地出让、出租等，应当经本集体经济组织成员的村民会议三分之二以上成员或者三分之二以上村民代表的同意。

通过出让等方式取得的集体经营性建设用地使用权可以转让、互换、出资、赠与或者抵押，但法律、行政法规另有规定或者土地所有权人、土地使用权人签订的书面合同另有约定的除外。

集体经营性建设用地的出租，集体建设用地使用权的出让及其最高年限、转让、互换、出资、赠与、抵押等，参照同类用途的国有建设用地执行。具体办法由国务院制定。

理解与适用

一、本条意义概貌

本条是引致性（管道性）条款，把集体建设用地使用权的法律调整引向《土地管理法》。

饶有趣味的是，本条在字面意思上与《物权法》第 151 条的极为相像，但二者的精神实质及法律效果却有天壤之别。《物权法》第 151 条指向的《土地管理法》是 2004 年修正的《土地管理法》，主要是其 43 条第 1 款关于“任何单位和个人进行建设，需要使用土地的，必须依法申请使用国有土地；但是，兴办乡镇企业和村民建设住宅经依法批准使用本集体经济组织农民集体所有的土地的，或者乡（镇）村公共设施和公益事业建设经依法批准使用农民集体所有的土地的除外”的规定；而《民法典》第 361 条指向的《土地管理法》却是 2019 年修正的《土地管理法》，主要是第 63 条等规定确立了集体经营性建设用地使用权的转让、互换、出资、赠与或者抵押的规则。两者在集体经营性建设用地使用权的流转性方面发生了实质上的变化，前者不允许集体建设用地使用权进入土地交易市场，利用农民集体所有的土地从事工业、商业、娱乐、旅游等项目的开发建设，需要先将农民集体所有的土地征收为国有，然后出让国有土地使用权/国有建设用地使用权；后者允许集体经营性建设用地使用权进入土地交易市场，权利人可以据其从事工业、商业等开发建设。

二、集体建设用地使用权的基本类型

2019 年修正的《土地管理法》上的集体建设用地使用权有两大类：第一类是第 59 条规定的用于乡镇企业、乡（镇）村公共设施、公益事业、农村村民住宅等乡（镇）村建设而设立的体建设用地使用权；第二类是第 63 条创设的集体经营性建设用地使用权。第一种类型的集体建设用地使用权在目的及功能上限于乡镇企业、乡（镇）村公共设施、公益事业、农村村民住宅等乡（镇）村建设的需要，不得进入土地交易市场，即不得转让、互换、出资、赠与、抵押等交易。第二类集体经营性建设用地使用权可以进入土地交易市场，“出让及其最高年限、转让、互换、出资、赠与、抵押等，参照同类用途的国有建设用地执行”（《土地管理法》第 63 条第 4 款）。

三、集体经营性建设用地使用权的设立条件

集体经营性建设用地使用权的设立受到法律的严格约束。首先，某宗农民集体所有的土地之上设立集体经营性建设用地，必须是土地利用总体规划、城乡规划已将该宗土地确定为工业、商业等经营性用途（《土地管理法》第 63 条第 1 款前段），不然，集体经营性建设用地不被法律所承认。于此阶段，集体经营性建设用地的权利人是农村集体经济组织，而非其他任何人，即使是农村集体经济组织的成员，也不是。其次，经依法登记的集体经营性建设用地，土地所有权人可以通过出让、出租等方式交由单位或者个人使用，至此，集体经营性建设用地使用权设立（《土地管理法》第 63 条第 1 款中段），权利人不是农村集体经济组织，而是出让、出租等法律行为的相对人，或是受让人，或是承租人，或是目标公司，或是合伙企业，或是抵押权人，等等。再次，设立集体经营性建设用地使用权的出让、出租等合同，应当签订书面合同，载明土地界址、面积、动工期限、使用期限、土地用途、规划条件和双方其他权利义务（《土地管理法》第 63 条第 1 款后段）。最后，以集体经营性建设用地出让、出租等方式设立集体经营性建设用地使用权，应当经本集体经济组织成员的村民会议 2/3 以上成员或者 2/3 以上村民代表的同意（《土地管理法》第 63 条第 2 款）。

四、集体经营性建设用地使用权的流转与限制

《土地管理法》赋权集体经营性建设用地使用权的转让性（让与性），于第 63 条第 3 款正文规定：“通过出让等方式取得的集体经营性建设用地使用权可以转让、互换、出资、赠与或者抵押。”这与国有建设用地使用权的转让性（让与

性）是一样的，是2019年之前所不具有的，《民法典》对此在民事基本法的层面上予以固定了（第361条），意义深远。

不过，此种转让性（让与性）并不意味着集体经营性建设用地使用权在任何情况下都可以/能够转让、互换、出资、赠与或者抵押，更不意味着法律不顾实际情形放任其流转。因此有《土地管理法》第63条第3款关于“但法律、行政法规另有规定或者土地所有权人、土地使用权人签订的书面合同另有约定的除外”的规定。此处所谓法律、行政法规另有规定，即法律、行政法规不允许集体经营性建设用地使用权转让、互换、出资、赠与或者抵押的规定。此类规定，例如，《民法典》第243条、第327条规定的征收建设用地，第358条规定的因公共利益的需要而提前收回建设用地，存在于此类建设用地之上的集体经营性建设用地使用权便不得转让、互换、出资、赠与或者抵押。此处所谓“土地所有权人、土地使用权人签订的书面合同另有约定”，即奉行意思自治原则，农村集体经济组织即土地所有权人与集体经营性建设用地使用权人签订的书面流转合同中存在禁止集体经营性建设用地使用权流转的约定时，只要该约定不存在法律行为无效的原因，就具有法律效力，可阻止集体经营性建设用地使用权人转让、互换、出资、赠与或者抵押集体经营性建设用地使用权。当然，根据合同的相对性，该约定不具有对抗交易第三人的效力，在集体经营性建设用地使用权人违反此类约定时，农村集体经济组织即土地所有权人难以请求确认流转合同无效，只得追究集体经营性建设用地使用权人的违约责任。

五、创设集体经营性建设用地使用权的意义

在相当长的历史时期，政策和法律仅仅允许集体所有权人可以赋权乡镇企业经依法批准使用本集体经济组织农民集体所有的土地，取得集体建设用地使用权，或者乡（镇）村公共设施和公益事业建设经依法批准使用农民集体所有的土地（2004年《土地管理法》第43条第1款后段）。除此而外的建设需要农村集体所有的土地，必须先将集体所有的土地征收为国有，然后从国家土地所有权中“分离”出占有、使用、收益乃至处分权利自身的权能，由国土资源主管机关出让国有建设用地使用权给用地者，用地者才可在该国有建设用地上从事工业、商业的开发建设（2004年《土地管理法》第43条第1款前段、第44条以下），这就是“先征收、再出让”模式，忽视了农村集体经济组织的合法权益，实有不足。

为了改变这种不合理的布局，促进农村、农业的健康发展，也是整个国民经济的合理发展，《中共中央关于全面深化改革若干重大问题的决定》宣布：“在符

合规划和用途管制前提下，允许农村集体经营性建设用地出让、租赁、入股，实行与国有土地同等入市、同权同价。缩小征地范围，规范征地程序，完善对被征地农民合理、规范、多元保障机制。扩大国有土地有偿使用范围，减少非公益性用地划拨。建立兼顾国家、集体、个人的土地增值收益分配机制，合理提高个人收益。完善土地租赁、转让、抵押二级市场”（第 11 条）。《中共中央 国务院关于完善产权保护制度依法保护产权的意见》重申：“深化农村土地制度改革，坚持土地公有制性质不改变、耕地红线不突破、粮食生产能力不减弱、农民利益不受损的底线，从实际出发，因地制宜，落实承包地、宅基地、集体经营性建设用地的用益物权，赋予农民更多财产权利，增加农民财产收益。”

如今，这些政策已经变成了法律。《土地管理法》经修订于 2019 年出台，删除了第 43 条关于“任何单位和个人进行建设，需要使用土地的，必须依法申请使用国有土地；但是，兴办乡镇企业和村民建设住宅经依法批准使用本集体经济组织农民集体所有的土地的，或者乡（镇）村公共设施和公益事业建设经依法批准使用农民集体所有的土地的除外”（第 1 款）；“前款所称依法申请使用的国有土地包括国家所有的土地和国家征收的原属于农民集体所有的土地”（第 2 款）的规定，于其第 63 条规定：“土地利用总体规划、城乡规划确定为工业、商业等经营性用途，并经依法登记的集体经营性建设用地，土地所有权人可以通过出让、出租等方式交由单位或者个人使用，并应当签订书面合同，载明土地界址、面积、动工期限、使用期限、土地用途、规划条件和双方其他权利义务”（第 1 款）。“前款规定的集体经营性建设用地出让、出租等，应当经本集体经济组织成员的村民会议三分之二以上成员或者三分之二以上村民代表的同意”（第 2 款）；“集体经营性建设用地的出租，集体建设用地使用权的出让及其最高年限、转让、互换、出资、赠与、抵押等，参照同类用途的国有建设用地执行。具体办法由国务院制定”（第 4 款）。如今，《民法典》完全肯认上述规定，特设第 361 条，把集体经营性建设用地使用权的法律适用引至《土地管理法》。

六、防止集体经营性建设用地使用权制度被不当扩大化

《土地管理法》第 63 条的立法计划和立法目的能达到吗？有专家、学者担心有人假道《土地管理法》第 45 条第 1 款第 5 项关于“在土地利用总体规划确定的城镇建设用地范围内，经省级以上人民政府批准由县级以上地方人民政府组织实施的成片开发建设需要用地的”的规定偏离前述立法计划和立法目的，具体些说就是，所谓“成片开发建设需要用地”并非为了公共利益，但却因此征收集体土地。

防止此种偏离，方法和措施之一是，应当坚持对《土地管理法》第45条的规定予以整体解释。其实，无论是就该条的文义和体系还是就其规范意旨而言，“成片开发建设需要用地”的征收都必须是“为了公共利益的需要”，而非为了商业的需要。

在实践操作的层面，需要甄别“成片开发建设需要用地”在何种情况下是“为了公共利益的需要”。对成片开发建设需要用地是否为公共利益，在各阶段均须以一定的事实审查作为基础。其审查步骤依次包括征收目的本身的正当性、征收目的的实现的有效性、征收目的的实现的必要性、公益目的与私益损失之间合乎比例，其方法兼具“问题思考”与“体系思考”的特性，是促进国家权力结构平衡、调和公益与私利，达到实质正义的一种理性法则。这一法则借鉴价值较高，当然对法官的要求也很高，应该尝试，也借以避免社会不稳定因素的发酵。①

此外，还要注意另外一种倾向：扰乱《土地管理法》第63条的立法计划和立法目的，放松对宅基地使用权申请的审核、批准，使本不应取得宅基地使用权的农户却被获批该权，而后，该农户所在的集体经济组织或镇政府乃至县政府调整用地指标和土地用途，把宅基地使用权变性为集体经营性建设用地。防止和封堵此种途径及方式，也是保障《土地管理法》第63条的立法计划和立法目的得以实现的不可忽视的一环。

① 陈小君：《新一轮土地改革的检视与建议》，载《中国法律评论》2019年第5期。

第十三章

宅基地使用权

本章首先界定了宅基地使用权的概念，也是宅基地使用权的基本内容（积极权能），接着把关于宅基地使用权的规制引向《土地管理法》等法律、法规的相应规定，然后规定宅基地使用权因其客体灭失而消灭以及重新分配宅基地的规则，最后规定宅基地使用权的变更登记和注销登记。

第三百六十二条

宅基地使用权人依法对集体所有的土地享有占有和使用的权利，有权依法利用该土地建造住宅及其附属设施。

本条主旨

本条是关于宅基地使用权的概念亦即基本内容（积极权能）的规定。

相关条文

《物权法》第 152 条　宅基地使用权人依法对集体所有的土地享有占有和使用的权利，有权依法利用该土地建造住宅及其附属设施。

《土地管理法》第 59 条　乡镇企业、乡（镇）村公共设施、公益事业、农村村民住宅等乡（镇）村建设，应当按照村庄和集镇规划，合理布局，综合开发，配套建设；建设用地，应当符合乡（镇）土地利用总体规划和土地利用年度计划，并依照本法第四十四条、第六十条、第六十一条、第六十二条的规定办理审批手续。

第 62 条　农村村民一户只能拥有一处宅基地，其宅基地的面积不得超过省、自治区、直辖市规定的标准。

人均土地少、不能保障一户拥有一处宅基地的地区，县级人民政府在充分尊重农村村民意愿的基础上，可以采取措施，按照省、自治区、直辖市规定的标准保障农村村民实现户有所居。

农村村民建住宅，应当符合乡（镇）土地利用总体规划、村庄规划，不得占用永久基本农田，并尽量使用原有的宅基地和村内空闲地。

编制乡（镇）土地利用总体规划、村庄规划应当统筹并合理安排宅基地用地，改善农村村民居住环境和条件。

农村村民住宅用地，由乡（镇）人民政府审核批准；其中，涉及占用农用地的，依照本法第四十四条的规定办理审批手续。

农村村民出卖、出租、赠与住宅后，再申请宅基地的，不予批准。

国家允许进城落户的农村村民依法自愿有偿退出宅基地，鼓励农村集体经济组织及其成员盘活利用闲置宅基地和闲置住宅。

国务院农业农村主管部门负责全国农村宅基地改革和管理有关工作。

理解与适用

一、本条意义概貌

本条是对《物权法》第 152 条的复制，界定了宅基地使用权的概念，亦即宅基地使用权的基本内容。

二、宅基地使用权的概念

宅基地使用权，是指农村村民（实际应为农户）依法在集体所有的土地上建造住宅及其附属设施，并保有其所有权的用益物权（《民法典》第 362 条）。它具有如下法律性质。

（一）宅基地使用权的主体具有身份性

从权利主体方面看，宅基地使用权的主体具有身份性，至少在宅基地使用权设立时限于本集体经济组织的成员，实务运作上是以户为单位设立，且按一户取得一处宅基地的原则配置，宅基地的面积不得超过省、自治区、直辖市规定的标准（《土地管理法》第 63 条第 1 款）。

［演变］

关于宅基地使用权的主体，中国立法及其理论有其演变过程。在相当长的历史时期，宅基地使用权分为农村宅基地使用权和城镇宅基地使用权两种。后者的主体是1949年以后由于历史原因形成的城镇私房所有者及经批准在城镇建房的城镇居民。在1982年《宪法》规定城市土地归国家所有之后，城镇私有房屋所在的宅基地所有权转化为国家所有权，为使私有房屋的所有权人继续保有私房的所有权，就必须使其享有宅基地的使用权。该宅基地使用权后被更名为国有土地使用权，《物权法》生效后则应称作建设用地使用权，《民法典》亦然。就是说，如今的宅基地使用权在城镇国有土地上不复存在，相应的，被称为宅基地使用权的主体也不再有这样的城镇居民。

农村宅基地使用权的主体，在相当长的历史时期，原则上为本集体经济组织成员，少数情况下为城镇非农业户口居民。对有关这方面的立法，简要考察如下。

国务院于1982年2月13日发布的《村镇建房用地管理条例》规定，农村人民公社、生产大队、生产队的土地，分别归公社、大队、生产队集体所有。社员对宅基地、自留地、自留山、饲料地和承包的土地，只有按照规定用途使用的使用权，没有所有权（第4条）。在村镇内，个人建房和社队企业、事业单位建设用地，都应按照本条件的规定，办理申请、审查、批准的手续。任何机关、企业、事业单位和个人不准擅自占地建房、进行建设或越权批准占用土地（第5条第1款）。农村社员，回乡落户的离休、退休、退职职工和军人，回乡定居的华侨，建房需要宅基地的，应向所在生产队申请，经社员大会讨论通过，生产大队审核同意，报公社管理委员会批准；确实需要占用耕地、园地的，必须报经县级人民政府批准。批准后，由批准机关发给宅基地使用证明（第14条）。集镇内非农业户建房需要用地的，应提出申请，由管理集镇的机构与有关生产队协商，参照第14条的规定办理（第18条）。应予注意，该条例已被1986年6月25日通过的《土地管理法》废止（第57条）。

1986年6月25日通过的《土地管理法》第38条规定，农村居民建住宅，应当使用原有的宅基地和村内空闲地。使用耕地的，经乡级人民政府审核后，报县级人民政府批准；使用原有的宅基地、村内空闲地和其他土地的，由乡级人民政府批准（第1款）。农村居民建住宅使用土地，不得超过省、自治区、直辖市规定的标准（第2款）。该法第41条规定，城镇非农业户口居民建住宅需要使用集体所有的土地的，必须经县级人民政府批准，其用地面积不能超过省、自治区、直辖市规定的标准，并参照国家建设用土地的标准支付补偿费和安置补助费。

1988年12月29日修正通过的《土地管理法》继续保留了1986年《土地管理法》第38条和第41条的规定，维持了农村宅基地使用权人原则上为农村集体经济组织成员，个别情况下为城镇居民的格局。

国务院于1993年6月29日发布《村庄和集镇规划建设管理条例》（国务院第116号令），贯彻了上述原则，于第18条规定，农村村民在村庄、集镇规划区内建住宅的，应当先向村集体经济组织或村民委员会提出建房申请，经村民会议讨论通过后，按照下列审批程序办理：(1) 需要使用耕地的，经乡级人民政府审核、县级人民政府建设行政主管部门审查同意并出具选址意见书后，方可依照《土地管理法》向县级人民政府土地管理部门申请用地，经县级人民政府批准后，由县级人民政府土地管理部门划拨土地；(2) 使用原有宅基地、村内空闲地和其他土地的，由乡级人民政府根据村庄、集镇规划和土地利用规划批准（第 1 款）。城镇非农业户口居民在村庄、集镇规划区内需要使用集体所有的土地建住宅的，应当经其所在单位或居民委员会同意后，依照前款第（1）项规定的审批程序办理（第 2 款）。回原籍村庄、集镇落户的职工、退伍军人和离休、退休干部以及回乡定居的华侨、港澳台同胞，在村庄、集镇规划区内需要使用集体所有的土地建住宅的，依照本条第 1 款第 1 项规定的审批程序办理（第 3 款）。

1998 年 8 月 29 日修正通过的《土地管理法》删除了 1986 年的《土地管理法》第 41 条和 1988 年修正的《土地管理法》第 41 条的规定，未再重申城镇居民为宅基地使用权人的精神，而是规定了农村村民住宅建设（第 59 条）时，农村村民一户只能拥有一处住宅，其宅基地的面积不得超过省、自治区、直辖市规定的标准（第 62 条第 1 款）。2004 年 8 月 28 日修正通过的《土地管理法》承继了这个原则（第 59 条、第 62 条第 1 款）。2019 年修正的《土地管理法》继续贯彻该项原则（第 63 条第 1 款）。

由于《村庄和集镇规划建设管理条例》在效力位阶层面低于《土地管理法》，可认为该条例关于城镇居民可为宅基地使用权人的规定也不再有效。

至此可以说，宅基地使用权只存在于集体所有的土地上，其主体限于本集体经济组织的成员，以户为单位配置。

［讨论］

现行法对宅基地使用权人的表述为农村村民或本集体经济组织成员，实务上的宅基地使用权登记，权利人一栏记载的也是村民个人，不是农户。民法通说也认为宅基地使用权人为个人（内部存在着公民说、农村村民说、本集体经济组织成员说、本集体经济组织成员说和城镇居民说的差异）。①

---

① 王利明、郭明瑞、吴汉东：《民法新论》（下册），北京，中国政法大学出版社 1988 年版，第 243 页以下；马俊驹、余延满：《民法原论》（第 2 版），北京，法律出版社 2005 年版，第 377 页以下；王利明主编：《民法》（第 2 版），北京，中国人民大学出版社 2006 年版，第 276 页以下；魏振瀛主编：《民法》（第 3 版），北京，北京大学出版社、高等教育出版社 2007 年版，第 273 页以下；梁慧星、陈华彬：《物权法》（第 4 版），北京，法律出版社 2007 年版，第 280 页以下；王利明、尹飞、程啸：《中国物权法教程》，北京，人民法院出版社 2007 年版，第 379 页以下；胡康生主编：《中华人民共和国物权法释义》，北京，法律出版社 2007 年版，第 336～337 页；黄松有主编：《〈中华人民共和国物权法〉条文理解与适用》，北京，人民法院出版社 2007 年版，第 456 页；高圣平：《物权法：原理·规则·案例》，北京，清华大学出版社 2007 年版，第 114～115 页。

不过，笔者持有不同看法，认为将宅基地使用权人界定为农户更符合实际。其理由如下：(1) 制定在后的《物权法》和《民法典》没有明确宅基地使用权人究竟是农村村民还是农户，《土地管理法》及《村庄和集镇规划建设管理条例》的相关条文在措辞上未尽统一，有的使用“农村村民”“农村居民”的术语，有的称“用户”或“农户”拥有一处住宅。这为将宅基地使用权的主体认定为农户提供了空间。(2) 现行法的规定及实务运作都不是按每位村民配置一处宅基地，而是以村民所形成的户为单位配置一处宅基地。村民个体的人数仅仅影响着宅基地的面积，不决定宅基地的块数。这是将户作为宅基地使用权主体的较为有利的根据。(3) 迄今为止，我们见到的法律及其理论，都是把一户占用的宅基地叫作一处宅基地，是一个物，其使用权是一项权利，而非若干块宅基地及其权利的集合。假如把宅基地使用权的主体界定为村民，那么，在三位村民组成一户的情况下，就是该户所占用的宅基地在法律上为三个物，存在着三项宅基地使用权，每位村民各拥有一项宅基地使用权。可是，这不符合农村的客观事实，也未见法律及法律人把一户占用的宅基地看成三个物，存在着三项宅基地使用权。(4) 假如把村民个人作为宅基地使用权的主体，在三位村民组成一户的情况下，一户占用的宅基地上就存在着三项宅基地使用权，根据房地权属的确定和变动原则上一体精神（《民法典》第 352 条正文、第 356 条、第 357 条），一处宅基地上竖立的住宅及其附属设施就得有三项所有权，即使是只有一栋住宅也得如此。这显然不符合客观事实。人们的观念和实务的处理，都把一处宅基地上竖立的一栋住宅作为一项所有权的客体看待。(5) 假如把村民个人作为宅基地使用权的主体，在三位村民组成一户的情况下，一户占用的宅基地上就存在着三项宅基地使用权。如此，在其中的一位或两位村民死亡时，在现行法及其理论不承认宅基地及其使用权可以继承的背景下，则该死亡村民所享有的宅基地就得归还该集体经济组织。退一步说，即使承认宅基地及其使用权可以继承，则由另外一位或两位村民加以继承。可我们至今未见如此处理的实例，实际情况是，即使一户的成员中有的死亡，该户所占用的宅基地仍然维持原状。看来，合乎逻辑的解释应是，一户占用的宅基地为一处地（一宗地），为一个物，只存在着一项宅基地使用权。它对应着一个主体。这个主体是农户，而非村民个人。(6) 这个结论的正确性还得到如下理由的支持：假如把宅基地使用权的主体看成村民个人，在一户由三位村民组成的情况下，一位村民因结婚而分家另过、依法申请一处新的宅基地的情况下，就应当将其在原宅基地的面积减少，由本集体经济组织收回减少的部分。可事实上没有如此处理，他及其配偶取得新的宅基地及其使用权，原宅基地仍保持旧有的面积。还有，在农村村民因升学、工作等原因变为城镇居民等场合，该户所占用的宅基地仍保持不变。这些现象，只有承认一处宅基地及其使用权归一户农户享有而非三位村民共有，才能解释得通。

可否将村民个人作为宅基地使用权的主体解释为只有户主享有宅基地使用权？如此解释仍能贯彻一处宅基地为一个物，其上只存在一项宅基地使用权。对此，笔者仍不赞同。因为若将户主作为宅基地使用权的单一主体，会遇到难以解释的现象。(1) 户主去世，宅基地使用权应随着主体的消亡而消失。若令其继续存在，恐怕只有继承一条路可走。但现行《民法典》“第六编 继承”及其理论以及继承实务，均不承认宅基地使用权可以继承。事实是，户主去世，只要作为家庭成员的其他村民存在，宅基地使用权就继续存在。若将户作为宅基地使用权的主体，就能轻而易举地解释这种现象，即户主死亡，或作为村民的其他家庭成员死亡，只要还有作为村民的家庭成员生存着，就表明“户”还存在，宅基地使用权因有主体而存续。(2) 若将户主作为宅基地使用权的单一主体，有些倒退到古罗马家父制的味道，不合现代伦理。

总而言之，不如按照客观实际的情形，将宅基地使用权人界定为农户。当然，只有法律的相关规定及时修正后，上述结论才更无懈可击。

(二) 宅基地使用权的客体为集体所有的土地

从权利客体方面看，宅基地使用权的客体限于集体所有的土地，且限于宅基地，而非耕地，亦非乡镇企业等建设用地（《民法典》第 362 条，《土地管理法》第 9 条第 2 款）。

(三) 宅基地使用权的目的及功能

从权利的目的及功能方面看，宅基地使用权的目的及功能在于，农户在其宅基地上建造住宅及其附属设施，并保有其所有权（《民法典》第 362 条）。

此处所谓的住宅，即农村村民的生活居住用房。此处所谓的附属设施，是指辅助住宅发挥效能的与村民生活相关的建筑物、构筑物等设施，包括储粮房、储草房、厕所、猪圈、牛棚、羊棚、沼气池、车库等。

(四) 宅基地使用权派生于农民集体土地所有权

从权利所出之源的角度看，宅基地使用权系分享了农民集体土地所有权中的占有、使用和收益的权能而形成的他物权（《土地管理法》第 9 条第 2 款）。

(五) 宅基地使用权为用益物权

从权利所归属的体系看，宅基地使用权以占有、使用、收益为内容，具有排他性，故为物权，且为用益物权（《民法典》第 362 条）。

(六) 宅基地使用权为无对价物权

从权利取得的对价方面看，按照现行法及政策的要求，农村村民无偿取得宅基地使用权，集体经济组织及其他任何部门都不得收取宅基地有偿使用费、宅基地超占费。

［论争］

在中国物权法草案的讨论过程中，有意见主张宅基地使用权应当有偿取得，理由是现在农村已经存在宅基地分配不均、批少占多等问题，无偿取得宅基地，既无法满足农民群众改善居住条件的需要，也影响了集体经济组织的收益。修正意见认为，完全实施有偿使用制度，多数农民难以承受，建议对保障基本居住的宅基地部分，继续采用无偿取得制度，而对超过基本居住范围的部分实行有偿使用制度。对超标夺占的宅基地，可以采取累进制计算使用费。①

（七）宅基地使用权为无期物权

从权利的存续期限方面看，宅基地使用权是无期限物权，具有永久性。它在一定意义上起着土地所有权的作用，不同于典型的用益物权。

三、宅基地使用权与建设用地使用权

按照现行法，宅基地使用权和建设用地使用权是相互独立的两项土地权利，其相同点或相似之处在于，它们的目的及功能都是利用他人土地建造建筑物、构筑物及其附属设施并保有所有权，不同点表现在如下几方面。

1. 在权利的设立方面，宅基地使用权的设立完全采取行政审批的程序，而建设用地使用权的设立则分两种情形，其中出让的建设用地使用权要通过市场化的方式设立。

2. 在权利主体方面，现行法上的宅基地使用权要求本集体经济组织成员作为主体（实际上应为农户），排斥其他人，具有浓厚的身份色彩；而出让的建设用地使用权在主体上没有身份的色彩，行政划拨的建设用地使用权在主体方面也相对宽泛。

3. 在权利客体的所有制性质方面，现行法上的宅基地使用权存在于农民集体所有的土地之上，而建设用地使用权大多存在于国有土地之上，集体经营性建设用地使用权以农民集体所有的土地为客体。

4. 在权利目的及功能的具体内容方面，两项权利也有些许差异：宅基地使用权的目的及功能只能是农户建造住宅及其附属设施，不得建造写字楼、厂房、商品化住宅等建筑物、构筑物及其附属设施；而建设用地上却可建各种功能的建

① 胡康生主编：《中华人民共和国物权法释义》，北京，法律出版社2007年版，第338页。

筑物、构筑物及其附属设施。

5. 在流转方面，现行法默认宅基地使用权随着地上房屋的移转而转让，禁止单独转让、抵押宅基地使用权；而出让的建设用地使用权具有较为自由的让与性，行政划拨的建设用地使用权在经过县级以上人民政府批准、补交出让金、签订出让合同后亦可转让。

6. 在存续期限方面，宅基地使用权是无期限的，可以说具有永久性；而出让的建设用地使用权必有存续期限，行政划拨的建设用地使用权只是没有明确的终期。

［探讨］

站在立法论的立场，笔者倾向于改革宅基地使用权制度，放宽权利让与的自由度，将宅基地使用权和建设用地使用权合并为一种权利类型，称谓也随之变为地上权。不过，在地上权内部，存在着亚地上权类型，用于农户建造住宅及其附属设施的地上权与其他用途的地上权之间仍存在差异。对此，应予注意。①

第三百六十三条

宅基地使用权的取得、行使和转让，适用土地管理的法律和国家有关规定。

本条主旨

本条是关于宅基地使用权取得、行使和转让的法律适用的规定。

相关条文

《物权法》第 153 条　宅基地使用权的取得、行使和转让，适用土地管理法等法律和国家有关规定。

《土地管理法》第 59 条　乡镇企业、乡（镇）村公共设施、公益事业、农村村民住宅等乡（镇）村建设，应当按照村庄和集镇规划，合理布局，综合开发，配套建设；建设用地，应当符合乡（镇）土地利用总体规划和土地利用年度计划，并依照本法第四十四条、第六十条、第六十一条、第六十二条的规定办理审批手续。

第 62 条　农村村民一户只能拥有一处宅基地，其宅基地的面积不得超过省、自治区、直辖市规定的标准。

---

① 详细论述，见崔建远：《土地上的权利群研究》，北京，法律出版社 2004 年版，第 206～208 页。

人均土地少、不能保障一户拥有一处宅基地的地区，县级人民政府在充分尊重农村村民意愿的基础上，可以采取措施，按照省、自治区、直辖市规定的标准保障农村村民实现户有所居。

农村村民建住宅，应当符合乡（镇）土地利用总体规划、村庄规划，不得占用永久基本农田，并尽量使用原有的宅基地和村内空闲地。编制乡（镇）土地利用总体规划、村庄规划应当统筹并合理安排宅基地用地，改善农村村民居住环境和条件。

农村村民住宅用地，由乡（镇）人民政府审核批准；其中，涉及占用农用地的，依照本法第四十四条的规定办理审批手续。

农村村民出卖、出租、赠与住宅后，再申请宅基地的，不予批准。

国家允许进城落户的农村村民依法自愿有偿退出宅基地，鼓励农村集体经济组织及其成员盘活利用闲置宅基地和闲置住宅。

国务院农业农村主管部门负责全国农村宅基地改革和管理有关工作。

理解与适用

一、本条含义概貌

本条继承了《物权法》第153条的精神，只是表述的文字有微调。本条属于引致性（管道性）条文，将有关宅基地使用权取得、行使和转让的法律适用引至“适用土地管理的法律和国家有关规定”。

本条所谓“适用土地管理的法律和国家有关规定”，包括《土地管理法》、《村庄和集镇规划建设管理条例》、《不动产登记暂行条例》、《不动产登记暂行条例实施细则》以及《确定土地所有权和使用权的若干规定》等法律、法规、规章的相应规定。

二、宅基地使用权的取得

（一）概述

宅基地使用权的取得同样分为原始取得和继受取得。原始取得宅基地使用权，例如，通过中央政策和法律的直接规定，将农民拥有的宅基地所有权转变为宅基地使用权。

在中华人民共和国成立之前，农民的住宅及其附属设施基本上都建造在自己所有的土地之上。共产党领导的土地改革运动承认这种状况，农民对其房屋及其宅基地同时享有所有权。

中华人民共和国成立之后，自1949年10月开始搞农村合作化运动，发展到1956年年底，参加初级社的农户占总农户的96.3%，参加高级社的达到农户总数的87.8%，基本上实现了完全的社会主义改造，完成了由农民个体所有制到社会主义集体所有制的转变。① 这样，农民的宅基地所有权转变为集体土地所有权，农户对其宅基地开始享有使用权。在这方面，中国共产党第八届中央委员会第十次全体会议于1962年9月27日通过的《农村人民公社工作条例（修正草案）》规定，生产队范围内的土地，都归生产队所有。生产队所有的土地，包括社员的自留地（社员自主经营、获取农获物的耕地）、自留山（社员自主经营、取得林木等的所有权的山）、宅基地等，一律不准出租和买卖（第21条第1款）。社员的房屋，永远归社员所有（第45条第1款）。1982年《宪法》规定，宅基地和自留地、自留山，也属于集体所有（第10条）。这意味着社员对于宅基地只享有使用权。② 这样，农民对其宅基地的所有权已经转变为宅基地使用权。这是直接基于中央政策和法律规定而取得的，因而属于原始取得。

继受取得宅基地使用权，创设继受取得为其常态，表现为宅基地使用权的设立。至于移转继受取得宅基地使用权，则不多见。其原因在于，在现行法上，宅基地使用权不得转让及抵押，宅基地使用权人通过出卖房屋而导致宅基地使用权移转的，不得再获得宅基地使用权。加上宅基地使用权不存在继承问题，这就使得宅基地使用权在客观上鲜见移转继受取得，只有在宅基地上的住宅及其附属设施被出卖、赠与、继承的情况下，宅基地使用权才随之移转，出现移转继受取得的实例。

（二）宅基地使用权的设立

按照现行法和政策，农村村民在村庄、集镇规划区内建住宅，取得宅基地使用权，应当先向村集体经济组织或村民委员会提出建房申请，提出设立宅基地使用权的申请（《村庄和集镇规划建设管理条例》第18条前段）。实际操作上，是户主以其名义撰写申请书。

农村村民，包括既有的村民，也包括新加入的村民。新加入的村民，如回乡落户的离休、退休、退职的干部职工，复原退伍的军人，回乡定居的华侨、港澳台同胞等。

---

① 资料来源：http：//news.xinhuanet.com/ziliao/2003－01/20/content_697957.htm。

② 《最高人民法院关于解放前劳动人民之间宅基地租赁契约是否承认和保护问题的批复》（1985年11月12日）；《最高人民法院关于公民对宅基地只有使用权没有所有权的批复》（1986年11月14日）。载张世进等主编：《中华人民共和国法律规范性解释集成》，长春，吉林人民出版社1990年版，第544、545页。

申请人所在的集体经济组织对宅基地使用权申请予以审查，看其是否符合准予宅基地使用权的条件。这些条件包括：（1）申请人必须为本集体经济组织成员。（2）申请人及其所在农户存在着合理的住宅需求。例如，申请人已经分家另过，其新家庭四口人需要独立的住宅一处。（3）不存在法律、法规、规章禁止的事由。例如，申请人曾经拥有过宅基地，但为获取钱款而将其住宅卖与他人，依据《土地管理法》第 62 条第 6 款的规定，该申请人无权再获得宅基地。① 再如，申请宅基地的位置和面积等不违反现行法的规定。

《土地管理法》第 62 条第 4 款规定："农村村民住宅用地，由乡（镇）人民政府审核批准；其中，涉及占用农用地的，依照本法第四十四条的规定办理审批手续。"《土地管理法》第 44 条的规定是"建设占用土地，涉及农用地转为建设用地的，应当办理农用地转用审批手续"（第 1 款）。"永久基本农田转为建设用地的，由国务院批准"（第 2 款）。"在土地利用总体规划确定的城市和村庄、集镇建设用地规模范围内，为实施该规划而将永久基本农田以外的农用地转为建设用地的，按土地利用年度计划分批次按照国务院规定由原批准土地利用总体规划的机关或者其授权的机关批准。在已批准的农用地转用范围内，具体建设项目用地可以由市、县人民政府批准"（第 3 款）。"在土地利用总体规划确定的城市和村庄、集镇建设用地规模范围外，将永久基本农田以外的农用地转为建设用地的，由国务院或者国务院授权的省、自治区、直辖市人民政府批准"（第 4 款）。

需要指出的是，将宅基地分配给本集体经济组织的成员，应是作为宅基地的所有权人行使其土地所有权的表现之一，该集体经济组织应为宅基地使用权的设立人，乡（镇）人民政府并非宅基地所有权人，不应是宅基地使用权的设立人，其审核、批准应限于对宅基地申请是否符合《土地管理法》以及有关法规规定的条件和程序，如"农村村民建住宅，应当符合乡（镇）土地利用总体规划、村庄规划，不得占用永久基本农田，并尽量使用原有的宅基地和村内空闲地"（《土地管理法》第 62 条第 3 款），目的在于监督集体经济组织合理利用土地，避免随意将农用地转为建设用地、防止不用荒地而用耕地建造住宅。因此，此种审核、批准应当只是一种核准，只要宅基地申请不违反法律、法规、规章的强制性规定，就不应驳回。审批机关不得越权干预集体经济组织对宅基地申请的审核，也不得对集体经济组织没有通过的宅基地进行审批。②

---

① 参考王利明、尹飞、程啸：《中国物权法教程》，北京，人民法院出版社 2007 年版，第 384 页。

② 王利明、尹飞、程啸：《中国物权法教程》，北京，人民法院出版社 2007 年版，第 385 页；高圣平：《物权法：原理·规则·案例》，北京，清华大学出版社 2007 年版，第 117 页。

宅基地使用权的设立虽然不以登记为要件，但因登记有其固有的优点，权利人可能要求办理登记。对此，《不动产登记暂行条例实施细则》规定，依法取得宅基地使用权，可以单独申请宅基地使用权登记（第40条第1款）。依法利用宅基地建造住房及其附属设施的，可以申请宅基地使用权及房屋所有权登记（第40条第2款）。申请宅基地使用权及房屋所有权首次登记的，应当根据不同情况，提交下列材料：(1) 申请人身份证和户口簿；(2) 不动产权属证书或者有批准权的人民政府批准用地的文件等权属来源材料；(3) 房屋符合规划或者建设的相关材料；(4) 权籍调查表、宗地图、房屋平面图以及宗地界址点坐标等有关不动产界址、面积等材料；(5) 其他必要材料（第41条）。

（三）宅基地使用权取得的时间点

《土地管理法》第62条第4款规定："农村村民住宅用地，由乡（镇）人民政府审核批准；其中，涉及占用农用地的，依照本法第四十四条的规定办理审批手续。"所谓"本法第四十四条的规定"，即"建设占用土地，涉及农用地转为建设用地的，应当办理农用地转用审批手续"（第1款）。"永久基本农田转为建设用地的，由国务院批准"（第2款）。"在土地利用总体规划确定的城市和村庄、集镇建设用地规模范围内，为实施该规划而将永久基本农田以外的农用地转为建设用地的，按土地利用年度计划分批次按照国务院规定由原批准土地利用总体规划的机关或者其授权的机关批准。在已批准的农用地转用范围内，具体建设项目用地可以由市、县人民政府批准"（第3款）。"在土地利用总体规划确定的城市和村庄、集镇建设用地规模范围外，将永久基本农田以外的农用地转为建设用地的，由国务院或者国务院授权的省、自治区、直辖市人民政府批准"（第4款）。

《土地管理法》等现行法未把登记作为宅基地使用权的生效要件，登记与否，不影响宅基地使用权的设立。但这不妨碍宅基地使用权人申请登记部门予以登记，也不排除某些地区主动地只收取工本费地为农村村民办理宅基地使用权登记。《不动产登记暂行条例实施细则》第40条规定："依法取得宅基地使用权，可以单独申请宅基地使用权登记"（第1款）。"依法利用宅基地建造住房及其附属设施的，可以申请宅基地使用权及房屋所有权登记"（第2款）。第41条规定："申请宅基地使用权及房屋所有权首次登记的，应当根据不同情况，提交下列材料：（一）申请人身份证和户口簿；（二）不动产权属证书或者有批准权的人民政府批准用地的文件等权属来源材料；（三）房屋符合规划或者建设的相关材料；（四）权籍调查表、宗地图、房屋平面图以及宗地界址点坐标等有关不动产界址、面积等材料；（五）其他必要材料"（第1款）。

由于现行法更未赋予宅基地使用权登记公信的效力，这种宅基地使用权的登记只能具有对抗第三人的效力。

三、宅基地使用权的行使

本条所谓宅基地使用权的行使，适用土地管理的法律和国家有关规定，至少包含如下内容。

（一）占有、使用宅基地

占有、使用宅基地，表现为利用宅基地建造住宅及其附属设施，为宅基地使用权最为重要的行使形态（《民法典》第362条）。

［引申］

由宅基地使用权制度的目的及功能决定，宅基地不得用于兴建企业或公司的厂房，不得用于投资到公司，不得用于较大规模的养殖业的基地。不过，农户已经在宅基地上建造了住宅的情况下，利用宅基地的空余部分从事一些简单的工副业（如打制锄头、磨制豆腐、圈养若干只牛羊等），应予允许。有学者概括为权利人可利用宅基地及地上房屋从事小规模、家庭式、无污染、不扰民的生产经营活动。① 当然，衍生出来的环境污染、相邻关系等问题，分别按照相应的制度解决。

（二）在宅基地上种植竹木、瓜果、蔬菜的权利

在不影响甚至为美化住宅建造和使用的前提下，宅基地使用权人有权在宅基地上种植竹木、瓜果、蔬菜。

［引申］

土地承包经营权、建设用地使用权的场合，权利人在一定期间内（如2年）未按权利目的及功能使用标的物，会受到一定的制裁，甚至于被收回标的物，终止权利。宅基地使用权人未在宅基地上建造住宅及其附属设施，而是利用宅基地种植农作物或植树，或从事养殖活动，或从事加工作业，是否也会如此处理？一种意见认为，应当放开宅基地的用途限制，宅基地使用权不限于居住之用，不应以违反用途限制为由收回宅基地。② 笔者认为，对这种意见只有被附加若干限制条件之后，方可赞同。首先，在宅基地使用权人只拥有一处宅基地、且自己能够解决生活居住问题的前提下，宅基地使用权人在一定时期内从事这些活动，即使

① 王卫国、王广华主编：《中国土地权利的法制建设》，北京，中国政法大学出版社2002年版，第145页。

② 王卫国、王广华主编：《中国土地权利的法制建设》，北京，中国政法大学出版社2002年版，第145页；王利明、尹飞、程啸：《中国物权法教程》，北京，人民法院出版社2007年版，第395页。

该期间相对长些，尚可容忍。可解释为宅基地使用权的建造住宅的效力附加了始期。倘若永远如此，就彻底违背了宅基地使用权的目的及功能，使权利蜕变为土地承包经营权或建设用地使用权等，不应被允许。其次，假如宅基地使用权人拥有几处宅基地，一处或两处宅基地上建造住宅及其附属设施，解决了生活居住问题，在其他处宅基地上从事农林牧渔经营活动或加工作业，且达一定期间，不应被允许。因为这不但违背宅基地使用权的目的及功能，而且违反了法律、法规关于一户一宅的原则，还造成了社会不公。最后，这里还涉及村镇规划和相邻关系问题。如果不利用宅基地建造住宅及其附属设施，而是挪作他用，则严重违反了村镇建设规划，破坏了相邻关系规则，相邻他方强烈反对，本集体经济组织也有权纠正。

（三）以宅基地及地上住宅作为供役地设立地役权的权利

宅基地使用权人有权将宅基地及地上住宅作为供役地为他人设立地役权。至于土地承包经营权人把承包地作为需役地为自己设立地役权，同时有利于自己和土地所有权人，更应被准许（《民法典》第378条）。

（四）宅基地使用权人的义务

宅基地使用权的行使，在另一面的表现就是宅基地使用权人的义务，主要有如下几项。

1. 不得擅自变更用途的义务

由宅基地使用权的目的及功能决定，在宅基地上建造住宅及其附属设施，既是权利，也是义务。当然，如同上文所述，该项义务在把握上不宜僵化。

2. 不得越界建造住宅及其附属设施

严格按照批准的面积利用宅基地，为宅基地使用权人的必要义务（《土地管理法》第62条第1款）。宅基地的面积超过当地政府规定标准的，可在土地登记卡和土地证书内注明超过标准面积的数量。以后分户建房或现有房屋拆迁、改建、翻建或政府依法实施规划重新建设时，按当地政府规定的面积标准重新确定使用权，其超过部分退还集体（国家土地管理局于1995年3月11日发布的《确定土地所有权和使用权的若干规定》第51条）。

3. 宅基地使用权人不得非法转让、抵押、出租宅基地使用权

现行法禁止宅基地使用权转让、抵押、出租。农村村民出卖、出租、赠与住宅后，再申请宅基地的，不予批准（《土地管理法》第62条第6款）。

四、宅基地使用权的转让

现行法没有规定宅基地使用权单独转让、抵押、继承或出租（《担保法》第

37 条第 2 项），只承认宅基地上的房屋出卖、赠与、继承时宅基地使用权随之移转，且因房屋出卖、赠与而移转宅基地使用权时，或出租住房的，不再分配给宅基地使用权（《土地管理法》第 62 条第 6 款）。值得注意的是，《中共中央关于全面深化改革若干重大问题的决定》第 21 条中段规定："保障农户宅基地用益物权，改革完善农村宅基地制度，选择若干试点，慎重稳妥推进农民住房财产权抵押、担保、转让，探索农民增加财产性收入渠道。"这为宅基地使用权的抵押和转让提供了政策性基础，今后修正现行法时，可以设置宅基地使用权抵押和转让的条件和程序，使宅基地使用权的抵押和转让有法可依、有章可循。

因依法继承、分家析产、集体经济组织内部互换房屋等导致宅基地使用权及房屋所有权发生转移申请登记的，《不动产登记暂行条例实施细则》第 42 条规定，申请人应当根据不同情况，提交下列材料：(1) 不动产权属证书或其他权属来源材料；(2) 依法继承的材料；(3) 分家析产的协议或材料；(4) 集体经济组织内部互换房屋的协议；(5) 其他必要材料。

［讨论］

1. 关于宅基地使用权人的限制

在《土地管理法》修订、物权法草拟和研讨的过程中，曾有意设置若干例外，承认本集体经济组织外的某些人可以申请设立宅基地使用权。例如，(1) 甲村的农户到乙村承包土地，从事农林牧渔的生产经营活动，期限较长，应当准予该农户在乙村取得宅基地使用权的申请。(2) 城镇居民到农村承包"四荒"土地，从事农林牧渔的生产经营活动，期限较长，应当准予该城镇居民在该村取得宅基地使用权的申请。这些均为符合客观实际的合理意见，遗憾的是没有变成法律。实务中，不妨试点探索。

2. 关于宅基地使用权的单独转让

在《土地管理法》修订、物权法草拟和研讨的过程中，曾有意设置若干例外。例如，(1) 在宅基地使用权人举家到城镇打工，而城镇居民举家到该村承包"四荒"土地，期限较长时，可以允许将宅基地使用权在他们之间转让。(2) 甲村的农户到乙村承包"四荒"土地，乙村的农户到甲村承包"四荒"土地，期限较长，宜允许宅基地使用权在他们之间互换。这些均为符合客观实际的合理意见，遗憾的是没有变成法律。实务中，不妨试点探索。

至于宅基地使用权的普遍性的转让，为极少数说，其理由主要有：(1) 宅基地使用权是用益物权，特别是宅基地上房屋属于农民所有，应当允许农民转让或抵押它们；不然，就限制了资源的利用，宅基地使用权就成为"死产"，不利于真正保护农民利益。①（2）目前，不少农村存在部分宅基地和房屋闲置的现象，为了物尽其用，也应允许使用权转让。②（3）随着城市化的发展，很多农民进入城市，也有不少城镇居民下乡购房，已经出现宅基地使用权向外流转的情况，特别是在城市附近或比较发达的地区尤其如此。莫不如面对现实，允许转让，解决问题。③

《物权法》对此未予采纳，是因为法律委员会经同国务院法制办、国土资源部、农业部等部门反复研究，一致认为：目前，农村社会保障体系尚未全面建立，土地承包经营权和宅基地使用权是农民安身立命之本，从全国范围看，放开土地承包经营权抵押和宅基地使用权转让的条件尚不成熟。④《民法典》遵循了这样的精神和原则。

3. 关于宅基地使用权的抵押

在物权法立法的过程中，有意见主张物权法应当允许宅基地使用权抵押，理由在于：（1）农民发展生产缺少资金，允许宅基地使用权抵押，可缓解农民贷款难的状况。为了防范因此而出现的风险，可以有条件地适当放开。⑤（2）目前，不少农村存在着部分宅基地和房屋闲置的现象，为了物尽其用，也应允许使用权抵押。⑥

但上述意见未被《物权法》采纳，也未被《民法典》认可，原因是中国地少人多，必须实行最严格的土地管理制度。目前，农村社会保障体系尚未全面建立，宅基地使用权是农民基本生活保障和安身立命之本。从全国范围看，放开宅基地使用权转让和抵押的条件尚不成熟。特别是农民一户只有一处宅基地，这点与城镇居民是不同的。农民一旦失去住房及其宅基地，将会丧失基本生存条件，影响社会稳定。为了维护现行法律和现阶段国家有关农村土地的政策，也为今后

① 韩世远：《宅基地的立法问题——兼析物权法草案第十三章“宅基地使用权”》，载《政治与法律》2005年第5期，第33～35页；沐兰琼：《农村宅基地使用权之法律研究》，载《广西政法管理干部学院学报》2006年第1期，第33页。另见全国人民代表大会常务委员会法制工作委员会民法编：《物权法立法背景与观点全集》，北京，法律出版社2007年版，第82～83、165页。

②⑥ 转引自黄松有主编：《〈中华人民共和国物权法〉条文理解与适用》，北京，人民法院出版社2007年版，第460、460页。

③ 转引自胡康生主编：《中华人民共和国物权法释义》，北京，法律出版社2007年版，第338页。

④ 《全国人大法律委员会关于〈中华人民共和国物权法（草案）〉修改情况的汇报》（2006年10月27日），载全国人民代表大会常务委员会法制工作委员会民法室编：《物权法立法背景与观点全集》，北京，法律出版社2007年版，第64页。

⑤ 转引自黄松有主编：《〈中华人民共和国物权法〉条文理解与适用》，北京，人民法院出版社2007年版，第460页；胡康生主编：《中华人民共和国物权法释义》，北京，法律出版社2007年版，第339页；全国人民代表大会常务委员会法制工作委员会民法室编：《物权法立法背景与观点全集》，北京，法律出版社2007年版，第85页。

修改有关法律或调整有关政策留有余地。①

4. 关于城镇居民继承宅基地上的住宅及其附属设施

极端的观点认为，既然宅基地使用权人在现行法上限于农村村民（实际上为农户），不得为城镇居民，那么，作为宅基地使用权人一分子的村民去世时，其宅基地上的住宅只能归仍拥有村民身份的继承人继承，作为城镇居民的继承人不得继承住宅，以免出现城镇居民因继承住宅而成为宅基地使用权人一分子的情况。笔者认为，这是纯粹形式逻辑推演的结论，没有看到现行法关于宅基地使用权人仅限于农村村民的局限性，违反了《继承法》的原则及规则，不足取。

第三百六十四条

宅基地因自然灾害等原因灭失的，宅基地使用权消灭。对失去宅基地的村民，应当重新分配宅基地。

本条主旨

本条是关于宅基地使用权因其客体灭失而消灭以及重新分配宅基地的规定。

相关条文

《物权法》第 154 条　宅基地因自然灾害等原因灭失的，宅基地使用权消灭。对失去宅基地的村民，应当重新分配宅基地。

理解与适用

本条是对《物权法》第 154 条的复制，前段宣明宅基地使用权因其客体灭失而归于消灭，后段规定这样的村民有权再次取得宅基地使用权。

物权法奉行物权客体特定原则，丧失客体，物权不会存续，应当归于消灭。宅基地使用权作为物权之一种，也不例外。因此，本条前段所谓“宅基地因自然灾害等原因灭失的，宅基地使用权消灭”，符合法理，值得赞同。

本条后段所谓“对失去宅基地的村民，应当重新分配宅基地”，体现了人权思想，符合现代伦理，特别是社会主义制度的本质要求所致，是必要的，不可或缺的。不过，应同时注意其规范意旨，也就是重新分配宅基地必须符合如下条件。（1）有权请求重新分配宅基地，取得宅基地使用权者，限于本农村集体经济

① 胡康生主编：《中华人民共和国物权法释义》，北京，法律出版社 2007 年版，第 339～340 页。

组织成员。这是由宅基地使用权的身份性所决定的。(2) 请求重新分配宅基地的权利限于原来取得的宅基地“因自然灾害等原因灭失”的情形，即不可归责于宅基地使用权人的原因所致。如果是宅基地使用权人故意或重大过失地造成宅基地灭失，则农村集体经济组织有权拒绝重新分配宅基地给他。(3) 重新分配宅基地必须符合《土地管理法》第 62 条第 4 款关于“农村村民住宅用地，由乡（镇）人民政府审核批准；其中，涉及占用农用地的，依照本法第四十四条的规定办理审批手续”的规定。

第三百六十五条

已经登记的宅基地使用权转让或者消灭的，应当及时办理变更登记或者注销登记。

本条主旨

本条是关于宅基地使用权转让、消灭时应当及时办理相应登记的规定。

相关条文

《物权法》第 155 条 已经登记的宅基地使用权转让或者消灭的，应当及时办理变更登记或者注销登记。

《不动产登记暂行条例》第 5 条第 6 项 下列不动产权利，依照本条例的规定办理登记：

（六）宅基地使用权；

第 19 条第 1 款第 3 项 属于下列情形之一的，不动产登记机构可以对申请登记的不动产进行实地查看：

（三）因不动产灭失导致的注销登记；

《不动产登记暂行条例实施细则》第 17 条第 1 款第 2 项 有下列情形之一的，不动产登记机构应当在登记事项记载于登记簿前进行公告，但涉及国家秘密的除外：

（二）宅基地使用权及房屋所有权，集体建设用地使用权及建筑物、构筑物所有权，土地承包经营权等不动产权利的首次登记；

第 25 条 市、县人民政府可以根据情况对本行政区域内未登记的不动产，组织开展集体土地所有权、宅基地使用权、集体建设用地使用权、土地承包经营权的首次登记。

依照前款规定办理首次登记所需的权属来源、调查等登记材料，由人民政府有关部门组织获取。

第 42 条　因依法继承、分家析产、集体经济组织内部互换房屋等导致宅基地使用权及房屋所有权发生转移申请登记的，申请人应当根据不同情况，提交下列材料：

（一）不动产权属证书或者其他权属来源材料；

（二）依法继承的材料；

（三）分家析产的协议或者材料；

（四）集体经济组织内部互换房屋的协议；

（五）其他必要材料。

理解与适用

本条是对《物权法》第 155 条的复制，明确宅基地使用权转让时应当办理变更登记、宅基地使用权消灭时应当办理注销登记。

本条所谓变更登记，不如改称转移登记更为贴切，《不动产登记暂行条例实施细则》已经如此称谓（第 42 条），值得赞同。

无论是变更登记/转移登记还是注销登记，均非宅基地使用权变动的生效要件，故登记与否都不影响宅基地使用权的变动发生法律效力。尽管如此，登记仍有其必要性，因为登记作为宅基地使用权存续和变动的公示方式，对于宅基地及其使用的行政管理、必要的调整、征收补偿的确定及发放都是考量的因素之一，甚至是作出决定的依据。

第十四章

居住权

本章为新创设的物权类型及其法律规范，首先界定了居住权，也是对基本内容（积极权能）的概括，明确居住权的目的；接着规定居住权合同应当采取书面形式，提示居住权合同的一般条款；然后宣明居住权的设立以登记为生效要件，以无偿为原则；再申明居住权无转让性（让与性），但当事人约定可以出租居住权的客体的，依其约定；列举居住权消灭的事由和办理注销登记的义务；最后规定以遗嘱方式设立居住权的，准用本章关于以居住权合同设立居住权的法律规定。

《民法典》新创设权制度非常必要。住宅的居住人，例如，无自己宅院的长辈居住于晚辈的住宅，离异的配偶一方于其暂无居所时居住于另一方的住房，在甲地学习或工作的年轻人借住在亲属所有的住宅里，等等，这些“栖身者”对一项尽可能稳定的法律地位的需求，其合理性，自无须待说。[①] 符合此类规格的居住权出现于《民法典》之中，顺理成章，只不过其过程曲折多舛。也正因如此，更显出居住权制度被确立的弥足珍贵。

诚然，有专家、学者认为，婚姻法、继承法上的制度可以解决这些问题，无须创设居住权类型。这难被赞同，因为在甲地学习或工作的年轻人借住在亲属所有的住宅里以及其他一些情形不在婚姻法、继承法的调整范围之内；即使有些类型处于婚姻法、继承法的“射程”，也难以总能保障被赡养者、被扶养者的居住利益，原因在于，不肖子孙把其住房卖与第三人并且完成转移登记，该第三人请

① 参见［德］鲍尔/施蒂尔纳：《德国物权法》（上册），张双根译，北京，法律出版社2004年版，第655页。

求被赡养者、被扶养者退出居住时，这些被赡养者、被扶养者无权对抗该项请求。

与上述生活性居住权存在的原因不同，如果居住权在某种程度上体现为投入建筑资金的对待给付/对价（建筑造价补贴），则应该另当别论。于此场合的居住权之不得转让性与不得使用出租性，为一项不合理的缺陷。[①] 从比较法的角度观察，《德国民法典》并未“一刀切”地否定居住权的转让性，而是区分情形，不同对待。例如，法人或有权利能力的合伙享有居住权，便有权为输送电、煤气、远程热、水、废水、油或原料的设施（包括所有直接为输送服务的相关设施），为电信设施，为一个或两个以上私人或公共企业的经营场所之间的产品运输设施，或为有轨电车或铁路设施而使用土地的，该项居住权是可转让的（《德国民法典》第1092条第3项，第1059a条）。《住宅所有权法》也突破居住权不得转让的旧制，规定长期居住权可以转让和继承，而且长期居住权人有权进行任何合理的用益，尤其是有权使用出租与用益出租，不必经过住宅所有权人的同意（第31—42条）。[②] 这种现象，此种法律发展史，给我们以启示：居住权制度未必甚至不应再原地踏步不前，完全可以顺应社会生活发展，丰富自己。中国物权制度的演变也逃不脱这样的规律。

第三百六十六条

居住权人有权按照合同约定，对他人的住宅享有占有、使用的用益物权，以满足生活居住的需要。

本条主旨

本条是关于居住权概念，亦即居住权基本内容（积极权能）及居住权目的的规定。

理解与适用

一、居住权的概念

观察本条的规定可知，所谓居住权，是指按照合同约定，为满足生活居住的需要，对他人所有的住宅享有占有、使用并排除房屋所有权人干涉的用益物权。

①② ［德］鲍尔/施蒂尔纳：《德国物权法》（上册），张双根译，北京，法律出版社2004年版，第655、656、659页。

这就是所谓生活性居住权，系自罗马法以来的传统居住权，属于典型的人役权，系老年人、妇女及未成年人等特殊群体居住他人住房而享有的权利，具有保护弱者权益的功能。[①] 它具有如下法律性质。

（一）居住权的设立以居住权合同、遗嘱为原因行为

设立的原因行为是居住权合同（《民法典》第366条），也允许以遗嘱设立（《民法典》第371条）。无论是居住权合同，还是遗嘱，都不得剥夺继承人、受遗赠人对于作为居住权客体的住宅之权。

（二）居住权的客体为住宅

土地承包经营权及土地经营权、建设用地使用权、宅基地使用权等用益物权均以特定土地为客体，海域使用权、取水权、养殖权、捕捞权等用益物权皆以特定水域为客体，它们都不以住宅为客体。地役权，虽然在理论上不排除以住宅作为客体，但实务中也大多以土地或作为整体的房地为客体，鲜有把住宅作为客体的。与此不同，居住权专门以住宅为客体。

本条所谓住宅，宜从广义来理解，包括房屋及其附着物，比如任何作为住宅的建筑或其他部分，一切属于住宅并与之一起占有的院子、花园、附属小屋，以及建筑物的其他附属物等。[②]

在德国，居住权系将建筑物或建筑物的一部分当作住宅予以使用，并具有排除所有权人的效力之权。[③] 在中国，居住权可以在整个房屋上设立，也可以仅就一套房屋中的某一个房间设立。[④]

（三）居住权派生于他人的住宅所有权

居住权是在他人的住宅上设立的物权，系分享他人的房屋所有权中的占有、使用、收益的权能而成立的他物权，而非在自己所有的房屋上设立的物权。所有权人居住于自己之屋，基于其所有权即可，无须设置居住权。[⑤] 这种理念和操作有着历史传统。在罗马法上，所有权人不能以役权的名义保留对自己物品的特别

---

① 参见申卫星：《视野扩展与功能转换：我国设立居住权必要性的多重视角》，载《中国法学》2005年第5期。

② 刘东华：《离婚判决中女性的居住权问题——兼论我国的居住权立法》，载梁慧星主编：《民商法论丛》（总第18卷），香港，金桥文化出版（文化）有限公司2001年版，第328～329页。

③ ［德］鲍尔/施蒂尔纳：《德国物权法》（上册），张双根译，北京，法律出版社2004年版，第655页。

④ 崔建远主编：《我国物权立法难点问题研究》，申卫星执笔，北京，清华大学出版社2005年版，第225页。

⑤ 钱明星：《关于在我国物权法中设置居住权的几个问题》，载《中国法学》2001年第5期，第18页；陈华彬：《设立居住权可以更好地保护弱势群体利益》，载《检察日报》2004年2月9日第3版。

使用权（比如通行权）。他是以所有权的名义保留并行使这种权利。[①]

（四）居住权的目的及功能是为满足生活需要而居住于他人所有的住宅

本条的规定明示：居住权的设立是“以满足生活居住的需要”，即居住权的目的及功能是为满足生活需要而居住于他人所有的住宅。这决定了居住权的若干规则的态样和效力，例如，（1）居住权人限于自然人；（2）居住权人不得将作为居住权客体的房屋用于生活居住以外的用途，否则，便违反居住权的规范意旨；（3）居住权不得转让、继承（《民法典》第369条前段）。

（五）居住权系人役权

地役权是为某特定不动产的利益而设立的用益物权，而居住权是为特定的人的生活居住需要这种利益而设立的。前者叫作地役权，后者称为人役权。在罗马法上，居住权属于人役权[②]，而人役权是为了特定人的生活居住需要而设立的权利，因而它真正是不可转让的权利。[③]许多中国学者也认为，居住权是用来供无住房之人来居住的，若具有让与性便有所背离这个目的和性质，所以居住权不可转让成为学者们的共识。当然，人役权虽不可转让，但人役权的行使则是可以转让的，例如转让某年对某土地的收获权。[④]

（六）居住权的主体为自然人

居住权的主体为自然人，这是由居住权系“以满足生活居住的需要”而设立的规范意旨决定的。

在这里，应当区分居住权人和有权享受居住利益之人。后者包括居住权人的家庭成员及其必需的服务人员。家庭成员一般包括亲生子女、养子女和共同生活的继子女，不论是居住权设定之前还是设定之后产生的亲子关系，均应享有居住权。服务人员，一般包括为权利人本人或者权利人的家庭提供服务而与权利人一起生活的人员，如保姆、护理人员等。[⑤]《德国民法典》第1093条第2款规定，住宅权人有权将其家庭以及对于符合身份的服侍和护理为必要的人员接纳入住宅

---

①③ ［意］彼德罗・彭梵得：《罗马法教科书》，黄风译，北京，中国政法大学出版社1992年版，第251、252页。

② ［意］彼德罗・彭梵得：《罗马法教科书》，黄风译，北京，中国政法大学出版社1992年版，第259页；［英］巴里・尼古拉斯：《罗马法概论》，黄风译，北京，法律出版社2000年版，第152页；周枏：《罗马法原论》（上册），北京，商务印书馆1994年版，第376页；苏永钦：《走入新世纪的私法自治》，北京，中国政法大学出版社2002年版，第248页；谢在全：《民法物权论》（中册），北京，三民书局2003年7月修订第2版，第187页。

④ 周枏：《罗马法原论》（上册），北京，商务印书馆1994年版，第368页。

⑤ 崔建远主编：《我国物权立法难点问题研究》，申卫星执笔，北京，清华大学出版社2005年版，第224页。

中。这值得中国法借鉴，如此，居住权的主体和享有居住权益的人未必同一，《民法典》第366条宜增加如下两款更佳："居住权人，得携同其家庭在房屋内居住，即使在设定居住权时该居住权人尚未结婚的，亦同。""前款所称家庭，包括为居住权人本人或者其家庭成员提供服务而与居住权人一起生活的人。"①

（七）居住权的设立以登记为生效要件

《民法典》第368条后段关于"居住权自登记时设立"的规定，宣明居住权的设立以登记为生效要件。

二、居住权的基本内容（积极权能）

本条列明居住权含有占有、使用两项权能。其中的占有，应为直接占有，即居住权人生活居住于作为居住权客体的住宅之中。假如承认间接占有亦为本条所谓占有，就相当于张三以自己名义取得对李四所有的住宅的居住权，却较长时间地让王五生活居住于此，属于变相的转让，这就背离了人役权制度系专为特定人的特定需要而设计的本质属性。

在所有权中，作为其权能之一的使用，固然倡导依物的性能和用途利用该物，但未能据此利用该物至少在若干情况下也被认定为使用，如电脑的所有权人不太精通电脑技术而不当地关机，就应仍然认定他在使用该电脑，而不以违反所有权的社会性论处。但对于本条所谓使用不宜作如此宽松的理解，应当要求居住权人依住宅的性能和用途使用该住宅。例如，居住权人不得较长时间地不搞卫生，不得较长时间地不给花草浇水，不得把废弃的电池乱扔于院内的土壤里，不得擅自打掉室内的承重墙，等等。

本条所谓使用，其对象是限于他人的住宅自身，还是可以有条件地延伸至适当的位置？这首先取决于居住权合同的约定或遗嘱中的意思，由其意思表示决定使用的边界。如果没有此类意思表示，那么，居住权人所享有的使用权限，可及于建筑物之外，且为居住权人所依赖的土地部分。② 任何作为住宅的建筑或其他部分，一切属于住宅并与之一起占有的院子、花园、附属小屋，以及建筑物的其他附属物等，均在其中。③《德国民法典》第1093条第3款规定，住宅权被限制

① 参阅耿林、戴孟勇、崔建远等：《关于〈中华人民共和国物权法（征求意见稿）〉在第212条后增加一条的修改意见》，载清华大学法学院：《关于〈中华人民共和国物权法（征求意见稿）〉的修改意见》（2003年3月20日）。

② ［德］鲍尔/施蒂尔纳：《德国物权法》（上册），张双根译，北京，法律出版社2004年版，第658页。

③ 刘东华：《离婚判决中女性的居住权问题——兼论我国的居住权立法》，载梁慧星主编：《民商法论丛》（总第18卷），香港，金桥文化出版（文化）有限公司2001年版，第328～329页。

于建筑物的一部分的，住宅权人可以合用指定供居住者共同使用的工作物和设备。

居住权中的使用，限于居住权人一侧，还是允许住宅所有权人与居住权人共同使用该住宅？《民法典》未予言明，笔者主张这取决于居住权合同的约定或遗嘱的意思表示。如果这些设立居住权的原因行为表示了住宅所有权人与居住权人共同使用该住宅之意，那么，应当依其约定；如果未予表达，则在个案中视具体情况而定。《德国民法典》第1090条、德国巴伐利亚州最高法院①允许住宅所有权人与居住权人共同使用作为居住权客体的住宅。这值得重视。

对于本条所谓使用，还有债法层面的意义，即只要居住权的行使不违背规范意旨，不害及住宅所有权人的利益，就应当允许居住权人和第三人订立无名合同，由该第三人以居住权人的名义、以自己的行为使用作为居住权客体的住宅。

本条未明言居住权人有无收益权，学说、判决是承认还是严守本条的字面意思？答案是不应孤立地墨守本条的字面意思，而应使用体系解释和目的解释的方法。所谓体系解释，用于此处就是应当结合《民法典》第369条后段关于“设立居住权的住宅不得出租，但是当事人另有约定的除外”的规定，来认定居住权人有无出租权。十分明显，该条已经赋权居住权人基于居住权合同关于可以出租的约定把该合同项下的住宅向第三人出租，收取租金。此其一。所谓目的解释，用于此处就是居住权的目的功能决定了：居住权人有权居住于住宅，免去风吹、日晒、雨淋、寒冷，保有私密，学习、思考，甚至偶尔待客，这些都是收益。居住权人无须再去他处承租住宅，节省租金，这也是变相的收益。此其二。在住宅所有权人就居住权人可否将作为居住权客体的住宅出租已经得到住宅所有权人的同意，则不成问题。如果住宅所有权人在这方面未曾表态，则首要的准则是出租不得加重住宅所有权人的负担，如打扰了所有权人的正常生活，有害于住宅的功能、美感甚至缩短住宅的寿命，等等，则不允许居住权人出租住宅。此其三。在不背离居住权的目的及功能的范围内，居住权人的家庭成员，包括亲生子女、养子女和共同生活的继子女；必需的服务人员，包括为权利人及其家庭提供服务而与权利人一起生活的人员，如保姆、护理人员等②，都有权使用作为居住权客体的住宅。这对居住权人而言，也是获取收益的一种表现。此其四。考察罗马法及后世的有关立法例，有些居住权不具有出租的效力，如《德国民法典》第1092

① 《德国司法》，1981年，第353页。转引自［德］鲍尔/施蒂尔纳：《德国物权法》（上册），张双根译，北京，法律出版社2004年版，第567页。

② 崔建远主编：《我国物权立法难点问题研究》，申卫星执笔，北京，清华大学出版社2005年版，第224页。

条第1款第2句规定的居住权，不具有出租的效力，除非得到所有权人的同意。① 不过，另外类型的居住权，则不排除居住权人的出租权。在罗马法上，居住权（babitatio）是在一所房子里居住和出租它的权利，优士丁尼赋予其特别形象，承认居住权的享有人有权出租房子，但无权让人免费享用它。② 德国的《住宅所有权法》承认租赁收益（第31—42条）。③

第三百六十七条

设立居住权，当事人应当采用书面形式订立居住权合同。

居住权合同一般包括下列条款：

（一）当事人的姓名或者名称和住所；

（二）住宅的位置；

（三）居住的条件和要求；

（四）居住权期间；

（五）解决争议的方法。

本条主旨

本条是关于居住权合同设立居住权以及合同条款的规定。

理解与适用

一、以书面形式的居住权合同设立居住权

本条第1款规定设立居住权需要当事人双方订立书面形式的居住权合同，含有如下几层意思：（1）居住权的设立不是原始取得，而是创设的继受取得，属于基于法律行为而发生的不动产物权变动。其潜台词是只有居住权合同合法、有效，居住权才可以设立；若该合同不成立、被撤销、无效，则居住权未设立。（2）居住权合同应当采用书面形式。虽然本条措辞为"应当采用书面形式"，但也不应把该规定理解为强制性规定，更不应将之确定为效力性的强制性规定。因为强制性规定系调整社会公共利益关系的法律规定，该规定调整的是住宅所有权

①③　［德］鲍尔/施蒂尔纳：《德国物权法》（上册），张双根译，北京，法律出版社2004年版，第655、659页。

②　［意］彼德罗·彭梵得：《罗马法教科书》，黄风译，北京，中国政法大学出版社1992年版，第259页。

人与居住权人之间的利益关系，不属于社会公共利益关系，所以它非为强制性规定。不过，该规定毕竟呼吁当事人“应当采用书面形式”，这不同于典型的任意性规定，王轶教授把它划归倡导性规定①，笔者予以赞同。（3）尽管如此，书面形式仍很重要，至少在证据法上，在个案中，虽然当事人双方未签书面形式的居住权合同，但只要居住权人举证成功双方之间的确存在居住权关系，就应当予以肯定的认定，支持居住权人的此项主张。

二、居住权合同的条款

本条第 2 款示例了居住权合同的一般条款，这便于人们在订立居住权合同时参考、模仿，使合同趋于完整，因而它们具有行为规范的属性。

本条第 2 款第 1 项规定的当事人的姓名或者名称，应为主要条款，因为欠缺当事人的姓名或者名称，合同项下的权利义务便无所依附，不知由谁履行义务，向谁清偿，失去意义。在居住权合同采用书面形式的情况下，假如合同文本上未填写当事人的姓名或名称，那么，居住权人欲主张自己为居住权人，举证证明的难度就相当大。如果他已经入住，他与住宅所有权人之间不存在诸如租赁、借用等关系，那么，可以入住事实作为证据（事实自证）来证明其与住宅所有权人之间存在居住权合同。住宅所有权人拟否认该种主张，需要举反证来推翻。或者，他可以录音、录像或出具证人证言等，来举证证明其为居住权人。

本条第 2 款第 1 项规定的当事人的住所条款，属于合同的一般条款，而非主要条款，因其主要在送达、诉讼管辖或履行地点的确定等方面起作用，在当事人身份的甄别方面起辅助作用。

本条第 2 款第 2 项规定的住宅的位置，亦为主要条款，因为住宅的位置系确定标的物的构成和判断的因素之一，合同条款遗漏住宅的位置，标的物便不具体、明确，导致权利义务的指向不明，纷争易发。看来，合同文本上明确住宅的位置十分必要。假如合同文本上遗漏住宅的位置，居住权人若已经入住，则可以该事实举证证明之。不过，于此场合，即使举证成功，也主要是核心部位确定，住宅的边界不宜宽泛，有些附属设施等可能不划归居住权客体的范围之内。不然，对于住宅所有权人有些苛刻，因为居住权的取得是无对价的。再一种确定的思路及方法是，基于某特定居住权的具体目的、居住权人的生活要求和习惯、当地的风土人情等因素，综合考量，加以判断。

本条第 2 款第 3 项明示的“居住的条件和要求”这项条款，直接确定着当事

① 王轶：《论倡导性规范——以合同法为背景的分析》，载《清华法学》2007 年第 1 期，第 66～74 页。

人各自的权利义务的质和量，实质上属于当事人双方达成合意与否的问题，是判断一方违约与否的重要标准之一，故为主要条款。假如合同文本上欠缺此项条款，那么，处理的原则为：其一，贯彻“谁主张，谁举证”的原则，若居住权人主张其权利，则由其举证证明；若住宅所有权人指责居住权人超标准用房，则由其举证证明。其二，同样需要基于某特定居住权的具体目的、居住权人的生活要求和习惯、当地的风土人情等因素，综合考量，加以判断。

本条第 2 款第 4 项把“居住权期间”作为居住权合同的条款之一，因其事关当事人双方的权益关系，其重要性也不低。如果它构成当事人双方就居住权事项达成合意与否的因素，那么，它属于合同的主要条款；反之，则为一般条款。假如合同文本遗漏之，那么，处理的原则为：其一，贯彻“谁主张，谁举证”的原则，若居住权人主张居住期间，则由其举证证明；若住宅所有权人主张居住期间，则由其举证证明。其二，基于某特定居住权的具体目的以及居住权人的特殊情况，予以考量、确定。

需要提示的还有，居住权系有期物权，故当事人不得约定居住权期间为永久期间。其原因之一是，住宅所有权人于未来因其本人或家庭等特别需要消除住宅上的居住权等负担，而永久期间的居住权显然阻碍着住宅所有权人的这种目的实现。

本条第 2 款第 5 项提示居住权合同宜有“解决争议的方法”，考虑周全，充分尊重意思自治。所谓解决争议的方法，例如仲裁、诉讼，在仲裁或诉讼过程中达成和解，庭外和解等。该条款不属于合同的主要条款，因为欠缺它，居住权合同照样成立。

三、通过居住权合同尽力约定丰富的内容

居住权人应尽力通过居住权合同约定较为丰富的权利内容，并且通过居住权登记而获得强制的效力，除非其约定违背物权法定主义，背离公序良俗。

即使居住权合同的约定不合物权法定主义的要求，不发生物权法上的效力，但可以发生债法上的效力，除非该约定存在着无效的原因。在这里，物权法与债法的相互衔接和配合照样具有必要性，奉行意思自治原则的合同法恰恰能完成受法定主义羁绊的物权法“不可做”之事。

第三百六十八条

居住权无偿设立，但是当事人另有约定的除外。设立居住权的，应当向登记机构申请居住权登记。居住权自登记时设立。

本条主旨

本条是关于居住权的设立以无偿为原则、以登记为生效要件的规定。

理解与适用

一、居住权的设立以无偿为原则

本条前段正文确立居住权的设立以无偿为原则，但当事人另有约定的，依其约定。无偿原则符合生活性居住权的本质属性，既然生活性居住权主要是基于婚姻、家庭关系而产生，主要是源于赡养和扶养的需要，往往涉及的是家庭成员、配偶的特有或应有的利益①；此类居住权系老年人、妇女及未成年人等特殊群体居住他人住房而享有的权利，具有保护弱者权益的功能②；那么，住宅所有权人还向居住权人索取对价，要么不合伦理，要么使弱者雪上加霜，这未尽妥适。

当然，以上所论不是绝对的，因而有本条前段“但是当事人另有约定的除外”的设置。对此但书，可有两种解读：（1）即使是生活性居住权，也可以约定有偿，其缘由如何，在所不问。究其实际，可能是当事人双方的关系普通，没有值得关照的必要和意愿；可能是居住权人非常富有，不是由于经济困难才设立居住权，而是出于拥有居住权即可长期居住，便于其完成学业，或便于其工作，可以对抗第三人的某些主张等考量，觉得采取居住权路径为上策。既然如此，加上意思自治原则，法律没有理由不认可当事人的约定。（2）允许当事人双方通过约定，设立投资性居住权。如此解读的理由在下文分析和阐释。

二、扩张解释《民法典》第368条前段但书、第369条后段但书

扩张解释《民法典》第368条前段但书、第369条后段但书“但是当事人另有约定的除外”，结论是《民法典》默许当事人通过约定设立投资性居住权。如此解读的理由之一是，生活性居住权似乎只有自然人取得方可符合《民法典》第366条设计的“满足生活居住的需要”这个目的及功能，法人等团体似乎无借助住宅“以满足生活居住的需要”。不过，如此理解，又与《民法典》第367条第2款第1项规定居住权合同中的“当事人的……名称……”条款存在逻辑上的障

① 钱明星：《关于在我国物权法中设置居住权的几个问题》，载《中国法学》2001年第5期，第18页。

② 参见申卫星：《视野扩展与功能转换：我国设立居住权必要性的多重视角》，载《中国法学》2005年第5期。

碍，因为自然人的特定化、识别自然人的标识，不是名称而是姓名，只有法人等团体的特定化、识别的标识才叫名称。如此解读的理由之二是，《民法典》第369条后段规定："设立居住权的住宅不得出租，但是当事人另有约定的除外。"该但书允许当事人双方通过约定赋权居住权人向第三人出租作为居住权客体的住宅，而出租为商业行为，该行为由居住权合同授权实施，可能正是居住权人投资目的的实现方式之一。如此解读的理由之三是，社会生活实际需要法律承认投资性居住权，生活性居住权与投资性居住权并非"有你无我"的关系，投资性居住权理论不具有抵触法理的品格。

所谓社会生活实际需要法律承认投资性居住权，常见的例证至少有如下几种：(1) 在一方出"钱"(投入建设资金)，一方出"地"(出资建设用地使用权)的合作建房的场合，合作建房合同因种种原因而未成立、被撤销或被确认为无效，关于出"钱"的一方日后分得多少所建房屋的约定失去法律效力，建成的房屋归属于出"地"(房地权属变动一体原则使然)的一方，出"钱"的一方只有权请求返还本金及相应的利息，这远低于依约分得房屋的价值，非常不公正。用投资性居住权解决此类问题，即由出"钱"的一方在相应的所建房屋之上享有居住权这种他物权，显然相对公平。(2) 受有关政策(如北京市等地采取限购政策、某些类用房单位不得在某地购房)的限制，某些身份的自然人、法人、非法人组织不得在某地购房，但确实需用房屋，若承租则受20年期间的限制，居住权制度是解决此类问题的好手段。在这方面有过教训：甲法人受政策限制不得在某地购房，只好与A楼所有权人乙签订了《A楼租赁合同》，约定的租金数额其实都高于购房价款额，租期为20年，但期满时有权优先续租。因该地的房价不断飙升，受利益驱动，《A楼租赁合同》期满时出租人乙坚决拒签续租合同，导致甲损失巨大。如果有居住权制度，甲用其可较长期地占有、使用、收益A楼，就能平衡双方的利益关系。(3) 买房，所需价款数额过高；承租，要受20年租期的制约，权衡利弊，居住权方式最适合用房人。

在立法论上，以上情形均可由居住权制度解决。在解释论上，若对《民法典》第366条以下所谓住宅采取宽松的解释，则这些情形可统由居住权制度解决；但若对住宅采取严格的界定方法，则标的物不属于生活用房的房屋就难以适用居住权制度。

所谓生活性居住权与投资性居住权并非"有你无我"的关系，是指两种居住权制度各有其适用的领域，而非重叠于一个适用空间；各自演化出一套规则。这样，两者就不会相互干扰，不会相互混淆。那种以《民法典》同时确立两种居住权会造成混乱为由反对投资性居住权的意见，是不成立的。

所谓投资性居住权理论不具有抵触法理的品格，是指投资性居住权理论完全可以融入物权种类的理论中，视野延伸，它与民法学说乃至法理学也不存在抵触之处。有些专家、学者囿于古典民法所认居住权无投资性居住权的类型，就断言《民法典》确立投资性居住权就使得居住权体系“乱套”。笔者不赞同这种理念及看法，理由主要有以下几点。其一，其知识体系是不完整的，其脑海里的某国法及学说的“样子”并非该国法及学说的已然态样。如上文所述，德国《住宅所有权法》确立的长期居住权，已经不同于传统的生活性居住权，至少有的长期居住权带有投资的性质。那种认为传统民法上的居住权仅限于生活性的意见，是不符合事实的。其二，民法不是考古，并非必须还原历史真实，不必甚至应该摒弃因循守旧，而是为满足社会生活的实际需求而设置相应的制度，即法律人应当树立发展的而非静止的观点。生活在高科技时代，仍逼着人们拿着大刀、长矛作战，禁止使用导弹、电子干扰，令人匪夷所思。连螃蟹都知道蟹壳无法容纳其身躯时就必须脱掉旧壳，生长新壳；连蛇都懂得必须适时地褪掉老皮，更换新皮，以适应身体的增长，何况人呢？四世同堂无法居住了，就得分户，就得加盖房屋。在这方面，传统民法及学说早就践行了，只是某些专家、学者没有看到。例如，地役权起初仅调整需役地对供役地的需要这种关系，但法国、瑞士、德国等国家并未止步不前，而是在继承传统的地役权制度的基础上，还有所发展，出现了营业竞争限制的地役权（wettbewerbs-beschrankende Dienstbarkeit），有人称之为地役权的第二春。例如，土地所有权人甲和土地所有权人乙约定，乙不在其土地上从事某种营业，不贩卖某种商品，不将该地出租与他人经营某种营业，或不贩卖某种商品。[①] 我们不应对于欧美法基于社会生活的要求而发展新制度或规则就大赞其美，而对中国为解决社会生活的实际需求而设计的法理制度或规则却看不顺眼，要么指责，要么否定。其实，“凡是传统民法的都是要照搬的”或“凡是传统民法的均须拒绝的”都是极端的思潮，均不可取。一方面，中国作为民法的后发国家，在全球化的大背景下，在世界贸易体系下，我们没有必要也不宜事事都另起炉灶，设计全异于大陆法系、英美法系的民法制度及规则，无论是立法者还是解释人，都应有广阔的胸怀学习、借鉴有益于中国的规则及学说，补充、丰富自己的民法；另一方面，如果说在政治上、哲学上必须坚持实践是检验真理的唯一标准的理念及观点，那么，在物权法上立足于中国实际、解决中国问题、应因中国实际需要而设置相应的居住权规范，包括投资性居住权规范，在《民法典》对此有些暧昧时积极地解释出投资性居住权，而非唯罗马法、德国民法、英美法

① 王泽鉴：《民法物权》，北京，北京大学出版社 2009 年版，第 317 页。

的马首是瞻，就是唯一可取的立场和态度。

三、设立居住权应当登记

结合本条后段关于居住权设立以登记为生效要件的规定，可知本条中段关于“设立居住权的，应当向登记机构申请居住权登记”的规定，属于强制性规定。因为它至少属于物权法定主义的外围，而物权法定主义属于强制性规定；关于不动产物权变动以登记为生效要件的规定亦为强制性规定。

本条中段示意居住权设立的登记采取当事人申请主义，而非登记机构依职权为之。

四、居住权的设立以登记为生效要件

本条后段关于“居住权自登记时设立”，表明居住权的设立以登记为生效要件，未登记的，居住权未设立。

结合《民法典》第366条以下的条款，可知居住权的设立，必须先有居住权合同并且已经生效，再申请不动产登记机构办理居住权登记，按照《民法典》第214条的规定，居住权设立的事项被记载于不动产登记簿簿页时，居住权设立。

按照《民法典》第371条的规定，以遗嘱方式设立居住权的，必须是该遗嘱生效，遗嘱继承人或受遗赠人，或是遗产管理人，持该遗嘱向不动产登记机构申请居住权登记，同样按照《民法典》第214条的规定，居住权设立的事项被记载于不动产登记簿簿页时，居住权设立。

第三百六十九条

居住权不得转让、继承。设立居住权的住宅不得出租，但是当事人另有约定的除外。

本条主旨

本条是关于禁止居住权转让、继承以及原则上不得出租住宅的规定。

理解与适用

本条前段禁止居住权转让、继承。依其规范意旨，这应是针对生活性居住权而作的规定，因为生活性居住权系专门为居住权人的利益、需要而设立的，是限制的人役权。从权利人的一侧讲，居住权的享有和行使所产生的利益由居住权人

独享；自住宅所有权人一侧看，他仅为居住权人这个特定之人方施以“恩惠”，对其他人不如此“慷慨大方”。居住权转让、继承便与此背道而驰了。在这个意义上，本条前段的规定诚为正确。

不过，本条前段的规定不适合投资性居住权的品格。就此看来，对于该规定可有两种解读：其一，该规定反映出《民法典》不承认投资性居住权；其二，该规定仅仅适用于生活性居住权，至于承认投资性居住权与否，不在其射程之内。联系笔者在释评《民法典》第 368 条时的分析和阐释，笔者采取“其二”的解读。

本条后段正文虽然先宣明居住权人无权出租作为居住权客体的住宅这个原则，这也符合生活性居住权系限制的人役权、专为特定人的利益、需要而设这个本质属性，不过，其但书高扬意思自治原则的大旗，尊重当事人关于可以出租该住宅的约定。这在实质上将当事人关于可以出租该住宅的约定放在了优先的地位，但书反倒变成了原则。

把本条但书和《民法典》第 368 条前段但书联系起来，可以推断出《民法典》默示当事人有权以约定设立投资性居住权，其分析和阐释已在释评《民法典》第 368 条时论及了，此处不赘。

第三百七十条

居住权期限届满或者居住权人死亡的，居住权消灭。居住权消灭的，应当及时办理注销登记。

本条主旨

本条是关于居住权终止事由及及时办理注销登记的规定。

理解与适用

本条前段列举居住权期限届满和居住权人死亡两种居住权终止的事由。居住权系有期物权，存续期间届满，该有期物权自然寿终正寝。居住权人死亡，生活性的居住权这个专为居住权人特定利益的需要而设的限制的人役权的目的便已经达到，也无存续的必要，应该归于消灭。

其实，居住权消灭的事由不限于此，至少还应有如下几种：（1）作为居住权客体的住宅毁损；（2）作为居住权客体的住宅被征收；（3）居住权与住宅所有权混同；（4）居住权合同约定的附解除条件成就；（5）法定的或约定的解除条件成就时，解除权人行使解除权；(6) 居住权人放弃居住权；等等。

由于居住权的变动以登记为生效要件，其登记不单纯地具有公示的功效，而且具有公信力。如此，居住权的登记直接关涉第三人的利益，尤其是交易第三人的切身利益。例如，甲对A住宅享有的居住权本已消灭，但未办理居住权的注销登记，不动产登记簿簿页上的记载仍然是甲于A住宅之上享有居住权。甲背信地和乙订立A住宅的租赁合同，收取床头租，乙基于对居住权登记的信赖而全部照办，待其了解事实真相时甲已将身无分文，追偿不到损害赔偿金，遭受损失。再者，居住权登记作为公示方式，对于住宅的行政管理、征收决定作出前的听取意见等有影响。所有这些，都决定了居住权消灭时有必要及时办理注销登记。

第三百七十一条

以遗嘱方式设立居住权的，参照适用本章的有关规定。

本条主旨

本条是关于以遗嘱方式设立居住权的准用关于以居住权合同设立居住权的有关规则的规定。

理解与适用

本条是引致性（管道性）条文，把以遗嘱方式设立居住权的法律调整引向《民法典》“第十四章 居住权”关于以居住权合同设立居住权的有关规则。

如果本条所谓设立居住权的遗嘱不合物权法定主义的要求，不发生物权法上的效力，但可以发生债法上的效力，除非该遗嘱存在着无效的原因。在这里，物权法与债法的相互衔接和配合照样具有必要性，奉行意思自治原则的遗嘱制度恰恰能完成受法定主义羁绊的物权法“不可做”之事。

第十五章

地役权

本章界定了地役权；确立地役权自地役权合同生效时设立，登记后可以对抗善意第三人；示明地役权合同的一般条款，倡导采用书面形式；概括地役权人的基本权利和主要义务；确定地役权的从属性，未排斥地役权的不可分性；土地所有权人拟将承包地、宅基地作为供役地为他人设立地役权的，必须经过土地承包经营权、宅基地使用权等用益物权的物权人的同意；地役权的存续期限由当事人约定，但不得超过土地承包经营权等用益物权的剩余期限；列明解除地役权合同的事由；宣明地役权的变更登记、注销登记。

地役权的应用前景非常可观，可有如下类型：(1) 以供役地供使用的，如通行、取水、排水的地役权；(2) 以供役地供收益的，如得于供役地伐木或取得其他材料，作为需役地建筑的山林地役权，得自供役地采取石灰石、瓷土等原料，以供需役地需用的取得土地构成部分的地役权（在中国大陆，得先取得采矿权，然后有地役权制度的适用）；(3) 为调整相邻关系而设立的，如设立需役地屋檐的雨水得直注相邻供役地的地役权，需役地竹木的枝根得逾越相邻供役地的地役权，相邻一方依其意志而选定通行路线和方法的通行地役权；(4) 禁止或限制供役地为某种使用的，如禁止供役地建筑高楼或在一定范围内栽种高大植物，以免妨碍需役地的视线或采光的眺望或采光的地役权；禁止供役地开设可能污染生态环境的工厂，供役地不得为他种式样建筑的地役权；(5) 为禁止营业竞争而设立的，如需役地所有权人或使用权人为避免供役地与其营业竞争，禁止供役地经营相同的营业的地役权。可见，地役权的内容变化多端，具有多样性，在不违反公序良俗原则的范围内，有充分约定的空间，不动产权利人若善加利用，颇能增加其不动产的价值。①

将上述地役权按照一定的区分标准予以分类，可有若干分类。其一，意定地役权与法定地役权。其区分标准为，地役权的设立是基于当事人的约定还是法律的直接规定。法定地役权，在不同的立法例及其理论上含义不尽一致。普通法上的法定地役权，相当于中国《民法典》上的相邻关系。《民法典》分设相邻关系和地役权，前者基于法律的直接规定当然存在，后者基于当事人的约定而设立。但是，若完全拘泥于当事人的约定，未必十分切合实际生活的需要。如川气东送等工程若采取地役权模式解决利用沿途土地的权利，就面临着土地权利人不同意签订地役权合同的危险。欲突破沿途土地权利人拒绝签订地役权合同的障碍，保障地役权肯定设立，以满足国民经济发展和保障国家战略安全，可有两条路径：一是规定强制缔约制度；二是设置法定地役权制度。区分意定地役权和法定地役权的法律意义在于，地役权的成立要件不同，在中国有必要承认法定地役权或强制缔约而生的地役权，以满足国计民生所必需项目的用地需求。其二，积极地役权与消极地役权。其区分标准为，地役权是否以积极的作为为内容，或以供役人所负不作为义务为内容。所谓积极地役权，又称作为地役权，也叫容忍地役权，表现为地役权人可以在供役地上为一定作为，供役人负有容忍该行为的义务。通行地役权、排水地役权等为其例证。所谓消极地役权，又叫不作为地役权，表现为供役人在供役地上不得为一定行为，而非单纯的容忍义务。采光地役权、眺望地役权、禁止噪声及污染地役权等属于此类。区分积极地役权和消极地役权的法律意义在于，显现地役权内容的表现形式不同，法律调整的方式有异。其三，继续地役权与非继续地役权。其区分标准为，地役权行使或内容实现的时间是否有继续性。所谓继续地役权，是指权利内容的实现不必每次有地役权人的行为，而在时间上能继续无间的地役权。筑有道路的通行地役权、铺设输水管的取水地役权及其他消极地役权均属此类。所谓非继续地役权，是指权利内容的实现，每次均以有地役权人的行为为必要的地役权。这种地役权大概没有固定设施，尚未修建道路的通行地役权、无取水设施的取水地役权等为其例证。区分继续地役权与非继续地役权的法律意义在于，地役权能否因取得时效而取得。其四，表见地役权与非表见地役权。其区分标准为，地役权的存在是否表现于外部。所谓表见地役权，是指地役权的存在和行使，有人们从外部能够认知的客观事实的地役权。通行地役权、地表取水地役权、地表排水地役权等均属此类。所谓非表见地役

① 谢在全：《民法物权论》（中册），台北，三民书局有限公司2003年7月修订2版，第188～189页。

权，是指地役权的存在无外形事实作为表现，人们不能从外部认知它的地役权。埋设管线地役权、眺望地役权、采光地役权等为其例证。区分表见地役权和非表见地役权的法律意义在于，非表见地役权不得因时效而取得。

第三百七十二条

地役权人有权按照合同约定，利用他人的不动产，以提高自己的不动产的效益。

前款所称他人的不动产为供役地，自己的不动产为需役地。

本条主旨

本条是关于地役权以及供役地、需役地的概念的规定。

相关条文

《物权法》第 156 条　地役权人有权按照合同约定，利用他人的不动产，以提高自己的不动产的效益。

前款所称他人的不动产为供役地，自己的不动产为需役地。

理解与适用

一、本条含义概貌

本条是对《物权法》第 156 条的复制，第 1 款概括地役权的概念，第 2 款界定供役地、需役地。

二、地役权的概念

依本条第 1 款的规定，所谓地役权，是指按照合同约定，利用他人的不动产，以提高自己不动产的效益所享有的用益物权。依本条第 2 款的规定，所谓他人的不动产，是供役地；所谓自己的不动产，为需役地。供役地的权利人，为供役人；需役地的权利人，是需役人，或曰地役权人。地役权具有如下法律性质。

（一）地役权系存在于他人不动产上的物权

根据本条的规定，只能在他人不动产上设立地役权，而不能在自己的不动产上设立地役权，因为土地权利人可以在其土地上依法为各种形态的使用，通常情况下没有设立地役权的必要。

[探讨]

法律设置地役权制度，不在于调节不动产的所有，而在于调节不动产的利用，且法律条文所谓“他人土地”或“自己土地”没有严格限制以土地所有权人的为限，故通说认为虽属同一人所有的二宗土地，其中一宗被他人所使用，如为该他人设立了典权或土地承包经营权，只要一宗土地有供另外一宗土地便宜之用的必要，仍可设立地役权。[①] 这符合实际需求，值得重视。站在立法论的立场上，未来修正《民法典》时，在一定情况下，应当允许在自己的不动产上设立地役权。

可以设立地役权的客体只能是不动产，包括土地、建筑物、构筑物及其附属物。该不动产既可以是他人所有的不动产，也可以是他人享有他物权的不动产，如建设用地使用权人占有的建设用地、土地承包经营权人占有的承包地、宅基地使用权人占有的宅基地等。一般来讲，在他人享有地役权的不动产上，不得与该地役权人再协商设立地役权。

地役权的客体，可以是一宗土地，或一宗土地及地上建筑物、构筑物及其附属设施；也可以是一宗土地的特定部分。[②]

地役权的客体为土地时，不限于地表，也可以是地下空间或地上空间，后者即所谓区分地役权，属于空间权的一种。[③]

[辨析]

一种意见认为，建设用地使用权人、宅基地使用权人、土地承包经营权人可以允许他人在自己权利上设立地役权，从而使自己的权利成为供役地。[④] 笔者对此持有异议，因为建设用地使用权、宅基地使用权和土地承包经营权均为法律上之力，属于抽象的东西，而地役权则以供役地的物质使用为目的[⑤]，对供役地为具体性的直接利用，或在供役地上通行，或在供役地上铺设管线，或在供役地上

① 谢在全：《民法物权论》（中册），台北，三民书局有限公司 2003 年 7 月修订 2 版，第 184 页。

② 参见谢在全：《民法物权论》（中册），台北，三民书局有限公司 2003 年 7 月修订 2 版，第 183 页；［德］鲍尔/施蒂尔纳：《德国物权法》（上册），张双根译，北京，法律出版社 2004 年版，第 714 页。

③ 参见［日］筱塚昭次：《空中权、地中权的法理——围绕土地的新利用形态》，载《法学家·临时增刊·土地问题》第 476 号，东京，有斐阁 1971 年 4 月 10 日，第 127～128 页；崔建远：《土地上的权利群研究》，北京，法律出版社 2004 年版，第 234～238 页；梁慧星主编：《中国物权法研究》（下册），北京，法律出版社 1998 年版，第 759 页；王利明、尹飞、程啸：《中国物权法教程》，北京，人民法院出版社 2007 年版，第 400 页。

④ 王利明、尹飞、程啸：《中国物权法教程》，北京，人民法院出版社 2007 年版，第 401 页。

⑤ ［日］我妻荣：《日本物权法》，有泉亨修订，李宜芬校订，台北，五南图书出版公司 1999 年版，第 380 页。

排水，等等，这些显然是在建设用地、宅基地、承包地等不动产本身上，而非权利上。至于建设用地使用权人等何以有权在他人所有的土地上为需役地人设立地役权，可以解释为土地所有权人已经向建设用地使用权人等用益物权人授予了设立地役权的权利。

（二）利用他人不动产是为了自己不动产的效益

地役权的目的在于自己不动产的效益，境外学说往往称作为自己土地便宜之用，以增进自己土地的价值。所谓便宜，系便利、利益之义①，或曰方便利益或便利相宜。此种便宜不限于经济上或有财产价值的方便利益，具有精神上或感情上的利益也包括在内。前者如以他人土地供自己土地通行之用而设立通行地役权，后者如为需役地的美观舒适而设立眺望地役权。还有，此项便宜，无须从客观上的情形斟酌，纵使客观上并非便宜且无必要，只要当事人愿意设立，法律没有限制的必要，除非它违反了法律、行政法规的强制性规定，或违背了公序良俗原则。最后，设立地役权，大多是为了提供需役地现在的效益。②《物权法》使用的术语是"效益"而非"便宜"，但可按前述"便宜"的意义理解此处的"效益"③。

至于本条所规定"效益"的内容，可由当事人自行约定，但不得违反法律、行政法规的强制性规定，不得违背公序良俗原则。

（三）地役权是为了需役地而存在的物权

地役权之目的在于为了需役地的效益，所以，一定要存在需役地和供役地这一对关系。这是地役权不同于土地承包经营权、建设用地使用权、宅基地使用权、海域使用权的不同之处，也是地役权从属性产生的原因。

［拓展］

有一种情形是，为了特定人的利益而设立权利，如甲没有需役地，只是在乙的A地欣赏美景5天。甲所享有的权利，是以乙的土地供自己个人利用为内容，而非以需役地的利益为目的，属于人役权，不是地役权。④ 地役权和人役权的区

---

① ［日］三潴信三：《物权法提要》（上、下卷），孙芳译，韦浩点校，北京，中国政法大学出版社2005年版，第130页。

② 谢在全：《民法物权论》（中册），台北，三民书局有限公司2003年7月修订2版，第184页；［德］鲍尔/施蒂尔纳：《德国物权法》（上册），张双根译，北京，法律出版社2004年版，第714页。

③ 胡康生主编：《中华人民共和国物权法释义》，北京，法律出版社2007年版，第344页；王利明、尹飞、程啸：《中国物权法教程》，北京，人民法院出版社2007年版，第403页。

④ 谢在全：《民法物权论》（中册），台北，三民书局有限公司2003年7月修订2版，第185页；王泽鉴：《民法物权·用益物权·占有》（总第2册），北京，中国政法大学出版社2001年版，第73页。

别在于，地役权的享有人，为一宗土地的每个所有权人或土地使用权人，或者建筑物、构筑物及其附属设施的所有权人；而（限制的）人役权只能由某一特定的人享有，且不得让与和继承。①

在实务中，供役地和需役地时常彼此相邻，不过，由于地役权的目的在于发挥自己不动产的效益，需役地和供役地相距较远亦无关系。例如，川气东送（四川省达州产的天然气输送至上海市）项目若采取地役权模式利用沿途土地，则四川省达州市的天然气矿区及沿途湖北省的某些土地，距离上海市可说是万水千山。这是地役权不同于相邻关系之处。

地役权既可以直接地为了需役地的效益，排水地役权属于此类；也可间接地为了需役地的效益，眺望地役权为其例证。

（四）地役权的内容原则上为不动产权利人的不作为义务

地役权的内容，重要的一方面，是供役人承担的义务。此类义务，原则上表现为供役人容忍地役权人的积极行为（通行、引水等），不对供役地进行一定的使用（不建造妨碍其他建筑物的权利人眺望、日照的建筑物等）。地役权的本质不是要求供役地所有人应当做某事（如除掉绿草以使景色更宜人，或出于同样的理由而在其上装饰某物），而是要求他承受某一行为或不实施某一行为。② 简言之，地役权不得以供役人的作为为内容，即如法谚所云：于作为不成立役权（servitus in faciendo consistere nequit）！③ 之所以如此，主要是对早期劳役与徭役制度的历史性警觉④；物权乃直接支配客体的权利，不能以他人的行为作为标的。⑤ 不过，也有学者主张，由于地役权的本质是调节两项不动产的使用，为其使用，就难免需要设置与修缮某些设备。在这种情况下，由供役人承担类似必要

①④　［德］鲍尔/施蒂尔纳：《德国物权法》（上册），张双根译，北京，法律出版社 2004 年版，第 709、720～721 页。

②　［古罗马］彭波尼：《论萨宾》第 33 卷。载［意］桑德罗·斯契巴尼选编：《物与物权》，范怀俊译，北京，中国政法大学出版社 1999 年版，第 153 页。

③　清华大学法学院法 81 班章丞亮同学来函指出：servitus in faciendo consistere nequit 直译为英文是 service on action does not exist（servitus＝service，in＝of，on，faciendo＝do，原型为 facere，consistere＝consist，exist，而 nequit 为语法词＝does not），再直译为中文是“不存在作为义务”。故此句话本身不含有“役权”之意。经查，在［意］彼得罗·彭梵得著、黄风译的《罗马法教科书》（中国政法大学出版社 2005 年修订版）第 190 页中有此拉丁文，而译者将其译为“役权不得表现为要求作为”。特此致谢！

⑤　参见［日］我妻荣：《日本物权法》，有泉亨修订，李宜芬校订，台北，五南图书出版公司 1999 年版，第 377 页；［日］田山辉明：《物权法》，陆庆胜译，齐乃宽、李康民审校，北京，法律出版社 2001 年版，第 207 页。

设备的设置与修缮的附带行为的义务，作为地役权的内容，是可以成立的。[①] 上述意见，确有道理，值得中国物权法及其理论重视。

［引申］

如果使供役人负担某些以作为为内容的附随义务，可依合同约定或依法律规定而达到目的。例如，依一项地役权，水厂可以在邻地上围井并引水，则就其所必要的设施，水厂自己负有维持义务。

而从需役人角度而言，地役权的内容可以是积极的行为，即需役人使用供役地的作为，如通行、排水等。

（五）地役权的主体为不动产的所有权人或使用权人

在《民法典》上，地役权人和供役地人，可以是不动产的所有权人（第378条），如集体土地所有权人或建筑物、构筑物及其附属设施的所有权人；也可以是不动产的使用权人，如土地承包经营权人（第378条）、建设用地使用权人（第383条等）、宅基地使用权人（第378条）。[②]

（六）地役权具有从属性

这将在释评《民法典》第380条、第381条时再论，此处不赘。

（七）地役权具有不可分性

地役权的不可分性，是指地役权的发生、消灭或享有应为全部，不得分割为部分或仅为一部分而存在。它旨在确保地役权的设立目的，使之得为需役地的全部而利用供役地的全部。[③]《民法典》对此虽然未加全面规定，但从合理设计地役权制度的要求出发，应予承认。

［引申］

（1）地役权的不可分性，从需役地角度看，毋宁说是地役权从属性的另一延伸。因为地役权既然从属于需役地而存在，自系从属于全部而非特定的某部分。[④]

（2）中国不存在土地共有，地役权的不可分性仅发生于需役地、供役地的使

---

① ［日］我妻荣：《日本物权法》，有泉亨修订，李宜芬校订，台北，五南图书出版公司1999年版，第377页；参见［日］田山辉明：《物权法》，陆庆胜译，齐乃宽、李康民审校，北京，法律出版社2001年版，第207页。

② 胡康生主编：《中华人民共和国物权法释义》，北京，法律出版社2007年版，第346页；王利明、尹飞、程啸：《中国物权法教程》，北京，人民法院出版社2007年版，第401页。

③ 王泽鉴：《民法物权·用益物权·占有》（总第2册），北京，中国政法大学出版社2001年版，第82页；谢在全：《民法物权论》（中册），台北，三民书局有限公司2003年7月修订2版，第201～202页。

④ 谢在全：《民法物权论》（中册），台北，三民书局有限公司2003年7月修订2版，第202页。

用权为共有的场合。此言非虚。不过应看到，由于《物权法》上的供役地和需役地均可为建筑物、构筑物及其附属设施，建筑物等共有的现象并不鲜见，地役权的不可分性在这些场合也发挥着作用。①

1. 发生的不可分性

需役地为共有的场合，各共有人不得仅就自己的应有部分取得地役权，必须就整个不动产设立地役权。因为地役权是为需役地的全部的便宜而取得的，是存在于供役地上的不可分的负担，自不可能为需役地的应有部分而存在，亦非为特定人而存在，共有人中的一人取得地役权，系基于需役地而取得，非为其个人。②《民法典》对此虽无明文，但从合理设计地役权制度的要求出发，应予承认。

以共有的不动产作为供役地设立地役权，即使是共有人中的一人设立的，各共有人也就全部共有的不动产承受地役权的负担，而非按其应有部分负担一部分。其道理在于，地役权是对供役地具体性的直接利用，不可能存在于抽象的“物”上，而应有部分系所有权享有的一定比例，是抽象的，故地役权只能设立于供役地的整体上，不会设立于应有部分。③

[引申]

有专家学者认为，在中国台湾地区，地役权取得上的不可分性，既是源于地役权的特质，又是由应有部分的性质决定的，即，对于按照应有部分协议分管的特定部分的土地，共有人的分管权限不包括以其作为供役地设立地役权。④

2. 消灭的不可分性

需役地为共有的场合，各共有人不得按其应有部分而消灭业已存在的地役权的一部分。假如一个共有人按其应有部分为消灭地役权一部分的行为（如抛弃），该行为不发生物权变动的效力。就共有人中一人发生的混同，地役权也不消灭。因为地役权是为需役地而存在的。⑤《民法典》对此虽无明文，但从合理设计地役权制度的要求出发，应予承认。

---

① 王利明、尹飞、程啸：《中国物权法教程》，北京，人民法院出版社2007年版，第406页。

② 姚瑞光：《民法物权论》，台北，海宇文化事业有限公司1995年版，第184页；谢在全：《民法物权论》（中册），台北，三民书局有限公司2003年7月修订2版，第202页；梁慧星、陈华彬：《物权法》（第4版），北京，法律出版社2007年版，第291页。

③ 姚瑞光：《民法物权论》，台北，海宇文化事业有限公司1995年版，第185页；谢在全：《民法物权论》（中册），台北，三民书局有限公司2003年7月修订2版，第203页；梁慧星、陈华彬：《物权法》（第4版），北京，法律出版社2007年版，第291页。

④⑤ 谢在全：《民法物权论》（中册），台北，三民书局有限公司2003年7月修订2版，第203页。

供役地为共有的场合，各共有人也不得按其应有部分除去地役权的负担。因为供役地的负担存在于供役地，而非仅仅存在于供役地的共有人的应有部分之上。①

3. 享有或负担上的不可分性

需役地或供役地无论是地役权设立前为共有，还是地役权设立后为共有，地役权归需役地的共有人共同享有，由供役地的共有人共同负担；而非归需役地的共有人分别享有，亦非由供役地的共有人分别负担。②

需役地被分割的，其地役权为各部分的利益继续存在。例如，甲乙共享土地承包经营权的需役地，就丙的供役地设立排水地役权。其后，需役地的土地承包经营权被分割为两项独立的权利，甲乙各享有一项，排水地役权仍为该两宗承包地及其经营权的利益而存在，即，甲乙均可继续为其承包地及其经营权的便宜而享有前述排水地役权。如果甲将其土地承包经营权转让给了丁，乙继续保有其土地承包经营权，则乙和丁有权为其承包地及其经营权的便宜而享有该排水地役权。但是，如果地役权的行使，依其性质只关乎需役地的一部分的，地役权仅就该部分继续存在。例如，甲乙共有的需役地，在丙的供役地设立丙不得在 30 米内建造建筑物的采光地役权。其后，需役地被分割成两宗土地，其中甲独享的一宗已经距离供役地 30 米之外，无须前述地役权的存在了。于是，该采光地役权仅为靠近供役地的部分需役地而存在。于此场合，丙有权请求甲注销其地役权的登记。需役地部分转让的，结论同上。③

《民法典》关于“需役地以及需役地上的土地承包经营权、建设用地使用权部分转让时，转让部分涉及地役权的，受让人同时享有地役权”的规定（第 382 条），承认了地役权在享有上的不可分性。为使该条规定的适用更加合理，不妨将所谓“转让部分涉及地役权的”解释为含有“如果地役权的行使，依其性质只关乎需役地的一部分的，地役权仅就该部分继续存在”之义。

供役地被分割的，地役权就其各部分继续存在。例如，甲乙共享建设用地使用权的供役地，存在着为丙的需役地设立的通行地役权。其后，该供役地被分割为二宗建设用地，甲乙各享有一项建设用地使用权，前述地役权继续存在于甲乙各享有的建设用地之上。甲将其建设用地使用权转让给丁，结论亦然。但是，地

①② 谢在全：《民法物权论》（中册），台北，三民书局有限公司 2003 年 7 月修订 2 版，第 203 页。

③ 参见谢在全：《民法物权论》（中册），台北，三民书局有限公司 2003 年 7 月修订 2 版，第 204 页；王泽鉴：《民法物权·用益物权·占有》（总第 2 册），北京，中国政法大学出版社 2001 年版，第 83 页；梁慧星、陈华彬：《物权法》（第 4 版），北京，法律出版社 2007 年版，第 291 页；王利明、尹飞、程啸：《中国物权法教程》，北京，人民法院出版社 2007 年版，第 407 页。

役权的行使，依其性质只关于供役地的一部分的，地役权仅对该部分继续存在。例如，通行地役权所开辟的道路仅仅通过甲利用的建设用地的，则地役权仅仅继续存在于甲利用的建设用地上，乙利用的建设用地已无负担通行地役权的必要，应构成部分消灭地役权的原因。因而，乙有权请求丙注销存续于自己建设用地上的地役权的登记。①

《民法典》关于“供役地以及供役地上的土地承包经营权、建设用地使用权等部分转让时，转让部分涉及地役权的，地役权对受让人具有法律约束力”的规定（第 383 条），已经承认了地役权在负担上的不可分性。为使该条规定的适用更加合理，不妨将所谓“转让部分涉及地役权的”解释为含有“如果地役权的行使，依其性质只关于供役地的一部分的，地役权仅对该部分继续存在”之义。

（八）地役权对供役地不具有独占性

地役权对供役地不具有独占性，在消极地役权场合表现得最为明显，即使是对积极地役权也同样适应。因为地役权设立后，供役地的所有权人或使用权人仅在地役权行使的必要范围内，负有容忍或消极不作为的义务，在不妨碍地役权人行使其权利的范围内，供役地的所有权人或使用权人的用益权能仍可继续存在。②

三、地役权与相邻关系

分析《民法典》的有关规定，地役权和相邻关系具有相同点，如两者都调节不动产的利用，均限制着一方主体的不动产所有权及使用权，都可以有通行、排水、用水、管线设置、采光等类型，等等。同时，两权也具有如下不同点。

1. 地役权是基于当事人的约定设立的（《民法典》第 372 条以下），相邻关系基于法律的直接规定而存在（《民法典》第 288 条以下）。所以，对于地役权，规定了以登记作为公示方式，且具有对抗善意第三人的效力（《民法典》第 374 条）；而对于相邻关系，则无登记的必要，因为作为所有权的限制，相邻关系已经成为所有权及有关不动产物权的内容，只要所有权公示即可。在地役权移转上，也需要通过合同方式；而在相邻关系上，基于相邻关系而产生的权利（如通行权等）的移转，并不需要通过合同方式，而是通过法律规定。

---

① 参见谢在全：《民法物权论》（中册），台北，三民书局有限公司 2003 年 7 月修订 2 版，第 204 页；王泽鉴：《民法物权·用益物权·占有》（总第 2 册），北京，中国政法大学出版社 2001 年版，第 83 页；梁慧星、陈华彬：《物权法》（第 4 版），北京，法律出版社 2007 年版，第 291 页；王利明、尹飞、程啸：《中国物权法教程》，北京，人民法院出版社 2007 年版，第 407 页。

② 谢在全：《民法物权论》（中册），台北，三民书局有限公司 2003 年 7 月修订 2 版，第 205 页。

2. 地役权的目的在于提高需役地的效益；而相邻关系的目的在于调和相邻土地之间的利益，对相邻土地所有权及有关使用权进行限制，让土地所有权人及有关使用权人负担容忍的义务（《民法典》第375条）。

3. 在相邻关系情况下，要求不动产之间必须是相邻的；而在地役权情况下，则无此要求。

4. 地役权虽然具有从属性，却是一种独立的物权；而相邻权则不是独立的物权，只是一方的不动产所有权或其他不动产物权内容的扩张，对相邻他方的不动产所有权及有关使用权的限制。

5. 地役权的取得可以是有偿的，也可以是无偿的，究竟如何，取决于当事人双方的约定；而相邻关系则不存在有偿问题。

6. 相邻关系与地役权之间如何分工和衔接？相邻关系"乃法律上当然而生之最小限度的利用之调节，仍未出所有权之范围，而地役权乃超越此最小限度外之一种更宽泛的调节，亦即依当事人之约定，而存于所有权之外一种从属性的物权，对于相邻关系之规定，常具有弥补其不足之功能"①。相邻关系与地役权在表现形式上可以是相同的，如法律规定了相邻通行关系，当事人可以约定通行地役权；法律规定了相邻排水关系，当事人可以约定排水地役权；法律规定了相邻采光关系，当事人可以约定采光地役权；等等。但是，相邻关系与地役权在使权利人享有的利益的多寡上存在着不同，权利人行使权利给义务人造成的损害的程度不同。地役权使权利人享有的利益更多，给义务人造成的损害较大。② 如果说相邻关系制度相当于吃饱，地役权制度则相当于吃好。

相邻关系的类型是法定的，毕竟有限；而地役权则与此有别，当事人为满足其需要可设立形形色色的类型，只要不违反法律、行政法规的强制性规定，不违背公序良俗原则。例如，上海市的甲与北京市的乙签订租赁合同，承租由乙享有物权的A地及地上建筑物；随后，承租人甲为使自己独占A地区域的餐饮经营业务，便与出租人乙签订地役权合同，约定乙不得允许他人在A地经营餐饮业。于此场合，只可设立地役权，绝不会形成相邻关系。

四、地役权与建设用地使用权

解决架设管线而需要长期利用他人土地的问题，在现行法上，不允许采用土地租赁权、土地承包经营权等制度，可借助于相邻关系、地役权和建设用地使用

① 郑玉波：《民法物权》，台北，三民书局有限公司1988年修订12版，第182～183页。

② 参见崔建远：《土地上的权利群研究》，北京，法律出版社2004年版，第225页。

权制度。

相邻关系制度有两方面的局限性：一是两项不动产必须相邻；二是必须选择对相邻他方造成损失最小的路线和方法。对于诸如川气东送等远隔千山万水的项目用地，或超出了相邻关系制度所允许范围和程度的用地，相邻关系就爱莫能助，只剩下地役权和建设用地使用权两项制度可供选用。

就外表看来，地役权和建设用地使用权都有在他人土地上建造设施并保有所有权的目的及功能。利用他人土地架设高压电线杆，或修建输油泵站，乃至修筑输水渠等，地役权和建设用地使用权均堪担当此任。其实，认真体会两项权利的目的及功能，会发现差异。建设用地使用权的唯一的至少是主要的目的及功能，就在于利用他人土地建造建筑物、构筑物及其附属设施并保有所有权；而地役权的目的及功能多种多样，即使出现利用他人土地建造构筑物及其附属设施的情形，也只是辅助的或次要的目的及功能，主要目的及功能在此之外。例如，某大型发电站将电输往某电网，架设高压电线杆需要利用沿途土地，输送电力是主要目的，利用他人土地架设电线杆是次要目的，只是为了输送电力不得不采取的手段。再如，川气东送项目，将四川省达州所产天然气输送至上海市是主要目的，利用沿途土地铺设输气管道是次要目的，是为了输送天然气而必须采取的手段。这些场合利用土地的权利正符合地役权的特质，若一定固执地运用建设用地使用权模式，虽然不是绝对不可以，但有些大材小用。此其一。

如果固执地采用建设用地使用权以解决利用沿途土地的正当根据，就必须征收集体所有的土地，足额补偿因集体土地所有权、土地承包经营权或宅基地使用权、农田水利等设施所有权、住宅及其附属设施所有权、青苗和树木等所有权灭失，而给集体经济组织、土地承包经营权人或宅基地使用权人、住宅所有权人或有关设施的所有权人造成的损失，成本十分高昂。而采用地役权制度，由于无须改变沿途不动产的权属，自然无须动用征收措施，也不存在足额补偿的问题，只需要按照电线杆、管道等占地的情形支付一些地租即可，成本低得很多。此其二。

采取建设用地使用权作为利用沿途不动产的正当根据，沿途耕地不再属于集体经济组织，耕地上的土地承包经营权消灭。可是，川气东送等工程项目的权利人——建设用地使用权人——并不长于耕种农地，依其职能只好闲置耕地，但这显然不符合国家保护耕地、不许耕地荒芜的政策。解决这个问题，还要借助于土地租赁、土地借用等制度。这些制度是否符合现行法的规定，尚有疑问。运用地役权则不存在此类麻烦，原因就在于供役地的权属依旧不变，农业承包经营户有权也有义务继续从事农林牧渔的生产经营活动。此其三。

［探讨］

诸如南水北调等工程项目的建设，对沿途土地的利用若采取地役权模式，会产生这样的疑问：需役人是只要取得地役权就能满足兴建输水渠及相关设施的全部条件呢，还是取得地役权以解决利用地基的权源问题，再取得建设用地使用权以使输水渠及相关设施的所有权归业主享有？对于需役人而言，前者的“单权源”方案显然最有效率，后者的“双权源”方案则增加不小的负担。我们应当尽可能选择“单权源”方案。当然，在需役人和地基的土地所有权人或使用权人之间的关系中，假如输水渠及相关设施的建造并保有是业主的唯一或主要目的，那么，需役人不取得建设用地使用权就是在规避法律；如果需役人利用地基而输水是主要目的，建造输水渠及相关设施仅仅是“为达到地役权之目的或实现其权利内容，所需之必要附随行为”①，那么，需役人取得地役权就附带解决了输水渠及相关设施的所有权归属问题，无须再取得建设用地使用权。②

第三百七十三条

设立地役权，当事人应当采用书面形式订立地役权合同。

地役权合同一般包括下列条款：

（一）当事人的姓名或者名称和住所；

（二）供役地和需役地的位置；

（三）利用目的和方法；

（四）利用期限；

（五）费用及其支付方式；

（六）解决争议的方法。

本条主旨

本条是关于地役权由地役权合同设立以及合同条款和书面形式的规定。

相关条文

《物权法》第 157 条　设立地役权，当事人应当采取书面形式订立地役权合同。

地役权合同一般包括下列条款：

① 谢在全：《民法物权论》（中册），台北，三民书局有限公司 2003 年 7 月修订 2 版，第 224 页。

② 参见崔建远：《土地上的权利群研究》，北京，法律出版社 2004 年版，第 228 页。

（一）当事人的姓名或者名称和住所；
（二）供役地和需役地的位置；
（三）利用目的和方法；
（四）利用期限；
（五）费用及其支付方式；
（六）解决争议的方法。

理解与适用

一、本条含义概貌

本条是对《物权法》第157条的复制，第1款规定地役权通过订立地役权合同设立，要求合同采用书面形式；第2款示明地役权合同的一般条款。

二、以书面形式的地役权合同设立地役权

本条第1款规定设立地役权需要当事人双方订立书面形式的地役权合同，含有如下几层意思：(1) 地役权的设立不是原始取得，而是创设的继受取得，属于基于法律行为而发生的不动产物权变动。其潜台词是只有地役权合同合法、有效，地役权才可以设立；若该合同不成立、被撤销、无效，则地役权未设立。(2) 地役权合同应当采用书面形式。虽然本条措辞为“应当采用书面形式”，但也不应把该规定理解为强制性规定，更不应将之确定为效力性的强制性规定。因为强制性规定系调整社会公共利益关系的法律规定，该规定调整的是住宅所有权人与地役权人之间的利益关系，不属于社会公共利益关系，所以它非为强制性规定。不过，该规定毕竟呼吁当事人“应当采用书面形式”，这不同于典型的任意性规定，王轶教授把它划归倡导性规定[①]，笔者予以赞同。(3) 尽管如此，书面形式仍很重要，至少在证据法上，在个案中，虽然当事人双方未签书面形式的地役权合同，但只要地役权人举证成功双方之间的确存在地役权关系，就应当予以肯定的认定，支持地役权人的此项主张。

三、地役权合同的条款

本条第2款示例了地役权合同的一般条款，这便于人们在订立地役权合同时参考、模仿，使合同趋于完整，因而它们具有行为规范的属性。

---

① 王轶：《论倡导性规范——以合同法为背景的分析》，载《清华法学》2007年第1期，第66～74页。

本条第 2 款第 1 项规定的当事人的姓名或者名称，应为主要条款，因为欠缺当事人的姓名或者名称，合同项下的权利义务便无所依附，不知由谁履行义务，向谁清偿，失去意义。在地役权合同采用书面形式的情况下，假如合同文本上未填写当事人的姓名或名称，那么，地役权人欲主张自己为地役权人，举证证明的难度就相当大。如果他已经时常往返于供役地，他与供役地的所有权人之间不存在诸如租赁、借用等关系，那么，可以时常往返于供役地的事实作为证据（事实自证）来证明其与供役地的所有权人之间存在地役权合同。供役地的所有权人拟否认该种主张，需要举反证来推翻。或者，地役权人举证录音、录像或出具证人证言等，来举证证明其为地役权人。

本条第 2 款第 1 项规定的当事人的住所条款，属于合同的一般条款，而非主要条款，因其主要在送达、诉讼管辖或履行地点的确定等方面起作用，在当事人身份的甄别方面其辅助作用，

本条第 2 款第 2 项规定的供役地和需役地的位置，亦为主要条款，因为供役地系需役地获取效益/便宜的对象，无具体位置便不知道何处获取效益/便宜。供役地的权利人不仅负有容忍地役权人由自身获取效益/便宜的义务，也有权监督、对抗地役权人的超限度索取，而需役地的位置就是判断地役权人超限度与否的因素之一。可见，合同条款遗漏供役地和需役地的位置，地役权行使的对象便不具体、明确，地役权和行使适度与否也难清晰。为了清楚地界地役权行使的范围和限度，明确界定供役地，减少乃至避免纷争，地役权合同文本上明确供役地和需役地的位置十分必要。

本条第 2 款第 3 项要求的“利用目的和方法”条款，非常重要，是解释地役权的核心基准点，是判断地役权行使是否适度的根本标准，是判断供役地的权利人在哪些方面有权对抗地役权人的不当主张的重要标准之一，故为主要条款。假如合同文本上欠缺此项条款，就需要根据地役权的本质属性，综合个案的多种因素探求之。

本条第 2 款第 4 项规定“地役权期限”为地役权合同的条款之一，是因为地役权为有期物权，且有长有短，长短如何事关当事人双方的权益关系，其重要性也不低。也正因如此，当事人不得约定永久期限的地役权，以免加重供役地的权利人的负担，阻碍存在于供役地上的他物权的转让。如果地役权合同遗漏此项条款，应当按照《民法典》第 510 条的规定，当事人可以协议补充；不能达成补充协议的，按照个案中的地役权的性质、具体目的、地役权人的特殊情况以及当地习惯，予以考量、确定。

本条第 2 款第 5 项把“费用及其支付方式”作为地役权合同的条款之一，是因

为地役权的设立以有偿为基本面，若不约定此项内容，则可能意味着供役地的权利人放弃对价请求权。由此可见，“费用及其支付方式”不是地役权合同的主要条款。此其一。一旦地役权合同约定有费用，如何支付也影响着供役地的权利人的利益实现得顺利与否，故地役权合同应当约定“费用及其支付方式”。此其二。

本条第 2 款第 6 项示例“解决争议的方法”为地役权合同的条款之一，考虑周全，充分尊重意思自治。所谓解决争议的方法，例如仲裁、诉讼，在仲裁或诉讼过程中达成和解，庭外和解等。该条款不属于合同的主要条款，因为欠缺它，地役权合同照样成立。

第三百七十四条

地役权自地役权合同生效时设立。当事人要求登记的，可以向登记机构申请地役权登记；未经登记，不得对抗善意第三人。

本条主旨

本条是关于地役权合同生效为地役权设立的生效要件，登记为对抗要件的规定。

相关条文

《物权法》第 158 条 地役权自地役权合同生效时设立。当事人要求登记的，可以向登记机构申请地役权登记；未经登记，不得对抗善意第三人。

《不动产登记暂行条例实施细则》第 60 条 按照约定设定地役权，当事人可以持需役地和供役地的不动产权属证书、地役权合同以及其他必要文件，申请地役权首次登记。

理解与适用

一、本条含义概貌

本条是对《物权法》第 158 条的复制，前段确立地役权合同生效为地役权设立的生效要件；中段明确地役权登记采取当事人申请制，而非不动产登记机构依职权强制登记；后段宣明地役权登记为对抗要件。

二、通过地役权合同设立地役权

（一）地役权合同的当事人和订立

地役权合同的当事人，包括需役人和供役人。前者又被称为地役权人，是有权设立有利于自己不动产的权利人；后者是有权为他人不动产的效益而设立地役权的人。他们双方订立地役权合同。

1. 供役人

在中国，土地和建筑物、构筑物及其附属设施是各自独立的两个物。房屋所有权人有权以其建筑物、构筑物及其附属设施为他人不动产的效益而设立地役权。房屋的承租人不得为他人不动产的效益设立地役权。土地所有权人可以其土地为需役人设立地役权。但土地上已设立土地承包经营权、建设用地使用权、宅基地使用权等权利的，未经用益物权人同意，土地所有权人不得设立地役权（《民法典》第 379 条）。也就是说，在土地上存在上述土地承包经营权等用益物权的情况下，土地所有权人为他人不动产的效益而设立地役权，需要经过土地承包经营权人等用益物权人的同意。因为此时，土地所有权人设立的地役权直接影响了土地承包经营权等用益物权的行使。

如果土地所有权人未经过用益物权人的同意设立地役权的，地役权合同违反了《民法典》第 379 条的强制性规定，应当归于无效，地役权并不成立。在业已办理完毕地役权登记的情况下，应当注销该项登记（《民法典》第 385 条）。

［探讨］

在业已办理完毕地役权登记，善意第三人以合理的费用受让，而且办理完毕变更登记手续的情况下，该第三人能否依据《民法典》第 311 条第 3 款的规定善意取得该地役权？严格按照善意取得以公示的公信力为理论和逻辑前提的观点，因《民法典》不强求地役权必须公示，且未赋予地役权登记的公信力（《民法典》第 374 条），故地役权不存在善意取得问题。若宽松地理解善意取得制度的基础，务实地解决善意受让人以合理费用受让地役权的问题，可能会有相反的结论。对此，需要继续探讨。还可以另辟蹊径，在善意取得制度之外，承认善意第三人取得地役权。

土地承包经营权人、建设用地使用权人、宅基地使用权人，对承包地、建设用地或宅基地虽无所有权，但有权以承包地、建设用地或宅基地为他人不动产的效益设立地役权（《民法典》第 380 条、第 383 条等）。但是，地役权人不得在该不动产上为其他不动产设立地役权。

2. 需役人

对于需役人，法律上没有严格限制，在理论上，不动产的所有权人或使用权人，包括房屋承租人、土地承租人等都可以成为需役人。

（二）地役权合同生效

根据本条前段的规定，地役权自地役权合同生效时设立。如果地役权合同未约定合同的特别生效要件，法律、法规也未规定特别的生效要件，则地役权合同成立之时就是该合同生效之日（《民法典》第502条第1款正文）。如果地役权合同或法律、法规有这方面的要求，则依其要求确定地役权生效的时间点。

（三）地役权的登记

地役权是一种物权，一般应有公示要件，但考虑到中国实际情况，《民法典》采取了登记为对抗要件的模式，于第374条规定，地役权自地役权合同生效时设立。当事人要求登记的，可以向登记机构申请地役权登记；未经登记，不得对抗善意第三人。《不动产登记暂行条例实施细则》对此予以细化："按照约定设定地役权，当事人可以持需役地和供役地的不动产权属证书、地役权合同以及其他必要文件，申请地役权首次登记"（第60条）。"地役权登记，不动产登记机构应当将登记事项分别记载于需役地和供役地登记簿"（第64条第1款）。"供役地、需役地分属不同不动产登记机构管辖的，当事人应当向供役地所在地的不动产登记机构申请地役权登记。供役地所在地不动产登记机构完成登记后，应当将相关事项通知需役地所在地不动产登记机构，并由其记载于需役地登记簿"（第64条第2款）。

所谓对抗，是于彼此利害相反时才发生的事项，处于这种关系中的人，只限于就主张地役权登记欠缺有正当利益的第三人，对于并无这种利益的第三人，无登记亦可对抗。此处的第三人，是指除地役权设立、转让、消灭的当事人以外的人，但应有限制：不得对抗的第三人，包括就同一不动产最终拥有互不相容权利的人，包括有关合同权利（如租赁权）的人，善意或恶意，在所不问。①

地役权未为登记，也可对抗的第三人，或者说不得否认地役权效力的人，包括以下几类：（1）以不公正的手段妨碍地役权人获得登记的人，或负有协助登记义务而不履行的人，以及主张欠缺登记这一理由明显违背诚实信用的人，均属无登记的地役权人能够对抗的人。（2）虽然从外形上看好像拥有与主张拥有地役权的人不相容的权利，而实体上却没有任何真实权利的人，一般被称为实质上无权利之人。无登记的地役权人能够对抗他。（3）侵权行为人，是指侵害不动产的人，而且不具有交易当事人的身份。他也属于无登记的真实权利人能够对抗的人。②

［反思］

一种意见认为，诸如为了粉刷外墙、整修栏栅等而需要设立地役权的情形，

①② 参见［日］我妻荣：《日本物权法》，有泉亨修订，李宜芬校订，台北，五南图书出版公司1999年版，第142、147、150～160页。

若采取登记为生效要件主义，就把本来简单的事项复杂化，办理登记手续远比粉刷外墙等事项麻烦，不如采取登记为对抗要件主义，既不损害善意第三人的合法权益，地役权的产生也快捷。《物权法》采纳了这种意见（第158条），《民法典》予以承继（第374条）。

笔者认为，这需要反思。第一，地役权只是解决问题中可供选择的一种途径，不排斥当事人选择债权的方式，甚至友情等非法律的路径。对于粉刷外墙、整修栏栅等事项的处理，需役地人若嫌登记麻烦，完全可以通过与供役地的权利人订立借用或租赁等合同，从而享有债权的方式，达到目的。因此，以登记烦琐为由反对登记为地役权生效要件的模式，有因噎废食之嫌。第二，把登记作为地役权的对抗要件，使得现行法上的物权变动模式过于多样化，即使是基于法律行为的物权变动模式也不统一。鉴于多样化不利于人们对法律的理解和掌握，除非不得已，应当以统一化为目标。既然《物权法》《民法典》总的精神是基于法律行为的不动产物权变动以登记为生效要件，那么，《物权法》《民法典》的分则应当只在具备充分理由时才设置例外。第三，不要低估登记为地役权设立的生效要件对于减少纠纷、有利于交易安全等方面的积极作用。① 第四，地役权的牵涉面多于居住权，并且，如果说居住权仅仅为当事人双方之间的私事关系，那么，地役权有时事关社会公共利益，如有些埋设输油/汽管道、修建城镇用水的输水渠，于此场合赋予地役权的登记具有公信力，更加必要。因此，举轻以明重，连居住权的设立都采取登记为生效要件主义，何况地役权乎?!

第三百七十五条

供役地权利人应当按照合同约定，允许地役权人利用其不动产，不得妨害地役权人行使权利。

本条主旨

本条是关于供役地的权利人所负基本义务的规定。

相关条文

《物权法》第159条　供役地权利人应当按照合同约定，允许地役权人利用其土地，不得妨害地役权人行使权利。

---

① 崔建远：《土地上的权利群研究》，北京，法律出版社2004年版，第225～226页。

理解与适用

本条是对《物权法》第 159 条的复制，规定了供役地的权利人负担的基本义务，大致表现在如下几个方面。

1. 不作为义务

以不作为义务为地役权内容时，供役地权利人当然负担有不作为的义务。

2. 容忍义务

按照本条的规定，对于以使用为内容的地役权，供役地权利人应当按照合同约定，允许地役权人利用其土地，不得妨害地役权人行使权利。所谓按照合同约定，就是确定供役地的权利人容忍义务的限度，同时在确定地役权人的权利边界。如果地役权人超出了权利范围，供役地权利人就不再负有容忍义务，且有权要求其停止超越范围的行为。

3. 附随义务

地役权不得以供役地权利人的积极作为为内容，但供役地权利人得在某些情况下负担某些附随义务，如在供役地上为地役权人设立通行地役权时，供役地权利人有交通安全保障义务，但可以通过约定由地役权人承担。即使地役权合同没有对此约定，依地役权的本质属性，供役人也应当有此义务。

4. 维持修理设施费用的分担义务

供役地的权利人使用地役权人建造的设施，应按其受益的程度分担维持修理设施的费用，除非当事人之间另有约定。① 地役权合同约定了这方面的内容，无须赘言，就是地役权合同没有约定该项义务，依事理也应该由供役地的权利人分担些费用。

第三百七十六条

地役权人应当按照合同约定的利用目的和方法利用供役地，尽量减少对供役地权利人物权的限制。

本条主旨

本条是关于地役权人所享基本权利、所负消极义务的规定。

---

① 谢在全：《民法物权论》（中册），台北，三民书局有限公司 2003 年 7 月修订 2 版，第 232 页。

相关条文

《物权法》第160条　地役权人应当按照合同约定的利用目的和方法利用供役地，尽量减少对供役地权利人物权的限制。

理解与适用

本条是对《物权法》第160条的复制，规定了地役权人所享基本权利、所负消极义务，大致表现在如下几个方面。

1. 对供役地使用的权利

根据本条的规定，以使用供役地为内容的地役权被设立后，地役权人即有权使用供役地，但必须按照合同约定的利用目的和方法使用，尽量减少对供役地的权利人物权的限制。例如，供役地的权利人经营旅店，地役权人享有通行地役权，如果将通路改至旅店另一侧，可减少对其房客的侵扰，且不影响地役权人的通行，则供役地的权利人可以请求改道。还有，供役地的权利人有时可以与地役权人共同使用供役地，若地役权人已经在供役地上建造了必要设施，则供役地的权利人在不妨碍地役权行使的前提下应有权使用此类设施，以免供役地的权利人重复建造之烦。① 这也是地役权的行使应当尽量减少限制供役地的权利人物权的表现。再就是，在地役权的行使限于供役地一部分的情况下，供役地的权利人认为该部分的使用对其有特殊不便利的情况下，可以请求将地役权的行使，迁移至其他适于地役权人利益的场所，迁移费用由供役地的权利人承担。② 于此场合，《不动产登记暂行条例实施细则》第61条第1款第4项规定，应当办理地役权变更登记。

如果地役权人超出约定范围或限度使用供役地时，供役地权利人可以行使物权请求权，在发生损害时，还可以请求损害赔偿。

在设立地役权后，供役地的范围可否根据需役地的需要而当然增减？如设立取水地役权时，有10人需要用水，待2年后，增至12人用水，是否当然允许？学说分歧较大。一种意见认为，对地役权的范围，当事人间有详细的约定时，自应以约定时的登记范围为准，不得因当事人一方的需求而当然加以改变。如果没有详细约定，则地役权既然是为需役地的便宜而存在的，在需求自然增加时，地役权的范围可以随之增大。③ 其思路值得我们重视。地役权的范围已被登记的情

---

①②③　谢在全：《民法物权论》（中册），台北，三民书局有限公司2003年7月修订2版，第231、232、222页。

况下，依其登记，是确定物权效力的最重要的依据。在这样的前提下，《不动产登记暂行条例实施细则》规定："经依法登记的地役权发生下列情形之一的，当事人应当持地役权合同、不动产登记证明和证实变更的材料等必要材料，申请地役权变更登记：……（三）需役地或者供役地自然状况发生变化"（第 61 条第 1 款第 3 项）。"供役地分割转让办理登记，转让部分涉及地役权的，应当由受让人与地役权人一并申请地役权变更登记"（第 61 条第 2 款）。不过，鉴于《民法典》不强求地役权登记，在尚未办理地役权登记的情况下，应依地役权合同的约定；无约定时，按照公平原则，根据具体情况加以确定。有的需要供役地权利人同意，有的需要增加费用。

2. 实施必要的附随行为、设置并保有必要设施的权利

地役权人因行使或维持其权利，有权为必要的附随行为，也可以设置一些设备。所谓必要的附随行为，不是指行使地役权的行为，如取水地役权场合不是指取水行为，而是指为达到地役权目的或实现其权利内容所必需的附随行为，如取水地役权场合为达取水目的而通行于供役地的行为，或铺设引水管道的行为。①

上述附随行为不仅表现为单纯的行为，如通行于供役地，而且包括设置必要的构筑物及其附属设施的行为，如为取水而在供役地上铺设引水管道。地役权人对此类设施保有所有权。②

在地役权人设置并保有必要设施的情况下，按照《不动产登记暂行条例实施细则》第 61 条第 1 款第 3 项、第 4 项的规定，办理地役权变更登记。

［探讨］

地役权人为达到地役权目的或实现其权利内容所必需的附随行为（如取水地役权场合为达取水目的而通行于供役地的行为，或铺设引水管道的行为），在法国民法上，也是地役权人承担的从属于地役权的给付义务，供役人有权请求地役权人实施。③ 此类从属义务与具备这种特点的地役权相适应。④

供役人请求地役权人履行这种从属义务的权利，也叫给付请求权。其法律性质处于较为"古怪"的状态。在认定这种给付请求权的性质方面发生的冲突，使

①② 谢在全：《民法物权论》（中册），台北，三民书局有限公司 2003 年 7 月修订 2 版，第 224 页。

③ 法国最高法院诉状审理庭 1881 年 2 月 23 日判决（D. P.，81. I. 407；S.，82. I. 111），法国最高法院第三民事法庭 1989 年 3 月 22 日判决（B. 111，71；R.，91. 526. Fr，Zenati）。转引自尹田：《法国物权法》（第 2 版），北京，法律出版社 2009 年版，第 432 页。

④ 尹田：《法国物权法》（第 2 版），北京，法律出版社 2009 年版，第 432 页。

物权和债权之间的区别变得模糊起来。①

3. 地役权人享有优先权

地役权人使用供役地，不具独占性，不仅可与供役地权利人共同使用供役地，而且因供役地上可设立多个地役权而发生数个地役权人均使用同一宗供役地的情况。各个人的使用相互不冲突时固无问题，发生冲突时适用何种规则？笔者将在释评《民法典》第378条、第379条时再论，此处不赘。

4. 物权请求权

在地役权受到妨害或侵害时，地役权人可以基于本权行使妨害防止请求权以及妨害排除请求权，如他人的建筑物有倒塌的危险，并阻碍其通行的道路，地役权人即可行使妨害防止请求权，请求其为必要的预防措施，但地役权人无所有物返还请求权。

在德国法上，还赋予地役权人基于占有的防御请求权（《德国民法典》第1029条），此时，地役权人享有的是一种权利占有，准用基于占有的请求权规则。

5. 转让地役权的权利

地役权人有权转让地役权，包括买卖、互易、赠与地役权以及将地役权出资入股等形式。按照《民法典》的规定，转让地役权时不得违反地役权的从属性、不可分性等要求（第380条、第381条）。

已经登记的地役权转让的，应当及时办理变更（转移）登记（《民法典》第385条）。已经登记的地役权因土地承包经营权、建设用地使用权转让发生转移的，当事人应当持不动产登记证明、地役权转移合同等必要材料，申请地役权转移登记（《不动产登记暂行条例实施细则》第62条第1款）。否则，其转让不得对抗善意第三人。申请需役地转移登记的，或者需役地分割转让，转让部分涉及已登记的地役权的，当事人应当一并申请地役权转移登记，但当事人另有约定的除外。当事人拒绝一并申请地役权转移登记的，应当出具书面材料。不动产登记机构办理转移登记时，应当同时办理地役权注销登记（《不动产登记暂行条例实施细则》第62条第2款）。

6. 以地役权设立抵押权的权利

地役权人有权将地役权抵押给他人，只是不得单独抵押（《民法典》第381条前段）。因为地役权被单独抵押的，在实现抵押权时，地役权人与需役地权利

① 参见 Malaurie et Aynès，les biens，p. 310. 转引自尹田：《法国物权法》（第2版），北京，法律出版社2009年版，第432页。

人就不是同一个人了，最终导致地役权与需役地（权利）的分离。为了贯彻地役权人和需役地权利人为同一个人的精神，《民法典》规定，土地承包经营权、建设用地使用权等抵押的，在实现抵押权时，地役权一并转让（第 381 条后段）。如此规定的另一个原因在于，需役地上的土地承包经营权、建设用地使用权被抵押的，土地承包经营权人、建设用地使用权人的地役权原则上也被抵押。

以地役权设立抵押权时，按照《不动产登记暂行条例实施细则》第 61 条第 1 款第 4 项的规定，办理地役权变更登记。

7. 费用支付义务及减少请求权

在地役权有偿设立的情况下，地役权人负有向供役地权利人支付费用的义务。费用的数额及支付方法，有约定时依其约定，无约定时依公平原则，根据具体情况加以确定。

在原本无偿设立地役权，但其后供役地权利人的负担增加，且为当初无法预料的，地役权人继续无偿使用供役地，显失公平的，供役地权利人可请求法院酌定费用。相反，原本有偿设立地役权，其后显示费用过高，地役权人可请求法院酌情减少费用。①

8. 地役权人对其建造的必要设施，负有维持修理的义务。因此支出之费用，应自行负担。

9. 地役权人负有尽量减少对供役地权利人物权的限制的义务（《民法典》第 372 条）。

第三百七十七条

地役权期限由当事人约定；但是，不得超过土地承包经营权、建设用地使用权等用益物权的剩余期限。

本条主旨

本条是关于地役权的存续期限不得超过供役地上的用益物权存续期限的规定。

相关条文

《物权法》第 161 条　地役权的期限由当事人约定，但不得超过土地承包经

① 参见谢在全：《民法物权论》（中册），台北，三民书局有限公司 2003 年 7 月修订 2 版，第 228 页。

营权、建设用地使用权等用益物权的剩余期限。

理解与适用

本条是对《物权法》第 161 条的承继，本条正文奉行意思自治原则，把地役权的存续期限交由当事人双方约定，本条但书限制当事人双方关于地役权的存续期限的约定，即不允许地役权的存续期限超过土地承包经营权、建设用地使用权等用益物权的剩余期限。

本条但书所谓"等用益物权"，如土地经营权、居住权。其中的建设用地使用权，包括国有建设用地使用权、集体经营性建设用地使用权。

对于本条但书的限制，笔者倾向于限缩其适用范围，即其主要适用于供役地的权利人为土地承包经营权人或土地经营权人或建设用地使用权人的场合，不完全适用于供役地的权利人为不动产所有权人的领域，更不适用于供役地为房屋的情形。

在供役地的权利人为土地承包经营权人或土地经营权人或建设用地使用权人的情况下，如果地役权的存续期限超过了土地承包经营权或土地经营权或建设用地使用权等用益物权的剩余期限，那么，就超过的剩余期限而言，是土地承包经营权、土地经营权、建设用地使用权等用益物权已经消灭了，所谓供役地的"权利人"已经不再是权利人，他以供役地的权利人的名义与需役地的权利人合意设立地役权，等于无权处分，无端地剥夺了土地所有权人的合法权益。在土地经营权人与需役地的权利人合意设立地役权的场合，就意味着侵害了土地承包经营权人的权益。此其一。该项结论的可采性还可以联系地役权规则及理论予以佐证。土地承包经营权、建设用地使用权等用益物权的存续期限届满，用益物权归于消灭，承包地、建设用地或宅基地不再是需役地，地役权因无需役地而归于消灭。这也体现出地役权的从属性。可见，约定地役权的存续期限超过土地承包经营权等用益物权的剩余期限没有意义，不会有积极的法律价值。此其二。假如允许超过土地承包经营权、土地经营权、建设用地使用权的剩余期限，就不符合所有权的弹力性，就会损害土地所有权人的权益。于此场合，土地所有权人主张物权请求权，酿成较为复杂的法律关系。假如允许超过土地承包经营权的剩余期限，土地承包经营权人行使物权请求权，同样形成复杂的法律关系。此其三。

应当指出，本条不应适用于土地所有权人以其土地作为需役地而设立地役权，以及以建筑物、构筑物及其附属设施作为需役地而设立地役权的场合。因为于此场合土地承包经营权等用益物权因存续期限届满而消灭时，需役地依然存在，不动产所有权人和供役人约定的地役权存续期限长于土地承包经营权等用益物权的存续期限，也不妨碍地役权的目的及效能。

之所以本条但书不完全适用于供役地的权利人为不动产所有权人的领域，是因为土地所有权人与需役地的权利人合意设立土地承包经营权或建设用地使用权等用益物权时已经有言在先，设立此类权利不阻碍土地所有权人以其土地作为供役地为他人设立地役权，既然如此，于此场合，土地所有权人有权与需役地的权利人合意设立地役权，地役权的存续期限长于土地承包经营权、土地经营权、建设用地使用权等用益物权的剩余期限的，就更具有正当性。

之所以本条但书不适用于供役地为房屋的情形，是因为于此场合不存在土地承包经营权、土地经营权、建设用地使用权。

第三百七十八条

土地所有权人享有地役权或者负担地役权的，设立土地承包经营权、宅基地使用权等用益物权时，该用益物权人继续享有或者负担已设立的地役权。

本条主旨

本条是关于承包地、宅基地上已有地役权或同时为供役地时，该宗土地上可以并存地役权、土地承包经营权、宅基地使用权等用益物权的规定。

相关条文

《物权法》第 162 条　土地所有权人享有地役权或者负担地役权的，设立土地承包经营权、宅基地使用权时，该土地承包经营权人、宅基地使用权人继续享有或者负担已设立的地役权。

理解与适用

本条是对《物权法》第 162 条的复制，含有几层意思：(1) 土地所有权人甲就 A 地享有地役权之后，乙又就 A 地取得土地承包经营权，甲的地役权可以与乙的土地承包经营权并存于 A 地；或者丙又就 A 地取得宅基地使用权，甲的地役权可以与丙的宅基地使用权并存于 A 地。(2) 土地所有权人甲将其 A 地作为供役地为丁设立地役权之后，又把 A 地发包给乙，乙取得 A 地的土地承包经营权。丁的地役权与乙的土地承包经营权并存于 A 地。(3) 土地所有权人甲将其 A 地作为供役地为丁设立地役权之后，又把 A 地作为丙的宅基地，于此场合，丁的地役权与丙的宅基地使用权并存于 A 地之上。

在“（1）”的场合，甲的地役权设立在先，其效力不因乙取得土地承包经营权、丙取得宅基地使用权而受影响，换个角度说，土地承包经营权人乙、宅基地使用权人丙必须容忍地役权这个负担。这就是本条所谓土地承包经营权人、宅基地使用权人“该用益物权人继续……负担已设立的地役权”的意思。

如果土地所有权人甲未将A地已经存在地役权的信息告知与乙、丙，乙行使土地承包经营权受到限制，因此遭受损失，乙有权请求甲承担违约责任；丙行使宅基地使用权受到限制，因此遭受损失，丙也有权请求甲承担违约责任。

在“（2）”和“（3）”的场合，土地所有权人甲就A地必须容忍丁享有并行使地役权，这就是本条所谓丁这个“用益物权人继续享有……已设立的地役权”的意思。此其一。土地承包经营权乙、宅基地使用权丙必须容忍丁的地役权。这也是本条所谓土地承包经营权人、宅基地使用权人“该用益物权人继续……负担已设立的地役权”的意思。

如果土地所有权人甲未将A地已为供役地的事实告知乙、丙，乙行使土地承包经营权受到限制，因此遭受损失，乙有权请求甲承担违约责任；丙行使宅基地使用权受到限制，因此遭受损失，丙也有权请求甲承担违约责任。

第三百七十九条

土地上已设立土地承包经营权、建设用地使用权、宅基地使用权等用益物权的，未经用益物权人同意，土地所有权人不得设立地役权。

本条主旨

本条是关于土地所有权人若拟就土地承包经营权、建设用地使用权、宅基地使用权等用益物权的客体再为第三人设立地役权，须经土地承包经营权人等用益物权人同意的规定。

相关条文

《物权法》第163条　土地上已设立土地承包经营权、建设用地使用权、宅基地使用权等权利的，未经用益物权人同意，土地所有权人不得设立地役权。

理解与适用

本条是对《物权法》第163条的承继，其确立的规则是：土地所有权人若拟就土地承包经营权、建设用地使用权、宅基地使用权等用益物权的客体再为第三人设立地役权，必须经过土地承包经营权人等用益物权人的同意。

结合《民法典》第374条后段关于“未经登记，不得对抗善意第三人”的规定，观察本条的规定，可知其确立了如下规则：（1）土地所有权人经过土地承包经营权、建设用地使用权、宅基地使用权等用益物权的物权人的同意后，为第三人设立地役权，该等用益物权人须容忍地役权人使用供役地。（2）土地所有权人在未经土地承包经营权、建设用地使用权、宅基地使用权等用益物权的物权人同意的情况下，为第三人设立地役权，该第三人为恶意的，土地承包经营权、建设用地使用权、宅基地使用权等用益物权的效力优先于地役权的效力。（3）土地所有权人在未经土地承包经营权、建设用地使用权、宅基地使用权等用益物权的物权人同意的情况下，为第三人设立地役权，该第三人为善意的，土地承包经营权、建设用地使用权、宅基地使用权等用益物权的物权人须容忍地役权人使用供役地。

土地所有权人在未经土地承包经营权、建设用地使用权、宅基地使用权等用益物权的物权人同意的情况下，为第三人设立地役权，土地承包经营权、建设用地使用权、宅基地使用权等用益物权的物权人因此遭受损失的，土地承包经营权、建设用地使用权、宅基地使用权等用益物权的物权人有权请求土地所有权人承担违约损害赔偿责任。

第三百八十条

地役权不得单独转让。土地承包经营权、建设用地使用权等转让的，地役权一并转让，但是合同另有约定的除外。

本条主旨

本条是关于地役权具有从属性，可随土地承包经营权、建设用地使用权等转让而转让的规定。

相关条文

《物权法》第164条　地役权不得单独转让。土地承包经营权、建设用地使用权等转让的，地役权一并转让，但合同另有约定的除外。

《不动产登记暂行条例实施细则》第62条　已经登记的地役权因土地承包经营权、建设用地使用权转让发生转移的，当事人应当持不动产登记证明、地役权转移合同等必要材料，申请地役权转移登记。

申请需役地转移登记的，或者需役地分割转让，转让部分涉及已登记的地役权的，当事人应当一并申请地役权转移登记，但当事人另有约定的除外。当事人拒绝一并申请地役权转移登记的，应当出具书面材料。不动产登记机构办理转移登记时，应当同时办理地役权注销登记。

理解与适用

一、本条含义概貌

本条是对《物权法》第164条的复制，宣明地役权具有从属性，地役权随着土地承包经营权、建设用地使用权等转让而转让，但当事人另有相反约定的，依其约定。

二、地役权具有从属性

（一）总说

地役权本质上为独立的物权，但系为提高需役地的便宜而成立，与需役地相结合，因而提高其效益的物权，故从属于需役地，具有从属性。换句话说，地役权的存续以需役地的存在为前提，与需役地的所有权或其他不动产物权同其命运，与抵押权、质权或留置权从属于主债权而存在的情形相仿。[①] 所谓同其命运，是指地役权为需役地权利之从，不得由需役地分离而转让，或成为其他权利的标的物。这就是本条前段由来的根据。

（二）地役权不得由需役地分离而转让的三种情形

1. 需役地的所有权人不得自己保留需役地的所有权，而将地役权单独转让给他人；同理，需役地的用益物权人不得自己保留需役地的用益物权，而将地役权单独转让给他人。地役权人违反本条前段关于“地役权不得单独转让”的规定，地役权的转让无效，受让人不能取得地役权，地役权仍为需役地而存在。地役权人违反该条关于“土地承包经营权、建设用地使用权等转让的，地役权一并转让”的规定，以合同特约“地役权不随同土地承包经营权、建设用地使用权等权利的转让而转让”的，在地役权系土地所有权人以其土地作为需役地而设立的情况下，因土地所有权没有移转，需役地仍然存在，土地所有权人保留其地役权的约定没有违反地役权从属于需役地的性质，故该约定应当有效；但是，如果地

① 谢在全：《民法物权论》（中册），台北，三民书局有限公司2003年7月修订2版，第200页；王泽鉴：《民法物权·用益物权·占有》（总第2册），北京，中国政法大学出版社2001年版，第81页。

役权系土地承包经营权人、建设用地使用权人或宅基地使用权人为其承包地、建设用地或宅基地的便宜而设立的场合，土地承包经营权、建设用地使用权或宅基地使用权转让，当事人以合同特约地役权不随之转让，则违反了地役权从属于需役地的固有性质，应当归于无效。可见，本条后段所谓“但合同另有约定的除外”的但书，文义涵盖过宽，应当限缩其适用范围。

［引申］

A. 地役权的从属性是否为地役权的固有属性？这直接涉及地役权的从属性可否被当事人以约定排除或限制，以及当事人关于限制或排除从属性的约定，是否具有法律效力。部分有效，还是全部无效。

物权的法律性质，有些是物权固有的，如物权人支配标的物的属性，即为此类；另一些性质则是因立法政策而被立法者所“强加的”，如抵押权的不可分性。地役权的从属性属于何者？

我们应当将从属性作为地役权的固有属性，其理由如下：其一，从概念入手：地役权乃为需役地的便宜/效益而存在的权利。由此决定，地役权不得与需役地分离而单独存在，换言之，地役权为需役地的从物权。[①] 其二，从构成着眼：地役权的发生恒以存在着两个土地为前提，否则，地役权无以成立。[②]《德国民法典》将地役权视为需役地的构成部分（第 96 条），《瑞士民法典》也是如此看待（第 65 条、第 731 条）的。[③]成分，属于物的构成部分，脱离该物便无所谓成分；地役权作为需役地的成分，自然无法脱离需役地而单独存在。其三，从历史审视：地役权滥觞于罗马法，《法学阶梯》1.2.3.3 规定：地役权等役权“之所以被称为对不动产的役权，乃因为没有不动产它们就不可能设立。事实上，任何人，除非他有不动产，都不能获得对都市或乡村不动产的役权；任何人，除非他拥有不动产，也不会对都市或乡村不动产役权承担义务”[④]。由此可见，地役权离不开需役地。其四，从本质揭示：甲说认为，地役权为需役地所有权的延长。乙说主张地役权系增加需役地价格的状态。这是罗马法以来的通说。[⑤] 丙说

①③　［日］三潴信三：《物权法提要》（上、下卷），孙芳译，韦浩点校，北京，中国政法大学出版社 2005 年版，第 131、132 页。

②　陈华彬：《物权法原理》，北京，国家行政学院出版社 1998 年版，第 539 页。

④　［古罗马］优士丁尼：《法学阶梯》，徐国栋译，阿贝特鲁奇、纪蔚民校，北京，中国政法大学出版社 2005 年第 2 版，第 140～141 页。

⑤　Windscheld，Pandekten. I § 209；Dernburg，Pandekten I. § 288. 转引自［日］三潴信三：《物权法提要》（上、下卷），孙芳译，韦浩点校，北京，中国政法大学出版社 2005 年版，第 129 页。

则谓，地役权的主体为需役地，地役权为从属于需役地的权利。[①] 这些学说十分明显地反映出没有需役地便无地役权的现象和道理。尽管现代法制已经不再坚持如此看待地役权本质的视角，但地役权与需役地所有权之间具有密切关系的思想依然如故。[②] 地役权最本质的特征在于与土地的不可分离性。[③] 其五，就地役权与相关权利的关联方面观察，没有需役地，奴役供役地而成立的权利，要么是人役权，要么是债权，不会是地役权。

综合上述，应当承认从属性是地役权固有属性的结论。

B. 本条关于地役权从属性的规定，是否为强制性规定？

从属性作为地役权的固有属性，就不得将之从地役权中剥离，否则，轻者，地役权成为残疾之物，重者，地役权不复为地役权。如此，结论自然是：本条前段关于地役权从属性的规定，应为强制性规定，而非任意性规定。

但疑问在于，本条后段设有“但合同另有约定的除外”的但书，不是承认当事人可以约定排除地役权的从属性吗?!

笔者注意到我妻荣教授的如下观点：《日本民法典》第 281 条第 1 项前段关于“地役权，为作为需役地的所有权的从属而与之共同移转，或者作为在需役地上存在的其他权利的标的”的规定，承认了地役权的从属性。其中含有地役权对需役地所有权的伴随性，即 a. 当需役地所有权进行移转，或成为其他权利（如抵押权）的标的时，则地役权也与其一起移转，或成为需役地上存在的其他权利的标的。但是，按照《日本民法典》第 281 条第 1 项后段的但书，这种伴随性可因地役权的设立行为而受到排斥。b. 当理解为所有权以外的使用权，地役权亦能成立时，不言而喻，应理解为亦伴随这种使用权。[④] 这似乎在告诉我们，地役权的从属性的范围要广于伴随性，尽管伴随性可因地役权的设立行为有特别约定而受到排斥，但并不意味着伴随性以外的从属性也当然如此。再就是，当事人排斥伴随性的特别约定，非经登记，不得以之对抗第三人（《不动产登记法》第 113 条）。[⑤] 这表明法律对当事人以特约排除伴随性的有效性是有节制的。

《民法典》没有理由反对此类节制。明确这一点，有助于解决这样的问题：

---

① Bocking, Pandekten. I § 36. 转引自［日］三潴信三：《物权法提要》（上、下卷），孙芳译，韦浩点校，北京，中国政法大学出版社 2005 年版，第 129 页。

② 转引自［日］三潴信三：《物权法提要》（上、下卷），孙芳译，韦浩点校，北京，中国政法大学出版社 2005 年版，第 129 页。

③ 费安玲：《罗马私法学》，北京，中国政法大学出版社 2009 年版，第 220 页。

④ ［日］我妻荣：《日本物权法》，有泉亨修订，李宜芬校订，台北，五南图书出版公司 1999 年版，第 379 页。

⑤ ［日］三潴信三：《物权法提要》（上、下卷），北京，中国政法大学出版社 2005 年版，第 132 页。

第 380 条后段所谓“但合同另有约定的除外”，是整个第 380 条的但书，还是仅仅为第 380 条后段“土地承包经营权、建设用地使用权等转让的，地役权一并转让”的但书？笔者认为，假如将“但合同另有约定的除外”作为整个条文的但书，则在合同约定仅仅转让需役地的权属，而使地役权人保有地役权，和合同约定将地役权与需役地权属分别转让给不同的主体等情况下，就违反了地役权必须以需役地的存在为前提的本质属性，地役权因而具有消灭的原因。如果将“但合同另有约定的除外”仅仅作为“土地承包经营权、建设用地使用权等转让的，地役权一并转让”的但书，就不会发生上述问题。此其一。

其二，从语法的角度看，将“但合同另有约定的除外”仅仅作为“土地承包经营权、建设用地使用权等转让的，地役权一并转让”的但书，有其根据。具体地说，第 380 条分为两句，前段为“地役权不得单独转让”，后段为“土地承包经营权、建设用地使用权等转让的，地役权一并转让，但合同另有约定的除外”。两句中间有“。”相隔，但书处于后段之中。如此，将“但合同另有约定的除外”的但书作为后段“土地承包经营权、建设用地使用权等转让的，地役权一并转让”的例外，而非作为整个第 380 条（包括前段“地役权不得单独转让”）的例外，就可以成立。较为详细些说，只有在“土地承包经营权、建设用地使用权等转让的”场合，当事人才可以约定地役权不随之转让，在建筑物、土地所有权转让的场合，当事人不得约定地役权继续保留在地役权人之手。

当然，“但合同另有约定的除外”的但书究竟是作为后段的例外，抑或整个第 380 条（包括前段“地役权不得单独转让”）的例外，在解释时不得随心所欲，不得全凭解释者的主观好恶，而是取决于从属性是地役权的固有属性，还是立法政策所加于的属性。若是前者，则必须尽可能地坚持从属性，于是但书仅仅作为后段的例外，最为恰当；若为后者，结论就没有这么简单，如果没有其他的理由，将“但合同另有约定的除外”的但书仅仅作为第 380 条后段“土地承包经营权、建设用地使用权等转让的，地役权一并转让”的例外，可以；作为整个第 380 条的例外，也无可非议。由于通过上文的论证，认定从属性是地役权的固有属性，我们应当尽量否定当事人关于排斥从属性的约定，在《民法典》第 380 条已经设置但书的背景下，在解释上应当将“但合同另有约定的除外”这一但书作为第 380 条后段“土地承包经营权、建设用地使用权等转让的，地役权一并转让”的例外，而不宜作为整个第 380 条的但书。

一旦当事人有此类约定，例如，当事人约定，需役地所有权移转时，地役权不随之移转，是说地役权仍被保留在原需役地所有权人之手，还是说该地役权具有消灭的原因？

由于从属性系地役权所固有的性质，应当得出这样的结论：在需役地及其权属转让的场合，而约定地役权仍保留于地役权人之手，需役地权属的转让固属有效，但地役权失去存在的根基，产生了消灭的原因。①

需要注意，在中国，国家土地所有权不得转让，集体土地所有权不得按照民事的实体法和程序法转让，宅基地使用权只能随着住宅的转让而转让，所以，不会存在依民法程序转让土地所有权而自己保留地役权的情形，也不可能存在依民法程序转让土地所有权和地役权的情形，因而，所谓“需役地的所有权人不得自己保留需役地的所有权，而单独转让地役权给他人”的规则，得将土地所有权排除，宅基地使用权也基本上被排除在外，仅仅适用于建筑物所有权转让的场合。

2. 需役地的所有权人不得仅将需役地的所有权转让给他人，自己保留地役权。否则，地役权因违反从属性而归于消灭。② 对本条前段关于“地役权不得单独转让”的规定，作反面推论，应当得出相同的结论。

需要注意，该项规则也必须排除土地所有权的适用，宅基地使用权也基本上被排除在外。

此处应予讨论的是，如果当事人之间系特别约定仅仅转让作为需役地的建筑物、构筑物及其附属设施的所有权，地役权不随同转让，如何处理。有观点认为，需役地所有权的转让固属有效，但地役权宜解为违反其从属性，因而具有消灭的原因，否则如非有上述特别约定，则宜解为地役权随同转让。③ 笔者赞同此论，因为特别约定需役地所有权转让，自己保留地役权，在需役地所有权果真转让他人的情况下，则该地役权失去需役地，失去存在的价值，确无存续的必要，应当归于消灭。

在需役地为承包地或建设用地，土地承包经营权或建设用地使用权转让他人的情况下，若当事人之间特别约定土地承包经营权或建设用地使用权转让，自己保留地役权，亦应认为地役权具备消灭的原因。其道理如同上述。

3. 需役地的所有权人不得将需役地的所有权与地役权分别转让给不同的人。例如，当事人之间特别约定，把需役地所有权转让给甲，将地役权转让给乙。有观点认为，当事人之间的真实意思，显然在于不将地役权随同需役地而为转让，故甲只能取得需役地所有权，却无从取得地役权；而地役权的转让违反从属性，归于地役权的转让无效，乙不能取得地役权。在这种情况下，地役权因无需役地

①③ 谢在全：《民法物权论》（中册），台北，三民书局有限公司2003年7月修订2版，第200～201页。

② 谢在全：《民法物权论》（中册），台北，三民书局有限公司2003年7月修订2版，第200页；王泽鉴：《民法物权·用益物权·占有》（总第2册），北京，中国政法大学出版社2001年版，第81页。

存在而具有消灭的原因。[①] 对本条前段关于“地役权不得单独转让”的规定，作反面推论，也能得出相同的结论。

需要注意，该项规则也必须排除土地所有权的适用，宅基地使用权也基本上被排除在外。

第三百八十一条

地役权不得单独抵押。土地经营权、建设用地使用权等抵押的，在实现抵押权时，地役权一并转让。

本条主旨

本条是关于地役权的从属性在抵押方面的表现的规定。

相关条文

《物权法》第 165 条　地役权不得单独抵押。土地承包经营权、建设用地使用权等抵押的，在实现抵押权时，地役权一并转让。

《不动产登记暂行条例实施细则》第 61 条第 1 款第 4 项　经依法登记的地役权发生下列情形之一的，当事人应当持地役权合同、不动产登记证明和证实变更的材料等必要材料，申请地役权变更登记：

…………

（四）地役权内容变更的；

…………

理解与适用

本条是对《物权法》第 165 条的复制，明确地役权不得单独抵押。土地承包经营权、建设用地使用权等抵押的，在实现抵押权时，地役权一并转让。

地役权人有权将地役权抵押给他人，但依本条前段的规定，地役权不得单独抵押。这是因为地役权被单独抵押的，在实现抵押权时，地役权人与需役地权利人就不是同一个人了，最终导致地役权与需役地（权利）的分离。为了贯彻地役权人和需役地权利人为同一个人的精神，本条后段规定，土地承包经营权、建设用地使用权等抵押的，在实现抵押权时，地役权一并转让。如此规定的另一个原

---

① 谢在全：《民法物权论》（中册），台北，三民书局有限公司 2003 年 7 月修订 2 版，第 201 页；王泽鉴：《民法物权・用益物权・占有》（总第 2 册），北京，中国政法大学出版社 2001 年版，第 81 页。

因在于，需役地上的土地承包经营权、建设用地使用权被抵押的，土地承包经营权人、建设用地使用权人的地役权原则上也被抵押。

以地役权设立抵押权时，按照《不动产登记暂行条例实施细则》第 61 条第 1 款第 4 项的规定，办理地役权变更登记。

第三百八十二条

需役地以及需役地上的土地承包经营权、建设用地使用权等部分转让时，转让部分涉及地役权的，受让人同时享有地役权。

本条主旨

本条是关于地役权在享有方面具有不可分性的规定。

相关条文

《物权法》第 166 条　需役地以及需役地上的土地承包经营权、建设用地使用权部分转让时，转让部分涉及地役权的，受让人同时享有地役权。

《不动产登记暂行条例实施细则》第 62 条　已经登记的地役权因土地承包经营权、建设用地使用权转让发生转移的，当事人应当持不动产登记证明、地役权转移合同等必要材料，申请地役权转移登记。

申请需役地转移登记的，或者需役地分割转让，转让部分涉及已登记的地役权的，当事人应当一并申请地役权转移登记，但当事人另有约定的除外。当事人拒绝一并申请地役权转移登记的，应当出具书面材料。不动产登记机构办理转移登记时，应当同时办理地役权注销登记。

理解与适用

本条是对《物权法》第 166 条的复制，确立地役权在享有方面具有不可分性的原则，即需役地及其所承载的土地承包经营权、建设用地使用权等部分转让时，所转让部分承载的地役权由受让人同时享有。

本条旨在确保地役权的设立目的，使之得为需役地的全部而利用供役地的全部。因为地役权是为需役地的全部的效益/便宜而取得的，是存在于供役地上的不可分的负担，自不可能为需役地的某个或某些局部而存在，亦非为特定人而存在，这是地役权与居住权等人役权的明显不同之点。例如，甲乙共享土地承包经营权的需役地，就丙的供役地设立排水地役权。其后，需役地的土地承包经营权被分割为两项独立的权利，甲乙各享有一项，排水地役权仍为该两宗承包地及其经营权的利益而存在，即甲乙均可继续为其承包地及其经营权的便宜而享有前述排水地役权。如果甲将其土地承包经营权转让给了丁，乙继续保有其土地承包经营权，则乙和丁有权为其承包地及其经营权的便宜而享有该排水地役权。但是，如果地役权的行使，依其性质只关乎需役地的一部分的，地役权仅就该部分继续存在。例如，甲乙共有的需役地，在丙的供役地设立丙不得在30米内建造建筑物的采光地役权。其后，需役地被分割成两宗土地，其中甲独享的一宗已经距离供役地30米之外，无须前述地役权的存在了。于是，该采光地役权仅为靠近供役地的部分需役地而存在。于此场合，丙有权请求甲注销其地役权的登记。需役地部分转让的，结论同上。[①]

当然，为使本条的适用更加合理，不妨将所谓“转让部分涉及地役权的”解释为含有“如果地役权的行使，依其性质只关乎需役地的一部分的，地役权仅就该部分继续存在”之义。

第三百八十三条

供役地以及供役地上的土地承包经营权、建设用地使用权等部分转让时，转让部分涉及地役权的，地役权对受让人具有法律约束力。

本条主旨

本条是关于地役权在负担方面具有不可分性的规定。

相关条文

《物权法》第167条　供役地以及供役地上的土地承包经营权、建设用地使用权部分转让时，转让部分涉及地役权的，地役权对受让人具有约束力。

《不动产登记暂行条例实施细则》第61条第2款　供役地分割转让办理登记，转让部分涉及地役权的，应当由受让人与地役权人一并申请地役权变更登记。

理解与适用

本条是对《物权法》第167条的复制，确立了地役权在负担方面具有不可分

---

① 参见谢在全：《民法物权论》（中册），台北，三民书局有限公司2003年7月修订2版，第204页；王泽鉴：《民法物权・用益物权・占有》（总第2册），北京，中国政法大学出版社2001年版，第83页；梁慧星、陈华彬：《物权法》（第4版），北京，法律出版社2007年版，第291页；王利明、尹飞、程啸：《中国物权法教程》，北京，人民法院出版社2007年版，第407页。

性的原则，供役地以及供役地上的土地承包经营权、建设用地使用权部分转让时，转让部分涉及地役权的，地役权对受让人具有约束力。举例来说，甲乙共享建设用地使用权的供役地，存在着为丙的需役地设立的通行地役权。其后，该供役地被分割为二宗建设用地，甲乙各享有一项建设用地使用权，前述地役权继续存在于甲乙各享有的建设用地之上。甲将其建设用地使用权转让给丁，结论亦然。但是，地役权的行使，依其性质只关于供役地的一部分的，地役权仅对该部分继续存在。例如，通行地役权所开辟的道路仅仅通过甲利用的建设用地的，则地役权仅仅继续存在于甲利用的建设用地上，乙利用的建设用地已无负担通行地役权的必要，应构成部分消灭地役权的原因。因而，乙有权请求丙注销存续于自己建设用地上的地役权的登记。①

为使本条规定的适用更加合理，不妨将所谓“转让部分涉及地役权的”解释为含有“如果地役权的行使，依其性质只关于供役地的一部分的，地役权仅对该部分继续存在”之义。

第三百八十四条

地役权人有下列情形之一的，供役地权利人有权解除地役权合同，地役权消灭：

（一）违反法律规定或者合同约定，滥用地役权；

（二）有偿利用供役地，约定的付款期限届满后在合理期限内经两次催告未支付费用。

本条主旨

本条是关于解除地役权合同使地役权消灭的事由的规定。

相关条文

《物权法》第 168 条　地役权人有下列情形之一的，供役地权利人有权解除地役权合同，地役权消灭：

（一）违反法律规定或者合同约定，滥用地役权；

（二）有偿利用供役地，约定的付款期间届满后在合理期限内经两次催告未

---

①　参见谢在全：《民法物权论》（中册），台北，三民书局有限公司 2003 年 7 月修订 2 版，第 204 页；王泽鉴：《民法物权·用益物权·占有》（总第 2 册），北京，中国政法大学出版社 2001 年版，第 83 页；梁慧星、陈华彬：《物权法》（第 4 版），北京，法律出版社 2007 年版，第 291 页；王利明、尹飞、程啸：《中国物权法教程》，北京，人民法院出版社 2007 年版，第 407 页。

支付费用。

《不动产登记暂行条例实施细则》第 63 条第 1 项、第 5 项　已经登记的地役权，有下列情形之一的，当事人可以持不动产登记证明、证实地役权发生消灭的材料等必要材料，申请地役权注销登记：

（一）地役权期限届满；

…………

（五）依法解除地役权合同；

…………

理解与适用

本条是对《物权法》第 168 条的复制，列举了供役地的权利人有权解除地役权合同的事由，赋予该权利人解除权，地役权因此种解除而归于消灭。

根据本条第 1 项的规定，地役权人违反法律规定或合同约定，滥用地役权的，供役地权利人有权解除地役权合同。这包括两种情况：其一，地役权人行使地役权时，虽然不违反合同，但违反法律规定，造成滥用地役权的，供役地权利人也有权解除地役权合同。例如，地役权人排废水超过国家规定的标准，造成江河污染的。其二，地役权人行使地役权时，违反合同，造成滥用地役权的，供役地权利人也有权解除地役权合同，至于是否还有法律、行政法规的另外的强制性规定予以支撑，在所不问。

根据本条第 2 项的规定，在有偿利用供役地的情况下，约定的付款期间届满后，在合理期限内经供役地权利人两次催告，地役权人仍未支付费用的，供役地权利人有权解除地役权合同。就该规定的文义，可作如下解释。

如果该地役权合同规定有明确的付款期限，该期限届满时，无须供役地权利人催告，地役权人就陷入了履行迟延。如果地役权合同没有规定明确的付款期限，根据《民法典》第 511 条第 4 项的规定，供役地权利人首先向地役权人催告，确定合理的宽限期。该宽限期届满时，地役权人仍不付款，方陷入履行迟延。

在确定履行迟延后，供役地权利人还要"在合理期限内经两次催告"。这里的"合理期限内"，是指约定的付款期间届满后才开始起算的期限，而且是包含着供役地权利人两次催告所用时间在内的合理期限，不是指供役地权利人第一次催告处于合理的期间内，而第二次催告的时间点已经超出了合理期限，换言之，两次催告均在合理期限内。还有，合理与否的判断，既不是看该期间是否符合供役地权利人单方面的利益需要，也不是看该期间是否符合地役权人单方面的利益需要，而是以一个理性人的合法权益所需要的期限为准。

在经两次催告后，地役权人仍未给付费用的，供役地权利人方可行使解除权。

［探讨］

值得讨论的是，在地役权合同没有规定明确的付款期限，供役地权利人首先向地役权人催告，确定合理的宽限期。该宽限期届满时，地役权人仍未付款，构成恶意迟延，仍给他两次催告的优惠，有些怂恿，也不符合效率原则，莫不如仍然遵循《民法典》第 563 条第 1 款第 3 项的规定处理，即宽限期届满仍未付款的，供役地权利人即有权解除地役权合同。

第三百八十五条

已经登记的地役权变更、转让或者消灭的，应当及时办理变更登记或者注销登记。

本条主旨

本条是关于地役权变动及其办理相应形式的登记的原则性规定。

相关条文

《物权法》第 169 条　已经登记的地役权变更、转让或者消灭的，应当及时办理变更登记或者注销登记。

《不动产登记暂行条例实施细则》第 63 条　已经登记的地役权，有下列情形之一的，当事人可以持不动产登记证明、证实地役权发生消灭的材料等必要材料，申请地役权注销登记：

（一）地役权期限届满；

（二）供役地、需役地归于同一人；

（三）供役地或者需役地灭失；

（四）人民法院、仲裁委员会的生效法律文书导致地役权消灭；

（五）依法解除地役权合同；

（六）其他导致地役权消灭的事由。

第 64 条第 3 款　地役权设立后，办理首次登记前发生变更、转移的，当事人应当提交相关材料，就已经变更或者转移的地役权，直接申请首次登记。

理解与适用

本条是对《物权法》第 169 条的复制，提醒在地役权发生变动后应当及时办理相应的变更登记/转移登记、注销登记。分解开来，说明如下。

依本条规定，已经登记的地役权转让的，应当及时办理变更（转移）登记。已经登记的地役权因土地承包经营权、建设用地使用权转让发生转移的，当事人应当持不动产登记证明、地役权转移合同等必要材料，申请地役权转移登记（《不动产登记暂行条例实施细则》第62条第1款）。否则，其转让不得对抗善意第三人。申请需役地转移登记的，或者需役地分割转让，转让部分涉及已登记的地役权的，当事人应当一并申请地役权转移登记，但当事人另有约定的除外。当事人拒绝一并申请地役权转移登记的，应当出具书面材料。不动产登记机构办理转移登记时，应当同时办理地役权注销登记（《不动产登记暂行条例实施细则》第62条第2款）。

以地役权设立抵押权时，按照《不动产登记暂行条例实施细则》第61条第1款第4项规定，应办理地役权变更登记。

在地役权的行使限于供役地一部分的情况下，供役地权利人认为该部分的使用对其有特殊不便利的情况下，可以请求将地役权的行使，迁移至其他适于地役权人利益的场所，迁移费用由供役地权利人承担。[①] 于此场合，《不动产登记暂行条例实施细则》第61条第1款第4项规定，应办理地役权变更登记。

现行法不承认物权行为无因性理论，地役权合同因无效、被撤销或被解除等原因归于消灭时，地役权若未登记的，径直消灭；若已经登记，在地役权人和供役地权利人之间，需役人虽无权主张地役权，但在与第三人之间的关系上，只有待办理注销登记后，才可主张地役权消灭（《民法典》第385条、第216条等）。由此看来，《民法典》第384条规定地役权合同解除时地役权消灭，不够严谨。

在地役权无登记的情况下，地役权具备消灭的事由便立即归于消灭，无论在需役人和供役地权利人之间，还是在与第三人之间的关系上，一律如此。但在地役权已经登记的情况下，地役权的消灭，尚需办理地役权的注销登记（《不动产登记暂行条例实施细则》第63条）。

若未办理注销登记，在需役人和供役地权利人之间，需役人虽无权主张地役权，但在与第三人之间的关系上，只有待办理注销登记后，供役地权利人等才可主张地役权消灭的法律效果（《民法典》第385条、第216条等）。

---

① 谢在全：《民法物权论》（中册），台北，三民书局有限公司2003年7月修订2版，第232页。

第四分编　担保物权

本分编下辖“第16章　一般规定”、“第17章　抵押权”、“第18章　质权”和“第19章　留置权”共四章，汇集了担保物权的主要规则。

相较于《物权法》关于担保物权的规定，本分编向前迈进了一步，主要表现在如下方面：(1) 在担保物权的客体领域，增加了土地经营权、集体经营性建设用地使用权、海域使用权、居住权，不再强调“四荒”土地承包经营权才可较为自由地设立抵押权；(2) 在担保物权的类型层面，增设了超级优先权，把普通的动产抵押权和浮动抵押权合并为动产抵押权，当然，在动产抵押权内部仍有动产抵押权和浮动抵押权之分；(3) 在数个担保物权并存于同一项财产之上时的效力排序，也有新的变化，如《民法典》增设第415条，规定“同一财产既设立抵押权又设立质权的，拍卖、变卖该财产所得的价款按照登记、交付的时间先后确定清偿顺序”；于第414条增加第2款，规定“其他可以登记的担保物权，清偿顺序参照适用前款规定。”(4) 修正了《物权法》奉行的禁止流押条款的理念和规定，弹性化地对待和处理流押条款。(5) 放弃了《物权法》坚持的抵押财产转让必经抵押权人同意的旧制，改采抵押财产转让、抵押权的追及效力和涤除权综合治理的结构及方法。(6)《民法典》只规定有关担保物权自办理（抵押或出质）登记时设立，不再如同《物权法》那样一一列举登记机构，这就为于时机成熟时设置动产担保的统一登记机构，尽可能地统一登记格式，预留了空间。这不失为一种较好的处理方式。

第十六章

一般规定

本章集中规定了担保物权的一般规则，包括担保物权的主要效力、担保物权担保的债权所处领域、基于担保合同设立担保物权的要求、担保物权担保的债权范围、担保物权的物上代位性、被担保债务转移时担保人免责的条件、物的担保和人的担保并存于同一个债权时，实行担保的顺序以及担保物权消灭及其事由。

在市场经济中，担保物权的社会作用突出，表现在如下几个方面：（1）担保物权的设立迫使债务人积极履行债务，保障债权实现，是担保物权的消极社会作用。[①] 当然，消极作用中也透着积极的社会作用，因为假如没有担保物权制度作为基础支撑信贷业，可能导致信贷成本的上升和整个信贷业的萎缩。这反过来又将影响到全民就业和经济增长。因此可以说，担保物权也是整个国民经济的重要支柱。[②]（2）担保物权作为社会融资的法律手段，诱导债权的发生，间接促成经济的繁荣是担保物权的积极社会作用。其道理在于，企业经营者筹集资金的便捷方式，是向金融部门融资。而获取融资的最佳手段，系以企业的财产设立担保物权。以担保物权为手段获取融资后，债务人因其清偿责任加重，责任感加强，便积极地将融资转为投资，购置设备，兢兢业业于企业的经营以赚取利润，用以清偿债务，或可用再添设备。增添的设备不仅可以使用、收益，创造利润，又可用于融资，再次形成从事经济活动所需的资本，于是相互循环，资本日增，企业因而壮大。再者，金融部门为使授予的融资易于收回，除设立担保物权作为最后护身符之外，无不先行调查企业的信用状况，就其经营方式、计划和结构作精密的

① 谢在全：《民法物权论》（中册），台北，三民书局有限公司 2003 年 7 月修订 2 版，第 347 页。

② ［德］曼弗雷德·沃尔夫：《物权法》，吴越、李大雪泽，北京，法律出版社 2002 年版，第 329 页。

企业诊断，企业愈健全愈有清偿能力，自然更易于获得融资，无形中更可促使企业的健康发展。另外，融资既系自动偿还，则金融部门的融资乃能于社会中流通顺畅，利润源源而生，企业和金融部门相辅相成，经由担保物权的融资手段，共同带动经济的繁荣。[①]（3）刺激消费，高效地满足人们日益增长的消费需求。现代社会是一个消费型社会，大量前所未有的物质产品和精神产品被创造出来供人们消费。然而在面对一些高额消费品（如汽车、住宅等）之时，许多人可能因财力不支而只能望而却步，此时采取担保物权即可有效地解决这些问题。当某个消费者希望能够住上一套公寓房或开上一辆汽车的时候，他或她可以进行汽车抵押贷款或房屋抵押贷款，消费者只需要付出这些消费品售价的一小部分（甚至一分钱不支付），其他的部分由银行支付，消费者与银行之间形成借贷关系，贷款的数额分期偿还，同时以汽车或房屋向银行设定抵押权，以担保银行债权的实现。在人们能够通过支付很少的一部分金钱就能提前消费许多高额消费品的情形下，消费欲望得到了空前的刺激，人们的消费需要也极大地得到了满足。而消费的增长又进一步带动了生产、销售等各个环节的顺畅进行。因此，在看到担保物权保障债权安全实现、刺激信用的创造这两项功能的同时，也绝不能忽视其刺激消费、高效地满足人们消费需求的作用。[②]

担保物权依其发生原因的不同，可以分为法定担保物权和意定担保物权。所谓法定担保物权，是指直接基于法律规定而当然发生的担保物权。《民法典》规定的法定担保物权有留置权（第 447 条以下），建设工程价款优先受偿权（第 807 条），《海商法》第 21 条以下规定的船舶优先权，《民用航空法》第 18 条以下规定的民用航空器优先权等，均为法定担保物权。所谓意定担保物权，是指基于当事人的约定产生的担保物权。这类担保物权较为常见，抵押权、质权往往是意定产生的。这种分类的法律意义在于，担保物权成立的要件不同，意思自治原则发挥作用的领域有别。

［辨析］

工程款债权优先受偿权的确切含义与适用对象

强制执行申请人甲公司，基于民间借贷、买卖等法律关系对乙公司享有到期债权，发现乙公司对丙（政府机关）享有基于建设工程施工合同发生的工程款债权 1 300 万元人民币，且丙（政府机关）拟向乙公司付清工程款 1 300 万元人民币，于是申请查封了该笔 1 300 万元人民币的资金。乙公司提出执行异议，理由

① 谢在全：《民法物权论》（中册），台北，三民书局有限公司 2003 年 7 月修订 2 版，第 347 页。

② 王利明、尹飞、程啸：《中国物权法教程》，北京，人民法院出版社 2007 年版，第 423 页。

是其欠发其雇员的工资，依据《民法典》第807条的规定，对该笔1 300万元人民币享有工程款债权优先受偿权。

笔者不赞同乙公司的主张，理由及分析如下。

（1）从债的担保一般原理看

担保财产，不是被担保债权本身，也不是被担保债权指向的标的物，而是债务人另外的财产，甚至是债务人以外的第三人的财产。就此看来，《民法典》第807条规定的工程款债权优先受偿权指向的财产，不是承包人对发包人享有的工程款债权本身，也不是该债权指向的标的物（金钱）。所以，对发包人丙欠付承包人乙公司的1 300万元人民币强制执行，承包人乙公司无权以《民法典》第807条规定的工程款优先受偿权为由提出执行异议。

（2）从工程款债权优先受偿权就发包人的特定财产角度看

工程款债权优先受偿权是担保物权，以特定物为标的物。发包人丙的金钱未支付给承包人乙公司之前，并非特定物，而是融汇于发包人丙的责任财产之中，工程款债权优先受偿权这个担保物权的效力无法及于此处所谓金钱。如果发包人丙已经付给承包人乙公司，该笔金钱又被融汇于承包人乙公司的责任财产之中，工程款债权优先受偿权的效力也无法及于此处所谓金钱。所以，对发包人丙欠付的1 300万元人民币强制执行，承包人乙公司无权以《民法典》第807条规定的工程款债权优先受偿权为由提出执行异议。

（3）从工程款债权优先受偿权行使的条件看

只有在发包人丙支付工程款方面违约时，承包人乙公司才有权主张工程款债权优先受偿权。系争案件中，案涉工程尚未竣工验收，付款条件尚未成就，发包人丙未付该笔工程款不构成违约，承包人乙公司无权以工程款债权优先受偿权为由提出执行异议。

（4）从法律关系及权利主体的角度看

《民法典》第807条规定的工程款债权优先受偿权，应用于发包人丙与承包人乙公司之间的法律关系中。

法释〔2002〕14号规定的工人的工资优先受偿权，应用于承包人乙公司所雇员工、承包人乙公司与发包人丙之间的法律关系中，且权利主体为此处所谓员工，而非承包人乙公司。系争案件中，承包人乙公司对甲公司申请的强制执行提出异议，理由是其雇员的工资尚未发放，这搞错了法律关系，主体错位。

担保物权以其主要效力为标准，可分为留置性担保物权和优先清偿性担保物权。所谓留置性担保物权，是以留置担保物，迫使债务人清偿为其主要效力的担保物权。留置权、当铺中的当铺质为其典型。所谓优先清偿性担保物权，是以支配担保物的交换价值，使得担保债权优先获得清偿为其主要效力的担保物权。抵押权为其代表。动产质权同时具有这两种效力。这种分类的法律意义在于，留置性担保物权通常是人们为了满足生活上的临时需要而存在的，但因必须将担保物的占有移转给债权人，致担保人（债务人或第三人）无法对它为使用、收益，企业经营者运用它的情况较少。反之，清偿性担保物权场合，担保人可继续使用并收益担保物，物尽其用，也免去了债权人的保管之累，最符合企业的经营理念，故为企业经营者所乐于采用。这种担保物权在现代生活中居于主导地位。[①]

担保物权依其标的物的不同，可分为动产担保物权、不动产担保物权、权利担保物权和非特定财产担保物权。所谓动产担保物权，是指以动产为担保物而设立的担保物权。动产质权及动产抵押权为其例证。所谓不动产担保物权，是指以不动产为担保物而设立的担保物权。不动产抵押权为其代表。所谓权利担保物权，是指以权利为担保物而设立的担保物权。权利质权、权利抵押权为其典型。非特定财产担保物权，是指担保物权设立时不要求拟为担保的财产特定化，在担保物权实行前拟为担保的财产可以变动，但在担保物权实行时，担保物必须确定的担保物权。浮动抵押权为其代表。[②] 这种分类的法律意义在于：（1）担保物权成立的要件不尽一致，如不动产担保物权以登记为生效要件，浮动抵押权则否，而动产担保物权需要区分类型而定。（2）不同领域对担保物权类型的需求有别。如企业经营领域，不动产抵押权、浮动抵押权、某些权利质权被经常运用，而在日常生活领域则对动产质权的需求较大。

担保物权以是否移转担保物的占有为标准，可分为占有担保物权和非占有担保物权。所谓占有担保物权，是指将担保物移转给债权人占有为成立要件和存续要件的担保物权。留置权、动产质权为其代表。所谓非占有担保物权，是指无须将担保物移转给债权人占有的担保物权。抵押权为其典型。[③] 这种分类的法律意义在于，两者的成立要件不同：占有担保物权以移转担保物的占有为成立要件，非占有担保物权则否。

担保物权以其是否属于法律所规定的为标准，可分为典型担保和非典型担保。所谓典型担保，是指法律所明文规定的，以担保债权实现为直接目的的担保

---

① 谢在全：《民法物权论》（中册），台北，三民书局有限公司 2003 年 7 月修订 2 版，第 349 页。

② 谢在全：《民法物权论》（中册），台北，三民书局有限公司 2003 年 7 月修订 2 版，第 350 页；梁慧星、陈华彬：《物权法》（第 4 版），北京，法律出版社 2007 年版，第 303 页。

③ 谢在全：《民法物权论》（中册），台北，三民书局有限公司 2003 年 7 月修订 2 版，第 351 页；梁慧星、陈华彬：《物权法》（第 4 版），北京，法律出版社 2007 年版，第 304 页。

形式。抵押权、质权和留置权均为典型担保。所谓非典型担保又有广义的和狭义的之分。狭义的非典型担保，是指在交易实务中自发产生，尔后为判例、学说所承认的担保债权实现的担保形式。让与担保为其代表。① 广义的非典型担保，又叫变态担保或不规则担保，是指法律未将其放置于债权担保体系内，甚至于法律对其未加规定，但内在地具有或兼具担保债权的功能，社会交易上将之用于债权担保的制度。典权、让与担保、附条件买卖、买回、代理受领、抵销、融资租赁等均属此类。②

所谓让与担保，是指债务人或第三人为担保债务人履行其债务，将担保物的权利移转于债权人，待债权获得清偿时，担保物的权利复归于债务人或第三人，在债务不履行时，债权人可以就该担保物受偿的非典型担保。以标的物是动产抑或不动产为标准，它分为动产让与担保和不动产让与担保。关于动产让与担保，中国现行法尚未规定，仅仅设置了动产抵押权制度。关于不动产让与担保，实务中盛行的按揭属于此类。这种分类的法律意义在于：（1）典型担保的构成和效力均由法律明文规定，而非典型担保的情形较为复杂，务必先定性和定位，方能适当地适用法律。（2）通过对典型担保和非典型担保的梳理，可建立债的保障体系，完善民法理论。

担保物权还可以分为本担保与反担保，这将在释评《民法典》第 387 条时详述，此处不赘。

第三百八十六条

担保物权人在债务人不履行到期债务或者发生当事人约定的实现担保物权的情形，依法享有就担保财产优先受偿的权利，但是法律另有规定的除外。

本条主旨

本条是关于担保物权的概念的规定。

相关条文

《物权法》第 170 条　担保物权人在债务人不履行到期债务或者发生当事人约定的实现担保物权的情形，依法享有就担保财产优先受偿的权利，但法律另有规定的除外。

① 梁慧星、陈华彬：《物权法》（第 4 版），北京，法律出版社 2007 年版，第 304 页。

② 谢在全：《民法物权论》（中册），台北，三民书局有限公司 2003 年 7 月修订 2 版，第 351～352 页。

理解与适用

一、本条含义概貌

本条是对《物权法》第 170 条的复制，界定了担保物权，强调该权具有就担保财产使被担保债权优先受偿的效力。

虽然本条行文是“担保物权人……依法享有就担保财产优先受偿的权利”，但实际上不是担保物权“依法享有就担保财产优先受偿的权利”，而是被担保债权“就担保财产优先受偿”，因为物权有的是优先性，而非受偿性；具有受偿性的恰恰是债权。

本条但书“法律另有规定的除外”，例如，《民法典》第 807 条规定的工程款债权的优先受偿权，其效力优于本条涵盖的担保物权。

二、担保物权的方式和法律性质

担保物权的方式主要有抵押权、质权、留置权及优先权。这里所说的财产，叫作担保物，或称担保财产，为特定的物或特定的权利。担保物的特定，大多在担保物权设立之时即有此要求，但在浮动抵押权场合是抵押权实行时将抵押物特定化。此处所谓债权人，为担保权人。以其财产作为清偿债务的标的之人，无论是债务人还是第三人，都叫作担保人。

担保物权除了具有物权的一般属性外，还具有以下法律特征。

1. 担保物权以确保债权的实现为目的

担保物权是以确实优先支配担保物的交换价值为内容，以确保债权实现为目的的定限物权。学说称之为价值权。担保物权不重在对担保物的直接支配，而重在对担保物的交换价值的直接支配。[①] 这是它与用益物权的重要区别之一。

2. 担保物权具有从属性

这里的从属性，是指担保物权从属于债权而存在，以债权的存在或将来存在为前提，随着债权的消灭而消灭，一般也随着债权的变更而变更，优先受偿的范围以担保物权实现时存在的被担保债权为限。对此，笔者将在释评《民法典》第 388 条时详述，此处不赘。

---

① 参见［德］鲍尔/施蒂尔纳：《德国物权法》（下册），申卫星、王洪亮译，北京，法律出版社 2006 年版，第 6 页；谢在全：《民法物权论》（中册），台北，三民书局有限公司 2003 年 7 月修订 2 版，第 343、345 页。

3. 担保物权具有不可分性

被担保债权于债务履行期届满时未受全部清偿的场合，担保权人可以就担保物的全部行使权利。这体现出了担保物权的不可分性。申言之，被担保债权即使经过分割、部分清偿或消灭，担保物权仍为了担保各部分债权或剩余债权而存在；担保物即使经过分割或一部灭失，各部分或余存的担保物仍为担保全部债权而存在。① 对此，《民法典》虽无明文，但法释〔2000〕44 号则作出了明确的规定："主债权未受全部清偿的，抵押权人可以就抵押物的全部行使其抵押权"（第 71 条第 1 款）。"抵押物被分割或者部分转让的，抵押权人可以就分割或者转让后的抵押物行使抵押权"（第 71 条第 2 款）。"主债权被分割或者部分转让的，各债权人可以就其享有的债权份额行使抵押权"（第 72 条第 1 款）。"主债务被分割或者部分转让的，抵押人仍以其抵押物担保数个债务人履行债务。但是，第三人提供抵押的，债权人许可债务人转让债务未经抵押人书面同意的，抵押人对未经其同意转让的债务，不再承担担保责任"（第 72 条第 2 款）。

4. 担保物权具有物上代位性

担保物因灭失、毁损而获得赔偿金、补偿金或保险金的，该赔偿金、补偿金或保险金成为担保物的代替物，担保物权依然存在于其上，债权人有权就该代替物行使担保物权。这是担保物权的物上代位性。之所以如此，是因为担保物权乃在对于标的物的交换价值的直接支配，不关注标的物的占有、使用，于是，这种交换价值现实化时，无论其原因如何，均应为担保物权的效力所及。② 对此，《民法典》设有明文："担保期间，担保财产毁损、灭失或者被征收等，担保物权人可以就获得的保险金、赔偿金或者补偿金等优先受偿。被担保债权的履行期未届满的，也可以提存该保险金、赔偿金或者补偿金等"（第 390 条）。法释〔2000〕44 号第 80 条也设有类似的规定。

应当指出，留置权是把留置物的占有作为效力的本体的，在留置物灭失而转换为赔偿金请求权、保险金请求权时，留置权归于消灭，没有物上代位的可能。③

5. 担保物权具有追及效力

所谓担保物权的追及效力，是指不论担保物辗转流入何人之手，担保物权人均可追及至该担保物之所在，主张其担保物权［《民法典》第 406 条第 1 款，法

①② 谢在全：《民法物权论》（中册），台北，三民书局有限公司 2003 年 7 月修订 2 版，第 357、357～358 页。

③ ［日］近江幸治：《担保物权法》，祝娅、王卫军、房兆融译，沈国明、李康民审校，北京，法律出版社 2000 年版，第 16 页。

释〔2000〕44 号则予以承认（第 67 条、第 68 条）]，值得肯定。[①]

不过，需要注意，留置权因其以占有留置物为成立要件和存续要件，占有丧失，留置权本身消灭，只要留置权人没有借助于占有制度恢复对留置物的占有，留置权即不存在，故无追及效力可言。[②]

6. 担保物权具有补充性

这里的补充性，是指担保物权一经成立，就在债的关系的基础上补充了担保物权关系，如抵押权法律关系、质权法律关系等。这些补充的担保物权关系的存在，使债权人就担保物享有了优先权，从而大大增加了促使债务人适当履行其债务的压力，极大地增强了保障债权得以实现的可能性。当然，在债的关系因适当履行而正常终止时，补充的义务并不实际履行；只有在债务不履行，并且担保人又无抗辩事由时，补充的义务才履行，使债权得以实现。

应当承认，补充性非担保物权所独有，保证关系、定金关系、某些保证金关系也具备。

三、担保物权与人的担保

人的担保，是指在债务人的全部财产之外，又附加了其他有关人的一般财产作债权实现的总担保。其形式主要有保证、连带债务、并存的债务承担。保证，是指基于保证人和债权人的约定，当债务人不履行其债务时，由保证人按照约定代债务人履行债务或承担民事责任。在现行法上分为一般保证和连带责任保证。连带债务，是在多数债务人场合下，每个债务人都有义务向债权人清偿全部债务的现象。并存的债务承担，也叫附加的债务承担或重叠的债务承担，是指第三人加入债的关系，与原债务人共同承担同一责任的现象。新加入的债务人不是从债务人，其债务没有补充性，因而无先诉抗辩权。债权人可直接向他主张债权，从而增加了债权实现的可能性。

就对债权实现的保障而言，人的担保是通过扩张一般担保的财产数量，即不但把债务人的全部财产作为责任财产，也把保证人、连带债务人或并存的债务承担人的全部财产纳入可以履行债务的范畴或列入可以承担责任的系列，从而大大增强了债权实现的可能性。不过，“因仍系以个人信用为担保，所负责任与债务人并无不同，故债务不能完全履行之危险依旧存在。而物的担保，债

---

① 详细论述，见崔建远：《土地上的权利群研究》，北京，法律出版社 2004 年版，第 249～254 页。

② ［日］近江幸治：《担保物权法》，祝娅、王卫军、房兆融译，沈国明、李康民审校，北京，法律出版社 2000 年版，第 16 页。

权人因有特定物直接供担保之用，独占地取得特定物或财产之支配价值，以优先清偿担保债权，不仅可以排除债务人主观愿否清偿之危险及责任财产可能减少之不安定性，同时在债务不能清偿时，因对担保标的物具有直接变价之权，就所得价金复有优先于其他债权人而受清偿之权能，因之，亦排除债权平等原则之适用，于是债务之确实清偿遂得以充分保障。可见，物的担保系债权经由与物权之结合，债权之权利因而扩充（权利扩充性），债权亦因有物权增强其效果而取得优越地位（债权优越化），是以担保物权实为债权之最佳担保制度”①。

四、担保物权与金钱担保

金钱担保，是在债务以外又交付一定数额的金钱，该特定数额的金钱的得丧与债务履行与否联系在一起，使当事人双方产生心理压力，从而促其积极履行债务，保障债权实现的制度。其主要方式有定金、押金及某些保证金。

就对债权实现的保障而言，金钱担保是通过特定数额的金钱得丧的规则效力使当事人产生心理压力，为避免自己的金钱损失而积极履行债务，保障债权实现。应当看到，这类担保方式在保障双方当事人的债权实现方面，有厚此薄彼之嫌。就是说，对于受领定金、押金或保证金的一方当事人较为有利，即在交付定金、押金或保证金的一方当事人不履行债务时，无论其责任财产的状况如何，受领定金、押金或保证金的一方当事人的债权至少能在其预先受领金钱数额的范围内得到实现；但对交付定金、押金或保证金的一方当事人不尽有利，即受领定金、押金或保证金的一方当事人若不履行债务，且其责任财产不足以清偿数个并存的债权时，交付定金、押金或保证金的一方当事人就难以使其债权获得完全清偿，甚至根本不能获得清偿。换言之，金钱担保对于交付金钱的一方当事人来说，与民事责任对其债权的保障程度难分高下。

与此不同，担保物权是通过使被担保债权就债务人或第三人的特定财产具有优先受偿效力的形式，来保障此类债权实现的，不受或少受债务人财产状况的影响。就保障债权实现而言，担保物权优于金钱担保。在市场主体的资金都相对紧缺的常态下，金钱担保运用的机会相对较少，高额债权的担保场合尤其如此，而担保物权恰恰具有这方面的优势。不过，从成本的方面观察，担保物权实现的成本较高，而金钱担保的实现成本要低得多。

---

① 谢在全：《民法物权论》（中册），台北，三民书局有限公司 2003 年 7 月修订 2 版，第 346～347 页。

五、担保物权与所有权保留

所谓所有权保留，是指标的物虽然交付了，但其所有权仍然保留在出让人之手，待一定的条件成就时该所有权才转移给受让人的制度。它在分期付款买卖中运用得最为广泛。在分期付款买卖合同中约定有所有权保留的条款的情况下，买卖物的所有权不因交付发生变动，而是待买受人付清全部价款时才转移。这样，会促使买受人积极支付价款，保障出卖人获得全部价款。《民法典》已经规定了这种担保方式（第642条），值得肯定，因为市场经济是信用经济，信用经济必定产生分期付款买卖方式。在分期付款买卖日益增多的形势下，所有权保留是买受人于价款付清前可以先占有、使用标的物，同时能保障出卖人的价款债权得以实现的较为理想的担保方式。还有，现行法虽然从整体上规定了抵押权，但证券抵押尚付阙如。而证券抵押恰恰是以担保方式作为投资手段的重要方式，在高度发达的市场经济中起着重要作用，中国立法亦应予以确认。应当指出，所有权保留还存在着其他的类型，例如日本有所谓的“延长的所有权保留”和“扩大的所有权保留”，前者指在生产、流通过程中，原材料供应商为了担保价金债权而在原材料及其加工物上保留所有权。由于这种供应商的所有权保留与融资者的让与担保权在加工物上会发生冲突，在日本这种所有权保留很少使用。[①] 所谓“扩大的所有权保留”，是指在继续性买卖关系中，基于全部买卖商品与全部价金债权的牵连关系，为担保全部债权而保留全部买卖商品的所有权。它也被日本学者称为“根所有权保留”[②] 或“无限所有权保留”[③]。

在所有权保留的情况下，是通过在买受人全部付清价款之前不移转标的物所有权来促使买受人积极支付全部价款；即使买受人不付清价款，出卖人也能基于所有物返还请求权取回标的物，从而免受损害。担保物权是法律赋权债权人就担保人的特定财产优先于他人来实现债权的制度。所有权保留和担保物权都属于广义的物的担保，由此可见两者在保障债权实现方面具有很强的共性。当然，它们也有差异。其一，所有权保留的成立需要当事人约定，而留置权、法定抵押权则直接基于法律的规定产生。其二，所有权保留制度适用的领域有限，而担保物权

① ［日］近江幸治：《担保物权法》，祝娅、王卫军、房兆融译，沈国明、李康民审校，北京，法律出版社2000年版，第270页。

② ［日］高木多喜男：《担保物权法》，东京，有斐阁1981年版，第348～350页。转引自梁慧星：《日本现代担保法制及其对我国制定担保法的启示》，载梁慧星主编：《民商法论丛》（第3卷），北京，法律出版社1995年版，第186页。

③ ［日］米仓明：《所有权保留的实证研究》，第115页。转引自［日］近江幸治：《担保物权法》，祝娅、王卫军、房兆融译，沈国明、李康民审校，北京，法律出版社2000年版，第271页，注释1。

制度适用的范围非常宽广。其三，所有权保留的运用成本较低，而担保物权的运用成本较高。

第三百八十七条

债权人在借贷、买卖等民事活动中，为保障实现其债权，需要担保的，可以依照本法和其他法律的规定设立担保物权。

第三人为债务人向债权人提供担保的，可以要求债务人提供反担保。反担保适用本法和其他法律的规定。

本条主旨

本条是关于担保物权运用领域及反担保的规定。

相关条文

《物权法》171 条 债权人在借贷、买卖等民事活动中，为保障实现其债权，需要担保的，可以依照本法和其他法律的规定设立担保物权。

第三人为债务人向债权人提供担保的，可以要求债务人提供反担保。反担保适用本法和其他法律的规定。

《担保法》第 2 条 在借贷、买卖、货物运输、加工承揽等经济活动中，债权人需要以担保方式保障其债权实现的，可以依照本法规定设定担保。

本法规定的担保方式为保证、抵押、质押、留置和定金。

第 4 条 第三人为债务人向债权人提供担保时，可以要求债务人提供反担保。

反担保适用本法担保的规定。

理解与适用

本条是对《物权法》第 171 条的复制，第 1 款规定担保物权的运用领域，第 2 款规定反担保。

本条第 1 款所谓担保物权，在与本条第 2 款规定的反担保对称时叫作本担保，所列举的借贷、买卖等法律行为引发的债的关系，为金钱之债，或能转化为金钱之债。其反面推论是，凡是不能转化为金钱之债的，担保物权难以起到担保作用。

本条第 1 款所谓“需要担保的，可以依照本法和其他法律的规定设立担保物权”，其中的“本法”即《民法典》；“其他法律的规定”，例如，《海商法》第11条关于“船舶抵押权，是指抵押权人对于抵押人提供的作为债务担保的船舶，在抵押人不履行债务时，可以依法拍卖，从卖得的价款中优先受偿的权利。”第87条规定：“应当向承运人支付的运费、共同海损分摊、滞期费和承运人为货物垫付的必要费用以及应当向承运人支付的其他费用没有付清，又没有提供适当担保的，承运人可以在合理的限度内留置其货物。”

担保物权以其是否属于为担保人所承担的担保责任而设立的担保形式为标准，可分为本担保和反担保。

所谓本担保，即固有意义上的担保，也就是人们通常所说的担保，指债务人或第三人以其特定财产或一般财产，为担保债权人基于买卖等合同产生的债权，或基于单方允诺产生的债权，或不当得利债权，或无因管理债权，或基于侵权行为产生的债权等债权的实现，而设立的担保形式。

所谓反担保是与本担保或曰原担保对应的概念，又称作“求偿担保”，是指在商品贸易、工程承包和资金借贷等经济往来中，有时为了换取担保人提供保证、抵押或质押等担保方式，由债务人或第三人向该担保人新设担保，以担保该担保人承担了担保责任后易于实现其追偿权的制度。该新设担保相对于原担保而言被称为反担保。《民法典》第387条第2款对此均予承认。

抵押权、质权等可以是本担保的形式，也可以是反担保的形式，究竟属于何者，须看具体的法律关系及其结构。

区分本担保和反担保的法律意义在于：(1) 关于本担保的形式，现行法已经明确，抵押权、质权和留置权诸担保物权，保证等人的担保形式，以及定金等金钱担保形式，均属此类。至于反担保的形式，现行法尚未言明，需要学说和判决整理。笔者认为，首先，留置权不能为反担保方式。因为按《民法典》第387条第2款规定，反担保产生于约定，而留置权却发生于法定。留置权在现行法上一律以动产为客体，价值相对较小，在主债额和原担保额均为巨大的场合，以留置权作为反担保实在不足以保护原担保人的合法权益。其次，定金虽然在理论上可以作为反担保的方式，但因为支付定金会进一步削弱债务人向债权人支付价款或酬金的能力，加之往往形成原担保和反担保不成比例的局面，所以在实践中极少采用。在实践中运用较多的反担保形式是保证、抵押权，然后是质权。不过，在债务人亲自向原担保人提供反担保的场合，保证就不得作为反担保方式。因为这会形成债务人既向原担保人负偿付因履行原担保而生之必要费用的义务，又向原担保人承担保证债务，债务人和保证人合二而一，起不到反担保的作用。只有债务人以其特定财产设立抵押权、质权，作为反担保方式，才会实际地起到保护原担保人的合法权益的作用。至于实际采用何种反担保方式，取决于债务人和原担保人之间的约定。在第三人充任反担保人的场合，抵押权、质权、保证均可采用，究竟采取何者，取决于该第三人（反担保人）和原担保人之间的约定。（2）设立反担保的行为是法律行为，必须符合《民法典》第143条规定的有效条件。而每种反担保方式又各有其特定的成立要件，因此尚需符合《民法典》于相应条款规定的特定成立要件。例如，《民法典》第400条规定，抵押权设立须有抵押合同并须具有书面形式与相应条款。（3）依反担保设立的目的要求，反担保的实行，应于原担保实行之后。而原担保的实行则无此前提。（4）关于本担保设立者的范围，《民法典》设有明文，可以是债务人，有时也可以是第三人（第388条第2款、第391条等）。关于反担保提供者的范围，《民法典》第387条第2款仅仅规定债务人为反担保的提供者，忽视了债务人委托第三人向原担保人提供反担保的情形。按本条侧重保护原担保人的合法权益、换取原担保人立保的立法目的和基本思想衡量，法条文义涵盖的反担保提供者的范围过狭，不足以贯彻其立法目的，构成一法律漏洞。对该漏洞的弥补应采取目的性扩张方式，将第三人提供反担保的情形纳入本条的适用范围。法释〔2000〕44号第2条第1款已经作了这样的解释，值得肯定。①

第三百八十八条

设立担保物权，应当依照本法和其他法律的规定订立担保合同。担保合同包括抵押合同、质押合同和其他具有担保功能的合同。担保合同是主债权债务合同的从合同。主债权债务合同无效的，担保合同无效，但是法律另有规定的除外。

担保合同被确认无效后，债务人、担保人、债权人有过错的，应当根据其过错各自承担相应的民事责任。

本条主旨

本条是关于担保合同可以设立担保物权、担保合同具有从属性以及担保合同无效时民事责任如何分担的规定。

相关条文

《物权法》第172条　设立担保物权，应当依照本法和其他法律的规定订立

---

① 崔建远主编：《合同法》（修订本），北京，法律出版社2000年版，第139～140页；崔建远主编：《合同法》（第3版），北京，法律出版社2003年版，第127～128页；崔建远主编：《合同法》（第4版），北京，法律出版社2007年版，第161～162页。

担保合同。担保合同是主债权债务合同的从合同。主债权债务合同无效，担保合同无效，但法律另有规定的除外。

担保合同被确认无效后，债务人、担保人、债权人有过错的，应当根据其过错各自承担相应的民事责任。

《担保法》第 5 条　担保合同是主合同的从合同，主合同无效，担保合同无效。担保合同另有约定的，按照约定。

担保合同被确认无效后，债务人、担保人、债权人有过错的，应当根据其过错各自承担相应的民事责任。

法释〔2000〕44 号第 7 条　主合同有效而担保合同无效，债权人无过错的，担保人与债务人对主合同债权人的经济损失，承担连带赔偿责任；债权人、担保人有过错的，担保人承担民事责任的部分，不应超过债务人不能清偿部分的二分之一。

第 8 条　主合同无效而导致担保合同无效，担保人无过错的，担保人不承担民事责任；担保人有过错的，担保人承担民事责任的部分，不应超过债务人不能清偿部分的三分之一。

法〔2019〕254 号第 54 条从属性是担保的基本属性，但由银行或者非银行金融机构开立的独立保函除外。独立保函纠纷案件依据《最高人民法院关于审理独立保函纠纷案件若干问题的规定》处理。需要进一步明确的是：凡是由银行或者非银行金融机构开立的符合该司法解释第 1 条、第 3 条规定情形的保函，无论是用于国际商事交易还是用于国内商事交易，均不影响保函的效力。银行或者非银行金融机构之外的当事人开立的独立保函，以及当事人有关排除担保从属性的约定，应当认定无效。但是，根据“无效法律行为的转换”原理，在否定其独立担保效力的同时，应当将其认定为从属性担保。此时，如果主合同有效，则担保合同有效，担保人与主债务人承担连带保证责任。主合同无效，则该所谓的独立担保也随之无效，担保人无过错的，不承担责任；担保人有过错的，其承担民事责任的部分，不应超过债务人不能清偿部分的三分之一。

理解与适用

一、本条含义概貌

本条是对《物权法》第 172 条的复制，第 1 款前段属于引致性（管道性）条款，规定担保物权可由担保合同设立，中段列举担保合同的种类并宣明担保合同具有从属性，后段正文顺势规定主债的合同无效的，担保合同随之无效，后段但书为引致性（管道性）规定，把排除从属性的独立担保合同引向另外的法律规定。

本条第 2 款确立担保合同无效的场合，依各当事人的过错程度分配民事责任。

二、担保物权的设立模式

本条第 1 款前段规定的担保物权基于担保合同而设立，仍属引致性（管道性）的，引向《民法典》第 209 条第 1 款、第 214 条、第 216 条、第 400 条、第 403 条、第 404 条、第 427 条、第 429 条、第 441 条以下等规定，以及《海商法》等单行法上的有关规定。这些规定确立了两大设立模式：一是担保物权自担保合同生效时设立，如《民法典》第 403 条等条款规定的模式；二是担保物权自登记时设立，如《民法典》第 402 条等条款规定的模式。

本条所谓担保合同，受规范意旨的限制，一方面应作限缩解释，其为设立担保物权的合同，不包括保证合同、定金合同、押金合同及保证金合同等；另一方面须注意其列举担保合同类型的潜台词，尤其是所谓其他具有担保功能的合同包括所有权保留合同、融资租赁合同、让与担保合同，甚至于设立特定账号合同等。这些合同都可使某特定债权优先于普通债权受偿。这在实效上类似于抵押、质押等，故有必要承认让与担保等法律措施具有担保效力。①

其实，担保物权的设立，有些不是源自担保合同，而是基于法律的直接规定。例如，《民法典》第 447 条以下设置的留置权，第 397 条第 2 款规定的“抵押人未依据前款规定一并抵押的，未抵押的财产视为一并抵押”，第 807 条规定的建设工程款债权优先受偿权，都是基于法律的直接规定，而非当事人的约定。看来，《民法典》第 388 条第 1 款前段表述得不周延，“设立担保物权，应当依照本法和其他法律的规定订立担保合同”之后应当增加“或者直接基于法律的规定”之类的短语。

三、担保合同的从属性及其排除

本条第 1 款中段明确“担保合同是主债权债务合同的从合同”。对由此确立的担保合同的从属性可有如下解读。

（1）主债权债务合同，简称为主债合同，如价款合同、买卖合同、承揽合同

---

① 关于其他具有担保功能的合同包括所有权保留合同、融资租赁合同的解释，是清华大学法学院副教授龙俊博士提供的，特此致谢！

等均属此类。此类主债合同引发债权债务，担保物权即担保其中的债权实现、债务清偿。

（2）担保合同，如抵押合同、质押合同、让与担保合同等。它们从属于主债合同。这种从属性最为典型的表现是，先有诸如借款、买卖等主债合同，后有担保合同。不过，先有担保合同，其后订立主债合同，且有效，也应认可这不违反从属性。但是，如果其后订立的主债合同不成立、无效，即使担保合同本身符合有效要件，也得归于消灭。

需要注意本条第 1 款后段但书“但是法律另有规定的除外”，认可担保合同的从属性可因法律的规定而被排除。例如，《民法典》第 420 条以下规范的最高额抵押权及其合同存在着不适用本条第 1 款后段正文的情形。最高额抵押权所担保的，是一定期间内将要连续发生的债权，最高额抵押权并不是从属于其中某个债权的担保物权；从法律行为的层面看，就是最高额抵押合同并不从属性最高额内发生的每一个产生被担保债权的合同，如果某个债权因产生它的合同无效而不复存在，最高额抵押合同和最高额抵押权并不因此归于消灭。

四、担保合同无效场合的民事责任分担

担保合同无效，只是不依据当事人的意思发生担保的效力，并非不发生任何效果，本条第 2 款规定成立民事责任，且由有过错的债务人、担保人、债权人依其过错程度分担。这与《民法典》第 157 条后段的规定相呼应。

本条第 2 款的文义和规范意旨都显示，于此场合贯彻的是过错责任原则，只有有过错的当事人才有义务分担责任，无过错者无义务分担。此其一。此处所谓过错，是对担保合同无效具有过错，假如虽有过错，但不是发生在酿成或促成担保合同无效的阶段，如隐瞒了亏损的事实，或故意不履行主债务，也不承担本条第 2 款规定的民事责任。此其二。此处分担民事责任，有无必要进一步细化？回答应是肯定的。我们务必重视法释〔2000〕44 号第 7 条关于“主合同有效而担保合同无效，债权人无过错的，担保人与债务人对主合同债权人的经济损失，承担连带赔偿责任；债权人、担保人有过错的，担保人承担民事责任的部分，不应超过债务人不能清偿部分的二分之一”的规定；第 8 条关于“主合同无效而导致担保合同无效，担保人无过错的，担保人不承担民事责任；担保人有过错的，担保人承担民事责任的部分，不应超过债务人不能清偿部分的三分之一”的规定；法〔2019〕254 号第 54 条后段关于“如果主合同有效，则担保合同有效，担保人与主债务人承担连带保证责任。主合同无效，则该所谓的独立担保也随之无效，担保人无过错的，不承担责任；担保人有过错的，其承担民事责任的部分，

不应超过债务人不能清偿部分的三分之一”的规定。即使《民法典》生效实施，这些司法解释被废止，其精神也应予以延续。

第三百八十九条

担保物权的担保范围包括主债权及其利息、违约金、损害赔偿金、保管担保财产和实现担保物权的费用。当事人另有约定的，按照其约定。

本条主旨

本条是关于担保范围的规定。

相关条文

《物权法》第173条　担保物权的担保范围包括主债权及其利息、违约金、损害赔偿金、保管担保财产和实现担保物权的费用。当事人另有约定的，按照约定。

《担保法》第46条　抵押担保的范围包括主债权及利息、违约金、损害赔偿金和实现抵押权的费用。抵押合同另有约定的，按照约定。

第67条　质押担保的范围包括主债权及利息、违约金、损害赔偿金、质物保管费用和实现质权的费用。质押合同另有约定的，按照约定。

法〔2019〕254号第55条　担保人承担的担保责任范围不应当大于主债务，是担保从属性的必然要求。当事人约定的担保责任的范围大于主债务的，如针对担保责任约定专门的违约责任、担保责任的数额高于主债务、担保责任约定的利息高于主债务利息、担保责任的履行期先于主债务履行期届满，等等，均应当认定大于主债务部分的约定无效，从而使担保责任缩减至主债务的范围。

理解与适用

本条是对《物权法》第173条的复制，前段明确了担保物权的法定担保范围，适用于当事人未约定担保范围的场合；后段赋予当事人约定的担保范围优先于法定的担保范围的效力。

本条前段所谓主债权，又称原本债权，是相对于利息债权及其他附随债权而言的称谓。它可以是合同债权、基于单方允诺产生的债权，也可以是不当得利返还请求权、无因管理产生的债权、基于侵权行为产生的债权等；可以是原本就是以支付金钱为内容的债权，也可以是最后可转化为以金钱给付为内容的债权，如交付货物的债权、提供劳务的债权，只要当事人约定该担保是在为将来转化成的以金钱给付为内容的债权而设即可；主债权大多为现实存在的债权，也可以是某些未来成立的债权和附条件债权。

担保物权的存在就是为了确保主债权的实现，因此主债权为担保物权所担保的主要对象。

本条前段所谓利息，是由作为主债权的金钱债权而产生的法定孳息。利息可分为作为狭义的利息（即作为本金孳生物的利息）和逾期利息（迟延利息）。作为狭义的利息的计算标准的利率既可以是约定的（即当事人在法律规定的范围内作出的约定），也可以是法定利率。所谓逾期利息，是指在债务人履行金钱债务迟延时，应当向债权人给付的利息。具体来说，就是指除应支付合同约定的贷款期间的利息以外，还应支付逾期部分的利息，即应支付未还款之前的实际借款期间的利息。逾期利息的计算标准也可以是当事人约定的或法定的利率。① 不过，此时借款人向贷款人支付的利息在法律性质上属于因金钱之债被侵害所产生的法定违约金。由于本条已经单独规定了违约金，这里的“利息”不应包括作为法定违约金的逾期利息，而仅指作为本金孳生物的利息。

利息作为担保物权所担保的范围，应有一定的从外部识别的标志。例如，本金债权的当事人若为金融机构，则以法定的利率为准计算；若为普通的当事人，应举证证明关于利息的约定，否则，视为无利息约定，担保物权的效力不及于利息。

［论争］

有观点认为，逾期利息亦为担保物权所担保的范围。②

尽管本条前段在字面上将违约金作为担保物权所担保的范围之一，但实际上并不确切。作为担保物权所担保的范围的违约金，并非指债务不履行发生前的当事人约定的或法律规定的违约金，而是债务不履行之时及其后产生的违约金责任。

违约金责任分为赔偿性违约金和惩罚性违约金。前者属于主债务因其未被履行而转化成的第二性债务，从权利的角度观察即为主债权因债务人不履行而转化成的救济权，就是说，赔偿性违约金和主债务之间具有同一性，或者说赔偿性违约金债权和主债权之间具有同一性。既然主债权为担保物权所担保的法定的范

① 王利明、尹飞、程啸：《中国物权法教程》，北京，人民法院出版社 2007 年版，第 430 页。

② 黄松有主编：《〈中华人民共和国物权法〉条文理解与适用》，北京，人民法院出版社 2007 年版，第 508 页。

围，赔偿性违约金自然应为担保物权所担保的法定的范围。

惩罚性违约金并非主债务因未被履行而转化成的第二性债务，二者之间无同一性。有鉴于此，它是否为担保物权所担保的范围，可有两种思路：（1）简单地按本条的字面规定予以解释和适用，认定惩罚性违约金为担保物权所担保的法定的范围。（2）限缩本条关于违约金为担保物权所担保范围的文义，将惩罚性违约金排除在担保物权所担保的范围之外，除非当事人明确约定担保范围包括惩罚性违约金。有赞同第一种思路的。[①] 但笔者认为，从法理上讲，第二种思路更为合理。首先，它尊重当事人的自由意志。其次，在无当事人约定的情况下，担保物权的目的及功能在于促使债务人履行债务、保障债权实现。而惩罚性违约金超出了债权实现的范围和程度，属于额外的负担，且属于较为严厉的惩罚性措施。在强调等价、补偿性的民法领域，若无特别理由，对惩罚性的措施轻易不予鼓励。不加条件限制地使担保物权的担保范围扩张至惩罚性违约金，已经脱离了担保物权的目的及功能，过分偏向于享有担保物权的债权人了，而对其他债权人过于苛刻。其不合理性在债务人于其不履行债务方面并无可归责之处、债务人的责任财产不足以清偿数个并存的债权场合，表现得尤为突出。因而，第二种思路较为可取。当然，如果通过援用《民法典》第 585 条第 2 款的规定，将惩罚性违约金的数额降低，使违约金、赔偿金等负担之和达到与债权人的损失额（所受损害和所失利益之和）相当的程度，即已经把惩罚性违约金在实际运作中变成了赔偿性违约金的，担保物权所担保的范围则应当包括它。

本条前段所谓损害赔偿金，为主债务因未被履行而转化成的第二性债务，从权利的角度描述，就是主债权因主债务不履行而转化成的救济权。既然主债权为担保物权所担保的法定的范围，损害赔偿金自然应为担保物权所担保的法定的范围。

关于本条前段所谓保管担保财产的费用的问题，阐释如下：由于抵押权并不移转抵押物的占有，不发生抵押权人因保管担保物而支出费用的问题。与此有别，动产质权和留置权存在着保管担保物的费用。在动产质权场合，动产质权的设立必须移转质押财产的占有（《民法典》第 429 条），质权人对质押财产负有妥善保管的义务（《民法典》第 432 条第 1 款前段），由此可产生保管费用。在留置权场合，留置权人必须占有留置物，留置权人负有妥善保管留置财产的义务（《民法典》第 451 条前段），可能支出保管费用。[②] 为保管担保物而支出费用，

---

① 黄松有主编：《〈中华人民共和国物权法〉条文理解与适用》，北京，人民法院出版社 2007 年版，第 509 页。

② 王利明、尹飞、程啸：《中国物权法教程》，北京，人民法院出版社 2007 年版，第 431 页；黄松有主编：《〈中华人民共和国物权法〉条文理解与适用》，北京，人民法院出版社 2007 年版，第 509 页。

是有利于担保权人、债务人或其他债权人之举，由担保人负担是合理的。不然，不利于担保活动的进行，也不利于确保债权的实现。所以，该项费用应纳入担保物权所担保的范围。①

本条前段所谓实现担保物权的费用，是指担保物权人因实现担保物权而支出的费用，包括拍卖、变卖担保物所支付的费用，以及其他的必要费用。当然，当事人对此有约定的，依其约定。例如，某《担保合同》第 1 条约定："……债权实现费用包括但不限于甲方行使权利所产生的法院立案费用、财产保全费用、律师费用、执行费用、档案调查费及相关人员的差旅费等。"

第三百九十条

担保期间，担保财产毁损、灭失或者被征收等，担保物权人可以就获得的保险金、赔偿金或者补偿金等优先受偿。被担保债权的履行期未届满的，也可以提存该保险金、赔偿金或者补偿金等。

本条主旨

本条是关于担保物权具有物上代位效力的规定。

相关条文

《物权法》第 174 条　担保期间，担保财产毁损、灭失或者被征收等，担保物权人可以就获得的保险金、赔偿金或者补偿金等优先受偿。被担保债权的履行期未届满的，也可以提存该保险金、赔偿金或者补偿金等。

《担保法》第 58 条　抵押权因抵押物灭失而消灭。因灭失所得的赔偿金，应当作为抵押财产。

第 73 条　质权因质物灭失而消灭。因灭失所得的赔偿金，应当作为出质财产。

理解与适用

本条是对《物权法》第 174 条的复制，前段确立担保物权具有物上代位的效力，后段允许提前清偿，或提存，以保障义务人一侧的期限利益。

担保物因灭失、毁损而获得赔偿金、补偿金或保险金的，该赔偿金、补偿金

① 胡康生主编：《中华人民共和国物权法释义》，北京，法律出版社 2007 年版，第 374～375 页；谢在全：《民法物权论》（中册），台北，三民书局有限公司 2003 年 7 月修订 2 版，第 423 页。

或保险金成为担保物的代替物，担保物权依然存在于其上，债权人有权就该代替物行使担保物权。这是担保物权的物上代位性。之所以如此，是因为担保物权乃在对于标的物的交换价值的直接支配，不关注标的物的占有、使用，于是，这种交换价值现实化时，无论其原因如何，均应为担保物权的效力所及。① 对此，本条设有明文："担保期间，担保财产毁损、灭失或者被征收等，担保物权人可以就获得的保险金、赔偿金或者补偿金等优先受偿。被担保债权的履行期未届满的，也可以提存该保险金、赔偿金或者补偿金等。"法释〔2000〕44 号第 80 条也设有类似的规定。

［引申］

1. 关于代位物的范围

现行法对抵押权的物上代位的规定，使用的表述为在抵押物灭失、毁损或被征收/征用的情况下，抵押权人可以就该抵押物的保险金、赔偿金或补偿金优先受偿（《民法典》第 390 条、法释〔2000〕44 号第 80 条第 1 款）。这遗漏了抵押物的另外的变形物类型，如抵押物为房屋，而该房屋被毁，变成一堆砖、瓦、门、窗、椽等。由于砖、瓦、门、窗、椽是各个动产而非不动产，亦非不动产的一部分，所以，抵押权的效力及于它们的根据，不是抵押权对抵押物本身的作用力，也不是抵押权的效力及于抵押物的一部分，还不是抵押权对抵押物的保险金、赔偿金或补偿金的优先效力，只能是抵押权物上代位效力及于抵押物的变形物的原理。有鉴于此，中国法若采取列举的方式规定代位物的范围，就要全面且清晰；若采取概括式规定代位物的范围，就应直接使用代位物和变形物的术语。②

2. 关于物上代位的法律构成

同样由于现行法对抵押权的物上代位的规定，使用的表述为在抵押物灭失、毁损或被征收/征用的情况下，抵押权人可以就该抵押物的保险金、赔偿金或补偿金优先受偿（《民法典》第 390 条、法释〔2000〕44 号第 80 条第 1 款），可知采用了物上代位于变形物或代位物本身上的法律构成论。这同德国等国家或地区的民法及其理论奉行的法定债权质的法律构成论不一致。《民法典》究竟选择哪种法律构成论，应有结论。为了使选择建立在理性的基础之上，下文对有代表性的立法例及其学说作一简要的考察，然后得出自己的结论。③

《德国民法典》规定，要求定期给付的权利与土地所有权相结合的，抵押权

① 参见谢在全：《民法物权论》（中册），台北，三民书局有限公司 2003 年 7 月修订 2 版，第 357～358 页。

②③ 崔建远：《土地上的权利群研究》，北京，法律出版社 2004 年版，第 257 页。

的效力扩及于此项定期给付的请求权（第 1126 条前段）。为土地所有权人或者土地自主占有人的利益而将属于抵押权的标的物付诸保险的，抵押权的效力扩及于因保险契约而发生的对保险人的债权（第 1127 条第 1 项）。将房屋付诸保险的，保险人或被保险人如曾向抵押权人通知损害的发生，并且自收到通知之时起经过一个月的期间，则保险人向被保险人所为保险金额的支付，即可对抵押权人发生效力。抵押权人，在上述期间内，得对保险人的支付保险金额，声明异议（第 1128 条第 1 项前段）。其他情形，适用关于债权质权之规定；但保险人，就土地登记簿中所应知道之抵押权，不得主张其不知（第 1128 条第 2 项）。瑞士民法“关于抵押权，就租金请求权、保险金请求权、公用征收补偿金请求权上，承认有物上代位”①，采取法定债权质的法律构成。

抵押权存在于抵押物的变形物——保险金请求权、赔偿金请求权、补偿金请求权——之上，若采取债权质说，那么按照现行法的架构，要么是抵押人和抵押权人双方达成了在保险金请求权、赔偿金请求权、补偿金请求权上设立质权的协议，要么是法律直接规定在保险金请求权、赔偿金请求权、补偿金请求权上当然产生质权。但事实并非如此，现行法直接规定抵押权的效力存在于保险金、赔偿金、补偿金上，而不是质权存在于它们之上，亦非质权存在于保险金请求权、赔偿金请求权、补偿金请求权上。由此可知，对于抵押权的物上代位，在其法律构成上，现行法未采取法定债权质说。②

中国法有无必要采取法定债权质说？笔者初步认为，因以保险金请求权、赔偿金请求权、补偿金请求权为标的物的担保物权属于债权质，故债权质说比较符合逻辑。但基于抵押权为价值权，抵押权的效力当然追及于抵押物的价值变形物上③，当然追及于作为抵押物的变形物的保险金请求权、赔偿金请求权、补偿金请求权上，更为简洁。所以，两种方案均有其道理，立法者可以选择其中之一，倘若选择法定债权质的方案，则必须由法律设置明文。④

至于是物上代位于赔偿金、保险金、补偿金“现物本身”，还是物上代位于保险金请求权、赔偿金请求权、补偿金请求权上，笔者曾经赞同前者⑤，但因对于赔偿金、保险金等“现物本身”的效力，不是物上代位问题，而是担保权的直接效力的问题，即是担保权的追及效力问题⑥，故现在修正以往的意见，改为抵

---

① ［日］柚木馨：《注释民法（9）·物权（4）》，东京，有斐阁 1982 年版，第 51 页。

②④ 崔建远：《土地上的权利群研究》，北京，法律出版社 2004 年版，第 258 页。

③⑥ ［日］近江幸治：《担保物权法》，祝娅、王卫军、房兆融译，沈国明、李康民审校，北京，法律出版社 2000 年版，第 40、41 页。

⑤ 王利明、崔建远：《合同法新论·总则》，北京，中国政法大学出版社 1996 年版，第 551 页。

押权物上代位于保险金请求权、赔偿金请求权、补偿金请求权上的观点。①

既然是抵押权物上代位于保险金请求权、赔偿金请求权、补偿金请求权上，那么，为了减少迂回曲折，为了降低风险，法律应当规定抵押权人有通知义务，即，抵押权人应当将抵押权存在的事实及时地通知给有关保险公司、赔偿义务人、补偿义务人，以便这些义务人知晓并实际向抵押权人支付保险金、赔偿金、补偿金；若怠于通知，这些义务人不负任何民事责任，抵押权人向抵押人主张抵押权的追及效力。②

应当指出，留置权是把留置物的占有作为效力的本体的，在留置物灭失而转换为赔偿金请求权、保险金请求权时，留置权归于消灭，没有物上代位的可能。③

在清偿期届满的情况下，担保物权人自然有权就上述保险金、赔偿金或补偿金等优先受偿，以实现其债权，没有疑问；但清偿期尚未届至的情况下，义务人一侧存有期限利益，有权暂不清偿，暂时拒绝担保物权人的清偿请求。但考虑到保险金、赔偿金或补偿金等一经融入担保人的责任财产之中，担保物权的优先性不复存在，可能害及担保物权人的债权实现，故本条后段设置提存规则，使担保物权继续存在于该提存的保险金、赔偿金或补偿金等之上。

第三百九十一条

第三人提供担保，未经其书面同意，债权人允许债务人转移全部或者部分债务的，担保人不再承担相应的担保责任。

本条主旨

本条是关于债权人允许的债务转移未经担保人书面同意时免除担保责任的规定。

相关条文

《物权法》第 175 条　第三人提供担保，未经其书面同意，债权人允许债务人转移全部或者部分债务的，担保人不再承担相应的担保责任。

《担保法》第 23 条　保证期间，债权人许可债务人转让债务的，应当取得保证人书面同意，保证人对未经其同意转让的债务，不再承担保证责任。

---

①② 崔建远：《土地上的权利群研究》，北京，法律出版社 2004 年版，第 258 页。

③ ［日］近江幸治：《担保物权法》，祝娅、王卫军、房兆融译，沈国明、李康民审校，北京，法律出版社 2000 年版，第 16 页。

理解与适用

一、总说

本条是对《物权法》第 175 条的复制，确立了债权人允许的债务转移未经担保人书面同意时免除担保责任的规则。

无论是本条的文义还是其规范意旨，都决定了本条的适用范围限于第三人提供担保的情形，系为保护此种第三人的合法权益而设。这是因为第三人同意为债务人清偿到期债务提供担保缘由可能有种种，例如，该第三人通过尽职调查，知晓在担保期间债务人有能力清偿，不会违约，更不会资不抵债，由此决定担保人提供此项担保没有风险，主要是“空卖人情”；或者担保人与债务人之间已经或将来发生另外的交易关系，不得不提供担保；等等。在一定意义上说，担保人和债务人之间存在密切关联关系，或曰“身份”关系。如果债务人把债务转移给他人，担保人与该“他人”不存在“身份”关系，一是担保人务必要为该“他人”清偿债务提供担保，二是极有可能债权人行使该担保物权，担保人又自该“他人”之处追偿不来，遭受实际损失。既然如此，本条关于“……担保人不再承担相应的担保责任”，是对担保物权的不可分性的排除，是合理的制度设计，值得赞同。

与此不同，如果担保人就是债务人自己，债务人转移债务给他人，债务人自己减轻负担，没有损失（暂不考虑其他交易安排）；债权人的担保物权在实现的可能性方面没有减弱。此其一。债务转移给他人之后，该“他人”的责任财产也是担保物权人实现其债权的一般担保，就是说，债务转移的结果，使担保物权人的债权获得了“双重担保”，一种是民事责任这种担保，一种是担保物权的担保。此其二。既然如此，法律没有必要就此再做安排，可完全尊重当事人的约定。

二、对于担保物权不可分性的排除

本条的规定是对担保物权不可分性的排除，理由如下：（1）抵押权的不可分性并非抵押权的本质要求所必须具有的性质，只是法律为加强抵押权的担保作用而特别赋予的，其法律规范不是强行性规定，当事人可以特约予以排除。[①] 这在

① 郑玉波：《论抵押权之不可分性》，载郑玉波主编：《民法物权论文选辑》（下），台北，五南图书出版公司 1984 年版，第 612 页。

法国已经著有判例[①]，在日本也有持赞同意见的学说。[②] 既然法律确认抵押权的不可分性系基于周到保护抵押权人的立法政策所致，对抵押人的合法权益应当予以适当的照顾，就属于立法政策的题中应有之义。如此衡平的结果便是，在若干场合，需要有条件地排除抵押权的不可分性。(2) 债务承担人的责任财产可能少于原债务人的责任财产，并由此导致债务承担人不能全部或全部不能清偿抵押权人的债权，抵押权人选择行使抵押权的路径来实现其债权，抵押人因此而丧失抵押物的所有权，至少受到抵押物的使用价值的损失，属于暂时的损害。尤其在原债务人的责任财产不足以清偿数个并存的债权时，抵押人的追偿权也部分或全部地失去实际效用，遭受终局性的损失。在抵押人不同意债务承担的情况下，令抵押人承受此类的损失，是不合理的，一部良法应当给这样的抵押人提供必要的保护。本条的规定符合这个精神，值得肯定。

第三百九十二条

被担保的债权既有物的担保又有人的担保的，债务人不履行到期债务或者发生当事人约定的实现担保物权的情形，债权人应当按照约定实现债权；没有约定或者约定不明确，债务人自己提供物的担保的，债权人应当先就该物的担保实现债权；第三人提供物的担保的，债权人可以就物的担保实现债权，也可以请求保证人承担保证责任。提供担保的第三人承担担保责任后，有权向债务人追偿。

本条主旨

本条是关于物的担保和人的担保之间关系的规定。

相关条文

《物权法》第 176 条　被担保的债权既有物的担保又有人的担保的，债务人不履行到期债务或者发生当事人约定的实现担保物权的情形，债权人应当按照约定实现债权；没有约定或者约定不明确，债务人自己提供物的担保的，债权人应当先就该物的担保实现债权；第三人提供物的担保的，债权人可以就物的担保实

① ［日］神户大学外国法研究会编译：《法兰西民法》(V)，第 245 页。转引自郑玉波：《论抵押权之不可分性》，载郑玉波主编：《民法物权论文选辑》(下)，台北，五南图书出版公司 1984 年版，第 612 页。

② ［日］柚木馨：《担保物权法》，第 197 页；［日］我妻荣：《担保物权法》，第 92 页。转引自郑玉波《论抵押权之不可分性》，载郑玉波主编：《民法物权论文选辑》(下)，台北，五南图书出版公司 1984 年版，第 612 页。

现债权，也可以要求保证人承担保证责任。提供担保的第三人承担担保责任后，有权向债务人追偿。

《担保法》第 28 条　同一债权既有保证又有物的担保的，保证人对物的担保以外的债权承担保证责任。

债权人放弃物的担保的，保证人在债权人放弃权利的范围内免除保证责任。

第 57 条　为债务人抵押担保的第三人，在抵押权人实现抵押权后，有权向债务人追偿。

法释〔2000〕44 号第 38 条　同一债权既有保证又有第三人提供物的担保的，债权人可以请求保证人或者物的担保人承担担保责任。当事人对保证担保的范围或者物的担保的范围没有约定或者约定不明的，承担了担保责任的担保人，可以向债务人追偿，也可以要求其他担保人清偿其应当分担的份额。

同一债权既有保证又有物的担保的，物的担保合同被确认无效或者被撤销，或者担保物因不可抗力的原因灭失而没有代位物的，保证人仍应当按合同的约定或者法律的规定承担保证责任。

债权人在主合同履行期届满后怠于行使担保物权，致使担保物的价值减少或者毁损、灭失的，视为债权人放弃部分或者全部物的担保。保证人在债权人放弃权利的范围内减轻或者免除保证责任。

法〔2019〕254 号第 56 条　被担保的债权既有保证又有第三人提供的物的担保的，担保法司法解释第 38 条明确规定，承担了担保责任的担保人可以要求其他担保人清偿其应当分担的份额。但《物权法》第 176 条并未作出类似规定，根据《物权法》第 178 条关于“担保法与本法的规定不一致的，适用本法”的规定，承担了担保责任的担保人向其他担保人追偿的，人民法院不予支持，但担保人在担保合同中约定可以相互追偿的除外。

第 58 条　以登记作为公示方式的不动产担保物权的担保范围，一般应当以登记的范围为准。但是，我国目前不动产担保物权登记，不同地区的系统设置及登记规则并不一致，人民法院在审理案件时应当充分注意制度设计上的差别，作出符合实际的判断：一是多数省区市的登记系统未设置“担保范围”栏目，仅有“被担保主债权数额（最高债权数额）”的表述，且只能填写固定数字。而当事人在合同中又往往约定担保物权的担保范围包括主债权及其利息、违约金等附属债权，致使合同约定的担保范围与登记不一致。显然，这种不一致是由于该地区登记系统设置及登记规则造成的该地区的普遍现象。人民法院以合同约定认定担保物权的担保范围，是符合实际的妥当选择。二是一些省区市不动产登记系统设置与登记规则比较规范，担保物权登记范围与合同约定一致在该地区是常态或者普遍现象，人民法院在审理案件时，应当以登记的担保范围为准。

理解与适用

一、总说

本条是对《物权法》第 176 条的复制，是对《担保法》第 28 条及法释〔2000〕44 号第 38 条的修正。

同一债权既有保证又有担保物权的，如何处理？《担保法》规定，保证人对物的担保以外的债权承担保证责任（第 28 条第 1 款）。债权人放弃物的担保时，保证人在债权人放弃权利的范围内免除保证责任（第 28 条第 2 款）。法释〔2000〕44 号对此有所修改：同一债权既有保证又有第三人提供物的担保的，债权人可以请求保证人或物的担保人承担担保责任。当事人对保证担保的范围或物的担保的范围没有约定或约定不明的，承担了担保责任的担保人，可以向债务人追偿，也可以要求其他担保人清偿其应当分担的份额（第 38 条第 1 款）。同一债权既有保证又有物的担保的，物的担保合同被确认为无效或被撤销，保证人仍应当按合同的约定或法律的规定承担保证责任（第 38 条第 2 款）。债权人在主合同履行期届满后怠于行使担保物权，致使担保物的价值减少或毁损、灭失的，视为债权人放弃部分或全部物的担保。保证人在债权人放弃权利的范围内减轻或免除保证责任（第 38 条第 3 款）。这些规定有利有弊，《物权法》吸收其利而规定："被担保的债权既有物的担保又有人的担保的，债务人不履行到期债务或者发生当事人约定的实现担保物权的情形，债权人应当按照约定实现债权；没有约定或者约定不明确，债务人自己提供物的担保的，债权人应当先就该物的担保实现债权；第三人提供物的担保的，债权人可以就物的担保实现债权，也可以要求保证人承担保证责任。提供担保的第三人承担担保责任后，有权向债务人追偿"（第 176 条）。法〔2019〕254 号明确遵守、适用《物权法》第 176 条的规定，不再沿用法释〔2000〕44 号第 38 条的规定（第 56 条）。《民法典》承继了《物权法》第 176 条的规定及其精神。这与现行法区分物权关系中的义务与债的关系的义务并设置不同的规则、意思自治原则、债的相对性、自己责任原则相吻合，与参与《物权法》立法的工作人员的回顾和解释相一致。与此相反，《担保法》第 28 条的规定，法释〔2000〕44 号第 38 条承认物上保证人之间、物上保证人与保证人之间存在着追偿权的观点，则与现行法上的诸多制度及规则和学说存在着摩擦，违背了《物权法》和《民法典》的立法目的。至于将视野延伸至公平、效率、风险分配和道德风险以及当事人预期等方面，赞同法释〔2000〕44 号第 38 条奉行相互追偿说之论的与反对法释〔2000〕44 号第 38 条奉行相互追偿说之辨“半斤八两”，前者并不占上风。在意思自治、整体交易安排及利益衡量等方面，后者明显地处于优势地位，而意思自治原则恰恰是法律人津津乐道的民商法基本原则。①

显然，五部法律及司法解释的规定存在着矛盾，需要解决。

二、本条的几层意思

1. 本条中段关于“没有约定或者约定不明确，债务人自己提供物的担保的，债权人应当先就该物的担保实现债权”的规定，具有合理性，值得肯定。因为债务本应由债务人履行，首先就债务人提供的物的担保实现债权，符合这个机理。此其一。担保责任并非终局的责任，只是过渡性质的债务，最终的责任由主债务人承担。假若首先就人的担保实现债权，保证人或连带债务人承担了人的担保责任后再向主债务人追偿，使得法律关系复杂化，徒增成本。对此，回想一下连带债务场合的内部关系都是按份处理，而不再按连带处理，就会明白。此其二。相较于债权人请求保证人或连带债务人承担人的担保责任，行使物的担保的确增大了成本，但由于该项成本由担保物的变价负担（《民法典》第 389 条、第 411 条），加上该变价不足以清偿债权时，债权人仍有权请求保证人或连带债务人承担人的担保责任，债权人不会遭受不利。此其三。

2. 本条中段关于“没有约定或者约定不明确，……第三人提供物的担保的，债权人可以就物的担保实现债权，也可以请求保证人承担保证责任”的规定，同样合理，值得肯定。其道理在于，多个担保方式共同担保同一个债权，在性质和功能上没有按份担保的天然要求，而是各自承担着担保全部债权的责任。此其一。在当事人没有约定先就何种担保实现债权，或约定不明确的情况下，债权人就何种担保实现其债权自由决定，符合权利的本质，也符合趋利避害的经济人的本性。此其二。

3. 本条前段关于“被担保的债权既有物的担保又有人的担保的，……债权人应当按照约定实现债权”的规定，把当事人关于债权人首先行使哪种担保方式的约定置于优先地位，符合意思自治原则和案情实际，较《担保法》和法释〔2000〕44 号的规定先进，应予肯定。不过，约定担保责任的承担顺序，情形复杂，需要区别对待。

① 详细阐释，请见崔建远：《混合共同担保人相互间无追偿权论》，载《法学研究》2020 年第 1 期，第 83～99 页。

（1）如果物上保证人和债权人约定由保证人先履行保证责任，保证人有权主张，该约定对自己这个第三人不发生拘束力，根据在于合同的相对性原则；保证人也可以援用《民法典》第 154 条的规定，主张此类约定属于物上保证人和债权人恶意串通损害第三人的合法权益而无效。

至于保证人同意该约定，意味着保证人默认自己是唯一的担保人，没有寄希望于他人加入担保人的行列之中；保证人愿意受其单方允诺的约束，必须先承担保证责任。对于此项约定，还可以解释为保证人和债权人重新签订了一份合同，变更了原来的保证合同，保证人同意先承担保证责任。

（2）在保证合同已经明确约定，债权人不得放弃行使担保物权，否则，保证人有权拒绝承担保证责任的情况下，债权人违反该项约定，而与物上保证人约定在保证人不能代偿债务时债权人才能行使担保物权，保证人获得救济的途径如下：可以援用保证合同关于“债权人不得放弃行使担保物权，否则，保证人有权拒绝承担保证责任”的约定，对抗债权人请求保证人承担保证责任的行为，并追究债权人的违约责任；或援用《民法典》第 154 条的规定，主张该约定属于他们恶意串通损害第三人的合法权益而无效。

（3）如果保证人和债权人约定先就物的担保实现债权，物上保证人若为债务人，就无权对抗此类约定，原因在于本条的规定，以及尽量简化法律关系及降低成本的要求；若为第三人，则可以主张该项约定对自己没有法律约束力，根据在于合同的相对性原则。

至于物上保证人同意该约定，这意味着物上保证人默认自己是唯一的担保人，没有寄希望于他人加入担保人的行列之中；物上保证人愿意受其单方允诺的约束，必须先承担物上保证责任。

结合程序处理上述问题，应适用法释〔2000〕44 号第 128 条第 2 款关于“同一债权既有保证又有物的担保的，当事人发生纠纷提起诉讼的，债务人与保证人、抵押人或者出质人可以作为共同被告参加诉讼”的规定，以便快捷、经济。

4. 法释〔2000〕44 号未一律贯彻债权人自主选择行使担保方式的思想，而是引入了过失思想，于第 38 条第 3 款规定了减轻或免除保证责任的事由。在物的担保由债务人自己提供的情况下，由于债权人怠于行使担保物权，致使担保物的价值减少或毁损、灭失，意味着增大了保证人承担保证责任的可能性，甚至使保证人实际履行保证债务。这种因债权人的过失导致的后果不宜由保证人承受，而应由债权人自食其果。所以，法释〔2000〕44 号的这个设计具有合理性，《物权法》第 176 条和《民法典》第 392 条的规定忽视了过失思想，应当反思。至于物的担保由第三人提供的场合，原则上不将债权人怠于行使担保物权认定为过失，不产生减轻或免除保证责任的后果，除非如此处理违反诚实信用原则。如此看来，法释〔2000〕44 号第 38 条第 3 款的规定需要目的性限缩，将第三人提供物的担保排除在外。

5. 物权法，就其固有的目的及功能而言，仅仅规制物权的问题，而用益物权之间的确不存在相互连带及追偿的属性和效力，至于担保物权，除了共同抵押权，也不存在追偿的问题。就此说来，《物权法》和《民法典》未规定物上担保人之间相互追偿，诚为安分守己。同时，也正因为物权法不管债的事情，债法自然按照自身的规律设置债的规则，包括共同保证人之间的连带责任及追偿的规定，《物权法》和《民法典》对此予以尊重，不作相反的规定，就是尊重的表现。由此可知，《物权法》和《民法典》没有规定担保人之间相互追偿，并不意味着否定了《担保法》第 12 条及法释〔2000〕44 号第 19 条、第 20 条关于共同保证人负连带保证责任场合享有追偿权的规定。在这个问题上，不存在《物权法》第 178 条规定的"担保法与本法的规定不一致的，适用本法"的情况。就是说，承担了全部保证责任的保证人仍有权向没有承担责任的其他保证人追偿。

该项结论从另一个侧面表述就是，法释〔2000〕44 号第 38 条第 1 款后段关于"当事人对保证担保的范围或者物的担保的范围没有约定或者约定不明的，承担了担保责任的担保人，可以向债务人追偿，也可以要求其他担保人清偿其应当分担的份额"的规定，应作目的性限缩，即该规定仅仅适用于共同保证和共同抵押的领域。《物权法》第 176 条和《民法典》第 392 条的规定同样应作目的性限缩，即它仅仅适用于共同保证和共同抵押以外的场合。

第三百九十三条

有下列情形之一的，担保物权消灭：

（一）主债权消灭；

（二）担保物权实现；

（三）债权人放弃担保物权；

（四）法律规定担保物权消灭的其他情形。

本条主旨

本条是关于担保物权消灭及其事由的规定。

相关条文

《物权法》第 177 条　有下列情形之一的，担保物权消灭：

（一）主债权消灭；

（二）担保物权实现；

（三）债权人放弃担保物权；

（四）法律规定担保物权消灭的其他情形。

《担保法》第 52 条　抵押权与其担保的债权同时存在，债权消灭的，抵押权也消灭。

第 58 条　抵押权因抵押物灭失而消灭。因灭失所得的赔偿金，应当作为抵押财产。

第 73 条　质权因质物灭失而消灭。因灭失所得的赔偿金，应当作为出质财产。

第 74 条　质权与其担保的债权同时存在，债权消灭的，质权也消灭。

第 88 条　留置权因下列原因消灭：

（一）债权消灭的；

（二）债务人另行提供担保并被债权人接受的。

理解与适用

本条是对《物权法》第 177 条的复制，明确了担保物权消灭及消灭事由。

物权消灭的事由，如标的物灭失且无代位物等，当然是担保物权消灭的事由。此外，本条还规定了担保物权消灭的特别事由，包括主债权消灭、担保物权实现、债权人放弃担保物权、法律规定担保物权消灭的其他情形。

1. 主债权消灭

由于担保物权是从属于主债权的从权利，主债权消灭时，担保物权也归于消灭。但须注意，主债权若因主债权债务合同解除而归于消灭时，主债权债务转化为损害赔偿金债权债务或违约金债权债务的，担保物权继续存在于该转化的债权债务之上，并不消灭。除非担保合同另有约定（法释〔2000〕44 号第 10 条）。

2. 担保物权实现

担保物权实现，使命完成，应当寿终正寝。被担保债权因此获得完全清偿，固然如此；即使是尚未获得全部清偿，也只能作为无担保物权担保的普通债权存在，无法再求助于担保物权，换句话说，担保物权不会因此而继续存在。

3. 债权人放弃担保物权

债权人放弃担保物权，又叫债权人抛弃担保物权，担保物权因此而不复存在。但须注意，担保已经登记的，应当及时将担保物权的登记注销；若未注销，虽然对于“担保物权”人来说，担保物权业已消灭，但对于第三人而言，“担保物权”人不得以担保物权已经消灭为由予以对抗。

4. 法律规定担保物权消灭的其他情形

所谓法律规定担保物权消灭的其他情形，包括现行法规定的担保物权消灭的其他事由，也包括未来的立法新增设的担保物权消灭的事由。就现行法的规定看，《民法典》第457条规定的留置权人丧失对留置物的占有或接受债务人另行提供担保的，留置权消灭，属于这种情况。

担保物权消灭，发生如下法律后果。

1. 担保物权因主债权消灭、自身实现的事由而消灭，一般不会出现复杂的问题，不产生民事责任。

2. 在债权人放弃的是债务人提供的担保物权的情况下，依据《民法典》第409条第2款、第435条后段的规定，其他担保人在担保物权人丧失优先受偿权益的范围内免除担保责任，除非其他担保人承诺仍然提供担保。

第十七章

抵押权

本章较为全面地汇聚了抵押权的规则，虽然大部分内容固守了《物权法》关于抵押权的规定，但也有积极的修正，特别是创新。例如，把土地经营权、集体经营性建设用地使用权增加为可以抵押的财产，承认乡镇企业可以将连同集体建设用地使用权在内的房地产一并抵押。再如，新创设了超级优先权。还如，修正了一律禁止流押条款、抵押财产的转让必须经过抵押权人的同意等不合理的旧制，改采更有效率、各方利益兼顾的法律结构。最后，关于抵押权等并存于同一项财产的场合的效力排序，都值得重视。

第三百九十四条

为担保债务的履行，债务人或者第三人不转移财产的占有，将该财产抵押给债权人的，债务人不履行到期债务或者发生当事人约定的实现抵押权的情形，债权人有权就该财产优先受偿。

前款规定的债务人或者第三人为抵押人，债权人为抵押权人，提供担保的财产为抵押财产。

本条主旨

本条是关于抵押权及其当事人的概念的规定。

相关条文

《民法通则》第 89 条第 2 项　依照法律的规定或者按照当事人的约定，可以采用下列方式担保债务的履行：

（二）债务人或者第三人可以提供一定的财产作为抵押物。债务人不履行债务的，债权人有权依照法律的规定以抵押物折价或者以变卖抵押物的价款优先得到偿还。

《物权法》第 179 条　为担保债务的履行，债务人或者第三人不转移财产的占有，将该财产抵押给债权人的，债务人不履行到期债务或者发生当事人约定的实现抵押权的情形，债权人有权就该财产优先受偿。

前款规定的债务人或者第三人为抵押人，债权人为抵押权人，提供担保的财产为抵押财产。

《担保法》第 33 条　本法所称抵押，是指债务人或者第三人不转移对本法第三十四条所列财产的占有，将该财产作为债权的担保。债务人不履行债务时，债权人有权依照本法规定以该财产折价或者以拍卖、变卖该财产的价款优先受偿。

前款规定的债务人或者第三人为抵押人，债权人为抵押权人，提供担保的财产为抵押物。

理解与适用

一、本条含义概貌

本条是对《物权法》第 179 条的复制，第 1 款抽象了抵押权的概念，也是抵押权的最主要的性质和效力；第 2 款界定了抵押人与债务人或第三人之间的关系，债权人与抵押权人之间的关系，以及抵押财产（又叫抵押物）。

二、抵押权的性质

1. 抵押权为一种担保物权

抵押权，是债权人支配债务人或第三人提供的抵押物的交换价值，使其债权优先于普通债权获得清偿的权利，故属于担保物权的一种。

2. 抵押权是不移转抵押物占有的物权

抵押权的成立和存续不以移转抵押物的占有为必要，为非占有担保物权，这与质权、留置权等占有担保物权不同。抵押权的行使无须占有抵押物，这与建设用地使用权、土地承包经营权等用益物权有别。之所以如此，是因为抵押权为价值权而非用益权。①

① 谢在全：《民法物权论》（中册），台北，三民书局有限公司 2003 年 7 月修订 2 版，第 363～364 页。

3. 抵押权是就抵押物的变价使被担保债权优先受偿的物权

抵押权作为物权，为支配权，具有优先效力，但无受领债务人清偿的内容、效力。债权才具有受领债务人清偿的内容、效力，但无优先的效力，除非法律采取有关措施使其发生性质的变化，或立法政策将某类或某些债权赋予优先效力。人们通常所说的抵押权系就抵押物的变价而优先受偿的权利，并非意味着抵押权自身为优先受债务人清偿的权利，而应理解为抵押权与被担保债权相结合时，或者说是抵押权附着在债权上，因此种结合或曰附着，抵押权的优先性传递给债权，使被担保债权发生性质和效力的变化，由原来的平等性转化为优先性，债权固有的受清偿的效力继续保持，这类似于两种物质结合发生化学反应，使物质的性质改变。优先性体现在债权上，不是该债权的存在就排斥其他债权继续存在，而是该属性债权在顺位上名列前茅，顺位在先者先实现，债权的实现就是获得清偿，于是，债权的优先性就是优先受偿性。①

4. 抵押权具有特定性

抵押权具有特定性，一是表现在它是在债务人或第三人的特定财产上所设立的物权。这里的财产，即抵押物，在现行法上包括不动产、动产、不动产物权，以及它们集合所形成的集合物（《民法典》第 395 条、第 396 条等）。只有抵押物特定，才能在抵押权实行时将抵押物变价。不过，这里的特定，大多是在抵押权设立之时抵押物即已特定了，如以 A 车作为抵押物为他人债权设立抵押权、以 B 房及其基地的建设用地使用权作为抵押物为他人债权设立抵押权等（严格意义上的特定性）；有时也可以是抵押物在抵押权设立时尚未确定，待抵押权实行时方予特定，如《民法典》第 396 条规定的企业等以其现有的及将有的生产设备、原材料、半成品、产品作为抵押物设立抵押权（放宽解释所承认的特定性）。

抵押权具有特定性，还表现在抵押权所担保的债权是特定的。这是由现行法上的抵押权为保全担保物权的基本属性所决定的。同样，被担保债权的特定，既可以是抵押权设立时即有特定的债权，如不动产抵押权、汽车抵押权等；有时也可以抵押权设立时仅仅预估一个在一定期间发生的债权总额，至于在该总额内实际上有多少个债权，以及每个债权在预订的期间内何时成立，法律均不干预，如《民法典》第 420 条以下规定的最高额抵押权。

5. 抵押权具有从属性

所谓抵押权的从属性，是指抵押权的成立、移转和消灭，均应从属于债权，以及被担保债权优先受偿的范围以抵押权实现时存在的债权为限的现象。分解开

① 崔建远：《土地上的权利群研究》，北京，法律出版社 2004 年版，第 247～248 页。

来，有如下几方面的表现。

（1）成立上的从属性

所谓抵押权成立上的从属性，是指抵押权的成立以被担保债权的存在为前提，该债权若不存在，抵押权就不成立。这是因为现行法上的抵押权系保全担保物权，不具有独立性，被担保债权不存在，抵押权即无存在的价值，故抵押权具有成立上的从属性，系属当然。

不过，对于成立上的从属性，应从宽把握，即抵押权成立时被担保债权已经存在，固然是抵押权在成立上具有从属性的表现，抵押权成立时被担保债权尚未产生，在抵押权实行时被担保债权业已存在的，亦不违反抵押权成立上的从属性。《民法典》第420条关于最高额抵押权与被担保债权之间关系的规定，体现了这种精神。

从宽把握的另一表现是，在某些情况下，主债权债务合同归于无效，业已办理了抵押登记的抵押权不因此而归于消灭。[①] 在这方面，日本的一则判例给我们以启示。该案的案情是，B从A劳动金库贷款时，因其没有会员资格而设立了一个自己作为代表人的P组合，然后以P组合的名义贷款，并以自己的不动产设立抵押权（实质上是会员外贷款）。因其不能还款，该抵押权被实行，C通过拍卖取得了该不动产，并办理了所有权登记。在这里，B（原告）主张上述贷款行为和抵押权的设定无效，请求撤销该不动产的所有权登记，并将该不动产归还自己。[②] 日本的判例适用诚实信用原则，否定了B的请求，认为即使"贷款行为无效，B也有义务返还A因其不当得利而得到的上述'贷款金'，因此债务没有发生变化。而且，本件抵押权，从其设定宗旨开始，在经济上视为债权人A所具有对上述债权的担保意义，B不偿还以上的债务，并以以上的贷款行为无效作为理由，主张本件抵押权或其实行手续的无效，在诚实信用原则上是不允许的"[③]。对其法律构成，四宫和夫教授、高木多喜男教授提出债权同一性说，认为无效贷款债权转化成不当得利的返还请求权，两者在法律上没有同一性，但在经济实质上有同一性，因此抵押权成立并有效。所以，按照这种学说，抵押权所担保的债

① 在不少情况下，主债权债务合同无效，抵押权应当消灭。例如，主债权债务合同违反公序良俗原则而无效时，抵押权应当消灭。

② 转引自［日］近江幸治：《担保物权法》，祝娅、王卫军、房兆融译，沈国明、李康民审校，北京，法律出版社2000年版，第107页。

③ ［日］最判1969.7.4民集23卷8号1347页·千种秀夫"百选Ⅰ"178页。转引自［日］近江幸治：《担保物权法》，祝娅、王卫军、房兆融译，沈国明、李康民审校，北京，法律出版社2000年版，第107页。

权成为不当得利返还的债权。①

抵押权虽然已经成立，但被担保债权实际上不成立的，因违反成立上的从属性，该抵押权应归消灭。纵使已经办理了抵押登记，也是如此，抵押人有权行使排除妨害请求权而请求注销该抵押权登记。②

（2）内容上的从属性

所谓抵押权内容上的从属性，包含两层意思：1）除非法律另有规定，抵押权成立之后，当事人对所担保的范围已有明确约定的，则未经抵押人的同意，债权人和债务人不得加重抵押人的负担，否则，超过的部分不属于抵押权担保的范围。简言之，债权人只能在其债权范围内享有抵押权（《民法典》第 389 条后段）。当事人对所担保的债权范围没有约定的，则当债权数额增加或减少时，抵押权也会发生相应的变动。2）只有当抵押权所担保的债权到期之后，抵押权才相应地到期，抵押权人才能行使抵押权，除非当事人约定了不同的实现抵押权的条件（《民法典》第 386 条）。③

（3）移转（或处分）上的从属性

所谓抵押权移转上（或处分上）的从属性，是指抵押权需附随于所担保的债权，才能转让或成为其他债权的担保，抵押权不得与债权分离而单独转让或作为其他债权的担保。《民法典》第 407 条前段关于“抵押权不得与债权分离而单独转让或者作为其他债权的担保。债权转让的，担保该债权的抵押权一并转让”的规定，明确承认了抵押权的这种从属性。这是由抵押权为保全担保物权的性质和作用决定的。

（4）消灭上的从属性

所谓抵押权消灭上的从属性，是指抵押权所担保的债权若因清偿、提存、免除、混同、抵销等原因而全部消灭时，抵押权也随之而消灭。《民法典》第 393 条第 1 项关于主债权消灭的，担保物权消灭的规定，明确承认了抵押权的这种从属性。

在抵押权全部消灭的情况下，抵押权人负有注销抵押登记的义务，不仅抵押人享有注销登记请求权，债务人（由第三人提供抵押物场合）亦然（《不动产登记暂行条例实施细则》第 70 条）。

---

① ［日］四宫和夫：《法学协会杂志》第 87 卷 9＝10 号，第 988 页以下；［日］高木多喜男：《担保物权法》，有斐阁 1984 年版，第 102 页。转引自［日］近江幸治：《担保物权法》，祝娅、王卫军、房兆融译，沈国明、李康民审校，北京，法律出版社 2000 年版，第 107 页。

② 谢在全：《民法物权论》（中册），台北，三民书局有限公司 2003 年 7 月修订 2 版，第 379 页。

③ 王利明、尹飞、程啸：《中国物权法教程》，北京，人民法院出版社 2007 年版，第 442 页。

[拓展]①

（1）抵押权所担保的债权一部分消灭的，抵押权也一部分消灭，抵押物的全部仍须担保剩余的债权。不过这已涉及抵押权不可分性的问题。

抵押权一部消灭的，可请求就消灭部分办理抵押权的变更登记。即使没有办理该项变更登记，抵押权的效力也当然缩减至该剩余债权的范围。

（2）债权和债务混同时，债的关系原则上归于消灭，但该债权若为他人权利的标的物的，如债权人以该债权为他人设立债权质权，债权并不消灭（《民法典》第576条但书）。于此场合，抵押权若随同被担保债权为他人设立担保的，也不消灭。

（3）在债务由第三人承担的场合，若为并存的债务承担，则原债务人的债务仍然存在，对抵押权不发生影响；若为免责的债务承担，那么，债务由承担人（第三人）承受，原债务人脱离债的关系，于此场合抵押权的效果因抵押物由何人提供而有不同：若由原债务人提供的，则抵押权不因债务的承担而受妨碍，亦即抵押权仍为该项债务的担保；若由第三人提供的，那么，抵押权因债务的承担而归于消灭，除非该第三人对于债务的承担已经表示承认。

（5）抵押权实现上的从属性

所谓抵押权实现上的从属性，是指被担保债权基于抵押权所得优先受偿的范围，以抵押权实行时存在的被担保债权（包括债权数额）为限。例如，在普通抵押权（一般抵押权）的情况下，预估价值3 000万元的A楼担保债权2 000万元，借款人已经偿还了1 000万元，该抵押权实行时，抵押权人只得从A楼的变价3 000万元中优先受偿1 000万元，使其债权获得清偿，而非受偿2 000万元。再如，在最高额抵押权的情况下，预估价值3 000万元的A楼担保最高限额为2 000万元的债权，借款人随借随还1 000万元，该最高额抵押权实行时，确定的抵押债权有两笔，共计1 500万元，抵押权人只得从A楼的变价3 000万元中优先受偿1 500万元，使其债权获得清偿。

应当注意，如今的判例和学说多将抵押权成立上的从属性和权利实现上的从属性合而为一地予以观察。②

债权人甲与受让人乙签订债权A的转让合同，该债权A附有房地产抵押权。由于乙不是金融机构，实务操作中不给予抵押权登记（包括抵押权变更登记），抵押权在外观上仍归债权人甲享有。此时，债务人丙偿债困难，丙的数个债权人

① 这部分内容，见谢在全：《民法物权论》（中册），台北，三民书局有限公司2003年7月修订2版，第384～385页。

② 谢在全：《民法物权论》（下册），台北，三民书局有限公司2003年12月修订2版，第56页。

都向丙主张债权。于此场合，乙有无优先受偿的权利？

对此，应区分内部关系与外部关系。在内部关系即债权人甲与受让人乙之间的关系上，乙享有抵押权。在外部关系上，乙的抵押权对抗不了债务人丙的其他债权人。有鉴于此，乙保护自己的权益，可有若干路径供其选择：(1) 乙向丙主张债权时，代位行使甲名义上对于丙所享有的抵押权；(2) 甲授权乙行使抵押权。[①]

6. 抵押权具有不可分性

对于抵押权的不可分性，《担保法》、《物权法》和《民法典》均未明确。值得提出的是，法释〔2000〕44 号第 71 条关于“主债权未受全部清偿的，抵押权人可以就抵押物的全部行使其抵押权”（第 1 款），“抵押物被分割或者部分转让的，抵押权人可以就分割或者转让后的抵押物行使抵押权”（第 2 款）的规定，以及第 72 条第 2 款前段关于“主债务被分割或者部分转让的，抵押人仍以其抵押物担保数个债务人履行债务”的规定，是就“抵押物的全部担保债权的各个部分”的角度立论的，填补了这个法律漏洞。

其实，抵押权的不可分性，可有不同角度的表达。除了就抵押物与被担保债权之间的关系立论的行文外，还可以就抵押权和被担保债权之间的关系立论，抵押权的不可分性因之而表述为“被担保的债权分，抵押权不分”[②]。法释〔2000〕44 号第 72 条第 1 款关于“主债权被分割或者部分转让的，各债权人可以就其享有的债权份额行使抵押权”的规定，以及第 72 条第 2 款前段关于“主债务被分割或者部分转让的，抵押人仍以其抵押物担保数个债务人履行债务”的规定，属于从“被担保的债权分，抵押权不分”的角度所作的表述，只不过第 72 条第 2 款的规定是以债权的反面——债务为基点罢了。

[拓展]

必须指出，《民法典》第 391 条关于“第三人提供担保，未经其书面同意，债权人允许债务人转移全部或者部分债务的，担保人不再承担相应的担保责任”的规定，以及法释〔2000〕44 号第 72 条第 2 款后段关于“第三人提供抵押的，债权人许可债务人转让债务未经抵押人书面同意的，抵押人对未经其同意转让的债务，不再承担担保责任”的规定，是对抵押权的不可分性的排除。对此，笔者表示赞同。其道理在于，(1) 抵押权的不可分性并非抵押权的本质要求所必须具有的性质，只是法律为加强抵押权的担保作用而特别赋予的，其法律规范不是强

---

① 路径之二系中国政法大学的李永军教授所提，特此感谢！

② 郑玉波：《论抵押权之不可分性》，载郑玉波主编：《民法物权论文选辑》（下），台北，五南图书出版公司 1984 年版，第 608 页。

行性规定，当事人可以特约予以排除。① 这在法国已经著有判例②，在日本也有持赞同意见的学说。③ 既然法律确认抵押权的不可分性系基于周到保护抵押权人的立法政策所致，对抵押人的合法权益应当予以适当的照顾，就属于立法政策的题中应有之义。如此衡平的结果便是，在若干场合，需要有条件地排除抵押权的不可分性。（2）债务承担人的责任财产可能少于原债务人的责任财产，并由此导致债务承担人不能全部或全部不能清偿抵押权人的债权，抵押权人选择行使抵押权的路径来实现其债权，抵押人因而丧失抵押物的所有权，至少受到抵押物的使用价值被剥夺的损失，属于暂时的损害。尤其在原债务人的责任财产不足以清偿数个并存的债权时，抵押人的追偿权也部分或全部地失去实际效用，遭受终局性的损失。在抵押人不同意债务承担的情况下，令抵押人承受此类的损失，是不合理的，一部良法应当给这样的抵押人必要的保护。法释〔2000〕44 号第 72 条第 2 款后段的规定，符合这个精神，值得肯定。

法释〔2000〕44 号第 72 条第 2 款后段的排除虽然必要，但还不足够。在这点上，物权法没有必要否认意思自治原则的作用，应当比较广泛地承认当事人以约定排除抵押权的不可分性。

总之，抵押权的不可分性有利于债权的保障殊多，对于抵押权制度的推广发展上具有决定性的作用④，因而，《担保法》、《物权法》和《民法典》忽视抵押权的不可分性，需要反思。法释〔2000〕44 号第 71 条和第 72 条规定了抵押权的不可分性，值得肯定。⑤

7. 抵押权具有物上代位性

所谓抵押权的物上代位性，是指抵押物灭失、毁损，其价值转化为他种形态时，抵押权的效力仍然及于该他种形态之物上的法律属性。⑥ 所谓他种形态之物，包括抵押物的变形物和代位物（代偿物）。例如，甲以其已投保的 A 车抵押给乙，以担保丙向乙还本付息的债务履行。一天，A 车被撞毁，只剩下四只轮胎可继续使用。保险公司理赔 90 万元人民币。其中，四只轮胎叫作变形物，90 万

①④ 郑玉波：《论抵押权之不可分性》，载郑玉波主编：《民法物权论文选辑》（下），台北，五南图书出版公司 1984 年版，第 612、612 页。

② ［日］神户大学外国法研究会编译：《法兰西民法》（V），第 245 页。转引自郑玉波《论抵押权之不可分性》，载郑玉波主编：《民法物权论文选辑》（下），台北，五南图书出版公司 1984 年版，第 612 页。

③ ［日］柚木馨：《担保物权法》，第 197 页；［日］我妻荣：《担保物权法》，第 92 页。转引自郑玉波《论抵押权之不可分性》，载郑玉波主编：《民法物权论文选辑》（下），台北，五南图书出版公司 1984 年版，第 612 页。

⑤ 崔建远：《土地上的权利群研究》，北京，法律出版社 2004 年版，第 254～256 页。

⑥ 郑玉波：《民法物权》，台北，三民书局有限公司 1988 年修订 12 版，第 232 页。

元人民币（请求权）称为代位物（代偿物）。抵押权继续存在于该四只轮胎和 90 万元人民币（请求权）之上。

抵押权之所以具有物上代位性，是因为抵押权不以利用抵押物的实体为目的，而是以取得标的物的交换价值为内容，属于价值权。正因如此，抵押物即使改变其原有形态或性质，但只要还维持着交换价值，就不会影响抵押权的实行。换言之，抵押物的变形物或代位物在实质上仍是抵押权的客体，抵押权的效力仍然及于此类变形物或代位物上，除非立法政策反其道而行之。现行法没有逆行，而是承认了抵押权的上述性质和效力，即承认了抵押权的物上代位性（《民法典》第 390 条、法释〔2000〕44 号第 80 条第 1 款、第 49 条第 3 款）。

［探讨］

关于以出让的建设用地使用权、“四荒”土地承包经营权等作为抵押物场合抵押权的母权问题

以出让的建设用地使用权、“四荒”土地承包经营权等作为抵押物场合，抵押权的母权如何寻觅？解决此类问题，同样可有两种思路。其一，抵押权所分享的权能，依然是土地所有权含有的收益、处分权能；抵押权所分享的对象，依然是土地所有权的交换价值。建设用地使用权人、土地承包经营权人之所以能使建设用地或承包地的所有权中的权能由抵押权人分享，是因为建设用地使用权、土地承包经营权于其设立时法律已经将处分权直接授予他（它）们了。其二，在出让的建设用地使用权、“四荒”土地承包经营权等作为抵押物的场合，将建设用地使用权、土地承包经营权等视为民法上的“物”，其上存在着“所有权”，因建设用地使用权、土地承包经营权含有收益、处分的权能，该“所有权”自然含有这些权能，抵押权系分享其中的权能而形成。

第三百九十五条

债务人或者第三人有权处分的下列财产可以抵押：

（一）建筑物和其他土地附着物；

（二）建设用地使用权；

（三）海域使用权；

（四）生产设备、原材料、半成品、产品；

（五）正在建造的建筑物、船舶、航空器；

（六）交通运输工具；

（七）法律、行政法规未禁止抵押的其他财产。

抵押人可以将前款所列财产一并抵押。

本条主旨

本条是关于抵押财产的范围的规定。

相关条文

《物权法》第 180 条　债务人或者第三人有权处分的下列财产可以抵押：

（一）建筑物和其他土地附着物；

（二）建设用地使用权；

（三）以招标、拍卖、公开协商等方式取得的荒地等土地承包经营权；

（四）生产设备、原材料、半成品、产品；

（五）正在建造的建筑物、船舶、航空器；

（六）交通运输工具；

（七）法律、行政法规未禁止抵押的其他财产。

抵押人可以将前款所列财产一并抵押。

《担保法》第 34 条　下列财产可以抵押：

（一）抵押人所有的房屋和其他地上定着物；

（二）抵押人所有的机器、交通运输工具和其他财产；

（三）抵押人依法有权处分的国有的土地使用权、房屋和其他地上定着物；

（四）抵押人依法有权处分的国有的机器、交通运输工具和其他财产；

（五）抵押人依法承包并经发包方同意抵押的荒山、荒沟、荒丘、荒滩等荒地的土地使用权；

（六）依法可以抵押的其他财产。

抵押人可以将前款所列财产一并抵押。

《城市房地产管理法》第 48 条　依法取得的房屋所有权连同该房屋占用范围内的土地使用权，可以设定抵押权。

以出让方式取得的土地使用权，可以设定抵押权。

理解与适用

一、本条含义概貌

本条承继了《物权法》第 180 条的规定，列举可以抵押的财产的范围，但有微调。例如，增加“海域使用权”为可以抵押的财产，删除了《物权法》第 180 条第 1

款第3项列举的“以招标、拍卖、公开协商等方式取得的荒地等土地承包经营权”。

二、本条各项的具体解读

本条之所以增加“海域使用权”为可以抵押的财产，是因为海域使用权为财产权，财产权具有转让性（让与性）时价值更高；《海域使用管理法》第27条第2项规定“海域使用权可以依法转让”，允许以海域使用权设立抵押权符合该项规定的精神。

本条之所以删除《物权法》第180条第1款第3项列举的“以招标、拍卖、公开协商等方式取得的荒地等土地承包经营权”，是因为与《物权法》不允许以家庭承包方式设立的土地承包经营权抵押的立场不同，《民法典》允许任何类型的土地经营权转让、抵押（第339条、第342条）。

本条第1款第1项所列“建筑物和其他土地附着物”，包括住宅、商业用房、比赛场馆等建筑物，桥梁、隧道、大坝、道路等构筑物，以及林木、农作物等其他土地附着物。不过，它们作为抵押财产受有限制：其一，住宅等建筑物必须符合《民法典》第231条关于“合法建造”的要求，违法建筑物无所有权，不得用作抵押财产；其二，用于军事、国防、国家机关、国家举办的事业单位等单位的建筑物、构筑物不得作为抵押物。

本条第1款第2项所列“建设用地使用权”，包括国有建设用地使用权、集体经营性建设用地使用权，但行政划拨的建设用地使用权原则上不得用于抵押，除非符合《土地管理法》第56条后段、《城市房地产管理法》第40条规定的条件。乡镇企业、乡（镇）村公共设施、公益事业等乡（镇）村建设所设立的集体建设用地使用权，也不得作为抵押财产（《土地管理法》第61条）。

本条第1款第3项所列“海域使用权”，笔者在释评《民法典》第328条时较为详细地阐释过，此处不再全面叙述，只强调一点，它具有转让性（让与性），可以用作抵押财产。

本条第1款第4项所列“生产设备、原材料、半成品、产品”，都具有转让性（让与性），可以用作设立动产抵押权。

本条第1款第5项所谓“正在建造的建筑物、船舶、航空器”，其中“正在建造的建筑物”，是指正在建造、尚未办理所有权首次登记的房屋等建筑物（《不动产登记暂行条例实施细则》第75条第3款）。

本条第1款第5项所列“正在建造的建筑物、船舶、航空器”，在构成一个独立之物时，用作抵押物，不成问题；但它们大多未成一个独立之物，按照物权法关于物权的客体应该特定的传统理论，它们不可用作抵押，但《物权法》第

180 条第 1 款第 5 项则持肯定态度，《民法典》第 395 条第 1 款第 5 项亦然。这主要是因为建设工程往往周期长、资金缺口大，以正在建造的建筑物、船舶、航空器作为融资担保，对于解决建设者融资难、保证在建工程顺利完工具有重要作用。①《物权法》和《民法典》如此设计，表明了法律要为经济发展的需要服务，不应受制于某个教条。

本条第 1 款第 6 项所列“交通运输工具”，诸如飞机、船舶、火车、各种机动车辆等，只要它们不属于法律特别禁止转让的，就可被用作抵押财产。

本条第 1 款第 7 项所谓“法律、行政法规未禁止抵押的其他财产”，为一兜底性条款，其可适应不断变化的经济生活需要。该项规定也暗含着这样的意思，前 6 项规定以外的财产用作抵押，必须同时具备两项条件：(1) 不是法律、法规禁止抵押的财产；(2) 抵押人对该财产拥有处分权。

三、财团抵押

(一) 本条第 2 款确立了财团抵押

本条第 2 款关于“抵押人可以将前款所列财产一并抵押”的规定，等于承认了财团抵押，即一个企业有权将其全部财产，包括建设用地使用权、地上房屋、设备、运输工具等，设立一个抵押权。

(二) 财团抵押权的概念

所谓财团抵押权，是以企业的财团为抵押物的抵押权。所谓财团，是指由企业的建设用地使用权、地上建筑物及其附属设施、设备、知识产权等财产组成的一种集合的财产。财团既不是单纯的不动产，也不是单纯的动产，而是将企业所有的不动产、动产及权利综合为一体，法律上视为一项独立的财产，于其上设立一个抵押权。这与普通抵押权的标的物为一个单一物不同，与共同抵押权的标的物为数个物或权利也有差异。

［延伸］

在日本，特别法规定了财团抵押权制度，将一个企业的财产的集合体作成一个财产目录的“财团”(Inventar)。该“财团”的构成方法，可有两种。一种是以不动产为中心构成的方法，将机械、器具等动产与不动产作成一体化，形成“不动产财团”。该“不动产”的组成采取任意选择主义，当事人以在财团目录中记载的物构成财团。另一种是以企业设施全体作为一个“物”看待，形成“物财团”，作为抵押权的客体。因企业全体作为一个“物”，所以，物财团的组成不是

① 胡康生主编：《中华人民共和国物权法释义》，北京，法律出版社 2007 年版，第 393 页。

当事人的任意选择，而是采用以构成企业全体一体性的财团的当然归属主义。①

（三）财团抵押权制度的社会作用

财团抵押权之所以存在，主要是因为企业所有的不动产、动产及权利多为有机地配合着，其使用价值或交换价值都比单个地使用或交换要高。如果僵硬地固守一物一权主义，把上述财产分解为一个一个的不动产、动产或权利，一一设立抵押权或其他担保权，不仅会减损其价值，而且过于烦琐，既不经济又不能充分发挥融资的作用。财团抵押权正可克服普通抵押权在这方面的不足，起到积极的作用。②

（四）财团抵押权的设立

包括《不动产登记暂行条例》及《不动产登记暂行条例实施细则》在内的现行法尚无财团抵押权直接基于法律规定而设立的规定，从《民法典》第 395 条第 2 款关于“抵押人可以将前款所列财产一并抵押”的规定看，财团抵押权需要通过抵押合同设立，且应以抵押登记为财团抵押权的生效要件。

《不动产登记暂行条例实施细则》第 65 条第 2 款的规定，可以视为关于财团抵押的规定，但仍嫌概括，缺乏可操作性。

在实务中，中国至今尚未开展把财团作为一个抵押物办理抵押登记的业务，当企业以其所有的不动产、动产及权利一并设立抵押权时，实际操作是就建设用地使用权抵押、建筑物及其附属设施抵押、动产抵押、知识产权抵押等分别办理抵押登记，由此形成的抵押权难谓真正的财团抵押权，亟待修正。

（五）财团抵押权的效力

财团抵押权的效力及于构成财团的各个不动产、动产及权利。不过，构成财团的物并非一成不变，因经营上的必要，有时旧机器、工具应予换成新的或增加全新之物。财团抵押权的效力及于这些新的或增加的物，但为对抗第三人，应为财团的财产目录的变更登记。③

第三百九十六条

企业、个体工商户、农业生产经营者可以将现有的以及将有的生产设备、原材料、半成品、产品抵押，债务人不履行到期债务或者发生当事人约定的实现抵押权的情形，债权人有权就抵押财产确定时的动产优先受偿。

---

① ［日］近江幸治：《担保物权法》，祝娅、王卫军、房兆融译，沈国明、李康民审校，北京，法律出版社 2000 年版，第 214～215 页。

② 郑玉波：《民法物权》，台北，三民书局有限公司 1988 年 2 月修订 12 版，第 275 页。

③ 史尚宽：《物权法论》，台北，荣泰印书馆有限公司 1979 年版，第 299 页。

本条主旨

本条是关于浮动抵押权/动产抵押权的规定。

相关条文

《物权法》第 181 条　经当事人书面协议，企业、个体工商户、农业生产经营者可以将现有的以及将有的生产设备、原材料、半成品、产品抵押，债务人不履行到期债务或者发生当事人约定的实现抵押权的情形，债权人有权就实现抵押权时的动产优先受偿。

理解与适用

一、本条含义概貌

本条承继了《物权法》第 181 条的规定，承认了浮动抵押权。《物权法》同时承认动产抵押权和浮动抵押权（第 181 条、第 188－189 条），《民法典》将它们合并，缩成动产抵押权一种类型（第 396 条、第 403－404 条），但此种态样的动产抵押权在内部仍被区分为典型形态的动产抵押权和浮动抵押权。典型形态的动产抵押权遵循一物一权主义，即一个动产之上存在一个动产抵押权。浮动抵押权则不然，它是存在于由若干动产聚合在一起的标的物之上的抵押权。由此决定，它们在实行的条件、方式等方面存在差异。

二、浮动抵押权的法律性质

（一）抵押人限于企业、个体工商户、农业生产经营者

普通抵押权场合的抵押人可以是自然人、法人或其他组织，而浮动抵押权场合的抵押人只能是企业、个体工商户、农业生产经营者（《民法典》第 396 条）。

［比较］

在英国，设立浮动抵押的只能是公司，自然人和合伙组织无设立浮动抵押的资格。这是英国《抵押证券法》（1972—1982 年）和《破产法》（1914 年）作用的结果。[①]日本《企业担保法》（1958 年）将设立浮动抵押的抵押人限定在有限责任公司。香港《公司条例》规定，有限责任公司能设立浮动抵押，自然人不得于

① 任清：《论英国法上的浮动抵押》，http：//www. civillaw. com. cn/Article/default. asp?id＝8376. 转引自周自如：《我国浮动抵押制度探析》，清华大学法学硕士学位论文（2008），第 7 页。

其个人企业或合伙组织中设立浮动抵押。究其原因，浮动抵押权的标的物为流动性较强的财产，抵押权实现前，抵押人可自由处分它们，容易导致抵押权无法真正实现。与自然人、合伙相比，公司具有较规范的运作机制，且公司财产受资本三原则的限制，其财产具有一定的稳定性，公司能够以此独立承担民事责任。这在一定程度上利于浮动抵押权的实现。而自然人、合伙组织的运作不很透明，容易产生欺诈抵押权人的情形。①

与此不同，美国和加拿大未限制设立浮动抵押之人的资格。

中国《民法典》之所以将抵押人的范围放宽至个体工商户、农业生产经营者，是为了利用浮动抵押制度解决中小企业和农民贷款难的问题，以促进经济发展②；中国允许作为浮动抵押权标的物的限于企业的动产，窄于英国法、香港法允许的范围，浮动抵押权的实现不一定导致抵押人进入破产程序，负面作用较小。③

（二）抵押物为企业、个体工商户、农业生产经营者的时时变动不居的动产

普通抵押权以不动产、动产或权利等财产作为抵押物，而浮动抵押权的标的物在《民法典》上仅限于抵押人现有的及将有的生产设备、原材料、半成品、产品（第396条）。这些财产集合起来作为抵押物，表现出集合性。

［比较］

浮动抵押制度滥觞于英国19世纪后半叶的判例法。在英国法上，浮动抵押权的标的物，可以是企业一部分财产，也可以是企业的全部财产，原材料、成品、商品、应收账款、商誉等无形资产均可成为浮动抵押权的标的物。在美国，可以作为美式浮动抵押权担保物的有：（1）货物，包括各种担保权益成立时一切能动之物；（2）半无形动产，包括代表货物所有权的单证、各种票据、动产文书；（3）完全无形动产，包括应收账款、知识产权和商誉等一般无形财产、收入。④ 德国的让与担保制度、日本的企业担保制度与浮动抵押制度类似。

---

① 胡康生主编：《中华人民共和国物权法释义》，北京，法律出版社2007年版，第398页；周自如：《我国浮动抵押制度探析》，清华大学法学硕士学位论文（2008），第7页。

② 胡康生主编：《中华人民共和国物权法释义》，北京，法律出版社2007年版，第398页。

③ 齐恩平、王明河：《论我国动产浮动抵押制度的理解和适用》，http://www.civillaw.com.cn/wangkan/content.asp?id34812&types. 转引自周自如：《我国浮动抵押制度探析》，清华大学法学硕士学位论文（2008），第8页。

④ 吴光兴：《美国统一商法典概要》，广州，华南理工大学出版社1997年版，第53页。

（三）普通抵押权仅以现有的财产作为抵押物，而浮动抵押权的标的物，既包括抵押人现有的动产，也包括抵押人将有的动产（《民法典》第 396 条）

需要强调指出的是，浮动抵押权对其标的物不是从静态把握的，而是允许企业、个体工商户、农业生产经营者的财产在浮动抵押权实行前正常流动，由企业、个体工商户、农业生产经营者向外流出的财产自动从浮动抵押权的效力范围中解脱，由外部流入企业、个体工商户、农业生产经营者的财产当然为浮动抵押权的效力所及。① 这就是浮动抵押权的标的物所具有的流动性。

（四）浮动抵押权的效力具有特殊性

浮动抵押的场合，抵押权的效力无对抗正常经营活动中已支付合理价款并取得抵押财产的买受人（《民法典》第 404 条），但享有超级优先权（《民法典》第 416 条）。所有这些，都是普通抵押权所不具备的。

（五）浮动抵押权因实行而转化为固定抵押权

债务人不履行到期债务成为事实，或发生了当事人约定的实现抵押权的情形，抵押权人有权行使抵押权。自此时，浮动抵押权的标的物得以确定，浮动抵押权转化为固定抵押权。② 这表现出抵押物在性质上的可转化性。

三、浮动抵押权与固定抵押权的比较

所谓固定抵押，系相对于浮动抵押而存在的概念，是指抵押权于其设立时便附着于特定的财产上，该财产的特定性在抵押权的存续期间一直不变的抵押。其典型特征是，抵押物的范围被清晰、准确地界定出来，一般用附录等形式尽量地逐项记明作为抵押权标的物的全部财产；抵押权人对作为抵押权标的物的财产能有效控制，抵押人与他人交易抵押物，必须征得抵押权人的同意。③

关于浮动抵押的特征，Romer L. J 大法官在 Re Yorkshire Woolcombers Association 案的判决中概括为：（1）以公司现在或未来的某个类别的资产抵押；（2）该类别的资产在公司正常的业务运作期间会不断变化；（3）在对抵押拥有权益的人或其代表采取某些法律措施前，公司可以利用该类别的资产继续运作。④ Slade. J 法官在 Re Bond Worth Ltd 案的判决中指出，并不是一定要包含 Romer

---

①② 梁慧星、陈华彬：《物权法》（第 4 版），北京，法律出版社 2007 年版，第 338 页。

③ 高燕红：《谈英国判例法对浮动担保与固定担保的识别》，http://ckrd.cnki.net/grid20/detail.aspx?QueryID=18&CurRec=1. 转引自周自如：《我国浮动抵押制度探析》，清华大学法学硕士学位论文（2008），第 26 页。

④ Roy Goode, Legal Problems of Credit and Security, Sweet & Maxwell, Third Edition, 2003, p. 114. 转引自周自如：《我国浮动抵押制度探析》，清华大学法学硕士学位论文（2008），第 26 页。

法官所提出的三项特征的抵押才是浮动抵押。相似的，Lord Millett 勋爵在 Re Agnew 案中提及 Romer 法官所描述的那三项特征时说，那三项特征只是对浮动抵押制度的一种描述，而非定义。前两项特征虽是浮动抵押的典型特征，但却不能因此推出有关担保必然为浮动抵押的结论，而第三项特征（自主经营权）才是浮动抵押制度的标志性特征。①

总之，固定抵押的本质在于抵押权人能够充分掌握和控制抵押物的交换价值，而浮动抵押的本质在于抵押人利用抵押物从事生产和经营的自主经营权。一个抵押权人不得一方面宣称其抵押权为固定抵押权，另一方面又允许抵押人如同没有抵押权那样处分抵押的财产。②

抵押财产的性质和种类直接关系到抵押权人对抵押财产的控制程度和抵押人对抵押财产处分的自由度，进而关系到抵押权的性质和种类。通常而言，固定抵押不会以企业的存货或原材料等来设立抵押权，即使抵押合同等文件明示设立在这些财产上的抵押权为固定抵押权，也可能被法院解释为浮动抵押权。因为这些资产组合具有高度的变动性，在抵押人的日常业务中会不可避免地被消耗掉。假如当事人主张这些财产为固定抵押权的效力所及，可能会导致抵押人的整个业务瘫痪。③

四、浮动抵押权与财团抵押权的比较

财团抵押权是把企业的全部财产视为一个物而设立一个抵押权，该抵押权一经设立，这些财产即为抵押权的效力所及，抵押人（企业）不得擅自处分。而浮动抵押权是以时时变动不居的企业财产为标的物而设立的一个抵押权，在抵押权实行之前，抵押人（企业）可以处分其财产。

浮动抵押权制度，是为克服财团抵押权制度的缺陷并使企业可以获得巨大的融资而发展起来的。从保护企业发展的角度看，浮动抵押权较财团抵押权为优，但从保护抵押权人的侧面观察，则正好相反。详言之，设立浮动抵押权后，企业仍然可以对企业的财产自由处分，企业的生产经营活动不受抵押权设立的影响；但与此同时，如企业因经营不善致财产大量减少，便会影响抵押权人的债权实现。而财团抵押权场合，企业不得对作成了财团目录的财产任意处分，对企业的生产经营活动显然不利，但因抵押财产固定，有利于抵押权人的债权实现。④

---

① Roy Goode, *Legal Problems of Credit and Security*, Sweet & Maxwell, Third Edition, 2003, p. 115. 转引自周自如：《我国浮动抵押制度探析》，清华大学法学硕士学位论文（2008），第 26 页。

②③ 周自如：《我国浮动抵押制度探析》，清华大学法学硕士学位论文（2008），第 26～27、27 页。

④ 梁慧星、陈华彬：《物权法》（第 4 版），北京，法律出版社 2007 年版，第 339 页。

五、浮动抵押权制度的社会作用

在现代市场经济条件下，企业担负着社会的生产和流通的重要经济职能，事关国计民生，影响十分深远。因此，维持企业的存在并使其在此基础上振兴、发展，也就成为现代民法的一项重要理念。为此便需要借助法律而采取各种手段和措施，包括使企业获得融资而采取的担保措施。①

一个企业要想存立，需要由下列要素为了一个目的统一结合成一个组织体：第一，是企业设施、加工材料、生产用具、商品仓库等无数的物的要素；第二，是与顾客间产生的赊销价金及其他继续供给的债权关系，与行纪或原材料供给者的信用关系，与受雇人、土地主人或房屋主人之间产生的雇佣关系或租赁关系等无数的法律关系；第三，是基于商标、商号、专利等所谓无体财产权的特殊利益；第四，是企业特有的技能或熟练技术与据此产生的商誉等事实上的利益。在近现代，企业是一个通过企业组织结合起来的上述权利、法律关系及事实关系的统一体，有着超越各个要素的价值的总和而形成的整体价值。该价值不是与特定主体的人格不可分离地结合在一起的，而是有其客观存在的。假如从中单单抽取某些要素，即使被概括处理，也会使这些财产所保有特殊价值的法律上和事实上的无形的要素消失，影响其担保价值。② 就是说，若固守一物一权主义，将各个不动产、动产或权利分开，单独设立抵押权等担保权，就不能充分发挥企业的担保价值，设立手续也不胜其烦。还有，单个的物供作担保，容易导致担保物的变价，犹如各个击破，酿成企业解体的危险。这显然有悖于维持、发展企业的现代商事的法理念。相反，若把企业的不动产、动产、权利等财产，作为一个整体而设立浮动抵押权，则不但可以发挥企业的整体担保价值，而且可以避免单独设立担保权的繁累，节省大量的人力、物力。③《物权法》和《民法典》规定的浮动抵押权，虽然把不动产排除于抵押物的范围之外，但仍能表现出上述价值。

六、抵押财产的确定

关于抵押财产的确定，笔者将在释评《民法典》第 411 条时详述，此处不赘。

---

①③ 梁慧星、陈华彬：《物权法》（第 4 版），北京，法律出版社 2007 年版，第 339、338 页。

② ［日］我妻荣：《债权在近代法上的优越地位》，王书江、张雷、谢怀栻译，北京，中国大百科全书出版社 1999 年版，第 104～106 页。

七、浮动抵押权的效力

（一）浮动抵押权所担保债权的范围

浮动抵押权所担保债权的范围，当事人有约定时，依其约定；无约定时，包括被担保的主债权及其利息、违约金、损害赔偿金和实现抵押权的费用等（《民法典》第389条）。

（二）浮动抵押权的效力及于标的物的范围

抵押人现有的及将有的生产设备、原材料、半成品、产品都是浮动抵押权的效力所及的范围（《民法典》第396条）。特别是浮动抵押权设立之后，抵押人在生产、经营过程中新取得的财产，将自动归入浮动抵押权的效力所及的范围。同时，凡来自抵押物的一切所得（应存入抵押权人指定的专用账户，但在实际操作中难以掌握），包括抵押物出售所得的钱款，抵押物毁损、灭失、被征收/征用等所获得的保险金、赔偿金、补偿金的请求权，以及抵押物毁损后的残留物，还有抵押物的孳息等，亦为浮动抵押权的效力所及。①

不动产、知识产权和债权原则上不为浮动抵押权的效力所及。交通运输工具一般也不在浮动抵押权的标的物范围之内，除非当事人另有约定。②

（三）抵押权人的权利义务

浮动抵押权场合，抵押权人的权利义务，基本上相同于普通抵押权场合抵押权人的权利义务。对于相同的，此处不再赘述，需要指出的是，对于抵押人正常经营活动中，将某特定的抵押物出售与他人，浮动抵押权人无权阻止，并且，该他人（买受人）已支付合理价款并取得抵押物时，浮动抵押权人于实行抵押权时无权将该抵押物折价或变价。

（四）浮动抵押权无对抗正常经营活动中已付合理价款并取得抵押财产的买受人

这将在笔者释评《民法典》第404条时详论，此处不赘。

（五）超级优先的效力

这将在笔者释评《民法典》第416条时详论，此处不赘。

八、浮动抵押权的实行

浮动抵押权，作为一种特殊的抵押权，其实行必须适用《民法典》第411条关于浮动抵押财产确定的规定、第416条关于超级优先权的规定；作为抵押权的一种，也适用《民法典》关于普通抵押权实行的规定（第410条）。

---

①② 彭长林：《浮动抵押制度在执行冲突中的协调》，载《人民法院报》2008年6月13日，第6版。

在司法实务中，除抵押权人和抵押人协商一致实行抵押权以外，还有两种常见的方式执行浮动抵押物：一种是在经过诉讼程序确认抵押权人对浮动抵押财产的抵押权后，进入执行程序执行浮动抵押财产；另一种是抵押权人未经诉讼程序，在他案执行抵押人的其他资产时，对浮动抵押的财产一并采取查封、扣押等措施（《执行规定》第 40 条前段）。[①]

第三百九十七条

以建筑物抵押的，该建筑物占用范围内的建设用地使用权一并抵押。以建设用地使用权抵押的，该土地上的建筑物一并抵押。

抵押人未依照前款规定一并抵押的，未抵押的财产视为一并抵押。

本条主旨

本条是关于房地产抵押关系的规定。

相关条文

《物权法》第 182 条　以建筑物抵押的，该建筑物占用范围内的建设用地使用权一并抵押。以建设用地使用权抵押的，该土地上的建筑物一并抵押。

抵押人未依照前款规定一并抵押的，未抵押的财产视为一并抵押。

《担保法》第 36 条　以依法取得的国有土地上的房屋抵押的，该房屋占用范围内的国有土地使用权同时抵押。

以出让方式取得的国有土地使用权抵押的，应当将抵押时该国有土地上的房屋同时抵押。

《城市房地产管理法》第 32 条　房地产转让、抵押时，房屋的所有权和该房屋占用范围内的土地使用权同时转让、抵押。

理解与适用

本条是对《物权法》第 182 条的复制，确立了房地产一并抵押的规则。

本条所设规则是《民法典》及《城市房地产管理法》等单行法奉行的房地产权属在确定和转让时原则上一体模式的一种具体表现形式。如此设计的必要性，笔者在释评《民法典》第 352 条、第 356 条、第 357 条时已经较为详细地阐释

① 彭长林：《浮动抵押制度在执行冲突中的协调》，载《人民法院报》2008 年 6 月 13 日，第 6 版。

过，此处不赘。

本条第2款所谓“抵押人未依照前款规定一并抵押的，未抵押的财产视为一并抵押”，是对法定抵押权的承认。

适用本条规定，需要注意《民法典》第417条规定的例外，即以建设用地使用权设立抵押时地上无建筑物、构筑物的，抵押权的效力不及于其后建造的建筑物、构筑物。

第三百九十八条

乡镇、村企业的建设用地使用权不得单独抵押。以乡镇、村企业的厂房等建筑物抵押的，其占用范围内的建设用地使用权一并抵押。

本条主旨

本条是关于乡镇、村企业的建设用地使用权作为抵押财产必须符合特定条件的规定。

相关条文

《物权法》第183条　乡镇、村企业的建设用地使用权不得单独抵押。以乡镇、村企业的厂房等建筑物抵押的，其占用范围内的建设用地使用权一并抵押。

《担保法》第36条第3款　乡（镇）、村企业的土地使用权不得单独抵押。以乡（镇）、村企业的厂房等建筑物抵押的，其占用范围内的土地使用权同时抵押。

《城市房地产管理法》第48条第1款　依法取得的房屋所有权连同该房屋占用范围内的土地使用权，可以设定抵押权。

理解与适用

本条在行文上与《物权法》第183条相同，但所依赖的基础、深层背景却有实质的差异。《物权法》第183条设置的大背景是：法律禁止农民集体所有土地依民事程序流转，也不允许利用集体建设用地使用权从事开发建设，如果拟利用农民集体所有土地从事开发建设，必须先将农民集体所有土地征收为国有，再由国土资源主管机关出让国有建设用地使用权。如果农村集体经济组织自己兴办企业也如此行事，就显然极不公正：“为什么我自己有土地，本可用于兴办企业，却不被允许，反而令我‘交出’土地所有权，换取国有建设用地使用权，再在同一宗土地上建造厂房等设施？特别是征收补偿额低于取得国有建设用地使用权所付出的出让金数额，更让人百思不得其解。”为缓和这个矛盾，在当时体制下尽可能公正些处理，便允许下述例外：兴办乡镇企业和村民建设住宅经依法批准使用本集体经济组织农民集体所有的土地的，或者乡（镇）村公共设施和公益事业建设经依法批准使用农民集体所有的土地的除外（2004 年修正的《土地管理法》第 43 条第 1 款但书）。

本条设置的大背景是：除去因公共利益的需要继续奉行征收农民集体所有土地、再由国土资源主管机关出让国有建设用地使用权，其他建设需要利用农民集体所有土地的，无须“先征收，再出让”，可以径直设立集体经营性建设用地使用权，作为开发建设的地权基础；至于乡（镇）村公共设施、公益事业建设，需要使用土地的，经乡（镇）人民政府审核，向县级以上地方人民政府自然资源主管部门提出申请，设立集体建设用地使用权（2019 年修正的《土地管理法》第 60 条前段）。就是说，2019 年修正的《土地管理法》承认两类集体建设用地使用权：一类是转让性（让与性）强烈的集体经营性建设用地使用权；另一类是原则上不得转让的集体建设用地使用权。乡镇、村企业的建设用地使用权属于后一类。这种模式已经上升为民事基本法的层面，由《民法典》固定（第 361 条）。

以乡镇、村企业的建设用地使用权设立抵押权，在一定意义上也是集体建设用地使用权的转让，故依 2019 年修正的《土地管理法》第 59—61 条和《民法典》第 361 条的规定，不被允许。但是，现行法并无关于建筑物、构筑物属于禁止流通物的规定，故以乡镇、村企业的厂房等建筑物设立抵押权，应当可以。不过，遵循房地权属的变动原则上一体的模式，为与《民法典》第 356 条关于“房随地走”的规定、第 357 条关于“地随房走”的规定相协调，乡镇、村企业的厂房等建筑物占用范围内的建设用地使用权应当一并抵押。

第三百九十九条

下列财产不得抵押：

（一）土地所有权；

（二）宅基地、自留地、自留山等集体所有土地的使用权，但是法律规定可以抵押的除外；

（三）学校、幼儿园、医疗机构等为公益目的成立的非营利法人的教育设施、医疗卫生设施和其他公益设施；

（四）所有权、使用权不明或者有争议的财产；

（五）依法被查封、扣押、监管的财产；

（六）法律、行政法规规定不得抵押的其他财产。

本条主旨

本条是不得作为抵押财产的范围的规定。

相关条文

《物权法》第 184 条　下列财产不得抵押：

（一）土地所有权；

（二）耕地、宅基地、自留地、自留山等集体所有的土地使用权，但法律规定可以抵押的除外；

（三）学校、幼儿园、医院等以公益为目的的事业单位、社会团体的教育设施、医疗卫生设施和其他社会公益设施；

（四）所有权、使用权不明或者有争议的财产；

（五）依法被查封、扣押、监管的财产；

（六）法律、行政法规规定不得抵押的其他财产。

《担保法》第 37 条　下列财产不得抵押：

（一）土地所有权；

（二）耕地、宅基地、自留地、自留山等集体所有的土地使用权，但本法第三十四条第（五）项、第三十六条第三款规定的除外；

（三）学校、幼儿园、医院等以公益为目的的事业单位、社会团体的教育设施、医疗卫生设施和其他社会公益设施；

（四）所有权、使用权不明或者有争议的财产；

（五）依法被查封、扣押、监管的财产；

（六）依法不得抵押的其他财产。

理解与适用

本条承继了《物权法》第 184 条的规定，但有微调。

本条第 1 项规定土地所有权不得抵押，国家土地所有权和农民集体土地所有权都不得抵押，这是由土地所有权不由民事程序流转的国策所决定的。

本条第 2 项正文规定宅基地使用权不得抵押，这与《土地管理法》第 62 条关于农民一户一宅、“农村村民出卖、出租、赠与住宅后，再申请宅基地的，不予批准”的规定相一致。据此可知，本条第 2 项所谓“但是法律规定可以抵押的除外”，不是宅基地使用权不得抵押的例外。

本条第2项正文规定自留地、自留山的使用权不得抵押，可由本条第2项所谓“但是法律规定可以抵押的除外”的但书排除，即自留地、自留山的土地承包经营权人根据《民法典》339－341条的规定发生流转的，其中一种情形就是以自留地、自留山的使用权设立抵押权。其表现形式之一是：自留地、自留山的土地承包经营权人与金融机构达成融资担保协议，设立抵押权，该抵押权以土地经营权作为标的物；表现形式之二是：自留地、自留山的土地承包经营权人与第三人达成流转协议，该第三人取得自留地、自留山的土地经营权，再以该土地经营权抵押。

本条第2项正文删除了《物权法》第184条第2项正文、《担保法》第37条第2项正文中的耕地使用权不得抵押，其道理也如上个自然段所述的那样，现行法已经允许耕地的土地经营权抵押。

本条第3项的“等”，如公共图书馆、科学技术馆、博物馆、国家美术馆、少年宫、工人文化宫、敬老院、残疾人福利基金会等。[①]

本条第3项规定学校、幼儿园、医疗机构等以公益为目的成立的非营利法人的教育设施、医疗卫生设施和其他公益设施不得抵押，主要是因为这些用于公益目的，假如它们被抵押且抵押权被实行，则公益目的，轻者会受干扰，重者，无法达到。医疗，为保健康、挽救生命；教育及幼儿培育，事关后继有人，百年大计；公共图书馆、科学技术馆等设施直接与一个民族、国家的精神文明、文化传承、发明创造力等素养的培育联系在一起。所有这些，均非小事，务必慎重对待。

诚然，允许它们抵押，但在抵押权实行时不得改变其固有的用途，自表面观察，能自圆其说。但实际上，接手拍卖标的者能接收学校、幼儿园、医疗机构的工作人员吗？特别是那些具有专长的技术骨干吗？退一步说，即使接收，那些技术骨干愿意留下来吗？若否，负面后果难以估量。此其一。实行抵押权，需要时日，在此期间，人心惶惶，会影响学校、幼儿园、医疗机构的职能发挥，损害后果也是不容低估的。此其二。因此，本条第3项的规定值得赞同。

本条第4项规定所有权、使用权不明或有争议的财产不得抵押，在物权法上理由充分，因为在实体权益方面，所有权、使用权不明或有争议的财产抵押后难免产生纷争，秩序不稳，成本较高；在程序方面，也难以办理抵押登记。至于在合同法上，可以不认定此类抵押合同无效。

---

① 胡康生主编：《中华人民共和国物权法释义》，北京，法律出版社2007年版，第404页。

本条第5项规定依法被查封、扣押、监管的财产不得抵押，道理在于此类财产属于限制流通物，只要该限制未解除，抵押权就实行不了。为使抵押权真正能发挥功效，为减少纷争、降低成本，不允许此类财产抵押是合适的。至于在合同法上，可以不认定此类抵押合同无效。

本条第6项的规定，既属于兜底性条款，防止挂一漏万；也属于引致性（管道性）规定，可将具有构成要件和法律效果的法律、行政法规的规定适用于抵押权的设立。

第四百条

设立抵押权，当事人应当采用书面形式订立抵押合同。

抵押合同一般包括下列条款：

（一）被担保债权的种类和数额；

（二）债务人履行债务的期限；

（三）抵押财产的名称、数量等情况；

（四）担保的范围。

本条主旨

本条是关于抵押权的设立可采用订立书面抵押合同及合同条款的规定。

相关条文

《物权法》第185条　设立抵押权，当事人应当采取书面形式订立抵押合同。

抵押合同一般包括下列条款：

（一）被担保债权的种类和数额；

（二）债务人履行债务的期限；

（三）抵押财产的名称、数量、质量、状况、所在地、所有权归属或者使用权归属；

（四）担保的范围。

《担保法》第38条　抵押人和抵押权人应当以书面形式订立抵押合同。

第39条　抵押合同应当包括以下内容：

（一）被担保的主债权种类、数额；

（二）债务人履行债务的期限；

（三）抵押物的名称、数量、质量、状况、所在地、所有权权属或者使用权权属；

（四）抵押担保的范围；

（五）当事人认为需要约定的其他事项。

抵押合同不完全具备前款规定内容的，可以补正。

《城市房地产管理法》第50条　房地产抵押，抵押人和抵押权人应当签订书面抵押合同。

第51条　设定房地产抵押权的土地使用权是以划拨方式取得的，依法拍卖该房地产后，应当从拍卖所得的价款中缴纳相当于应缴纳的土地使用权出让金的款额后，抵押权人方可优先受偿。

理解与适用

一、本条含义概貌

本条承继了《物权法》第185条的规定，但有微调，第1款规定基于抵押合同可以设立抵押权，要求合同采用书面形式；第2款示明抵押合同的一般条款。

二、抵押权可以通过书面形式的抵押合同设立

本条第1款规定抵押权可以通过当事人双方订立书面抵押合同的形式设立，含有如下几层意思：(1) 抵押权的设立不是原始取得，而是创设的继受取得，属于基于法律行为而发生的不动产物权变动。其潜台词是只有抵押合同合法、有效，抵押权才可以设立；若该合同不成立、被撤销、无效，则抵押权不可能设立。(2) 抵押合同应当采用书面形式。虽然本条措辞为“应当采用书面形式”，但也不应把该规定理解为强制性规定，更不应将之确定为效力性的强制性规定。因为强制性规定系调整社会公共利益关系的法律规定，该规定调整的是具有转让性（让与性）的财产的物权人与债权人之间的利益关系，不属于社会公共利益关系，所以它非为强制性规定。不过，该规定毕竟呼吁当事人“应当采用书面形式”，这不同于典型的任意性规定，王轶教授把它划归倡导性规定①，笔者予以赞同。(3) 尽管如此，书面形式仍很重要，至少在证据法上，在个案中，虽然当事人双方未签书面形式的抵押合同，但只要债权人举证成功双方之间的确存在抵押合同关系，就应当予以肯定的认定，支持债权人的此项主张。(4) 结合《民法典》第402条、第403条的规定，可知在动产抵押权的场合，本条所谓抵押合同

① 王轶：《论倡导性规范——以合同法为背景的分析》，载《清华法学》2007年第1期，第66～74页。

生效之时，就是动产抵押权设立之日；在其他类型的抵押权的场合，本条所谓抵押合同生效，抵押权尚未设立，只有办理完毕抵押登记时抵押权才设立。

三、抵押合同的条款

本条第2款示例了抵押合同的一般条款，这便于人们在订立抵押合同时参考、模仿，使合同趋于完整，因而它们具有行为规范的属性。

本条第2款第1项规定抵押合同应有被担保债权的种类和数额的条款，这是被担保债权特定化的要求，是作为保全性担保物权的抵押权所必备的，因而被担保债权的种类和数额的条款属于抵押合同的必备条款。欠缺它，抵押合同不成立。法释〔2000〕44号第56条第1款关于“抵押合同对被担保的主债权种类……没有约定或者约定不明，根据主合同和抵押合同不能补正或者无法推定的，抵押不成立”的规定，反映了这种法理。

本条第2款第2项示例债务人履行债务的期限这项抵押合同条款。该条款是衡量债务人是否违约的标准之一，是抵押权实行的条件之一，因而应该明确规定。它有两种情形：一为期日，二为期间。不过，由于抵押合同未规定债务人履行债务的期限，按照《民法典》第510条和第511条的规定也能确定，该条款不属于必备条款。

本条第2款第3项规定抵押财产的名称、数量等情况也是抵押合同的条款。抵押财产的名称、数量等情况，是抵押物特定化的要求，同样是作为保全性担保物权的抵押权所必备的，因而该项条款属于抵押合同的必备条款。欠缺它，抵押合同不成立。法释〔2000〕44号第56条第1款关于“抵押合同对……抵押财产没有约定或者约定不明，根据主合同和抵押合同不能补正或者无法推定的，抵押不成立”的规定，反映了这种法理。

本条第2款第3项中的“等情况”并非《物权法》第185条第2款第3项中“质量、状况、所在地、所有权归属或者使用权归属”的缩略语，因为“所有权归属或者使用权归属”等信息不在于抵押合同条款写明与否，而在于实际情况是否为抵押人对抵押财产有无处分权，所以，抵押合同不必有此条款。此其一。但抵押财产的所在地、抵押财产究为建设用地使用权还是建筑物、抵押财产为建筑物时的面积和估价等，应属抵押登记的内容，为本条第2款第3项中的“等情况”。此其二。

本条第2款第4项把担保范围列为抵押合同的条款。此种条款的价值在于，当事人约定了该项条款，抵押权实行时，被担保债权依该范围优先受偿（《民法典》第389条后段）；若未约定该项条款，则依据《民法典》第389条前段关于

“担保物权的担保范围包括主债权及其利息、违约金、损害赔偿金、保管担保财产和实现担保物权的费用”的规定，确定担保范围。据此可知，担保范围条款亦非抵押合同的必备条款，欠缺它，抵押合同照样成立，甚至生效。

四、余论：其他条款

在个案中，抵押合同的条款可能多于上述条款。在这个意义上，《担保法》第39条第1款关于抵押合同可有“当事人认为需要约定的其他事项”的规定，及第39条第2款关于“抵押合同不完全具备前款规定内容的，可以补正”的规定，符合实际。《民法典》未再复述它们，并不意味着排斥它们，而应这样理解：（1）当事人在抵押合同中约定他们认为需要约定的其他事项，乃合同自由的题中应有之义，无须赘言。只要约定不违反法律、行政法规的强制性规定，不违背公序良俗原则，即为有效。（2）《担保法》第39条第2款规定的“抵押合同不完全具备前款规定内容的，可以补正”，既赋予了当事人各方事后补充抵押条款的权利，符合合同自由原则的要求；又授权裁判人员，在不违反合同自由原则的前提下，可以依据公平正义原则，根据个案案情，填补抵押合同的某些条款。

［辨析］

就抵押合同是否为物权合同，存在着不同的看法。有持肯定说的①，但笔者坚持否定说。在不采纳物权行为理论的中国现行法上，抵押合同不是物权合同，乃当然的结论。即使是在承认物权行为的立法例及其理论上，也区分抵押合同和抵押权设定（设立），其中，抵押合同（抵押约定）为债权行为，抵押权设定（设立）为物权行为。正所谓“设定抵押权之‘约定’，与抵押权之‘设定’（或设定抵押权），在概念上应严予区别，前者为债权契约（负担行为），后者为物权契约（物权行为，处分行为）”②。这符合德国民法理论细腻的风格，即使在德国民法法制及其理论上，也是可取的。那种不区分抵押约定与抵押权设定（设立），将它们均叫作物权合同的观点，违背了物权行为无须履行行为、物权行为引发物权变动需要公示的基本精神。在德国民法上，抵押合同生效，产生抵押登记等项义务，当事人履行完毕这些义务，抵押权才设定（设立）。由此可见，抵押合同需要履行行为，与物权行为的理念不符。

---

① 梁慧星、陈华彬：《物权法》（第4版），北京，法律出版社2007年版，第310页。

② 王泽鉴：《民法学说与判例研究》（第5册），北京，中国政法大学出版社1998年版，第116页。

第四百零一条

抵押权人在债务履行期限届满前，与抵押人约定债务人不履行到期债务时抵押财产归债权人所有的，只能依法就抵押财产优先受偿。

本条主旨

本条是关于弹性化地对待和处理流押条款（以物抵债）的规定。

相关条文

《物权法》第 186 条　抵押权人在债务履行期届满前，不得与抵押人约定债务人不履行到期债务时抵押财产归债权人所有。

《担保法》第 40 条　订立抵押合同时，抵押权人和抵押人在合同中不得约定在债务履行期届满抵押权人未受清偿时，抵押物的所有权转移为债权人所有。

理解与适用

本条已经有条件地修正了《物权法》第 186 条关于禁止流押条款的规定。所谓修正了《物权法》第 186 条关于禁止流押条款的规定，是因为本条未再重复《物权法》第 186 条关于“不得与抵押人约定债务人不履行到期债务时抵押财产归债权人所有”的规定。所谓有条件地修正，是因为本条未删除《物权法》第 186 条，仅仅是改为“与抵押人约定债务人不履行到期债务时抵押财产归债权人所有的，只能依法就抵押财产优先受偿。”

本条所谓“只能依法就抵押财产优先受偿”，可有如下解读：（1）这纯属物权法规范，《民法典》在恪守本分；而《物权法》第 186 条所谓“抵押权人在债务履行期届满前，不得与抵押人约定债务人不履行到期债务时抵押财产归债权人所有”，即流押条款被禁止，实为合同法规范。虽然立法技术允许物权法掺杂有合同法规范，合同法偶有物权法规范，但合适的理念是只有在有必要时才如此安排法律规范之所在，以免增大人们特别是百姓大众“找法”的难度。（2）流押条款的效力问题交由法律行为规则调整，适用《民法典》第 143－156 条的规定，抵押权制度仅管自己分内之事，更从容些，效果更佳。（3）“抵押权人在债务履行期限届满前，与抵押人约定债务人不履行到期债务时抵押财产归债权人所有”，属于以物抵债协议的一种，抵押权人若主张履行该合同，不害及抵押人的其他债权人（如抵押人无其他债权人，或者即使有其他债权人，但抵押人的责任财产足以清偿那些债权，现金流处于正常状态）时，法律自无干预的必要。即使对抵押财产的估价偏低，不利于抵押人，只要抵押人不主张撤销，也应该承认该以物抵债协议/流押条款的效力。该协议适当履行（包括抵押财产为动产时完成交付，抵押财产为不动产时办理完毕登记手续）后，抵押权人取得该抵押财产的所有权。(4) 在抵押人的数个债权人都对抵押人请求清偿，没有涉及抵押财产、抵押人也没有进入破产程序的情况下，抵押权人可依基于以物抵债协议/流押条款的约定及其适当履行取得抵押财产的所有权。(5) 在抵押人的数个债权人都对抵押人请求清偿，已经涉及抵押财产，但抵押人尚未进入破产程序的场合，抵押权人不得请求抵押人实际履行以物抵债协议/流押条款，只可援用《民法典》第410条的规定，实行抵押权，就抵押财产的变价使担保债权优先获得清偿。(6) 在抵押人已经进入破产程序的情况下，抵押权人也无权请求抵押人实际履行以物抵债协议/流押条款，必须适用《企业破产法》的有关规定，包括第109条关于"对破产人的特定财产享有担保权的权利人，对该特定财产享有优先受偿的权利"的规定。

第四百零二条

以本法第三百九十五条第一款第一项至第三项规定的财产或者第五项规定的正在建造的建筑物抵押的，应当办理抵押登记。抵押权自登记时设立。

本条主旨

本条是关于不动产抵押权、在建工程抵押权的设立以登记为生效要件的规定。

相关条文

《物权法》第187条　以本法第一百八十条第一款第一项至第三项规定的财产或者第五项规定的正在建造的建筑物抵押的，应当办理抵押登记。抵押权自登记时设立。

《担保法》第41条　当事人以本法第四十二条规定的财产抵押的，应当办理抵押物登记，抵押合同自登记之日起生效。

第42条　办理抵押物登记的部门如下：

（一）以无地上定着物的土地使用权抵押的，为核发土地使用权证书的土地管理部门；

（二）以城市房地产或者乡（镇）、村企业的厂房等建筑物抵押的，为县级以上地方人民政府规定的部门；

（三）以林木抵押的，为县级以上林木主管部门；

（四）以航空器、船舶、车辆抵押的，为运输工具的登记部门；

（五）以企业的设备和其他动产抵押的，为财产所在地的工商行政管理部门。

《城市房地产管理法》第 62 条　房地产抵押时，应当向县级以上地方人民政府规定的部门办理抵押登记。

因处分抵押房地产而取得土地使用权和房屋所有权的，应当依照本章规定办理过户登记。

《不动产登记暂行条例实施细则》第 65 条　对下列财产进行抵押的，可以申请办理不动产抵押登记：

（一）建设用地使用权；

（二）建筑物和其他土地附着物；

（三）海域使用权；

（四）以招标、拍卖、公开协商等方式取得的荒地等土地承包经营权；

（五）正在建造的建筑物；

（六）法律、行政法规未禁止抵押的其他不动产。

以建设用地使用权、海域使用权抵押的，该土地、海域上的建筑物、构筑物一并抵押；以建筑物、构筑物抵押的，该建筑物、构筑物占用范围内的建设用地使用权、海域使用权一并抵押。

理解与适用

一、本条含义概貌

本条承继了《物权法》第 187 条的规定，前段规定不动产抵押权、在建工程抵押权若基于法律行为而设立的，应当办理抵押登记；后段确立此类抵押权的设立以抵押登记为生效要件。

二、不动产抵押权、在建工程抵押权的设立

联系《民法典》第 400 条、第 209 条第 1 款的规定，本条应为基于抵押合同或其他类型的法律行为而设立不动产抵押权、在建工程抵押权，需要抵押合同或其他法律行为有效。若抵押合同或其他法律行为无效，不动产抵押权、在建工程抵押权的设立就欠缺原因行为，没有法律根据，那么，就设立不了，即使已经办理了抵押登记，该抵押权也保有不住，应当适用《民法典》第 220 条等规定注销

抵押登记。

本条后段明确："抵押权自登记时设立。"此处所谓登记，即抵押登记，是指基于抵押权人和抵押人的申请，登记机构将抵押合同或其他法律行为约定的有关事项在不动产登记簿及不动产权利证书或其他载体上加以记载，并向抵押权人颁发他项权利证明书的现象。

在《担保法》上，抵押合同生效，抵押权设立，抵押物是否为动产，在所不问（第41条、第43条第1款）。《物权法》区分抵押物而决定抵押权产生的条件。在动产抵押权、浮动抵押权的情况下，抵押合同生效，抵押权设立，抵押登记只是对抗善意第三人的要件（《物权法》第188条、第189条第1款）。在其他类型的抵押权的场合，抵押合同生效，加上办理完毕抵押登记，抵押权才设立（《物权法》第187条），就是说，抵押登记是抵押权设立的生效要件。《民法典》也是如此，本条规定不动产抵押权、在建工程抵押权自登记时设立，就明确了这一点。

抵押登记为抵押权设立的生效要件，其原则叫作登记生效要件主义，简称为登记生效主义。其优点是抵押权设立的时间点十分清晰，抵押权具有绝对性，抵押权人对任何人都可主张其抵押权。

三、抵押登记的程序

按照《不动产登记暂行条例实施细则》的规定，不动产抵押权、在建工程抵押权，可以申请办理不动产抵押登记（第65条第1款）。同时注意，以建设用地使用权、海域使用权抵押的，该土地、海域上的建筑物、构筑物一并抵押；以建筑物、构筑物抵押的，该建筑物、构筑物占用范围内的建设用地使用权、海域使用权一并抵押（第2款）。自然人、法人或者其他组织为保障其债权的实现，依法以不动产设定抵押的，可以由当事人持不动产权属证书、抵押合同与主债权合同等必要材料，共同申请办理抵押登记（第66条第1款）。同一不动产上设立多个抵押权的，不动产登记机构应当按照受理时间的先后顺序依次办理登记，并记载于不动产登记簿。当事人对抵押权顺位另有约定的，从其规定办理登记（第67条）。

第四百零三条

以动产抵押的，抵押权自抵押合同生效时设立；未经登记，不得对抗善意第三人。

本条主旨

本条是关于动产抵押权的设立以抵押合同生效为成立（生效）要件、抵押登记为对抗要件的规定。

相关条文

《物权法》第 188 条　以本法第一百八十条第一款第四项、第六项规定的财产或者第五项规定的正在建造的船舶、航空器抵押的，抵押权自抵押合同生效时设立；未经登记，不得对抗善意第三人。

《担保法》第 43 条　当事人以其他财产抵押的，可以自愿办理抵押物登记，抵押合同自签订之日起生效。

当事人未办理抵押物登记的，不得对抗第三人。当事人办理抵押物登记的，登记部门为抵押人所在地的公证部门。

《海商法》第 13 条　设定船舶抵押权，由抵押权人和抵押人共同向船舶登记机关办理抵押权登记；未经登记的，不得对抗第三人。

船舶抵押权登记，包括下列主要项目：

（一）船舶抵押权人和抵押人的姓名或者名称、地址；

（二）被抵押船舶的名称、国籍、船舶所有权证书的颁发机关和证书号码；

（三）所担保的债权数额、利息率、受偿期限。

船舶抵押权的登记状况，允许公众查询。

第 14 条　建造中的船舶可以设定船舶抵押权。

建造中的船舶办理抵押权登记，还应当向船舶登记机关提交船舶建造合同。

《民用航空法》第 16 条　设定民用航空器抵押权，由抵押权人和抵押人共同向国务院民用航空主管部门办理抵押权登记；未经登记的，不得对抗第三人。

理解与适用

一、本条含义概貌

本条承继了《物权法》第 188 条的规定，前段规定动产抵押权的设立以抵押合同的生效为成立（生效）要件，后段规定抵押登记为对抗善意第三人的要件。

与《物权法》将普通的动产抵押权与浮动抵押权并列有差异，《民法典》合并了普通的动产抵押权与浮动抵押权，故本条所谓动产抵押权包含《民法典》第 398 条规定的浮动抵押权。

二、动产抵押权的设立

联系《民法典》第400条、第225条的规定，本条应为基于抵押合同而设立动产抵押权，需要抵押合同有效。若抵押合同无效，动产抵押权的设立就欠缺原因行为，没有法律根据，那么，就设立不了。

三、抵押登记为动产抵押权的对抗要件

本条后段规定“未经登记，不得对抗善意第三人”，这确立了抵押登记为抵押权对抗善意第三人的要件，其原则被称为登记对抗要件主义，简称为登记对抗主义。按照该项原则，抵押登记与否，不影响动产抵押权的成立，但关系到动产抵押权能否对抗善意第三人。

所谓业已登记的抵押权能够对抗善意第三人，只是对第三人主张的要件，并不妨碍第三人承认未办理抵押登记的抵押权设立的效力。例如，甲以其A船向乙设立抵押权，双方签订了A船抵押合同，但未办理登记。其后，甲将A船出卖与丙，丙将A船用于运输货物的营业之中。在甲无法向乙履行债务的情况下，乙实行该抵押权，委托拍卖A船。对此，丙予认可。法律没有必要否认乙对A船的抵押权。

登记为抵押权设立的对抗要件场合，最难的问题是，未经登记的抵押权不得对抗第三人，此处所谓第三人的范围如何。首先，分析未经登记不得对抗的第三人的范围。

1. 未经登记，不得对抗就同一抵押财产而享有业已登记的抵押权的人。该抵押权人是否为善意，在所不问。其法律依据为《民法典》第411条第1款第2项。这样，需要对《民法典》第403条后段关于“不得对抗善意第三人”的规定予以目的性扩张的解释。

2. 未经登记，不得对抗就同一抵押财产也享有抵押权的人。其法律依据为《民法典》第411条第1款第3项。不过，后设立抵押权的人应为善意。其法律依据为《民法典》第403条后段，以及第7条规定的诚实信用原则。

3. 未经登记，不得对抗就该抵押财产享有质权的人。该质权人是否为善意，在所不问。

4. 未经登记，不得对抗就该抵押财产享有留置权的人。该留置权人是否为善意，在所不问。

5. 在动产抵押权的场合，未经登记，不得对抗受让该抵押财产所有权的人。该受让人（新所有权人）必须为善意。其法律依据为《民法典》第7条规定的诚实信用原则、第403条后段。

6. 在浮动抵押权的场合，未经登记，不得对抗正常经营活动中已付合理价款并取得抵押财产所有权的人。该所有权人是否善意，在所不问。其法律依据是《民法典》第 404 条。

7. 未经登记，不得对抗就该抵押财产享有租赁权、借用权等权利的债权人。此类债权人必须为善意。其法律依据为《民法典》第 7 条规定的诚实信用原则。

8. 未经登记，可否对抗一般债权人？日本通说认为，可以对抗，不然，抵押权就失去了存在的积极价值。笔者认为，抵押权即使没有登记，也是物权。按照物权优先于债权的原则，抵押权能够对抗一般债权人。对此，我们可以设定若干情形加以分析。

(1) 甲以其 A 电脑为乙设立动产抵押权，未经登记；其后，甲又将 A 电脑卖与丙，尚未交付。丙不知 A 电脑系乙的动产抵押权的标的物。于此场合，尽管乙的动产抵押权不具有对抗丙的债权的效力，但由于丙的债权也没有约束乙的效力，乙就 A 电脑实行抵押权时，丙无权制止。即使甲愿意将 A 电脑交付与丙，移转所有权，乙也有权申请法院强制执行 A 电脑，阻止甲将 A 电脑交付与丙。相反，债权人丙则没有更好的途径和方法阻止乙实行抵押权。

这算不算未经登记的动产抵押权具有优先于一般债权的效力？笔者认为是。

(2) 对上例稍加改造，即甲以其 A 电脑为乙设立动产抵押权，未经登记；其后，甲又将 A 电脑卖与丙，且已交付。

于此场合，虽然乙的动产抵押权对抗不了丙，但此时丙已是所有权人，而非债权人。故该例没有否定未经登记的动产抵押权优先于一般债权的结论。

(3) 龙俊博士关于“未登记的动产抵押权和浮动抵押权在破产程序中没有优先效力，不享有别除权”的观点及其论证，不宜扩及于一切领域，不宜成为普适性的结论，而应为“动产抵押权即使未经登记，也具有优先于一般债权的效力”的例外。

[思考]

通过上述分析考察可知，《民法典》第 403 条后段采取“未经登记，不得对抗善意第三人”的表述，未能反映出“未经登记，也不得对抗恶意第三人”的情形，存在着缺点。但假如采取“未经登记，不得对抗第三人”的表述，删除“善意”一词，也有问题，即诸如设立在后亦未办理抵押登记的抵押权人明知同一抵押财产上已经存在着抵押权、买受抵押财产的人明知该物上存在着抵押权、承租或借用抵押财产的人明知该物上存在着抵押权等场合，(先设立的) 抵押权即使尚未登记，(先设立的) 抵押权人也能向他们主张其抵押权，换句话说，未经登记也能对抗这些恶意第三人。而“未经登记，不得对抗第三人”的表述显然没有涵盖这些情形。由此看来，必须借助于法解释的方法，才能适当地适用《民法典》第403条的规定。

其次，分析和考察抵押权未经登记也可对抗的第三人的范围。

（1）以不公正的手段妨碍抵押权人获得登记的人，或负有协助登记义务而不履行的人，以及主张欠缺登记为理由明显违背诚实信用的人。抵押权人有权对抗他们，即使抵押权尚未登记，也是如此。

（2）对抵押财产没有任何真实权利的人，一般被称为实质上无权利之人。例如，甲就A物享有抵押权，但尚未登记。乙就A物不享有物权，也不享有债权。于是，乙无权否认甲对A物的抵押权。

（3）未经登记，抵押权人也能对抗侵权行为人。在第三人侵害抵押权的情况下，抵押权人有权请求侵权行为人承担侵权责任。

抵押登记具有重要的意义，它可以实现社会活动中的“动的安全”即交易安全。通过登记簿展现抵押财产上的权利状态及其内容，便于第三人和抵押人进行与抵押财产有关的法律交易时，作出合理的预期，避免遭受突如其来的损害，同时也极大地节省了交易成本，能够有效地实现鼓励交易、融通资金的市场经济目标。此其一。抵押登记能够强化抵押权的担保效力。在抵押权经过登记而成立的情况下，法律就推定第三人已经知晓抵押权的存在。此其二。抵押登记能够预防纠纷。通过抵押权登记能够合理地规范同一抵押财产上多项抵押权以及抵押权与其他权利之间的关系，减少纠纷，并在纠纷发生之后能够提供强有力的证据。① 此其三。

第四百零四条

以动产抵押的，不得对抗正常经营活动中已支付合理价款并取得抵押财产的买受人。

本条主旨

本条是关于浮动抵押权不得对抗正常经营活动中已支付合理价款并取得抵押财产的买受人的规定。

① 程啸：《物权法·担保物权》，北京，中国法制出版社2005年版，第148页。

相关条文

《物权法》第 189 条第 2 款　依照本法第一百八十一条规定抵押的，不得对抗正常经营活动中已支付合理价款并取得抵押财产的买受人。

理解与适用

与动产抵押权一经登记便可对抗任何第三人不同，本条规定，浮动抵押权即便已经登记完毕，也不得对抗正常经营活动中已支付合理价款并取得抵押财产的买受人。这是由浮动抵押权制度的天性所决定的，是法律为克服财团抵押权、工厂抵押权等场合抵押人无权处分抵押财产的缺陷而特意设置浮动抵押权制度的目的之一。详细些说："如果法律规定浮动抵押权在办理登记之后，发生绝对的对抗第三人的效力，那就意味着抵押权具有追及的效力。即便抵押财产的所有权发生转移，该财产上的权利负担——抵押权——仍不消灭。当债务人届期不履行债务或者发生当事人约定的实现抵押权的事由时，抵押权人就有权将第三人已经取得所有权的抵押财产加以拍卖或者变卖，而买受人只能通过买卖合同追究出卖人（抵押人）的权利瑕疵担保责任。风险就被因此转嫁到买受人的头上。买受人为了防止此种风险，要么支出大量的费用去逐一查证标的物是否被抵押了，要么不与设定了浮动抵押权的抵押人从事交易，该抵押人的正常生产经营活动事实上就无法开展，于是设立浮动抵押权的立法目的之一——有利于提供浮动抵押的民事主体从事正常的经营管理活动——也将落空。所以，《民法典》第 404 条特别对办理了登记的动产浮动抵押权的对抗效力作出了进一步的限制。当然，为了防止抵押人与他人合谋欺诈抵押权人，《物权法》将不能对抗的第三人的范围作出了限制，亦即该第三人必须符合以下两个条件：其一，必须是正常经营活动中已支付了合理价款的买受人。如果买受人仅仅与抵押人订立了买卖合同，但是尚未支付价款或者支付的是极少的价款，那么没有保护这些买受人的必要。其二，买受人必须已经取得了抵押财产，即抵押人已经将抵押财产交付给了买受人。依据《民法典》第 224 条，'动产物权的设立和转让，自交付时发生效力，但法律另有规定的除外。'如果抵押人没有将抵押财产交付给买受人，那么买受人就没有取得该抵押财产的所有权，即便买受人已经支付了全部的价款，在法律地位上仍然只是债权人。作为担保物权人的浮动抵押权人，无论其抵押权是否登记，都可以对抗此种普通债权的权利人。”①

第四百零五条

抵押权设立前，抵押财产已经出租并转移占有的，原租赁关系不受该抵押权的影响。

本条主旨

本条是关于抵押权与租赁权在效力方面相互关系的规定。

相关条文

《物权法》第190条　订立抵押合同前抵押财产已出租的，原租赁关系不受该抵押权的影响。抵押权设立后抵押财产出租的，该租赁关系不得对抗已登记的抵押权。

《担保法》第48条　抵押人将已出租的财产抵押的，应当书面告知承租人，原租赁合同继续有效。

法释〔2000〕44号第65条　抵押人将已出租的财产抵押的，抵押权实现后，租赁合同在有效期内对抵押物的受让人继续有效。

理解与适用

本条承继了《物权法》第190条前段的规定，确立了业已存在的租赁权不受抵押权的影响的规则。这与《民法典》第725条关于“租赁物在承租人按照租赁合同占有期限内发生所有权变动的，不影响租赁合同的效力”的规定相互衔接。

在丁所有的A财产设立抵押权之前已被甲借用，或被乙保管，或让与担保给丙，因为这些关系均为债的关系，囿于债权的相对性，无对于第三人的积极效力，故戊对于A财产上的抵押权在效力方面优于甲、乙、丙的债权的效力，这主要表现在戊实行抵押权时甲、乙、丙无力阻止，甚至在甲、乙、丙的债权存在影响A财产的拍卖、变卖，如价格偏低，抵押权人戊有权除去甲、乙、丙的债权这个负担，受让人取得A财产时不再存在甲、乙、丙的债权的负担。此其一。换个角度，抵押权具有物权效力，特别是已经登记的抵押权，具有对世效力，可以对任何人，包括甲、乙、丙，主张其抵押权，不受甲、乙、丙的债权的影响。

① 请参考王利明、尹飞、程啸：《中国物权法教程》，北京，人民法院出版社2007年版，第489～490页。

需要注意，由于《民法典》第403条对于动产抵押权采取了登记对抗的模式，如果戊的A财产抵押权属于动产抵押权，则该抵押权没有办理抵押登记时，该抵押权无对抗甲、乙、丙的效力。

租赁权也是债权，本来也应当遵循前述原理，但中国法采取了对租赁权优惠保障的立法政策，在与租赁物新的所有权人的关系方面，赋予租赁权特别的效力，奉行“买卖不破租赁”的原则，《民法典》亦然（第725条等），于是有本条的设计。

不过，从反思的角度着眼，对于住宅甚至其他不动产奉行买卖不破租赁、抵押不破租赁的立法政策可以理解，对于住宅租赁是必要的，但对于更需要流通的动产来说，动产租赁权可以对抗登记的抵押权，就阻碍动产的流转了，从经济效益的角度观察，这是不值得的。

第四百零六条

抵押期间，抵押人可以转让抵押财产。当事人另有约定的，按照其约定。抵押财产转让的，抵押权不受影响。

抵押人转让抵押财产的，应当及时通知抵押权人。抵押权人能够证明抵押财产转让可能损害抵押权的，可以请求抵押人将转让所得的价款向抵押权人提前清偿债务或者提存。转让的价款超过债权数额的部分归抵押人所有，不足部分由债务人清偿。

本条主旨

这是关于抵押财产转让、抵押权的追及效力、涤除权的规定。

相关条文

《物权法》第191条　抵押期间，抵押人经抵押权人同意转让抵押财产的，应当将转让所得的价款向抵押权人提前清偿债务或者提存。转让的价款超过债权数额的部分归抵押人所有，不足部分由债务人清偿。

抵押期间，抵押人未经抵押权人同意，不得转让抵押财产，但受让人代为清偿债务消灭抵押权的除外。

《担保法》第49条　抵押期间，抵押人转让已办理登记的抵押物的，应当通知抵押权人并告知受让人转让物已经抵押的情况；抵押人未通知抵押权人或者未告知受让人的，转让行为无效。

转让抵押物的价款明显低于其价值的，抵押权人可以要求抵押人提供相应的担保；抵押人不提供的，不得转让抵押物。

抵押人转让抵押物所得的价款，应当向抵押权人提前清偿所担保的债权或者向与抵押权人约定的第三人提存。超过债权数额的部分，归抵押人所有，不足部分由债务人清偿。

《民用航空法》第 17 条　民用航空器抵押权设定后，未经抵押权人同意，抵押人不得将被抵押民用航空器转让他人。

法释〔2000〕44 号第 67 条　抵押权存续期间，抵押人转让抵押物未通知抵押权人或者未告知受让人的，如果抵押物已经登记的，抵押权人仍可以行使抵押权；取得抵押物所有权的受让人，可以代替债务人清偿其全部债务，使抵押权消灭。受让人清偿债务后可以向抵押人追偿。

如果抵押物未经登记的，抵押权不得对抗受让人，因此给抵押权人造成损失的，由抵押人承担赔偿责任。

理解与适用

本条是关于抵押财产转让、抵押权追及效力、涤除权的规定，从根本上修正了《物权法》第 191 条严重限制抵押财产流转的理念和规定。

本条第 1 款前段以“抵押期间，抵押人可以转让抵押财产”取代《物权法》第 191 条第 2 款正文的“抵押期间，抵押人未经抵押权人同意，不得转让抵押财产。”这体现了抵押物的转让取决于抵押人和第三人之间的合意，而不受限于抵押权人的“专断”，符合财产及其流转的本性要求，确认了抵押人的自然权利。

本条第 1 款中段增设“当事人另有约定的，按照其约定”，尊重了抵押人和抵押权人的合意，贯彻了意思自治原则。

本条第 1 款后段规定“抵押财产转让的，抵押权不受影响”，确立了抵押权的追及效力，以维护抵押权人的权益。

当然，客观地说，依本条第 1 款的规定，有些场合抵押权的实现可能遇到一些周折。例如，抵押人诚实信用、无诉讼缠绕，抵押物的变卖或拍卖顺畅无阻，甚至被折价冲抵被担保债权也无人异议。但抵押物的受让人则不然，要么已经或将要进入破产程序，要么肆意损害抵押物，要么诉讼缠身，等等，这给抵押权的实现增加了困难，甚至加大了成本。假如仅仅从抵押权人的利益保护一侧着眼，《物权法》第 191 条的设计有其道理，但这是以牺牲财产的流转性、忽视抵押物的所有权人和受让人的意思自治为代价的。如果全方位地审视和平衡抵押权人、抵押人、抵押物的受让人乃至社会效益之间的关系，就不难发现《物权法》第

191 条优惠地保护抵押权人显得目光狭隘，《民法典》第 406 条兼顾各方的利益，视野广阔，权衡适当。

本条第 2 款前段以“抵押人转让抵押财产的，应当及时通知抵押权人”，替代《物权法》第 191 条第 1 款前半句的“抵押期间，抵押人经抵押权人同意转让抵押财产的”，是在配合和衔接抵押权的追及效力。

本条第 2 款中段关于“抵押权人能够证明抵押财产转让可能损害抵押权的，可以请求抵押人将转让所得的价款向抵押权人提前清偿债务或者提存”的规定，与《物权法》第 191 条第 1 款前段后半句关于抵押人“应当将转让所得的价款向抵押权人提前清偿债务或者提存”的基本精神相一致，确立涤除权以维护抵押权人的利益，明确抵押人的提存义务，同时平衡了抵押人和抵押权人的利益关系。当然，增设“抵押权人能够证明抵押财产转让可能损害抵押权的”的限定条件，兼顾了抵押权人和抵押人各自的权益，更为合理。①

第四百零七条

抵押权不得与债权分离而单独转让或者作为其他债权的担保。债权转让的，担保该债权的抵押权一并转让，但是法律另有规定或者当事人另有约定的除外。

本条主旨

本条是关于抵押权具有从属性及其例外的规定。

相关条文

《物权法》第 192 条　抵押权不得与债权分离而单独转让或者作为其他债权的担保。债权转让的，担保该债权的抵押权一并转让，但法律另有规定或者当事人另有约定的除外。

《担保法》第 50 条　抵押权不得与债权分离而单独转让或者作为其他债权的担保。

《合同法》第 81 条　债权人转让权利的，受让人取得与债权有关的从权利，但该从权利专属于债权人自身的除外。

法〔2019〕254 号第 62 条　抵押权是从属于主合同的从权利，根据“从随

① 关于《物权法》第 191 条的利弊分析，赞同抵押权的追及效力的理由，详见崔建远：《抵押权探微》，载《法学》2004 年第 4 期，第 75～78 页；崔建远：《物权：规范与学说——以中国物权法的解释论为中心》（下册），北京，清华大学出版社 2011 年版，第 811～818 页。

主”规则，债权转让的，除法律另有规定或者当事人另有约定外，担保该债权的抵押权一并转让。受让人向抵押人主张行使抵押权，抵押人以受让人不是抵押合同的当事人、未办理变更登记等为由提出抗辩的，人民法院不予支持。

理解与适用

一、本条含义概貌

本条是对《物权法》第 192 条的承继，确立了抵押权的从属性，同时承认在法律另有规定或当事人另有约定时除去该从属性。

关于“当事人另有约定的除外”，系贯彻意思自治原则的当然结论。由于抵押权的从属性不涉及公共利益，因而当事人约定某特定的抵押权不具有从属性，应被允许。

关于“但是法律另有规定或者当事人另有约定的除外”，法〔2019〕254 号第 54 条强调：“从属性是担保的基本属性，但由银行或者非银行金融机构开立的独立保函除外。独立保函纠纷案件依据《最高人民法院关于审理独立保函纠纷案件若干问题的规定》处理。”此处虽然列举的是独立保函而非独立抵押权，但原理应当是相通的。

二、抵押权的从属性

本条前段关于“抵押权不得与债权分离而单独转让或者作为其他债权的担保。债权转让的，担保该债权的抵押权一并转让”的规定，明确承认了抵押权的移转（或处分）上的从属性。这是由抵押权为保全担保物权的性质和作用决定的。

［探微］

（1）本条前段所谓“抵押权不得与债权分离而单独转让”，包括下列三种情形。

A. 抵押权人不得将抵押权单独转让给他人，而自己保留债权。否则，该转让因违反本条的禁止性规定而无效，受让人不能因此而取得抵押权。

于此场合，抵押权转让合同是否当然无效，存有疑问。德国、中国台湾地区的民法及其理论区分债权行为和物权行为，抵押权转让合同为债权行为，抵押权让与是物权行为，所谓单独让与抵押权无效，指的是物权行为无效。中国《民法典》未承认物权行为，抵押权转让合同不是物权行为，抵押权让与为事实行为，或者说抵押权转让合同生效及履行的结果。而事实行为难谓无效，尽管《民法典》区分了物权变动与其原因行为（第215条），但深究《民法典》第407条的禁止性规定的规范意旨，可知单独转让抵押权而自己保留债权的，法律不赋予抵押权转让的效果。鉴于抵押权转让合同也违反了禁止性规定，考虑到假如使抵押权转让合同有效，会出现受让人有权请求转让人转让抵押权的结果，从而致使《民法典》第407条的立法目的落空，因而应当令抵押权转让合同归于无效。

B. 抵押权人不得将债权单独转让给他人，而自己保留抵押权。无论当事人有无关于抵押权随着被担保债权的让与而转让的约定，抵押权原则上都随同债权一并移转给受让人，且无须征得抵押人的同意（《民法典》第547条第1款正文），而且在动产抵押、浮动抵押的场合无须办理移转登记手续。但是，在不动产抵押权的场合，按照《不动产登记暂行条例实施细则》第27条第8项、第69条的规定，当事人可以持不动产权属证书、不动产登记证明、被担保主债权的转让协议、债权人已经通知债务人的材料等相关材料，申请抵押权的转移登记。

债权人（抵押权人）和受让人明确约定仅让与债权，抵押权不随之转让，不损害抵押人的利益，亦未增加债务人的负担，应予允许。不过，此时的抵押权没有所担保的债权存在，由其保全担保物权的性质决定，已经失去存续的价值，应归消灭，抵押人可主张注销抵押登记。①

C. 抵押权人不得将债权和抵押权分别转让给不同的主体。抵押权人若将被担保债权和抵押权分别转让给不同的主体，就债权的让与而言，因抵押权人将抵押权另转让给他人，可知当事人间的真实意思表示仅仅是让与债权，受让人取得的仅为无抵押权担保的普通债权；就抵押权的转让而言，不发生抵押权转让的效果（抵押权转让合同也归于无效），抵押权仍存留于抵押权人手中。但此种抵押权已成为无债权的抵押权，违反抵押权成立上的从属性，应归于消灭。②

（2）本条前段所谓“抵押权不得与债权分离而作为其他债权的担保”，换句话表述，是说抵押权仅仅可以与被担保债权一起为其他债权设立债权质权。该债权质权仍以债权为留置财产，但该债权（留置财产）附有抵押权的担保。

A. 抵押权人仅以抵押权供担保，自己保留债权的，不仅违反《民法典》第407条的规定，也违反物权法定主义，属于创设以抵押权作为担保物的抵押权或质权的情形，法律不承认此类“抵押权”或“质权”，令其无效。

B. 抵押权人仅以债权设质，而自己保留抵押权。此项情形不违反抵押权处分上的从属性或其他的从属性，因为抵押权人既未仅单独处分其抵押权，而仅以

①② 谢在全：《民法物权论》（中册），台北，三民书局有限公司2003年7月修订2版，第382页。

其债权出质后，该债权仍然存在于抵押权人（债权人）之手，不发生无债权存在的问题，所以抵押权人有权仅以债权出质，成立无担保的债权质权。至于该债权质权的效力是否及于抵押权，虽然存在着反对说，但依据抵押权从属于被担保债权的法理和《民法典》第547条第1款正文的规定，应作肯定的回答。

C. 抵押权人分别将债权和抵押权为他人提供担保的，就债权而言，属于抵押权人以债权为标的物单独为他人设立质权，合法有效，只不过属于无附随抵押权担保的债权质权；就抵押权来说，属于债权人单独以抵押权为他人设立质权，违反物权法定主义，法律不承认此类“质权”，令其无效。①

（3）相关问题

A. 当事人就抵押权的设立，如特别约定债权让与时抵押权不随同移转的，该项特约在当事人之间可视为抵押权的约定消灭事由。如果此后有债权让与的情事时，则构成抵押权消灭的原因，抵押人可请求注销该抵押权的登记。只是当该特约若未办理登记，债权的受让人或质权人不知该特约而取得该抵押权时，应受到登记的公信力的保护。②

B. 当事人欲以抵押权作为担保权的标的物的，必须将该抵押权附随于被担保债权一并为之，成立附随抵押权的债权质权。通说认为，于此场合，应办理抵押权随同被担保债权出质的登记。③

三、实务中不给办理抵押权转移登记的法律效果

根据本条的规定，债权转让，担保该债权的抵押权也随之转让。但在实务中，受让债权者非为金融机构的，在有些地区，不动产登记机构不给办理该抵押权的转移登记，其理念及理由是，只有银行等金融机构享有担保物权时，不动产登记机构才有义务为其办理抵押登记，普通的公司即使取得抵押权，不动产登记机构也无职责为其办理抵押登记。

当然，这是错误的，应予纠正。在未被纠正之前，随着债权转让而转移的抵押权没有办理抵押权转移登记是个事实，也有的是由于当事人自己的原因未办理抵押权转移登记。对于此类案件，一方面必须坚持《民法典》第407条正文关于“担保该债权的抵押权一并转让”的规定及法理，另一方面区分不同的法律关系而有不同的结论。在债权的转让人和受让人之间的关系中，除非双方存在相反的约定，抵押权随其担保的债权一并转让给受让人，即使没有办理抵押权的转移登

①②③ 谢在全：《民法物权论》（中册），台北，三民书局有限公司2003年7月修订2版，第382～383、383、383页。

记，也是如此。在他们与第三人的法律关系层面，应当遵循物权的公示和公信的原则，只要第三人不知晓抵押权转移的事实，第三人凭信赖不动产登记簿的他项权利登记的记载，就应当保护此种信赖。例如，第三人不承认受让人享有抵押权，至少起到一时的抗辩的法律效果。于此场合，需要债权的受让人向第三人举证证明案涉抵押权已经归其享有，而非债权的转让人继续保有。至此，才可击破第三人的前述信赖。

第四百零八条

抵押人的行为足以使抵押财产价值减少的，抵押权人有权请求抵押人停止其行为；抵押财产价值减少的，抵押权人有权请求恢复抵押财产的价值，或者提供与减少的价值相应的担保。抵押人不恢复抵押财产的价值，也不提供担保的，抵押权人有权请求债务人提前清偿债务。

本条主旨

本条是关于抵押权的保全权的规定。

相关条文

《物权法》第 193 条　抵押人的行为足以使抵押财产价值减少的，抵押权人有权要求抵押人停止其行为。抵押财产价值减少的，抵押权人有权要求恢复抵押财产的价值，或者提供与减少的价值相应的担保。抵押人不恢复抵押财产的价值也不提供担保的，抵押权人有权要求债务人提前清偿债务。

《担保法》第 51 条　抵押人的行为足以使抵押物价值减少的，抵押权人有权要求抵押人停止其行为。抵押物价值减少时，抵押权人有权要求抵押人恢复抵押物的价值，或者提供与减少的价值相当的担保。

抵押人对抵押物价值减少无过错的，抵押权人只能在抵押人因损害而得到的赔偿范围内要求提供担保。抵押物价值未减少的部分，仍作为债权的担保。

理解与适用

一、本条含义概貌

本条是对《物权法》第 193 条的复制，确立了抵押权的保全权。

所谓抵押权的保全权，包括抵押财产价值减少的防止权、恢复抵押财产的价值请求权、增加担保的请求权。

二、抵押财产价值减少的防止权

抵押人占有抵押财产并使用收益的同时，即负有维持抵押财产的价值的义务。抵押人按照通常使用方法使用、收益抵押财产，导致抵押财产的价值减少，乃抵押人行使其权利所必需的成本，抵押权人必须容忍。除此而外，抵押人不得实施减少抵押财产价值的行为。否则，抵押权人享有并可行使抵押财产价值减少的防止权（《民法典》第408条前段）。该权表现为抵押权人请求抵押人停止其行为。抵押权人行使抵押财产价值减少的防止权，需要注意以下几点。

1. 抵押人的行为必须足以使抵押财产的价值减少。所谓足以使抵押财产的价值减少，是指有使抵押财产的价值减少的较大甚至巨大的危险。至于是否发生了实际减少的后果，在所不问。抵押权人请求抵押人停止其行为时，只须证明抵押人有足以使抵押财产价值减少的行为（如挖土制砖、屋漏不修）即可，无须就抵押财产价值减少负举证责任。但因抵押权为价值权，抵押财产的占有、使用、收益的权能归抵押人享有，所以，抵押人对抵押财产为正当的占有、使用、收益（如按照抵押财产的固有用途和经济目的而使用、收取孳息）而导致抵押财产的价值减少的，抵押权人便无抵押财产价值减少的防止权。①

2. 足以使抵押财产的价值减少的行为，必须是抵押人的行为，假如是抵押权人的行为、不可抗力、通常事变足以使抵押财产的价值减少，或市场因素致使抵押财产的价值下跌，都不成立抵押财产价值减少的防止权。抵押人的行为，是否因过错所为，作为抑或不作为，在所不问。②

至于抵押人之外的第三人的行为足以使抵押财产的价值减少，抵押权人不得行使抵押财产价值减少的防止权，但可行使物权请求权。

3. 抵押权人原则上只可请求抵押人停止其行为，仅在情况急迫而不能依通常方法请求其停止时，才可为必要的保全处分。

本条前段赋予抵押权人“要求抵押人停止其行为”的权利。所谓“停止其行为”，在作为场合，是指禁止抵押人继续实施足以使抵押财产价值减少的行为，如停止拆毁作为抵押财产的建筑物；在不作为场合，是指使抵押人实施积极的行

① 谢在全：《民法物权论》（中册），台北，三民书局有限公司2003年7月修订2版，第517页；梁慧星、陈华彬：《物权法》（第4版），北京，法律出版社2007年版，第324～325页。

② 谢在全：《民法物权论》（中册），台北，三民书局有限公司2003年7月修订2版，第517页；梁慧星、陈华彬：《物权法》（第4版），北京，法律出版社2007年版，第325页；王利明、尹飞、程啸：《中国物权法教程》，北京，人民法院出版社2007年版，第473页。

为，如修缮作为抵押财产的建筑物等。这些请求，既可以直接向抵押人提出，也可以通过诉讼的方式。在抵押人置抵押权人的请求于不顾，继续实施足以使抵押财产价值减少的行为场合，抵押权人有必要请求人民法院强制抵押人停止其行为。①

在情况急迫而不能依通常方法请求抵押人停止其行为的场合，抵押权人可否自己为必要的保全处分？《民法典》未设明文，学说持肯定说。在作为抵押财产的建筑物漏雨严重，风暴豪雨将至，若不立即修补，必遭风雨摧毁；将倾的大厦若不加以支撑必遭损毁等，抵押权人便可自为必要的修补或支撑行为。②

三、恢复抵押财产的价值请求权、增加担保的请求权

抵押财产价值减少的防止请求权制度系针对抵押财产的价值尚未减少的情况而设的，在抵押人的行为已经造成了抵押财产价值的减少时，需要另外的救济制度，本条中段设置了恢复抵押财产的价值请求权、提供与减少的价值相应的担保的请求权。

所谓恢复抵押财产的价值，是指将遭受侵害的抵押财产在价值上恢复到侵害行为没有发生时的状态。把抵押财产自身修复如初，为恢复抵押财产价值的通常做法。例如，抵押人拆毁了作为抵押财产的 A 栋房屋的屋顶，抵押权人请求他把该屋顶重新盖好。不仅如此，笔者还认为，即使对遭受侵害的抵押财产未能在物理上修复如初，但通过某些办法使抵押财产的价值增加，在价值的层面达到了侵害行为没有发生时的状态，也属于恢复抵押财产的价值。例如，作为抵押财产的 A 栋房屋，原有的屋顶是茅草的，被抵押人擅自掀掉。抵押权人请求抵押人恢复抵押财产的价值时，抵押人用钢筋水泥盖好屋顶，盖房屋的价值高于侵害行为发生之前的价值，仍然属于恢复抵押财产的价值。

所谓提供与减少的价值相应的担保，简称为增加担保，或增担保，或代担保，是指抵押人的行为造成了抵押财产的价值减少场合，抵押人提供物的担保或人的担保，在担保债权的数额方面发挥着与既有抵押权相当的作用。

［引申］

（1）提供与减少的价值相应的担保，是否包括金钱担保？在理论上没有理由禁止提供金钱担保。但实际运作上较为罕见，一是流动资金一般都较为紧缺，二

① 梁慧星、陈华彬：《物权法》（第 4 版），北京，法律出版社 2007 年版，第 325 页。

② 王利明、尹飞、程啸：《中国物权法教程》，北京，人民法院出版社 2007 年版，第 474 页；梁慧星、陈华彬：《物权法》（第 4 版），北京，法律出版社 2007 年版，第 325 页。

是究竟是以该笔金钱直接清偿抵押债权，还是另设担保，有个权衡问题。

（2）人的担保存在着弱点：一是保证人、连带债务人的财产状况可能于设立担保后恶化，从而难以保障债权（全部或部分地）顺利实现；二是人的担保无法使债权具有优先受偿的效力，也不利于实现债权。有鉴于此，只有抵押权人（债权人）同意，抵押人提供人的担保，才算满足了《民法典》第408条后段的要求。

（3）究竟是恢复抵押财产的价值还是提供与减少的价值相应的担保，《民法典》第408条没有把这两种救济措施强制排序，因而，固然允许抵押权人请求其中之一，但最终应由抵押人决定，除非抵押人决定的恢复抵押财产的价值在实际上不能，或决定的增加担保在实际上无法匹敌既有的抵押权。

（4）抵押财产的价值减少，由不可归责于抵押人的事由引起的场合，有学说认为，抵押权人只能在抵押人可以受到损害赔偿的范围内请求提供担保，因为抵押权属于物权，抵押财产毁损灭失的风险，自应由作为权利人的抵押权人负担。[①]《担保法》采纳了这种方案，于第51条第2款规定："抵押人对抵押物价值减少无过错的，抵押权人只能在抵押人因损害而得到的赔偿范围内要求提供担保。抵押物价值未减少的部分，仍作为债权的担保。"于此场合，抵押权人可以借助于抵押权的物上代位性等制度保护自己，《民法典》提供了这种机会（第390条）。

抵押财产的价值减少，可能是有形的毁损，也可能是其他形式的，例如，作为抵押财产的"四荒"土地承包经营权，原有水源存在，却因抵押人怠于疏通水渠致使承包地成为旱田，造成承包地的价值降低。[②]

抵押权人行使恢复抵押财产的价值请求权，或提供与减少的价值相应的担保的请求权，可以通过诉讼的方式，也可以直接向抵押人主张。

抵押权人行使上述请求权，《民法典》虽未规定期限，但由抵押权的目的和功能决定，抵押权人应当在抵押权实行完毕之前行使之。

抵押人应当在抵押权人指定的合理期间内恢复抵押财产的价值，或提供与减少价值相应的担保，若有违反，在抵押人不是债务人的情况下，抵押权人应另订合理期间，请求债务人提供与减少价值相应的担保，逾期不提供时，抵押权人应有权请求债务人清偿债权；抵押人是债务人时，抵押权人应有权径直请求债务人清偿债权。[③]《民法典》原则上采纳了这种观点，规定抵押人拒绝恢复抵押财产

---

①③ 谢在全：《民法物权论》（中册），台北，三民书局有限公司2003年7月修订2版，第521、522页。

② 参见谢在全：《民法物权论》（中册），台北，三民书局有限公司2003年7月修订2版，第521页；王利明、尹飞、程啸：《中国物权法教程》，北京，人民法院出版社2007年版，第475页。

的价值或提供与减少的价值相应的担保的，抵押权人有权要求债务人提前清偿债务（第408条后段）。

第四百零九条

抵押权人可以放弃抵押权或者抵押权的顺位。抵押权人与抵押人可以协议变更抵押权顺位以及被担保的债权数额等内容。但是，抵押权的变更未经其他抵押权人书面同意，不得对其他抵押权人产生不利影响。

债务人以自己的财产设定抵押，抵押权人放弃该抵押权、抵押权顺位或者变更抵押权的，其他担保人在抵押权人丧失优先受偿权益的范围内免除担保责任，但是其他担保人承诺仍然提供担保的除外。

本条主旨

本条是关于抵押权人放弃抵押权或抵押权的顺位以及变更抵押权顺位的规定。

相关条文

《物权法》第194条　抵押权人可以放弃抵押权或者抵押权的顺位。抵押权人与抵押人可以协议变更抵押权顺位以及被担保的债权数额等内容，但抵押权的变更，未经其他抵押权人书面同意，不得对其他抵押权人产生不利影响。

债务人以自己的财产设定抵押，抵押权人放弃该抵押权、抵押权顺位或者变更抵押权的，其他担保人在抵押权人丧失优先受偿权益的范围内免除担保责任，但其他担保人承诺仍然提供担保的除外。

《担保法》第28条　同一债权既有保证又有物的担保的，保证人对物的担保以外的债权承担保证责任。

债权人放弃物的担保的，保证人在债权人放弃权利的范围内免除保证责任。

理解与适用

一、本条含义概貌

本条是对《物权法》第194条的复制，第1款规范第三人作为抵押人的场合抵押权人放弃抵押权、抵押权顺位的问题；第1款前段对此持认可的态度；第1款后段规定抵押权人和抵押人可以协议变更抵押权的顺位以及被担保债权的数额等内容，但按照合同的相对性，这不具有对抗其他抵押权人的效力，除非其他抵押权人书面同意。第 2 款调整债务人作为抵押人的场合抵押权人放弃抵押权、抵押权的顺位、变更抵押权时的利益关系，采取的立场是，其他担保人在抵押权人丧失优先受偿权益的范围内免除担保责任，除非他们承诺仍然提供担保。

笔者理解，本条第 2 款在利益衡量上更倾向于保护其他担保人的权益，对于不免除其他担保人的担保责任的情形设置了较高的门槛——必须是其他担保人“承诺仍然提供担保”，无此承诺，就不得推定为其他担保人同意继续提供担保。

二、抵押权的放弃

抵押权的放弃，又叫抵押权的抛弃，是指抵押权人放弃可以优先受偿的担保利益，分为抵押权的相对放弃和绝对放弃。①

抵押权的相对放弃，是指抵押权人为抵押人的特定无担保债权人的利益，放弃其优先受偿的利益的现象。例如，在甲抵押人的 300 万元的抵押物上，乙、丙各有 100 万元、200 万元的第一顺位、第二顺位的抵押权，丁则为甲的无担保债权人（债权额为 300 万元）。乙为丁的利益而放弃其抵押权。②

抵押权的存续使被担保债权具有优先受偿的效力，这显现出抵押权对于权利人是一种利益，而非负担。既然是利益，抵押权人放弃它应被允许。

抵押权相对放弃的当事人为抵押权人和特定的无担保债权人，且该无担保债权人的债务人和抵押权人的抵押人必须是同一个人。学说认为，抵押权的相对放弃仅在抵押权放弃人和受放弃利益的特定无担保债权人之间发生相对效力。就优先受偿的范围而言，抵押权放弃人就抵押物卖得的价金所能获得分配的金额，由放弃人和受放弃利益的债权人，按两者合计的债权额的比例受偿。③

抵押权的绝对放弃，也就是通常所说的抵押权的抛弃，是指抵押权人向抵押人为消灭抵押权的意思，放弃其抵押权的现象（《民法典》第 393 条第 3 项）。以登记为生效要件的抵押权，被放弃需要办理注销登记，才发生抵押权消灭的效力（《不动产登记暂行条例实施细则》第 28 条第 1 款第 2 项）。一般而言，抵押权人可任意放弃抵押权，除非放弃会害及第三人的利益，如已经设立了附抵押权的债权质权。④

---

①④　梁慧星、陈华彬：《物权法》（第 4 版），北京，法律出版社 2007 年版，第 323、324 页。

②　谢在全：《民法物权论》（中册），台北，三民书局有限公司 2003 年 7 月修订 2 版，第 514 页；梁慧星、陈华彬：《物权法》（第 4 版），北京，法律出版社 2007 年版，第 323 页。

③　谢在全：《民法物权论》（中册），台北，三民书局有限公司 2003 年 7 月修订 2 版，第 514 页。

分析《民法典》第409条第2款关于“债务人以自己的财产设定抵押，抵押权人放弃该抵押权、抵押权顺位或者变更抵押权的，其他担保人在抵押权人丧失优先受偿权益的范围内免除担保责任，但是其他担保人承诺仍然提供担保的除外”的规定，可知若抵押权顺位的变更未经其他抵押权人的同意，则该变更不会约束不同意变更的其他抵押权人，仅仅在变更的抵押权人之间发生效力，相当于抵押权顺位的相对放弃。[①]

三、抵押权的顺位权及其放弃

（一）抵押权顺位的概念

抵押权的顺位，又称抵押权的顺序，或抵押权的次序，是指数个抵押权并存于同一抵押物之上时，各抵押权存在着优先的顺序，也就是抵押权之间的相互关系。先顺位的抵押权所担保的债权较后顺位的抵押权所担保的债权可以优先受偿。可见，这种顺位是一种利益，甚至是一种权利，一般称之为顺位权。

（二）抵押权顺位的决定标准

《民法典》第414条第1款规定，同一财产向两个以上债权人抵押的，拍卖、变卖抵押财产所得的价款依照下列规定清偿：（1）抵押权已登记的，按照登记的先后顺序清偿；顺序相同的，按照债权比例清偿；（2）抵押权已登记的先于未登记的受偿；（3）抵押权未登记的，按照债权比例清偿。据此可知，抵押登记是确定抵押权顺位的首要标准，登记在先的，抵押权的顺位在先。但考虑到动产抵押权、浮动抵押权的设立不以登记为生效要件，此类抵押权若并存于同一抵押物之上，均未办理抵押登记的，就无法以抵押登记及登记的时间作为确定抵押权顺位的标准，只能另辟蹊径，即视两个以上的抵押权的顺位相同（《民法典》第414条第1款第3项）。当然，如果有的抵押权办理了抵押登记，则办理抵押登记的抵押权的顺位在先（《民法典》第414条第1款第2项），仍然奉行抵押登记为确定抵押权顺位的标准的原则。

上述确定抵押权顺位的标准是法定的，并且，当事人不得以其意思表示将之排除或改变。就是说，即使当事人约定了抵押权的顺位，在此类约定与上述法定规则相抵触时，仍然以法定的为准。

［论争］

一种观点认为，当事人订立抵押合同后，可以先按照《物权法》第20条第1款亦即《民法典》第221条第1款的规定办理抵押权的预告登记，以确保其顺位

---

① 王利明、尹飞、程啸：《中国物权法教程》，北京，人民法院出版社2007年版，第472页。

在先。因为预告登记具有顺位效力（Rangwirkung）。所谓预告登记的顺位效力是指，由于预告登记已经表明了被担保的请求权经过履行后将要产生某种不动产物权，因而将来该物权一旦产生就会取得预告登记所具有的顺位。赋予预告登记顺位效力的原因在于：预告登记毕竟是暂行性的，其要么转为本登记，要么丧失效力，当其能够成功地转为本登记的时候，其所具有的顺位自然应当转归为本登记，只有这样才能更有效地保障债权人的合法权益。因此，只要抵押权的预告登记的顺位是第一顺位，那么在转为作为本登记的他项权利登记时，该抵押权的顺位仍然是第一顺位，依此类推。①

笔者则认为，由于《物权法》第20条第1款亦即《民法典》第221条第1款没有规定物权变动于办理本登记后依预告登记的时间点确定物权变动的时间，《物权法》第14条亦即《民法典》第214条却明定“不动产物权的设立、变更、转让和消灭，依照法律规定应当登记的，自记载于不动产登记簿时发生效力”，未设但书，表明物权变动的时间点以本登记的时间点为准，就是说，在《物权法》上，预告登记不具有顺位效力。如此，抵押权的预告登记不是确定抵押权顺位的根据。

（三）抵押权的顺位固定主义与顺位升进主义

先顺位的抵押权因实行抵押权以外的原因而消灭时，后顺位的抵押权是否依次序升进？德国、瑞士的民法规定，抵押权的顺位不升进，采取了抵押权的顺位固定主义。法国、日本的民法规定，抵押权的顺位升进，奉行的是抵押权的顺位升进主义。

所谓抵押权的顺位固定主义，是指先顺位的抵押权所担保的债权因实行抵押权以外的原因而消灭时，该抵押权并不随之消灭，而是依然存在，致使后顺位的抵押权依然处于原有的顺位上，即抵押权的顺位固定不变。所谓抵押权的顺位升进主义，是指先顺位的抵押权所担保的债权因实行抵押权以外的原因而消灭时，该抵押权也消灭，后顺位的抵押权在顺位上相应地晋升。

这两种原则的法律效果不尽相同。例如，甲以其所有的土地为乙设定200万元的抵押权，其后再为丙设定100万元的第二顺位的抵押权，倘若土地拍卖换得价款250万元，则乙的债权可以全部受偿，丙仅能受偿50万元。倘若抵押物在拍卖前，乙的抵押权已经因清偿或其他原因而消灭，依顺位固定主义，丙的抵押权仍然属于第二顺位，抵押人可以就该宗土地向丁设定第一顺位的抵押权，获得有利的融资。倘若在拍卖抵押物时，第一顺位抵押权尚属空白，则仍应先扣除第

① 王利明、尹飞、程啸：《中国物权法教程》，北京，人民法院出版社2007年版，第469页。

一顺位 200 万元的债权额，丙所受偿的债权额仍然仅为 50 万元，至于该 200 万元则归抵押人所有，而由其一般债权人受偿。但是，如果采取顺位升进主义，则丙的抵押权当然升进为第一顺位，其债权获得全部清偿，而其他一般债权人的受偿机会相对减少；故顺位在先的抵押权已经消灭而未涂销时，后顺位的抵押权人可以请求涂销之，以保护其权利。①

［论争］

有学者评论道，顺位升进主义对于一般债权人的保护不周，并且，后顺位抵押权人原能获得担保，本即以该顺位所能获得者为限，现在却因先顺位抵押权的消灭竟然获得全部清偿，实有不当得利之嫌。② 对此，有专家回应说：上述批评固非无据，然而究竟采取何种原则为宜，实与国家或地区的实际情况有关，中国台湾地区的金融交易与抵押权的实务运作，已经习惯于顺位升进主义，后顺位抵押权的设定带有可以升进的期待，抵押物以后顺位抵押权获取融资遂有相当的可能。故似未闻实务界或社会有应改采顺位固定主义的异声。其实，顺位固定主义也有缺点，即，使得后顺位抵押权融资之途因而受阻，其金融界均有后顺位抵押权应予升进的强烈需求，驯至实务操作的结果，后顺位抵押权亦可生顺位升进的效果。③

以上二说各有利弊，立法采取何者，通过功能比较、利益衡量后得出结论固然是不容忽视的路径及方法，有无相关配套的制度及学说的支撑，也起着关键的作用。法律若要采取抵押权的顺位固定主义，则不应强调抵押权的从属性，即使没有被担保债权，抵押权也可以存续。此其一。因债权人不存在，应当确认所有人抵押制度，即抵押权可以存在于抵押权人自己所有的财产之上。此其二。④ 如果此论正确，则据此审视中国现行法的规定，就可以得出结论：中国现行法不具备奉行抵押权的顺位固定主义的条件。其理由在于：（1）中国现行法特别强调担保物权的从属性，《民法典》第 388 条第 1 款中段和后段关于“担保合同是主债权债务合同的从合同。主债权债务合同无效，担保合同无效，但是法律另有规定的除外”的规定，第 393 条第 1 项关于“主债权消灭”的，“担保物权消灭”的规定，第 407 条前段关于“抵押权不得与债权分离而单独转让或者作为其他债权

①③ 谢在全：《民法物权论》（中册），台北，三民书局有限公司 2003 年 7 月修订 2 版，第 495～496、496 页。

② 姚瑞光：《民法物权论》，台北，1990 年 9 月自版，第 223 页；史尚宽：《物权法论》，台北，荣泰印书馆股份有限公司 1979 年第 5 版，第 279 页。

④ ［日］近江幸治：《担保物权法》，祝娅、王卫军、房兆融译，沈国明、李康民审校，北京，法律出版社 2000 年版，第 92 页。

的担保。债权转让的，担保该债权的抵押权一并转让”的规定，都确立了抵押权的从属性，这与抵押权的顺位固定主义的本质要求不相符。（2）《民法典》未确立所有人抵押制度。至于法释〔2000〕44号第77条关于“同一财产向两个以上债权人抵押的，顺序在先的抵押权与该财产的所有权归属于一人时，该财产的所有权人可以以其抵押权对抗顺序在后的抵押权”的规定，是否意味着承认了所有人抵押，见仁见智。即使采取肯定说，也不易改变结论，因为《民法典》强调抵押权的从属性。（3）《民法典》第409条第2款规定，抵押权人放弃债务人提供的抵押权的顺位的，其他担保人在抵押权人丧失优先受偿权益的范围内免除担保责任，除非其他担保人承诺仍然提供担保。该款规定只有按照抵押权的顺位升进主义才能解释得通。①

（四）抵押权顺位的让与、放弃与变更

顺位权是抵押权的优先效力的一种形态，以抵押权的存在为前提，不能离开抵押权而独立，但法律也有条件地允许抵押权人让与、放弃或变更抵押权的顺位。②

1. 抵押权顺位的让与

抵押权顺位的让与，又叫抵押权顺位的转让，是指为同一债务人的后顺位担保权人的利益，仅将抵押权的顺位转让给后顺位担保权人的现象。

抵押权顺位的让与，一是需要让与人和受让人（受益人）均为并存于同一抵押物上的抵押权的主体；二是需要让与人和受让人（受益人）之间签订顺位让与合同。在日本民法上，该合同的生效无须债务人、抵押人、其他抵押权人的同意，亦不以办理登记手续为要件。不过，确定让与的抵押权顺位，则以两个抵押权登记上办理附记登记为准（《日本民法典》第375条第2项），在同第三人的关系方面，如果不将抵押权顺位让与的事实通知主债务人，或未得到该主债务人承诺的话，不得以抵押权的顺位已经让与来对抗主债务人、保证人、抵押人（《日本民法典》第376条第1项）。在中国台湾地区“民法”上，因其物权行为系采取登记生效要件主义，不为登记，物权的变动不发生效力，顺位权的让与也是物权行为之一种，所以，除经当事人的合意和抵押人的同意以外，非经办理两抵押权登记的附记登记，不生效力。③

对于抵押权顺位的让与，中国现行法未加规定。因抵押权及其顺位权为非专

① 王利明、尹飞、程啸：《中国物权法教程》，北京，人民法院出版社2007年版，第470页。

② 郑玉波：《民法物权》，台北，三民书局有限公司1988年2月修订12版，第242页。

③ 史尚宽：《物权法论》，台北，荣泰印书馆股份有限公司1979年第5版，第279页；郑玉波：《民法物权》，台北，三民书局有限公司1988年2月修订12版，第242～243页。

属性的财产权，故法律应承认抵押权顺位的让与。抵押权顺位的让与，需要让与人和受让人签订让与合同。至于登记的地位和作用，应当与《民法典》设计的物权变动模式相一致，不宜照抄照搬日本民法和中国台湾地区“民法”的模式。动产抵押权的顺位的让与，应当自顺位让与合同生效时发生效力，在抵押登记页上办理附记登记为对抗要件（《民法典》第225条、第403条等）。不动产抵押权等以登记为生效要件的抵押权，其顺位的让与，若发生法律效力，不但需要让与人和受让人成立让与合同，且已经生效，而且需要在不动产登记簿的抵押登记页上办理附记登记（《民法典》第209条第1款、第402条等）。①

关于抵押权顺位让与的法律效果，学说上存在着分歧。顺位交换说认为，受让人取得让与人的顺位，而让与人取得受让人的顺位。发生两个抵押权顺位的交换。② 唯顺位的让与，由当事人之间的顺位让与合同确定，并不影响第三人的合法权益，受让人的被担保债权超过让与人的债权额时，若无中间抵押权存在，就在各个被担保债权额的范围内发生转换。③ 但也有人认为，顺位的让与，仅于让与人的被担保债权额的范围内发生顺位转换，对于受让人的债权额超过让与人的债权额部分，与让与人处于同一顺位，由受让人本应受分配的数额，按比例受清偿。④ 顺位变更说则认为，顺位让与系受让人取得让与人的顺位，而让与人处于受让人的下位，乃发生当事人之间的顺位变更，并非发生顺位的交换。⑤ 依现在的通说，对于抵押权顺位让与的效果，认为对于双方当事人依本来的抵押权可以取得的分配金的合计额，让与人和受让人之间就被担保债权的金额发生顺位的变更。受让人优先于让与人，从上述的分配金合计额中受清偿。就是说，受让人就

---

① 崔建远：《土地上的权利群研究》，北京，法律出版社2004年版，第270～271页。

② ［日］末弘严太郎：《现代法学全集》第8卷，第228页；最判1963年3月1日，民集17・2・269；大阪控判，大正4年2月15日，法律新闻1002・23。转引自林廷瑞：《抵押权之让与・抛弃与抵押权顺位之让与・抛弃》，载郑玉波主编：《民法物权论文选辑》（下），台北，五南图书出版公司1984年版，第805页。［日］近江幸治：《担保物权法》，祝娅、王卫军、房兆融译，沈国明、李康民审校，北京，法律出版社2000年版，第183页。

③ ［日］大阪诉院判决，大正4年2月15日，法律新闻1002・23。转引自林廷瑞：《抵押权之让与・抛弃与抵押权顺位之让与・抛弃》，载郑玉波主编：《民法物权论文选辑》（下），台北，五南图书出版公司1984年版，第806页。

④ ［日］三潴信三：《全订担保物权法》，第536页以下。转引自林廷瑞：《抵押权之让与・抛弃与抵押权顺位之让与・抛弃》，载郑玉波主编：《民法物权论文选辑》（下），台北，五南图书出版公司1984年版，第806页。

⑤ ［日］石田文次郎：《全订担保物权法》（上），第208页。转引自林廷瑞：《抵押权之让与・抛弃与抵押权顺位之让与・抛弃》，载郑玉波主编：《民法物权论文选辑》（下），台北，五南图书出版公司1984年版，第806页。

其被担保的债权金额从分配金合计额中优先受偿，若有剩余额时由让与人受偿。[①] 笔者以前赞同顺位变更说[②]，现在改为赞成通说，原因在于通说不仅达到了让与人和受让人关于顺位让与的目的，在他们之间形成的利益分配没有违反其意思，而且没有变动其他相关当事人的权益地位和状况，就是说，各方面的利益都得到了兼顾。[③]

抵押权顺位的让与，乃作为抵押权内容的顺位权的处分，所以发生物权的效果，抵押权顺位的让与属于物权变动的一种。如此，如果已经在抵押登记中办理了附记登记，并且通知了债务人或得到了债务人的同意，那么，受让人可以其受让的顺位权对抗第三人（后顺位的抵押权人、抵押不动产的第三取得人）的主张。[④]

顺位的受让人，只有在其被担保债权和让与人的被担保债权均已届清偿期时，才可以实行抵押权，使其被担保债权按照受让的抵押权顺位优先受偿。之所以强调届期才可实行抵押权，是因为受让人仅仅受让了顺位，未改变被担保债权的清偿期，所以被担保的债权未届清偿期时，当然不得实行抵押权。如果允许在让与人的被担保债权的清偿期届至前就实行抵押权，并依受让的抵押权顺位使被担保债权优先获得清偿，就侵害了抵押物所有权人的合法权益。[⑤] 还有，在被担保债权的清偿期届满债务人未履行债务时才允许实行抵押权，债务人具有清偿债务的能力的情况下，本来通过债务人适当履行债务的方式消灭债的关系，抵押权也随之消灭，抵押人和债务人之间便不产生追偿关系，简洁、清晰，但若允许在让与人的被担保债权的清偿期届至前就实行抵押权，则会人为地导致法律关系复杂化，增加一层抵押人向债务人追偿的关系。这显然不可取。

［拓展］

顺位的让与人在让与其抵押权的顺位之后，若其被担保债权尚有优先获得清偿的分配额时，只要该被担保债权的清偿期届满时债务人未履行其债务，即可实行其抵押权，使其被担保债权在上述分配额内优先获得清偿，而不问受让人的被

① ［日］我妻荣：《担保物权法》，第191页；末弘严太郎：《现代法学全集》第8卷，第228页；最判1963年3月1日，民集17·2·269；大阪控判，大正4年2月15日，法律新闻1002·23。转引自林廷瑞：《抵押权之让与·抛弃与抵押权顺位之让与·抛弃》，载郑玉波主编：《民法物权论文选辑》（下），台北，五南图书出版公司1984年版，第806页。

②③ 王利明、崔建远：《合同法新论·总则》，北京，中国政法大学出版社1996年版，第590页。

④ 参见林廷瑞：《抵押权之让与·抛弃与抵押权顺位之让与·抛弃》，载郑玉波主编：《民法物权论文选辑》（下），台北，五南图书出版公司1984年版，第807页。

⑤ 林廷瑞：《抵押权之让与·抛弃与抵押权顺位之让与·抛弃》，载郑玉波主编：《民法物权论文选辑》（下），台北，五南图书出版公司1984年版，第807页。

担保债权的清偿期是否届至。其道理在于，纵光顺位的让与，对于让与人的被担保债权的清偿期也无影响，它不扩张让与人的被担保债权的优先清偿的范围，所以，不损害抵押物所有权人的合法权益。在这种情况下，受让人的被担保债权尚未届期，必须把受让人应当受分配的数额提存。① 这种方案兼顾了各方当事人的利益，可资赞同。

抵押权顺位让与的结果，使得让与人在没有受优先清偿的分配额时，让与人即使实行抵押权也不会使其被担保债权优先获得清偿。在这种情况下，让与人的被担保债权虽然已届清偿期，也不得实行抵押权。②

让与人的被担保债权消灭的，受让人所取得的抵押权顺位让与的效果是否也归于消灭？依抵押权的从属性而言，顺位让与人的被担保债权消灭的，让与人本来所具有的抵押权也当然归于消灭，从而顺位受让人所取得的顺位让与的效果也归于消灭。③ 但如果受让的顺位已经在抵押登记中进行了附记登记，且已经通知了债务人或得到了债务人的同意，发生了物权效果的情况下，仍然坚持受让的顺位因让与人的抵押权的消灭而消灭，就与物权的要求不尽一致，对受让人不利。此其一。其二，在受让抵押权顺位的情况下，无论是坚持让与人的抵押权移转给受让人的绝对效力说④，还是认为受让的顺位已经与受让人的抵押权结合在一起，都阻碍着所谓从属性说的无条件适用，如此，再坚持受让的顺位随让与人的抵押权的消灭而消灭，是不妥当的。因而，中国未来的立法应当有条件地承认受让的顺位不受让与人的抵押权消灭的影响。

2. 抵押权顺位的放弃

抵押权顺位的放弃，也叫抵押权顺位的抛弃，分为相对的放弃和绝对的放弃。

抵押权顺位相对的放弃，是指先顺位的抵押权人为同一债务人的特定后顺位的抵押权人的利益，而放弃其顺位权的现象。放弃的方法，依放弃人的意思表示为之，并办理附记登记。⑤ 放弃的效果，与一般权利的放弃不同，仅仅对于受放弃利益的人失去其优先权，也就是放弃人和受放弃利益人为同一顺位，对于其他

---

① 林廷瑞：《抵押权之让与·抛弃与抵押权顺位之让与·抛弃》，载郑玉波主编：《民法物权论文选辑》（下），台北，五南图书出版公司 1984 年版，第 807 页。

②③ 林廷瑞：《抵押权之让与·抛弃与抵押权顺位之让与·抛弃》，载郑玉波主编：《民法物权论文选辑》（下），台北，五南图书出版公司 1984 年版，第 807、807、808 页。

④ ［日］近江幸治：《担保物权法》，祝娅、王卫军、房兆融译，沈国明、李康民审校，北京，法律出版社 2000 年版，第 184 页。

⑤ 郑玉波：《民法物权》，台北，三民书局有限公司 1988 年 2 月修订 12 版，第 244 页。

抵押权人并无影响。因而，放弃人原顺位上应当分得的分配额，由受放弃利益人与放弃人按被担保债权额的比例受偿。①

抵押权顺位的相对放弃与抵押权顺位的让与相类似，但仍有所不同：相对放弃场合，由放弃人和受放弃利益人按被担保债权比例受偿；抵押权顺位让与场合，转让人的债权可能完全不能获得清偿。②

抵押权顺位绝对的放弃，是指先顺位的抵押权人并非专为同一债务人的某一特定后顺位抵押权人的利益而放弃其顺位权的现象。绝对放弃的方法与相对放弃的相同，但放弃的效果不同：在绝对放弃的情况下，其他抵押权人可以各依次升进其顺位，而放弃人退居最后的地位。不过，放弃后新成立的抵押权仍不能优先于该放弃顺位的抵押权。③

《民法典》第 409 条第 2 款规定，抵押权人放弃债务人提供的抵押权的顺位的，其他担保人在抵押权人丧失优先受偿权益的范围内免除担保责任，除非其他担保人承诺仍然提供担保。由此认可了抵押权顺位的绝对放弃。

动产抵押权顺位的放弃，自抵押权人作出放弃的意思表示时发生法律效力，在抵押登记页上办理附记登记为对抗要件（《民法典》第 225 条等）。不动产抵押权等以登记为生效要件的抵押权，其顺位的放弃，若发生法律效力，不但需要抵押权人作出放弃的意思表示，而且需要在登记簿的不动产抵押登记页上办理附记登记（《民法典》第 209 条第 1 款等）。

3. 抵押权顺位的变更

抵押权顺位的变更，是指同一抵押人的数个抵押权人将其抵押权顺位互相交换的现象。例如，债务人甲在其抵押物上分别存在着乙的第一顺位的抵押权、丙的第二顺位的抵押权、丁的第三顺位的抵押权，这些抵押权担保的债权额依次为 100 万元、200 万元和 300 万元。现在乙、丙和丁约定，乙、丁的抵押权的顺位互换，因之变成为丁、丙、乙分别享有第一顺位 300 万元、第二顺位 200 万元、第三顺位 100 万元的抵押权的格局。④

对于抵押权顺位的变更，《民法典》第 409 条第 1 款予以承认，但同时设有限制："抵押权人与抵押人可以协议变更抵押权顺位以及被担保的债权数额等内容。但是，抵押权的变更未经其他抵押权人书面同意，不得对其他抵押权人产生

---

① 郑玉波：《民法物权》，台北，三民书局有限公司 1988 年 2 月修订 12 版，第 245 页；[日] 近江幸治：《担保物权法》，祝娅、王卫军、房兆融译，沈国明、李康民审校，北京，法律出版社 2000 年版，第 184 页。

②③ 郑玉波：《民法物权》，台北，三民书局有限公司 1988 年 2 月修订 12 版，第 245 页。

④ 谢在全：《民法物权论》（中册），台北，三民书局有限公司 2003 年 7 月修订 2 版，第 504 页。

不利影响。”这里所说的“未经其他抵押权人书面同意，不得对其他抵押权人产生不利影响”，是指抵押权顺位的变更若未经其他抵押权人的书面同意，则该变更不发生绝对的效力，仅在变更顺位的各抵押权人之间发生效力，其他抵押权人不受其约束。这相当于抵押权顺位的相对抛弃。① 只有经过其他抵押权人的书面同意，抵押权顺位的变更才发生绝对的效力，约束全体抵押权人。在上述例子中，假如乙、丁的抵押权的顺位互换未经丙的书面同意，拍卖债务人甲的抵押物时仅仅获得 300 万元的变价，则丙有权拒绝丁就 300 万元的变价优先受偿，只同意他就 100 万元的变价优先受偿，丙自己可就 200 万元优先受偿。反之，如果该顺位互换已经征得了丙的同意，则丁有权就 300 万元的变价优先受偿，丙的抵押权因抵押物的代位物不复存在而消失，其债权不再具有优先受偿的效力。

［论争］

有学者认为，抵押权顺位的变更具有绝对的效力。② 笔者认为，这不符合《民法典》的有关规定（第 409 条等），应坚持作类型化的分析。

需要指出，抵押权顺位的变更，为抵押权人处分其利益的一种表现，应由参与变更的抵押权人之间达成合意。《民法典》第 409 条第 1 款后段规定由抵押权人和抵押人协议变更抵押权的顺位，未规定抵押权人之间协议变更抵押权的顺位，不尽妥当。宜按照抵押权顺位变更的规范意旨，对该条款予以目的性扩张，补充各抵押权人之间成立顺位变更的合同这个要件。

动产抵押权顺位的变更，自各抵押权人之间成立顺位变更的合同时发生法律效力，在抵押登记页上办理附记登记为对抗要件（《民法典》第 225 条、第 403 条等）。不动产抵押权等以登记为生效要件的抵押权，其顺位的变更，若发生法律效力，不但需要各抵押权人成立顺位变更的合同，而且需要在不动产登记簿的抵押登记页上办理附记登记（《民法典》第 209 条第 1 款、第 402 条等）。

应予需要强调的是，《民法典》第 409 条第 2 款规定，债务人以其财产设立抵押，抵押权人变更抵押权的顺位的，其他担保人在抵押权人丧失优先受偿权益的范围内免除担保责任，除非其他担保人承诺仍然提供担保。此处所谓其他担保人，包括为担保该债权（也被抵押权担保）的实现而成立的保证、连带责任或设立的质权（限抵押物为动产场合），或另外的抵押权等场合的担保人，如保证人、连带责任人、出质人或抵押人等。

抵押权顺位变更的，当事人应当持不动产权属证书、不动产登记证明、抵押

① 王利明、尹飞、程啸：《中国物权法教程》，北京，人民法院出版社 2007 年版，第 472 页。

② 梁慧星、陈华彬：《物权法》（第 4 版），北京，法律出版社 2007 年版，第 322 页。

权变更等必要材料，申请抵押权变更登记（《不动产登记暂行条例实施细则》第68条第1款第4项）。因抵押权顺位发生变更申请抵押权变更登记时，如果该抵押权的变更将对其他抵押权人产生不利影响的，还应当提交其他抵押权人书面同意的材料与身份证或户口簿等材料（《不动产登记暂行条例实施细则》第68条第2款）。

第四百一十条

债务人不履行到期债务或者发生当事人约定的实现抵押权的情形，抵押权人可以与抵押人协议以抵押财产折价或者以拍卖、变卖该抵押财产所得的价款优先受偿。协议损害其他债权人利益的，其他债权人可以请求人民法院撤销该协议。

抵押权人与抵押人未就抵押权实现方式达成协议的，抵押权人可以请求人民法院拍卖、变卖抵押财产。

抵押财产折价或者变卖的，应当参照市场价格。

本条主旨

本条是关于抵押权实行的条件、方式和程序以及抵押财产变价的确定基准的规定。

相关条文

《民法通则》第89条　依照法律的规定或者按照当事人的约定，可以采用下列方式担保债务的履行：

（二）债务人或者第三人可以提供一定的财产作为抵押物。债务人不履行债务的，债权人有权依照法律的规定以抵押物折价或者以变卖抵押物的价款优先得到偿还。

《物权法》第195条　债务人不履行到期债务或者发生当事人约定的实现抵押权的情形，抵押权人可以与抵押人协议以抵押财产折价或者以拍卖、变卖该抵押财产所得的价款优先受偿。协议损害其他债权人利益的，其他债权人可以在知道或者应当知道撤销事由之日起一年内请求人民法院撤销该协议。

抵押权人与抵押人未就抵押权实现方式达成协议的，抵押权人可以请求人民法院拍卖、变卖抵押财产。

抵押财产折价或者变卖的，应当参照市场价格。

《担保法》第53条 债务履行期届满抵押权人未受清偿的，可以与抵押人协议以抵押物折价或者以拍卖、变卖该抵押物所得的价款受偿；协议不成的，抵押权人可以向人民法院提起诉讼。

抵押物折价或者拍卖、变卖后，其价款超过债权数额的部分归抵押人所有，不足部分由债务人清偿。

理解与适用

一、本条含义概貌

本条承继了《物权法》第195条的规定，但有微调，如删除了《物权法》第195条第1款后段明文规定的1年除斥期间。第1款首先列举抵押权实行所需条件，接着示例抵押权实行的协议方式。特别提出实行抵押权的协议损害其他债权人利益的，其他债权人有权请求人民法院撤销之。第2款规定拍卖抵押财产、变卖抵押财产两种抵押权实行的方式。第3款允许抵押财产折价（以物抵债），其价格应当参照市场价格；变卖抵押财产时也应如此确定价格。

二、抵押权的实行概述

抵押权的实行，本条措辞是抵押权的实现，是指抵押权人于其债权已届清偿期却未获清偿时，可处分抵押财产，以使其债权优先受偿的行为（《民法典》第410条）。

抵押权的实行，为抵押权的主要效力，是抵押权人的权利，而非抵押权人的义务。因此，抵押权人如要求债务人依约定清偿债务，债务人不得以应先就抵押财产变价优先受偿，加以抗辩；也不得强行要求以抵押财产抵债，以防抵押财产的价值额低于抵押债权额时损害抵押权人的合法权益。还有，物上保证人或抵押财产的第三取得人，有无一般保证人的先诉抗辩权？基于抵押权既以担保债权的清偿为目的，则债权附有抵押权担保的，理论上应先就抵押财产变价，不得如保证人那样行使先诉抗辩权而拒绝抵押权人实现抵押权。① 不过，抵押人有权援用债务人对于债权人的履行抗辩权、时效完成的抗辩权。

［论争］

抵押权人在债务履行期限届满可以行使抵押权时，不行使抵押权却要求就债务人的其他财产受偿，是否允许？一种观点认为，抵押权人是否实现抵押权乃其

① 谢在全：《民法物权论》（中册），台北，三民书局有限公司2003年7月修订2版，第550页。

权利，因此其当然有权不实行抵押权而先就债务人的其他财产取偿，不足的部分再实行抵押权，即便抵押物的价值足以清偿债权，也是如此。① 另一种观点认为，担保物权既然是以担保债权的清偿为目的，那么当债权有担保物权加以担保时，应当先就担保物变价受偿，不足的部分再就债务人的其他财产取偿。因为当债务人有多个债权人，且其全部财产不足以清偿债权而抵押物的价值又不足以清偿抵押权人的债权之时，如果抵押权人的全部债权能够就债务人的其他财产与一般债权人的债权那样平均受偿，再就抵押物卖得价金优先受偿，将侵害一般债权人的合法权益，无法保证公平。②《民法典》第413条规定："抵押财产折价或者拍卖、变卖后，其价款超过债权数额的部分归抵押人所有，不足部分由债务人清偿。"从这一规定来看，采取的似乎是第二种观点，即抵押权人应先就抵押财产受偿，不足部分才能通过强制执行就债务人的其他财产受偿。③

三、抵押权行使的条件

抵押权的实行，本条第1款前段规定了两种条件，一是债务人不履行到期债务，二是发生了当事人约定的实现抵押权的情形。满足了上述任何一项条件，抵押权人就可以与抵押人协议以抵押财产折价或者以拍卖、变卖该抵押财产所得的价款优先受偿。兹分析、阐释如下。

（一）债务人不履行到期债务

该项条件包含以下三项要素。

1. 存在着有效的抵押权

存在着有效的抵押权，是抵押权行使的必备条件，如无有效的抵押权，自然谈不上实行抵押权。所谓存在着有效的抵押权，在基于合同设立动产抵押权、浮动抵押权的情况下，是指抵押合同成立并生效；在基于抵押合同设立其他抵押权的场合，是指抵押合同生效，并办理了抵押登记；在基于法律规定直接取得抵押权的情况下，是指具备了法定的取得抵押权的条件。

2. 债务人不履行到期债务

所谓债务人不履行到期债务，是指债务人于债务履行期限届满而不履行债务的现象。它可以是债务人完全没有履行，也可以是部分没有履行。在履行期为期

---

① 史尚宽：《物权法论》，台北，荣泰印书馆股份有限公司1979年版，第294页；曹士兵：《中国担保法诸问题的解决与展望——基于担保法及其司法解释》，北京，中国法制出版社2001年版，第225页。

② 杨与龄：《民法物权》，台北，五南图书出版公司1981年版，第197～198页；曹杰：《中国民法物权论》，台北，"商务印书馆"1964年版，第211页；姚瑞光：《民法物权论》，台北，1990年自版，第252页。

③ 王利明、尹飞、程啸：《中国物权法教程》，北京，人民法院出版社2007年版，第482页。

日的情况下，它表现为债务人于该期日届满（也可以说是届至）时未履行债务。在履行期为期间的情况下，它表现为债务人于该期间届满时未履行债务。

［思考］

这里的债务，在中国台湾地区“民法”上，仅指本金债务，而非利息债务。① 在中国大陆，鉴于《民法典》已经明文规定抵押权的效力及于利息（第389条），而未明文把不履行到期的利息债务排除于行使抵押权的条件；鉴于利息债务有时数额巨大，债务人和抵押人的责任财产均不足以清偿数个并存的债权，需要区分情况而定，有时债务人不履行到期的利息债务，抵押权人可以行使抵押权；有时则否。

债务人不履行到期的利息债务，抵押权人可以行使抵押权，应当具备下述条件：(1) 当事人约定了利息债务，且未以特约排除《民法典》第389条关于抵押权的效力及于利息的规定；(2) 利息债务数额较大乃至巨大，所占债务比重较大；(3) 到期的本金债务业已清偿完毕，抵押权人无法以债务人不履行到期的本金债务为由行使抵押权。

在下述情况下，债务人不履行到期的利息债务，抵押权人不可行使抵押权：到期的本金债务业已清偿完毕，到期的利息债务所占债务数额的比例较低，行使抵押权会使目的和手段不匹配；或抵押人已经提供了其他担保方式或代债务人清偿。

在本金债务和利息债务均届履行期且均未清偿的情况下，由于利息债务的履行期滞后于本金债务的履行期，债务人不履行到期的利息债务，同时构成不履行到期的本金债务，抵押权人即使以债务人不履行到期的利息债务为由行使抵押权，实质上可视为以不履行到期的本金债务为由主张，不会发生不适当的结果。

在债务人不履行到期债务的情况下，抵押权人可以直接实现抵押权，除非债务人又与抵押权人达成了延期履行协议。

［辨析］

在中国台湾地区的“民法”上，债权只须已届债权人得请求清偿时而未受清偿者，抵押权人即可实行抵押权。② 这与中国大陆《民法典》第410条第1款前段规定的债务人不履行到期债务，在履行期为期日的情况下差别不大；但在依民法通说所主张的履行期为期间的场合则不同。对此举例说明，履行期为2008年1月1日至2008年2月20日，自2008年1月1日开始，债权人即得请求债务人清

①② 谢在全：《民法物权论》（中册），台北，三民书局有限公司2003年7月修订2版，第551页。

偿债务，按照中国台湾地区的“民法”，抵押权人（债权人）即可行使抵押权，但在2008年2月20日之前，按照中国大陆现行法的规定，债务人未履行债务尚不构成债务不履行，在合同场合即为不构成违约行为，抵押权人无权行使抵押权，抵押权人若行使抵押权，抵押人有权抗辩。

［拓展］

债务人不履行到期债务，若系可归责于债权人的原因引起的，债务人享有一些权利，诸如履行抗辩权、提存的权利等，债务人行使此类权利，不应承担违约责任，债权人（抵押权人）无权行使抵押权。假如债权人（抵押权人）行使抵押权，抵押人有权援用债务人对债权人（抵押权人）的抗辩，拒绝或暂时拒绝抵押权的行使。

3. 不存在法律禁止实行抵押权的情形

抵押权的实行必须没有法律上的特别限制，如有限制，则抵押权人不得当然实行抵押权。例如，《企业破产法》第75条第1款规定：“在重整期间，对债务人的特定财产享有的担保权暂停行使。但是，担保物有损坏或者价值明显减少的可能，足以危害担保权人权利的，担保权人可以向人民法院请求恢复行使担保权。”抵押权显然属于其中的担保权。[①]

（二）发生了当事人约定的实现抵押权的情形

此处所谓当事人，在抵押人为第三人的情况下，应为抵押合同的当事人；在抵押人为债务人的场合，可指主合同的当事人。

所谓“当事人约定的实现抵押权的情形”，是指债务人不履行债务以外的，当事人特别约定的实现抵押权的情形。例如，抵押合同约定，抵押人的股东发生变更、高管出现变动，抵押权人即可实行抵押权。

《民法典》允许当事人约定抵押权实行的条件，具有积极的意义。例如，浮动抵押期间，抵押人在正常经营范围内可以自由处分其动产，债务人到期不履行债务的，抵押权人是以实现抵押权时的动产优先受偿。如果只允许抵押权人在债务人到期不履行债务时才能实现抵押权，可能会由于抵押人在经营过程中的非正常经营行为或恶意的行为，甚至是正常的经营行为，造成抵押财产的价值大大减少，不足以清偿抵押债权，损害抵押权人的合法权益。允许抵押权人和抵押人约定提前实现抵押权的条件，抵押权人就可以在抵押合同中对抵押人的某些行为进行约束，一旦抵押人违反约定从事了这些行为，满足了约定的抵押权实现的条

① 王利明、尹飞、程啸：《中国物权法教程》，北京，人民法院出版社2007年版，第483页。

件，抵押权人就可以提前实现抵押权，以使抵押债权获得清偿。①

［辨析］

有学说认为，《民法典》第410条规定的当事人约定的实现抵押权的情形，其中的当事人是指主合同的当事人，也可以是抵押合同的当事人。前者如，债权人与债务人约定在债务人没有按时缴纳利息达到一定时间后，即可以解除合同，要求债务人承担违约责任。此时，抵押权人自然可以实现抵押权。后者如，抵押人与抵押权人可以在抵押合同中约定抵押人必须对抵押财产进行保险，否则抵押权人即可实现抵押权。② 笔者认为，在抵押人为第三人的情况下，根据合同的相对性原则，主合同的约定不得约束抵押人，除非抵押人同意。至于所谓抵押人不对抵押财产进行投保，则属于债务人（抵押人）不履行到期债务，在实质上仍属于法定的实行抵押权的条件。

应当看到，允许当事人约定实行抵押权的条件，也会带来消极的结果。抵押权人和抵押人约定的实现抵押权的情形，若被执行，则损害其他债权人利益的，其他债权人可以请求人民法院撤销该协议（《民法典》第410条第1款后段）。

此类约定损害其他债权人利益的情形，例如，按照协议，对抵押财产折价过低；或依约定，使抵押权行使的时间点大大提前，使原本清偿期在先的其他债权在实质上后于了抵押债权接受清偿，而责任财产又不足以清偿此类债权。

四、抵押权的行使方式

关于抵押权实行的方式，本条规定了折价、拍卖和变卖三种方式，兹分析、阐释如下。

（一）折价方式

折价方式，也可以叫作代物清偿，是指抵押权人和抵押人协议，以抵押财产折价，清偿抵押债权的方式（《民法典》第410条第1款中段）。它是抵押权人和抵押人协议，参照市场价格确定一定的价款，将抵押财产的所有权转移给抵押权人，以实现债权。③

这不同于流押合同，而是属于代物清偿。在抵押权的行使阶段，抵押人不会有必须屈服于抵押权人、接受低估抵押财产价值的压力，不会出现不当的结果。

（二）拍卖方式

按照本条规定，抵押权人和抵押人未就抵押权实现方式达成协议的，抵押权

① 胡康生主编：《中华人民共和国物权法释义》，北京，法律出版社2007年版，第425～426页。

② 王利明、尹飞、程啸：《中国物权法教程》，北京，人民法院出版社2007年版，第483页。

③ 胡康生主编：《中华人民共和国物权法释义》，北京，法律出版社2007年版，第426页。

人可以请求人民法院拍卖抵押财产。

拍卖是指以公开竞价的形式，将特定的拍卖物转让给最高应价者的买卖方式（《拍卖法》第3条）。拍卖具有公开、公平竞争等特点，对抵押财产通过公平竞价的方式公开进行拍卖，有利于杜绝暗箱操作，实现价格的最大化。

（三）变卖方式

变卖方式，是指以一般的买卖形式出卖抵押财产，以其变价清偿抵押债权的方式。变卖和拍卖虽然都属于买卖，但前者为一对一的洽商方式，无须严格程序，无竞价机制，其优点在于成本较低、效率高，其缺点在于透明度和公开性不高，程序较为随意，容易造成暗箱操作，损害被执行人或其他债权人的利益。因此，法律上要严格限制变卖的适用范围。这些限制措施包括：（1）除非债权人或债务人申请，不采取变卖的方式；（2）变卖方式原则上只能适用于动产、有价证券和一些特殊的情形；（3）变卖必须参照市场价格（《民法典》第410条第3款）。

《民事诉讼法》对于变卖的适用范围问题未予规定，《执行规定》第46条第2款规定："财产无法委托拍卖、不适于拍卖或当事人双方同意不需要拍卖的，人民法院可以交由有关单位变卖或自行组织变卖。"《最高人民法院关于人民法院民事执行中拍卖、变卖财产的规定》予以了进一步补充，其第34条第1款规定："对查封、扣押、冻结的财产，当事人双方及有关权利人同意变卖的，可以变卖。"第2款规定："金银及其制品、当地市场有公开交易价格的动产、易腐烂变质的物品、季节性商品、保管困难或者保管费用过高的物品，人民法院可以决定变卖。"

［探讨］

本条的行文，容易使人觉得抵押权的实行必须先由抵押权人和抵押人协议，只有在协议不成时才可以运用拍卖、变卖的方式。实务和学说中确有相当数量的专家、学者如此操作和主张。其最大弊端是抵押人出于私利故意拖延，久久达不成实行抵押权的协议，损害抵押权人的正当利益。笔者主张，对于本条第1款中段的理解，一是不把协议方式当作抵押权实行的必经程序，抵押权人于实行抵押权的条件具备时有权径直申请拍卖抵押财产；二是仍把协议方式当作先行程序，但抵押权人不必"守株待兔"，而是给抵押人限定承诺的最后期间，一俟该期间届满，抵押权人即可申请拍卖抵押财产。

五、折价或变卖抵押财产的价格基准

实行抵押权，无论把抵押财产折价还是变卖，都有合理作价的需要。作价低了，可能害及其他债权人的债权实现；作价高了，对抵押权人也不利，不尽符合公平原则。为了解决这个问题，本条第3款明确“抵押财产折价或者变卖的，应当参照市场价格”，这是条可取之路，值得赞同。

第四百一十一条

依据本法第三百九十六条规定设定抵押的，抵押财产自下列情形之一发生时确定：

（一）债务履行期限届满，债权未实现；

（二）抵押人被宣告破产或者解散；

（三）当事人约定的实现抵押权的情形；

（四）严重影响债权实现的其他情形。

本条主旨

本条是关于浮动抵押权场合抵押财产的确定及其事由的规定。

相关条文

《物权法》第196条　依照本法第一百八十一条规定设定抵押的，抵押财产自下列情形之一发生时确定：

（一）债务履行期届满，债权未实现；

（二）抵押人被宣告破产或者被撤销；

（三）当事人约定的实现抵押权的情形；

（四）严重影响债权实现的其他情形。

《担保法》第47条　债务履行期届满，债务人不履行债务致使抵押物被人民法院依法扣押的，自扣押之日起抵押权人有权收取由抵押物分离的天然孳息以及抵押人就抵押物可以收取的法定孳息。抵押权人未将扣押抵押物的事实通知应当清偿法定孳息的义务人的，抵押权的效力不及于该孳息。

前款孳息应当先充抵收取孳息的费用。

理解与适用

本条承继了《物权法》第196条的规定，规定浮动抵押权场合抵押财产的确定以及所需要的事由。

浮动抵押权要实行，需要确定浮动抵押的财产。所谓确定浮动抵押的财产，又叫结晶或封押，是指浮动抵押权因抵押财产的确定而成为固定抵押权（一般抵押权），抵押人处置抵押财产的权利终止，抵押权人有权就抵押财产变价所得价款优先受偿。如果把浮动抵押权设立时的抵押财产比作一条流淌的水流，那么，所谓浮动抵押财产的确定，就是在该水流的上、下游都筑坝截流，被围困起来的水就是被确定的浮动抵押财产。

确定浮动抵押财产，需要出现法定事由。对此，本条规定，发生下列情形之一的，浮动抵押财产确定：（1）债务履行期届满，债权未实现；（2）抵押人被宣告破产或者解散清算；（3）当事人约定的实现抵押权的情形；（4）严重影响债权实现的其他情形。

债务履行期届满，债权未实现，浮动抵押权实行的条件具备了，抵押权人可以实行浮动抵押权。把抵押财产折价、拍卖、变卖都必须有具体、明确的抵押财产，不然，抵押财产的价格无法确定，拍卖、变卖也难有对象。因此，抵押财产在这种情况下必须确定。由浮动抵押权的特殊性决定，确定抵押财产，就是要清晰地界定抵押财产所包含的具体的物的种类、数量、所有权的归属，登记造册，把原来流动的财产暂时固定成静态的财产。

抵押人被宣告破产，适用《企业破产法》的规定确定破产财产，从中再界分出浮动抵押财产。抵押人解散清算时同样如此操作。

当事人约定的实现抵押权的情形，确定浮动抵押财产的方法与理由如同“债务履行期届满，债权未实现”的场合，不再赘言。

所谓严重影响债权实现的其他情形，需要结合其他法律的规定并通过司法实践不断细化。例如，抵押人因经营管理不善而导致经营状况恶化或严重亏损，或抵押人为了逃避债务而故意低价转让财产或隐匿、转移财产等。[①]

第四百一十二条

债务人不履行到期债务或者发生当事人约定的实现抵押权的情形，致使抵押财产被人民法院依法扣押的，自扣押之日起，抵押权人有权收取该抵押财产的天然孳息或者法定孳息，但是抵押权人未通知应当清偿法定孳息义务人的除外。

前款规定的孳息应当先充抵收取孳息的费用。

本条主旨

本条是关于抵押权的效力何时及于抵押财产的孳息的规定。

① 王利明、尹飞、程啸：《中国物权法教程》，北京，人民法院出版社2007年版，第491页。

相关条文

《物权法》第197条　债务人不履行到期债务或者发生当事人约定的实现抵押权的情形，致使抵押财产被人民法院依法扣押的，自扣押之日起抵押权人有权收取该抵押财产的天然孳息或者法定孳息，但抵押权人未通知应当清偿法定孳息的义务人的除外。

前款规定的孳息应当先充抵收取孳息的费用。

《担保法》第47条　债务履行期届满，债务人不履行债务致使抵押物被人民法院依法扣押的，自扣押之日起抵押权人有权收取由抵押物分离的天然孳息以及抵押人就抵押物可以收取的法定孳息。抵押权人未将扣押抵押物的事实通知应当清偿法定孳息的义务人的，抵押权的效力不及于该孳息。

前款孳息应当先充抵收取孳息的费用。

理解与适用

一、本条含义概貌

本条是对《物权法》第197条的复制，确立了抵押权的效力何时及于抵押财产的孳息的规则。

孳息分为天然孳息和法定孳息。抵押权的效力是否及于它们，根据本条的规定，应当区分二者及是否已经与抵押财产分离的情况而讨论。

二、抵押权的效力与天然孳息

天然孳息未与抵押财产分离时，系抵押财产的组成部分，当然为抵押权的效力所及。在它同抵押财产相分离而成为独立之物时，是否仍一律如此呢？答案是否定的。抵押权设立后、实行之前，抵押财产的占有、使用、收益之权归抵押人享有，由此决定，天然孳息应由抵押人收取，抵押权的效力不应及于它们。但是若绝对贯彻这一原则，又会出现下述弊端：抵押财产所有人故意拖延抵押财产被扣押的时间，以便更多地收取天然孳息。有鉴于此，本条第1款规定："自扣押之日起，抵押权人有权收取该抵押财产的天然孳息"。这告诉我们，抵押财产被依法扣押前，抵押权的效力不及于抵押财产的天然孳息；被扣押后，抵押权的效力及于抵押财产的天然孳息。即使在抵押权设立之后，抵押财产被人民法院扣押之前，抵押财产上又成立了租赁权等权利的，基于抵押权设立在先效力亦优先的规则及原理，也是抵押权人有权自扣押抵押财产时起收取与抵押财产分离的天然孳息。[1]

三、抵押权的效力与法定孳息

按照本条第 1 款的规定，抵押财产被人民法院依法扣押之前，抵押财产所产生的法定孳息由抵押人收取，抵押权的效力不及于它；自被依法扣押时起，并且抵押权人已将扣押抵押财产的事实通知了应当清偿法定孳息的义务人的，抵押权的效力自扣押之日起及于法定孳息。

可见，抵押权的效力若及于法定孳息，较抵押权的效力及于天然孳息，多出一个要件，即抵押权人将依法扣押抵押财产的事实通知给应当清偿法定孳息的义务人。何以如此？原来，与天然孳息系直接收取于抵押财产不同，法定孳息系由第三人给付而来，若不将扣押抵押财产的事实通知该第三人，会造成不必要的麻烦乃至损失。[2] 有鉴于此，《民法典》设置了但书，抵押权人未将扣押抵押财产的事实通知应当清偿法定孳息的义务人的，抵押权的效力不及于该孳息（《民法典》第 412 条第 1 款后段）。

四、孳息用于清偿抵押人所负债务的顺序

如果抵押人的责任财产充足，能够清偿抵押人所负的任何债务，那么，规定和讨论孳息用作清偿抵押人所负的哪笔债务，似无必要。但是，在抵押人的责任财产不足以清偿全部的到期债务，特别是抵押财产本身不足以清偿抵押权担保的债权的情况下，确定孳息用于清偿抵押人所负的哪笔债务，就特别必要，事关抵押权人的利益实现多少。有鉴于此，立法者于本条设置第 2 款，明确“前款规定的孳息应当先充抵收取孳息的费用。”

第四百一十三条

抵押财产折价或者拍卖、变卖后，其价款超过债权数额的部分归抵押人所有，不足部分由债务人清偿。

本条主旨

本条是关于抵押财产的变价款高于或低于担保债权数额时如何处理的规定。

---

①② 崔建远：《我国担保法的解释与适用初探》，载《吉林大学社会科学学报》1996 年第 2 期，第 27～28 页。

相关条文

《物权法》第 198 条　抵押财产折价或者拍卖、变卖后，其价款超过债权数额的部分归抵押人所有，不足部分由债务人清偿。

《担保法》第 53 条第 2 款　抵押物折价或者拍卖、变卖后，其价款超过债权数额的部分归抵押人所有，不足部分由债务人清偿。

理解与适用

本条是对《物权法》第 198 条的复制，确立了抵押财产的变价款高于或低于担保债权数额时如何处理的规则。

本条所谓抵押财产的变价款超过债权数额的部分归抵押人所有，乃自然之理，因为抵押权不是所有权，抵押财产不因抵押权的设立而归属于抵押权人，只是使抵押权人的债权因该抵押权的设立而具有优先受偿的效力。担保债权受偿了，实现了，抵押权人的利益得到完全满足，抵押权便功成身退。假如把抵押财产的变价款超过债权数额的部分划归抵押权人，该抵押权人就获取了不当得利，这不应被允许。此其一。从另一个侧面讲，抵押财产属于抵押人的责任财产的组成部分，抵押人适当履行物上保证责任之后，剩余的部分仍为其责任财产，当然由其享有。此其二。

抵押财产的变价款全部用于清偿担保债权之后，担保债权仍未完全实现，不得谓该债权已经消灭，而是就未实现部分继续具有请求力、执行力、保有力，即债权人/抵押权人有权就其债权未实现的部分请求债务人清偿，债务人没有理由抗辩。于此场合，需要说明的至少有两点：一是在债务人和抵押人分属不同的主体的情况下，此时债权人/抵押权人无权请求抵押人清偿，只可请求债务人清偿；二是此时的债权仅仅是普通债权，已无抵押权的担保，无优先受偿的效力。

第四百一十四条

同一财产向两个以上债权人抵押的，拍卖、变卖抵押财产所得的价款依照下列规定清偿：

（一）抵押权已登记的，按照登记的时间先后确定清偿顺序；

（二）抵押权已登记的先于未登记的受偿；

（三）抵押权未登记的，按照债权比例清偿。

其他可以登记的担保物权，清偿顺序参照适用前款规定。

本条主旨

本条是关于同一项财产之上并存着数个抵押权时各个抵押权的效力顺序的规定。

相关条文

《物权法》第 199 条　同一财产向两个以上债权人抵押的，拍卖、变卖抵押财产所得的价款依照下列规定清偿：

（一）抵押权已登记的，按照登记的先后顺序清偿；顺序相同的，按照债权比例清偿；

（二）抵押权已登记的先于未登记的受偿；

（三）抵押权未登记的，按照债权比例清偿。

《担保法》第 54 条　同一财产向两个以上债权人抵押的，拍卖、变卖抵押物所得的价款按照以下规定清偿：

（一）抵押合同以登记生效的，按照抵押物登记的先后顺序清偿；顺序相同的，按照债权比例清偿；

（二）抵押合同自签订之日起生效的，该抵押物已登记的，按照本条第（一）项规定清偿；未登记的，按照合同生效时间的先后顺序清偿，顺序相同的，按照债权比例清偿。抵押物已登记的先于未登记的受偿。

理解与适用

一、本条含义概貌

本条承继了《物权法》第 199 条的规定，但增加了一款“其他可以登记的担保物权，清偿顺序参照适用前款规定”。第 1 款确立了同一项财产之上并存着数个抵押权时各个抵押权的效力顺序的规则。

二、本条第 1 款确立的判断和确定抵押权的顺序的标准

依据本条第 1 款，抵押登记是确定抵押权顺序的首要标准，登记在先的，抵押权的顺序在先。但考虑到动产抵押权、浮动抵押权的设立不以登记为生效要件，此类抵押权若并存于同一抵押物之上，均未办理抵押登记的，就无法以抵押登记及登记的时间作为确定抵押权顺序的标准，只能另辟蹊径，即视两个以上的抵押权的顺序相同（《民法典》第 414 条第 1 款第 3 项）。当然，如果有的抵押权

办理了抵押登记，则办理抵押登记的抵押权的顺序在先（《民法典》第414条第1款第2项），仍然奉行抵押登记为确定抵押权顺序的标准的原则。

上述确定抵押权顺序的标准是法定的，并且，当事人不得以其意思表示将之排除或改变。就是说，即使当事人约定了抵押权的顺序，在此类约定与上述法定规则相抵触时，仍然以法定的为准。

［论争］

一种观点认为，当事人订立抵押合同后，可以先按照《民法典》第221条第1款的规定办理抵押权的预告登记，以确保其顺序在先。因为预告登记具有顺序效力（Rangwirkung）。所谓预告登记的顺序效力是指，由于预告登记已经表明了被担保的请求权经过履行后将要产生某种不动产物权，因而将来该物权一旦产生就会取得预告登记所具有的顺序。赋予预告登记顺序效力的原因在于：预告登记毕竟是暂行性的，其要么转为本登记，要么丧失效力，当其能够成功地转为本登记的时候，其所具有的顺序自然应当转归为本登记，只有这样才能更有效地保障债权人的合法权益。因此，只要抵押权的预告登记的顺序是第一顺序，那么在转为作为本登记的他项权利登记时，该抵押权的顺序仍然是第一顺序，依此类推。①

笔者则认为，由于《民法典》第221条第1款没有规定物权变动于办理本登记后依预告登记的时间点确定物权变动的时间，第214条却明定“不动产物权的设立、变更、转让和消灭，依照法律规定应当登记的，自记载于不动产登记簿时发生效力”，未设但书，表明物权变动的时间点以本登记的时间点为准，就是说，在《民法典》上，预告登记不具有顺序效力。如此，抵押权的预告登记不是确定抵押权顺序的根据。

三、对本条第1款各项的具体解读

本条第1款第1项所谓“抵押权已登记的，按照登记的时间先后确定清偿顺序”，第一层意思是各个抵押权因登记都已经存在，其适用领域限于以登记为生效要件的抵押权；第二层意思是业已存在的抵押权，依其登记完毕的时间依次排列效力优先顺序，顺序在先的抵押权担保的债权在受偿顺序上也排列在先。之所以如此解释，是因为《民法典》第214条规定物权变动自记载于不动产登记簿时发生效力，而不是自登记机构收到申请书时或其他时间点发生效力。就是说，抵

① 王利明、尹飞、程啸：《中国物权法教程》，北京，人民法院出版社2007年版，第469页。

押登记的时间点即为记载于不动产登记簿的时间点，即为抵押权设立等变动的时间点。

本条第1款第2项所谓“未登记的”抵押权，限于不以抵押登记为生效要件的动产抵押权，因为其他类型的抵押权均以登记为生效要件，未办理抵押登记，抵押权不存在。抵押权不存在，自然没有资格与已经存在的抵押权在效力顺序上一争高下，不存在抵押权担保的债权仅为普通债权，在受偿的顺序上低于抵押权担保的债权。

本条第1款第3项所谓“抵押权未登记的，按照债权比例清偿”，可有几种解释。第一种解释是，该条项仅仅适用于动产抵押权这种不以登记为生效要件的抵押权，此类抵押权未予登记时不得对抗善意第三人，故在未能举证证明其他债权人非为善意的情况下，各个由动产抵押权担保的债权无优先于其他债权的效力，各个债权只得依其比例受偿。依此解释，本条第1款第3项的规定具有合理性。第二种解释是，动产抵押权虽然未予登记，但抵押人的其他债权人知晓该抵押权的存在，根据《民法典》第403条的规定，该动产抵押权具有对抗其他债权人的效力，该动产抵押权担保的债权具有优先于其他债权受偿的效力。于是，该债权就不是“按照债权比例清偿”，而是可以完全受偿。如此，本条第1款第3项的规定涵盖过宽，应该依规范意旨予以目的性限缩，即不适用于其他债权人非善意的场合。第三种解释是，该条项可以适用于动产抵押权和以登记为生效要件的抵押权两大领域，因为动产抵押权未予登记时无对抗善意第三人的效力，其担保债权与因尚未登记而仅有抵押合同“担保”的债权似无二致，所以，在未能举证证明其他债权人非为善意的情况下，各个债权也只好按照比例受偿。

四、准用

本条第2款所谓“其他可以登记的担保物权，清偿顺序参照适用前款规定”，属于准用条款，从实质上说，这很有必要，以登记为生效要件的质权，与以登记为生效要件的抵押权相比，差异只在标的物的种类上，效力方面应当相同，所以，以登记为生效要件的质权在效力顺序上准用本条第1款的规定，具有合理性；从立法技术上说，如此设计简洁，在解决问题上功效相同。

第四百一十五条

同一财产既设立抵押权又设立质权的，拍卖、变卖该财产所得的价款按照登记、交付的时间先后确定清偿顺序。

本条主旨

本条是关于并存于同一项财产上的抵押权和质权如何确定优先效力的规定。

理解与适用

本条是新创设的规范，确立了并存于同一项财产上的抵押权和质权如何确定优先效力的规则。

本条确立了如下具体规则：(1) 作为动产的A物既是抵押物又是留置财产，动产抵押权尚未登记的，无论出质的时间是先于还是迟于抵押合同的生效，在效力方面，质权都优先于动产抵押权；(2) 作为动产的A物既是抵押物又是留置财产，动产抵押权的登记先于A物出质的，在效力方面，动产抵押权优先于质权；(3) 作为动产的A物既是抵押物又是留置财产，A物出质先于动产抵押权办理登记的，在效力方面，质权优先于动产抵押权；(4) 作为动产的A物既是抵押物又是留置财产，出质与动产抵押权的登记同时完成，在质权和动产抵押权的实行时，宜类推适用《民法典》第414条第1款第3项关于“按照债权比例清偿”的规定。

第四百一十六条

动产抵押担保的主债权是抵押物的价款，标的物交付后十日内办理抵押登记的，该抵押权人优先于抵押物买受人的其他担保物权人受偿，但是留置权人除外。

本条主旨

本条是关于超级优先权的规定。

理解与适用

本条是新创设的规则，确立了超级优先权。

本条设计的超级优先权规则适用的典型案型是：出卖人甲将动产A物交付给买受人乙，因约定的乙付款期限较迟（如赊销的场合），若恰遇乙进入破产程序，或者A物被出质给丙或被抵押给丁，质权或抵押权的实现条件已经具备，那么，甲就可能无法实现其货款债权，A物也难被取回，遭受损失。可是，此种案型中的甲应受（应有的）周到保护，措施之一是赋予他超级优先权。[①] 该权在效力方面优先于A物之上的质权、普通的动产抵押权、含有A物的财团抵押权等优先权，只是留置权除外。

当然，从平衡方方面面权益的目的出发，该权的设立得符合一定的条件，本条设置了如下几条：(1) 被担保债权是A物的价款债权；(2) A物已被买受人占有；(3) A物交付后10日内办完（超级优先权的）抵押登记。只要出卖人甲满足了这些条件，即使买受人乙的其他担保物权人就A物先于甲办理了普通动产抵押权的登记或设立了质权，这些担保物权在顺位上也后于超级优先权。相反，如果出卖人甲在A物交付后10日内未就A物办理（超级优先权的）抵押登记，那么，该超级优先权在顺位上已不再超级优先，与买受人乙的其他担保物权人享有的担保物权之间的顺位，不再根据本条的规定确定，而是必须依据《民法典》第414条第1款关于“同一财产向两个以上债权人抵押的，拍卖、变卖抵押财产所得的价款依照下列规定清偿：（一）抵押权已登记的，按照登记的时间先后确定清偿顺序；（二）抵押权已登记的先于未登记的受偿；（三）抵押权未登记的，按照债权比例清偿”的规定予以处理。

本条但书明确超级优先权在效力上劣于留置权，道理在于：(1) 留置权是法定担保物权，超级优先权是约定担保物权，如果允许超级优先权优先于留置权，就等于鼓励债权人以货物等为客体设立超级优先权，排斥留置权的运用，导致留置权制度的功能减弱乃至丧失，使留置权人等处于十分不利的境地，会影响他们（它们）从事承揽、货物运输、保管、仓储、行纪等业务的积极性。有鉴于此，赋予留置权优先的效力，非常合适。至于由此可能给超级优先权人带来的不利，是可以化解的：超级优先权设立时可以约定，在货物被留置时，债务人另行提供相应的担保，甚至直接在其他特定物上设立。(2) 留置物中一般都凝结了留置权人的劳动价值，或由留置权人提供的材料而成，在一定意义上，可认为留置物有“共有物”（归留置权人和留置物所有权人共有）的意味。在这种背景下，如果赋予超级优先权优先于留置权的效力，并且就留置物的全部价值优先受偿，就意味着留置权人代留置物所有权人向超级优先权人承担了物上责任。这显然是不合理的。而赋予留置权优先于超级优先权的效力，就不会出现这种局面。

---

① 清华大学法学院副教授龙俊博士被借调到全国人民代表大会常务委员会法制工作委员会民法室，直接参与《中华人民共和国民法典（草案）》的草拟和研讨，了解法律制度及条款设计的初衷。龙俊博士向笔者介绍了此种案型。特此致谢！

第四百一十七条

建设用地使用权抵押后，该土地上新增的建筑物不属于抵押财产。该建设用地使用权实现抵押权时，应当将该土地上新增的建筑物与建设用地使用权一并处分，但是，新增建筑物所得的价款，抵押权人无权优先受偿。

本条主旨

本条是关于以建设用地使用权为客体的抵押权的效力不及于新增加的建筑物的规定。

相关条文

《物权法》第200条　建设用地使用权抵押后，该土地上新增的建筑物不属于抵押财产。该建设用地使用权实现抵押权时，应当将该土地上新增的建筑物与建设用地使用权一并处分，但新增建筑物所得的价款，抵押权人无权优先受偿。

《担保法》第55条第1款　城市房地产抵押合同签订后，土地上新增的房屋不属于抵押物。需要拍卖该抵押的房地产时，可以依法将该土地上新增的房屋与抵押物一同拍卖，但对拍卖新增房屋所得，抵押权人无权优先受偿。

《城市房地产管理法》第52条　房地产抵押合同签订后，土地上新增的房屋不属于抵押财产。需要拍卖该抵押的房地产时，可以依法将土地上新增的房屋与抵押财产一同拍卖，但对拍卖新增房屋所得，抵押权人无权优先受偿。

理解与适用

本条是对《物权法》第200条的复制，确立了以建设用地使用权为客体的抵押权的效力不及于新增加的建筑物的规则。

本条的规定值得肯定，理由在于：建设用地使用权抵押后，抵押权人在实现抵押权时如果不能将抵押权设立后新增的建筑物一并处分，那么就会产生两种不适当的后果：（1）在房地产抵押权实行时，尤其是拍卖抵押房地产时，可能出现建设用地使用权与房屋异其主体的现象。这显然违反了《民法典》第352条正文所确立的房地权属的主体相一致的原则。（2）受新增房屋必定需要占用一定范围的建设用地的影响，抵押的建设用地使用权在拍卖或变卖时价格极有可能有所降低，甚至无人受让，抵押权人的合法权益会受到不利影响。为避免此种后果，必须将新增的房屋连同被抵押的建设用地使用权一同拍卖，只是对新增房屋的变价无权优先受偿。[①]

需要注意，该土地上新增的建筑物不属于抵押财产，该建设用地使用权的抵押权实现时，虽然将该土地上新增的建筑物与建设用地使用权一并处分，但新增建筑物所得的价款，抵押权人无权优先受偿（《民法典》第 417 条）。从另一个角度观察，该新增建筑物的变价不属于抵押物的变价，不在抵押债权分配抵押物变价的范围之内。

第四百一十八条

以集体所有土地的使用权依法抵押的，实现抵押权后，未经法定程序，不得改变土地所有权的性质和土地用途。

本条主旨

本条是关于以集体建设用地使用权为客体的抵押权实行时不得改变土地所有权的性质和土地用途的规定。

相关条文

《物权法》第 201 条　依照本法第一百八十条第一款第三项规定的土地承包经营权抵押的，或者依照本法第一百八十三条规定以乡镇、村企业的厂房等建筑物占用范围内的建设用地使用权一并抵押的，实现抵押权后，未经法定程序，不得改变土地所有权的性质和土地用途。

《担保法》第 55 条第 2 款　依照本法规定以承包的荒地的土地使用权抵押的，或者以乡（镇）、村企业的厂房等建筑物占用范围内的土地使用权抵押的，在实现抵押权后，未经法定程序不得改变土地集体所有和土地用途。

理解与适用

本条吸纳了《物权法》第 201 条有益的成分，反映并升华《土地管理法》第 59 条、第 61 条和第 63 条的成果，既开拓了土地经营权、集体经营性建设用地使用权等集体所有土地使用权可以设立抵押权的通道，搞活经济；又坚持社会主义公有制不变，不变颜色；还坚守耕地“红线”，尽量控制农民集体所有土地的建设用地的比重。

① 参见崔建远、孙佑海、王宛生：《中国房地产法研究》，北京，中国法制出版社 1995 年版，第 130～131 页。

本条所谓“以集体所有土地的使用权依法抵押的”，包括在“三权分置”模式下诞生的土地经营权用作抵押财产、集体经营性建设用地使用权用作抵押财产，以及乡镇企业以其厂房等建筑物、构筑物设立抵押权时占地范围的集体建设用地使用权一并抵押三种情形。

对于以土地经营权设立抵押权，抵押权实行后，受让该土地经营权之人必须继续在该承包地上从事农林牧渔，不得改变承包地的原定用途。这是耕地国策的本质要求，务必遵守。

对于乡镇企业享有的建设用地使用权，本来是严格控制的（《土地管理法》第 60 条第 2 款），不得单独用于抵押的（《民法典》第 398 条），由此决定，乡镇企业以其厂房等建筑物、构筑物设立抵押权时占地范围的集体建设用地使用权一并抵押的，抵押权实行后，受让乡镇企业的房地产的，不得改变农民集体所有土地的性质，也不得改变土地用途。不过，依笔者所见，受让人把该建设用地改变为耕地，似应允许。如果这是正确的，则本条的规定涵盖过宽，应予目的性限缩，设置例外。

对于以集体经营性建设用地使用权设立抵押权，抵押权实行后，受让人不得改变农民集体所有土地的性质，也不得改变土地用途。不过，依笔者所见，受让人把该建设用地改变为耕地，似应允许。如果这是正确的，则本条的规定涵盖过宽，应予目的性限缩，设置例外。

第四百一十九条

抵押权人应当在主债权诉讼时效期间行使抵押权；未行使的，人民法院不予保护。

本条主旨

本条是关于抵押权存续期间的规定。

相关条文

《物权法》第 202 条　抵押权人应当在主债权诉讼时效期间行使抵押权；未行使的，人民法院不予保护。

法释〔2000〕44 号第 12 条第 2 款　担保物权所担保的债权的诉讼时效结束后，担保权人在诉讼时效结束后的二年内行使担保物权的，人民法院应当予以支持。

理解与适用

本条是对《物权法》第202条的复制，修正了法释〔2000〕44号第12条第2款的规定。

法释〔2000〕44号第12条第2款规定："担保物权所担保的债权的诉讼时效结束后，担保权人在诉讼时效结束后的二年内行使担保物权的，人民法院应当予以支持。"这承认了抵押权因诉讼时效期间再加2年期间的届满而消灭。但它存在着弊端，从理论上讲，法释〔2000〕44号第12条第2款的规定，忽视了诉讼时效完成后被担保债权并未消灭的事实，违反了担保物权与被担保债权之间主从权利关系的原理，剥夺了抵押人援用主债务人对债权人的抗辩权的权利，也忽视了担保人于诉讼时效期间届满后的第3年及其以后的期间仍自愿、主动地清偿债务的情况。《物权法》第202条和《民法典》第419条改弦更张，能较好地解决这些问题，值得赞同。依其意思，担保物权的存续期间应为被担保债权及其救济权的存续期间，被担保债权或其救济权存在，担保物权就存续；被担保债权及其救济权均已消灭，担保物权就消失。同时，鉴于担保权长期存续，不利于担保物的流转，站在立法论的立场，中国民法典宜增设权利失效期间，担保权于此期间届满时可予注销。

法释〔2000〕44号第12条第1款规定，当事人约定的或登记部门要求登记的担保期间，对担保物权的存续不具有法律约束力。有学者对此表示赞同。[①] 对此，笔者持有不同意见。因为担保人存在着风险，为了把担保风险降到最低，担保人有权采取必要的措施，包括约定担保物权的存续期间。担保人之所以愿意为主债务人的债务清偿提供担保，动机和目的固然较多，但其中包含着这样的情况：担保人经过调查研究得出结论，在某特定的时间段（如债务履行期）债务人有较强的清偿能力，自己于此期间提供担保并不会实际履行担保债务；但若逾此期间，主债务人的财产状况就会恶化，很可能无力清偿，自己恐怕要实际履行担保债务。面对此情此景，担保人和主债权人约定担保物权存续期间相同于主债权的诉讼时效期间，有何可非难之处呢？当然，约定担保物权的存续期间不得与担保物权的目的和性质相抵触。例如，主债权的清偿期为2007年1月26日至2008年2月26日，担保人和主债权人约定的担保物权存续至2007年2月26日。这意味着担保物权实现的条件尚未成就便归于消灭，违反了担保物权的目的和性质，此类约定应为无效。不过，如果当事人约定担保物权存续至2009年2月26

① 王利明、尹飞、程啸：《中国物权法教程》，北京，人民法院出版社2007年版，第290页。

日，就不应认定该约定无效。

［辨析］

一种观点认为，《物权法》第 202 条关于“抵押权人应当在主债权诉讼时效期间行使抵押权；未行使的，人民法院不予保护”的规定，说明担保物权的存续期间无须当事人约定和登记，即便当事人约定了或登记了，也是无效的。担保物权的存续期间为主债权的诉讼时效期间。主债权的诉讼时效期间因中止、中断的事由发生而变得可能不确定，担保物权的存续期间也因此不确定。法律未对诉讼时效的中止、中断的次数加以限制，因此很难说对担保物权的存续期间的上限有规定。①

在笔者看来，这种理解有误。(1)《物权法》第 202 条系专就抵押权作的规定，并非当然地适用于其他担保物权。法律人不作阐释就直接地将其适用范围扩张至所有的担保物权，不合法解释学的规则。盲目扩张适用范围，留置权和质权领域可能会有不公平的结果。②（2）更为重要的是，《物权法》第 202 条系为修正《担保法》第 52 条关于“抵押权与其担保的债权同时存在，债权消灭的，抵押权也消灭”的规定，第 74 条关于“质权与其担保的债权同时存在，债权消灭的，质权也消灭”的规定，第 88 条第 1 项关于债权消灭的留置权也消灭的规定，以及法释〔2000〕44 号第 12 条第 2 款关于“担保物权所担保的债权的诉讼时效结束后，担保权人在诉讼时效结束后的二年内行使担保物权的，人民法院应当予以支持”的规定而特意设置的。而法释〔2000〕44 号第 12 条第 2 款的本意是认为担保物权的存续期间为被担保主债权的诉讼时效期间再加上 2 年。③ 这违反了担保物权与被担保债权之间主从权利关系的原理，剥夺了抵押人援用主债务人对债权人的抗辩权的权利，也忽视了担保人于诉讼时效期间届满后的第 3 年及其以后的期间仍自愿、主动地清偿债务的情况。《物权法》没有采纳法释〔2000〕44 号第 12 条第 2 款的思路和观点，而是采取了这样的意见：“过了主债权诉讼时效期间后，抵押权人丧失的是抵押权受人民法院保护的权利即胜诉权，而抵押权本身并没有消灭，如果抵押人自愿履行担保义务的，抵押权人仍可行使抵押权。”④ 总的结论是，担保物权的存续期间应为被担保债权及其救济权的存续期间，被担保债权或其救济权存在，担保物权就存续；被担保债权及

① 王利明、尹飞、程啸：《中国物权法教程》，北京，人民法院出版社 2007 年版，第 290 页。

②④ 胡康生主编：《中华人民共和国物权法释义》，北京，法律出版社 2007 年版，第 440～441、441 页。

③ 李国光、奚晓明、金剑峰、曹士兵：《最高人民法院关于适用〈中华人民共和国担保法〉若干问题的解释理解与适用》，长春，吉林人民出版社 2000 年版，第 83～89 页。

其救济权均已消灭，担保物权就消失。对于《民法典》第 419 条也应作同样的理解与适用。

毋庸讳言，《物权法》第 202 条亦即《民法典》第 419 条的规定，的确不同于德国民法及其学说和中国台湾地区的“民法”及其学说。在德国，请求权上设有抵押权等担保物权的场合，请求权虽已罹于时效，权利人仍可实现其担保物权。本来，抵押债务人得依《德国民法典》第 1137 条第 1 项前段关于“人的债务人（即就本身事由而负责的债务人）对债权所有的抗辩，及保证人依第 770 条所有的抗辩，土地所有人均得援用对抵押权主张之”的规定，质押债务人得依《德国民法典》第 1121 条第 1 项前段关于“土地之出产物及其他构成部分以及从物，在为债权人之利益予以扣押以前，已经出让者，应免除其担保责任”的规定，主张从属性的抗辩。但《德国民法典》第 223 条第 1 项关于“以抵押权或质权担保的请求权虽经时效消灭，但不妨碍权利人就担保物请求履行”的规定放松了这种从属性抗辩。以抵押为例，该规定的意义在于，若债权人对债务人即所有权人既提起要求付款的对人诉讼，又提起要求其容忍强制执行抵押土地的对物诉讼，而被告主张请求权消灭时效期间已经届满的，则对人诉讼因《德国民法典》第 222 条第 1 项关于“消灭时效完成后，义务人有拒绝给付的权利”的规定而不成立；相反，债权人得依《德国民法典》第 223 条第 1 项的规定执行抵押土地，此项行使抵押权的权利不受时间方面的限制。①

类似的，中国台湾地区“民法”第 880 条规定：“以抵押权担保之债权，其请求权已因时效而消灭，如抵押权人于消灭时效完成后，五年间不实行其抵押权者，其抵押权消灭。”实乃物权因除斥期间的经过而消灭的例外规定。良以抵押权系不占有标的物的物权，自不宜令其久悬，有害于抵押人的利益。何况外国立法例上，亦有担保物权得因一定时间经过，依公示催告程序，宣示为无效（《瑞士民法典》第 871 条，《德国民法典》第 1170 条、第 1171 条），则中国台湾地区“民法”径以抵押权因除斥期间经过而消灭，更为便捷，似无不可之处。再者，此项除斥期间系自消灭时效完成后起算，而消灭时效尚有时效中断或时效不完成的情形，故抵押权的消灭时间非必为消灭时效期间加 5 年除斥期间，以 15 年的一般请求权消灭时效期间为例，其抵押权非必然届满 20 年后即行消灭。② 尽管如此，笔者还是觉得中国大陆《物权法》第 202 条亦即《民法典》第 419 条的规定更为可取，理由已如上述，不再赘言。

---

① ［德］迪特尔·梅迪库斯：《德国民法总论》，邵建东译，北京，法律出版社 2000 年版，第 103 页。

② 谢在全：《民法物权论》（中册），台北，三民书局有限公司 2003 年修订 2 版，第 637 页。

同时也应看到，《物权法》第202条亦即《民法典》第419条的设计也有弱点：担保债权不消灭，抵押权也不消灭，抵押财产上的负担继续存在，阻碍其流转，即使可以转让出去，价格也不理想。解决这样的问题，不妨在《民法典》第419条的基础上，再设置一抵押权最长的存续期间，该期间届满，抵押权便彻底消灭，即使担保债权仍在，也是如此。

第四百二十条

为担保债务的履行，债务人或者第三人对一定期间内将要连续发生的债权提供担保财产的，债务人不履行到期债务或者发生当事人约定的实现抵押权的情形，抵押权人有权在最高债权额限度内就该担保财产优先受偿。

最高额抵押权设立前已经存在的债权，经当事人同意，可以转入最高额抵押担保的债权范围。

本条主旨

本条是关于最高额抵押权的概念的规定。

相关条文

《物权法》第203条　为担保债务的履行，债务人或者第三人对一定期间内将要连续发生的债权提供担保财产的，债务人不履行到期债务或者发生当事人约定的实现抵押权的情形，抵押权人有权在最高债权额限度内就该担保财产优先受偿。

最高额抵押权设立前已经存在的债权，经当事人同意，可以转入最高额抵押担保的债权范围。

《担保法》第59条　本法所称最高额抵押，是指抵押人与抵押权人协议，在最高债权额限度内，以抵押物对一定期间内连续发生的债权作担保。

第60条　借款合同可以附最高额抵押合同。

债权人与债务人就某项商品在一定期间内连续发生交易而签订的合同，可以附最高额抵押合同。

理解与适用

一、本条含义概貌

本条是对《物权法》第203条的复制，规定了最高额抵押权的概念，也是最高额抵押权的基本内容。

二、最高额抵押权的概念

依据本条的规定，最高额抵押权，又称最高限额抵押，是指在预定的债权的最高额限度内，为担保将来一定期间内连续发生的债权，由债务人或第三人提供抵押物而设立的特殊抵押权。债务人不履行到期债务或发生当事人约定的实现抵押权的情形，抵押权人有权在最高债权额限度内就该抵押物的变价优先受偿。例如，甲制药厂和乙银行于2000年12月1日签订抵押合同，约定了如下内容：对于甲制药厂在2001年一年内所需要的流动资金约1亿元人民币，乙银行同意分六期贷与甲制药厂，甲制药厂以其约2亿元人民币的房地产设立抵押权。该抵押权即为最高额抵押权。其法律性质如下。

（一）最高额抵押权担保不特定债权

所谓不特定债权，是指抵押债权自该抵押权设立时起至确定时止不断地发生或消灭，处于变动状态，具有流动性、替代性。[①] 这是最高额抵押权不同于普通抵押权的一个方面。

由上述可知，所谓不特定债权，是指所担保的债权系一定期间内和最高额限度内（一定范围内）所发生的生生不息的债权，非指在一定期间内和最高额限度内（一定范围内）发生的某债权本身不特定。举例来说，在一定期间内和最高额限度内（一定范围内）发生的甲债权，固为最高额抵押权担保的债权；如有乙债权产生，同样为其担保的债权；而且，即使甲乙债权因受清偿而消灭，日后有丙债权在一定期间内和最高额限度内（一定范围内）成立，它仍为最高额抵押权担保的对象。其中的甲、乙、丙各债权本身都是特定的，而非不特定。[②]

［论争］

最高额抵押权担保的债权为不特定债权，是否含有抵押债权在数额上不特定之义，对此存在着分歧。肯定说认为，最高额抵押权所担保的，是基于当事人之间连续性交易关系而于将来可能发生的不特定债权，而且债权的数额在最高额抵押权设立时也不确定，仅仅预定一个最高限额。[③] 否定说则主张，所谓不特定债权，非指债权本身尚未特定，且与担保债权的债权数额是否确定无关。[④] 不特定

---

①②④ 谢在全：《民法物权论》（下册），台北，三民书局有限公司2003年12月修订2版，第50、51、51页。

③ 梁慧星、陈华彬：《物权法》（第4版），北京，法律出版社2007年版，第331页；郑玉波：《民法物权》，台北，三民书局有限公司1988年2月修订12版，第286页。

债权常常是金额不特定的或未曾发生的债权（即将来债权），但并非所有金额不特定的债权或将来的债权都是不特定债权。作为最高额抵押权担保对象的不特定债权具有特殊含义，是指债权本身具有变动性。① 准确地说，是在一定期间内且有最高限额（一定范围内）各个债权像走马灯似地发生、消灭，具有变动性、代替性，某债权本身具有特定性。在笔者看来，这两种见解各有所据，只要坚持同一律，采取任何一种，都说得过去。本释评书暂时采取第二种观点，因其更符合最高额抵押权与其担保的债权之间互动关系的实质。

同时，也应看到，最高额抵押权所担保的不特定债权，是相对而言的，并不绝对排斥担保最高额抵押权设立前已经存在的债权。对此，本条第2款规定，最高额抵押权设立之前已经存在的债权只要经过当事人同意，可以转入最高额抵押所担保的债权范围。其法理依据，有专家解释为最高额抵押权所担保的不特定债权，并非债权本身不特定。② 既然如此，业已存在的债权虽然具有特定性，经当事人同意而成为最高额抵押权担保的对象，与最高额抵押权的属性并不抵触。但须注意，当事人将最高额抵押权设立前已存在债权转入最高额抵押担保的债权范围，应当办理登记手续。

还有，将来的不特定债权是否以具有发生的可能性为必要？中国台湾地区的判例基于最高额抵押权乃抵押权的一种，仍应具有从属性的立场，似采肯定的见解。③ 但中国台湾地区的民法学说则有所不同，对最高额抵押权已经采取尽可能地缓和从属性的立场，应认为不特定债权有无发生的可能性并非所问，即使没有发生的可能性，也是属于被担保债权的确定问题。④ 该学说的见解更有说服力，值得中国大陆的物权法及其理论借鉴。

（二）最高额抵押权担保一定期间内和最高额限度内（一定范围内）的债权

所谓一定期间内和最高额限度内（一定范围内）的债权，是指债权人和债务人之间一定法律关系中的债权，或基于票据所发生的权利。最高额抵押权所担保的不特定债权，必须限于在该期间内和最高额限度内（一定范围内）发生的不特定债权。⑤ 所以，这里的一定期间，不仅指债权发生的期间，更是指抵押权担保

---

①　王利明、尹飞、程啸：《中国物权法教程》，北京，人民法院出版社2007年版，第495～496页。

②　参见胡康生主编：《中华人民共和国物权法释义》，北京，法律出版社2007年版，第443页；谢在全：《民法物权论》（下册），台北，三民书局有限公司2003年12月修订2版，第51页。

③　中国台湾地区“最高法院”1973年台上字第776号判例。

④⑤　谢在全：《民法物权论》（下册），台北，三民书局有限公司2003年12月修订2版，第51～52、52页。

的期间。[①] 只有在该期间内发生的债权，且未超出最高额限度的债权，才是最高额抵押权担保的债权。

这里的一定法律关系，在《担保法》上被限定为借款合同关系、债权人和债务人就某项商品在一定期间内连续发生交易而签订的合同关系（第60条）。随着市场经济的不断发展，经济往来日益频繁，经济交往形式日益多样，在现实经济生活中，不仅当事人之间的借贷关系、商品交易关系可以利用最高额抵押的形式，其他交易形式也可能需要以最高额抵押权作担保，如票据关系、商业服务关系。有鉴于此，《物权法》不再对最高额抵押权制度的适用范围作《担保法》第60条那样的限制，为实践发展留出空间。[②]《民法典》亦然。

［探讨］

应当看到，对于最高额抵押权所担保的债权，《物权法》并未明文限于一定期间内的交易关系所产生的债权，采用的是“一定期间内将要连续发生的债权”的表述（第203条第1款）。《民法典》亦然（第420条第1款）。就其文义观察，侵权行为引发的债权、不当得利债权等也被涵盖其中。假如完全如此，不加限定，则意味着《物权法》和《民法典》承认了概括最高额抵押权；如果按照全国人大法制工作委员会所著《中华人民共和国物权法释义》对《物权法》第203条的解释，则认为《物权法》尚未承认概括最高额抵押权。为有助于得出适当的结论，有必要简要考察有关判例、学说对概括最高额抵押权的态度。对于《民法典》关于最高额抵押权的界定，也应如此解释。

所谓概括最高额抵押权，是指就抵押权人（债权人）对债务人的一切债权，在最高额限度内均予担保的最高额抵押权。此处所谓一切债权，又叫概括债权，包括基于交易行为所产生的债权、基于侵权行为所产生的债权、基于不当得利返还的债权等。日本、中国台湾地区的判例和学说对此态度不一。赞同概括最高额抵押权的判例和学说认为，概括最高额抵押权虽然可能阻塞抵押人就抵押物再次获取融资的途径，但它为抵押人原来所选择的方法，基于合同自由原则，不存在主张概括最高额抵押权无效的理由。何况最高限额已有登记，最高额抵押权的效力及其限度业已确定且已公示，对第三人不致发生损害。加上在解释上应认为最高额抵押权所担保的债权，并非无限的债权，而是限于直接或间接因交易关系所生的债权，而非及于所有的侵权行为产生的损害赔偿请求权等债权。所以，日本

①② 胡康生主编：《中华人民共和国物权法释义》，北京，法律出版社2007年版，第442、443页。

下级审裁判实务一向认定概括最高额抵押权为有效。[①] 否定概括最高额抵押的判例和学说则主张，概括最高额抵押权系就抵押权人和债务人之间所发生的一切债权，如侵权损害赔偿请求权、不当得利返还请求权等偶然发生的债权，均列入担保的范围，会使抵押人负担不可预期的债务，对抵押人来说是不公正的。并且因担保债权未划定一定范围，抵押物在最高限额范围内受无限制的拘束，尤其在对最高限额约定过高的情况下，将使实际担保债权额与最高额之间的抵押物的交换价值陷于窒息状态，导致妨害其交换价值的有效利用，有违物尽其用的宗旨。再者，一般最高额抵押所担保的债权因有一定范围的限制，后顺位抵押权人、一般债权人对抵押物负担的担保程度可以作出一定的预测，以决定是否同意抵押人就其财产设立抵押权，是否再成立债的关系。但在概括最高额抵押权的情况下，因该抵押未划定担保债权的范围，不仅偶然发生的债权可以进入担保范围，甚至抵押权人得以不当方法把本无担保的债权、票据债权等列入担保范围，使后顺位抵押权人、一般债权人难以预料，面临较大的风险。还有，概括最高额抵押权的设立，常常是经济上处于优势地位的金融机构、大企业以格式条款的形式，使经济上处于劣势地位的弱者被迫接受，抵押权人然后利用对抵押物交换价值的独占，处于优越于其他债权人的地位，使抵押人在经济上屈服于自己的控制之下，形成压迫经济上弱者的不公平结果，有悖于社会公平正义的理念。[②] 最后，概括最高额抵押权所担保的不特定债权因无一定的基础法律关系作为发生原因，该抵押权已无一定的法律关系可资从属，已经违反了抵押权的从属性，故不应承认其效力。[③]

以上两种见解各有所据，但权衡利弊，否定说的理由更充分些。具体到中国，由于《担保法》第60条将最高额抵押权制度的使用范围限定为借款合同关系、债权人和债务人就某项商品在一定期间内连续发生交易而签订的合同关系场合，《物权法》和《民法典》虽然将其适用范围有所扩张，如票据关系、商业服务关系等领域亦可成立最高额抵押权，但其规范意旨也没有超出交易关系的领域[④]，所以，宜得出《物权法》和《民法典》没有承认概括最高额抵押权的结论。当然，即使不承认概括最高额抵押权，立法政策上也可考虑对某些特殊的侵

① 日本东京高判1957年7月17日，载高民集第10卷第5号，第292页。转引自谢在全：《民法物权论》（下册），台北，三民书局有限公司2003年12月修订2版，第71页。

② 谢在全：《民法物权论》（下册），台北，三民书局有限公司2003年12月修订2版，第70～71页。

③ 陈石狮：《有关最高限额抵押之几个问题》，载《民商事裁判研究专集》，1985年，第317页。转引自谢在全：《民法物权论》（下册），台北，三民书局有限公司2003年12月修订2版，第71页。

④ 胡康生主编：《中华人民共和国物权法释义》，北京，法律出版社2007年版，第443页。

权损害赔偿请求权——如工厂排放废气引发的侵权损害赔偿请求权——允许设立最高额抵押权予以担保。

上述所谓一定期间和最高额限度（一定范围），需要当事人在抵押合同中明确约定，办理抵押登记时亦应记载。

（三）最高额抵押权系在最高额限度内为担保

所谓最高额限度，简称为最高限额，是指抵押权人基于最高额抵押权所得优先受偿债权的最高数额。最高额抵押权所担保的不特定债权，其优先受偿的金额范围必须在最高额限度之内（《民法典》第420条第1款后段）。

最高额限度，是当事人在签订抵押合同时预估的最高额抵押权能够担保的债权的限额，不一定是最高额抵押权实际担保的债权的数额，或者说，不一定是债务人实际清偿的债权额。抵押权人实现最高额抵押权时，实际存在的债权额等于最高限额的，最高限额的债权优先受偿；实际存在的债权额大于最高限额的，以最高限额为限优先受偿，超过最高限额的债权额无优先受偿的效力；实际存在的债权额小于最高限额的，以实际存在的债权额为限优先受偿（法释〔2000〕44号第83条第2款）。

（四）最高额抵押权的从属性已被最大限度地缓和

最高额抵押权设立在先，被担保债权发生于后（即使将已经存在的债权纳入最高额抵押权担保的范围，该种债权所占比重也很小）；尤其是待最高额抵押权实行时，有的债权已经消灭，于是引发了这样的疑问：设立的最高额抵押权究竟从属于哪个或哪些债权？若无法确定，或确定最高额抵押权所从属的债权于抵押权实行时均已消灭，能谓最高额抵押权从属于它们吗？局限于最高额抵押权设立时的情境，如此思考问题，容易得出最高额抵押权丧失了从属性的结论。

但是，由于从属性是保全抵押权的本质属性，如今的判例和学说多将抵押权成立上的从属性和权利实现上的从属性合二为一地予以观察，对最高额抵押权有无从属性更应依此路径思考。其结论是，最高额抵押权作为保全抵押权的一种，于其实现时可使业已确定的债权优先受偿，从而显现出从属性。①

［辨析］

有判例和学说认为，最高额抵押权所担保的债权是将来发生的债权，故最高额抵押权并不从属于某特定的债权，而是从属于当事人之间存在的具有将来应为

① 谢在全：《民法物权论》（下册），台北，三民书局有限公司2003年12月修订2版，第56页。

信用授受的基本合同，或曰一定范围的基础法律关系。该基础法律关系所产生债权即使在一定的期间内连续发生，最高额抵押权也不受影响。这样一来，即便基础法律关系发生的债权因清偿、抵销等原因，一度归于消灭，实际的债权额为零，由于最高额抵押权是为担保将来可能发生的不特定债权而存在的，所以它并不消灭。这也是它与普通抵押权在消灭上的从属性的差别。[①]

通说坚持，抵押权所从属的是被担保债权，只不过最高额抵押权所从属的是由债权人和债务人间一定的法律关系所产生的不特定债权，或基于票据所生的权利，而非某特定债权，亦非产生债权的基本合同，尤其在最高额抵押权担保基于票据所生的权利时，可能不存在基本的法律关系。[②] 本释评书遵从通说。

诚然，最高额抵押权的从属性毕竟特殊：其一，在成立的从属性方面，最高额抵押权设立在先，被担保债权生成于后，成立上的从属性推移至被担保债权确定后。[③] 其二，在移转的从属性方面，最高额抵押权在被担保债权确定前不得单独转让，被担保的部分债权（大多是某个或某些债权）转让的，最高额抵押权也不得转让，除非当事人另有约定（《民法典》第 421 条但书）。在中国台湾地区，"民法"第 881 条之 6 第 2 项规定，被担保债务由第三人为债务人免责地承担的，脱离被担保债权的范围，抵押权人就该承担的部分不得行使最高额抵押权。[④] 被担保债权确定后，最高额抵押权随着被担保债权的让与而转让。其三，在消灭的从属性方面，最高额抵押权系担保生生不息的不特定债权，在确定之前，被担保债权如因清偿、抵销、免除等原因而全部消灭，实际债权额为零时，最高额抵押权仍为担保将来可能发生的不特定债权而继续存在，并不消灭，因此就具体的各

---

① 中国台湾地区"最高法院"1997 年台上字 2114 号判例；吴光明：《最高限额抵押权所担保债权之研究》，载《固有法制与当代民事法学——戴东雄六秩华诞祝寿论文集》，台北，三民书局有限公司 1997 年版，第 251 页；郑冠宇：《论最高限额抵押权之法定化》，载《月旦法学杂志》第 67 期，2000 年 12 月，第 142 页；王利明、尹飞、程啸：《中国物权法教程》，北京，人民法院出版社 2007 年版，第 496 页。

② ［日］川井健：《担保物权法》，青林书院 1987 年版，第 153 页；［日］远藤浩、川井健、高原重义、广中俊雄、水本浩、北本进一编集：《民法（3）担保物权》，东京，有斐阁 1999 年版，第 210 页；［日］小林资郎：《根抵当》，载［日］星野英一汇编：《民法讲座》（3），东京，有斐阁 1990 年版，第 217 页；［日］清水诚：《根抵当权における被担保债权の不特性について》，载《手形研究》第 418 号，1988 年版，第 282 页；［日］铃木禄弥：《根抵当法概说》，名古屋，新日本法规出版株式会社 1998 年版，第 67、101 页；蔡明诚：《论最高额法定抵押权之法定化》，载《月旦法学杂志》第 67 期，2000 年 12 月，第 121 页。转引自谢在全：《民法物权论》（下册），台北，三民书局有限公司 2003 年 12 月修订 2 版，第 57 页。

③ 谢在全：《民法物权论》（下册），台北，三民书局有限公司 2003 年 12 月修订 2 版，第 57 页；黄松有主编：《〈中华人民共和国物权法〉条文理解与适用》，北京，人民法院出版社 2007 年版，第 605 页；［日］近江幸治：《担保物权法》，祝娅、王卫军、房兆融译，沈国明、李康民审校，北京，法律出版社 2000 年版，第 194 页。

④ 谢在全：《民法物权论》（下册），台北，三民书局有限公司 2003 年 12 月修订 2 版，第 57 页。

个债权而言，最高额抵押权没有消灭上的从属性。①

（五）最高额抵押权无独立性

日本有学者基于否定最高额抵押权的从属性、最高额抵押权可以与被担保债权分离而让与等原因，认为最高额抵押权具有独立性，亦即最高额抵押权与被担保债权分离而独立地为价值支配权。② 中国有的专家亦有类似的议论。③ 但是，海峡两岸的民法及其通说均承认最高额抵押权仍具有从属性，未设最高额抵押权可以独立让与的规定，否认概括最高额抵押权，最高额抵押权必须是担保一定范围内（一定期间内和最高额限度内）的不特定债权，该一定范围又以一定法律关系或基于票据所产生的权利为限；并且，一定法律关系一旦结束，或因其他事由不再发生不特定债权时，最高额抵押权即归于确定，从属性得以复归，开始普通抵押权化，待被担保债权额结算后，绝大多数情况下还须在完成变更登记后，成为真正的普通抵押权。所有这些，都表明最高额抵押权无法完全脱离被担保债权的影响，尚不独立。④

（六）最高额抵押权在特定性上仅有抵押物的特定性

抵押权的特定性，表现为抵押物的特定和抵押权所担保债权的特定。最高额抵押权场合，抵押物的特定性显而易见；被担保债权的特定性似乎欠缺，因为最高额抵押权所担保的是生生不息的不特定债权，一旦被担保债权确定（特定），最高额抵押权马上普通抵押权化。此时被担保债权虽然具有特定性，但该抵押权不再是真正的最高额抵押权。所以，最高额抵押权的特定性仅仅表现在抵押物的特定性上。

［论争］

有学者否认最高额抵押权的特定性，理由在于最高额抵押权所担保的是不特定债权。⑤ 有专家承认最高额抵押权的特定性，根据在于无论最高额抵押权所担

① 谢在全：《民法物权论》（下册），台北，三民书局有限公司 2003 年 12 月修订 2 版，第 58 页；王利明、尹飞、程啸：《中国物权法教程》，北京，人民法院出版社 2007 年版，第 497 页；梁慧星、陈华彬：《物权法》（第 4 版），北京，法律出版社 2007 年版，第 331 页；［日］近江幸治：《担保物权法》，祝娅、王卫军、房兆融译，沈国明、李康民审校，北京，法律出版社 2000 年版，第 194 页。

② ［日］近江幸治：《担保物权法》，祝娅、王卫军、房兆融译，沈国明、李康民审校，北京，法律出版社 2000 年版，第 194 页。

③ 黄松有主编：《〈中华人民共和国物权法〉条文理解与适用》，北京，人民法院出版社 2007 年版，第 609 页。

④ 谢在全：《民法物权论》（下册），台北，三民书局有限公司 2003 年 12 月修订 2 版，第 58 页；王利明、尹飞、程啸：《中国物权法教程》，北京，人民法院出版社 2007 年版，第 498 页。

⑤ 王利明、尹飞、程啸：《中国物权法教程》，北京，人民法院出版社 2007 年版，第 498 页。

保的债权如何变动，都要受到最高额的限制。最高额抵押权以最高额为限对债权提供价值担保，这就是其特定性的特殊之处。①

第四百二十一条

最高额抵押担保的债权确定前，部分债权转让的，最高额抵押权不得转让，但是当事人另有约定的除外。

本条主旨

本条是关于最高额抵押权不随担保债权的部分转让而转让，但允许当事人约定排除的规定。

相关条文

《物权法》第 204 条　最高额抵押担保的债权确定前，部分债权转让的，最高额抵押权不得转让，但当事人另有约定的除外。

《担保法》第 61 条　最高额抵押的主合同债权不得转让。

理解与适用

一、本条含义概貌

本条是对《物权法》第 204 条的复制，确立了最高额抵押权不随担保债权的部分转让而转让的原则，但允许当事人以约定排除。

二、最高额抵押权所担保债权的确定

本条把“最高额抵押担保的债权确定前”作为限制最高额抵押权转让的条件。所谓最高额抵押权所担保债权的确定②，简称为原债权的确定，或径称为确定，是指最高额抵押权所担保的一定范围内的不特定债权，因一定事由的发生而归于具体特定。最高额抵押权所担保债权确定后，具有如下性质：(1) 最高额抵押权所担保的不特定债权的特性消失。最高额抵押权所担保的债权一经确定，无

---

① 黄松有主编：《〈中华人民共和国物权法〉条文理解与适用》，北京，人民法院出版社 2007 年版，第 605 页。

② 我国有专家学者将最高额抵押权所担保债权的确定，叫作最高额抵押权所担保债权的决算。见曹士兵：《中国担保诸问题的解决与展望》，北京，中国法制出版社 2001 年版，第 266 页；黄松有主编：《〈中华人民共和国物权法〉条文理解与适用》，北京，人民法院出版社 2007 年版，第 610、613 页。

论其原因如何，被担保债权的流动性随之消失，不特定债权变为特定债权，也就是抵押权的从属性回复。仅就此而言，确定后，最高额抵押权在性质上与普通抵押权相同。① 确实如此，值得赞同。（2）最高额继续存在。确定后，由原债权所产生的利息、违约金、损害赔偿金等仍继续为抵押权所担保（《民法典》第 389 条、第 424 条等），但与原债权合计不得超过最高额限度，就是说被担保债权优先受偿的金额应受最高额限度的限制。就此看来，确定后，最高额抵押权在性质上与普通抵押权又不尽相同。因而，通说认为，确定后，最高额抵押权仍属最高额抵押权之一种，可称之为确定最高额抵押权，而不可说已径直变更为普通抵押权。② 这有道理，值得中国民法学说借鉴。

［辨析］

法释〔2000〕44 号第 83 条第 1 款规定，最高额抵押权所担保的债权特定后，债权已届清偿期的，最高额抵押权人可以根据普通抵押权的规定行使其抵押权；《不动产登记暂行条例实施细则》第 73 条规定："当发生导致最高额抵押权担保的债权被确定的事由，从而使最高额抵押权转变为一般抵押权时……"；民法通说也认为，被担保债权确定，最高额抵押权变为普通抵押权。③ 这种界定不够周延，不如称为普通抵押权化更为确切。

总之，被担保债权的确定，使最高额抵押权所担保的债权由不特定债权变为特定债权，致使最高额抵押权性质上发生变更，从属性得以复归，开始普通抵押权化，待被担保债权额结算和完成变更登记后，成为真正的普通抵押权。学说着眼于该项效果，称之为最高额抵押权的确定。④

三、最高额抵押权的转让

对于本条的规定，应把握如下几点：（1）本条所谓部分债权转让，往往不是

---

①④ 谢在全：《民法物权论》（下册），台北，三民书局有限公司 2003 年 12 月修订 2 版，第 147、116 页。

② ［日］我妻荣：《民法讲义Ⅱ·新订物权法》，有泉亨补订，东京，岩波书店 1984 年版，第 542 页；［日］高木多喜男：《担保物权法》（新版），东京，有斐阁 1998 年版，第 273 页；［日］川井健：《担保物权法》，东京，青林书院 1987 年版，第 168 页；［日］道垣内：《担保物权法》，三省堂 1997 年版，第 206 页；［日］贞家克己、清水湛：《新根抵当法》，金融财政事情研究会 1973 年版，第 255 页；［日］伊藤进：《根抵当》，载［日］椿寿夫编：《担保物权法》，京都，法律文化社 1996 年版，第 145 页；谢在全：《民法物权论》（下册），台北，三民书局有限公司 2003 年 12 月修订 2 版，第 142 页。

③ 李国光、奚晓明、金剑峰、曹士兵：《关于适用〈中华人民共和国担保法〉若干问题的解释理解与适用》，长春，吉林人民出版社 2000 年版，第 307 页；曹士兵：《中国担保诸问题的解决与展望》，北京，中国法制出版社 2001 年版，第 272 页；胡康生主编：《中华人民共和国物权法释义》，北京，法律出版社 2007 年版，第 451 页；王利明、尹飞、程啸：《中国物权法教程》，北京，人民法院出版社 2007 年版，第 501 页。

指某特定债权被分割成若干部分债权，其中的部分债权的转让，如不是 2 000 万元的债权仅仅转让 1 000 万元的债权，大多是指抵押合同约定的一定期间内发生的某个或某些债权的转让。这不同于《民法典》第 545 条规定的，合同权利部分转让仅限于某特定权利被分割成若干部分权利，其中的部分权利的转让。(2) 因为最高额抵押权担保的是生生不息的不特定债权，而非聚焦在或曰从属于某个或某些债权，所以，最高额抵押担保的债权确定前，部分债权（某个或某些债权）转让的，最高额抵押权不随之转让。不过，当事人约定部分债权（某个或某些债权）转让、最高额抵押权也随之转让的，法律没有必要干预。(3) 依当事人约定，最高额抵押权随着部分债权（某个或某些债权）的让与而转让的场合，由于转让的部分债权（某个或某些债权）实际上为特定债权，此时的最高额抵押权因其从属于特定债权，使从属性得以复归，开始普通抵押权化，待被担保债权额结算和完成变更登记后，成为真正的普通抵押权。就是说，随部分债权（实际上为特定债权）转让的，不再是最高额抵押权，而是普通抵押权化的抵押权，或真正的普通抵押权。(4) 最高额抵押权所担保的债权确定后，最高额抵押权的从属性得以复归，开始普通抵押权化，待被担保债权额结算和完成变更登记后，成为真正的普通抵押权。就是说，随确定后的债权转让的，不再是最高额抵押权，而是普通抵押权化的抵押权，或真正的普通抵押权。而普通抵押权化的抵押权、真正的普通抵押权可以随同被担保债权的让与而转让（《民法典》第 407 条），所以，此时的"最高额抵押权"随同被担保债权的让与而转让（《民法典》第 424 条等），除非当事人之间存在着相反的约定。[1] (5) 最高额抵押权担保的债权确定前，债权人转让部分债权的，除当事人另有约定外，不动产登记机构不得办理最高额抵押权转移登记（《不动产登记暂行条例实施细则》第 74 条第 3 款）。

债权人转让部分债权，当事人约定最高额抵押权随同部分债权的转让而转移的，应当分别申请下列登记：(1) 当事人约定原抵押权人与受让人共同享有最高额抵押权的，应当申请最高额抵押权的转移登记；(2) 当事人约定受让人享有一般抵押权、原抵押权人就扣减已转移的债权数额后继续享有最高额抵押权的，应当申请一般抵押权的首次登记以及最高额抵押权的变更登记；(3) 当事人约定原抵押权人不再享有最高额抵押权的，应当一并申请最高额抵押权确定登记以及一般抵押权转移登记（《不动产登记暂行条例实施细则》第 74 条第 2 款）。

---

① 参见王利明、尹飞、程啸：《中国物权法教程》，北京，人民法院出版社 2007 年版，第 501 页。

四、当事人约定最高额抵押权随着担保债权的部分转让而转让

尽管本条规定最高额抵押担保的债权确定前，部分债权转让的，最高额抵押权不得转让，这只是出于最高额抵押权的担保面覆盖于一定期间连续发生的债权，有利于债权人/最高额抵押权人的立法政策的考量，以及抵押权的从属性的要求，这对于最高额抵押权人而言是个利益。利益，可被权利人放弃。最高额抵押权人与抵押人约定，即使最高额抵押担保的债权尚未确定，最高额抵押权也随着部分债权的转让而转让，可看作最高额抵押权人放弃一些担保利益，这不涉及公共利益，法律没有必要干预。

第四百二十二条

最高额抵押担保的债权确定前，抵押权人与抵押人可以通过协议变更债权确定的期间、债权范围以及最高债权额；但是，变更的内容不得对其他抵押权人产生不利影响。

本条主旨

本条是关于协议变更最高额抵押权担保的债权及其限制的规定。

相关条文

《物权法》第 205 条　最高额抵押担保的债权确定前，抵押权人与抵押人可以通过协议变更债权确定的期间、债权范围以及最高债权额，但变更的内容不得对其他抵押权人产生不利影响。

理解与适用

一、本条含义概貌

本条是对《物权法》第 205 条的复制，正文允许抵押权人和抵押人协议变更最高额抵押权所担保的债权的确定期间、债权范围以及最高债权额；但书明确此类变更不得害及其他抵押权人。

二、最高额抵押权所担保债权的变更

本条正文所谓变更，可有三种类型，兹介绍、分析如下。

(一) 债权确定期间的变更

抵押人和抵押权人协议变更债权的确定期间，可有三种情形：(1) 将债权确定期间缩短，或表现为将该期间的始期延后，或表现为将该期间的终期提前。(2) 将债权确定期间延长，表现为该期间的始期不变，终期延后。(3) 将债权确定期间废止。在最高额抵押权场合，如果允许顺位在先的抵押权人可以与抵押人随意变更债权确定期间，由此产生的风险由顺位在后的抵押权人承受，无疑是不公正的。有鉴于此，本条但书规定，变更债权确定期间不得对其他抵押权人产生不利影响。[①] 债权确定期间已经登记的，应为变更登记，否则，不得对抗善意第三人。[②]

(二) 担保债权范围的变更

抵押人和抵押权人协议变更被担保债权范围，可有三种形态：(1) 取代型，例如，原来约定担保因经销电器产品的合同所产生的债权，现在变更为因经销橡胶制品的合同所产生的债权。(2) 追加型，例如，在原来约定担保因经销电器产品的合同所产生的债权之外，另追加担保因经销橡胶制品的合同所产生的债权。(3) 缩减型，例如，原来约定担保因委托合同所产生的债权和因票据关系所生产的债权，变更为仅担保因票据关系所产生的债权。[③] 必须注意，变更被担保债权范围不得对其他抵押权人产生不利影响（《民法典》第 422 条）。

[比较]

在日本民法上，被担保债权范围的变更不需要得到后顺位的抵押权人及其他第三人的承诺（《日本民法典》第 398 条之 4 第 2 项）。只是，本金确定前没有进行变更登记的话，视为没有变更（《日本民法典》第 398 条之 4 第 3 项）。所以，变更登记是生效要件。[④]

(三) 最高债权额的变更

最高额抵押权人和抵押人协议变更最高债权额限度，也有两种情形：将最高债权额限度提高或将最高债权额限度降低。毫无疑问，最高额抵押权将最高债权额限度降低，对同一抵押财产上后顺位抵押权人和普通债权人有益无害，法律没有禁止的理由。但若提高最高债权额限度，则必将对后顺位抵押权人甚至抵押人

① 参见王利明、尹飞、程啸：《中国物权法教程》，北京，人民法院出版社 2007 年版，第 500 页；谢在全：《民法物权论》（下册），台北，三民书局有限公司 2003 年 12 月修订 2 版，第 115 页。

② 黄松有主编：《〈中华人民共和国物权法〉条文理解与适用》，北京，人民法院出版社 2007 年版，第 611 页。

③ 谢在全：《民法物权论》（下册），台北，三民书局有限公司 2003 年 12 月修订 2 版，第 113 页。

④ [日] 我妻荣：《新订担保物权法》，东京，岩波书店 1971 年版，第 496 页；[日] 铃木禄弥：《最高额抵押法概说》，名古屋，新日本法规出版株式会社 1973 年版，第 266 页；[日] 高木多喜男：《担保物权法》（新版），东京，有斐阁 1993 年版，第 243 页；[日] 近江幸治：《担保物权法》，祝娅、王卫军、房兆融译，沈国明、李康民审校，北京，法律出版社 2000 年版，第 197 页。

的普通债权人的利益造成损害。有鉴于此，本条但书规定，变更被担保债权范围不得对其他抵押权人产生不利影响。①

最高额抵押权发生变更时，《不动产登记暂行条例实施细则》要求办理变更登记，即有下列情形之一的，当事人应当持不动产登记证明、最高额抵押权发生变更的材料等必要材料，申请最高额抵押权变更登记：(1) 抵押人、抵押权人的姓名或者名称变更的；(2) 债权范围变更的；(3) 最高债权额变更的；(4) 债权确定的期间变更的；(5) 抵押权顺位变更的；(6) 法律、行政法规规定的其他情形（第 72 条第 1 款）。因最高债权额、债权范围、债务履行期限、债权确定的期间发生变更申请最高额抵押权变更登记时，如果该变更将对其他抵押权人产生不利影响的，当事人还应当提交其他抵押权人的书面同意文件与身份证或者户口簿等（第 72 条第 2 款）。

第四百二十三条

有下列情形之一的，抵押权人的债权确定：

（一）约定的债权确定期间届满；

（二）没有约定债权确定期间或者约定不明确，抵押权人或者抵押人自最高额抵押权设立之日起满二年后请求确定债权；

（三）新的债权不可能发生；

（四）抵押权人知道或者应当知道抵押财产被查封、扣押；

（五）债务人、抵押人被宣告破产或者解散；

（六）法律规定债权确定的其他情形。

本条主旨

本条是关于最高额抵押权所担保债权的确定的规定。

相关条文

《物权法》第 206 条　有下列情形之一的，抵押权人的债权确定：

（一）约定的债权确定期间届满；

（二）没有约定债权确定期间或者约定不明确，抵押权人或者抵押人自最高额抵押权设立之日起满二年后请求确定债权；

（三）新的债权不可能发生；

（四）抵押财产被查封、扣押；

① 参见王利明、尹飞、程啸：《中国物权法教程》，北京，人民法院出版社 2007 年版，第 500 页；谢在全：《民法物权论》（下册），台北，三民书局有限公司 2003 年 12 月修订 2 版，第 117 页。

（五）债务人、抵押人被宣告破产或者被撤销；

（六）法律规定债权确定的其他情形。

理解与适用

一、本条含义概貌

本条承继了《物权法》第206条的规定，但有微调，如《物权法》第206条第四项行文为“抵押财产被查封、扣押”，本条第4项增加“抵押权人知道或者应当知道”的限定。

二、最高额抵押权所担保债权的确定事由

关于最高额抵押权所担保债权的确定，笔者在释评《民法典》第421条时已经介绍和阐释过，此处不赘。关于确定的事由，本条称作“情形”，且已经一一列举，兹逐项解读如下。

（一）约定的债权确定期间届满

约定的债权确定期间[①]届满，如约定债权确定期间为2005年4月20日，于2005年4月21日0：01，最高额抵押权所担保的债权确定。此后产生的债权不再被最高额抵押权所担保。如果该期间已被变更的，如被变更为2005年6月6日，则2005年6月7日0：01，最高额抵押权所担保的债权确定。

［辨析］

债权确定期间，有专家学者称之为决算期，不同于债权清偿期，因为债权清偿期是债务人履行债务的期间（债务履行期），而债权确定期间（决算期）届至，债务履行期未必届至。最高额抵押合同的当事人可以在债权确定期间（决算期）外另行约定债权清偿期（债务履行期）。[②]

债权确定期间也不同于最高额抵押权的存续期间，前者是用于确定最高额抵

① 最高额抵押权所担保债权的确定期间，我国有专家学者称之为最高额抵押权所担保债权的决算期。见李国光、奚晓明、金剑峰、曹士兵：《关于适用〈中华人民共和国担保法〉若干问题的解释理解与适用》，长春，吉林人民出版社2000年版，第308页；曹士兵：《中国担保诸问题的解决与展望》，北京，中国法制出版社2001年版，第266页；黄松有主编：《〈中华人民共和国物权法〉条文理解与适用》，北京，人民法院出版社2007年版，第610、613页；王利明、尹飞、程啸：《中国物权法教程》，北京，人民法院出版社2007年版，第500页。

② 曹士兵：《中国担保诸问题的解决与展望》，北京，中国法制出版社2001年版，第266页；黄松有主编：《〈中华人民共和国物权法〉条文理解与适用》，北京，人民法院出版社2007年版，第613页；胡康生主编：《中华人民共和国物权法释义》，北京，法律出版社2007年版，第448页。

押权所担保债权额的时间，后者是最高额抵押权担保债权的期间。①

（二）没有约定债权确定期间或约定不明确，抵押权人或抵押人自最高额抵押权设立之日起满2年后请求确定债权

当事人没有约定债权确定期间或约定不明确，假如任凭最高额抵押权存续下去，就意味着只要债务人仍继续从债权人处得到融资，作为抵押人的第三人就不能摆脱担保责任，处于极为不利的境地，而这是不公正的，需要法律为抵押人提供保护措施。本条第2项规定的措施即属此类。依据该项规定，如果当事人没有约定债权确定期间或约定不明确，则抵押权人或抵押人自最高额抵押权设立之日起满2年后请求确定债权时，债权将被确定。②

该确定请求制度是为保护抵押人的利益而设置的，故不允许当事人以特约加以排除。若有排除的特约，应为无效，不影响确认请求权的存在。③

需要注意的是，该2年是个固定期间，不存在中止、中断的问题，其起算点是最高额抵押权设立之日。④

（三）新的债权不可能发生

所谓新的债权不可能发生，是指产生被担保债权的基础法律关系已经消灭，不可能发生属于最高额抵押权担保范围的新债权。例如，甲制药厂和乙银行于2000年12月1日签订抵押合同，约定了如下内容：对于甲制药厂在2001年1年内所需要的流动资金约1亿元人民币，乙银行同意分六期贷与甲制药厂，甲制药厂以其约2亿元人民币的房地产设立抵押权。截至2001年10月2日，乙银行共贷与甲制药厂7 000万元人民币，此时该借款合同被解除，新贷款债权不再产生。

新的债权不可能发生，最高额抵押权所担保的债权即告确定。

（四）抵押权人知道或者应当知道抵押财产被查封、扣押

抵押物因财产保全或执行程序而被查封、扣押时，最高额抵押权所担保的债权特定。其原因在于：首先，因财产保全而查封、扣押抵押物的根本目的就是防止被申请人转移、隐匿或毁损财产导致将来判决难以执行的情况出现。若允许抵押物被查封、扣押后被担保债权仍可不特定，抵押人和最高额抵押权人就可能恶意串通，在抵押物被查封、扣押后连续制造虚假的债权。由于这些债权连同抵押

---

① 胡康生主编：《中华人民共和国物权法释义》，北京，法律出版社2007年版，第448页。

② 王利明、尹飞、程啸：《中国物权法教程》，北京，人民法院出版社2007年版，第501页。

③ 黄松有主编：《〈中华人民共和国物权法〉条文理解与适用》，北京，人民法院出版社2007年版，第613页。

④ 胡康生主编：《中华人民共和国物权法释义》，北京，法律出版社2007年版，第449页；王利明、尹飞、程啸：《中国物权法教程》，北京，人民法院出版社2007年版，第501页。

物被查封、扣押之前产生的债权都可以从抵押物拍卖、变卖所得价款中优先受偿，财产保全的目的就落空了。所以，当抵押物因财产保全而被查封、扣押时，最高额抵押权所担保的债权应当被特定。其次，抵押物因执行程序而被查封、扣押时债权特定的原因在于：查封、扣押的目的是保证对财产的顺利换价，实现债权的清偿。它是一种临时性的措施，是为了进一步拍卖或变卖做准备。而且查封、扣押不仅是强制执行程序的实质性开始，通过将被查封、扣押的财产与被执行人的其他财产分开，而且是公示社会公众不要就查封、扣押之物进行交易，查封、扣押也具有维护交易安全的作用。《执行规定》第39条规定："查封、扣押财产的价值应当与被执行人履行债务的价值相当。"第40条规定："人民法院对被执行人所有的其他人享有抵押权、质押权或留置权的财产，可以采取查封、扣押措施。财产拍卖、变卖后所得价款，应当在抵押权人、质押权人或留置权人优先受偿后，其余额部分用于清偿申请执行人的债权。"法释〔2000〕44号第55条规定："已经设定抵押的财产被采取查封、扣押等财产保全或者执行措施的，不影响抵押权的效力。"既然在抵押物被查封、扣押时，抵押权人的优先受偿权不受影响，那么就必须明确最高额抵押权人优先受偿的范围，假如该范围不明确，则执行申请的债权就无法获得清偿。

值得一提的是，相较于《物权法》第206条第4项的规定，本条第4项增加了"抵押权人知道或者应当知道"来限定"抵押财产被查封、扣押"，这值得赞同，理由如下：就《物权法》第206条的文义观察，抵押物被查封、扣押使最高额抵押权所担保的债权确定的时间点，应为抵押财产被实际查封、扣押之时。自此时既有的债权及某些将来发生的债权属于被担保债权的范围，其他将来发生的债权不再属于担保范围。倘若最高额抵押权人没有接到法院关于查封、扣押的裁定，也没有通过其他途径知悉查封、扣押的事实，继续放贷或与债务人成立其他债权，却无担保，则加大了不能实现其债权的风险。最高额抵押权人若知悉抵押物被查封、扣押，不再放贷或与债务人成立其他债权，则会降低风险。这告诉我们，把抵押物被查封、扣押使最高额抵押权所担保的债权确定的时间点，定在最高额抵押权人知悉抵押物被查封、扣押之时，比较合理。中国台湾地区的"民法"及其理论即持这样的立场，并对知悉查封、扣押事实的原因，不予考虑。①

（五）债务人、抵押人被宣告破产或者解散

债务人被宣告破产，人民法院受理破产申请时对债务人享有的债权称为破产债权（《企业破产法》第107条第2款）。于此场合，最高额抵押权所担保的债权

① 谢在全：《民法物权论》（下册），台北，三民书局有限公司2003年12月修订2版，第142页。

若不确定，依然变动，必然损害其他破产债权人的合法权益。债务人被解散时，依法应当清算，所以最高额抵押权所担保的债权也必须特定。至于抵押人被宣告破产，被宣告破产的抵押人为破产人，其财产称为破产财产（《企业破产法》第107条第2款），最高额抵押权人虽然针对抵押财产享有别除权，但是如果任由债权继续增加，将会损害其他破产债权人的合法权益，因此也必须确定。抵押人被撤销时，最高额抵押权担保的债权必须确定的理由也是一样的。①

《物权法》第206条第5项的措辞是“债务人、抵押人被宣告破产或者被撤销”，本条第5项把其中的“被撤销”改为“解散”，这更为全面，值得赞同，因为抵押人解散，要进行清算，最高额抵押权应当实行，担保债权不确定，最高额抵押权就难以实行，所以，各种原因导致的抵押人解散均应确定最高额抵押权所担保的债权。

（六）法律规定债权确定的其他情形

除上述五种债权确定的事由以外，还有法律规定的事由。例如，根据《民法典》第420条的规定，发生当事人约定的实现最高额抵押权的事由时，最高额抵押权人有权在最高额限度内就担保财产优先受偿。而最高额抵押权人行使最高额抵押权的基础就是被担保债权额的确定。所以，出现当事人约定的实现最高额抵押权的事由就意味着被担保债权额的确定。② 再如，最高额抵押权存续期间，抵押物被强制拍卖，必须先使最高额抵押权确定。因此，抵押物的强制拍卖亦为被担保债权确定的事由。③

三、确定后的效果

关于确定后的效果，《民法典》未作规定，学说论述不多，有必要借鉴境外的立法例及其学说，形成我们的观点。

（一）被担保债权确定

最高额抵押权所担保的原债权确定时已经存在的、并且符合约定的被担保债权范围标准的债权，才属于最高额抵押权担保的债权。就时间点而言，最高额抵押权担保的原债权范围，在确定时发生截断的作用，截断前的债权被最高额抵押权担保，截断后的债权则否。需要注意的是，确定时存在的原债权不以当时已经发生的

① 王利明、尹飞、程啸：《中国物权法教程》，北京，人民法院出版社2007年版，第502～503页。

② 胡康生主编：《中华人民共和国物权法释义》，北京，法律出版社2007年版，第451页。

③ 黄松有主编：《〈中华人民共和国物权法〉条文理解与适用》，北京，人民法院出版社2007年版，第615页。

（已经特定和已经发生的债权）为限，当时尚未发生的附条件债权[①]、将来债权或其他发生原因事实已经存在的债权（已经特定、尚未发生），可以包括在内。[②]

确定时存在且已经具有担保资格的债权，其利息、违约金、损害赔偿金等在确定时已经发生的，若与原债权合计没有超过最高额限度，当然属于被担保的债权；在确定后发生的债权，假如没有超过最高额限度，亦为最高额抵押权的效力所及。更有甚者，确定时存在的被担保债权因清偿等原因而消灭，导致最高额未达满额，其他确定时存在的债权于其嗣后发生的利息，也属于被担保债权的范围。之所以如此，是因为利息等债权在最高额抵押权确定时已经存在着发生的原因事实，本质上应属于将来债权的一种。正因确定时存在的债权于其嗣后发生的利息债权仍然属于被担保债权，所以通说仍然坚持最高额抵押权的特性继续存在，尚未完全变成普通债权。[③]

当发生导致最高额抵押权担保的债权被确定的事由，从而使最高额抵押权转变为一般抵押权时，当事人应当持不动产登记证明、最高额抵押权担保的债权已确定的材料等必要材料，申请办理确定最高额抵押权的登记（《不动产登记暂行条例实施细则》第 73 条）。经依法登记的最高额抵押权担保的债权确定，不登记不得对抗善意第三人。

［探讨］

通说认为，最高额抵押权所担保债权的范围，应当包括主债权（原本）及其利息、违约金、损害赔偿金。但应注意，实现抵押权的费用不得算入最高额，而应在抵押物的拍卖、变卖所得价金中扣除。这是保护抵押权人的利益所必需的。因为实现抵押权的费用系基于抵押关系产生的，自应列入抵押权所担保的债权范围之内。但如果将此费用算入最高额，就会增加抵押权所担保的债权额，而一旦该债权额超过最高额，就会损害抵押权人的利益。[④] 这确有道理，值得赞同。

确定时的被担保债权，如其债权总额已经超过了最高额限度，可以列入最高额限度内的债权种类或顺序，按照债权清偿的抵充顺序加以确定。这时，它与普通抵押权的一部抵押权相同。基于抵押权的不可分性，债务人必须在清偿全部被

---

① 就笔者个人的观点而言，附停止条件债权仍为真正的债权，只是效力不齐备。至于附解除条件的债权，应为完全债权，是效力齐备的债权。

②③ 谢在全：《民法物权论》（下册），台北，三民书局有限公司 2003 年 12 月修订 2 版，第 148～149、149 页。

④ 李国光、奚晓明、金剑峰、曹士兵：《关于适用〈中华人民共和国担保法〉若干问题的解释理解与适用》，长春，吉林人民出版社 2000 年版，第 308 页；黄松有主编：《〈中华人民共和国物权法〉条文理解与适用》，北京，人民法院出版社 2007 年版，第 608、613 页。

担保债权之后，才能使最高额抵押权消灭。这是因为确定最高额抵押权所担保的并非仅仅是按照抵充顺序列入的债权，而是确定时存在的全部债权，何况此类债权若因清偿原因而消灭时，其后抵充顺序的被担保债权仍然可以填补所剩余的空额，从而成为优先受偿的债权。①

（二）法律关系的变化

确定后，当事人不得再实施下列行为：变更被担保债权的范围、变更债务人、变更债权确定期日、行使原债权确定请求权、约定原债权的特别确定事由等。

确定后，最高额抵押权的从属性得以回复，于是，可以适用法律关于普通抵押权的从属性的规定。例如，被担保债权发生让与、代位清偿等，都要适用法律关于抵押权处分上的从属性的规定。

确定后，发生被担保债权额的结算请求权和最高额抵押权的注销请求权。

第四百二十四条

最高额抵押权除适用本节规定外，适用本章第一节的有关规定。

本条主旨

本条是关于最高额抵押权的问题适用一般抵押权规范的规定。

相关条文

《物权法》第 207 条　最高额抵押权除适用本节规定外，适用本章第一节一般抵押权的规定。

《担保法》第 62 条　最高额抵押除适用本节规定外，适用本章其他规定。

理解与适用

本条是对《物权法》第 207 条的承继，表明《民法典》关于最高额抵押权的规定属于特别法，一般抵押权规范属于普通法，在特别法没有规定或规定得不完全的情况下，适用《民法典》关于一般抵押权的规定。例如，最高额抵押权的客体范围、设立、基本的权利义务、实行、终止，都适用《民法典》关于一般抵押权在相应环节的规定。当然，如此适用时务请注意最高额抵押权的特殊性，不得与其特殊性相抵触。

① 谢在全：《民法物权论》（下册），台北，三民书局有限公司 2003 年 12 月修订 2 版，第 150 页。

第十八章

质　权

本章先后规定了动产质权、权利质权，基本上承继了《物权法》关于质权的规定，略有变化：（1）充实了《物权法》关于质押合同的条款细节；（2）放弃了《物权法》禁止流质条款的僵硬模式，改采弹性化地对待和处理流质条款的立场；（3）变《物权法》规定的质权人擅自转质造成质押财产毁损、灭失时向出质人承担赔偿责任，为模糊地称承担赔偿责任，这为出质人以外之人因此遭受的损失也能向质权人请求赔偿扫除了障碍；（4）明确了质权人怠于行使权利造成损害，指的是给出质人造成损害；（5）明确"应收账款"包括"现有的和将有的"；（6）不再像《物权法》那样要求以汇票、支票、本票、债券、存款单、仓单、提单、基金份额、股权、注册商标专用权、专利权、著作权以及其他知识产权、应收账款出质的，应当订立书面合同；（7）有意淡化了不同类型的权利质权由不同的登记机构办理质权登记，减少未来设置统一登记机构的障碍。

第四百二十五条

为担保债务的履行，债务人或者第三人将其动产出质给债权人占有的，债务人不履行到期债务或者发生当事人约定的实现质权的情形，债权人有权就该动产优先受偿。

前款规定的债务人或者第三人为出质人，债权人为质权人，交付的动产为质押财产。

本条主旨

本条是关于动产质权的概念亦即基本内容的规定。

相关条文

《物权法》第 208 条　为担保债务的履行，债务人或者第三人将其动产出质给债权人占有的，债务人不履行到期债务或者发生当事人约定的实现质权的情形，债权人有权就该动产优先受偿。

前款规定的债务人或者第三人为出质人，债权人为质权人，交付的动产为质押财产。

《担保法》第 63 条　本法所称动产质押，是指债务人或者第三人将其动产移交债权人占有，将该动产作为债权的担保。债务人不履行债务时，债权人有权依照本法规定以该动产折价或者以拍卖、变卖该动产的价款优先受偿。

前款规定的债务人或者第三人为出质人，债权人为质权人，移交的动产为质物。

理解与适用

一、本条含义概貌

本条是对《物权法》第 208 条的复制，第 1 款界定了动产质权的概念，也勾勒出动产质权的基本内容；第 2 款界定了出质人、质权人和质押财产。

二、动产质权的概念

按照本条的规定，所谓动产质权，是指为担保债权的实现，债权人占有债务人或第三人的动产，于债务人不履行到期债务或发生当事人约定的实现质权的情形时，有权就该动产的变价使被担保债权优先受偿的担保权利。其法律性质如下。

（一）动产质权以他人所有的动产为标的物

动产质权的标的物为动产，且必须属于债务人或第三人所有，并具有转让性（让与性）（《民法典》第 426 条的反面推论）。留置财产之所以必须归债务人或第三人所有，是动产质权具有留置效力的要求。留置财产之所以必须具有让与性，是因为动产质权在实现时需要将留置财产拍卖、变卖或折价，从而发生所有权人的变化。

（二）动产质权以质权人占有留置财产为生效要件和存续要件

动产质权以质权人占有债务人或第三人的动产为生效要件，是由动产物权的变动以占有为公示方式和生效要件的立法模式所决定的。动产质权以质权人占有留置财产为存续要件，是由动产质权以留置效力实现其担保功能的性质决定的。但留置财产的交付，亦即留置财产占有的移转，不以现实交付为限，简易交付、指示交付也为法律所认可（《民法典》第226条、第227条），但占有改定不在其中，这是由质权须有留置效力所要求的。

［引申］

在德国，设定质权所要求的交付留置财产，比动产所有权转让所需要的动产交付还要严格，不承认通过占有改定设定质权。通过基于占有媒介关系的返还请求权让与方式设定质权，占有媒介人必须被通知到（《德国民法典》第1205条第2项）。须注意，采用这种方式设定质权，在留置财产返还于出质人或所有权人时，质权消灭，即使质权人表达了相反的意思，也无济于事。①

案例分析

甲公司与和乙银行签署贷款协议和质押合同，约定乙银行向甲公司提供贷款2 000万元人民币，甲公司作为借款人，同时也是出质人，将其仓库内的货物出质给乙银行，作为2 000万元贷款的担保。

甲公司、乙银行和丙公司签署了《担保物三方保管合同》，约定丙公司作为保管人，接受乙银行和甲公司的共同委托，代表乙银行占有存放于甲公司仓库中的留置财产，即代表乙银行接受货物，向乙银行签发仓单，并按照乙银行的放货指令放货。

丙公司和甲公司签署了厂房租赁合同，承租了甲公司的仓库，约定租赁的用途是存储甲公司向乙银行出质的留置财产，但丙公司只支付名义上的租金每年1元人民币。由于仓库本身仍然是在甲公司的控制之下，丙公司只是在名义上租赁，且每个仓库派出一至二名监管员进行监管，为了明确丙公司和甲公司之间的责任，丙公司和甲公司签署了《监管作业协议》。

争议的焦点：乙银行对于甲公司仓库里货物的质权成立了吗？

回答这个问题，需要确定保管人同时是承租人的丙公司对于涉案仓库里货物的占有属于何种类型。众所周知，在租赁合同中，对租赁物为直接占有的，是承租人而非出租人。在保管合同中，对保管物为直接占有的，是保管人而非寄存人。如此，在本案中，丙公司而非出质人甲公司对涉案留置财产为直接占有。

在本案中，就形成了第三人直接占有留置财产，按照德国民法关于“通过基于占有媒介关系的返还请求权让与方式设定质权，占有媒介人必须被通知到”的规定及其理论，本案中，占有媒介人丙公司是签订保管合同、租赁合同的缔约

① ［德］鲍尔/施蒂尔纳：《德国物权法》（下册），申卫星、王洪亮译，北京，法律出版社2006年版，第543页。

人，详知涉案质权设立的信息，满足了占有媒介人被通知到的要求，因而，乙银行的质权已经设立。

从反面讲，既然动产质权设立所需要的留置财产交付仅仅排除了占有改定的方式，承认包括现实交付、简易交付、基于占有媒介关系的返还请求权让与在内的交付方式，而涉案质权的设立并非通过占有改定的方式，那么认定涉案质权已经设立，应当是有把握的。

（三）动产质权是就留置财产的变价使被担保债权优先受偿的权利

《民法典》规定，在债务人不履行到期债务或发生当事人约定的实现质权的情形时，质权人可以与出质人协议以质押财产折价，也可以就拍卖、变卖质押财产所得的价款，使被担保债权优先受偿（第425条第1款、第436条第2款）。

（四）动产质权属于担保物权

上述性质表明动产质权为担保物权。

第四百二十六条

法律、行政法规禁止转让的动产不得出质。

本条主旨

本条是关于必须具有转让性（让与性）的动产方可作为质押财产规定。

相关条文

《物权法》第209条　法律、行政法规禁止转让的动产不得出质。

法〔2019〕254号第30条第2款　人民法院在审理合同纠纷案件时，要依据《民法总则》第153条第1款和合同法司法解释（二）第14条的规定慎重判断“强制性规定”的性质，特别是要在考量强制性规定所保护的法益类型、违法行为的法律后果以及交易安全保护等因素的基础上认定其性质，并在裁判文书中充分说明理由。下列强制性规定，应当认定为“效力性强制性规定”：强制性规定涉及金融安全、市场秩序、国家宏观政策等公序良俗的；交易标的禁止买卖的，如禁止人体器官、毒品、枪支等买卖；违反特许经营规定的，如场外配资合同；交易方式严重违法的，如违反招投标等竞争性缔约方式订立的合同；交易场所违法的，如在批准的交易场所之外进行期货交易。关于经营范围、交易时间、交易数量等行政管理性质的强制性规定，一般应当认定为“管理性强制性规定”。

理解与适用

本条是对《物权法》第209条的复制，明确了法律、行政法规禁止转让的动产不得出质，换个说法，质押财产必须具有转让性（让与性）。

法律、行政法规的禁止性规定，属于强制性规定。尽管关于强制性规定有效力性的和管理性的两大类，而且二者的区分标准见仁见智，但笔者认为至少以下两大类应为效力性的强制性规定：（1）违反禁止性规定的同时（或结果）损害了社会公共利益；（2）法律、法规关于禁止流通物的规定。法〔2019〕254号第30条第2款规定："人民法院在审理合同纠纷案件时，要依据《民法总则》第153条第1款和合同法司法解释（二）第14条的规定慎重判断'强制性规定'的性质，特别是要在考量强制性规定所保护的法益类型、违法行为的法律后果以及交易安全保护等因素的基础上认定其性质，并在裁判文书中充分说明理由。下列强制性规定，应当认定为'效力性强制性规定'：强制性规定涉及金融安全、市场秩序、国家宏观政策等公序良俗的；交易标的禁止买卖的，如禁止人体器官、毒品、枪支等买卖；违反特许经营规定的，如场外配资合同；交易方式严重违法的，如违反招投标等竞争性缔约方式订立的合同；交易场所违法的，如在批准的交易场所之外进行期货交易。关于经营范围、交易时间、交易数量等行政管理性质的强制性规定，一般应当认定为'管理性强制性规定'。"

本条系关于禁止转让的动产不得出质的规定，属于关于禁止流通物的规定，应为效力性的强制性规定。当事人违反该条规定，以法律、法规禁止转让的动产出质，质押合同应当无效。

本条属于不完全法条，尚须结合《民法典》第153条第1款前段关于"违反法律、行政法规的强制性规定的民事法律行为无效"的规定，来认定以法律、法规禁止转让的动产订立的质押合同无效。也正因为必须结合《民法典》第153条第1款前段的规定适用法律，所以，本条把法律的位阶限定于法律和行政法规两个位阶，排除了部门规章、地方法规和地方规章，符合体系自洽的要求。当然，如果从实质正义的层面检讨，则可有另外一种结论。

第四百二十七条

设立质权，当事人应当采用书面形式订立质押合同。

质押合同一般包括下列条款：

（一）被担保债权的种类和数额；

（二）债务人履行债务的期限；

（三）质押财产的名称、数量等情况；

（四）担保的范围；

（五）质押财产交付的时间、方式。

本条主旨

本条是关于质权可由书面质押合同设立以及质押合同的一般条款的规定。

相关条文

《物权法》210 条　设立质权，当事人应当采取书面形式订立质权合同。

质权合同一般包括下列条款：

（一）被担保债权的种类和数额；

（二）债务人履行债务的期限；

（三）质押财产的名称、数量、质量、状况；

（四）担保的范围；

（五）质押财产交付的时间。

《担保法》第 64 条　出质人和质权人应当以书面形式订立质押合同。

质押合同自质物移交于质权人占有时生效。

第 65 条　质押合同应当包括以下内容：

（一）被担保的主债权种类、数额；

（二）债务人履行债务的期限；

（三）质物的名称、数量、质量、状况；

（四）质押担保的范围；

（五）质物移交的时间；

（六）当事人认为需要约定的其他事项。

质押合同不完全具备前款规定内容的，可以补正。

法释〔2000〕44 号第 85 条　债务人或者第三人将其金钱以特户、封金、保证金等形式特定化后，移交债权人占有作为债权的担保，债务人不履行债务时，债权人可以以该金钱优先受偿。

第 89 条　质押合同中对质押的财产约定不明，或者约定的出质财产与实际移交的财产不一致的，以实际交付占有的财产为准。

理解与适用

本条承继了《物权法》第 210 条的规定，微调了两处，一是把质权合同的称谓改为质押合同，二是将《物权法》第 210 条第 2 款第 3 项“质押财产的名称、数量、质量、状况”更换成“质押财产的名称、数量等情况”。

基于法律行为而设立动产质权，在理论上不排除依遗嘱设立，但最为常见的是质权人和出质人签订质押合同，故本条专就质押合同的形式和一般条款作出规定。

质押合同在外形上可以是独立于主债权合同的质押合同，也可以是主债权合同中的质押条款。依本条第 1 款的要求，质押合同应当采取书面形式。

本条第 2 款示例了质押合同的五个方面的条款，兹简要介绍和讨论如下。

1. 被担保债权的种类和数额

该条款旨在将被担保债权特定化，满足质权特定性的要求。被担保债权的种类是质押合同的主要条款。

2. 债务人履行债务的期限

在当事人未约定另外的质权实行条件的情况下，债务人履行债务的期限是确定质权实行的重要的因素，即债务人于债务履行期限届满时未履行债务，质权实行的条件具备，质权人可以行使质权（《民法典》第 425 条第 1 款、第 436 条第 2 款）。在这个意义上说，该条款是质押合同的主要条款。

3. 质押财产的名称、数量等情况

该条款旨在将留置财产特定化，满足质权特定性的要求。它是质押合同的主要条款。

《物权法》第 210 条第 2 款第 3 项的表述是“质押财产的名称、数量、质量、状况”，《民法典》第 427 条第 3 项改为“质押财产的名称、数量等情况”，更为机动，留有余地。因为质押财产的质量和状况主要是与评估质押财产的价值有关，至于在质押合同的成立要件方面，即使欠缺质押财产的质量、状况的约定，也能锁定质押财产，在这个意义上说，质押财产的名称、数量属于质押合同的主要条款，而质押财产的质量、状况只是质押合同的一般条款。

4. 担保的范围

在质押合同中约定质权担保的范围，更能反映当事人的真意，不过，即使质押合同无此条款，也可以根据《民法典》第 389 条的规定确定下来。可见，担保的范围应为质押合同的一般条款。

5. 质押财产交付的时间、方式

质押财产的交付时间决定着动产质权的设立及其时间点（《民法典》第429条），也很重要，当事人应予重视。

质押财产交付的方式很可能影响着交易成本，如适合于指示交付的场合却约定现实交付的方式，就增加了费用；甚至左右着出质人违约与否，例如，若认可指示交付，出质人即能满足质押合同的要求，但约定现实交付同时约定的交付期限过短，使出质人无法按时交付质押财产，就构成违约。

［引申］

（1）金钱可否作为留置财产

金钱通过包封等方式特定化时成为“独立物”，可作为留置财产。否则，金钱自交付与质权人时，其所有权也转归质权人，不符合动产质权的性质，因而不得作为留置财产。① 对此，法释〔2000〕44号第85条规定：“债务人或者第三人将其金钱以特户、封金、保证金等形式特定化后，移交债权人占有作为债权的担保，债务人不履行债务时，债权人可以以该金钱优先受偿。”

（2）动产的份额（应有部分）可否为留置财产

由于动产质权的设立以质权人占有动产为生效要件，出质人（共有人）应使质权人与该动产的其他共有人共同占有该动产，才会使动产质权设立于该动产的份额（应有部分）之上。②

（3）在个案中，质押合同的条款可能多于上述条款。在这个意义上，《担保法》第65条第1款关于抵押合同可有“当事人认为需要约定的其他事项”的规定，及第65条第2款关于“质押合同不完全具备前款规定内容的，可以补正”的规定，符合实际。《物权法》和《民法典》未再复述它们，并不意味着排斥它们，而应这样理解：A. 当事人在质押合同中约定他们认为需要约定的其他事项，乃合同自由的题中应有之义，无须赘言。只要约定不违反法律、行政法规的强制性规定，不违背公序良俗原则，即为有效。B.《担保法》第65条第2款规定的“质押合同不完全具备前款规定内容的，可以补正”，既赋予了当事人各方事后补充质押条款的权利，符合合同自由原则的要求；又授权裁判人员，在不违反合同自由原则的前提下，可以依据公平正义原则，根据个案案情，填补质押合同的某些条款。

① 谢在全：《民法物权论》（下册），台北，三民书局有限公司2003年12月修订2版，第254页；梁慧星、陈华彬：《物权法》（第4版），北京，法律出版社2007年版，第348页；黄松有主编：《〈中华人民共和国物权法〉条文理解与适用》，北京，人民法院出版社2007年版，第620页。

② 谢在全：《民法物权论》（下册），台北，三民书局有限公司2003年12月修订2版，第256页；梁慧星、陈华彬：《物权法》（第4版），北京，法律出版社2007年版，第348页。

第四百二十八条

质权人在债务履行期限届满前，与出质人约定债务人不履行到期债务时质押财产归债权人所有的，只能依法就质押财产优先受偿。

本条主旨

本条是关于弹性化地对待和处理流质条款（代物清偿）的规定。

相关条文

《物权法》第 211 条　质权人在债务履行期届满前，不得与出质人约定债务人不履行到期债务时质押财产归债权人所有。

《担保法》第 66 条　出质人和质权人在合同中不得约定在债务履行期届满质权人未受清偿时，质物的所有权转移为质权人所有。

理解与适用

本条已经有条件地修正了《物权法》第 211 条关于禁止流质条款的规定。所谓修正了《物权法》第 211 条关于禁止流质条款的规定，是因为本条未再重复《物权法》第 211 条关于“不得与出质人约定债务人不履行到期债务时质押财产归债权人所有”的规定。所谓有条件地修正，是因为本条未删除《物权法》第 211 条，仅仅是改为“与出质人约定债务人不履行到期债务时质押财产归债权人所有的，只能依法就质押财产优先受偿。”

本条所谓“只能依法就质押财产优先受偿”，可有如下解读：（1）这纯属物权法规范，《民法典》在恪守本分；而《物权法》第 211 条所谓“质权人在债务履行期届满前，不得与出质人约定债务人不履行到期债务时质押财产归债权人所有”，即流质条款被禁止，实为合同法规范。虽然立法技术允许物权法掺杂有合同法规范，合同法偶有物权法规范，但合适的理念是只有在有必要时才如此安排法律规范之所在，以免增大人们特别是百姓大众“找法”的难度。（2）流质条款的效力问题交由法律行为规则调整，适用《民法典》第 143－156 条的规定，质权制度仅管自己分内之事，更从容些，效果更佳。（3）“质权人在债务履行期限届满前，与出质人约定债务人不履行到期债务时质押财产归债权人所有”，加上质押财产已被质权人占有，故其为代物清偿，质权人若主张履行该合同，不害及出质人的其他债权人（如出质人无其他债权人，或者即使有其他债权人，但出质人的责任财产足以清偿那些债权，现金流处于正常状态）时，法律自无干预的必要。即使对质押财产的估价偏低，不利于出质人，只要出质人不主张撤销，也应该承认该代物清偿协议/流押条款的效力。该协议适当履行后，质权人取得该质押财产的所有权。（4）在出质人的数个债权人都对出质人请求清偿，没有涉及质押财产、出质人也没有进入破产程序的情况下，质权人可依基于代物清偿协议/流押条款的约定及其适当履行取得质押财产的所有权。（5）在出质人的数个债权人都对出质人请求清偿，已经涉及质押财产，但出质人尚未进入破产程序的场合，质权人无权主张代物清偿协议/流押条款有效，并声称自己已经取得质押财产的所有权，只可援用《民法典》第425条第1款、第436条第2款和第3款的规定，实行质权，就质押财产的变价使担保债权优先获得清偿。（6）在出质人已经进入破产程序的情况下，质权人也无权主张代物清偿协议/流押条款有效，并声称自己已经取得质押财产的所有权，必须适用《企业破产法》的有关规定，包括第109条关于“对破产人的特定财产享有担保权的权利人，对该特定财产享有优先受偿的权利”的规定。

第四百二十九条

质权自出质人交付质押财产时设立。

本条主旨

本条是关于动产质权的设立以交付质押财产为生效要件的规定。

相关条文

《物权法》第212条　质权自出质人交付质押财产时设立。

《担保法》第64条第2款　质押合同自质物移交于质权人占有时生效。

法释〔2000〕44号第87条　出质人代质权人占有质物的，质押合同不生效；质权人将质物返还于出质人后，以其质权对抗第三人的，人民法院不予支持。

因不可归责于质权人的事由而丧失对质物的占有，质权人可以向不当占有人请求停止侵害、恢复原状、返还质物。

第88条　出质人以间接占有的财产出质的，质押合同自书面通知送达占有人时视为移交。占有人收到出质通知后，仍接受出质人的指示处分出质财产的，该行为无效。

理解与适用

本条是对《物权法》第 212 条的复制，确立了基于质押合同设立动产质权以交付质押财产为生效要件的规则。

《担保法》奉行质押合同生效时动产质权设立的思想，将质物移交于质权人占有作为质押合同的生效要件（第 64 条第 2 款）。其缺点十分明显：（1）它不符合物权与债权二分、各自依其自身规律运动的基本原理。物权依其绝对性及强大效力有必要奉行公示原则，尤其在交易领域，这还是交易安全的需要。所以，动产物权以质押财产的交付、占有作为公示方法，其设立以质押财产的交付作为生效要件，具有内在合理性。动产质权设立的原因行为——抵押合同，遵循合同的相对性，无公示的强烈需求，并且时常也无法公示。既然如此，把质押财产的交付作为质押合同的生效要件不符合合同的本质要求，画蛇添足。（2）把质押财产的交付作为质押合同的生效要件，只要质押财产没有交付，质押合同便未生效，甚至无效，出质人交付质押财产的义务便不复存在，“质权人”无权请求出质人交付质押财产，动产质权的设立成为泡影。这显然不利于“质权人”。（3）把质押财产的交付作为质押合同的生效要件，未交付质押财产则质押合同不发生效力甚至无效，“质权人”只可追究出质人的缔约过失责任。如此，违约金责任不复存在，就损害赔偿，多数说认为限于直接损失（成本的支出），不得主张机会利益的损失赔偿。无机会利益的损失赔偿远远低于违约责任中的履行利益（期待利益或曰预期利益）的赔偿。这显然不利于“质权人”。

《物权法》为克服该缺点，规定动产质权自出质人交付质押财产时设立（第 212 条），质押财产的交付不再影响质权合同的效力（第 15 条）。《民法典》予以承继（第 215 条、第 429 条）。如此，不但符合法理，实际效果也好。

第四百三十条

质权人有权收取质押财产的孳息，但是合同另有约定的除外。

前款规定的孳息应当先充抵收取孳息的费用。

本条主旨

本条是关于动产质权的效力及于质押财产的孳息与例外，以及该孳息清偿债权的顺序的规定。

相关条文

《物权法》第 213 条　质权人有权收取质押财产的孳息，但合同另有约定的除外。

前款规定的孳息应当先充抵收取孳息的费用。

《担保法》第 68 条　质权人有权收取质物所生的孳息。质押合同另有约定的，按照约定。

前款孳息应当先充抵收取孳息的费用。

理解与适用

本条是对《物权法》第 213 条的复制，第 1 款正文规定动产质权的效力及于质押财产的孳息，但书承认当事人的约定可以排除动产质权的此种效力；第 2 款明确该孳息应当先充抵收取孳息的费用。

动产质权场合，质权人占有质押财产，由他来收取质押财产的孳息最为方便、最为经济，故本条第 1 款正文的规定值得赞同。

本条第 1 款设置但书“但是合同另有约定的除外”，尊重当事人的意思，至少在某些情况下最符合当事人的利益安排。当然，当事人如此约定也可能是出质人处于强势地位，动产质权人不得已而为之。即使如此，法律也无必要主动出击。

孳息本有天然孳息和法定孳息之分，本条第 1 款正文未将任何一类孳息从动产质权的效力范围中排除，从动产质权的目的及功能方面考虑，宜解释为它们均为动产质权的效力所及，除非当事人有相反的约定。

依照质押财产的性能和使用方法收取孳息，对出质人及其全部债权人都有利，由此决定，因收取孳息而发生的费用属于为了出质人的全部债权人而形成的共益费用，出质人就此负担的债务属于共益债务，按照共益债务优先清偿的规则（《企业破产法》第 42 条、第 43 条），质权人有权优先受偿。所以，《民法典》第 430 条第 2 款规定，孳息应当先充抵收取孳息的费用。

由于本条第 2 款规定上述孳息应当先充抵收取孳息的费用，表明质权人不是无偿收取孳息，因而，充抵收取孳息的费用后尚有剩余的，应作为清偿担保债权的财产，依次充抵原债权的利息、原债权。在担保债权及其利息已届清偿期时，即刻清偿；在担保债权及其利息尚未届期时，或提前清偿，或先行提存，待届期时再予清偿。假如清偿担保债权及其利息之后仍有剩余，应返还给出质人。

第四百三十一条

质权人在质权存续期间，未经出质人同意，擅自使用、处分质押财产，造成出质人损害的，应当承担赔偿责任。

本条主旨

本条是关于质权人擅自使用、处分质押财产时应当承担民事责任的规定。

相关条文

《物权法》第 214 条　质权人在质权存续期间，未经出质人同意，擅自使用、处分质押财产，给出质人造成损害的，应当承担赔偿责任。

法释〔2000〕44 号第 93 条　质权人在质权存续期间，未经出质人同意，擅自使用、出租、处分质物，因此给出质人造成损失的，由质权人承担赔偿责任。

理解与适用

本条是对《物权法》第 214 条的复制，规定质权人擅自使用、处分质押财产时应当承担民事责任。

由动产质权的目的及功能决定，质权人无使用质押财产的权利，而负有妥善保管的义务；在动产质权不具备实行的条件时，质权人也无处分质押财产的权利。质权人在无权利的情况下擅自使用、处分质押财产，既违反质押合同项下的义务（当事人未约定此类义务时依法产生），又符合侵权行为的构成要件，出质人有权请求质权人承担民事责任。

虽然总的说来质权人对于质押财产无使用权，但有些质押财产依其性能需要适当使用才可维持其价值和功用的，则质权人适当使用不属于本条调整的范围，质权人不承担赔偿责任。

由于本条第 1 款正文使用“擅自”“处分”的措辞，排除了质权人于质权实行条件成就时处分质押财产的情形。

质权人擅自使用、处分质押财产，给出质人造成损害的，质权人负有赔偿出质人损失的民事责任。于此场合，违约损害赔偿与侵权损害赔偿竞合，出质人只可选择其中之一而主张，不得双重获利。

在质权人擅自使用、处分质押财产，尚无财产损失的后果时，出质人有权援用《民法典》第 236 条的规定，请求质权人排除妨害；也有权援用《民法典》第 432 条第 2 款的规定，主张提存质押财产，或请求提前清偿债务以便请求质权人返还质押财产。本条行文仅用质权人应当承担赔偿责任，没有涵盖提存、提前清偿等救济措施，不周延。有鉴于此，适用本条的规定时，应当结合《民法典》第236条等条款的规定，全面地解决问题。

第四百三十二条

质权人负有妥善保管质押财产的义务；因保管不善致使质押财产毁损、灭失的，应当承担赔偿责任。

质权人的行为可能使质押财产毁损、灭失的，出质人可以请求质权人将质押财产提存，或者请求提前清偿债务并返还质押财产。

本条主旨

本条是关于质权人负有妥善保管质押财产的义务及违反时如何救济的规定。

相关条文

《物权法》第215条　质权人负有妥善保管质押财产的义务；因保管不善致使质押财产毁损、灭失的，应当承担赔偿责任。

质权人的行为可能使质押财产毁损、灭失的，出质人可以要求质权人将质押财产提存，或者要求提前清偿债务并返还质押财产。

《担保法》第69条　质权人负有妥善保管质物的义务。因保管不善致使质物灭失或者毁损的，质权人应当承担民事责任。

质权人不能妥善保管质物可能致使其灭失或者毁损的，出质人可以要求质权人将质物提存，或者要求提前清偿债权而返还质物。

法释〔2000〕44号第92条　按照担保法第六十九条的规定将质物提存的，质物提存费用由质权人负担；出质人提前清偿债权的，应当扣除未到期部分的利息。

理解与适用

本条是对《物权法》第215条的复制，第1款前段规定质权人妥善保管质押财产的义务，后段规定质权人违反该项义务致使质押财产毁损、灭失的，应当承担赔偿责任；第2款规定出质人的提存请求权、请求提前清偿伴随质押财产返还的效果。

动产质权以质权人占有质押财产为设立要件，在占有期间，质押财产脱离出质人的控制，而由质权人控制。从维护出质人的合法权益、平衡双方利益、物尽其用、尽可能地保持甚至提高社会效益等角度考量，质权人对于质押财产应当负有妥善保管的义务。此处所谓妥善保管，不是以质权人管理自己财产的注意而为保管，因为一些人管理自己的财产有些马虎、随意，而是以善良管理人的注意这样高标准的程度来保管质押财产。

质权人保管不善致使质押财产毁损、灭失，既构成违反质押合同，又构成侵权行为，无论根据合同法（《民法典》第 577 条等）还是侵权责任法（《民法典》第 1165 条），质权人都应承担赔偿责任，只不过出质人只可选择其中之一而请求罢了。所以，本条第 1 款后段规定质权人的损害赔偿责任，是有根据的。

质权人承担损害赔偿责任毕竟属于消极的事后救济，在质押财产对于出质人特别重要时，此类救济难以使出质人回复到未受侵害时的利益状态，再联系到社会成本的考量，实在有必要赋予出质人更为积极的法律手段，以便保全质押财产。现行法确实给出质人配置了保全质押财产的权利，本条第 2 款规定："质权人的行为可能使质押财产毁损、灭失的，出质人可以请求质权人将质押财产提存，或者请求提前清偿债务并返还质押财产。"法释〔2000〕44 号第 92 条规定，质权人不能妥善保管留置财产可能致使其毁损或灭失的，出质人可以要求质权人将留置财产提存，或要求提前清偿债务而返还留置财产。由此产生的提存费用应由质权人负担；如果出质人提前清偿债务的，则应当扣除未到期部分的利息。

提存，不影响质权的效力，与质权人亲自占有质押财产而不由出质人占有相差无几，能使质权人的债权实现有可靠的财产保障；在出质人一侧，提存可以使质押财产避开质权人的威胁、危害，在质权实行之前，出质人得以继续拥有质押财产的所有权。看来，提存是于此场合的合适的救济措施。

至于出质人请求提前清偿，在出质人同时为债务人的情况下，提前清偿意味着放弃期限利益，但为使质权人的债权消灭从而终止质权，取回质押财产，使质押财产免遭质权人不当行为之祸，付此代价，似乎也"值得"；在出质人非为债务人的场合，提前清偿消灭自己的物上负担，保全质押财产，由此导致的财产损失，再向债务人追偿，也算是无奈中的较好选择。

第四百三十三条

因不能归责于质权人的事由可能使质押财产毁损或者价值明显减少，足以危害质权人权利的，质权人有权请求出质人提供相应的担保；出质人不提供的，质权人可以拍卖、变卖质押财产，并与出质人通过协议将拍卖、变卖所得的价款提

前清偿债务或者提存。

本条主旨

本条是关于质押财产的保护权和变价权的规定。

相关条文

《物权法》第 216 条　因不能归责于质权人的事由可能使质押财产毁损或者价值明显减少，足以危害质权人权利的，质权人有权要求出质人提供相应的担保；出质人不提供的，质权人可以拍卖、变卖质押财产，并与出质人通过协议将拍卖、变卖所得的价款提前清偿债务或者提存。

《担保法》第 70 条　质物有损坏或者价值明显减少的可能，足以危害质权人权利的，质权人可以要求出质人提供相应的担保。出质人不提供的，质权人可以拍卖或者变卖质物，并与出质人协议将拍卖或者变卖所得的价款用于提前清偿所担保的债权或者向与出质人约定的第三人提存。

理解与适用

本条是对《物权法》第 216 条的复制，前段规定质押财产的保护权，后段规定质押财产的变价权。

所谓质押财产的保护权，是指因不能归责于质权人的事由可能使质押财产毁损或价值明显减少，足以危害质权人权利的，质权人有权要求出质人提供相应的担保（《民法典》第 433 条前段），即享有增加担保权。

所谓质押财产的变价权，又叫预行拍卖质押财产权，按照本条后段的规定，指这样的权利：因不能归责于质权人的事由可能使质押财产毁损或价值明显减少，足以危害质权人权利的，质权人要求出质人提供相应的担保而出质人不提供的，质权人可以拍卖、变卖质押财产，并与出质人通过协议将拍卖、变卖所得的价款提前清偿债务或提存。

分析本条后段的规定，可知质押财产变价权的行使必须具备如下要件：(1) 因不能归责于质权人的事由可能使质押财产毁损或价值明显减少，足以危害质权人的权利。如果是由于质权人的事由（如保管不善）导致质押财产毁损或价值明显减少，质权人不仅无权要求出质人提供担保，还得就此损失向出质人承担赔偿责任（《民法典》第 432 条第 1 款）。(2) 质权人要求出质人提供相应的担保。(3) 出质人拒不提供相应的担保。

质权人要求出质人提供相应担保，必须具备如下要件：(1) 因不能归责于质权人的事由可能使质押财产毁损或价值明显减少。(2) 质押财产毁损或价值明显减少的可能或事实，已经足以危害质权人的权利。

质押财产变价权的行使，或出质人以变价款提前清偿被担保债权，或将变价款代充质押财产，予以提存。所谓代充质押财产，是指质权移存于该项价款之上，而非指以该笔价款直接满足债权。由于出质人提前清偿会牺牲其期限利益，代充质押财产并予提存的，在实务中较为常见。

第四百三十四条

质权人在质权存续期间，未经出质人同意转质，造成质押财产毁损、灭失的，应当承担赔偿责任。

本条主旨

本条是关于转质及其责任的规定。

相关条文

《物权法》第 217 条　质权人在质权存续期间，未经出质人同意转质，造成质押财产毁损、灭失的，应当向出质人承担赔偿责任。

法释〔2000〕44 号第 94 条　质权人在质权存续期间，为担保自己的债务，经出质人同意，以其所占有的质物为第三人设定质权的，应当在原质权所担保的债权范围之内，超过的部分不具有优先受偿的效力。转质权的效力优于原质权。

质权人在质权存续期间，未经出质人同意，为担保自己的债务，在其所占有的质物上为第三人设定质权的无效。质权人对因转质而发生的损害承担赔偿责任。

理解与适用

一、本条含义概貌

本条是对《物权法》第 217 条的承继，仅仅在损害赔偿请求权人的位置明确了系“出质人”，赋权质权人转质。

所谓转质，是指质权人在质权存续期间，为了担保自己的或他人的债务，将质押财产移交给第三人，在该质押财产上设立新质权的行为。例如，甲为了担保欠乙的 100 万元债务，而将新奔驰车一辆为乙设立质权。其后，质权人乙为了担保欠丙的90万元债务，又以该车为丙设立质权。在这里，就原质权而言，甲为出质人，乙为质权人；就转质来说，乙为转质人，丙为转质权人。

转质有责任转质和承诺转质之分。所谓责任转质，是指质权人于质权存续期间，无须经过出质人的同意，而以自己的责任将质押财产为第三人设立质权。所谓承诺转质，又称同意转质，是指质权人在征得出质人的同意后，为了担保自己或他人的债务而以留置财产向第三人设立质权。

对于转质，《物权法》仅于第217条规定了这样的内容："质权人在质权存续期间，未经出质人同意转质，造成质押财产毁损、灭失的，应当向出质人承担赔偿责任。"它是否承认了转质，解释上未尽统一。有学者认为，这是关于责任转质的规定，《物权法》没有规定承诺转质。① 另有学者则干脆利落地断言，《物权法》既承认了责任转质，也承认了承诺转质。② 有些专家的态度较为缓和，认为《物权法》第217条规定了责任转质，未明确规定承诺转质，但在解释上自应认为它认可承诺转质。法释〔2000〕44号第94条第1款规定了承诺转质："质权人在质权存续期间，为担保自己的债务，经出质人同意，以其所占有的质物为第三人设定质权的，应当在原质权所担保的债权范围之内，超过的部分不具有优先受偿的效力。转质权的效力优于原质权。"③ 还有专家认为，《物权法》不提倡转质，也没有禁止转质。为了保护出质人的利益，《物权法》特设第217条，采取的原则是，未经出质人同意，不允许转质，质权人转质的，要承担赔偿责任。④ 归纳起来就是，多数说坚持现行法及其解释，认可了责任转质和承诺转质。

《民法典》第434条几乎照搬了《物权法》第217条的规定，可以如同理解《物权法》第217条那样理解。

二、责任转质

关于责任转质的性质，虽有不同意见，但宜采取质押财产再度出质说，即新质权设立说：转质系质权人为了担保自己或第三人的债务，在质押财产上再设立新质权的行为。换句话说，转质是质权人将质押财产所得直接支配的交换价值赋予转质权人于转质权实行的条件成就时优先用于清偿被担保的债权，故转质权人

① 梁慧星、陈华彬：《物权法》（第4版），北京，法律出版社2007年版，第353页。

② 王利明、尹飞、程啸：《中国物权法教程》，北京，人民法院出版社2007年版，第515页。

③ 黄松有主编：《〈中华人民共和国物权法〉条文理解与适用》，北京，人民法院出版社2007年版，第641页。

④ 胡康生主编：《中华人民共和国物权法释义》，北京，法律出版社2007年版，第467页。

取得的乃质权人所得支配交换价值内的另一优先支配权。①

责任转质的构成要件包括：（1）转质必须在质权存续期间设立，转质所担保债权的清偿期间不得超过原质权所担保债权的清偿期间；（2）转质权所担保的债权额必须在质权所担保债权的数额范围内；（3）质权人以自己的责任转质，即质押财产因转质所发生的一切责任，包括不可抗力造成的损失，均由转质人负责；（4）必须具备质权的一般成立要件（生效要件）。②

责任转质对于出质人具有如下效力：（1）在转质情况下，出质人欲清偿债务，取回质押财产，应先向转质权人为之，如果清偿转质权所担保的债务尚有余额，应再向质权人清偿。否则，出质人的清偿对转质权人不发生效力。（2）质权所担保债权关系中的债务人即使不是出质人，也是质权关系的一环，在质权人将质押财产转质时，转质权对于该债务人也有效力。因而，该债务人若未经转质权人同意，而向质权人清偿时，也不得以此拒绝转质权人请求他履行债务。不过，在质权人或转质权人未将转质的事实通知给债务人的，不在此限。③

责任转质对于质权人具有如下效力：（1）转质后，转质人（质权人）对于质押财产因不可抗力或通常事变所遭受的损失，也应负责。这是因为质权人未经出质人的同意而以自己的责任转质，应当加重其责任。（2）质权人应受转质的拘束，负有不得消灭其支配质押财产交换价值的义务。所以，不得抛弃其质权，不得免除质权所担保的债权，不得受领债务人对该债权的清偿，不得接受债务人将该债权抵销。原质权所担保的债权额超过转质权所担保的债权额时，就超过范围的差额，亦同。④

责任转质对于转质权人具有如下效力：（1）转质权人对于质押财产取得新质权，享有一般质权人所享有的权利，同时负有一般质权人所负担的义务。（2）在转质权所担保的债权和原质权所担保的债权均已届清偿期，转质权人的债权未获清偿时，转质权人可对留置财产行使变价权。（3）转质权人就质押财产所卖得的价金享有使其债权优先受偿的权利。⑤

责任转质权因其本身的消灭原因或所担保债权的消灭而消灭，因原质权的消灭而消灭。

---

① ［日］我妻荣：《新订担保物权法》，东京，岩波书局1983年版，第149页；［日］松坂佐一：《民法提要·物权法增订第4版》，东京，有斐阁1996年版，第273页；［日］星野英一：《民法概论Ⅱ·物权·担保物权》，东京，良书普及会平成6年，第231页；［日］川井健：《担保物权法》，东京，青林书院1987年版，第239页。转引自谢在全：《民法物权论》（下册），台北，三民书局有限公司2003年12月修订2版，第273页。

②③④⑤ 谢在全：《民法物权论》（下册），台北，三民书局有限公司2003年12月修订2版，第273～274、275、276、277页。

三、承诺转质

承诺转质的性质与责任转质的，原则上相同，只是承诺转质系经出质人的同意而成立，所以，质权人所能赋予转质权人的交换价值自然不受原债权人所能支配交换价值的拘束，致使转质权已经脱离原质权而存在了。

承诺转质的构成要件，除与责任转质的第四项构成要件相同以外，可以超过原债权所担保债权的金额和清偿期，或者说不受原质权的拘束。①

承诺转质的法律效力如下：（1）转质权实行的条件专以转质权确定，原质权是否已经具备实行的条件，在所不问。（2）质权人如何实行其质权，原则上按照转质权合同的约定，但通常可理解为质权人已经放弃其实行权。（3）质权人对于质押财产因不可抗力或通常事变所造成的损失，不再承担责任，仅仅承担过错责任。（4）由于转质权已经独立于原质权，原质权人有权受领其债务人的清偿，该债务人也有向原质权人（债权人）清偿的自由。只是该结果不得对抗转质权人，亦即转质权不因此而消灭，仅使质权人负有返还质押财产的义务；出质人为达到返还质押财产的目的，有权以利害关系人的身份，代质权人向转质权人清偿，然后以因此而取得的债权与原质权所担保的债权相互抵销，从而消灭质权和转质权。②

第四百三十五条

质权人可以放弃质权。债务人以自己的财产出质，质权人放弃该质权的，其他担保人在质权人丧失优先受偿权益的范围内免除担保责任，但是其他担保人承诺仍然提供担保的除外。

本条主旨

本条是关于质权放弃和其他担保人的担保责任免除或继续承担的规定。

相关条文

《物权法》第 218 条　质权人可以放弃质权。债务人以自己的财产出质，质权人放弃该质权的，其他担保人在质权人丧失优先受偿权益的范围内免除担保责任，但其他担保人承诺仍然提供担保的除外。

---

①② 谢在全：《民法物权论》（下册），台北，三民书局有限公司 2003 年 12 月修订 2 版，第 278～279、279 页。

《担保法》第 28 条 同一债权既有保证又有物的担保的，保证人对物的担保以外的债权承担保证责任。

债权人放弃物的担保的，保证人在债权人放弃权利的范围内免除保证责任。

法释〔2000〕44 号第 38 条 同一债权既有保证又有第三人提供物的担保的，债权人可以请求保证人或者物的担保人承担担保责任。当事人对保证担保的范围或者物的担保的范围没有约定或者约定不明的，承担了担保责任的担保人，可以向债务人追偿，也可以要求其他担保人清偿其应当分担的份额。

同一债权既有保证又有物的担保的，物的担保合同被确认无效或者被撤销，或者担保物因不可抗力的原因灭失而没有代位物的，保证人仍应当按合同的约定或者法律的规定承担保证责任。

债权人在主合同履行期届满后怠于行使担保物权，致使担保物的价值减少或者毁损、灭失的，视为债权人放弃部分或者全部物的担保。保证人在债权人放弃权利的范围内减轻或者免除保证责任。

理解与适用

一、本条含义概貌

本条是对《物权法》第 218 条的复制，前段规定赋权质权人放弃质权，后段正文明确债务人同时系出质人的，其他担保人在质权人丧失优先受偿权益的范围内免除担保责任，后段但书贯彻意思自治原则，承认其他担保人关于继续提供担保的承诺。

质权的存续使被担保债权具有优先受偿的效力，这显现出质权对于权利人是一种利益，而非负担。既然是利益，质权人放弃它应被允许。

在债务人同时是出质人的情况下，依据《民法典》第 392 条的规定，质权人必须首先请求债务人/出质人承担清偿责任，包括就质押财产的变价优先受偿，其他担保人享有顺序利益，只有在债务人/出质人的财产（包括质押财产）不足以清偿担保债权时，其他担保人才有义务实际承担担保责任。因此，假如允许质权人一方面放弃其对债务人/出质人的质权，另一方面又请求其他担保人承担原来态样的担保责任，就牺牲了其他担保人的顺序利益，不适当地优惠了债务人/出质人，这有失权衡。《民法典》没有如此失当地处理问题，而是规定“债务人以自己的财产出质，质权人放弃该质权的，其他担保人在质权人丧失优先受偿权益的范围内免除担保责任”（第 435 条后段正文），这就较好地平衡了各方的利益关系。

本条后段但书“但是其他担保人承诺仍然提供担保的除外”，是贯彻意思自治原则的体现。在质权人放弃某个或某几个质权的情况下，其他担保人本有顺序利益但被放弃，承诺其仍然提供担保，这是其他担保人在抛弃自己的利益，不涉及社会公共利益，法律没有干涉的必要和理由。所以，该但书也值得肯定。

在债务人和出质人分属不同的主体、当事人之间无特别约定的情况下，按照《民法典》第392条的规定，各个担保人之间无顺序利益，质权人/债权人有权选择任何一个或几个出质人承担担保责任，因此，质权人放弃其对某个或几个出质人的质权，其他的担保人的利益未受损害，不免除其担保责任。

二、质权放弃的具体形态

（一）概念和类型

质权的放弃，又叫质权的抛弃，是指质权人放弃可以优先受偿的担保利益，分为质权的相对放弃和绝对放弃。①

（二）质权的绝对放弃

质权的绝对放弃，也就是通常所说的质权的抛弃，是指质权人向抵押人为消灭质权的意思，放弃其质权的现象。质权的绝对放弃，在质权人和担保人之间的关系、在各个担保人之间的关系方面，适用本条的规定；在质权人与第三人之间的关系方面，质权人放弃质权不得损害第三人的利益。例如，甲所有的A电脑是乙的质权的标的物，后来又成为丙的抵押权的标的物。甲对乙有抗辩权，可以对抗乙实行质权；对丙无有效的抗辩及抗辩权。在该案型中，乙放弃其质权，会使丙对于A电脑的抵押权处于最优先的地位，也使甲任凭丙实行其抵押权。于此场合，乙不得放弃其质权。

（三）质权的相对放弃

质权的相对放弃，是指质权人为出质人的特定无担保债权人的利益，放弃其优先受偿的利益的现象。例如，在出质人甲的30万元的质押财产上，乙、丙各有10万元、20万元的第一顺位、第二顺位的质权，丁则为甲的无担保债权人（债权额为30万元）。乙为丁的利益而放弃其质权。

质权相对放弃的当事人为质权人和特定的无担保债权人，且该无担保债权人的债务人和出质人必须是同一个人。质权的相对放弃仅在质权放弃人和受放弃利益的特定无担保债权人之间发生相对效力。就优先受偿的范围而言，质权放弃人就质押财产卖得的价金所能获得分配的金额，由放弃人和受放弃利益的债权人，按两者合计的债权额的比例受偿。

① 梁慧星、陈华彬：《物权法》（第4版），北京，法律出版社2007年版，第323页。

第四百三十六条

债务人履行债务或者出质人提前清偿所担保的债权的，质权人应当返还质押财产。

债务人不履行到期债务或者发生当事人约定的实现质权的情形，质权人可以与出质人协议以质押财产折价，也可以就拍卖、变卖质押财产所得的价款优先受偿。

质押财产折价或者变卖的，应当参照市场价格。

本条主旨

本条是关于质权实现及质押财产返还以及质押财产变价的确定基准的规定。

相关条文

《物权法》第219条　债务人履行债务或者出质人提前清偿所担保的债权的，质权人应当返还质押财产。

债务人不履行到期债务或者发生当事人约定的实现质权的情形，质权人可以与出质人协议以质押财产折价，也可以就拍卖、变卖质押财产所得的价款优先受偿。

质押财产折价或者变卖的，应当参照市场价格。

《担保法》第71条　债务履行期届满债务人履行债务的，或者出质人提前清偿所担保的债权的，质权人应当返还质物。

债务履行期届满质权人未受清偿的，可以与出质人协议以质物折价，也可以依法拍卖、变卖质物。

质物折价或者拍卖、变卖后，其价款超过债权数额的部分归出质人所有，不足部分由债务人清偿。

法释〔2000〕44号第95条第1款　债务履行期届满质权人未受清偿的，质权人可以继续留置质物，并以质物的全部行使权利。出质人清偿所担保的债权后，质权人应当返还质物。

理解与适用

一、本条含义概貌

本条是对《物权法》第219条的复制，第1款规定质权实现时质权人应当返还质押财产，第 2 款规定质权的实行条件具备时质权实行的三种方式，第 3 款明确市场价格是质押财产折价或变卖的价格确定基准。

二、动产质权实现时质押财产的返还

债务人履行债务，债权得以实现，担保该债权的动产质权完成使命，应当归于消灭，债权人占有质押财产的法律根据不复存在，变成无权占有，有义务把该质押财产返还给出质人，出质人有权利请求债权人返还质押财产。

出质人为债务人时，提前清偿，牺牲其期限利益，满足债权人/质权人的债权利益，更有利于债权人/质权人，因而被允许。于此场合，担保该债权的动产质权寿终正寝，应当归于消灭，债权人占有质押财产的法律根据不复存在，变成无权占有，有义务把该质押财产返还给出质人，出质人有权利请求债权人返还质押财产。

总之，本条第 1 款的规定具有充足的理由，值得肯定。

三、动产质权的实行

本条第 2 款规定了质权实行的条件和方式。所谓动产质权的实行，是指债务人不履行到期债务或发生当事人约定的实现质权的情形，质权人与出质人协议以留置财产折价，也可以将留置财产拍卖或变卖，并就拍卖、变卖留置财产所得的价款优先受偿的行为。它是变价权和优先受偿权的总称。

依据本条第 2 款的规定，动产质权的实行，一般需要具备两项要件：一是动产质权有效存在；二是债权于清偿期届满而未受清偿，可以是全部未获清偿，也可以是部分未获清偿；或者当事人约定的实现质权的情形出现。

［辨析］

在中国台湾地区的“民法”上，债权只需已届债权人得请求清偿时而未受清偿者，质权人即可实行质权。[①] 这与中国大陆《民法典》第 436 条第 2 款前段、第 437 条第 1 款规定的债务人不履行到期债务，在履行期为期日的情况下差别不大；但在履行期为期间的场合则不同。对此举例说明，履行期为 2008 年 1 月 1 日至 2008 年 2 月 20 日，自 2008 年 1 月 1 日开始，债权人即得请求债务人清偿债务，按照中国台湾地区的“民法”，质权人（债权人）即可行使质权，但在 2008 年 2 月 20 日之前，按照中国大陆的现行法的规定，债务人未履行债务尚不构成债务不履行，在合同场合即为不构成违约行为，质权人无权行使质权，质权

① 谢在全：《民法物权论》（下册），台北，三民书局有限公司 2003 年 12 月修订 2 版，第 287～288 页。

人若行使，出质人有权抗辩。

根据本条第 2 款的规定，动产质权实行的方式包括折价、拍卖和变卖三种，与《民法典》410 条关于抵押权实行的方式相同，笔者在释评《民法典》第 410 条时已经详述，此处不赘。

四、质押财产变价的确定基准

实行动产质权，无论把质押财产折价还是变卖，都有合理作价的需要。作价低了，可能害及其他债权人的债权实现；作价高了，对质权人也不利，不尽符合公平原则。为了解决这个问题，本条第 3 款明确“质押财产折价或者变卖的，应当参照市场价格”，这是条可取之路，值得赞同。

第四百三十七条

出质人可以请求质权人在债务履行期限届满后及时行使质权；质权人不行使的，出质人可以请求人民法院拍卖、变卖质押财产。

出质人请求质权人及时行使质权，因质权人怠于行使权利造成出质人损害的，由质权人承担赔偿责任。

本条主旨

本条是关于及时行使质权的请求权和诉权、质权人对于怠于行使质权承担责任的规定。

相关条文

《物权法》第 220 条　出质人可以请求质权人在债务履行期届满后及时行使质权；质权人不行使的，出质人可以请求人民法院拍卖、变卖质押财产。

出质人请求质权人及时行使质权，因质权人怠于行使权利造成损害的，由质权人承担赔偿责任。

法释〔2000〕44 号第 95 条第 2 款　债务履行期届满，出质人请求质权人及时行使权利，而质权人怠于行使权利致使质物价格下跌的，由此造成的损失，质权人应当承担赔偿责任。

理解与适用

本条是对《物权法》第 220 条的复制，第 1 款规定出质人对于质权人享有及时行使质权的请求权，对于人民法院拥有拍卖、变卖质押财产的诉权；第 2 款明确质权人怠于行使质权给出质人造成损害的，应当承担赔偿责任。

根据《民法典》第 7 条规定的诚信原则、第 132 条规定的禁止权利滥用原则，考虑到出质人的交易安排，质权人于质权实行的条件具备时应当及时行使质权，这应为义务。从对面看，出质人有权请求质权人及时行使质权。

此处所谓及时，不一定是质权实行的条件具备就必须行使，应该综合债务人、债权人/质权人、出质人三方面的关系及情况，才可作出结论。例如，债务人正在积极筹备清偿债务的财产，可以在不太长的期间即可适当清偿债务，在这样的情况下，行使质权反倒增大交易成本，“逼得”出质人向债务人追偿，酿成较为复杂的法律关系。

出质人催告质权人及时行使质权，质权人仍不行使又无理由的，本条第 1 款给出出质人一项救济通道——可以请求人民法院拍卖、变卖质押财产。这类似于质权人自己实行质权时请求人民法院拍卖质押财产，或由人民法院代质权人变卖质押财产。

本条赋予出质人的救济途径不限于此，第 2 款赋权出质人请求怠于行使质权的质权人承担损害赔偿责任。所谓怠于行使权利，是指质权人因可归责于自己的原因而不及时行使权利。例如，质权人明知作为质押财产的某电子产品的升级产品即将上市，若在新产品上市后再变卖质押财产所获价款将明显降低，但却基于质押财产的变价款减少也足以使其债权获得清偿的考虑，而没有及时将质押财产变卖。①

出质人行使此项损害赔偿请求权时，需要举证证明质权人怠于行使质权给自己造成了损害。

第四百三十八条

质押财产折价或者拍卖、变卖后，其价款超过债权数额的部分归出质人所有，不足部分由债务人清偿。

本条主旨

本条是关于质押财产的变价款高于或低于担保债权数额时如何处理的规定。

① 王利明、尹飞、程啸：《中国物权法教程》，北京，人民法院出版社 2007 年版，第 517～518 页。

相关条文

《物权法》第 221 条　质押财产折价或者拍卖、变卖后，其价款超过债权数额的部分归出质人所有，不足部分由债务人清偿。

《担保法》第 71 条第 3 款　质物折价或者拍卖、变卖后，其价款超过债权数额的部分归出质人所有，不足部分由债务人清偿。

理解与适用

本条是对《物权法》第 221 条的复制，确立了质押财产的变价款高于或低于担保债权数额时如何处理的规则。

本条所谓质押财产的变价款超过债权数额的部分归质押人所有，乃自然之理，因为质权不是所有权，质押财产不因质权的设立而归属于质权人，只是使质权人的债权因该质权的设立而具有优先受偿的效力。担保债权受偿了，实现了，质权人的利益得到完全满足，质权便功成身退。假如把质押财产的变价款超过债权数额的部分划归质权人，该质权人就获取了不当得利，这不应被允许。此其一。从另一个侧面讲，质押财产属于出质人的责任财产的组成部分，出质人适当履行物上保证责任之后，剩余的部分仍为其责任财产，当然由其享有。此其二。

质押财产的变价款全部用于清偿担保债权之后，担保债权仍未完全实现的，不得谓该债权已经消灭，而是就未实现部分继续具有请求力、执行力、保有力，即债权人/质权人有权就其债权未实现的部分请求债务人清偿，债务人没有理由抗辩。于此场合，需要说明的至少有两点：一是在债务人和出质人分属不同的主体的情况下，此时债权人/质权人无权请求出质人清偿，只可请求债务人清偿；二是此时的债权仅仅是普通债权，已无质权的担保，无优先受偿的效力。

第四百三十九条

出质人与质权人可以协议设立最高额质权。

最高额质权除适用本节有关规定外，参照适用本编第十七章第二节的有关规定。

本条主旨

本条是关于设立最高额质权及其法律适用的准则的规定。

相关条文

《物权法》第 222 条　第二百二十二条　出质人与质权人可以协议设立最高额质权。

最高额质权除适用本节有关规定外，参照本法第十六章第二节最高额抵押权的规定。

理解与适用

本条是对《物权法》第 222 条的承继，第 1 款允许当事人协议设立最高额质权，第 2 款明确最高额质权的法律适用的准则，即《民法典》关于动产质权的规定可以适用于最高额质权，可以准用《民法典》关于最高额抵押权的规定。

本条所谓最高额质权适用《民法典》关于动产质权的规定，是指关于质权本质特征所必须具有的规定，最高额质权不得排除之，必须适用之。例如，适用《民法典》第 429 条关于质权自出质人交付质押财产时设立的规定，出质人未交付质押财产时最高额质权未设立；适用《民法典》第 425 条第 1 款关于质权担保的债权具有优先受偿效力的规定，第 426 条关于禁止流通物不得出质的规定，第 432 条关于质权人负有妥善保管质押财产的义务的规定，等等。

本条所谓最高额质权准用《民法典》关于最高额抵押权的规定，是指关于“最高额”本质特征所要求的规定，应当准用之，而不可排除之。例如，准用《民法典》第 420 条关于最高额抵押权担保的债权应是“一定期间内将要连续发生的债权”的规定，第 423 条关于所担保债权的确定及其事由的规定，等等。

第四百四十条

债务人或者第三人有权处分的下列权利可以出质：

（一）汇票、本票、支票；

（二）债券、存款单；

（三）仓单、提单；

（四）可以转让的基金份额、股权；

（五）可以转让的注册商标专用权、专利权、著作权等知识产权中的财产权；

（六）现有的以及将有的应收账款；

（七）法律、行政法规规定可以出质的其他财产权利。

本条主旨

本条是关于可以出质的权利的范围的规定。

相关条文

《物权法》第 223 条　债务人或者第三人有权处分的下列权利可以出质：

（一）汇票、支票、本票；

（二）债券、存款单；

（三）仓单、提单；

（四）可以转让的基金份额、股权；

（五）可以转让的注册商标专用权、专利权、著作权等知识产权中的财产权；

（六）应收账款；

（七）法律、行政法规规定可以出质的其他财产权利。

《担保法》第 75 条　下列权利可以质押：

（一）汇票、支票、本票、债券、存款单、仓单、提单；

（二）依法可以转让的股份、股票；

（三）依法可以转让的商标专用权，专利权、著作权中的财产权；

（四）依法可以质押的其他权利。

理解与适用

一、本条含义概貌

本条承继了《物权法》第 223 条的规定，两部法律在这里的差异仅仅在于《民法典》第 440 条第 6 项在“应收账款”之前增加了“现有的以及将有的”这个定语。

就本条的字面意思观察，结论是其列举可以用于出质的权利种类，释评本条似应逐一介绍和解释作为权利质权客体的每种权利的概念、法律性质和效力，但考虑到这些工作放在以下条款中的相应之处完成更为合适，故对本条的释评还是转换视角，从权利质权的层面释评，包括对权利质权的界定、法律性质、权利本质、权利质权的基本类型诸项内容。

二、权利质权的概念

权利质权，是指以所有权以外的可让与的财产权为标的物而设立的质权。其法律性质如下。

(一) 权利质权为质权

质权原本是以有体物为基础发展起来的担保制度，而权利质权却以权利为标的物，加上以权利为客体的物权学说多称之为准物权，于是，权利质权是否为质权，则并非无疑。然而质权制度的本意在于以标的物的交换价值担保债权的实现，并以该价值优先受偿，由此点出发，将质权的标的物严格限制为有体物并无必要，毕竟，能以某种财产性权利的交换价值而使被担保债权得以优先受偿与成为质权的标的物并无实质性的抵触。① 何况动产质权实质上是以动产所有权为标的物，也可以说是以权利为客体。就此看来，称权利质权为质权，应不成问题。

［引申］

就权利质权是否为物权，存在着分歧。按照附停止条件的权利让与主义、并存性权利让与主义，债权质权在性质上为债权。② 在限制性权利让与主义看来，权利质权存在物权性和债权性两种不同的特性。③ 依据设定性权利让与主义，好像有其父必有其子那样，母权是物权，子权也当然是物权；母权是债权，子权也只能是债权。权利质权的性质与出质的权利的性质相一致，出质的权利是物权的，其质权也是物权；出质的权利为债权的，其质权就是债权。④ 采取权利标的主义的学者，对以物权作为标的物的权利质权看作物权这点，很少有异议；但对以债权为标的物的债权质权如何定性却争议较大：有的看作物权，有的认为物权是建立在有体物基础上的权利，权利质权不是以有体物为客体的，所以不得称其为物权，但它在某种程度上具有绝对权的效力，具有物权的效力。⑤ 日本法学家神户寅次郎教授认为，权利质权不是纯粹的物权。物上质权以物为标的，权利质权以权利为标的，二者在形式上是相同的。但权利质权虽以物权为标的，却未必是物权。质权人可以直接干涉作为标的的权利，据此可认为权利质权又非纯粹的债权。另外，权利的绝对性和物权性之间是有区别的。权利质权不是物权，也不是债权，而是一种特别的权利，日本法中在必要的范围内应赋予其物权性；还有

---

① ［日］林良平编：《注释民法（8）·物权（3）》，东京，有斐阁1983年版，第327页。

② ［日］冈松参太郎：《权利质权的性质》，载《京都法学协会杂志》第1卷，第7号，第5页。转引自刘银春：《债权质权的理论与实践》，清华大学法学博士学位论文（2005），第13页。

③ ［日］神户寅次郎：《权利质的性质》，载《法学协会》第28卷，第10号，总第2122页。转引自刘银春：《债权质权的理论与实践》，清华大学法学博士学位论文（2005），第14页。

④ ［日］神户寅次郎：《权利质的性质》，载《法学协会》第28卷，第10号，总第2144页。转引自刘银春：《债权质权的理论与实践》，清华大学法学博士学位论文（2005），第14页。

⑤ 刘银春：《债权质权的理论与实践》，清华大学法学博士学位论文（2005），第21页。

的将权利质权视为债权。[1] 在中国《民法典》上，权利质权被安排在《民法典》“第二编 物权”下辖“第四分编 担保物权”之内，具有绝对性、排他性和优先性，应为物权。

（二）权利质权的标的物是具有让与性的所有权以外的财产权

与动产质权的标的物为动产不同，权利质权的标的物是权利。这里的权利，限于财产权，人格权和身份权不在其中。这是因为质权支配标的物的交换价值，而人格权和身份权本身无直接的经济价值。此处所谓财产权，必须具有让与性，这是由质权实行时需要变卖或拍卖标的物所决定的。性质上不得让与的债权，禁止扣押的债权，特别法规定不得让与、扣押或供作担保的债权，不得成为权利质权的标的物。依当事人约定不得让与的债权，在现行法上不得作为权利质权的标的物，在境外的某些法律上可以。

出让的建设用地使用权、“四荒”土地承包经营权、探矿权、采矿权，在现行法上可以转让，或有条件地允许转让，可以作为担保物。不过，按照法律关于担保权体系的分工，它们可成为抵押权的标的物，不得作为权利质权的客体。“这样有利于法律体系的合理化，也便于准确适用法律规定。”[2] 由于这些权利、建筑物作为抵押物而设立的抵押权以登记为生效要件，而基金份额、股权、应收账款、注册商标专用权、专利权、著作权等知识产权作为留置财产而设立的权利质权也以登记为生效要件，使得抵押权和权利质权的界限趋于模糊。

养殖权、捕捞权在现行法上禁止转让，不得成为权利质权的标的物。即使未来的法律允许它们转让，也不得入质，可以抵押。

抵押权、动产质权、留置权在现行法上均为保全性担保物权，不得与其担保的债权相分离，故不得单独成为权利质权的标的物。不过，于其担保的债权出质给他人时，抵押权、动产质权或留置权可随之出质。

按照物权法的权利配置体系，权利的归属权不叫所有权，有体物的归属权才叫所有权。换句话说，所有权的标的物，不是权利，而是有体物。所以，以所有权设立担保，不动产所有权场合成立抵押权，动产场合产生动产质权，不会出现权利质权。“按照以物的归属表示所有权的习惯，当质权针对的是所有权时，人们说质权是针对物的；当质权针对的是其他权利时，则说质权是针对权利的。”[3]

---

① ［日］神户寅次郎：《权利质的性质》，《法学协会》第28卷，第10号，总第2145、2157页。转引自刘银春：《债权质权的理论与实践》，清华大学法学博士学位论文（2005），第21～22页。

② 胡开忠：《权利质权制度研究》，北京，中国政法大学出版社2004年版，第148页。

③ ［意］彼得罗·彭梵得：《罗马法教科书》，黄风译，北京，中国政法大学出版社1992年版，第345页。

总的说来，基于质权实行时需要将标的物变价的要求，权利作为质权的标的物，必须具有让与性。法释〔2000〕44 号第 5 条第 1 款关于"以法律、法规禁止流通的财产或者不可转让的财产设定担保的，担保合同无效"的规定，表明了这种思想。分解开说，下列权利不得出质：（1）法律禁止转让的权利不得出质。例如，《公司法》第 142 条第 5 款规定："公司不得接受本公司的股票作为质押权的标的。"再如，《收费公路管理条例》第 22 条规定："有下列情形之一的，收费公路权益中的收费权不得转让：（一）长度小于 1 000 米的二车道独立桥梁和隧道；（二）二级公路；（三）收费时间已超过批准收费期限 2/3。"因此，此类收费公路的收费权不得设立应收账款质权。（2）基于特定的人身关系而专属于特定人的债权，如基于扶养关系、抚养关系、赡养关系、继承关系产生的给付请求权和劳动报酬、退休金、养老金、抚恤金、安置费、人寿保险、人身伤害赔偿请求权等权利（法释〔1999〕19 号第 12 条）。（3）基于特殊信任关系而产生的债权，如委托合同中委托人对受托人的处理委托事务的请求权，雇佣合同中雇主对雇员的劳务请求权，租赁合同中承租人所享有的债权等。不过，如果经过当事人同意，可以转让，也应允许出质。（4）按照当事人的约定不得转让的权利，在现行法上具有一定的阻止权利转让的效力（《民法典》第 545 条第 1 款第 2 项），因而不得出质；一旦出质，不得对抗善意第三人。值得注意的是，境外的一些法律文件已经允许当事人约定禁止转让的债权发生转让的效力。①

本条从正面规定了可以入质的权利：（1）汇票、支票、本票；（2）债券、存款单；（3）仓单、提单；（4）可以转让的基金份额、股权；（5）可以转让的注册商标专用权、专利权、著作权等知识产权中的财产权；（6）现有的以及将有的应收账款；（7）法律、行政法规规定可以出质的其他财产权利（第 440 条）。

（三）权利质权的设立分别以登记、背书或交付权利凭证为要件

与动产质权的设立以动产的交付为生效要件不同，权利质权的设立，有的以登记为生效要件，有的以背书为生效要件，有的以交付权利凭证为生效要件。

［辨析］

汇票、支票、本票、债券、仓单、提单等有价证券，既是权利凭证，又是权利本身，是权利质权的标的物。而应收账款场合的借据、欠条、公证书等仅仅是债权证书，不是应收账款请求权本身。至于存款单，《民法典》（第 440 条以下）

① 参见《澳门商法典》第 872 条；《俄罗斯联邦民法典》第 828 条；《国际保理公约》第 6 条第 1 款、第 18 条；《美国统一商法典》（2001 年修订）第 9－406（d）条；《联合国国际贸易应收款转让公约》第 9 条。

将之与债券规定于同一项，联系将汇票、支票、本票规定于同一项，将仓单、提单规定于同一项的模式，似乎有将债券和存款单两者等量齐观之意。如此考虑问题，存款单亦为有价证券。不过，《民法典》也同时把存款单与票据、仓单、提单、股权、应收账款等并列规定于同一条（第440条），而应收账款欠条、借据等显然不是有价证券。就此看来，又难下存款单为有价证券的结论。究竟如何定性，需要探讨。学说有认为它只是债权证书的[1]，也有主张其为证券债权的。[2]

［探讨］

在中国台湾地区的“法律”上，普通债权质权设立所需要的交付权利证书，不是作为质权设立的公示方法，因而其交付可以是现实交付，也可以是观念交付，占有改定的交付方式不在禁止之列。[3] 与此不同，无记名有价证券出质，当事人之间有设立质权的合意，加上有价证券的交付，发生质权设立的效力。但此处的交付不包括占有改定的方式，可以是现实交付、简易交付或让与返还请求权的方式。[4] 中国大陆的法律采取何种态度，值得研究。

［探讨］

关于以股权、知识产权等权利为客体场合质权的母权问题

权利质权的场合，作为质押财产的权利多种多样，其策源地的情形十分复杂。并非任何一种权利，如债权，都有母权。退一步说，即使质押财产的权利有母权，每种权利的母权也极不统一，难有权利质权同一的母权。与其逐一地考察每种权利的标的物，再锁定每种物的所有权，从而确定权利质权的母权，不如放弃这种思路，另觅坦途。

笔者注意到，日本民法及其理论将无记名债权（如无记名支票、公司债券、商品券、入场券、车票等）视为动产。[5] 尽管如此处理重在确定，民法关于动产适用消灭时效、善意取得（即时取得）、公示对抗、遗失物拾得、共有物管理、

---

① 谢在全：《民法物权论》（下册），台北，三民书局有限公司2003年12月修订2版，第317页；黄松有主编：《〈中华人民共和国物权法〉条文理解与适用》，北京，人民法院出版社2007年版，第656页；曹士兵：《中国担保诸问题的解决与展望》，北京，中国法制出版社2001年版，第303页。

② 李国光、奚晓明、金剑峰、曹士兵：《最高人民法院关于适用〈中华人民共和国担保法〉若干问题的解释理解与适用》，长春，吉林人民出版社2000年版，第355页。

③ 中国台湾地区“民法”第946条第2项、第761条；中华民国最高法院1937年上字第823号判决；谢在全：《民法物权论》（下册），台北，三民书局有限公司2003年12月修订2版，第317页。

④ 中国台湾地区“民法”第946条、第761条、第885条第2项；谢在全：《民法物权论》（下册），台北，三民书局有限公司2003年12月修订2版，第321～322页。

⑤ ［日］四宫和夫：《日本民法总则》，唐晖、钱孟姗译，朱柏松校订，台北，五南图书出版公司1995年版，第136页。

所持份额的放弃等规定，适用于无记名债权[①]，尚无承认无记名债权之上存在着所有权之意，但为了社会生活发展的需要，不妨进一步扩张其“视为动产”的功用，升华到无记名债权之上竖立着另类的“所有权”这样的理念。

如此，我们可将作为留置财产的权利视为民法上的“物”，该“物”之上存在着“所有权”，该所有权即为权利质权的母权。

三、权利质权的本质

权利质权的本质如何，在法学上一直是最有争议的问题之一，存在着权利让与主义（Zessionstheorien）和权利标的主义（Theorie des Rechts am Rechte）的对立。

权利让与主义，又称权利让渡主义，认为权利质权实质上是为了担保而为的权利让与，是出质人将出质的权利让与质权人，以担保债权的实现。其要点如下：首先，质权人就入质权利取得的权利并非新的权利，而仅系受让入质或让与的权利。权利的入质即为权利的让与。其次，质权人的权利标的物必然是出质人入质权利的标的物，而非出质的权利本身。再次，既然权利的入质即为权利的让与，则质权人取得与出质人同种的权利。最后，该权利的让与并非一般意义上的纯粹的权利移转，而系以设质目的为限的移转。受让人（质权人）受让权利的边界仅以达到债权担保的必要目的为限，只有在债务人不清偿债务时才可行使该权利。该主义认为不可能成立所谓的债权质权。[②]

权利让与主义内部又分出很多支派，例如，将债务不履行作为停止条件的设质债权让与说，即附停止条件的权利让与说；以债务履行为解除条件的设质债权让与说，即附解除条件的权利让与说；以担保目的为限的权利内容限制让与说；作为“母权”的权能之一部的“子权”的让与说，即设立的让与说；等等。[③]

[引申]

各种权利让与主义存在着如下共同的缺点：(1) 债权让与和债权质权，原本目的就不同。前者是债权从一个人之手转至他人之手，后者是担保被担保债权实现。(2) 因为要用让与的观念来解释出质，或力图排除出质和债权让与所生结果

---

① ［日］四宫和夫：《日本民法总则》，唐晖、钱孟姗译，朱柏松校订，台北，五南图书出版公司1995年版，第137页。

② ［日］冈松参太郎：《权利质权的性质》，载《京都法学协会杂志》第1卷，第7号，第2页。转引自刘银春：《债权质权的理论与实践》，清华大学法学博士学位论文（2005），第15～16页。

③ ［日］冈松参太郎：《权利质权的性质》，载《京都法学协会杂志》第1卷，第7号，第5～8页。转引自刘银春：《债权质权的理论与实践》，清华大学法学博士学位论文（2005），第13～17页。

中那些不相容的要素，所以只能容忍二者必出其一的结局，一个是很难令人感到这么做的必要所在，另一个是对出质性质的违反。而前者只能以不成功而告终，后者一定也只能得出不正当的结果。（3）权利让与主义的各种学说，都认为债权质权是与出质人的权利相同的权利，出质债权的，权利质权也是债权。于是产生下述不便：首先，无法解释当一个权利上设立多个质权时，某质权优先于其他质权的根据所在。其次，当出质债权发生债权人（出质人）和债务人混同时，质权就得消灭，而这是不符合事实的。若按照权利标的主义，则质权不消灭，不过是相当于在自己的债权上拥有质权，这在理论上是正当的。①

权利标的主义认为：权利质权是在权利上设立质权，入质的权利仍存在于出质人（主债务人）之手，质权人取得的权利与入质权利不同。其要点如下：首先，入质权利作为质权支配的对象与有体物作为质权支配的对象具有同样的意义。当然，所谓同样的意义，是指在担保的目的和支配标的物的交换价值上系为同样的作用，并非说权利作为质权标的物与有体物作为质权标的物完全一致。其次，权利质权的效力及于入质权利所指向的物或义务人，这由权利质权自身的效力和入质权利的“媒介作用”而引起。因此，权利质权的效力及其实现的方法与动产质权的多少存有差异。②

权利标的主义分为新旧两派学说，观点不尽相同。旧派认为，权利质与物上质权具有同样意义，只是在权利上设立质权。新派则主张，以权利入质，就是给与质权人一种权利，质权人依据这一权利，在必要的范围内（这一范围由法律或合同而定），为了达到担保自己债权的目的，可以获得行使其入质权利的权能。因此，所谓的权利质权是直接将入质权利作为标的物，依据质权的效力得以行使作为质权标的物的权利。当作为权利质权标的物的权利为物权时，质权人有取得该物权的物的权利，当作为权利质权标的物的权利为相对性权利特别是债权时，质权人对该入质权利义务人取得权利。③

［引申］

依据权利标的主义，权利质权就是设立在权利上的权利。对此，持批评意见的不在少数。有的认为，权利是一种意思效力（意志力）的体现，不可能承认在

① ［日］冈松参太郎：《权利质权的性质》，载《京都法学协会杂志》第1卷，第7号，第4～6页。转引自刘银春：《债权质权的理论与实践》，清华大学法学博士学位论文（2005），第16～17页。

② ［日］冈松参太郎：《权利质权的性质》，载《京都法学协会杂志》第1卷，第7号，第4页。转引自刘银春：《债权质权的理论与实践》，清华大学法学博士学位论文（2005），第18～19页。

③ ［日］冈松参太郎：《权利质权的性质》，载《京都法学协会杂志》第1卷，第7号，第2～3页。转引自刘银春：《债权质权的理论与实践》，清华大学法学博士学位论文（2005），第19页。

一个人的意思效力上又有别人的意思效力存在，因而在既有的权利之上不可以再成立新的权利。有的认为，权利是一种观念性的东西，“权利上的权利”在观念上是不可能的。有的认为，退一步讲，假设“权利上的权利”在观念上是可能的，“权利上的权利”也不是上位权支配下位权的关系，不过是支配下位权的标的罢了，因此下位权不是权利的标的。① 甚至有更为激进的观点认为，采用权利标的主义的人必须要能证明在某种意思效力之上又能够存在着其他人的意思效力，而实际上能够明确解释这一点的人根本没有。权利一词本身就包含着混合而且抽象的元素，“权利上的权利”就变得更为复杂，它不包含任何实体的元素，只不过是一个苍白的影像而已，没有任何实际意义。②

赞同权利标的主义的人认为，如果不考虑客观层面的关系，仅仅从主观层面出发，对权利问题的把握也许是有些否定性的认识。但是，如果真的这么仅仅从一个层面考虑，非但权利质权问题无法解释，甚至连最起码的财产性权利应具有让与性这个基本特点也都被否定。所以，上述否定意见并不能解决问题，索性不如把这些抽象性认识的讨论交由法哲学去研究，作为对部门法的研究，我们将注意力更多地放到关注事物的客观表现带给我们的影响。③ 虽然不能说物作为权利的标的和权利作为权利的标的有同样的意义，但是，因为本来权利标的这个观念就不是固定、一成不变的东西，所以在某种意义上，承认权利是权利的标的，并非不可以。④ 另外，从实际情况看，以“权利的权利”或“权利以其他权利作为标的”这样的字样出现在法典上的也不少，如《德国民法典》第 876 条、《日本民法典》第 362 条，等等。这说明在现实社会生活中，支持权利标的主义的，还是占据了上风。⑤

权利标的主义能够概括说明各种具体类型的权利质权，而权利让与主义除了某种个别见解之外，应当说只是就债权质权进行研究并作出其结论的。如今，权利标的主义为多数说。

由于《民法典》把权利质权作为担保物权，没有依质权标的物为债权、不动产

① ［日］冈松参太郎：《权利质权的性质》，载《京都法学协会杂志》第 1 卷，第 7 号，第 6 页。转引自刘银春：《债权质权的理论与实践》，清华大学法学博士学位论文（2005），第 20 页。

② ［日］神户寅次郎：《权利质的性质》，载《法学协会》第 28 卷，第 10 号，总第 2134 页。转引自刘银春：《债权质权的理论与实践》，清华大学法学博士学位论文（2005），第 20 页。

③ ［日］神户寅次郎：《权利质的性质》，载《法学协会》第 28 卷，第 10 号，总第 2135 页。转引自刘银春：《债权质权的理论与实践》，清华大学法学博士学位论文（2005），第 20 页。

④ ［日］冈松参太郎：《权利质权的性质》，载《京都法学协会杂志》第 1 卷，第 7 号，第 6 页。转引自刘银春：《债权质权的理论与实践》，清华大学法学博士学位论文（2005），第 20～21 页。

⑤ 刘银春：《债权质权的理论与实践》，清华大学法学博士学位论文（2005），第 21 页。

收益权、股权、知识产权而将权利质权依次定性和定位为债权、不动产收益权、股权、知识产权，表明采取的是权利标的主义。不过，《担保法》第78条第3款关于"以有限责任公司的股份出质的，适用公司法股份转让的有关规定。质押合同自股份出质记载于股东名册之日起生效"的规定，法释〔2000〕44号第103条第1款关于"以股份有限公司的股份出质的，适用《中华人民共和国公司法》有关股份转让的规定"的规定，又采纳了权利让与主义。鉴于权利标的主义优点更多，鉴于《民法典》没有表现出权利让与主义，本释评书赞同权利标的主义。

四、权利质权的类型

在《民法典》上，权利质权包括票据质权、债券质权、存款单质权、基金份额质权、股权质权、知识产权质权、应收账款质权等（第440条）。

它们按照一定标准可有若干分类。以质权的标的物是否为债权，权利质权可分为债权质权和非债权质权。票据质权、债券质权、存款单质权属于债权质权，应收账款质权除了不动产收益权外亦为债权质权。基金份额质权、股权质权和知识产权质权则为非债权质权。以标的物是否为有价证券所表彰或衍生之物为标准，权利质权可分为有价证券质权和非有价证券质权。票据质权、债券质权、股票质权、仓单质权、提单质权等均为有价证券质权。应收账款质权等为非有价证券质权。

鉴于这些权利质权在设立要件和法律效力方面不尽相同，与其按照债权质权、有价证券质权等传统的叙述方式介绍，仍需在其内部分别讨论每种质权，莫不如一开始即逐一讨论各个权利质权，更加清楚简洁。以下按照《民法典》及有关法律、法规及规章规定的票据质权、债券质权、存款单质权、仓单质权、提单质权、基金份额质权、股权质权、知识产权质权、应收账款质权及法律、行政法规规定可以出质的其他财产权质权的顺序讨论。

第四百四十一条

以汇票、本票、支票、债券、存款单、仓单、提单出质的，质权自权利凭证交付质权人时设立；没有权利凭证的，质权自办理出质登记时设立。法律另有规定的，依照其规定。

本条主旨

本条是关于以汇票、本票、支票、债券、存款单、仓单、提单为客体的权利质权以权利凭证交付或登记时设立的规定。

相关条文

《物权法》第 224 条　以汇票、支票、本票、债券、存款单、仓单、提单出质的，当事人应当订立书面合同。质权自权利凭证交付质权人时设立；没有权利凭证的，质权自有关部门办理出质登记时设立。

《担保法》第 76 条　以汇票、支票、本票、债券、存款单、仓单、提单出质的，应当在合同约定的期限内将权利凭证交付质权人。质押合同自权利凭证交付之日起生效。

法释〔2000〕44 号第 98 条　以汇票、支票、本票出质，出质人与质权人没有背书记载“质押”字样，以票据出质对抗善意第三人的，人民法院不予支持。

理解与适用

一、本条含义概貌

本条承继了《物权法》第 224 条的规定，但也有变化：一是删除了《物权法》第 224 条关于“当事人应当订立书面合同”的要件；二是增加但书，“法律另有规定的，依照其规定”。所谓法律另有规定，如《票据法》第 35 条第 2 款规定：“汇票可以设定质押，质押时应当以背书记载‘质押’字样。被背书人依法实现其质权时，可以行使汇票权利。”①

二、票据质权

本条允许以汇票、本票、支票出质，由此可以设立票据质权。

（一）票据质权的概念

票据质权，是指为了担保主债权的实现，作为持票人的债务人或第三人将其票据作为留置财产而设立的质权。

所谓票据，是指发票人依据法律的规定发行的，由自己无条件支付或委托他人无条件支付一定金额的有价证券。②《票据法》所称票据，是指汇票、本票和支票（第 2 条第 2 款）。其中，汇票是出票人签发的，委托付款人在见票时或在指定日期无条件支付确定的金额给收款人或持票人的票据，分为银行汇票和商业

① 《民法典》第 441 条的但书所谓法律另有规定，系《票据法》第 35 条等规定。这是清华大学法学院副教授龙俊博士提供的意见。特此致谢！

② 谢怀栻：《票据法概论》（增订版），北京，法律出版社 2006 年版，第 16 页；杨建华：《票据法要论》，台北，汉林出版社 1979 年版，第 1 页。

汇票（《票据法》第19条）。汇票依其记载收款人的形式分为记名汇票和指示汇票。记名汇票，是指出票人在汇票上明确记载收款人姓名的汇票。指示汇票，是指不仅在汇票上记载收款人的姓名，而且记载“或者指定人”字样的汇票。《票据法》不承认无记名汇票，规定未记载收款人名称的汇票无效（第22条第2款）。因而，不得以无记名汇票出质。本票是出票人签发的，承诺自己在见票时无条件支付确定的金额给收款人或持票人的票据（《票据法》第73条第1款）。《票据法》所称本票仅指银行本票（第73条第2款）。一般的企业、事业单位不能签发本票（《支付结算办法》第97条、第100条）。本票依其记载收款人的方式分为记名本票、指示本票和无记名本票。《票据法》规定，本票必须记载收款人的名称，否则无效（第75条第1款第4项），表明不承认无记名本票。因而，不得以无记名本票出质。支票是出票人签发的，委托办理支票存款业务的银行或其他金融机构在见票时无条件支付确定的金额给收款人或持票人的票据（《票据法》第81条）。支票依其付款人的方式分为记名支票、指示支票和无记名支票。记名支票，是指在支票上记载收款人名称的支票。指示支票，是指在支票上明确表示收款人的名称，还附有“或者其他指定人”等指示性的文句的支票。无记名支票，是指支票上未记载收款人的名称，或仅记载“来人”等字样的支票。①

关于票据质权的法律性质，需要指出的至少有如下几点。

1. 票据质权为有价证券质权

票据属于有价证券，票据质权属于有价证券质权。对其首先适用法律关于票据及其质权的特别规定，在欠缺这些特别规定或特别规定不明确的场合，还需要适用法律关于有价证券及其质权的一般规定。

2. 票据质权为债权质权

票据为以请求支付金钱为债权内容的金钱证券，票据上体现的法律关系是一种债权债务关系②，故票据质权也属于债权质权。

3. 票据质权的标的物必须具有让与性

票据本来以流通性著称，具有让与性乃其天性。在这个意义上说，所有种类的票据均可出质。不过，《票据法》第27条规定，出票人在汇票上记载“不得转让”字样的，汇票不得转让。法释〔2000〕32号第53条进而明确：“出票人在票据上记载‘不得转让’字样，其后手以此票据进行贴现、质押的，通过贴现、

---

① 李国光、奚晓明、金剑峰、曹士兵：《最高人民法院关于适用〈中华人民共和国担保法〉若干问题的解释理解与适用》，长春，吉林人民出版社2000年版，第347～348页。

② 谢怀栻：《票据法概论》（增订版），北京，法律出版社2006年版，第36页。

质押取得票据的持票人主张票据权利的，人民法院不予支持。”第 54 条也规定：“依照票据法第三十四条和第三十五条的规定，背书人在票据上记载‘不得转让’字样，其后手以此票据贴现、质押的，原背书人对后手的被背书人不承担票据责任。”因此，以注明“不得转让”的票据质押的，质押无效，当事人不能取得质权。①

［论争］

在中国投资银行天津分行诉天津市轻工公司对外贸易公司确认记载“不得转让”字样汇票质权效力案中，主审法院判决设立于记载“不得转让”字样的汇票上的质权有效。② 有专家学者也主张，记载“不得转让”字样的汇票出质，并非票据权利的转让，有效与否，应区别情况而定。如果票据记载“不得转让”的本意并非全然否定票据的流通性，只是附有期限等限制的，可认定该质权有效设立。③

4. 票据质押行为具有连带性

票据质押的质权人享有的票据权利，既包括付款请求权，也包括追索权。当质权人作为持票人行使付款请求权遭到拒绝后，可以对票据的出票人及其所有前手行使追索权。票据的出票人、背书人、承兑人、保证人等所有在票据上签章的人对持票人承担连带担保付款的责任。持票人可以不依照签章的顺序而自由选择追索的对象，被追索人对持票人受到拒绝承兑或拒绝付款承担无条件给付票据全部金额的责任。④

［探讨］

票据质押行为是否具有无因性

（1）一种观点主张，票据质押行为具有独立性和无因性。票据质押行为和其他票据行为体现在同一张票据上，但是各个票据行为都各自独立产生效力，不受其他票据行为的影响。票据质押行为的有效性不受前面票据行为的影响，即使前

---

① 李国光、奚晓明、金剑峰、曹士兵：《最高人民法院关于适用〈中华人民共和国担保法〉若干问题的解释理解与适用》，长春，吉林人民出版社 2000 年版，第 352 页；曹士兵：《中国担保诸问题的解决与展望》，北京，中国法制出版社 2001 年版，第 316 页；胡开忠：《权利质权制度研究》，北京，中国政法大学出版社 2004 年版，第 164～165 页。

② 资料来源，转引自刘银春：《债权质权的理论与实践》，清华大学法学博士学位论文（2005），第 47～48 页。

③ 刘银春：《债权质权的理论与实践》，清华大学法学博士学位论文（2005），第 53 页。

④ 李国光、奚晓明、金剑峰、曹士兵：《最高人民法院关于适用〈中华人民共和国担保法〉若干问题的解释理解与适用》，长春，吉林人民出版社 2000 年版，第 347～348 页。

面有的票据行为存在瑕疵或无效，如票据上签章的伪造，也只会导致该行为不具有法律上的效力，并不影响所有票据行为的效力，更不会波及票据质押行为的效力，同时票据质押行为的效力也不影响其他票据行为的效力。一般而言，票据质押行为只要具备了法定要件就生效，无论当事人之间设立票据质权的基础合同的效力怎样，也不论双方对质权的担保范围等有何约定，均不影响票据质押行为的效力。质权人实现质权而向付款人请求付款或向前手追索时，付款人和被追索人不得以票据质押的原因关系或质押的主债务无效而抗辩票据债务的承担。但是，出质人若为付款人或被追索人的，得以票据质押的原因关系或质押的主债务无效而抗辩票据债务的承担。①

笔者认为，必须区分票据质押行为和票据质权两个概念。票据质押行为是设立票据质权的行为，在承认物权行为的立法例及其理论上，是指票据质权的设立，为准物权行为；设立票据质权的约定则为债权行为，该债权行为是票据质权设立的原因行为。在德国民法上，设立票据质权的约定有效与否，均不影响票据质权的设立，就是说德国民法及其理论对票据质权的设立采取无因性原则，也可以说票据质押行为具有无因性。

在不承认物权行为的中国《民法典》及其理论上，票据质权的设立为物权变动，但非物权行为，票据质权由票据质押合同加上交付票据设立而成，票据质押合同相当于德国民法理论所谓的债权行为。按照《民法典》及其司法解释，票据质押合同无效或被撤销，票据质权随后要归于消灭，而非不受票据质押合同的效力的影响。在这个层面上，难谓票据质权设立具有无因性。

(2) 另一种观点认为，票据质押行为具有文义性。票据质押的意思表示只能以票据上记载的内容为准，无论当事人之间有无其他约定，也无论主债权情况怎样，出质人与质权人之间的权利义务只能依照票据上的文字记载认定，不允许以票据以外的其他方式证明。即使当事人由于疏忽而作了错误记载，仍按照错误记载发生法律上的效力，所以当事人不得以票据没有记载的内容主张权利或抗辩票据权利。② 笔者认为，这个结论符合经背书质押票据的情况，但对于未经背书的票据质权则有所不当，因为后一种票据质权要由质押合同及交付的票据来证明，票据质权的若干内容也要由质押合同的条款确定。如此，笼统地主张票据质押行为一律具有文义性，颇有以偏概全之嫌。

(二) 票据质权的设立

票据质权的设立，依据《民法典》第 441 条的规定，需要当事人之间有设立

①② 熊伟、罗平：《票据质押若干问题研究》，载《法学评论》1999 年第 6 期，第 102 页以下。

票据质权的意思表示。需要出质人将票据（权利凭证）交付给债权人，或是通过背书的方式；没有权利凭证的，质权自办理出质登记时设立。

［辨析］

票据质押合同是实践合同还是诺成合同

关于票据质押合同为诺成合同还是实践合同（要物合同），存在着分歧。《担保法》采取了实践合同说（第 64 条第 2 款），有学者据此解释。① 对于质押合同为实践合同，有学者论证其合理性：质押财产的移交是质押合同中最为关键的因素，是质押合同最重要的外在体现，是其他权利义务产生的前提和必要条件，如无留置财产的移交，则该合同的一切权利义务都将成为空谈。从实践来看，多数权利质押合同在本质上均具有实践合同的特征，如债权质权在设立时要交付债权证书，票据在设质时需要将背书设质后的票据交付给债权人。不过，与动产质权相比，权利质押合同的“要物性”已经很弱，因为在债权质押中，出质人移交的债权证书仅是债权的凭证，债权人即使无该证书也可能接受债务人的清偿，这与动产质押中质权人对留置财产的绝对的物理上的控制力相比要弱得多，甚至我们可以说这种“要物性”往往是象征性的，只是在有价证券质押中，其“要物性”才体现得比较强烈。② 反对说则主张，质押合同在留置财产移转前并非不发生效力，《担保法》第 64 条第 2 款关于“质押合同自质物移交于质权人占有时生效”的规定，显然将质押合同的生效与质权的设立混为一谈了。③

笔者认为，《担保法》上的质押合同的确为实践合同，但《物权法》上的则不然。按照《物权法》第 224 条的文义及规范意旨，以及第 15 条区分物权变动与其原因行为的规定，应当承认质押合同为诺成合同。至于留置财产的交付或票据等权利凭证的交付，属于质权设立（物权变动）的生效要件，不再是质押合同（物权变动的原因行为）的成立要件和生效要件。质押登记亦然。《物权法》将质押合同定性和定位于诺成合同具有如下优点：(1) 明确区分了质权设立和引发质权产生的法律事实——质押合同，划清了物权法和债法各自管辖的领域，体系上更为严密，理论上更为清晰，法律效果更为理想。(2) 质押一经成立，一般即发生法律约束力，出质人违反诚实信用原则，拒不交付留置财产或票据等权利凭证，债权人可以基于有效的质押合同请求出质人履行交付留置财产或票据等权利

① 郭明瑞、杨立新：《担保法新论》，长春，吉林人民出版社 1996 年版，第 204 页。

② 胡开忠：《权利质权制度研究》，北京，中国政法大学出版社 2004 年版，第 209、211 页。

③ 梁慧星主编：《中国物权法草案建议稿：条文、说明、理由与参考立法例》，北京，社会科学文献出版社 2000 年版，第 706～707 页。

凭证的义务，最终使质权设立；反之，若采取质押合同为实践合同说，把交付留置财产或票据等权利凭证作为质押合同的成立要件或生效要件，一旦出质人拒不交付留置财产或票据等权利凭证，或拒不配合办理质押登记，质押合同即未告成立或不具有法律效力，债权人无法依据质押合同请求出质人履行交付留置财产或票据等权利凭证的义务，也就难以使质权设立。将质押登记作为权利质权设立的生效要件，而非质押合同的成立要件和生效要件，其优点也是如此。(3) 把质押合同定性和定位在诺成合同，在出质人拒不交付留置财产或票据等权利凭证时，构成违约，而非合同不成立或不生效，有利于债权人（质权人）追究出质人的违约责任。把质押登记作为权利质权设立的生效要件的优点同样如此。反之，而按照实践合同说，在出质人拒不交付留置财产或票据等权利凭证，质押合同不成立或不具有法律效力，债权人无法基于质押合同请求出质人继续履行移交留置财产或交付票据等权利凭证的义务，只好追究出质人的缔约过失责任。而缔约过失责任场合，债权人无法主张违约金条款，赔偿范围不会是履行利益的损失。正因如此，《民法典》承继了《物权法》的规定和精神。

还应看到，德国、中国台湾地区的立法及其学说主张质押合同为要物合同，日本有学者如此沿袭，与其区分物权行为和债权行为密切相关。特别是坚持质押合同作为物权行为的学说，把质押合同定性为要物合同，更是顺理成章。当然，在区分质押合同和质权设立的学说中，把质押合同认定为要物合同仍有疑问。在中国现行法上，没有物权行为制度，但承认物权变动，《民法典》把留置财产的交付或票据等权利凭证的交付作为物权变动的生效要件了，质押合同自双方合意成立，一般情况下同时生效。如此，质押合同应为诺成合同无疑。

（三）票据质权设立所需要的票据交付形式

《票据法》既不承认无记名汇票，又不承认空白背书票据，因此，不准许以单纯交付的方式转让汇票，只承认记名汇票，于是，汇票转让在现行法上只能采取背书交付的方式。对于本票，也只承认记名本票，所以，本票亦只能通过背书交付的方式而转让。① 由于票据质权的设立相似于票据权利的转让，票据质权设立所需要的票据交付，在汇票质权、本票质权的设立场合目前似应采取背书交付的方式。在这种背景下，《民法典》仍然规定票据质权的设立以权利凭证的交付为生效要件，没有刻意排除单纯的票据交付方式，可理解为给《票据法》修订时放宽到承认不记名汇票和不记名本票预留空间。

实务中，票据质权的设立多要背书记载“质押”字样。对于该背书的地位及

① 谢怀栻：《票据法概论》（增订版），北京，法律出版社 2006 年版，第 76 页。

作用，法释〔2000〕44 号第 98 条规定：“以汇票、支票、本票出质，出质人与质权人没有背书记载‘质押’字样，以票据出质对抗善意第三人的，人民法院不予支持。”就此看来，背书并非票据质权设立的生效要件，而是对抗要件。没有背书但已经交付了票据（权利凭证）的，票据质权照样设立，只是不得以该质权对抗善意第三人。该项司法解释与《民法典》第 441 条的规定不矛盾。其实，按照《担保法》及其司法解释的规定，记名汇票、记名本票作为标的物设立质权，票据的交付实际上是背书交付，记名汇票质权和记名本票质权成立了，不但约束着当事人各方，同时具有对抗第三人的效力。依据《票据法》及其司法解释的规定，记名汇票、记名本票必须背书交付，记名汇票质权和记名本票质权才设立，一经设立，不但约束着当事人各方，同时具有对抗第三人的效力。如此解释的理由将在下文［探讨］中陈述。

［探讨］

需要注意，关于票据质权的设立，《票据法》第 35 条第 2 款规定：“汇票可以设定质押；质押时应当以背书记载‘质押’字样。被背书人依法实现其质权时，可以行使汇票权利。”就其文义观察，背书为汇票质权设立的生效要件。法释〔2000〕32 号贯彻并细化了《票据法》的前述规定：“依照票据法第三十五第二款的规定，以汇票设定质权时，出质人在汇票上只记载了‘质押’字样未在票据上签章的，或者出质人未在汇票、粘单上记载‘质押’字样而另行签订质押合同、质押条款的，不构成票据质押”（第 55 条）。

至此可知，票据法将背书作为汇票质权设立的生效要件，而物权法则把背书作为票据质权对抗第三人的要件，两个领域的法律态度不一。如何解决，观点不一。有主张以对抗要件主义为准的，理由有二：（1）法释〔2000〕32 号第 55 条的规定与《担保法》第 76 条的规定不符。《担保法》未规定质押背书为权利质权的取得要件，《票据法》也未规定未作“质押背书”的质押无效，因此，仅凭未作质押背书认定债权人不能取得质权无法律依据，也就是将质押背书作为票据质权设立要件没有法律根据。法释〔2000〕44 号第 98 条将质押背书作为票据质权的对抗要件，不违反《担保法》第 76 条后段关于“质押合同自权利凭证交付之日起生效”的规定，也不违反《票据法》关于质押背书的规定，已经照顾到《票据法》对背书质押的要求。（2）根据《票据法》的规定，背书并非取得票据权利的唯一方式，不能仅凭无背书即否定票据权利。票据既可以因背书转让而取得（第 27 条），也可以因继承、赠与、税收取得（第 11 条第 1 款），甚至在没有背书的时候，权利人也可以依法证明自己的票据权利（第 31 条第 1 款）。因此，仅凭无背书即否定票据权利的认识，也不符合《票据法》的规定。[①] 该项结论的精神在《民法典》实施后也不会改变。

在出质人以出质为目的将票据直接交付给质权人，但未背书，票据质权虽然成立，但因其不符合《票据法》关于设质背书的要求，故不能产生票据法上的效力。质权人行使票据权利时，票据上除出质人以外的所有当事人都可以依背书不连续、持票人无法证明其权利来源合法为由抗辩持票人（即质权人）的付款或追索请求。由于法律规定得不明确，于此场合容易引起出质双方关于质权如何实现的纠纷。一般而言，质权人无法自己兑现票据、取得票款并优先偿付自己的债权，票据质权的实现有赖于出质人的协助，即要求出质人依票据法兑现票据，并将票款交付给质权人。然而在司法实践中，这种法律上的要求并不能保证每个出质人都能自觉地协助质权人，如果不设计一种外力救济途径，质权可能落空。有鉴于此，在出质人拒绝协助质权人实现其质权的情况下，应当赋予质权人基于质押合同向法院起诉的权利。法院审查质押合同的内容，以及票据转移占有的事实，如确认票据质权合法无误，则应判决质权人代行出质人的票据权利。质权人凭票据和人民法院的判决书向票据债务人行使付款或追索权时，该债务人应再无权抗辩。由于这种未背书的票据质押不能产生票据法上的效力，因而就无所谓票据原因关系与票据关系的划分。[②] 该项结论的精神在《民法典》实施后也不会改变。

在笔者看来，由于《票据法》仅承认记名汇票、记名本票，而记名汇票和记名本票的转让都必须采取背书交付的方式，记名汇票质权和记名本票质权的设立就均为背书交付权利凭证。在这个领域内，《民法典》及其司法解释与《票据法》及其司法解释关于背书在票据质权设立中的地位及作用实质上亦无差异。详细些说，记名汇票、记名本票作为标的物设立质权，票据的交付实际上是背书交付，记名汇票质权和记名本票质权成立了，不但约束着当事人各方，同时具有对抗第三人的效力。依据《票据法》及其司法解释的规定，记名汇票、记名本票必须背书交付，记名汇票质权和记名本票质权才设立，一经设立，不但约束着当事人各方，同时具有对抗第三人的效力。

（四）票据质权的效力

1. 票据质权所担保的债权范围

票据质权的担保范围，包括主债权及利息、违约金、损害赔偿金和实现质权的费用，除非质押合同另有约定（《民法典》第 389 条）。一般地说，票据质权不存在

① 曹士兵：《中国担保诸问题的解决与展望》，北京，中国法制出版社 2001 年版，第 316 页。
② 熊伟、罗平：《票据质押若干问题研究》，载《法学评论》1999 年第 6 期，第 102 页以下。

保管留置财产的问题，也就没有票据质权的效力及于留置财产的保管费用、因留置财产隐蔽瑕疵造成的损害赔偿金的问题，但是，质权人若把入质的票据委托给他人保管，需要支付必要的保管费用，该费用应包含在票据质权担保的范围之内。

2. 质权效力所及的标的物范围

票据质权的效力及于票据权利，不成问题。票据权利的内容就是到期由票据债务人支付票据所记载的金额，不存在类似一般民事债权的利息、股票持有人的新股优先认购权等孳息，所以，无所谓票据质权的效力及于票据孳息可言。

3. 出质人的权利义务

（1）处分权受到限制。票据质权的设立不同于票据权利的转让，出质人的权利主体资格并未被剥夺，对入质的票据权利，出质人依然享有处分权。只不过为了质权人的利益，需要限制此类处分权，表现在如下方面：1）由于票据是完全有价证券，权利随票据，只要质权人持有票据，出质人就不能依法律行为消灭质权。2）票据是文义证券，票据权利的变更只能通过更改票据上的文字来实现，质权人虽然现实地持有票据但却不具备更改权，有更改权的票据债务人却未持有票据，因此，未经质权人的同意，也不可能变更票据权利。3）由于质权人持有票据，未获其同意，票据质权的出质人不可能转让票据权利。而以股权、知识产权供作质押的，则出质人完全具有不经质权人同意而径直处分入质权利的可能性。票据质权的出质人的处分权在实践中是不可能实现的。①

（2）容忍票据质权人兑现票据并就兑现款项提前受偿或提存。这将在释评《民法典》第442条时再论，此处不赘。

（3）担保债权已届清偿期，债务人已经适当清偿了债务，担保债权消灭，质权随之消灭，出质人有请求质权人返还票据的权利。

（4）担保债权已届清偿期，债务人不履行债务，质权人依法行使质权，若票据金额超过了被担保债权的数额，出质人对于多余的票款有返还请求权。

4. 质权人的权利义务

（1）概述

票据权利的内容就是到期由票据债务人支付票据所记载的金额，不存在类似一般民事债权的利息、股票持有人的新股优先认购权等孳息，所以，票据质权人没有收取所谓票据孳息的权利。

（2）票据的留置权

票据质权人占有出质的票据，在主债务人不履行到期债务之前，质权人有权

① 于莹、高一寒：《论票据质押的效力》，载《人民法院报》2007年11月18日，第6版。

留置该票据。

（3）转质权

票据质权场合，质权人享有转质权，其理由在于：1）质权设立后，票据从出质人转移至质权人，如果不允许质权人转质，无疑使入质的票据权利无法再流转，必然阻碍效率的实现；2）转质的效果是转质权人取得了较质权人对入质的权利更优先的支配力，实际上等于限制了质权人的权利，对出质人的利益并无大的影响，更何况立法在规定转质权的同时都规定了质权人对留置财产因转质发生损害的赔偿责任，所以，转质并不会损害出质人的利益。承诺转质，因获得了出质人的同意更应该被承认。①

（4）票据质权的保全权

在基于质押合同设立质权的场合，质权人只能通过质押合同以及主债权到期未获清偿的事实证明自己的权利，而非通过背书连续能够在形式上证明自己为票据权利的票据权利人，于是，在票据质权实行的条件尚未具备的情况下，质权人并不当然地有权行使票据权利，也就不可能行使追索权。在出质人的行为足以造成入质权利的价值减少而危及质权人的权益的场合，为保全入质的票据权利，只能请求出质人另行提供担保，或请求出质人行使期前追索权，并将出质人获得的追索金额提存或用以提前清偿。当然，在质权实现的条件具备而票据仍未到期时，质权人因其有权行使票据权利，就可以行使期前追索权。②

（5）物权请求权

在票据被他人无权占有、票据质权受到妨害或有妨害之虞时，票据质权人有权行使物权请求权。

（6）行使票据权利

票据质权人的权利，按照权利让与主义，就是票据权利本身，出质人于设立票据质权时已经把票据权利移转给质权人了；依据权利标的主义，票据质权的设立并未移转票据权利，只是在质权实行时，质权人可以行使票据权利。《票据法》第 35 条第 2 款后段规定："被背书人依法实现其质权时，可以行使汇票权利。"由此表明采取的是权利标的主义，票据质权人是以自己的名义为自己的利益而行使票据权利。对此，本释评书予以遵循。

[引申]

票据质权人行使票据权利，究竟是作为出质人的代理人行使，还是类似《民

①② 于莹、高一寒：《论票据质押的效力》，载《人民法院报》2007 年 11 月 28 日，第 6 版。

法典》第535条以下规定的债权人代位权那样，以自己的名义代位行使出质人的票据权利，法无明文，需要探讨。由于前者需要适用代理的规定，意味着质权人行使票据质权须在不少方面受制于出质人，显然不利于质权人，也不符合实务运作的情况，本书采取代位行使说。

（7）对抗票据债务人抗辩

票据质权人（被背书人）有权对抗票据债务人援用其对背书人（出质人）的抗辩，除非票据质权人（被背书人）在取得票据时存在着有害于背书人的故意。这在票据法理论上称为切断人的抗辩。设质背书的被背书人（票据质权人）是以自己的名义为自己的利益行使票据权利，背书人（出质人）和被背书人（票据质权人）是在票据法上人格与利益分离的两个独立的主体，票据债务人不能像委任取款背书一样以对背书人的抗辩事由来对抗被背书人。如日内瓦《汇票和本票统一法公约》第19条第2款规定："汇票债务人不得以自己与背书人个人之间所存在之抗辩事由，对抗执票人"。其理由在于，设质背书的目的是以票据权利的安全性和信用性作为设质债务的担保，如果允许以对背书人的抗辩对抗被背书人，使其妨碍质权的行使，就破坏了票据作为权利证券的安全性和作为流通证券的信用性，与票据行为的独立性原则不相吻合，票据作为设质标的就失去其特有的意义了。①

（五）票据质权的实现

票据质权的实现，以主债务人不履行到期债务致使票据质权人（主债权人）的担保债权未获清偿为条件，或以当事人约定的实现票据质权实现的情形为条件。一般而言，当以上条件成就时，票据质押权人实现质权的方式主要有如下几种。

1. 向付款人请求付款，并以所得款项优先满足自己的债权。当主债务已届清偿期、票据也到期时，票据质权人作为主债权人，即可以依背书的连续性证明自己权利的存在，持票据提示付款人付款。如果该票据已经付款人、第三人承兑或保付，承兑人、保付人则成为票据主债务人，负有绝对保证票据兑付的义务，其余债务人则退居其次而成为第二债务人。若票据主债务人拒绝付款，票据质权人可以直接向法院起诉，要求其履行票据义务，而不必马上行使追索权。如果付

① 姜建初：《票据原理与票据法比较》，北京，法律出版社1994年版，第103～104页；王小能：《票据法教程》，北京，北京大学出版社1994年版，第226页；谢怀栻：《票据法概论》（增订版），北京，法律出版社2006年版，第161页；熊伟、罗平：《票据质押若干问题研究》，载《法学评论》1999年第6期，第107页。

款人、承兑人或保付人将票款支付给票据质权人，在票据法上，票据质权关系便已结束。当然，票据质权人只能获得与其主债权相等的金额，其佘的则须退还给出质人。①

2. 行使票据追索权，并以所得款项优先满足自己的债权。当票据到期未获付款，或在到期日前不获承兑，或有其他法定原因时，票据质权人在进行了行使或保全票据权利的行为后，可以向其前手追索，请求偿还票据金额及其他法定款项。由于票据关系人发行、转让、质押票据所连带的担保责任其实只是对内的一种连带关系，相对于付款人、承兑人来说则只是一种补充担保，所以只有当票据付款请求权不能实现或无法得到满足时，持票人才能行使追索权，使其前手连带承担担保责任。正因为如此，可以认为，追索权是付款请求权的一种补充或保障性权利，为第二次请求权，它有效地起到了保障票据债权安全流通、票据制度规范运行的作用。倘若票据质权人能够通过行使追索权而获得票款，则可优先满足自己的债权，即使是对出质人行使追索权时也是如此。追索的标的是票据所载的全部票款，而不是主债权的数额，因此票据债务人不能以主债权数额小于票面金额予以抗辩。不过在所有的被追索对象中，只有出质人可以依票据原因关系的瑕疵而抗辩质权人的票据追索权。②

（六）票据质权的消灭

票据质权所担保的债权消灭、票据权利消灭、质权人将票据返还与出质人、质权人抛弃票据质权等事由出现，票据质权归于消灭。

三、债券质权

（一）债券质权的概念

债券质权，是指以债券为标的物而设立的质权。

债券是指由政府、金融机构或企业为了筹措资金而依照法定程序向社会发行的，约定在一定期限内还本付息的有价证券。它包括政府债券、金融债券和企业债券。政府债券在中国又称国库券，即由政府为筹措资金而向投资者发行的一种债券。金融债券是由金融机构发行的债券。企业债券是由企业发行的债券。③

债券，表示着一定的债权，因而，债券质权属于债权质权。债券，为有价证

① 熊伟、罗平：《票据质押若干问题研究》，载《法学评论》1999年第6期，第107～108页。

② 王小能：《票据法教程》，北京，北京大学出版社1994年版，第225页；谢怀栻：《票据法概论》（增订版），北京，法律出版社2006年版，第161页；熊伟、罗平：《票据质押若干问题研究》，载《法学评论》1999年第6期，第108页。

③ 胡康生主编：《中华人民共和国物权法释义》，北京，法律出版社2007年版，第478页。

券的一种，所以，债券质权属于有价证券质权。

（二）债券质权的设立

债券质权的设立，依据《民法典》第 441 条的规定，需要出质人将债券（权利凭证）交付给债权人（质权人），债券质权自债券（权利凭证）交付债权人（质权人）时设立。

诸如记账式国库券、在证券交易所上市交易的公司债券等债券，均因实现无纸化而没有权利凭证，它们出质，依据《民法典》第 441 条后段的规定，需要到有关机构进行出质登记，债券质权自该登记机构办理出质登记时设立。由于《民法典》第 214 条规定物权变动自记载于不动产登记簿时发生效力，债券质权自登记机构将债券质押的信息记载于登记簿时设立。

需要指出，《公司法》规定："公司债券在证券交易所上市交易的，按照证券交易所的交易规则转让"（第 159 条第 2 款）。"记名公司债券，由债券持有人以背书方式或者法律、行政法规规定的其他方式转让；转让后由公司将受让人的姓名或者名称及住所记载于公司债券存根簿"（第 160 条第 1 款）。"无记名公司债券的转让，由债券持有人将该债券交付给受让人后即发生转让的效力"（第 160 条第 2 款）。第 160 条的规范意旨，在于保护第三人不因公司债券的转让而受不测的损害，以维护交易安全。按照权利标的主义，债券质权的设立虽然与债券转让有所区别，但具有类似性，应当类推适用债券转让的有关规定。在公司债券出质的问题上，《民法典》第 441 条后段的规定为普通法，《公司法》第 160 条的规定为特别法，应当优先适用。① 其中，记名公司债券质权的设立，不但需要签订质押合同，而且需要出质人在公司债券上记载"质押"字样或履行法律、行政法规规定的其他方式，还要将质权人的姓名或名称记载于公司债券存根簿。出质人和质权人没有背书记载"质押"字样，以债券出质对抗公司及其他第三人的，人民法院不予支持（法释〔2000〕44 号第 99 条）。

还需说明，将债券出质的事实通知第三债务人，不是债券质权设立的生效要件，而是债券质权拘束债务人的要件，换句话说，若不为设立债券质权的通知，第三债务人可以拒绝质权人关于清偿被担保债权的请求。

（三）债券质权的效力

1. 债券质权所担保的债权范围

关于债券质权所担保的债权范围，质押合同有约定的，依其约定；没有约定

① 参见黄松有主编：《〈中华人民共和国物权法〉条文理解与适用》，北京，人民法院出版社 2007 年版，第 660～661 页。

的，包括主债权及利息、违约金、损害赔偿金（《民法典》第 389 条），以及由他人有偿保管债券时产生的必要费用。

2. 债券质权的效力所及的标的物范围

债券债权本身及其利息，债券债权遭受侵害所产生的损害赔偿金，应属于债券质权的效力所及的标的物范围。如果债券附有从证券且在出质时交付债权人了，此类从证券亦为债券质权的效力所及。

3. 质权人的权利

（1）债券的留置权

在出质人已将出质债券交付债权人（质权人）、被担保债权尚未获得清偿的情况下，质权人有权留置该债券。

（2）利息的收取权

债券产生的利息，质权人享有利息收取权（《民法典》第 446 条、第 430 条）。

（3）转质权

质权人有权准用《民法典》第 434 条的规定，将债券转质。

（4）入质债券的保全权

出质人的行为造成入质债券的价值明显减少，足以危害质权人权利的，可准用《民法典》432 条的规定，质权人有权要求出质人提供相应担保；出质人不提供的，质权人有权与出质人协议将入质债券提存。

（5）物权请求权

在入质债券被他人无权占有、债券质权受到妨害或有妨害之虞时，债券质权人有权行使物权请求权。

（6）提前受偿或提存权

这将在释评《民法典》第 442 条时再论，此处不赘。

（7）享有债券的担保利益

入质债券附有质权或保证时，债券债权为主权利，质权、请求保证人承担保证责任的权利等为从权利。根据担保权的效力及于担保物的从权利的原理，债券质权的效力及于这些担保利益。如此，在入质债券的兑现日期届满后，第三债务人拒不付款，债券质权人有权代入质债券债权人之位而行使附带于债券上的担保权，可以直接请求债券债权的保证人予以清偿，或就担保债券债权的留置财产的变价，使其债权优先受偿。

（8）别除权（涤除权）

在债券债权人进入破产程序时，债券质权人可以就已经入质的债券主张行使别除权（涤除权），要求不将该部分财产权利列入破产财产范围。

（9）债券质权的实行权

在主债务人不履行到期债务致使被担保债权未获清偿时，债券质权人有权实行质权，就入质债券为处分：入质债券的兑现日期先于被担保债权的，质权人有权请求债券债权人提前清偿或予以提存，已如上述，此处不赘；债券债权已届兑现期的，质权人有权直接请求第三债务人付款，并就此享有优先于债券债权人和一般第三人受偿的权利。

债券的金额超过被担保债权的部分归出质人所有，不足部分由主债务人清偿（《民法典》第446条、第438条）。

4. 债券质权人的义务

（1）保管义务

债券质权人对其占有的入质债券应尽善良管理人的注意予以保管。

（2）通知义务

债券质权的实现，取决于第三债务人的清偿，因而应当将债券质押的事实通知第三债务人，若未通知，则不具有对抗该第三债务人的效力，该第三债务人仍然可以向债券债权人付款，无须对债券质权人负担任何责任。只有这样，才能较为公正地平衡各方当事人的利益关系。由此导出债券质权人负有将债券质押的事实通知给第三债务人的义务。质权人怠于通知，第三债务人有权向债券债权人付款，除非能够证明该第三债务人为恶意。

需要注意，由于债券质权自债券交付或有关部门办理出质登记时设立，表明质权人将债券出质的事实通知第三债务人不是质权的生效要件，只是质权设立后于质权实行时请求第三债务人付款的条件。从第三债务人的角度观察，在质权人怠于通知时，第三债务人得以此向质权人为有关的抗辩，如在第三债务人已经向债券债权人付款时，其债务消灭，可以对抗质权人关于付款的请求。

债券质权人对第三债务人还负有另一通知义务，即，在主债务人不履行到期债务致使担保债权未获清偿时，债券质权人有义务通知第三债务人向自己付款。

（3）消除对债券债权的限制

在主债务人适当清偿担保债务、质权人放弃债券质权等事由导致质权消灭的情况下，质权人应当消除对债券债权的限制，如及时返还债券或及时办理注销登记等。

（4）赔偿损失

债券质权人对债券债权人承担损害赔偿责任的情况有如下两种：1）在债券质权存续期间，未经出质人同意却转质，给债券债权人（出质人）造成损失的，债券质权人应当赔偿其损失（《民法典》第446条、第434条）。2）债券质权人怠于行使质权，给债券债权人（出质人）造成损失的，应当赔偿其损失（《民法典》第 446 条、第 437 条第 2 款)。

(5) 不当得利返还

债券质权的行使，超过了被担保债权的范围，就该超出部分构成不当得利，债券质权人应予返还(《民法典》第 985 条以下)。

(四) 债券质权的消灭

债券质权所担保的债权消灭、债券债权消灭、质权人将债券返还与出质人、质权人抛弃债券质权等事由出现，债券质权归于消灭。

四、存款单质权

(一) 概述

存款单，简称为存单，是指存款人在银行等储蓄机构存了一定数额的款项后，由该银行等储蓄机构开具的到期还本付息的债权凭证。①

[扩展]

1. 存款单分为记名存单和不记名存单，记名存单可挂失，不记名存单不可以挂失。可以设立质权的存款单主要是指各类定期存款单，因为活期存款可以随时存取，没有必要设立质权。

实践中，使用存单质押的情形主要包括三种：(1) 大额可转让定期存单的质押。所谓大额可转让定期存单，是指一种固定面额、固定期限、可以转让的大额存款凭证(《大额可转让定期存单管理办法》第 2 条)。银行目前对城乡居民个人发行的大额可转让定期存单，其面额包括 1 万元、2 万元、5 万元三种；而对企业、事业单位发行的大额可转让定期存单，其面额包括 50 万元、100 万元、500 万元三种。大额可转让定期存单采用记名方式发行，采用背书方式转让，转让次数不限，背书应当连续。(2) 单位定期存单质押。这里的单位定期存单，是指借款人为办理质押贷款而委托贷款人依据开户证实书向接受存款的金融机构申请开具的人民币定期存款权利凭证(《单位定期存单质押贷款管理规定》第 3 条第 1 款)。(3) 个人定期储蓄存款存单质押。此种个人定期储蓄存单仅限于中国境内的居民未到期的整存整取、存本取息、华侨人民币、大额可转让定期存单(记名)和外币定期储蓄存款存单(《个人定期储蓄存款存单小额抵押贷款办法》第 4 条)。②

---

① 胡开忠:《权利质权制度研究》，北京，中国政法大学出版社 2004 年版，第 171 页；胡康生主编:《中华人民共和国物权法释义》，北京，法律出版社 2007 年版，第 478 页。

② 王利明、尹飞、程啸:《中国物权法教程》，北京，人民法院出版社 2007 年版，第 525 页。

2. 存折不宜质押，因为活期储蓄可以随时支取，满足存款人的需要。①

存单为债权凭证，反映着一定的还本付息请求权，因而存单质权为债权质权。存单是一种证券，所以存单质权同时为证券质权。

［辨析］

存款单质权不同于实务中存在着的账户质权。所谓账户质权，不得望文生义地将之界定为以账户为标的物而设立的质权，因为账户是一个会计概念，属于经济学范畴，其作用是为企业等提供一个资金往来的载体，便于国家对企业和相关人员进行税收等必要的管理；账户本身不具有交换价值，不属于可以流通的财产性资源，不代表财产性权利。还有，从实际情况看，一个企业的账户数目也并无严格限制，而且申请开立账户亦决非难事，由此使得账户本身不具有价值和交换价值。所谓账户质权，指的是这样的质权：借款人或第三人以未来预期可能获得的收入（一般是较为稳定的收费收入等）作担保，在贷款银行开立唯一的收费等经济往来账户，由贷款银行对该账户进行日常监管，一旦出现债务人不能按期还款的情况，贷款银行有权直接从该收费账户中扣划资金。可见，账户质权，实际上不是真正地用特定账户来担保债权的实现，而是以特定账户中的资金作为留置财产，担保债权实现的质权。②

在界定了特定账户里的资金数额并为特定债权提供担保的情况下，此类账户质权实际上是以一定数量的资金为标的物的金钱质权（法释〔2000〕44号第85条）。③

在质押合同仅仅规定以某账户质押，并未特定其中的资金，则由于账户资金是流动的，在出质人为企业、个体工商户、农业生产经营者的情况下，可依据《民法典》第396条的规定，以浮动抵押权论处。

在其他情况下，所谓的账户质权可按照债权对待。

（二）存款单质权的设立

本条规定，以存款单出质的，出质人和债权人（质权人）应有其意思表示，存款单质权自出质人将存款单交付债权人（质权人）时设立。

在实务操作中，以存款单出质的，依次进行如下作业：出质人和债权人（质权人）签订质押合同，出质人在存款单上背书，债权人（质权人）进行核押，甚

① 胡开忠：《权利质权制度研究》，北京，中国政法大学出版社2004年版，第172页。

② 刘银春：《债权质权的理论与实践》，清华大学法学博士学位论文（2005），第126～127页。

③ 曹士兵：《中国担保法诸问题的解决与展望》，北京，中国法制出版社2001年版，第312页。

至进行登记。①

所谓存款单核押，是指债权人（质权人）将存款单质押的情况告知开具存款单的储蓄金融机构，并就存款单的真实性向储蓄金融机构咨询，储蓄金融机构对存款单的真实性予以确认，并在存款单上签章或以其他方式签章的行为。其法律意义在于，开具存款单的储蓄金融机构对存款单的真实性进行确认，并且一经确认，无论出质人实际存款的情况如何，均应推定存款单为具有完全权利内容的权利凭证，可以成为合法的质权标的物。存款单出质核押也是在向开具存款单的储蓄金融机构为质权设立的通知，储蓄金融机构被告知存款单出质的事实之后，存款人就成为"虚有权利人"，开具存款单的储蓄金融机构就不得再向存款人支付存款单载明的款项，更不允许挂失该存款单。如果开具存款单的储蓄金融机构核押后又受理挂失并造成存款流失的，应当承担民事责任（法释〔2000〕44 号第 100 条）。②

［探讨］

1. 以虚开的存款单质押，以伪造、变造的虚假存款单质押的效力

所谓伪造、变造的虚假存款单，是指确属储蓄金融机构出具的但无实际存款内容的或与实际存款不符的真实存款单。无实际存款内容的存款单，即空存单。与实际存款内容不符的存款单，即套取的存款单。

对于此类存款单，法释〔1997〕8 号第 8 条规定，存单持有人以伪造、变造的虚假存单质押的，质押合同无效。接受虚假存单质押的当事人如以该存单质押为由起诉金融机构，要求兑付存款优先受偿的，人民法院应当判决驳回其诉讼请求，并告知其可另案起诉出质人（第 1 款）。存单持有人以金融机构开具的、未有实际存款或与实际存款不符的存单进行质押，以骗取或占有他人财产的，该质押关系无效。接受存单质押的人起诉的，该存单持有人与开具存单的金融机构为共同被告。利用存单骗取或占用他人财产的存单持有人对侵犯他人财产权承担赔偿责任，开具存单的金融机构因其过错致他人财产权受损，对所造成的损失承担连带赔偿责任。接受存单质押的人在审查存单的真实性上有重大过失的，开具存单的金融机构仅对所造成的损失承担补充赔偿责任。明知存单虚假而接受存单质押的，开具存单的金融机构不承担民事责任（第 2 款）。以金融机构核押的存单出质的，即便存单系伪造、变造、虚开，质押合同均为有效，金融机构应当依法向质权人兑付存单所记载的款项（第 3 款）。

---

① 李国光、奚晓明、金剑峰、曹士兵：《最高人民法院关于适用〈中华人民共和国担保法〉若干问题的解释理解与适用》，长春，吉林人民出版社 2000 年版，第 355 页。

② 曹士兵：《中国担保诸问题的解决与展望》，北京，中国法制出版社 2001 年版，第 307 页。

2. 以借用的存款单质押的效力

借用他人的存款单，以该他人的名义出质的，应当视构成要件而后决定适用代理或无权代理或表见代理的规定，来确定质押合同的效力，进而确定质权是否设立。

借用他人的存款单，以自己的名义出质，且存款单的所有权人与出质人（存款单的持有人）的姓名不一致的，出质人出示了对该存款单享有处分权的确凿证明，质押合同不因此而无效；出质人不能出示对该存款单享有处分权的确凿证明，质押合同也不因此而无效。

（三）存款单质权的效力

存款单质权的效力与前述债券质权的效力大体相当，不再赘述。需要指出的是，存款单到期后予以转期，而换发定期存款单的存款债权，仍为存款单质权的效力所及。①

（四）存款单质权的实现

主债务人不履行到期债务致使被担保债权未获清偿，或当事人约定的实现存款单质权的条件成就，质权人可行使质权，直接向存款单债务人——开具存款单的储蓄金融机构——请求兑付，使其被担保债权就存款单兑付的款项优先获得清偿。假如该储蓄金融机构拒绝兑付存款单，质权人可向该储蓄金融机构提起给付之诉。② 法释〔2000〕44 号第 106 条规定：“质权人向出质人、出质债权的债务人行使质权时，出质人、出质债权的债务人拒绝的，质权人可以起诉出质人和出质债权的债务人，也可以单独起诉出质债权的债务人。”

存款单的金额超过被担保债权的部分归出质人所有，不足部分由债务人清偿（《民法典》第 446 条、第 438 条）。

（五）存款单质权的消灭

存款单质权所担保的债权消灭、存款单债权消灭、质权人将存款单返还与出质人、质权人抛弃存款单质权、质权人依其意思丧失对存款单的占有又不能依法请求返还等事由出现，存款单质权归于消灭。

五、仓单质权

（一）仓单质权的概念

所谓仓单质权，是指以仓单为标的物而设立的质权。

仓单，是指仓库的保管人应寄托人（存货人）的请求所填发的证明寄托人

---

① 谢在全：《民法物权论》（下册），台北，三民书局有限公司 2003 年 12 月修订 2 版，第 342 页。

② 曹士兵：《中国担保诸问题的解决与展望》，北京，中国法制出版社 2001 年版，第 311 页。

（存货人）所寄存物品的一种有价证券。仓单一般记载如下内容：寄托人的姓名及住址，保管场所，寄存物品的种类、名称、数量、质量，仓单填发地及填发时间，保管期限，保管状况，保管费用等。仓单是一种有价证券，要行使仓单上的权利，必须持有仓单。①

关于仓单的立法模式主要有两单主义、一单主义和并用主义三种。所谓两单主义，是指保管人同时填发两仓单，一为提取仓单，一为出质仓单。前者用来提取寄存物，可以转让；后者用来出质，可作为债权担保。其理由为，寄托人（存货人）可以先以出质仓单来出质，以便筹措现款，然后以提取仓单待价而沽，所以出质和转让并行不悖。如果只有一单，则出质后无法转让。② 法国、比利时和意大利等国的立法例采取此项主义。所谓一单主义，是指保管人仅填发一份仓单，可同时作为转让和出质之用。其理由为，如果采用两单主义，两单分别流通时，则提取仓单持有人常担心出质仓单所担保的债权未获清偿致使仓储物或保管物有被拍卖的危险；而出质仓单持有人也担心两单所载数额不符，难免不安。还有，在两单主义下，虽然先质后卖，但出质后一般都不易再卖，所以实际上两单等同于一单。《德国商法典》采取一单主义（第424条）。所谓并用主义，是指根据存货人的选择，请求填发两单或一单。《日本商法典》采取此种模式（第627条）。③ 这种制度叠床架屋，徒滋纷扰，并无实益。所以，在实务中采取的是单一主义。④ 中国法律采取的是一单主义，即保管人应存货人的请求仅填发一仓单，而不须填发两个仓单。该仓单作为提取保管物的凭证，既可以转让也可以出质。⑤

关于仓单质权的性质，素有争论。有主张仓单质权为动产质权的，理由在于，仓单为表示所代表的物品的有价证券，占有证券与占有物品有同一效力，故仓单质权为动产质权。⑥ 也有认为仓单质权为权利质权的，理由在于，仓单等有价证券所表示的物品仅得依其证券来行使权利，况民法将有价证券出质一概归于

① 黄松有主编：《〈中华人民共和国物权法〉条文理解与适用》，北京，人民法院出版社2007年版，第656页。

② 郑玉波：《论仓单》，载郑玉波：《民商法问题研究》（第1册），台北，1988年自版，第321页。

③ 胡开忠：《权利质权制度研究》，北京，中国政法大学出版社2004年版，第166～167页。

④ ［日］西原宽一：《商行为法》，东京，有斐阁1972年版，第364页。

⑤ 崔建远主编：《合同法》，王轶执笔，北京，法律出版社2007年第4版，第486页。

⑥ 中国台湾地区“最高法院”1965年台上字第1057号判决；倪江表：《民法物权论》，台北，正中书局1965年版，第360页；黄右昌：《民法物权诠解》，台北，“商务印书馆”1965年版，第338页；曹杰：《中国民法物权论》，台北，“商务印书馆”1964年版，第258页；施智谋：《海商法专题研究》，台北，三民书局有限公司1992年版，第184页。

权利质权，故仓单质权应为权利质权。[①] 有学者进一步论证道，以仓单出质实际上是以仓单上所附载的对保管人的请求权出质，因为寄托人有权请求保管人履行对货物的保管义务并在合同到期后将货物交付寄托人，所以仓单所代表的权利可视为一种债权。以仓单出质实际上属于证券债权质权。[②]《民法典》把仓单质权放在权利质权中规定（第 440 条以下），可见采取了权利质权说。

（二）仓单质权的设立

依据本条的规定，以仓单为标的物设立质权时，出质人和质权人应有以仓单出质的意思表示，出质人将仓单（权利凭证）交付质权人，仓单质权设立。

［讨论］

《民法典》规定，仓单是提取仓储物的凭证。存货人或仓单持有人在仓单上背书并经保管人签字或盖章的，可以转让提取仓储物的权利（第 910 条）。否则，不发生转让的效力。权利质权的设立应当遵循权利让与的规则，所以，以仓单出质的，除当事人之间的出质合意、背书和交付外，还需要以保管人的签字或盖章为必要条件。[③]

笔者认为，从交易安全、有价证券流通的通例等方面考虑，这种意见确有道理，但依据《民法典》及其理论，却难获赞同。其原因在于：(1) 权利标的主义而非权利让与主义为今日通说，如此，仓单转让和仓单出质存在着区别，仓单出质并非仓单（权利）的转让。因而，仓单出质并非当然地适用《民法典》第 910 条的规定。(2)《民法典》（第 441 条）为仓单质权设立要件的权威性条文，均未把背书、保管人的签字或盖章作为仓单质权设立的必要条件。上述观点违反了《民法典》的强制性规定。当然，站在立法论的立场，在仓单上记载“质押”字样，作为质权设立的生效要件，较为可取。

不过，应当注意，《民法典》第 441 条的规定没有区分无记名证券、记名证券和指示证券，一律以交付有价证券为质权设立的生效要件，不尽合理。仓单出质，背书为妥；未经背书，不得对抗第三人。[④] 这种意见值得重视。

---

① 杨仁寿：《最新海商法论》，台北，1999 年自版，第 401 页；中国台湾地区“最高法院”1984 年台上字第 984 号判决；谢在全：《民法物权论》（下册），台北，三民书局有限公司 2003 年 12 月修订 2 版，第 326 页。

② 房绍坤、赵志毅：《论仓单质押》，载《法制与社会发展》2001 年第 4 期；胡开忠：《权利质权制度研究》，北京，中国政法大学出版社 2004 年版，第 168 页。

③ 黄松有主编：《〈中华人民共和国物权法〉条文理解与适用》，北京，人民法院出版社 2007 年版，第 661 页。

④ 李国光、奚晓明、金剑峰、曹士兵：《最高人民法院关于适用〈中华人民共和国担保法〉若干问题的解释理解与适用》，长春，吉林人民出版社 2000 年版，第 357 页；房绍坤、赵志毅：《论仓单质押》，载《法制与社会发展》2001 年第 4 期。

(三) 仓单质权的效力

1. 仓单质权所担保债权的范围

仓单质权所担保债权的范围，当事人之间有约定的，依其约定；无约定的，按照《民法典》第389条的规定确定，包括主债权及其利息、违约金、损害赔偿金。如果质权人将仓单委托他人（如委托银行等）保管而需要支出一定费用的，此类必要费用属于仓单质权所担保的债权范围。

2. 仓单质权的效力所及标的物的范围

仓单质权的效力及于出质的仓单，实际上是该仓单所载明的财产权。这是因为仓单与记载其上的财产权利是合为一体，不可分割的。另外，依《民法典》第913条的规定，仓储物的保管人对入库仓储物发现有变质或其他损坏，危及其他仓储物的安全和正常保管的，除催告存货人或仓单持有人做出必要的处置外，在紧急情况下，保管人可以做出必要的处置。保管人对仓储物的处置多为将其变价，从而保管仓储物的代位物。由此若该仓单已经出质，则该权利质权仍存在于该代位物上；如果仓储期间届满存货人或仓单持有人没有提取仓储物，则保管人有权将仓储物依法提存，于此情况下，仓单质权的效力仍存在于该提存物上。质言之，如果仓储物有代位物或提存物的，则仓单质权的效力仍及于该代位物或提存物。同时，如果仓储物生有孳息的，则仓单质权的效力也及于该孳息。①

3. 质权人的权利义务

(1) 仓单的留置权

仓单出质后，出质人应将仓单交付给质权人占有，实务中多为背书交付。债务人未为全部清偿以前，质权人有留置仓单而拒绝返还之权。

(2) 转质权

按照《民法典》第446条、第434条的规定，质权人在出质人同意等条件下可以转质。

(3) 仓单质权的保全权

仓单出质后，因出质人的原因而使仓储物有所损失时，会危及质权人质权的实现。于此情形下，质权人有保全仓单质权的权利（《民法典》第446条、第433条），有权依照《民法典》第911条和第912条的规定，向仓储物的保管人请求检验仓储物或提取仓储物的样品，保管人不得拒绝，并且无须征得出质人的同意。质权人在检验仓储物或提取仓储物的样品后，发现仓储物有毁损或灭失之虞而将害及质权的，质权人得与出质人协商由出质人另行提供足额担保，或由质权

① 房绍坤、赵志毅：《论仓单质押》，载《法制与社会发展》2001年第4期。

人提前实现质权，或向第三人提存，以此来保全自己的质权。①

（4）仓单质权的物权请求权

仓单被他人无权占有、仓单质权被妨害或有妨害之虞时，仓单质权人有权行使物权请求权。

（5）仓单质权的实行权

在主债务人不履行到期债务致使被担保债权未获清偿，或当事人约定的实行仓单质权的情形出现的情况下，质权人有权实行仓单质权。

（6）妥善保管仓单的义务

仓单出质后，出质人要将仓单交付给质权人占有。由于采取权利标的主义，仓单所载明的财产权并未移转给质权人，继续由出质人享有。如果仓单丢失或被第三人善意取得，就会使出质人受到损害。为了保护出质人的合法权益，质权人负有妥善保管仓单的义务。

（7）返还仓单的义务

在主债务人履行了到期债务使被担保债权获得清偿，或其他原因致使仓单质权消灭的情况下，质权人负有返还仓单的义务。

4. 出质人的权利义务

出质人对仓储物处分权受有限制。仓单是提取仓储物的权利凭证，取得仓单意味着取得了仓储物的所有权。但仓单一经出质，质权人即占有出质人交付的仓单，此时质权人取得的并不是仓储物的所有权而仅为质权；对于出质人，因其暂时丧失了对仓单的占有，尽管对仓储物依然享有所有权，但若想处分该仓储物，则势必会受到限制。出质人若想对仓储物进行处分，应当向质权人另行提供相应的担保，或经质权人同意而取回仓单，从而实现自己对仓储物的处分权。在前者，表现为仓单质权消灭；在后者，表明质权人对债务人的信用持信任态度而自愿放弃自己债权的担保，法律自无强制的必要。如果此项处分权不受任何限制，则质权人势必陷入无从对质押担保标的物的交换价值进行支配的境地，该项权利质权的担保机能便因此而丧失殆尽。②

5. 仓单质权对仓储物的保管人的效力③

仓单质权对仓储物的保管人是否发生效力，因现行法上没有明确规定，所以不无疑义。质权对人的效力一般仅限于质押合同的当事人，但在仓单质权似有不同。笔者认为，仓单质权对仓储物的保管人亦发生效力，只是不如其对质权人和出质人那么强而已。仓单质权对保管人的效力主要表现在如下两个方面。

---

①②③ 房绍坤、赵志毅：《论仓单质押》，载《法制与社会发展》2001年第4期。

（1）保管人负有见单即交付仓储物的义务

仓单是提取仓储物的凭证，仓单持有人可以凭借所持有的仓单向保管人请求交付仓储物，而保管人负有交付仓储物的义务。因而，在仓单质权中，当质权人的债权到期不能获清偿时，质权人便可以向保管人提示仓单请求提取仓储物，从而实现仓单质押担保。从这个意义上讲，仓单质权的效力及于保管人。

（2）保管人享有救济权

依合同法原理，仓单持有人提前提取仓储物的，保管人不减收仓储费。因此，质权人在实现质权时，尽管仓储期间尚未届满，保管人也不得拒绝交付仓储物。但是，如果出于质权人提前提取仓储物而尚有未支付的仓储费的，保管人得请求质权人支付未支付的仓储费。当然，质权人因此而为的支出应当在仓储物的变价之中扣除，由债务人最后负责。若质权实行时，仓储期间业已届满，保管人亦享有同样的救济权，由质权人先支付逾期仓储费，债务人最后予以补偿。

（四）仓单质权的实行①

仓单质权的实行应当依法进行。依据《民法典》第436条第2款的规定，债务履行期届满质权人未受清偿的，可以与出质人协议以留置财产折价，也可以依法拍卖、变卖留置财产；留置财产折价或拍卖、变卖后，其价款超过债权数额的部分归出质人所有，不足部分由债务人清偿。可见，仓单质权的实行方法也包括折价、拍卖、变卖三种方式。

仓单作为提货凭证，一般会有仓储期间记载其上。仓单出质后，仓单质权所担保的债权会有一个清偿期，从而，两个期间的届至会有先后，当然也不排除同时届至的可能性。在仓单质权实行时会因仓单上所记载的提货日期先于、后于或同时与仓单质押担保的债权的清偿期届至而有所不同。因此，在仓单质权场合，质权人实行质权时须区分以下三种情况。

1. 仓单所记载的提货日期先于质押所担保的债权的清偿期届至的，适用《民法典》第442条的规定，这将在释评该条时再论，此处不赘。

2. 仓单所记载的提货日期后于质押所担保的债权的清偿期届至的，质权人能否直接向债务人请求给付，法释〔2000〕44号第102条规定："以载明兑现或者提货日期的汇票、支票、本票、债券、存款单、仓单、提单出质的，其兑现或者提货日期后于债务履行期的，质权人只能在兑现或者提货日期届满时兑现款项或者提取货物。"

---

①　房绍坤、赵志毅：《论仓单质押》，载《法制与社会发展》2001年第4期。

［论争］

有学者认为，这种解释对于仓单质权似有不妥。根据《民法典》第 915 条的规定，法律允许存货人或仓单持有人提前提取仓储物，而不减收仓储费。仓单持有人有权提前提取存储物，而保管人不减收仓储费，对于双方当事人均无害处。因此，质权人在仓单所记载的提货日期后于质押所担保的债权的清偿期届至时，质权人提前提取仓储物，于法并无不可，且对保管人也无危害。当然，如前所述，如果由于质权人提前提取仓储物而造成保管人仓储费损失的，保管人享有救济权。① 谢在全先生认为，在质权人的担保债权清偿期届至时，不待证券清偿期届至，质权人可依动产质权的实行方法实行其质权。此时对于出质人与依证券而负给付义务的人均属无害，且对质权人及出质人有利，当无不许之理。②

与此不同，有持有与法释〔2000〕44 号第 102 条规定相同意见的。仓单所记载的提货日期后于质押所担保的债权的清偿期届至的，如果允许质权人提前取货，一方面，在事实上常常难以做到；另一方面，质权人在质押关系设定时，知道证券上的清偿期后于债务履行期，而仍然同意以此证券设定质押，表明其已自愿承担了在被担保的债权到期后，不能立即行使质权的后果。在此情况下，质权人只能等到证券所记载的清偿期到来后才能行使质权。③

3. 仓单所载提货日期与质押所担保的债权的清偿期同时届至的，因为在所担保的债权清偿期届至时，债务人未为债务的清偿，故而，质权人自可依法实现质权。在仓单质权场合，质权人实现质权时，以向仓储物的保管人提示仓单为必要。质权人向保管人提示仓单请求提取仓储物，保管人不得拒绝交付仓储物。质权人可依法处分所提取的仓储物，从而优先清偿其到期债权。④

（五）仓单质权的消灭

仓单质权所担保的债权消灭、仓单所载权利绝对消灭、质权人抛弃仓单质权等事由出现，仓单质权归于消灭。

六、提单质权

所谓提单质权，是指以提单为标的物而设立的质权。

所谓提单，是指用以证明海上货物运输合同和货物已经由承运人接收或者装船，以及承运人保证据以交付货物的单证（《海商法》第 71 条）。

---

①④ 房绍坤、赵志毅：《论仓单质押》，载《法制与社会发展》2001 年第 4 期。

② 谢在全：《民法物权论》（下册），台北，三民书局有限公司 2003 年 12 月修订 2 版，第 368～369 页。

③ 王利明：《物权法论》，北京，中国政法大学出版社 1998 年版，第 766 页。

提单中载明的向记名人交付货物，或按照指示人的指示交付货物，或向提单持有人交付货物的条款，构成承运人据以交付货物的保证。货物由承运人接收或装船后，应托运人的要求，承运人应当签发提单。提单可以由承运人授权的人签发。提单由载货船舶的船长签发的，视为代表承运人签发。《海商法》第 79 条规定，记名提单不得转让；指示提单经过记名背书或空白背书转让；不记名提单，无须背书，即可转让。因此，能够作为权利质权标的物的提单只能是指示提单和不记名提单两种。①

依据《民法典》第 441 条的规定，以提单为标的物设立质权时，出质人和质权人应当达成以提单出质的合意，质权自提单（权利凭证）交付之日起设立。

［讨论］

提单出质，同样面临着背书质押的地位及作用问题。鉴于《民法典》未将背书作为提单质权设立的生效要件，不妨采纳未经背书质押的提单质权不得对抗第三人的意见。②

提单质权的效力与仓单质权的大体相当，不再赘述。

第四百四十二条

汇票、本票、支票、债券、存款单、仓单、提单的兑现日期或者提货日期先于主债权到期的，质权人可以兑现或者提货，并与出质人协议将兑现的价款或者提取的货物提前清偿债务或者提存。

本条主旨

本条是关于以汇票、本票、支票、债券、存款单、仓单、提单为客体的权利质权具有兑现或提货的效力的特别规定。

相关条文

《物权法》第 225 条　汇票、支票、本票、债券、存款单、仓单、提单的兑现日期或者提货日期先于主债权到期的，质权人可以兑现或者提货，并与出质人协议将兑现的价款或者提取的货物提前清偿债务或者提存。

---

① 胡康生主编：《中华人民共和国物权法释义》，北京，法律出版社 2007 年版，第 478 页；王利明、尹飞、程啸：《中国物权法教程》，北京，人民法院出版社 2007 年版，第 525～526 页。

② 李国光、奚晓明、金剑峰、曹士兵：《最高人民法院关于适用〈中华人民共和国担保法〉若干问题的解释理解与适用》，长春，吉林人民出版社 2000 年版，第 353 页。

《担保法》第 77 条　以载明兑现或者提货日期的汇票、支票、本票、债券、存款单、仓单、提单出质的，汇票、支票、本票、债券、存款单、仓单、提单兑现或者提货日期先于债务履行期的，质权人可以在债务履行期届满前兑现或者提货，并与出质人协议将兑现的价款或者提取的货物用于提前清偿所担保的债权或者向与出质人约定的第三人提存。

法释〔2000〕44 号第 102 条　以载明兑现或者提货日期的汇票、支票、本票、债券、存款单、仓单、提单出质的，其兑现或者提货日期后于债务履行期的，质权人只能在兑现或者提货日期届满时兑现款项或者提取货物。

理解与适用

一、总说

本条是对《物权法》第 225 条的复制，赋予以汇票、本票、支票、债券、存款单、仓单、提单为客体的权利质权具有兑现或提货的效力。

二、票据质权具有兑现票据并就兑现款提前受偿或提存的效力

在出质的票据到期日先于被担保债权的清偿期届至，票据质权实行的条件尚未成就，依一般原理，质权人本应无权请求第三债务人（票据债务人）予以兑现，只有票据权利人（出质人）才有此权利。可是，尽管基于物上代位性，票据质权的效力及于兑现款项，但票据权利人（出质人）兑现后私自消耗掉该款项，票据质权担保的债权就变成没有优先受偿性的普通债权，票据质权人可能因此遭受损失。为了平衡出质人（票据债权人）和票据质权人之间的利益关系，《民法典》设置特别规则，赋权票据质权人将票据兑现，在取得出质人（票据债权人）同意的情况下，使担保债权就兑现款项提前受偿或向与出质人约定的第三人提存（第 442 条）。

如果担保债权的数额小于票据的金额，则以担保债权额为限受偿，至于票据的一部付款的手续，按照惯例处理。如果担保债权非金钱债权，质权人仍可如此收取给付，待被担保债权因债务不履行转化为金钱债权时，再按照动产质权的实行方法优先受偿。①

① 谢在全：《民法物权论》（下册），台北，三民书局有限公司 2003 年 12 月修订 2 版，第 367、368 页。

三、债券质权具有兑现债券并就兑现款提前受偿或提存的效力

在出质债券的兑现日期先于主债务的清偿期限场合，债券债权人届期受偿，会使入质债券消灭，债券质权因其标的物消失而难以存续。为了保护质权人的合法权益，在债券债权人愿意放弃期限利益而提前向质权人为清偿时，应当允许；债券债权人若不愿放弃期限利益，有义务将第三债务人（付款人，债券债权人的债务人，下同）的付款提存于第三人处，质权人有权请求债券债权人为此类提存行为（《民法典》第442条）。

四、存款单质权的效力及于该存款单项下的本息

存款单到期，但存款单质权的实行条件尚未成就，为了平衡存款单债权人、存款单质权人之间的利益关系，本条允许存款单质权人可以领取该存款单项下的本息，并与出质人协议就该本息提前清偿债务或提存。其原理如同上文“二、票据质权具有兑现票据并就兑现款提前受偿或提存的效力”中分析的那样，不再赘言。

五、仓单质权具有提货并就该仓储物的变价提前受偿或提存的效力

仓单所记载的提货日期先于质押所担保的债权的清偿期届至的，依《民法典》第442条的规定，质权人可以在债权清偿期届满前提取仓储物，并与出质人协议将提取的仓储物用于提前清偿所担保的债权，或向与出质人约定的第三人提存，质权的效力仍然及于该提存物上。在此情况下，仓单质权变为动产质权。如果在此种情况下，债务人另行提供了担保，则不发生质权人提取仓储物这一后果，而为质权人返还仓单给出质人，从而使仓单质权消灭。至于质权人返还仓单后出质人是否提取已届期的仓储物，则不属于仓单质权问题。

值得讨论的是，在上述情况下，如果质权人与出质人不能达成协议的，应如何处理？对此，现行法上并无明确的规定。笔者认为，于此情况下，质权人只能将所提取的仓储物予以提存，而不能用于提前清偿所担保的债权。因为若用于提前清偿所担保的债权，则势必会损害债务人所享有的期限利益。尽管法律在制度的设计上多考虑权利人的利益如何能够得到有效的保障和实现，但随着现代债法的发展和完善并由债的平等性决定了法律在保障权利人的利益的同时更应注意保障义务人的利益。在有期限的债的关系中，债务人即享有在债务履行期届至之前拒绝履行未到期债务的权利，这种权利所体现就是一种期限利益。既然不能提前清偿所担保的债权，因而只能向第三人提存。质权人将提取的仓储物提存之后，

质权仍存在于该提存物上，这样债权人的债权依然能够得到有效的保障；同时债务人于履行期届满时依法履行了债务后，即可以向提存人请求提取提存物，从而取回属于自己的物品。

六、提单质权具有提货并就该仓储物的变价提前受偿或提存的效力

提单质权具有提货并就该仓储物的变价提前受偿或提存的效力，其机理如同上文“五、仓单质权具有提货并就该仓储物的变价提前受偿或提存的效力”中分析的那样，不再赘言。

第四百四十三条

以基金份额、股权出质的，质权自办理出质登记时设立。

基金份额、股权出质后，不得转让，但是出质人与质权人协商同意的除外。出质人转让基金份额、股权所得的价款，应当向质权人提前清偿债务或者提存。

本条主旨

本条是关于基金份额质权、股权质权的设立要件、法律效力的规定。

相关条文

《物权法》第 226 条　以基金份额、股权出质的，当事人应当订立书面合同。以基金份额、证券登记结算机构登记的股权出质的，质权自证券登记结算机构办理出质登记时设立；以其他股权出质的，质权自工商行政管理部门办理出质登记时设立。

基金份额、股权出质后，不得转让，但经出质人与质权人协商同意的除外。出质人转让基金份额、股权所得的价款，应当向质权人提前清偿债务或者提存。

《担保法》第 78 条　以依法可以转让的股票出质的，出质人与质权人应当订立书面合同，并向证券登记机构办理出质登记。质押合同自登记之日起生效。

股票出质后，不得转让，但经出质人与质权人协商同意的可以转让。出质人转让股票所得的价款应当向质权人提前清偿所担保的债权或者向与质权人约定的第三人提存。

以有限责任公司的股份出质的，适用公司法股份转让的有关规定。质押合同自股份出质记载于股东名册之日起生效。

法释〔2000〕44 号第 103 条　以股份有限公司的股份出质的，适用《中华

人民共和国公司法》有关股份转让的规定。

以上市公司的股份出质的，质押合同自股份出质向证券登记机构办理出质登记之日起生效。

以非上市公司的股份出质的，质押合同自股份出质记载于股东名册之日起生效。

第 104 条　以依法可以转让的股份、股票出质的，质权的效力及于股份、股票的法定孳息。

理解与适用

一、本条含义概貌

本条承继了《物权法》第 226 条的规定，仅仅删除了《物权法》第 226 条第 1 款前段“当事人应当订立书面合同”的短语。

二、股权质权

（一）股权质权的概念

所谓股权质权，是指以股权为标的物而设立的质权。

所谓股权，股东权利的简称，是指股东依其股东身份和地位而享有从公司获取经济利益和参与公司经营管理的权利。在中国，公司包括有限责任公司和股份有限公司。在有限责任公司，股权的标的（物）是出资，其外在形式是出资证明书。在股份有限公司，股权的标的（物）是股份，其外在形式是股票。[①] 出资证明书，是指证明投资人已经依法履行缴付出资义务，成为有限责任公司股东的法律文件。[②] 按照《公司法》的规定，出资证明书应当载明下列事项：（1）公司名称；（2）公司成立日期；（3）公司注册资本；（4）股东的姓名或名称、缴纳的出资额和出资日期；（5）出资证明书的编号和核发日期（第 31 条第 2 款）。出资证明书由公司盖章（第 31 条第 3 款）。这表明出资证明书是记名的。股票是公司签发的证明股东所持股份的凭证（第 125 条第 2 款后段）。公司发行的股票，可以为记名股票，也可以为无记名股票（第 129 条第 1 款）。公司向发起人、法人发行的股票，应当为记名股票，并应当记载该发起人、法人的名称或姓名，不得另立户名或以代表人姓名记名（第 129 条第 2 款）。

---

① 施天涛：《公司法论》（第 2 版），北京，法律出版社 2006 年版，第 237、271 页。

② 胡康生主编：《中华人民共和国物权法释义》，北京，法律出版社 2007 年版，第 479 页。

［辨析］

有学者认为，股权质权的标的物是股权。在股份有限公司，股权的标的是股份，其外在形式是股票。在有限责任公司，股权的标的是出资，其外在形式是出资证明书。由此可将股权质权区分为股份质权和出资质权两种类型。①

股权质押须依法进行。股权出质，首先应当满足《民法典》的要求；其次还应当满足《公司法》的要求。例如，《公司法》除了第142条第5款规定："公司不得接受本公司的股票作为质押权的标的。"此外，法释〔2000〕44号第103条第1款规定，以股份有限公司的股份出质的，适用《公司法》有关股份转让的规定。② 因而，《公司法》第141条关于"发起人持有的本公司股份，自公司成立之日起一年内不得转让。公司公开发行股份前已发行的股份，自公司股票在证券交易所上市交易之日起一年内不得转让。公司董事、监事、高级管理人员应当向公司申报所持有的本公司的股份及其变动情况，在任职期间每年转让的股份不得超过其所持有本公司股份总数的百分之二十五；所持本公司股份自公司股票上市交易之日起一年内不得转让。上述人员离职后半年内，不得转让其所持有的本公司股份。公司章程可以对公司董事、监事、高级管理人员转让其所持有的本公司股份作出其他限制性规定"的规定，适用于股权出质。

需要注意，现行法关于股权能否出质的一些特别规定，例如，《证券公司股票质押贷款管理办法》（2004年）第12条规定，用于质押贷款的股票应业绩优良、流通股本规模适度、流动性较好。贷款人不得接受以下几种股票作为留置财产：(1) 上一年度亏损的上市公司股票；(2) 前六个月内股票价格的波动幅度（最高价/最低价）超过200%的股票；(3) 可流通股股份过度集中的股票；(4) 证券交易所停牌或除牌的股票；(5) 证券交易所特别处理的股票；(6) 证券公司持有一家上市公司已发行股份的5%以上的，该证券公司不得以该种股票质押，但是，证券公司因包销购入售后剩余股票而持有5%以上股份的，不受此限。第23条规定，一家商业银行及其分支机构接受的用于质押的一家上市公司股票，不得高于该上市公司全部流通股票的10%。一家证券公司用于质押的一家上市公司股票，不得高于该上市公司全部流通股票的10%，并且不得高于该上市公司已发行股份的5%。被质押的一家上市公司股票不得高于该上市公司全部流通股票的20%。上述比率由证券登记结算机构负责监控，对超过规定比率的股票，证券登记结算机构不得进行出质登记。

①② 施天涛：《公司法论》（第2版），北京，法律出版社2006年版，第271页。

[论争]

1. 公司不得接受本公司的股票作为质押权的标的，是否合理?

《公司法》第 142 条第 5 款关于“公司不得接受本公司的股票作为质押权的标的”的限制，是否合理，对此存在着争论。通说认为，如果公司接受自己本公司的股票作为质权标的，无异于用自己的财产担保自己的债权。有的著作进一步阐述道，当公司的债务人无力清偿到期债务而公司拍卖抵押物又无人应买时，公司自然就成为抵押股票的所有人，从而违背公司不得拥有自身股份的一般原则。①

反对说则认为，(1)“公司不得接受本公司股票作为质押权标的”，针对的应是在公司作为债权人而由本公司股东作为出质人的情形。股东的股权属于股东可处分的财产，为何不能出质呢?(2) 当债务人不能清偿债务时，公司作为质权人(债权人) 有权依法拍卖该出质股份，并从拍卖该股份所获得的价款中优先受偿。这里，公司所获得的拍卖价款是股东股份的价值，又如何能说是公司用自己的财产担保自己的债权呢?(3) 在公司拍卖股份无人应买时，“公司自然就成为抵押股票的所有人”说，也难以成立。拍卖而无人应买是不可能的，无人应买只是价格问题，如价格适当怎么会无人应买呢? 至于说价格低到不能体现股份质权所担保的债权价值，则另当别论。这是质权人应当承担的风险，因为股权质押本身就具有价值的不确定性，为什么其他质权人能承担这种风险，公司作为质权人就不能承担这种风险呢? 何况所质押的股权没有价值在很大程度上是由于公司自己经营管理不善造成的。进而言之，即使是因无人应买而由公司取得该股份的所有权，又有何不可呢? 应当注意，现代法律允许公司取得自己股份的情形越来越多，为实现股权质权取得自己股份应为法律所允许。②

2. 法释〔2000〕44 号第 103 条第 1 款关于以股份有限公司的股份出质的，适用《公司法》有关股份转让的规定，是否适当?

该规定显然采取了权利让与主义，与作为通说的权利标的主义不合，在个案中也可能导致不适当的结果。例如，股权出质也适用《公司法》第 141 条的规定，公司于 2014 年 2 月 2 日成立，发起人以其持有的本公司股份 20 万股于 2014 年 5 月 5 日出质，担保履行期为 2018 年 2 月 2 日至 5 月 2 日的债权，应予允许，因为在实质上与《公司法》第 141 条规定的立法目的并不抵触。但由于法释〔2000〕44 号第 103 条第 1 款规定，股权出质适用《公司法》关于股权转让的规定，而该法第 141 条明文规定发起人持有的本公司股份，自公司成立之日起 1 年

① 赵旭东:《公司法学》，北京，高等教育出版社 2003 年版，第 317 页。

② 施天涛:《公司法论》(第 2 版)，北京，法律出版社 2006 年版，第 272 页。

内不得转让；公司公开发行股份前已发行的股份，自公司股票在证券交易所上市交易之日起1年内不得转让；公司董事、监事、高级管理人员所持本公司股份自公司股票上市交易之日起1年内不得转让，上例的股权质权不得发生法律效力。这显然是不适当的。

（二）股权质权的设立

本条第1款规定，以股权出质的，自办理出质登记时设立。

应当指出，《公司法》第71条第2款前段规定，有限责任公司的股东向股东以外的人转让股份时，必须经其他股东过半数同意。这意味着有限责任公司的股东将其出资设立质权时，必须事先征得其他股东过半数同意。

在此有必要简要介绍合伙人以其在合伙关系中的财产份额出质的问题。由于合伙人在合伙关系中的财产份额类似于股东在公司中的股份，合伙人以其在合伙关系中的财产份额出质类似于股东以其在公司中的股份出质，准用股份出质的规则避免不了。同时，也要注意，合伙人以其在合伙关系中的财产份额出质的特殊规则。例如，《合伙企业法》第25条规定："合伙人以其在合伙企业中的财产份额出质的，须经其他合伙人一致同意；未经其他合伙人一致同意，其行为无效，由此给善意第三人造成损失的，由行为人依法承担赔偿责任。"

（三）股权质权的效力

1. 股权质权所担保的债权范围

股权质权所担保的债权范围，当事人有约定时，依其约定；无约定时，适用《民法典》第389条关于主债权及其利息、违约金、损害赔偿金和实现股权质权的费用的规定，予以确定。有学者主张，质权人为了防止出质的股票大幅度缩水而紧急抛售股票来保值所支付的费用，也应列入所担保债权的范围。①

2. 股权质权的效力所及标的物的范围

股权质权的效力及于出质股权自身，以及股权出质后产生的法定孳息（法释〔2000〕44号第104条），包括现金红利、股息、红股、转增股等。② 如果公司以发行新股的方式分配股利的一部或全部，质权人对新股同样有收取权。③ 在这方面，《证券公司股票质押贷款管理办法》（2004年）第35条规定："质物在质押期间所产生的孳息（包括送股、分红、派息等）随质物一起质押。质物在质押期

① 胡开忠：《权利质权制度研究》，北京，中国政法大学出版社2004年版，第275页。

② 谢在全：《民法物权论》（下册），台北，三民书局有限公司2003年12月修订2版，第340页；中国台湾地区"最高法院"1974年度第三次民事庭会议决议（二）；王利明、尹飞、程啸：《中国物权法教程》，北京，人民法院出版社2007年版，第531页。

③ 施天涛：《公司法论》（第2版），北京，法律出版社2006年版，第275页。

间发生配股时，出质人应当购买并随质物一起质押。出质人不购买而出现质物价值缺口的，出质人应当及时补足。”按照意思自治原则，对于股权的法定孳息，质押合同约定不在股权质权的效力范围之内的，依其约定（《民法典》第446条、第430条第1款）。

在公司清算而有剩余财产可分配于股东时，股权质权人有权收取该剩余财产。[①]

出质的股权因公司的合并或创设分立而失去效力，因此配发新股或现金，属于股权的代位物。例如，甲股份有限公司的股票出质后，甲公司和乙公司合并，依合并合同，甲公司终止而乙公司存续，此时甲公司的股票应当失去效力，唯因此可向乙公司请求配发新股或现金。此类新股或现金为股权质权的代位物，应为股权质权的效力所及。至于若为配合股票公开上市，由大面额股票换发为小面额股票，或可转换的公司债券经转换成为股份后的股票，或股票经除权判决宣告无效后换发的新股票等，虽然不是因权利质权消灭所获得的损害赔偿金，但这些新股票和原股票应被视为同一物，该新股票相对于原股票的代位物而言，更应为股权质权的效力所及。[②]

3. 质权人的权利

（1）股票、出资证明书的留置权

在出质人将出质的股票、出质股权的出资证明书交付给质权人的情况下，只要主债务人不履行到期债务致使被担保债权未获清偿，质权人均有权留置入质的股票、交付的出资证明书。

（2）对股权法定孳息的收取权

股权的法定孳息为股权质权的效力所及，已如上述，质权人自然有权收取，除非质押合同另有约定（《民法典》第446条、第430条）。

（3）转质权

在能否转质的问题上，现行法对各种权利质权一视同仁，股权质权与票据质权、债券质权等在转质方面应被同等对待，此处不赘。

（4）物上代位的权利

股权质权与票据质权、债券质权等在物上代位的方面应当被同样对待，此处

---

① 柯芳枝：《公司法论》，北京，中国政法大学出版社2004年版，第195页；施天涛：《公司法论》（第2版），北京，法律出版社2006年版，第275页。

② 中国台湾地区“公司法”第317条之一第1项③④；谢在全：《民法物权论》（下册），台北，三民书局有限公司2003年12月修订2版，第341页；王利明、尹飞、程啸：《中国物权法教程》，北京，人民法院出版社2007年版，第532页。

不赘。

（5）股权质权的保全权

股权质权与票据质权、债券质权等在保全上有相同的一面，也有特殊之处。例如，《证券公司股票质押贷款管理办法》（2004 年）第 33 条规定："用于质押股票的市值处于本办法第二十七条规定的平仓线以下（含平仓线）的，贷款人有权无条件处分该质押股票，所得的价款直接用于清偿所担保的贷款人债权。"此处所指第 27 条的内容为："为控制因股票价格波动带来的风险，特设立警戒线和平仓线。警戒线比例（质押股票市值/贷款本金×100%）最低为 135%，平仓线比例（质押股票市值/贷款本金×100%）最低为 120%。在质押股票市值与贷款本金之比降至警戒线时，贷款人应要求借款人即时补足因证券价格下跌造成的质押价值缺口。在质押股票市值与贷款本金之比降至平仓线时，贷款人应及时出售质押股票，所得款项用于还本付息，余款清退给借款人，不足部分由借款人清偿。"

（6）股权质权的物权请求权

入质的股票被他人无权占有、股权质权被不法妨害或有妨害之虞的，股权质权人有权行使物权请求权。

（7）股权质权的实行权

在主债务人不履行到期债务致使被担保债权未获清偿，或当事人约定的实现股权质权的情形出现时，质权人有权行使其质权，就出质股权的价值使被担保债权优先受偿。

按照《民法典》第 446 条、第 438 条的规定，股权质权实行的方法可以是拍卖、变卖出质的股权，也可经出质人和质权人协商将出质股权折价，使被担保债权优先受偿。变价款超过被担保债权的部分归出质人所有，不足部分由债务人清偿。

（8）保管义务

在出质的股权有股票或出资证明书交付与质权人的情况下，质权人有保管此类股票、出资证明书的义务。在这方面，《证券公司股票质押贷款管理办法》（2004 年）第 19 条规定，贷款人（股权质权人）在发放股票质押贷款前，应在证券交易所开设股票质押贷款业务特别席位，专门保管和处分作为留置财产的股票。贷款人应在贷款发放后，将股票质押贷款的有关信息及时录入信贷登记咨询系统。

（9）返还义务

在股权质权消灭后，质权人有义务将保管的股票或出资证明书返还与出质人。

4. 出质人的权利义务

（1）处分权受到限制

股权出质后，出质人对于股权不得以法律行为使其消灭或变更，除非经过了质权人的同意。例如，这里所谓的消灭，指的是绝对消灭；至于相对消灭，如股权转让，《民法典》没有绝对禁止：股权出质后，不得转让，但经出质人和质权人协商同意的除外（第430条第2款前段）。

（2）提前清偿或提存的义务

本条第2款后段规定，经协商同意而转让股权的，出质人应当将该转让款向质权人提前清偿或提存。

（3）继续享有和行使在公司中的表决权

由于采取权利标的主义，股权的出质，并未剥夺出质人的股权，只是基于股权所享有的若干权能受到限制，而另外的权能则未受限制。未受限制的权能中包括表决权。出质人于股权出质后，有权继续出席股东大会，并对股东大会的决议进行表决。①

（4）股利的收取权

记名股票的股东仍然享有收取股利的权利，但应将之向质权人提前清偿或提存。无记名股票出质场合，股东已经不能证明自己的股东身份，无从依据股票行使权利，故无权取得股利。②

（四）股权质权的消灭

股权质权所担保的债权消灭、股份有限公司或有限责任公司终止导致股权失效、质权人抛弃股权质权等事由出现，股权质权归于消灭。

三、基金份额质权

（一）基金份额质权的概念

所谓基金份额质权，是指以基金份额为标的物而设立的质权。

所谓基金份额，是指向投资者公开发行的，表示持有人按其所持份额对基金财产享有收益分配权、清算后剩余财产取得权和其他相关权利，并承担义务的凭证。③ 这里所称基金，仅指《证券投资基金法》调整的证券投资基金，即通过公

---

① 谢在全：《民法物权论》（下册），台北，三民书局有限公司2003年12月修订2版，第346～347页；施天涛：《公司法论》（第2版），北京，法律出版社2006年版，第275页。

② 谢在全：《民法物权论》（下册），台北，三民书局有限公司2003年12月修订2版，第347页。

③ 胡康生主编：《中华人民共和国物权法释义》，北京，法律出版社2007年版，第478页。

开发售基金份额募集证券投资基金，由基金管理人管理，基金托管人托管，为基金份额持有人的利益，以资产组合方式进行证券投资活动的信托契约型基金，包括投资于不同对象的信托契约型基金、采用不同运作方式的信托契约型基金和选择不同投资收益与风险的信托契约型基金等，但不包括私募基金和公司型基金。①

［扩展］

依据基金运作方式的不同，证券投资基金可以分为封闭式基金、开放式基金以及采取其他运作方式的基金。封闭式基金即采用封闭式运作方式的基金，是指经核准的基金份额总额在基金合同期限内固定不变，基金份额可以在依法设立的证券交易场所交易，但基金份额持有人不得申请赎回的基金（《证券投资基金法》第 5 条第 2 款）。开放式基金即采用开放式运作方式的基金，是指基金份额总额不固定，基金份额可以在基金合同约定的时间和场所申购或者赎回的基金（《证券投资基金法》第 5 条第 3 款）。这两种基金的一个重要区别就是，基金份额的转让方式不同。封闭式基金的基金份额在基金存续期间内，可以依法在证券交易所上市交易，但基金份额持有人不得申请赎回。而开放性基金的基金份额可以在基金合同约定的时间和场所申购或赎回，但是不能在证券交易所上市交易。至于采用其他运作方式的基金，其基金份额发售、交易、申购、赎回的办法，由国务院另行规定。②

（二）基金份额质权的设立

依据本条的规定，以基金份额为标的物设立质权时，自办理完毕基金份额出质登记，基金份额质权设立。

（三）基金份额质权的效力

基金份额质权的效力与股权质权的大体相当，不再赘述。

第四百四十四条

以注册商标专用权、专利权、著作权等知识产权中的财产权出质的，质权自办理出质登记时设立。

知识产权中的财产权出质后，出质人不得转让或者许可他人使用，但是出质人与质权人协商同意的除外。出质人转让或者许可他人使用出质的知识产权中的

① 李飞主编：《中华人民共和国证券投资基金法释义》，北京，法律出版社 2003 年版，第 6 页。

② 王利明、尹飞、程啸：《中国物权法教程》，北京，人民法院出版社 2007 年版，第 526 页。

财产权所得的价款，应当向质权人提前清偿债务或者提存。

本条主旨

本条是关于知识产权质权的设立要件和基本内容的规定。

相关条文

《物权法》第 227 条　以注册商标专用权、专利权、著作权等知识产权中的财产权出质的，当事人应当订立书面合同。质权自有关主管部门办理出质登记时设立。

知识产权中的财产权出质后，出质人不得转让或者许可他人使用，但经出质人与质权人协商同意的除外。出质人转让或者许可他人使用出质的知识产权中的财产权所得的价款，应当向质权人提前清偿债务或者提存。

《担保法》第 79 条　以依法可以转让的商标专用权，专利权、著作权中的财产权出质的，出质人与质权人应当订立书面合同，并向其管理部门办理出质登记。质押合同自登记之日起生效。

法释〔2000〕44 号第 105 条　以依法可以转让的商标专用权，专利权、著作权中的财产权出质的，出质人未经质权人同意而转让或者许可他人使用已出质权利的，应当认定为无效。因此给质权人或者第三人造成损失的，由出质人承担民事责任。

理解与适用

一、本条含义概貌

本条承继了《物权法》第 227 条的规定，只是删除了《物权法》第 227 条第 1 款中“当事人应当订立书面合同”的短语及其后的句号。本条第 1 款明确质权的客体是知识产权，质权自办理出质登记时设立；第 2 款前段正文禁止质权的客体转让，但书是双方另有约定的除外；第 2 款后段明确质权客体转让所得价款用于提前清偿债务或提存。

二、知识产权质权的概念

所谓知识产权质权，是指以知识产权为标的物而设立的质权。

所谓知识产权，是指人们对于自己的创造性智力活动成果和经营管理中的标记所依法享有的权利，主要包括注册商标专用权、专利权和著作权等。

所谓注册商标专用权，简称为商标权，是法律赋予商标所有人对其注册商标

（包括商品商标、服务商标和集体商标、证明商标）依法享有的独占使用权。商标权是一种纯粹的财产权利，不包含人身权利在内，因此按照《商标法》第 42 条的规定，原则上可以转让；依据《民法典》第 440 条第 5 项的规定，可以出质。

专利权，是指国家专利主管机关依法授予专利申请人或其继受人在一定期限内实施其发明创造的独占性权利，分为发明专利权、实用新型专利权与外观设计专利权。专利权含有人身权和财产权两部分内容。按照《专利法》的规定，其中的人身权指发明人、设计人的署名权（第 17 条），而财产权包括专利许可权、专利转让权等。专利权中的财产权可以转让（第 10 条），也可以出质（《民法典》第 440 条第 5 项）。

著作权，又叫版权，是指文学、艺术和科学作品的创作者对其创作完成的作品依法享有的权利。著作权含有人身权和财产权两部分内容。按照《著作权法》的规定，其中的人身权包括发表权、署名权、修改权、保护作品完整权，而财产权包括复制权、发行权、出租权、展览权、表演权、放映权、广播权、信息网络传播权、摄制权、改编权、翻译权、汇编权，以及应当由著作权人享有的其他权利（第 10 条第 1 款）。著作权人可以将财产权全部或部分地转让，并依照约定或本法有关规定获得报酬（《著作权法》第 10 条第 3 款），也可以出质（《民法典》第 440 条第 5 项）。

三、知识产权质权的设立

知识产权质权的设立，属于创设的继受取得，应有设立合同或单独行为的成立和生效，再有出质登记。

四、知识产权质权的效力

（一）知识产权质权所担保的债权范围

知识产权质权所担保的债权范围，当事人有约定时，依其约定；无约定时，适用《民法典》第 389 条关于主债权及其利息、违约金、损害赔偿金和实现知识产权质权的费用的规定，予以确定。

（二）知识产权质权的效力所及标的物的范围

知识产权质权的效力及于出质知识产权自身，以及出质的知识产权转让时产生的转让费、许可他人使用时产生的许可费。当然，对于知识产权的前述收益，质押合同有相反约定的，按照意思自治原则，依其约定。

（三）出质人的权利义务

1. 出质人继续使用知识产权

以注册商标专用权、专利权和著作权等知识产权中的财产权设立质权后，质权人实际上是无法控制出质人自己使用知识产权的，从效益的原则出发，法律也没有必要禁止出质人自己使用。

2. 出质人不得转让或者许可他人使用出质的知识产权，除非经过了质权人的同意

如果出质人可以在未经质权人同意的情况下将出质的知识产权转让、（有偿或无偿地）许可他人使用，就会有害于质权人的合法权益。因为一方面转让的对价和许可他人使用的对价都要归属于出质人，另一方面出质人无限制地转让其注册商标专用权、专利权、著作权等知识产权中的财产权，必然导致其价值降低。为了保护知识产权质权人的合法权益，本条第 2 款规定："知识产权中的财产权出质后，出质人不得转让或者许可他人使用，但是出质人与质权人协商同意的除外。出质人转让或者许可他人使用出质的知识产权中的财产权所得的价款，应当向质权人提前清偿债务或者提存。"①

（四）质权人的权利义务

1. 转让费、许可费的收取权

从本条第 2 款后段的规定推论，质权人有权收取出质知识产权转让时产生的转让费、许可他人使用时产生的许可费。当然，不是无偿收取，而是用以清偿被担保债权。

2. 转质权

质权人可按照《民法典》第 446 条、第 434 条的规定，将知识产权转质，其法律效果也据其发生。

3. 知识产权质权的保全权

质权人可按照《民法典》第 446 条、第 433 条的规定，保全知识产权质权，其法律效果也据其发生。

4. 知识产权质权的物权请求权

知识产权质权被侵害、妨碍或有侵害、妨碍之虞的，知识产权质权人有权行使物权请求权，包括排除妨害请求权、消除危险请求权。

5. 知识产权质权的实行权

在主债务人不履行到期债务致使被担保债权未获实现，或当事人约定实行质

① 胡康生主编：《中华人民共和国物权法释义》，北京，法律出版社 2007 年版，第 488 页；王利明、尹飞、程啸：《中国物权法教程》，北京，人民法院出版社 2007 年版，第 533 页。

权的情形出现的情况下，质权人有权实行知识产权质权。

按照《民法典》第446条、第438条的规定，知识产权质权实行的方法可以是拍卖、变卖出质的知识产权，也可经出质人和质权人协商将出质知识产权折价，使被担保债权优先受偿。变价款超过被担保债权的部分归出质人所有，不足部分由债务人清偿。

五、知识产权质权的消灭

知识产权质权因被担保债权消灭、出质的知识产权消灭、质权人抛弃知识产权质权等事由出现而归于消灭。

第四百四十五条

以应收账款出质的，质权自办理出质登记时设立。

应收账款出质后，不得转让，但是经出质人与质权人协商同意的除外。出质人转让应收账款所得的价款，应当向质权人提前清偿债务或者提存。

本条主旨

本条是关于应收账款质权的设立要件和基本内容的规定。

相关条文

《物权法》第228条　以应收账款出质的，当事人应当订立书面合同。质权自信贷征信机构办理出质登记时设立。

应收账款出质后，不得转让，但经出质人与质权人协商同意的除外。出质人转让应收账款所得的价款，应当向质权人提前清偿债务或者提存。

法释〔2000〕44号第97条　以公路桥梁、公路隧道或者公路渡口等不动产收益权出质的，按照担保法第七十五条第（四）项的规定处理。

理解与适用

一、本条含义概貌

本条承继了《物权法》第228条，只是删除了该条第1款中“当事人应当订立书面合同”这个短语及其后的句号。本条第1款确立应收账款质权自办理出质登记时设立，第2款禁止作为质权客体的应收账款转让，但书是双方另有约定的除外；第 2 款后段明确质权客体转让所得价款用于提前清偿债务或提存。

二、应收账款质权的界定

应收账款质权，简单地说，是以应收账款（请求权）为标的物而设立的质权。所谓应收账款（account receivables，book debt），在境外及国际的法律文件上，指未被证券化的（不以流通中票据或债券为代表的）具有金钱给付内容的现在或未来的债权。但在中国《民法典》上不限于此类债权，尽管主要指它，还包括公路、桥梁等收费权。[①] 按照《应收账款质押登记办法》第 4 条的规定，应收账款是指权利人因提供一定的货物、服务或设施而获得的要求义务人付款的权利，包括现有的和未来的金钱债权及其产生的收益，但不包括因票据或其他有价证券而产生的付款请求权（第 1 款）。它包括下列权利：（1）销售产生的债权，包括销售货物所产生的债权，供应水、电、气、暖所产生的债权，知识产权的许可使用等所产生的债权；（2）出租产生的债权，包括出租动产或不动产所产生的债权；（3）提供服务产生的债权；（4）公路、桥梁、隧道、渡口等不动产收费权；（5）提供贷款或其他信用产生的债权（第 2 款）。

［辨析］

《民法典》及《应收账款质押登记办法》将公路、桥梁等不动产的收费权（以下简称为不动产收费权）纳入应收账款之中，意味着把它们作为债权看待了。但实际上它们不同于典型债权。（1）典型债权分为一时性债权和继续性债权，前者为债务人一次适当给付即告消灭的债权，后者乃债务人持续地或重复地给付相同内容的债权。不动产收费权非义务人一次付费即告消灭的权利，明显不同于一时性债权。虽然在不动产收费权有整体权利和个别成分之分，以及持续实现这些方面类似于继续性债权，但在义务人等方面却存在着差异。（2）典型债权的当事人均为特定之人，而不动产收费权的义务人不宜用特定来描述，因为不动产收费权实现之前，义务人不特定，只有在某个时间点的个别成分实现之时才特定，其他个别成分尚未实现，整体的不动产收费权继续存在。就是说，其他个别成分的法律关系中，义务人依然不特定，也可以说整体的不动产收费权关系中，义务人不特定。（3）典型债权基于当事人之间的意思表示或法律规定而成立，约束当事

---

① 《全国人大法律委员会关于〈中华人民共和国物权法（草案）〉修改情况的汇报》（2006 年 12 月 24 日第十届全国人大常委会第二十五次会议），载全国人民代表大会常务委员会法制工作委员会民法室编著：《物权法立法背景与观点全集》，北京，法律出版社 2007 年版，第 73 页；胡康生主编：《中华人民共和国物权法释义》，北京，法律出版社 2007 年版，第 481 页。

人各方。不动产收费权基于合同和行政审批而成立，不但约束合同当事人，而且约束合同当事人以外的将要通过收费站的车辆驾驶员，不符合债的相对性原则。(4) 按照物债二分的架构，债权无对世性，对于债务人以外之人无积极的效力，即无原权利性质的请求权。循此原则及原理，如将不动产收费权作为债权，则不动产收费权人就无权请求过往的车辆驾驶员缴纳过路费。但实际上却相反，不动产收费权的目的及功能恰恰在于向过往车辆收费。满足此种目的及功能，对不动产收费权定性和定位，应选择绝对权而非相对权。既然如此，《民法典》及《应收账款质押登记办法》将不动产收费权纳入应收账款之中，有违法理。

有观点认为："收费权指权利人对将来可能产生的收益所享有的请求权，实质上是一种预期债权"①。这是自相矛盾的界定，因为权利人基于其不动产权利而享有收益之权，这不符合债权的特质——请求债务人为给付并保有之，倒是物权的权能表现——收益权能。此其一。何谓预期债权？望文生义，似为当下尚无债权，将来才会产生的具有极大现实可能性的债权。其实不然，只要政府特许某人（多为投资修建公路、桥梁等设施的公司）就特定公路、桥梁等设施而设置收费站并进而收费，不动产收费权即告产生，该权是现实的，不是预期的。至于不动产收费权人就每辆车收费，这相对于不动产收费权产生之时而言是未来的，且为权利人期待的，那只是不动产收费权的具体地、不断地实现，我们不得将之与不动产收费权本身混为一谈。此其二。假如把不动产收费权人向某特定过往的车辆权利人收费之权叫作预期债权，那么我们不禁发问：这种"债权"产生的法律事实是什么？双方的合意？非也，不少的过往车辆的权利人不同意交费；法律直接规定？同样不是，因为法律赋权不动产收费权人可以收费乃基于某特定不动产及其形成原因的事实，法律强制过往的车辆的权利人交费的理由重在某特定不动产及其利用的事实，而非不动产权利人这个"人"的因素。既然"基于某特定不动产及其形成原因"，"重在某特定不动产及其利用"，那么，这显然接近于不动产物权及其效力，而远离债权及其效力。此其三。

也有人主张："收费权实质是一种变动性比较大的期待权，体现在：一是赖以收费的设施能否建成是未知的；二是该设施建成后，能否收到预期的费用是未知的；三是收费权是特许的，受行政干预过多，有可能被行政机关取消，不稳定。"② 笔者也不赞同这种定性和定位：第一，它有以偏概全之嫌，因为有些不动产收费权是公路、桥梁等不动产设施建成后才取得的；第二，所谓期待权，是

①② 转引自胡康生主编：《中华人民共和国物权法释义》，北京，法律出版社 2007 年版，第 481、482 页。

当下尚不存在的、于未来具有极大可能取得的权利，不动产收费权大多是既有权，而非期待权；第三，所谓“该设施建成后，能否收到预期的费用是未知的”，这不是期待权构成的要素，既得权场合“能否收到预期的费用”也可能“是未知的”；第四，所谓“收费权是特许的，受行政干预过多，有可能被行政机关取消，不稳定”，这若为反对不动产收费权出质的理由，尚可理解，但若为证立不动产收费权为期待权、债权的根据，则难以成立，因为民事权利的性质和归属不取决于可否被行政机关取消，而受制于自身的质的规定性。在这里，不存在可被行政机关取消的民事权利即为期待权、债权的定律。物权等民事权利均可被行政机关取消，国有建设用地未被开发超过 2 年的，国有建设用地使用权可被行政主管机关收回。

上文所述，不动产收费权为不动产物权的结论好像呼之欲出，其实不然，理由如下：(1) 公路、桥梁等设施的所有权归属于国家，不属于投资并建设公路、桥梁等设施且于日后取得收费权的公司。假如此类公司取得公路、桥梁等设施的不动产物权，也只能是他物权，并且必须是行政主管机关代国家出让之。可是，行政主管机关只有特许收费权之意，毫无出让不动产他物权的意思表示。既无此类意思表示，何来出让的不动产物权？因此，从实质看，不动产收费权不是物权。(2) 中国现行法没有规定不动产收费权为物权，依据《民法典》(第 116 条) 所定物权法定主义衡量，不动产收费权绝非物权。

可否解读为行政主管机关将公路、桥梁等设施的不动产所有权中的收益权转让给投资并修建的公司？若果真如此，就只是权能的转让。但在物权法上，收益权这个权能不是一个独立之物，而是“物”的成分，而所谓转让权能是不会发生物权变动的。在合同法上，按照法释〔2009〕5 号第 1 条正文的规定，收益权转让合同就因欠缺标的物而未成立，也就不具有法律效力，时常叫作无效。不过，如此解释不符合鼓励交易原则，不是最为理想的选择。如果更换思路，注意到债法不同于物权法的理念及运作，则可有如下结果：(1) 合同法高唱合同自由原则，通过转让合同取得公路、桥梁等设施的不动产所有权中的收费权，可为债权。债权可以由债权人自己行使，也可以依法或通过约定与他人分享。(2) 此类债权无对抗第三人的效力，如此类收费权人以自己的名义向过往车辆之人收取费用，过往之人有权拒付。(3) 至于不动产收费权人因此遭受的损失，可向行政主管机关请求支付违约金或赔偿损失。

十分明显，这样的解读不符合客观现实，因为不动产收费权的效力及于过往的车辆的权利人，拒付过路费给不动产收费权人造成的损失也不由行政主管机关负责赔偿；这样的解读在理论上亦非最佳选择，主要在于债权对外的效力太弱，这使得不动产收费权人处于不利地位。有鉴于此，有必要另觅其他解释路径。

从权利的设立和实质内容观察，不动产收费权系由公路、桥梁等设施的不动产载体与行政特许赋权构成。没有投资并修建公路、桥梁等设施，就不会有不动产收费权。没有行政特许，更不会有不动产收费权的产生。没有行政权的“保驾护航”甚至扩张不动产收费权的“势力范围”，不动产收费权就难有约束过往车辆的权利人的效力。有鉴于此，不妨把不动产收费权划归特许经营权之内，不动产收费权系特许经营权的效力表现。

尽管如此，由于《民法典》及《应收账款质押登记办法》将不动产收费权纳入应收账款之中，本释评书勉为其难地暂时从之，从权利的角度统一命名为应收账款请求权。

汇票、支票、本票、债券、存款单所代表的权利为债权，合法持有人具有在条件成就、期限届至的情况下持这些凭证向凭证上记载的债务人请求支付一定款项的权利。这些债权与普通应收账款债权的区别在于，前者由于有一定的书面凭证作为记载而被表征化和固定化了，而应收账款则无此特征，即使有些具有借款协议或欠条等书面凭证，也仅仅是债权存在的证据，不具备证券化载体的无因性。这些差异在质权制度中也有反映，如普通应收账款质权在实现过程中，质权人仍然会面临较大风险。有鉴于此，应当将有价证券质权和应收账款质权予以区别，如此，宜将应收账款质权界定为一种以未被证券化的或不能以流通中票据或债券为载体的、具有金钱给付内容的普通债权或某些不动产收费权为标的物的质权。①

在应收账款质权关系中，应收账款请求权人为出质人，绝大多数情况下就是主债务人，主债务人的债权人为质权人，向应收账款请求权人负清偿义务的当事人为第三债务人。

三、应收账款质权的法律性质

（一）应收账款质权的标的物是未被证券化的以金钱给付为内容的权利

以未被证券化的、以金钱给付为内容的权利作为权利质权的标的物，是应收账款质权不同于其他权利质权的重要之点。

《物权法》允许应收账款出质，但未表态是否限于现有的，《民法典》第440条第6项明确“现有的以及将有的应收账款”。增加“将有的应收账款”，是否合适呢？

① 杜国辉：《应收账款质押若干法律问题分析》，清华大学法学硕士学位论文（2008），第6页。

将来之物不得被作为留置财产，原因在于将来之物尚不能被占有，而动产质权的设立以质权人占有留置财产为要件；而在将来的权利具有让与性时，将来的权利就可以被设立为质权。[①] 近现代法已经承认债权具有让与性，于债权之上设立质权便成为可能。如此说来，“将有的应收账款”作为将来债权的一种，可以出质。

所谓将来债权，又叫未来债权，按照德国著名法学家 V. Tuhr 教授的界定，系欠缺法律要件其中之一的债权。[②] 在笔者看来，这种界定适合于附始期的债权、附停止条件的债权以及股东基于出资或股份所可能发生的盈余分配请求权、合伙人的剩余财产分配请求权诸类型，没有问题，但却难涵盖仅有预约却未订立本约结构中本约项下的债权以及债权人可基于债权人代位权制度而对次义务人主张的将来债权，原因在于，只有纯粹的预约而无本约的场合，本约项下的所谓债权尚不存在，欠缺全部的法律要件；在债权人代位权的场合，可能是债权人对其债务人的债权欠缺法律要件，该债务人对其债务人（次债务人）的债权也欠缺法律要件，而非简单地欠缺法律要件其中之一；甚至于债务人尚无向其承担债务的次债务人。由此可见 V. Tuhr 教授的此种界定不尽周延。有鉴于此，界定将有的应收账款应该避开此种不周延。

此处所谓将来应收账款，是指在应收账款质权设立时尚不存在的应收账款，还是已经存在但其实现尚待时日，应收账款实现还取决于有关条件的成就或始期的届至？假如将目光局限于将来应收账款本身，采取何种学说似乎都无可厚非，除非界定者自己未保持概念的一贯性和体系的严密性。但是，处于应收账款转让、应收账款质权的领域思考这个问题，结论就不大一样。在应收账款业已存在，只是其实现取决于有关条件的成就或始期的届至的情况下，将此种应收账款出质不违背质权的本质，反倒是将已届清偿期或很快届至清偿期的应收账款出质会产生较为复杂的处理规则。就此看来，应收账款质权制度中所谓将有的应收账款仅指质权设立时尚不存在的应收账款，而不应包括已经存在只是其实现取决于有关条件的成就或始期的届至的类型，进而的结论是，附条件的应收账款、附始期的应收账款应该属于既存应收账款。

将来应收账款作为质权的标的物，不但要求应收账款必须具有转让性（让与性），而且要求该应收账款具有特定性。例如，就应收账款发生的原因、债务人、

---

① ［德］鲍尔/施蒂尔纳：《德国物权法》（下册），申卫星、王洪亮译，北京，法律出版社 2006 年版，第 737 页。

② ［德］V. Tuhr 语，转引自刘绍猷：《“将来债权”的让与》，载郑玉波主编：《民法债编论文选辑》（中），台北，五南图书出版公司 1984 年版，第 897 页。

清偿期或转让的金额等均予明确约定时，该应收账款出质应为有效，至于该应收账款转让合同订立时，该应收账款发生的可能性的程度如何，并非当然足以影响合同的效力。原来，即使转让的应收账款于将来并未发生，乃应收账款转让人应负何种责任，也只是原因行为（如应收账款转让合同）不能履行的问题，而非应收账款由转让人移转至受让人之手的“物权变动”①。

此种学说在区分应收账款行为与物权行为的模式下符合逻辑，在未奉行物权行为理论的法制上须加限定，原因行为一律不要求处分权这个因素，会导致极不妥当的后果。例如，甲和乙恶意串通，虚构应收账款，并将其出质，若仍承认质押合同有效，则弊大于利。

应收账款质权所要求的将来应收账款，包括如下类型：其一，已有成立的基础法律关系，但尚未发生的应收账款。属于此类的将来应收账款有：（1）附始期的法律行为项下的应收账款②；（2）附停止条件的法律行为项下的应收账款③；（3）除此而外的、日后仅须有某种情事发生，即可由已经存在的基础法律关系上发生的应收账款。例如，股东基于出资或股份所可能发生的股息红利分配请求权、合伙人的剩余财产分配请求权，均属此类。④ 再如保证人的求偿权、物上保证人的求偿权、连带债务人的求偿权，以及行使撤销权、解除权、优先购买权、买回权等形成权时所产生的应收账款。⑤ 此外，应收账款人对于债务人享有应收账款，债务人与第三人之间存在某种基础关系，将来极大可能发生应收账款。在这种法律结构中，应收账款人基于应收账款人代位权制度而对该第三人可以主张的应收账款，也应允许应收账款人将该将来的应收账款出质。其二，无成立基础的法律关系，尚未发生的应收账款，即所谓“纯粹的将有的应收账款”。此类将有的应收账款又分为两个亚类：（1）虽无法律基础但有事实基础存在，因该事实

---

①④ 谢在全：《民法物权论》（下），台北，新学林出版股份有限公司2005年修订5版，第265、266页。

② 需要注意，此处所谓附始期的法律行为项下的应收账款不同于附始期的应收账款，因为附始期的法律行为于始期尚未届至时法律行为尚未生效，应收账款也就没有产生，故以此种情形的应收账款出质属于以将来应收账款出质；而附始期的应收账款则是应收账款已经的的确确地存在了，只是始期未届至时应收账款人请求债务人予以清偿的，债务人有权抗辩罢了，故以此种应收账款出质不属于以将来应收账款出质。

③ 需要注意，此处所谓附停止条件的法律行为项下的应收账款不同于附停止条件的应收账款，因为附停止条件的法律行为于停止条件尚未成就时法律行为尚未生效，应收账款也就没有产生；而附停止条件的应收账款则是已经实实在在地存在了，故以此种应收账款出质不属于以将来应收账款出质。

⑤ 刘绍猷：《“将来应收账款”的让与》，载郑玉波主编：《民法债编论文选辑》（中），台北，五南图书出版公司1984年版，第897页、第899页。所引论文未使用“附始期的法律行为项下的应收账款”“附停止条件的法律行为项下的应收账款”的表述，而是“附始期的应收账款”“附停止条件的应收账款”。但笔者认为，“附始期的应收账款”“附停止条件的应收账款”均为既存应收账款，而非将来应收账款，故修正了原文的表述，使用的是“附始期的法律行为项下的应收账款”“附停止条件的法律行为项下的应收账款”的术语。

基础而将来发生的应收账款。(2) 无事实基础存在的将有的应收账款。[①] 其中的第一种亚类型，如甲发现并占有了乙遗失的一头牛，且一直饲养至乙前来领取之时，甲对乙享有无因管理之债的应收账款或不当得利返还请求权。其中的第二种亚类型，如于将来应该订立承揽合同，该合同产生的应收账款。

值得注意的是，实务中出现了如下类型的虚假应收账款：甲公司将被整体转让，为索要高价而编造多份虚假合同，据此拥有本不存在的应收账款。此类应收账款可为应收账款质权的标的物吗？以虚假应收账款为标的物的质权具有何种法律效力？如果适用法释〔2009〕5号第1条正文关于"当事人对合同是否成立存在争议，人民法院能够确定当事人名称或者姓名、标的和数量的，一般应当认定合同成立"的规定，那么，应收账款质押合同因欠缺应收账款这个标的物而不成立，从而不发生法律效力。遵循"物权以物为其客体，客体（标的物）既灭失，权利亦因之消灭"[②]"权利质权标的物之权利消灭时，权利质权自归于消灭，盖皮之不存，毛自无所附也"[③] 的原则，应收账款质权因其原因行为不成立亦即不存在而根本不设立或不复存在。换句话说，虚假应收账款不得出质，法律不承认虚假应收账款质权。法释〔2009〕5号第1条确定的理念及模式与罗马法、英国法确立的理念和规则如出一辙。与此不同，如果适用法释〔2009〕5号第15条关于"出卖人就同一标的物订立多重买卖合同，合同均不具有合同法第五十二条规定的无效情形，买受人因不能按照合同约定取得标的物所有权，请求追究出卖人违约责任的，人民法院应予支持"的规定，类推适用法释〔2012〕8号第3条关于"当事人一方以出卖人在缔约时对标的物没有所有权或者处分权为由主张合同无效的，人民法院不予支持"（第1款）"出卖人因未取得所有权或者处分权致使标的物所有权不能转移，买受人要求出卖人承担违约责任或者要求解除合同并主张损害赔偿的，人民法院应予支持"（第2款）的规定，那么，应收账款质押合同不因虚假应收账款或曰标的物不存在而不成立、无效，只不过"出卖人因未取得所有权或者处分权致使标的物所有权不能转移，买受人要求出卖人承担违约责任或者要求解除合同并主张损害赔偿的，人民法院应予支持"。如此，应收账款质权似无不复存在的理由。

两相比较，哪种模式更可取呢？从有关信息可知，上个自然段开头所谓甲公司虚造应收账款之事，负面结果实在严重：导致收购方乙公司付出高价却取得了财产状况糟糕的甲公司，酿成重大损失。此其一。甲公司的弄虚作假，乙公司于

---

① 谢在全：《民法物权论》（下），台北，新学林出版股份有限公司2005年修订5版，第266页。

②③ 谢在全：《民法物权论》（下），台北，新学林出版股份有限公司2010年版，第146、323页。

不知间披露的信息不真，损害了股市的形象。此其二。该种信息不胫而走，波及股市，致使在股市上购买相关股票的股民们损失不小。此其三。管理、决策机关以虚假应收账款及其流转现象作为判断依据之一，形成“决定”“规程”“措施”，贯彻于实务之中，非“对症下药”，难免出错。此其四。特别是，将此类虚假应收账款、虚假应收账款质权做成证券，发行于社会，可能会酿成美国次贷危机那样的恶果，广大百姓遭殃。此其五。[①] 既然如此，即使承认以此类虚假应收账款出质有效，该所谓质权也无使应收账款优先受偿的效力及功能，只有质权之名而无质权之实。与采取这种理念及模式所致后果不同，践行法释〔2009〕5号第1条奉行的理念，则虚假应收账款质押合同不成立，不发生法律效力，进而，虚假应收账款质权因标的物不存在而不设立或归于消灭，就避免了至少是减弱了上述负面后果。笔者赞同这种理念及模式，反对法释〔2009〕5号第15条和法释〔2012〕8号第3条采纳的买卖合同、权利转让合同不以处分权为必要的学说。

值得讨论的还有，无效的基础行为项下的应收账款可否出质。如果基础行为无效，该行为项下的应收账款归于消灭，以该应收账款作为标的物的应收账款质权失去标的物，如同上述，该质权因无标的物而归于消灭。此其一。需要辨析的是，在基础行为无效的情况下，基于《合同法》第58条的规定产生缔约过失的损害赔偿请求权，如果把该损害赔偿请求权视为基础行为项下的应收账款的变形，类似于留置财产的代位物，那么，承认因基础行为无效导致的应收账款质权不因欠缺标的物而归于消灭，而是使应收账款质权借助于物上代位性继续存在于缔约过失的损害赔偿请求权，这不可以吗？其实，缔约过失的损害赔偿请求权并非基础行为项下的应收账款转化而来的应收账款，前者乃法定权利，后者则大多为意定权利，二者产生的理论基础、法律事实、构成要件和赔偿范围均不相同，按照严格的担保物权的物上代位性衡量，缔约过失的损害赔偿请求权不是基础行为项下的应收账款的代位物。既然如此，还是坚持应收账款质权因基础行为无效从而导致欠缺标的物而归于消灭的原则，最符合法理。笔者赞同此理。此其二。

（二）应收账款质权的设立不以交付权利凭证为要件

应收账款是一种未被证券化的具有金钱内容的请求权，无证券载体，因此，在设立应收账款质权时无须转移权利凭证。当然，根据当事人意思自治原则，质权人可以要求出质人在订立应收账款质押合同时转移合同书或其他凭证，增加其

① 此处“其五”系清华大学法学院副教授龙俊博士于2019年4月27日晚向笔者阐释的。其背景是：2019年4月27日，王洪亮教授于清华大学法学院举办“民法典担保物权法律问题研讨会”，邀请笔者于会上报告《关于应收账款质的思考》。龙俊博士对此有感而发。

私下转让、处置应收账款的难度，尽可能维护质权的效能。①

（三）应收账款质权的实现受制于应收账款义务人的清偿能力

应收账款质权实质上是以一种请求权担保另一种请求权的担保方式，与其他已经证券化的权利质权相比，其实现更加依赖应收账款债务人的信用程度和履行能力，受制因素明显多于票据质权，故其担保功能相对有限，在质权得不到实现时的交易成本更高，商业银行在办理此项业务时面临的风险更大。②

［辨析］

（1）应收账款质权与债权转让

尽管有学者将应收账款质权与债权转让相提并论，但二者存在着区别：1）二者的性质不同。应收账款请求权一经转让，原权利人便彻底退出，受让人以新请求权人的身份收取账款，性质上为一种权利的"买卖"，具有融资的功效却无担保的机能；而以应收账款出质，应收账款请求权人的身份并未发生变化，只是在第三债务人（付款人）到期未付款时，银行才可以就入质的应收账款优先受偿，性质上为一种债的担保。2）二者的运作方式不同。应收账款请求权转让后，受让人能否向第三债务人收回账款及收回多少，概与原应收账款请求权人无关；而应收账款质权则不同，即使第三债务人（付款人）到期不付款，质权人也有权请求应收账款请求权人履行，并就所收账款优先受偿。质权人行使质权后，若所收账款大于被担保的债权额，须将余额退还给出质人；相反，如有不足，则质权人有权继续向出质人（应收账款请求权人）请求偿还不足部分。3）二者的风险不同。应收账款请求权转让后，应由受让人独自承担应收账款未获清偿的风险，亦即受让人对应收账款承担坏账担保的责任；而应收账款的质权人毕竟还保有对应收账款请求权人（出质人）的请求权，风险分散于出质人和第三债务人两方，相对较小。③ 4）二者的收益不同。根据风险与收益相一致的原则，应收账款的受让人可能获得的利益通常要高于质权人的。前者往往以较低的"贴现率"受让应收账款，若账款最终能够全部回收，其赚取的差价较大；而应收账款质押中的质权人贷款之后可能获得的只是利息收入，而不能得到大于债权本息的偿付。④

当然，尽管应收账款转让与应收账款质权在理论架构上可说是泾渭分明，在实践操作中，两者的界限却有模糊的趋势。特别是中国的银行为了降低风险，往

---

①②③ 杜国辉：《应收账款质押若干法律问题分析》，清华大学法学硕士学位论文（2008），第 7、8、9 页。

④ 刘保玉、孙超：《应收账款质押的法律解读——兼评我国物权法草案的相关规定》，北大法律信息网（www. chinalawinfo. com），2007 年 8 月 10 日最后访问。转引自杜国辉：《应收账款质押若干法律问题分析》，清华大学法学硕士学位论文（2008），第 9 页。

往只开展有追索权的应收账款转让业务，即出让人须对第三债务人的清偿能力作出保证，一旦第三债务人无力清偿，银行仍有权向出让人追索。此种方式名为转让，其实质仍为应收账款担保贷款，只不过由第三债务人承担第一还款义务而已。但此种变异方式的出现，并不足以动摇应收账款转让和应收账款质权区分的基础。此外，《国际保理通则》第 12 条第 1 款、《联合国国际贸易应收账款转让公约》第 2 条 a 款，都提到以应收账款提供担保的，可视为应收账款的转让。因此两个公约实际上也是区分转让和质押的，只不过由于质押具有附条件转让的特点，准用转让的规定而已。质押和转让是两种不同的债权利用方式，债权人可以根据自身需要作出相应选择，肯定不能因此抹杀应收账款质押的独立价值。①

（2）应收账款质权与保理

应收账款包括许多类型，其中重要的一类存在于保理制度之中。保理制度是一项以应收账款的转让为核心，并兼具管理、收款、坏账担保等多种功能的综合性制度。它是为赊销方式出售商品或提供服务的贸易提供销售账务管理、应收账款收取、信用风险担保和资金融通便利中一项或多项服务的综合性金融业务。②在普通法国家里，国际保理业务的融资功能与其操作和债权质权确实比较相近③，确有一定的相似性。尤其是保理业务中经常发生保理商向出口商的融资，容易使人理解为出口商是以应收账款债权作质押而获取了一笔融资。在德国，有追索权保理甚至被认为实际上是债权质押借贷。④《国际保理通则》甚至也允许将应收账款提供担保权纳入保理的范畴（第 12 条）。但应收账款质权和保理毕竟不同，现以无追索权保理为例，加以说明：1）在应收账款质权中，虽然债权凭证移交给质权人，但在主债权人处分和实现质权前，出质人还是债权人；而国际保理业务中，保理商和供应商签订保理合同后，不论有无融资，保理商而非出口商即以应收账款债权人的身份向债务人催收款项。2）在应收账款质权中，首先由第三债务人清偿债务，待第三债务人不能清偿时，质权人方才处分入质的应收账款债权，向第三债务人收取应收账款来清偿主债务的本息；而在国际保理业务中，保理商向供应商支付预付融资款后，是直接以债权人身份向债务人收回应收账款来得到偿付的。只有当应收账款出现商务争议时，才向出口商进行追索。3）在应收账款质权中，出质人必须向质权人清偿融资本息，出质人对出质应收账款债权变现尚不足以清偿的部分仍负责清偿；而在保理业务中，由于保理商作出了

① 杜国辉：《应收账款质押若干法律问题分析》，清华大学法学硕士学位论文（2008），第 9 页。

② 黄斌：《国际保理——金融创新及法律实务》，北京，法律出版社 2006 年版，第 3 页。

③④ ［英］费瑞迪·萨林格：《保理法律与实务》，刘园、叶志壮译，北京，对外经济贸易大学出版社 2003 年版，第 124、11 页。

坏账担保，只要未发生商务纠纷及争议，保理商能向债务人收回多少及是否能够收回，概与出口商无关。4）在应收账款质权中，出质人获得融资后，要纳入其资产负债表的负债科目；而在保理业务中，出口商获得的预付融资款被视为其提前收回的应收账款，而在资产负债表中列入其流动资产科目。5）在应收账款质权中，出质人在清偿款项后，有赎回应收账款的权利；而保理业务中，出口商显然无这一权利，当然，在出现保理商追索（反转让）时出口商又买回了其应收账款债权，但是，这时发起的主体是保理商而非出口商。①

四、应收账款质权的设立

应收账款的设立，属于创设的继受取得，既需要有设立合同或单独行为的成立和生效，又需要出质登记（《民法典》第445条第1款）。

［探讨］

当事人未以书面签订质押合同，合同是否有效？观点不尽相同。有专家学者主张，中国法律只承认和保护以书面形式订立的质押合同，不承认和保护以口头、录音等方式订立的质押合同。同时，从保证银行质权清晰明确的角度出发，也应当订立书面的质押合同，并在合同中对应收账款质押的有关要素作详细的约定。② 笔者认为，将《物权法》第228条第1款关于要式合同的规定视为强制性规定利少弊多，莫不如作为倡导性规定，质押合同虽然未作书面形式，但当事人均予承认，或有证据证明质押合同存在，法律应予承认。《民法典》意识到这些，删除了《物权法》第228条第1款所要求的"当事人应当订立书面合同"，确有道理。

应收账款质权的实现，取决于第三债务人（应收账款请求权人的债务人）的清偿，因而应当将设质的事实通知第三债务人。由于应收账款质权的设立，类似于应收账款债权的转让，可类推适用《民法典》第546条第1款关于"债权人转让债权，未通知债务人的，该转让对债务人不发生效力"的规定，应收账款质权设立，应将此情通知债务人。应收账款债权人向债务人为通知，应无疑问；应收账款质权人向债务人为通知的，虽无不可，但应负举证证明其质权确实设立于该应收账款之上，以防有人冒称其为应收账款质权人。如果未将应收账款质权的设立通知给债务人，那么，类推适用《民法典》第546条第1款关于"未通知债务

① 黄斌：《国际保理——金融创新及法律实务》，北京，法律出版社2006年版，第21页。

② 杜国辉：《应收账款质押若干法律问题分析》，清华大学法学硕士学位论文（2008），第15页。

人的，该转让对债务人不发生效力”的规定，该质权对债务人不发生效力。

何谓该质权对债务人不发生效力？本条第1款规定应收账款质权自办理出质登记时设立。这表明质权人将应收账款出质的事实通知第三债务人不是质权的生效要件，只是质权设立后于质权实行时请求第三债务人为清偿的条件。例如，债务人若不知应收账款亦为质权标的物，则于应收账款已届清偿期之时，债务人仍然向出质人清偿的，照旧发生债务消灭的效力，无须对应收账款质权人负担任何责任。质权人只得向出质人主张相应的救济而已。从第三债务人的角度观察，在质权人怠于通知时，第三债务人可以此向质权人为有关的抗辩，如在第三债务人已经向应收账款请求权人为清偿时，其债务消灭，可以对抗质权人关于清偿的请求。只有这样，才能较为公正地平衡各方当事人的利益关系。由此导出应收账款质权人负有将应收账款质押事实通知给第三债务人的义务。质权人怠于通知，第三债务人有权向应收账款请求权人清偿，除非能够证明该第三债务人为恶意。

与此相关，将应收账款质权的设立通知给债务人，在时间点上不苛求于质权设立时为之，在该债务人为清偿之前向其为通知，也足以发生对抗效力。

关于通知的形式，《民法典》未设明文，可参考有关立法例及学说关于“以书面、言词或提示设质之书面，均无不可”的意见，予以把握。

必须指出，在法律明文规定或当事人之间明确约定应收账款债权转让须经债务人同意的情况下，仅仅将应收账款质权设立的事实通知给第三债务人，尚不使得质权设立，只有得到该第三债务人同意，质权始告设立。①

五、应收账款质权的顺序

应收账款质权作为物权的一类，依然遵循物权优先效力的规则，即在同一应收账款债权多次设立质权的情况下，应收账款质权的优先效力依质权设立先后确定。如果第三债务人没有收到先顺位质权人的通知，而向已为设质通知的后顺位债权人给付时，则依旧发生债务清偿的效力以及质权实现的效力，至于先顺位质权人的救济则属另外的问题。②

六、应收账款质权人的权利

（一）应收账款凭证的留置权

应收账款存在权利凭证的，在主债务人不履行到期债务致使被担保债权未获

① 参见谢在全：《民法物权论》（下），台北，新学林出版股份有限公司2010年修订5版，第269页。

② 谢在全：《民法物权论》（下），台北，新学林出版股份有限公司2010年修订5版，第269页。

清偿前，应收账款质权人有权留置此类权利凭证。

（二）孳息的收取权

应收账款产生孳息的，质权人享有孳息收取权（《民法典》第 446 条、第 430 条）。但从公平的层面考量，应当区分应收账款债权质实行前后而有所区别。应收账款债权质于其实行前的效力不宜及于孳息，应收账款债权质权自其实行开始效力及于孳息。

［延伸］

债权质权的效力是否及于出质债权的转让对价

出质债权转让时，债权质权的效力是否及于出质债权的转让对价？应当区分类型而有结论。在债权质权尚未进入实行阶段时，出质债权为质权的效力所及；第三债务人提前清偿时，要么出质债权人提前向债权质权人清偿，要么将第三债务人的清偿结果提存，这就足以保障债权质权人的权益了。倘若再将债权质权的效力及于出质债权的转让对价，又承认质权的保全（留置财产价值减少的防止权、留置财产价值减少的恢复原状、增加担保请求权）、质权的物上请求权等制度的话，就使得债权质权掴取了超出被担保债权实现所需要的责任财产，意味着闲置了某些财产，这对债权质权人保护过度；对于出质债权人而言，人为地压缩了其以债权转让对价从事另外交易的空间，从而妨害着出质债权人转让债权的积极性，这不利于社会财富的增加。此其一。对于抵押物所生租金等法定孳息，有些立法例、判例和学说均认为抵押权于其实行前效力不及于之①，出质债权转让的对价（价款）与抵押物的租金具有类似性，按照相似的事务相同处理的公平原则，债权质权于其实行前的效力也不及于出质债权的对价。此其二。但是，债权质权一旦进入实行的状态，出质债权人就不得自主决定转让出质债权，而由质权人决定，而且自此开始，质权的效力及于出质债权的转让对价。不这样，就不足以维护债权质权的价值，有可能使债权质权担保的债权难获清偿，或者代价昂贵。

（三）入质应收账款的保全权

应收账款作为一种普通债权或不动产收益权，绝大多数没有一定的书面凭证

---

① 《日本民法典》第 371 条；［日］铃木禄弥：《物权法讲义》（第 3 版），东京，创文社 1985 年版，第 154 页；［日］川井健：《担保物权法》，东京，青林书院 1975 年版，第 54 页；［日］槙悌次：《担保物权法》，东京，有斐阁 1981 年版，第 157 页；［日］近江幸治：《担保物权法》，祝娅、王卫军、房兆融译，沈国明、李康民审校，北京，法律出版社 2000 年版，第 122～123 页；中华民国最高法院 1933 年度上字第 235 号；谢在全：《民法物权论》（中），台北，新学林出版股份有限公司 2010 年修订 5 版，第 362 页。

可以将其权利固定化和表征化，质权人不占有此类入质债权的凭证，导致该权利随时可能被出质人恶意放弃、减免、向第三人转让、第三债务人主动向出质人提前清偿等情形所冲击，损害质权人的质权。为了保护应收账款质权，一旦有上述情况之一发生，质权人有权要求停止不当行为，或请求人民法院撤销出质人放弃出质应收账款请求权和减免出质应收账款请求权的行为。①

需要注意，只有应收账款质押合同而未办理质押登记，则应收账款质权尚未设立，于是，当出质人为放弃、减免、向第三人转让将出质的应收账款时，质权人无权请求人民法院撤销这些行为，只能要求出质人承担违反质押合同的责任。

（四）应收账款质权的处分权

《民法典》于权利质权一节没有规定质权人的转质权、放弃权，但于第446条规定："权利质权除适用本节规定外，适用本章第一节的有关规定。"由于《民法典》在动产质权一节规定了质权人的转质权（第434条）、放弃权（第435条前段），应收账款质权人应有将应收账款转质、放弃应收账款质权的权利。

（五）提前受偿或提存的权利

在出质应收账款的付款期限先于主债务的清偿期限场合，应收账款请求权人（出质人）届期受偿，会使出质的应收账款请求权消灭，应收账款质权因其标的物消失而难以存续。为了保护质权人的合法权益，在应收账款请求权人（出质人）愿意放弃期限利益而提前向质权人为清偿时，应当允许；应收账款请求权人（出质人）若不愿放弃期限利益，有义务将第三债务人（付款人）的付款提存于第三人处，质权人有权请求应收账款请求权人（出质人）为此类提存行为（《民法典》第442条之准用）。

应收账款出质后，经质权人同意，出质人转让应收账款请求权，所得转让款，应用于向质权人提前清偿债务；应收账款请求权人（出质人）若不愿放弃期限利益，则有义务将第三债务人（付款人）的付款提存于第三人处，质权人有权请求应收账款请求权人（出质人）为此类提存行为（《民法典》第445条第2款）。

（六）享有应收账款请求权的担保利益

出质应收账款请求权附有抵押权、质权或保证时，应收账款请求权为主权利，抵押权、质权、请求保证人承担保证责任的权利等为从权利。根据担保权的效力及于担保物的从权利的原理，应收账款质权的效力及于这些担保利益。如此，在入质应收账款请求权的清偿期届满后，第三债务人（付款人）拒不付款，应收账款质权人有权代入质应收账款请求权人之位而行使附带于应收账款请求权

① 杜国辉：《应收账款质押若干法律问题分析》，清华大学法学硕士学位论文（2008），第19～20页。

上的担保权，可以直接请求应收账款请求权的保证人予以清偿，或就担保应收账款请求权的抵押物或留置财产的变价，使其债权优先受偿。①

（七）别除权

在应收账款请求权人（出质人）进入破产程序时，应收账款质权人可以就已经入质的应收账款主张行使别除权，要求不将该部分财产权利列入破产财产范围。②

（八）应收账款质权的实行权

在主债务人不履行到期债务致使被担保债权未获清偿时，应收账款质权人有权实行质权，但与抵押权、留置权、动产质权以及知识产权质权的实行方式相比具有特色。

担保物权的实行，重心是将担保物变价，担保权人就该变价使被担保的债权优先受偿。变价的可能性会因担保权的类型不同而有所差异：抵押权、动产质权和留置权的实行采取拍卖或变卖的形式，被担保债权就该变价优先受偿③；知识产权质权的实行是将包含在知识产权中的财产性的权能变价，被担保债权就该变价优先受偿；指向金钱的债权的变价要通过对其收取以及为了债权人的利益而出卖收益进行利用来实现，留置财产的出卖可能不是唯一的变价形式。④ 具体些说，应收账款质权的实行是就入质的应收账款请求权为处分：应收账款请求权的清偿期先于被担保债权的，出质的债权人无清偿请求之权，质权人也随之欠缺此权，但有权请求应收账款请求权人提前清偿或予以提存，已如上述，此处不赘；在出质的应收账款已被冻结时，无论是出质人还是质权人均无行使清偿请求权的余地，质权人可以自己名义直接要求第三债务人提存，并就提存之物优先受偿，也可以要求出质人提供替代的担保方式；应收账款请求权已届清偿期的，质权人有权以自己名义直接请求第三债务人清偿，并就此享有优先于应收账款请求权人和一般第三人受偿的权利；应收账款请求权的清偿期后于被担保债权的清偿期的，质权人需要等待应收账款请求权的清偿期届至，才可请求第三债务人为清

---

① 李开国：《民法学》（专题讲座），重庆，西南政法大学1995年印刷，第464～466页；梁慧星、陈华彬：《物权法》（第4版），北京，法律出版社2007年版，第361页；杜国辉：《应收账款质押若干法律问题分析》，清华大学法学硕士学位论文（2008），第20页。

② 杜国辉：《应收账款质押若干法律问题分析》，清华大学法学硕士学位论文（2008），第20页。

③ ［德］鲍尔/施蒂尔纳：《德国物权法》（下册），申卫星、王洪亮译，北京，法律出版社2006年版，第739页；［日］近江幸治：《担保物权法》，祝娅、王卫军、房兆融译，沈国明、李康民校，北京，法律出版社2000年版，第27、28、86、121、133、138页；谢在全：《民法物权论》（中），台北，新学林出版股份有限公司2010年修订5版，第462～463页；谢在全：《民法物权论》（下），台北，新学林出版股份有限公司2010年修订5版，第241～242页。

④ ［德］鲍尔/施蒂尔纳：《德国物权法》（下册），申卫星、王洪亮译，北京，法律出版社2006年版，第734～735页。

偿，因为第三债务人并不承担期前给付的义务，而应收账款请求权人亦无权对之请求给付，不得因质权的设立而剥夺第三债务人的期限利益，或使质权人有优先于应收账款请求权人的权利，何况质权人于此场合虽然不得实行其质权，但非不得向自己的债务人（应收账款请求权人）请求清偿债务，倘其不为清偿，则须负迟延责任，此亦为质权担保效力之所及，故对质权人自仍有保障。①

前述质权人直接请求第三债务人清偿，是指质权人有权以自己的名义请求给付而径直优先受偿，即无须由应收账款请求权人（出质人）出具授权委托书，亦无须在诉讼上为之。质权人的该种直接请求给付之权，名叫收取权，乃以实现应收账款请求权的内容为目的。为达此目的，质权人对第三债务人有权催告、受领代物清偿、申请查封、申请冻结、申报破产财产。第三债务人拒绝给付时，质权人有权诉请给付，并于取得执行名义后，对之申请强制执行。②

在此，值得争辩的是，质权人行使收取权，第三债务人为清偿，是否需要征得应收账款请求权人（出质人）的同意？《民法典》未设明文，中国台湾地区“民法”采取肯定说，于第907条规定：“为质权标的物之债权，其债务人受质权设定之通知者，如向出质人或质权人一方为清偿时，应得他方之同意。他方不同意时，债务人应提存其为清偿之给付物。”与此不同，德国民法的立场是，于被担保债权的履行期届至，质权人的法律地位得以加强：至此他被赋予收取权，债务人只得向他清偿（《德国民法典》第1282条第1项第1款前段）。随着该收取权又产生了物上代位性（《德国民法典》第1287条）：债权人（出质人）取得了在给付物上的所有权，质权人在该给付物上取得了质权（甚或一个担保性抵押权）。他可以通过出卖的方式来变价该留置财产。如果从第三债务人处收取了金钱，那么，质权人的债权被看作债权人（出质人）为清偿（《德国民法典》第1288条第2项，准用第1247条）。③

两相比较，德国民法坚持的模式可取，中国台湾地区“民法”采取的模式存在弊端。其道理在于，物权不同于债权的一个重要表现就是，物权人可径直行使其物权，而无须义务人的协助。债权质作为物权之一种，此种物权性依然如故。如此，被担保债权的履行期届至时，质权人的法律地位因具有实行权而得以加

① 参考谢在全：《民法物权论》（下），台北，新学林出版股份有限公司2010年修订5版，第306页；［日］近江幸治：《担保物权法》，祝娅、王卫军、房兆融译，沈国明、李康民校，北京，法律出版社2000年版，第280～281页。

② 参考谢在全：《民法物权论》（下），台北，新学林出版股份有限公司2010年修订5版，第306～307页。

③ ［德］鲍尔/施蒂尔纳：《德国物权法》（下册），申卫星、王洪亮译，北京，法律出版社2006年版，第744～745页。

强，质权人无须经由出质人的协助，可以单独向第三债务人收取债权，该债务人也只可向质权人为清偿。不然，质权的物权效力就难被体现，至少被弱化了。①

债权质实行可否采取拍卖或变卖入质债权（债权转让）的方式？德国民法理论持肯定态度②，中国法也是如此，因为《民法典》第 446 条规定“权利质权除适用本节规定外，适用本章第一节的有关规定”，而动产质权一节第 436 条第 2 款规定“债务人不履行到期债务或者发生当事人约定的实现质权的情形，质权人……可以就拍卖、变卖质押财产所得的价款优先受偿。”

此外，《民法典》第 436 条第 2 款前段规定：“债务人不履行到期债务或者发生当事人约定的实现质权的情形，质权人可以与出质人协议以质押财产折价”。这也是债权质权实行的形式。

七、应收账款质权人的义务

（一）保管义务

应收账款质权人若占有着应收账款合同书或其他凭证，则应尽善良管理人的注意，保管好这些文件。

（二）通知义务

从上文叙述可知，将应收账款质权设立的事实通知给第三债务人（应收账款请求权人的债务人），系质权人的义务。此外，应收账款质权人对第三债务人还负有另一通知义务，即，在主债务人不履行到期债务致使担保债权未获清偿时，应收账款质权人有义务通知第三债务人向自己清偿。

（三）消除对应收账款请求权的限制

在主债务人适当清偿担保债务、质权人放弃应收账款质权等事由导致质权消灭的情况下，质权人应当消除对应收账款请求权的限制，如及时办理注销登记等（《应收账款质押登记办法》第 17 条）。

（四）不擅自转让应收账款请求权

对于出质的应收账款债权，《民法典》禁止其转让，除非经出质人与质权人协商同意转让（第 445 条第 2 款前段）。“这主要是为了保护质权人的权益，防止出质人随意处置应收账款，保证其所担保的债权的实现。出质人只有在取得质权人同意的情况下才能转让应收账款。”③ 由此决定，应收账款请求权人不得自作

① 参考谢在全：《民法物权论》（下），台北，新学林出版股份有限公司 2010 年修订 5 版，第 312 页。

② ［德］鲍尔/施蒂尔纳：《德国物权法》（下册），申卫星、王洪亮译，北京，法律出版社 2006 年版，第 734～735 页。

③ 胡康生主编：《中华人民共和国物权法释义》，北京，法律出版社 2007 年版，第 490 页。

主张转让应收账款债权。

（五）赔偿损失

应收账款质权人对应收账款请求权人承担损害赔偿责任的情况有如下两种：(1) 在应收账款质权存续期间，未经出质人同意却转质，给应收账款请求权人（出质人）造成损失的，应收账款质权人应当赔偿其损失（《民法典》第 446 条、第 434 条）。(2) 应收账款质权人怠于行使质权，给应收账款请求权人（出质人）造成损失的，应当赔偿其损失（《民法典》第 446 条、第 437 条第 2 款）。

（六）不当得利返还

应收账款质权的行使，超过了被担保债权的范围，就该超出部分构成不当得利，应收账款质权人应予返还（《民法典》第 985 条）。

[引申]

应收账款请求权人（出质人）的权利义务

应收账款请求权人（出质人）的权利和义务，一般都对应着应收账款质权人的义务和权利，不再重复。所需要强调的，是如下义务。

1. 应收账款处分权受限制

应收账款出质后，应收账款请求权受到限制，例如，对第三债务人请求清偿的权利、对债务人为破产申请的权利等均不得行使，不得擅自转让、放弃应收账款请求权等。① 但这仍不足以排除应收账款请求权人（出质人）对应收账款质权的侵害。为了保护质权人的合法权益，在签订应收账款质押合同时，应收账款质权人可请求设置如下条款：1）出质人向质权人交付基础合同文本或其他相关材料原件，以期减少出质人侵害质权行为发生的可能性。2）在应收账款请求权人（出质人）擅自以不合理的低价转让应收账款请求权，或放弃应收账款请求权的场合，若受让人或第三债务人为恶意，符合《民法典》第 538 条第 1 款规定的条件的，则应收账款质权人（债权人）有权诉请人民法院撤销该转让行为或放弃行为；若符合《民法典》第 154 条规定的原因的，则该转让行为或放弃行为无效；如为善意，则转让或放弃为附条件行为，仅在质权人返还质押物价值范围内才成就（有效）。为实现该等义务，就有必要规定应收账款出质的，应通知其债务人，且通知一经到达，该等义务便形成。②

2. 保障出质应收账款请求权不发生时效瑕疵

应收账款出质后，应收账款请求权人应当及时向其债务人（第三债务人）主

---

① 谢在全：《民法物权论》（下册），台北，三民书局有限公司 2003 年 12 月修订 2 版，第 346 页。

② 杜国辉：《应收账款质押若干法律问题分析》，清华大学法学硕士学位论文（2008），第 21 页。

张权利，以中断诉讼时效，确保出质的应收账款请求权受到法律保障。不动产收费权中的绝大多数权利有较浓的行政批准色彩，出质人往往难以左右。因此，其承担的此项责任相对要轻。①

八、第三债务人的权利义务

应收账款质权的设立必须对第三债务人为出质的通知。② 第三债务人若得到应收账款质权设立的通知，则有义务应债权人关于实行质权的主张而直接向质权人为清偿。第三债务人未得应收账款质权设立的通知的，应收账款质权对于第三债务人不发生效力，第三债务人仍有权向出质人（应收账款请求权人）为清偿，并可以对抗应收账款质权人。于此场合，应收账款质权固因其标的物灭失而归于消灭，但出质人本不得受领第三债务人的清偿，而仍受领致应收账款请求权消灭，具有过错，应就此向应收账款质权人承担损害赔偿责任。再者，第三债务人虽然未获应收账款质权设立的通知，但若通过其他途径而获知质权已经设立的事实，则径直向质权人为清偿的，质权人有权保有该清偿。

九、应收账款质权的消灭

在被担保的主债权消灭、应收账款质权实现、质权人放弃登记载明的应收账款之上的全部质权及其他导致所登记质权消灭等事由出现的情况下，应收账款质权消灭。质权人应自该情形产生之日起 10 个工作日内办理注销登记（《应收账款质押登记办法》第 17 条）。

［探讨］

中国台湾地区“民法”及其理论认为，由于债权证书可以占有改定的方式交付，债权证书的返还不能理解为债权质权当然消灭，质权人仍得基于质权设立合同请求交付。③

---

① 杜国辉：《应收账款质押若干法律问题分析》，清华大学法学硕士学位论文（2008），第 21 页。

② ［德］鲍尔/施蒂尔纳：《德国物权法》（下册），申卫星、王洪亮译，北京，法律出版社 2006 年版，第 742 页；［日］近江幸治：《担保物权法》，祝娅、王卫军、房兆融译，沈国明、李康民校，北京，法律出版社 2000 年版，第 279 页。

③ 姚瑞光：《民法物权论》，1990 年自版，第 313 页；郑玉波：《民法物权》，台北，三民书局有限公司 1963 年版，第 370 页；［日］柚木馨、高木多喜男：《担保物权法》（第 3 版），东京，有斐阁 1984 年版，第 145 页；［日］我妻荣：《民法讲义 III·新订担保物权法》，东京，岩波书局 1983 年版，第 183 页；［日］高木多喜男等：《民法讲义 3·担保物权》（改订版），东京，有斐阁 1983 年版，第 93、98 页；［日］高木多喜男：《担保物权法》（新版），东京，有斐阁 1998 年版，第 84 页。

第四百四十六条

权利质权除适用本节规定外，适用本章第一节的有关规定。

本条主旨

本条是关于权利质权的问题适用动产质权规范的规定。

相关条文

《物权法》第 229 条　权利质权除适用本节规定外，适用本章第一节动产质权的规定。

《担保法》第 81 条　权利质押除适用本节规定外，适用本章第一节的规定。

理解与适用

本条是对《物权法》第 229 条的承继，确立一项规则：在《民法典》关于权利质权没有规定或规定得不完全的情况下，适用《民法典》关于动产质权的规定。例如，权利质权具有使担保债权具有优先受偿的效力、转质、实行、终止等，都适用《民法典》关于动产质权在相应环节的规定。当然，如此适用时务请注意权利质权的特殊性，不得与其特殊性相抵触。

第十九章

留置权

本章集中设置了留置权的主要规范，首先界定留置权，明示留置权的基本内容以及留置权成立所需要的部分要件；接着规定留置权成立所需要的其他要件，包括消极要件；明确了不可分性在留置权中受到限制；然后依次规定留置权人妥善保管留置财产的义务，收取留置财产所生孳息之权，留置权实行的条件和三种方式，债务人可以请求留置权人及时行使留置权和人民法院拍卖或变卖的权利；留置权人有权就留置财产的变价使债权优先受偿，该变价少于债权数额的，就该差额由债务人继续负责清偿，高于债权数额的，高出部分归属于留置财产的所有权人；数个担保物权并存于同一项动产之上的场合，留置权的效力顺序排在最先；最后明示留置权的消灭及其事由。

第四百四十七条

债务人不履行到期债务，债权人可以留置已经合法占有的债务人的动产，并有权就该动产优先受偿。

前款规定的债权人为留置权人，占有的动产为留置财产。

本条主旨

本条是关于留置权的概念，亦即构成要件和法律效果的规定。

相关条文

《民法通则》第 89 条第 4 项　按照合同约定一方占有对方的财产，对方不按照合同给付应付款项超过约定期限的，占有人有权留置该财产，依照法律的规定以留置财产折价或者以变卖该财产的价款优先得到偿还。

《物权法》第230条　债务人不履行到期债务，债权人可以留置已经合法占有的债务人的动产，并有权就该动产优先受偿。

前款规定的债权人为留置权人，占有的动产为留置财产。

《担保法》第82条　本法所称留置，是指依照本法第八十四条的规定，债权人按照合同约定占有债务人的动产，债务人不按照合同约定的期限履行债务的，债权人有权依照本法规定留置该财产，以该财产折价或者以拍卖、变卖该财产的价款优先受偿。

理解与适用

一、本条含义概貌

本条是对《物权法》第230条的复制，界定了留置权，也是关于留置权的构成要件和法律效果的规定。

二、留置权的概念

所谓留置权，依本条第1款规定，是指债权人合法占有债务人的动产时，债务人不履行到期债务，债权人依法享有留置该动产，并可以该动产折价或以拍卖、变卖该财产的价款使其债权优先受偿的权利。该动产叫作留置物，一般属于债务人所有，但有些场合则属于第三人所有。该债权人为留置权人。留置权的法律性质如下。

（一）置权以他人的动产为标的物

按照本条第1款的规定，留置权的标的物为他人的动产，不动产、权利在现行法上均不得作为留置权的客体。[①] 该动产属于债务人所有的，成为留置权的标的物，容易理解；属于债务人以外的人所有的，可否成为留置权的客体，则存在争议。[②] 驾驶他人之车时途中抛锚，请求修理厂修理，待修理完毕后却拒付修理费，应当成立留置权。所以，至少在一定条件下，得承认债务人以外之人的动产可成立留置权。

（二）留置权为担保物权

在符合法定要件的情况下，留置权人有权留置他人的动产，并在债务人于法

---

① 《日本民法典》承认不动产留置权（第295条）。

② 谢在全：《民法物权论》（下册），台北，三民书局有限公司2003年12月修订2版，第380页。

定期间仍不履行债务时可将留置财产变价，使其债权优先受偿（《民法典》第447条以下）。可见，留置权符合物权、担保物权的规格，为担保物权。

［扩展］

留置权源于罗马法上的恶意抗辩（exception doi）以及诈欺的拒绝给付权。在罗马法上，债权人如对债务人负有债务，债权人未清偿其债务，却请求债务人履行其债务，构成违反诚实信用原则时，债务人可行使抗辩权，拒绝履行其债务。此种以公平理念为基础的拒绝给付权，仅系一种人的抗辩，乃对人的权利，且系分散规定，而无统一的制度。后世民法在继受的过程中，未尽一致。《法国民法典》最接近罗马法的传统，仅有债务人的各种拒绝给付权的规定（第545、555、570、867、1612、1613、1653、1673、1749、1948、2082、2280条），而未设留置权专章。不过，学说整理出留置权的理论。《德国民法典》也继受了罗马法的恶意抗辩的理论，把留置权规定于债编总则中（第273条、第274条），以基于同一债的关系所生两对立债权之间的拒绝给付权予以构成，属于对人的抗辩权，具有债的品格。《德国商法典》设有商人留置权制度（第369条、第370条、第371条、第372条参照）。《瑞士民法典》进一步将留置权与质权并列（第895条—第898条参照），性质上与动产质权无异，具有留置权能和优先受偿权能。《瑞士债务法》规定同时履行抗辩权（第82条），作为双务合同的效力。留置权的担保物权性质至此遂告完成。《日本民法典》设有留置权专章（第295条以下），并作为一种担保物权，不过只赋予了留置的效力，而未规定优先受偿权。中国台湾地区“民法”把留置权作为担保物权，具有留置的效力和优先受偿权（第928条以下）。①

（三）留置权依法律的直接规定而成立

与抵押权、质权大多基于当事人的约定而设立不同，留置权于法律直接规定的要件具备时当然成立。所以，留置权为法定担保物权。

（四）留置权具有从属性

留置权从属于被担保的债权，若不存在被担保债权，就不成立留置权。

（五）留置权具有不可分性，但受有限制

留置权的不可分性，是指留置权担保债权的全部，而非部分；留置权的效力及于留置财产的全部，而非部分。考虑到留置财产的价值远远超过被担保债权时

---

① 谢在全：《民法物权论》（下册），台北，三民书局有限公司2003年12月修订2版，第381～382页；［日］近江幸治：《担保物权法》，祝娅、王卫军、房兆融译，沈国明、李康民审校，北京，法律出版社2000年版，第17页。

仍固守不可分性，对留置财产的所有权人过于苛刻，在一定条件下缓和留置权的不可分性也有必要，《民法典》特设第 450 条，规定“留置财产为可分物的，留置财产的价值应当相当于债务的金额”。这体现出对不可分性的限制。

（六）留置权在物上代位性方面特殊

留置权是否具有物上代位性，对此存在着分歧。肯定说依逻辑主张，因留置权为担保物权，自具有从属性、不可分性和物上代位性。① 否定说则认为，留置权是把物的留置（占有）作为效力的本体，故不得承认它有物上代位性。② 在笔者看来，留置财产若完全变形为他种性质之物，如汽车被毁灭，转换成保险金，则留置权因留置物的占有彻底消失而归于消灭，物上代位性无从谈起；不过，留置财产若只是遭受了些许损坏仍为同种之物，变形物产生，如投保的汽车被他人刺破轮胎、捣毁拖斗，保险金产生，留置权并未消灭，同时其效力及于保险金（请求权）上，表现出物上代位性。

（七）留置权不具有追及效力

留置权人对留置财产的占有被侵夺，留置权人只能基于《民法典》第 462 条关于占有保护的规定请求无权占有人返还留置财产，而不得基于留置权请求返还，表明留置权无追及效力。③

三、留置权与动产质权的区别

（一）标的物所有权人的范围不尽相同

留置权和动产质权虽然都以动产为标的物，在《民法典》上均可归第三人所有，但动产质权场合对第三人的范围不加限制，而留置权场合的动产则必须是与债权属于同一法律关系的动产（第 448 条），因而留置物的所有权人不会是泛泛的任何第三人，只有在个别情况下才会是第三人。

（二）发生的原因、功能不同

留置权因法律的规定而发生，为法定担保物权，其作用仅在确保债权的实现。动产质权原则上通过当事人的意思表示设立，为意定担保物权，其作用既确

---

① 谢在全：《民法物权论》（下册），台北，三民书局有限公司 2003 年 12 月修订 2 版，第 383 页；王利明、尹飞、程啸：《中国物权法教程》，北京，人民法院出版社 2007 年版，第 535 页。

② ［日］近江幸治：《担保物权法》，祝娅、王卫军、房兆融译，沈国明、李康民审校，北京，法律出版社 2000 年版，第 16 页。

③ ［日］近江幸治：《担保物权法》，祝娅、王卫军、房兆融译，沈国明、李康民审校，北京，法律出版社 2000 年版，第 29 页；郑玉波：《民法物权论》，台北，三民书局有限公司 1988 年修订 12 版，第 358～359 页。

保债权清偿，又媒介融资。[①]

（三）成立的要件不同

留置权不仅以债务人不履行到期债务为成立要件，而且必须是担保债权与动产属于同一法律关系，除非是企业之间的留置（《民法典》第448条）。动产质权的成立则无此要求。

（四）标的物移转占有的时间不同

留置权成立前，债权人已经占有留置物；动产质权设立前鲜有债权人占有留置财产的现象。

（五）将标的物折价或变价的条件不同

留置权人将留置物折价或变价，必须在债权人留置标的物后的一定期间（如2个月）届满之时（《民法典》第453条）。动产质权人将留置财产折价或变价，以债务人不履行到期债务为条件，或发生了当事人约定的实现质权的情形（《民法典》第425条第1款）。

（六）消灭的原因不同

留置权因占有的丧失、债务人另行提供担保而消灭（《民法典》第457条）。动产质权人丧失对留置财产的占有，可基于质权请求无权占有人返还留置财产，质权继续存在（《民法典》第235条），只有待不能请求返还留置财产时质权才归于消灭。出质人提供相应担保不是动产质权消灭的原因（《民法典》第433条）。

四、留置权与同时履行抗辩权的关系

（一）留置权与同时履行抗辩权的联系与区别

留置权和同时履行抗辩权虽然都源于罗马法的拒绝履行制度，均依公平原则而设置，在历史发展上有密切的关联，但两者嗣后各有不同的演进方向，故有如下不同。

1. 法律性质不同

留置权在法国、日本、中国大陆民法以及台湾地区“民法”上是物权，以直接支配标的物为内容，对任何人均可主张。同时履行抗辩权乃双务合同的一种效力，为债权性质，以拒绝相对人的给付请求为内容，只能对相对人主张。[②]

---

① 谢在全：《民法物权论》（下册），台北，三民书局有限公司2003年12月修订2版，第384页。

② ［日］近江幸治：《担保物权法》，祝娅、王卫军、房兆融译，沈国明、李康民审校，北京，法律出版社2000年版，第17页；谢在全：《民法物权论》（下册），台北，三民书局有限公司2003年12月修订2版，第385页；王利明、尹飞、程啸：《中国物权法教程》，北京，人民法院出版社2007年版，第537页；胡康生主编：《中华人民共和国物权法释义》，北京，法律出版社2007年版，第496页。

2. 所得拒绝的给付不同

留置权所得拒绝的给付，以与被担保债权属于同一法律关系的动产之交付为限，只有企业之间的留置权无此限制；同时履行抗辩权所得拒绝的给付，在种类上没有限制。①

3. 所保护的债权不同

留置权所保护的债权，应为与动产属于同一法律关系的债权，至于该债权发生的具体原因，时常不予过问；更有甚者，企业之间的留置权所保护的债权可以不与动产属于同一法律关系。同时履行抗辩权所保护的两个债权，系同一双务合同所生，且相互间原则上立于对价关系。②

4. 有无不可分性不同

留置权为从物权，与其担保的债权具有不可分性，只是有所缓和（《民法典》第450条）。同时履行抗辩权无不可分性。

5. 实行的方式不同

留置权于其实行条件具备时，权利人可以作为的方式留置动产，待一定期间届满时可将留置物变价。同时履行抗辩权只能消极地阻止相对人的给付请求，并无积极实现自己债权的手段。其原因在于，前者为担保物权，后者仅为债务人的单纯的给付拒绝权能，不具有独立的权利地位。③

6. 消灭的原因不同

留置权为担保债权而成立，于债务人另行提供担保时归于消灭。同时履行抗辩权以促使给付的交换履行为目的，所以，不因相对人另行提供担保而消灭。其原因在于，两者虽然都基于公平原则而设置，但各个公平理念所追求的目的各有不同。④

（二）留置权与同时履行抗辩权的竞合

留置权与同时履行抗辩权发生竞合的情况时而有之，例如，在买卖合同中，价款尚未支付，买受人请求出卖人移转买卖物的所有权，出卖人拒绝买受人的该项请求，可有同时履行抗辩权和留置权的考虑。于此场合，是认可出卖人得行使任何一项权利，还是仅仅允许行使一项权利，不无疑问。

---

① 谢在全：《民法物权论》（下册），台北，三民书局有限公司2003年12月修订2版，第385页；胡康生主编：《中华人民共和国物权法释义》，北京，法律出版社2007年版，第496页。

②③④ 谢在全：《民法物权论》（下册），台北，三民书局有限公司2003年12月修订2版，第385、386、386页。

在日本，多数说为两种权利竞合。[①] 在竞合说内部，看法不尽一致。有学说认为，两种权利不管何方均可行使。[②] 也有学者主张，在对价的债务关系以外的情况下认可两种权利竞合。[③]

非竞合说则认为，一般说来，物权关系，属于二人之间无特殊关系情况下的一般法的问题，若存在合同关系这个特殊关系，应当考虑适用合同法，排除物权法的适用。[④] 在理论上，有具备相同机能的两种权利的情况下，应当认为物权被包括在合同权利之中。所以，上述例子中，出卖人只能根据同时履行抗辩权拒绝移转买卖物的所有权。[⑤]

五、留置权与抵销权的区别

留置权和抵销权都源于罗马法上的恶意的抗辩权，同为维护公平而设置，但有下列区别。

（一）性质不同

留置权以对物的直接支配为内容，属于担保物权。抵销权虽然也间接地担保了债权的实现，但其本身并非担保权，而是为使双方当事人的债务在等额的范围内消灭的形成权。[⑥]

（二）成立方面的关注点不同

留置权所担保的债权与留置的动产属于同一法律关系，至于留置权人所享有的债权和债务人所享有的债权是否同种类，在所不问。企业之间的留置权连被担保债权与动产属于同一法律关系也不要求。抵销权的着眼点不在这些方面，而是要求二人所负债务在种类方面相同且相互对立。

（三）标的物不同

留置权的标的物限于动产。抵销权的标的物是给付种类相同且相互对立的债

---

① ［日］近江幸治：《担保物权法》，祝娅、王卫军、房兆融译，沈国明、李康民审校，北京，法律出版社2000年版，第18页。

② ［日］川井健：《担保物权》，东京，青林书院1975年版，第284页；［日］高木多喜男：《担保物权法》，东京，有斐阁1984年版，第16页；东京高判1949.7.14高民集2卷2号，第124页。

③ 参见［日］近江幸治：《担保物权法》，祝娅、王卫军、房兆融译，沈国明、李康民审校，北京，法律出版社2000年版，第18页。

④ ［日］川岛武宜：《民法理解学的诸问题》，第126页；［日］铃木禄弥：《物权法讲义》（第3版），东京，创文社1985年版，第15页以下；［日］近江幸治：《民法讲义Ⅱ·物权法》，东京，成文堂1990年版，第39页。

⑤ ［日］近江幸治：《担保物权法》，祝娅、王卫军、房兆融译，沈国明、李康民审校，北京，法律出版社2000年版，第18页。

⑥ 谢在全：《民法物权论》（下册），台北，三民书局有限公司2003年12月修订2版，第386页。

务（债权）。[1]

（四）目的不同

留置权的目的在于担保债权的实现。抵销权虽然间接地起到了担保债权实现的作用，但其主要目的在于避免无益的给付交换。[2]

（五）效力不同

留置权的效力，一是暂时留置特定的动产，二是待一定期间届满时将该动产折价或变价。抵销权的行使，使债权债务确定地归于消灭。[3]

（六）实行方式不同

留置权的实行，主要表现为将留置物折价或变价。抵销权的行使，以意思表示向相对人为之即可。[4]

（七）消灭的原因不同

留置权可因债务人另行提供担保而消灭。抵销权则不因债务人提供担保而消灭。[5]

六、留置权的分类

大陆法系把留置权分为民事留置权和商事留置权。前者适用民法（主要就是民法典）的规定，而后者适用商事法的规定。二者具有如下区别。

（一）主体不同

商事留置权适用于商人之间因双方的商行为所生债的关系，其主体均为商人，而民事留置权无此要求（参见《德国商法典》第369条第1款前段，《日本商法典》第521条）。

（二）成立要件上不同

民事留置权的要件之一是，债权与债权人占有的动产之间具有牵连关系，而商事留置权一般不作此要求。在后者场合，商人之间因营业关系而占有的动产及其因营业关系所产生的债权，无论实际上是否存在牵连关系，只要该动产是债权人因其商行为而占有的，都成立留置权。之所以如此，是因为商人相互间的交易非常频繁且常常维持相当长的一段时间，此间各种债权债务关系不断发生、消灭，如果按照民事留置权的要求，债权人必须精确地且逐一地证明每次交易所发生的债权与其所占有的动产之间存在着个别牵连关系，非常繁琐，有时也特别困难。为了加强商业交易中的信用，确保交易的效率，故而不以动产与债权具有牵

[1][2][3][4][5] 谢在全：《民法物权论》（下册），台北，三民书局有限公司2003年12月修订2版，第387、386、386、386、386页。

连关系为必要。①

（三）效力不同

在一些立法例上，商事留置权的效力强于民事留置权的。例如，在日本法上，民事留置权仅具有留置效力而无优先受偿效力，故而于债务人破产时留置权不具有别除效力，而商事留置权却被视为特别的先取特权（《日本破产法》第93条），具有很强的效力。

中国没有商法典，通说主张民商合一，因此在《物权法》和《民法典》颁布之前，一般意义上的商事留置权并不存在，只有《海商法》上确立了一种独特的商事留置权，即船舶留置权（第25条第2款前段）。《民法典》第448条关于“债权人留置的动产，应当与债权属于同一法律关系，但是企业之间留置的除外”的规定，显然承认了商事留置权。因为按照这一规定，如果是企业与企业之间发生债权债务关系，那么作为债权人的企业占有作为债务人的企业的动产时，无须该动产与债权具有同一关系。这种规定，明显符合上述商事留置权和民事留置权区别的第一项和第二项。② 以下所论的留置权，除非特别指出是商事留置权（企业之间的留置权），均为民事留置权。

七、留置权的成立要件

（一）概述

留置权的取得，有的是基于法律行为，有的是非基于法律行为，包括基于法律的直接规定和基于继承事实。所谓基于法律行为而取得留置权，不是基于当事人签订留置权合同而取得，而是指留置权随着被担保债权的让与而由受让人取得。最为常见的留置权取得方式为基于法律的直接规定。

传统民法通常都将法律关于留置权的产生条件划分为积极条件和消极条件。所谓积极条件，是指留置权产生所必须具备的条件。所谓消极条件，是对留置权成立的限制条件，只有这些限制条件不存在时留置权才能成立。

（二）留置权成立的积极要件

1. 债权人合法占有他人的动产

留置权为担保物权，具有从属性，所以留置权人必须为债权人，而留置权的义务人则必须为被担保债权的债务人，与抵押权、质权等可以第三人为担保物的提供人不同。③

①② 王利明、尹飞、程啸：《中国物权法》，北京，人民法院出版社2007年版，第535、536页。

③ 谢在全：《民法物权论》（下册），台北，三民书局有限公司2003年12月修订2版，第391页。

该债务人的动产为留置物，比较顺理成章。第三人的动产可否为留置物，则有争论。[①] 鉴于动产物权的善意取得制度适用于留置权，被担保债权与第三人所有的动产发生牵连关系的事例并非鲜见，《民法典》第447条和第311条的适用应予统筹考虑，应当有条件地承认第三人的动产可作为留置物。如前述修理他人汽车而成立的留置权，属于留置权成立于债务人以外的第三人的动产之上的例子。如此，也符合法释〔2000〕44号第108条关于“债权人合法占有债务人交付的动产时，不知债务人无处分该动产的权利，债权人可以按照担保法第八十二条的规定行使留置权”的明确解释。

[以案说法][②]

1. 基本案情及涉案法律关系

乙公司长期为丙公司提供码头集装箱的作业、堆存、保管。截止到2006年8月18日乙公司发出留置通知时，丙公司累计拖欠乙公司各类欠款485.342万元人民币，其中仅港口作业费就高达181.8万元，因此产生的滞纳金14.2万元，总计近200万元人民币欠款。

在本案中具有特别重要意义的是，截止到2009年3月，丙公司拖欠的集装箱的堆存费已达100万元人民币。

乙公司多次催要上述欠款，未果，于是在2006年8月18日，向丙公司发出了留置通知，并留置了丙公司在乙公司处作业的集装箱。其中包括集装箱抬头为“XXXX”的100个集装箱。

在乙公司向丙公司发出留置权通知的一个多月之后，甲公司于其“要求交付甲公司集装箱的函”中声称：甲公司与丙公司有租箱协议，丙公司拖欠其租金，因此解除了与丙公司的租箱协议，在获知他们抬头为“XXXX”的集装箱在乙公司处时，致函乙公司要求放箱。自此，乙公司方知甲公司与丙公司之间存在着集装箱租赁合同关系，租赁物即为涉案的集装箱。

2. 本案的争议焦点

本案的争议焦点是，乙公司对不属于债务人所有的涉案集装箱是否享有留置权。

3. 分析

(1) 乙公司对涉案集装箱享有留置权

笔者认为，根据《物权法》第230条、《担保法》第82条和第84条、《合同

---

① 谢在全：《民法物权论》（下册），台北，三民书局有限公司2003年12月修订2版，第391～392页。

② 该案发生于《物权法》、《担保法》和《合同法》实施期间，《民法典》尚未制定，故该案的法律适用仍以《物权法》的规定为准。

法》第380条等条款、法释〔2000〕44号第108条等条款的规定，乙公司对涉案集装箱享有留置权。理由如下。

1）截止到2009年3月，丙公司拖欠乙公司的集装箱的堆存费已达100万元人民币，且早就应当偿付。这符合上述当时法律及其理论所要求的构成留置权的一项要件：双方当事人存在着债的关系，且债权已届清偿期。

2）乙公司至今占有着涉案的集装箱，包括抬头为"XXXX"的集装箱100个。乙公司对丙公司所享有的100万元人民币的到期债权，系这些集装箱的堆存费。换句话说，该100万元人民币的到期债权与该100个集装箱属于同一法律关系，也可以说具有牵连关系。这符合上述当时法律及其理论所要求的构成留置权的另一项要件：债权与被留置的动产属于同一法律关系，或曰牵连关系。

3）乙公司至今占有着涉案的集装箱，包括抬头为"XXXX"的集装箱100个。这符合上述当时法律中国现行法所要求的构成留置权的第三项要件：债权人合法占有他人的动产，具体到本案，就是债权人乙公司合法占有着债务人丙公司的集装箱，占有着甲公司租赁给丙公司的100个集装箱。

债权人占有与其债权属于同一法律关系的动产，在留置权的构成要件里处于非常重要的地位，因为《物权法》第23条规定动产物权的设立和转让自动产交付时发生效力，强调了占有（交付）的公示和公信的法律效力；《物权法》第106条第1款第3项规定动产物权的善意取得必须由取得人占有动产，贯彻了动产占有的公信力。

按照《合同法》第380条等规定，以及法释〔2000〕44号第109条等的规定，债权人只要占有与其债权属于同一法律关系（或曰牵连关系）的动产即可，并不刻意强调占有的动产必须属于债务人所有。就此看来，本案中，乙公司占有着债务人丙公司的集装箱，占有着甲公司租赁给丙公司的100个集装箱，应为有权占有，亦为合法占有，符合留置权成立的第三项要件。

诚然，《物权法》第230条、《担保法》第82条关于留置权构成的规定，在字面表述上采用的是债权人合法占有债务人的动产，而乙公司占有的抬头为"XXXX"的100个集装箱不属于债务人丙公司所有，而是属于甲公司所有。这是否意味着乙公司对抬头为"XXXX"的100个集装箱不享有留置权？答案恰恰相反，乙公司对抬头为"XXXX"的100个集装箱享有留置权。其根据在于《物权法》第106条、法释〔2000〕44号第108条规定的善意取得。因其较为复杂，非三言两语所能说清，在下文专门作为一个问题加以阐述。

4）乙公司占有抬头为"XXXX"的100个集装箱，系基于乙公司为丙公司提供码头集装箱作业、堆存、保管的法律关系。属于有权占有，亦为合法占有，而非通过侵权行为而占有，也不与乙公司对丙公司承担的义务相抵触，还不违反公序良俗，当事人之间没有不得留置的约定。这些都符合留置权成立所需要的消极要件。

总之，乙公司对其合法占有的抬头为“XXXX”的100个集装箱完全享有留置权。

（2）留置权的善意取得

在这里，需要讨论的还有，乙公司善意取得涉案集装箱的留置权，有无法律及法理依据。

按照《物权法》第230条的规定成立留置权，是留置权取得的常态。除此而外，《物权法》第106条等规定以及法释〔2000〕44号第108条等规定，也承认善意取得物权，包括善意取得留置权。

1）乙公司长期为丙公司有偿地提供码头集装箱作业等服务。这符合当时法律及其理论所要求的构成动产物权善意取得的第一项要件：双方当事人之间存在着交易行为。

2）乙公司已经占有了抬头为“XXXX”的100个集装箱。这符合当时法律及其理论所要求的构成动产善意取得的另一项要件：一方当事人已经占有了对方当事人的动产。

3）乙公司与丙公司有多年的码头作业关系，丙公司在乙公司作业的集装箱从来都是由丙公司支付集装箱码头作业款项，从未涉及任何租箱公司来支付款项的情况。乙公司只知道在其作业的丙公司的集装箱，根本不知道还有任何第三方的集装箱。这些集装箱的箱号抬头由很多不同的字母组成，根本无从辨别该集装箱的所属，按照行业惯例和交易习惯，乙公司也没有义务去辨别这些集装箱的抬头。乙公司是于2006年8月18日向丙公司发出留置权通知的，在2006年11月27日，乙公司通过某海事法院执行庭的通知，才被告知上述“XXXX”抬头的集装箱属于甲公司。这符合当时法律及其理论所要求的构成动产善意取得的第三项要件：占有动产时为善意。

4）需要说明，由于《物权法》第106条第3款规定的是，“当事人善意取得其他物权的，参照前两款规定”，而非必须完全对应《物权法》第106条第1款规定的三项构成要件，可以根据作为善意取得对象的物权的具体情况，有所变通个别要件。例如，质权的善意取得，就不要求“价格合理”这项构成要件。因此，留置权的善意取得，在构成要件方面自然允许有所变通。

总之，按照《物权法》第106条第3款关于“当事人善意取得其他物权的，参照前两款的规定”的规定，特别是法释〔2000〕44号第108条关于“债权人合法占有债务人交付的动产时，不知债务人无处分该动产的权利，债权人可以按照担保法第八十二条的规定行使留置权”的明确规定，可以肯定地得出结论：乙公司对其已经占有的抬头为“XXXX”的100个集装箱，完全享有留置权。

尚须申明，由于《物权法》第106条承认了物权的善意取得，表明《物权法》第230条关于留置权的成立要件需要“合法占有债务人的动产”的要件，并非在任何案件里总是依其字面意思那样限于“归债务人所有的动产”，只要债权人占有与其到期债权属于同一法律关系的动产时不知该动产非属债务人所有，仍可成立留置权。这告诉我们，法释〔2000〕44号第108条关于善意取得留置权的明确规定，与《物权法》第106条和第230条等规定是一致的。既然如此，按照《物权法》第178条关于“担保法与本法的规定不一致的，适用本法”的规定，乙公司对其已经占有的抬头为“XXXX”的100个集装箱享有留置权无疑。

（3）关于涉案留置权的行使

在《海商法》等特别法没有关于留置权实行的特别规定的情况下，涉案留置权的行使，应适用《物权法》第236条第1款关于“留置权人与债务人应当约定留置财产后的债务履行期间；没有约定或者约定不明确的，留置权人应当给债务人两个月以上履行债务的期间，但鲜活易腐等不易保管的动产除外。债务人逾期未履行的，留置权人可以与债务人协议以留置财产折价，也可以就拍卖、变卖留置财产所得的价款优先受偿”的规定。

乙公司于2006年8月18日向丙公司发出了留置通知，并留置了丙公司在乙公司处作业的集装箱，为涉案留置权行使的第一次效力。由于当事人各方未就债务履行问题达成协议，自2006年8月18日的次日起算满两个月，即截至2006年10月19日，丙公司仍未履行其债务，乙公司可以与甲公司、丙公司协议以抬头为“XXXX”的100个集装箱折价，也可以就拍卖、变卖抬头为“XXXX”的100个集装箱所得的价款优先受偿。由于未果，乙公司有权申请拍卖或变卖抬头为“XXXX”的100个集装箱，并就所得价款优先受偿。

抵押权、质权等担保物权要求其标的物具有让与性，留置权因其主要作用在于留置标的物，以迫使债务人清偿债务，就留置物变价受偿仅为次要作用，故在留置物的让与性方面要求不太严格。①

由于留置权以占有标的物为其成立要件和存续要件，必须是债权人已经占有了他人的动产，才能成立留置权。至于占有的方式，直接占有、间接占有、利用

① 谢在全：《民法物权论》（下册），台北，三民书局有限公司2003年12月修订2版，第393页。

占有辅助人而为占有、与第三人共同占有，均无不可。①

2. 债权与该动产属于同一法律关系

这一成立要件将在释评《民法典》第448条时详述，此处不赘。

3. 债权已届清偿期

债权已届清偿期通常为担保物权的实行要件，然而留置权却以之为成立要件，乃因留置权制度系为维护公平而设置，假如允许债权人在债权未届清偿期前可留置他人的动产，属于迫使债务人期前清偿债务，既不符合债的履行期的意义，也违反了留置权制度的立法目的。因此，留置权的发生不仅需要债权已经存在，而且必须已届清偿期。②

［辨析］

在境外，所谓债权已届清偿期，在定有期限的债务场合，为其期限届至之时，未定期限的债务场合，则为债务债权人请求之时。债务人是否陷于迟延，在所不问。③ 在中国大陆的现行法上，作为抵押权、质权实行要件的债务人不履行到期债务，在定有期限的债务场合，应指该期限届满；在未定期限的债务场合，需要债权人先为催告，债务人于催告所指定的宽限期届满时仍不履行债务的，抵押权人或质权人可行使抵押权或质权。但在留置权场合则有所不同，在定有期限的债务场合应为该期限届至，留置权成立；在未定期限的债务场合，需要债权人先为催告，该催告所指定的宽限期届至，留置权成立。之所以如此，是因为若将留置权成立的时间点定在债务的清偿期届满，则会出现这样的局面：在债务的履行期届至但未届满时，债权人虽有权请求债务人履行债务，但债务人拒绝履行其债务并不构成违约，若此时债务人请求债权人交付动产，债权人无权拒绝；待债权人将动产交付给债务人后，于债务履行期届满时请求债务人清偿却遭到不法拒绝时，债权人缺乏有效的救济手段，而把债权已届清偿期作为留置权成立的要件，则会避免上述现象。

需要注意，债权人如受领迟延，则不得主张留置权，这是公平原则的要

① 谢在全：《民法物权论》（下册），台北，三民书局有限公司2003年12月修订2版，第394页；梁慧星、陈华彬：《物权法》（第4版），北京，法律出版社2007年版，第372页。

② 谢在全：《民法物权论》（下册），台北，三民书局有限公司2003年12月修订2版，第399页；梁慧星、陈华彬：《物权法》（第4版），北京，法律出版社2007年版，第374～375页；胡康生主编：《中华人民共和国物权法释义》，北京，法律出版社2007年版，第498页；［日］近江幸治：《担保物权法》，祝娅、王卫军、房兆融译，沈国明、李康民审校，北京，法律出版社2000年版，第23页。

③ 谢在全：《民法物权论》（下册），台北，三民书局有限公司2003年12月修订2版，第399～400页。

求。[1] 对此，《民法典》虽然未设明文，应当作此解释。

还有，在债务人无支付能力时，即使债权未届清偿期，债权人也可主张留置权。该留置权叫作紧急留置权。所谓无支付能力，是指债务人的财产状况，包括信用能力，已经无力清偿债务的现象。于此场合，如果仍要求债权人必须于其债权已届清偿期才可主张留置权，则救济滞后，缺乏效率，债权人甚至遭受损害。[2] 有鉴于此，法释〔2000〕44 号第 112 条规定："债权人的债权未届清偿期，其交付占有标的物的义务已届履行期的，不能行使留置权。但是，债权人能够证明债务人无支付能力的除外。"《民法典》虽然未明文肯定法释〔2000〕44 号第 112 条的规定，但也不宜得出否定该规定的结论，因为紧急留置权确有存在的道理。

（三）留置权成立的消极要件

这一成立要件将在释评《民法典》第 449 条时详述，此处不赘。

第四百四十八条

债权人留置的动产，应当与债权属于同一法律关系，但是企业之间留置的除外。

本条主旨

本条是关于留置权的成立需要留置的动产与债权属于同一法律关系的规定。

相关条文

《物权法》第 231 条 债权人留置的动产，应当与债权属于同一法律关系，但企业之间留置的除外。

《担保法》第 84 条第 1 款、第 2 款 因保管合同、运输合同、加工承揽合同发生的债权，债务人不履行债务的，债权人有留置权。

法律规定可以留置的其他合同，适用前款规定。

---

① 谢在全：《民法物权论》（下册），台北，三民书局有限公司 2003 年 12 月修订 2 版，第 400 页；梁慧星、陈华彬：《物权法》（第 4 版），北京，法律出版社 2007 年版，第 375 页。

② 谢在全：《民法物权论》（下册），台北，三民书局有限公司 2003 年 12 月修订 2 版，第 400 页；王利明、尹飞、程啸：《中国物权法教程》，北京，人民法院出版社 2007 年版，第 540 页；梁慧星、陈华彬：《物权法》（第 4 版），北京，法律出版社 2007 年版，第 375 页。

理解与适用

本条承继了《物权法》第 231 条的规定，明确了留置权成立的另一个要件：留置的动产与债权属于同一法律关系。

一项优秀的法律制度需要兼顾各方利益，力求衡平，具体到留置权制度，一方面通过留置债务人或有关第三人的动产，迫使债务人清偿其债务，确保债权实现；另一方面也要考虑到债务人或有关第三人生产、生活的秩序化、计划化，再就是债务人或有关第三人的债权人（有时同时为担保权人）的合法权益。假如允许债权人任意留置债务人所有却与债权的发生无直接法律关系的动产，很可能破坏债务人生产或生活的预先安排，带来较为严重的损害，甚至牺牲了债务人或有关第三人的债权人（有时同时为担保权人）的合法权益，从整个社会的层面考虑，缺乏效率，甚至有失公正。有鉴于此，德国民法及其继受者将留置权的成立限定在债权的发生与将被留置的动产有牵连关系的场合。

在中国，《担保法》规定，因保管合同、运输合同、加工承揽合同发生的债权，债务人不履行债务的，债权人有留置权（第 84 条第 1 款）。法律规定可能留置的其他合同，适用前款规定（第 84 条第 2 款）。留置权一律发生在债权人按照合同约定占有债务人的动产场合（第 82 条）。这显然过于狭窄，债权人欲使其债权具有优先受偿的效力，必须在合同中约定其他的担保方式。这对于法律修养不高或经济实力不济的当事人来说，往往没有或不能约定其他担保方式，其结果，不是增加交易成本，就是债权缺乏担保权的加固。《合同法》对此有所补救，但受其目的及功能的限制，仅仅扩张到行纪合同关系，规定行纪人对委托物可有留置权（第 422 条）。法释〔2000〕44 号大踏步前进，规定债权人对动产的占有与其债权的发生有牵连关系，债权人可以留置其所占有的动产（第 109 条），拓宽了留置权制度的适用范围。《物权法》没有使用牵连关系的术语，而是采用了“债权人留置的动产，应当与债权属于同一法律关系”（第 231 条）的表述，较《担保法》规定的适用范围明显扩张了。由于《物权法》第 178 条明确规定“担保法与本法的规定不一致的，适用本法”，可以肯定地说留置权的成立应以《物权法》的规定为准。《民法典》完全承继了《物权法》的规定和精神（第 448 条）。

至于同一法律关系和牵连关系是否同义，则见解不一致。有学说认为二者具有相同的意思①，也有专家主张同一法律关系只能是合同关系，不包括不当得

① 梁慧星、陈华彬：《物权法》（第 4 版），北京，法律出版社 2007 年版，第 372 页；王利明、尹飞、程啸：《中国物权法教程》，北京，人民法院出版社 2007 年版，第 539 页。

利、无因管理、侵权行为等发生的债的关系。[①] 在笔者看来，牵连关系较同一法律关系在外延方面为宽，两者的关系大体表现为如下情形：（1）牵连关系包括同一法律关系。例如，甲的汽车交由乙修理，乙的修理费或报酬请求权与其应将汽车交还甲的义务，系基于同一法律关系。（2）牵连关系包括同一事实关系，而同一法律关系显然不是同一事实关系。所谓同一事实关系，又叫同一生活关系，是指无法律关系存在，仅有事实关系的现象。例如，同在一处聚餐，分手后，甲、乙二人无意地错骑对方的自行车。于此场合发生的甲对其自行车的返还请求权与对乙的自行车的返还义务，系基于同一事实关系而发生的，应承认有牵连关系。（3）牵连关系包括债权系因该动产本身而产生的两种情形。此类债权大多基于不当得利、无因管理、侵权行为等合同关系以外的关系而产生。其一，对标的物支出费用所产生的费用偿还请求权，与该物之间有牵连关系。例如，甲占有乙的汽车，就该车的养护所支出的必要费用享有偿付请求权，该债权与该汽车之间有牵连关系。其二，因标的物所产生的损害赔偿请求权，与该物之间有牵连关系。例如，踢球越过围墙，撞毁了邻居庭院里的花草，成立损害赔偿请求权，邻居对该球有留置权。[②] 在债权基于不当得利、无因管理、侵权行为等关系而产生的情形，有些属于同一法律关系，如管理人因管理动产所产生的必要费用请求权，与该动产应属同一法律关系；有些则不属于同一法律关系，如买受人基于买卖奶牛合同的履行而受领了奶牛，一直喂养到 2006 年 8 月 10 日，支出必要费用 2 000 元人民币。2006 年 8 月 11 日该买卖合同被撤销，买受人以出卖人拒不偿付喂养该奶牛的 2 000 元必要费用为由留置该奶牛。

[探讨]

实际上，债权的发生与占有的动产之间在什么情况下，才算有牵连关系，存在着单一标准说和两项标准说（间接原因说）之争，各说内部也有不同的派别。单一标准说认为，留置权的标的物与债权的发生有无牵连关系，依统一的、单一的标准判定。两项标准说主张，债权与该动产间的牵连关系不以标的物的动产为债权发生的直接原因为限，倘若为债权的间接原因，也可认为有牵连关系。[③]

---

① 李国光、奚晓明、金剑峰、曹士兵：《关于适用〈中华人民共和国担保法〉若干问题的解释理解与适用》，长春，吉林人民出版社 2000 年版，第 383 页。

② 谢在全：《民法物权论》（下册），台北，三民书局有限公司 2003 年 12 月修订 2 版，第 396～398 页；梁慧星、陈华彬：《物权法》（第 4 版），北京，法律出版社 2007 年版，第 373 页；［日］近江幸治：《担保物权法》，祝娅、王卫军、房兆融译，沈国明、李康民审校，北京，法律出版社 2000 年版，第 19 页以下。

③ 详见谢在全：《民法物权论》（下册），台北，三民书局有限公司 2003 年 12 月修订 2 版，第 394～399 页；梁慧星、陈华彬：《物权法》（第 4 版），北京，法律出版社 2007 年版，第 372～374 页。

以上所述的同一法律关系，不适用于企业之间的留置权（《民法典》第448条的但书）。所谓企业之间的留置权，属于商事留置权，因营业关系而占有的动产，及其因营业关系所生的债权，无论实际上是否属于同一法律关系，均可成立留置权。这主要是因为企业相互间的交易频繁，如果必须证明每次交易所发生的债权与所占有的标的物属于同一法律关系，不仅繁琐，而且有时困难，从加强商业信用、确保交易便捷和安全的立场出发，在企业之间的留置权领域，适当放宽些要求，具有积极的意义。①

第四百四十九条

法律规定或者当事人约定不得留置的动产，不得留置。

本条主旨

本条是关于留置权成立的消极要件的规定。

相关条文

《物权法》第232条　法律规定或者当事人约定不得留置的动产，不得留置。

《担保法》第84条第3款　当事人可以在合同中约定不得留置的物。

理解与适用

本条是对《物权法》第232条的复制，规定了留置权成立的消极要件。所谓留置权成立的消极要件，就是阻止留置权成立的情形或因素。

所谓法律规定不得留置动产，在现行法上包括以下情形：其一，债权人通过侵权行为而占有动产。由于《民法典》第447条只允许债权人“留置已经合法占有的债务人的动产”，通过侵权行为而占有的动产是非法的，自然不属于合法占有，不得留置。其二，动产的留置，与债权人承担的义务相抵触。法释〔2000〕44号第111条规定，债权人行使留置权与其承担的义务相抵触的，人民法院不予支持。所谓与债权人承担的义务相抵触，是指债权人如留置其所占有的动产，就与其所负担的义务的本旨相违背。例如，承揽人主张定作人没有按照约定先付三分之一的报酬，而将定作人交付的材料加以留置，拒绝完成工作成果。此种行为本身就与承揽人依据合同负有的完成工作成果的义务相抵触，承揽人应当在按

---

① 参见谢在全：《民法物权论》（下册），台北，三民书局有限公司2003年12月修订2版，第398页。

照合同要求完成工作成果之后，如果定作人未按约定支付报酬，则可就已完成的工作成果享有留置权。其三，动产的留置，违反了公序良俗原则。《民法典》规定："民事主体从事民事活动，不得违反法律，不得违背公序良俗"（第8条），留置权的成立也应如此。动产的留置，若损害了社会的安全和公共利益，则应当认为此种留置违反了公序良俗。① 例如，在四川汶川大地震发生后，承运人因托运人未支付运费而留置运往汶川的抗震救灾的急需物品，就违反了公序良俗原则。

当事人约定不得留置的动产，不得留置。这不仅有《民法典》第449条的依据，而且有第783条规定："定作人未向承揽人支付报酬或者材料费等价款的，承揽人对完成的工作成果享有留置权或者有权拒绝交付，但是当事人另有约定的除外。"再就是法释〔2000〕44号第107条规定："当事人在合同中约定排除留置权，债务履行期届满，债权人行使留置权的，人民法院不予支持。"法律之所以允许当事人通过约定加以排除，根本原因在于：法律设立留置权的目的不过是基于公平的观念而保护债权人的利益，并未涉及公共利益或第三人的利益，因此当事人的意思自治不应受到限制。②

所谓当事人约定不得留置动产，包括在特定条件下暂时地不得留置动产和终局地不得留置动产。前者的例子，如债务人将汽车交由债权人修理，双方约定汽车修复后必须交给债务人试用5日，债权人于修复该车后即以债务人未给付修理费为由留置该车，就违反了《民法典》第449条的规定。后者的例证，如甲请乙清除情书上的污痕，约定清除后务必将该情书返还自己。乙于清除后以甲未付报酬为由留置该情书，属于违反了当事人关于不得留置动产的约定，也违反了善良风俗。

第四百五十条

留置财产为可分物的，留置财产的价值应当相当于债务的金额。

本条主旨

本条是关于留置财产为可分物的，其价值应当相当于债务的金额的规定。

相关条文

《物权法》第233条　留置财产为可分物的，留置财产的价值应当相当于债

①② 王利明、尹飞、程啸：《中国物权法教程》，北京，人民法院出版社2007年版，第541～542页。

务的金额。

《担保法》第 85 条　留置的财产为可分物的，留置物的价值应当相当于债务的金额。

理解与适用

本条是对《物权法》第 233 条的复制，规定留置财产为可分物的，其价值应当相当于债务的金额，在一定程度上限制了留置权的不可分性。

本来，担保物权具有不可分性，即担保物权担保的债权经过分割、部分清偿或消灭，担保物权仍为了担保各部分债权或剩余债权而存在；担保物即使经过分割或一部灭失，各部分或余存的担保物仍为担保全部债权而存在。① 可是，本条却规定“留置财产为可分物的，留置财产的价值应当相当于债务的金额”，这显然是没有遵循担保物的各个部分都为担保整个债权而存在的原则，所以，本条是对不可分性的背离。但是，法释〔2000〕44 号第 110 条规定：“留置权人在债权未受全部清偿前，留置物为不可分物的，留置权人可以就其留置物的全部行使留置权。”这又是严守不可分性的表现。看来，周延地说，留置权也有不可分性，但受到限制。

这种限制是必要的，因为留置权在效力顺序方面优先于质权、动产抵押权、超级优先权，只要留置的动产在价值方面足够债权获得清偿，就不必担心债权人的利益得不到实现。既然如此，在留置财产可分、价值远远高于担保债权的情况下，假如仍然严守不可分性，就对留置财产的所有权人过于苛刻，且阻碍着该财产的流通性，有违物尽其用的精神。与此不同，《民法典》第 450 条规定，留置财产为可分物，留置财产的价值相当于债务的金额的，留置财产的其他部分不再为留置权的效力所及。这较好地平衡了各方的利益关系，值得赞同。

第四百五十一条

留置权人负有妥善保管留置财产的义务；因保管不善致使留置财产毁损、灭失的，应当承担赔偿责任。

本条主旨

本条是关于留置权人妥善保管义务及违反时所成立的责任的规定。

① 谢在全：《民法物权论》（中册），台北，三民书局有限公司 2003 年 7 月修订 2 版，第 357 页。

相关条文

《物权法》第 234 条 留置权人负有妥善保管留置财产的义务；因保管不善致使留置财产毁损、灭失的，应当承担赔偿责任。

《担保法》第 86 条 留置权人负有妥善保管留置物的义务。因保管不善致使留置物灭失或者毁损的，留置权人应当承担民事责任。

理解与适用

本条是对《物权法》第 234 条的复制，前段规定留置权人妥善保管的义务，后段规定留置权人违反此项义务致使留置财产毁损、灭失的，应当承担赔偿责任。

留置财产由留置权人占有，脱离开留置财产所有权人的控制。无论是从对留置财产所有权人的权益保护角度，还是在留置财产对于社会利益所起的作用层面，留置权人理应承担妥善保管的义务。

所谓妥善保管，在注意标准的层面，应以善良管理人的注意保管留置财产，而不得以对自己事务的注意标准来管理，以达最佳效果。

所谓妥善保管，其表现之一是，留置权人不得擅自使用、出借、出租、处分留置财产。当然，如果已经取得留置财产所有权人的允许，留置权人使用、出借、出租甚至处分留置财产，则属于妥善保管。再者，如果留置财产只有依其性能和用途使用才会保有甚至提高其价值的，那么，适当使用也是妥善保管，尽管留置财产所有权人未发出此项指示。

留置权人保管不善致使留置财产毁损、灭失的，应当承担赔偿责任（《民法典》第 451 条后段）。

第四百五十二条

留置权人有权收取留置财产的孳息。

前款规定的孳息应当先充抵收取孳息的费用。

本条主旨

本条是关于留置权的效力及于留置财产的孳息的规定。

相关条文

《物权法》第 235 条 留置权人有权收取留置财产的孳息。

前款规定的孳息应当先充抵收取孳息的费用。

理解与适用

本条是对《物权法》第235条的复制，第1款规定留置权的效力及于留置财产的孳息；第2款明确该孳息应当先充抵收取孳息的费用。

留置权场合，留置权人占有留置财产，由他来收取留置财产的孳息最为方便、最为经济，故本条第1款的规定值得赞同。

孳息本有天然孳息和法定孳息之分，本条第1款未将任何一类孳息从留置权的效力范围中排除，从留置权的目的及功能方面考虑，宜解释为它们均为留置权的效力所及，除非当事人有相反的约定。

依照留置物的性能和使用方法收取孳息，对留置财产所有权人也有利，可以说本条第1款的规定考虑得较为周到。

由于本条第2款规定上述孳息应当先充抵收取孳息的费用，表明留置权人不是无偿收取孳息，因而充抵收取孳息的费用后尚有剩余的，应作为清偿被担保债权的财产，依次充抵原债权的利息、原债权。在担保债权及其利息已届清偿期时，即刻清偿；在担保债权及其利息尚未届期时，或提前清偿，或先行提存，待届期时再予清偿。假如清偿被担保债权及其利息之后，仍有剩余，应返还给出质人。

第四百五十三条

留置权人与债务人应当约定留置财产后的债务履行期间；没有约定或者约定不明确的，留置权人应当给债务人六十日以上履行债务的期间，但是鲜活易腐等不易保管的动产除外。债务人逾期未履行的，留置权人可以与债务人协议以留置财产折价，也可以就拍卖、变卖留置财产所得的价款优先受偿。

留置财产折价或者变卖的，应当参照市场价格。

本条主旨

本条是关于留置权的实行及其条件以及担保债权优先受偿效力的规定。

相关条文

《物权法》第236条　留置权人与债务人应当约定留置财产后的债务履行期间；没有约定或者约定不明确的，留置权人应当给债务人两个月以上履行债务的期间，但鲜活易腐等不易保管的动产除外。债务人逾期未履行的，留置权人可以与债务人协议以留置财产折价，也可以就拍卖、变卖留置财产所得的价款优先受偿。

留置财产折价或者变卖的，应当参照市场价格。

《担保法》第 87 条　债权人与债务人应当在合同中约定，债权人留置财产后，债务人应当在不少于两个月的期限内履行债务。债权人与债务人在合同中未约定的，债权人留置债务人财产后，应当确定两个月以上的期限，通知债务人在该期限内履行债务。

债务人逾期仍不履行的，债权人可以与债务人协议以留置物折价，也可以依法拍卖、变卖留置物。

留置物折价或者拍卖、变卖后，其价款超过债权数额的部分归债务人所有，不足部分由债务人清偿。

理解与适用

一、本条含义概貌

本条是对《物权法》第 236 条的复制，第 1 款前段明确留置权实行的条件，第 1 款后段规定留置权实行的三种方式，第 2 款确定市场价格是留置财产折价或变卖的价格确定基准。

二、留置权的实行

（一）概述

与抵押权、质权相比，留置权在效力方面的一个显著特点是，存在着第一次效力和第二次效力。所谓第一次效力，是指留置权人留置与被担保债权属于同一法律关系中的他人动产的效力。该效力以债务人不履行到期债务致使被担保债权未获清偿为发生条件。所谓第二次效力，是指自留置效力发生后的一定期间届满债务人仍不履行其债务致使被担保债权未获清偿时，留置权人可将留置财产折价或变价并使其债权优先受偿的效力。该效力以自留置效力发生后的一定期间届满债务人仍不履行其债务致使被担保债权未获清偿为发生条件。

就担保物权实行的法律意义来讲，留置权发生留置的效力，留置权人拒绝返还与被担保债权属于同一法律关系的他人的动产，可以叫作留置权的实行。不过，人们通常所谓的留置权实行，非指留置他人的动产，而是留置权人将留置财产变价并使被担保债权优先受偿。如此，所谓留置权实行的条件，指的是留置权人将留置财产折价或变价并使其债权优先受偿的条件。本释评书亦在这个意义上讨论留置权的实行及其条件。

（二）留置权实行的条件

留置权实行的条件，在特别法有特别规定时，优先适用其规定；在特别法无特别规定时，适用本条第 1 款关于"留置权人与债务人应当约定留置财产后的债务履行期间；没有约定或者约定不明确的，留置权人应当给债务人两个月以上履行债务的期间，但是鲜活易腐等不易保管的动产除外。债务人逾期未履行的，留置权人可以与债务人协议以留置财产折价，也可以就拍卖、变卖留置财产所得的价款优先受偿"的规定，加以确定。据此，可得出如下几点结论。

1. 留置权人与债务人已经约定了留置他人动产后的债务人履行其债务的期间的，该期间届满，债务人仍不履行其债务的，留置权人可以与债务人协议以留置财产折价，也可以就拍卖、变卖留置财产所得的价款优先受偿。之所以如此，是因为被债权人留置的动产可能对其所有权人具有特别的用途和意义，应当尽可能地将该动产留在所有权人之手。倘若债务人稍微迟延履行债务债权人就可径直将留置财产折价或变价，带给留置财产的所有权人的损害则较重。如果在保障债权人合法权益的前提下，能够避免这种结果，法律应予努力，给债务人纠正其"错误"提供一个机会。允许债权人和债务人再约定一个债务履行的宽限期，债务人于此期间适当地履行其债务，使债权实现，留置权人就把留置财产返还，各得其所；假如债务人不珍惜这个机会，仍不履行其债务，即不再迁就，赋予留置权人将留置财产折价或变价的权利，使其债权获得清偿。这应当是个较好的方案。①

2. 留置权人和债务人没有约定自留置他人的动产后债务人履行债务的宽限期的，或约定不明确的，便依本条中段的规定，债务人确定地拥有自留置效力发生之日起算 2 个月以上的履行其债务的宽限期。其后，留置权人和债务人若就该期间达成了协议，如自留置效力发生之日起算 3 个月的宽限期，依其约定；自留置效力发生之日起算短于 2 个月的，该约定无效，以 2 个月的期间为准。待该期间届满时债务人仍不履行其债务的，债权人可将留置财产折价或变价并使其债权优先受偿。

3. 被留置的动产是鲜活易腐等不易保管之物的，无法保管到留置权人和债务人约定的期间届满，也无法保管到自留置效力发生之日起算 2 个月的期间届满，为了避免或减少损耗，留置权人可不受前述约定期间、2 个月期间的限制，

① 王利明、尹飞、程啸：《中国物权法教程》，北京，人民法院出版社 2007 年版，第 546 页。

根据鲜活易腐等不易保管的动产自身的要求，于适当时机将之变价，并使其债权优先受偿。

（三）留置权的实行方法

本条以及其他有关条款规定，留置权的实行方法有留置权人和债务人协议以留置财产折价，或留置权人将留置财产拍卖、变卖，就所得价款使其债权优先受偿。这些方法在释评《民法典》第410条时已经介绍过，此处不赘。需要指出的是，协议将留置财产折价的当事人，在留置财产属于债务人以外的第三人所有的情况下，应当是留置权人和该第三人，而不再是留置权人和债务人。

三、留置财产变价的确定基准

实行留置权，无论把留置财产折价还是变卖，都有合理作价的需要。作价低了，可能害及其他债权人的债权实现；作价高了，对留置权人也不利，不尽符合公平原则。为了解决这个问题，本条第3款明确“留置财产折价或者变卖的，应当参照市场价格”，这是条可取之路，值得赞同。

第四百五十四条

债务人可以请求留置权人在债务履行期限届满后行使留置权；留置权人不行使的，债务人可以请求人民法院拍卖、变卖留置财产。

本条主旨

本条是关于及时行使留置权的请求权和诉权的规定。

相关条文

《物权法》第237条　债务人可以请求留置权人在债务履行期届满后行使留置权；留置权人不行使的，债务人可以请求人民法院拍卖、变卖留置财产。

理解与适用

本条是对《物权法》第237条的承继，前段赋权债务人可以请求留置权人在债务履行期限届满后行使留置权，后段赋权债务人在留置权人仍不行使留置权的，可以请求人民法院拍卖、变卖留置财产。

根据《民法典》第7条规定的诚信原则、第132条规定的禁止权利滥用原则，考虑到债务人的交易安排，留置权人于留置权实行的条件具备时应当及时行使留置权，这应为义务。从对面看，债务人有权请求留置权人及时行使留置权。

此处所谓及时，不一定是留置权实行的条件具备就必须行使，应该综合债务人和留置权人之间的关系及情况，才可作出结论。例如，债务人正在积极筹备清偿债务的财产，可以在不太长的期间即可适当清偿债务，在这样的情况下，行使留置权反倒增大交易成本。

债务人催告留置权人及时行使留置权，留置权人没有理由仍不行使的，本条给债务人留出一项救济通道——可以请求人民法院拍卖、变卖留置财产。这类似于留置权人自己实行留置权时请求人民法院拍卖留置财产，或由人民法院代留置权人变卖留置财产。

第四百五十五条

留置财产折价或者拍卖、变卖后，其价款超过债权数额的部分归债务人所有，不足部分由债务人清偿。

本条主旨

本条是关于留置财产的变价款高于或低于担保债权数额时如何处理的规定。

相关条文

《物权法》第 238 条　留置财产折价或者拍卖、变卖后，其价款超过债权数额的部分归债务人所有，不足部分由债务人清偿。

《担保法》第 87 条第 3 款　留置物折价或者拍卖、变卖后，其价款超过债权数额的部分归债务人所有，不足部分由债务人清偿。

理解与适用

本条是对《物权法》第 238 条的复制，确立了留置财产的变价款高于或低于担保债权数额时如何处理的规则。

本条所谓留置财产的变价款超过债权数额的部分归债务人所有，乃自然之理，因为留置权不是所有权，留置财产不因留置权的设立而归属于留置权人，只是使留置权人的债权因该留置权的设立而具有优先受偿的效力。担保债权受偿了、实现了，留置权人的利益得到完全满足，留置权便功成身退。假如把留置财产的变价款超过债权数额的部分划归留置权人，该留置权人就获取了不当得利，这不应被允许。此其一。从另一个侧面讲，留置财产属于债务人的责任财产的组成部分，债务人适当履行物上保证责任之后，剩余的部分仍为其责任财产，当然由其享有。此其二。

留置财产的变价款全部用于清偿担保债权之后，担保债权仍未完全实现的，不得谓该债权已经消灭，而是就未实现部分继续具有请求力、执行力、保有力，即留置权人有权就其债权未实现的部分请求债务人清偿，债务人没有理由抗辩。于此场合，需要说明的是，此时的债权仅仅是普通债权，已无留置权的担保，无优先受偿的效力。

第四百五十六条

同一动产上已设立抵押权或者质权，该动产又被留置的，留置权人优先受偿。

本条主旨

本条是关于并存于同一动产上的数个担保物权中留置权的效力顺序在先。

相关条文

《物权法》第 239 条　同一动产上已设立抵押权或者质权，该动产又被留置的，留置权人优先受偿。

《海商法》第 25 条　船舶优先权先于船舶留置权受偿，船舶抵押权后于船舶留置权受偿。

前款所称船舶留置权，是指造船人、修船人在合同另一方未履行合同时，可以留置所占有的船舶，以保证造船费用或者修船费用得以偿还的权利。船舶留置权在造船人、修船人不再占有所造或者所修的船舶时消灭。

法释〔2000〕44 号第 79 条第 2 款　同一财产抵押权与留置权并存时，留置权人优先于抵押权人受偿。

理解与适用

本条是对《物权法》第 239 条的复制，确立了并存于同一动产上的数个担保物权中留置权的效力顺序在先。

本条以及第 416 条、《海商法》第 25 条和法释〔2000〕44 号第 79 条第 2 款赋予留置权的效力顺序在先，有其道理：（1）留置权是法定担保物权，动产抵押权、超级优先权、质权是约定担保物权，如果允许动产抵押权、超级优先权、质权优先于留置权，就等于鼓励出卖人、定作人、托运人、存货人等以其货物、定作物、托运物、保管物、仓储物等为客体设立动产抵押权、超级优先权、质权，排斥留置权的运用，导致留置权制度的功能减弱乃至丧失，使买受人、承揽人、承运人、保管人、仓储人、行纪人等处于十分不利的境地，会影响他们（它们）从事买卖、承揽、货物运输、保管、仓储、行纪等业务的积极性。有鉴于此，赋予留置权优先的效力，非常合适。至于由此可能给动产抵押权人、超级优先权、质权人带来的不利，是可以化解的：动产抵押权、超级优先权、质权设立时可以约定，在买卖物、抵押物、质物被留置时，出卖人、抵押人或出质人另行提供相应的担保，甚至直接在其他特定物上设立。① （2）留置物中一般都凝结了留置权人的劳动价值，或由留置权人提供的材料而成，在一定意义上，可认为留置物有“共有物”（归留置权人和留置物所有权人共有）的意味。在这种背景下，如果赋予动产抵押权、超级优先权、质权优先于留置权的效力，并且就留置物的全部价值优先受偿，就意味着留置权人代留置物所有权人向抵押权人或超级优先权人或质权人承担了物上责任。这显然是不合理的。而赋予留置权优先于动产抵押权、超级优先权、质权的效力，就不会出现这种局面。②

第四百五十七条

留置权人对留置财产丧失占有或者留置权人接受债务人另行提供担保的，留置权消灭。

本条主旨

本条是关于留置权消灭及其事由的规定。

相关条文

《物权法》第 240 条　留置权人对留置财产丧失占有或者留置权人接受债务人另行提供担保的，留置权消灭。

《担保法》第 88 条　留置权因下列原因消灭：

（一）债权消灭的；

（二）债务人另行提供担保并被债权人接受的。

---

① 参考崔建远、宋延军：《关于抵押权的探讨》，载《吉林大学社会科学学报》1990 年第 3 期，第 74 页；崔建远：《抵押权若干问题之我见》，载《法律科学》，1991 年第 5 期，第 56 页。

② 参考崔建远、宋延军：《关于抵押权的探讨》，载《吉林大学社会科学学报》1990 年第 3 期，第 74 页；崔建远：《抵押权若干问题之我见》，载《法律科学》，1991 年第 5 期，第 56 页；许明月：《抵押权制度研究》，北京，法律出版社 1998 年版，第 304 页。

理解与适用

一、本条含义概貌

本条是对《物权法》第 240 条的复制，规定了留置权的消灭并列举了消灭事由。

二、留置权因留置权人丧失对留置物的占有而消灭

留置权以权利人对留置物的占有为成立要件和存续要件，该占有丧失，留置权归于消灭。故有本条的规定。

不过，本条所谓留置权人丧失对留置物的占有，没有字面所昭示的意思宽泛，应予限缩本条关于留置权人对留置物丧失占有规定的适用范围。详细些说，(1) 留置权人有意放弃对留置物的占有的，无权再基于《民法典》第 462 条关于占有保护的规定请求他人返还留置物，留置权因占有的丧失而归于消灭。(2) 留置权人对留置物的占有被侵夺，留置权人只是一时地丧失对留置物的控制力，基于《民法典》第 462 条关于占有保护的规定请求无权占有人返还留置物，能够重新回复对留置物的占有的，不作为占有丧失对待，留置权不因此消灭。① (3) 留置权人将留置物交由保管人等占有媒介人占有，自己变为间接占有，仍属于对留置物的继续占有，留置权不消灭。②

[论争]

在这一点上，存在反对说。在该说看来，留置权人对留置物的占有丧失，留置权当然消灭。纵使留置权人可依占有保护的规定如行使占有返还请求权，重新获得了对留置物的占有，也只是留置权的再生，而非原留置权的存续。留置权无追及效力，占有被侵夺时，只能根据占有保护的规定请求无权占有人返还占有物。试问，假如留置权在占有物能够请求返还时尚不消灭，何以不得基于留置权而请求返还留置物，而只能依占有保护的规定请求返还？③

---

① 参见谢在全：《民法物权论》(下册)，台北，三民书局有限公司 2003 年 12 月修订 2 版，第 440～441 页；梁慧星、陈华彬：《物权法》(第 4 版)，北京，法律出版社 2007 年版，第 380 页。

② 史尚宽：《物权法论》，台北，荣泰印书馆股份有限公司 1979 年版，第 470 页；郑玉波：《民法物权论》，台北，三民书局有限公司 1988 年修订 12 版，第 358 页。

③ [日] 近江幸治：《担保物权法》，祝娅、王卫军、房兆融译，沈国明、李康民审校，北京，法律出版社 2000 年版，第 29 页；郑玉波：《民法物权论》，台北，三民书局有限公司 1988 年修订 12 版，第 358～359 页；史尚宽：《物权法论》，台北，荣泰印书馆股份有限公司 1979 年版，第 520 页。

三、留置权因留置权人接受债务人另行提供担保而消灭

留置权的作用在于确保债权实现，债务人或第三人（留置物的所有权人）若已另行提供了相应的担保，所起作用与留置权的相同，不仅对留置权人没有损害，而且可避免债务人或第三人（留置物的所有权人）因突然不能使用、收益其物所遭受的损失，法律应予允许。何况留置权的发生乃基于法律的直接规定，大多不是债务人或第三人（留置物的所有权人）的本意。①《民法典》采纳了这种意见，于第457条规定，留置权人接受债务人另行提供担保的，留置权消灭。

所谓相应的担保，意指所提出的担保与留置物在价值额方面相当。是否相当，首先由留置权人认定，留置权人认为相当的，便以相当论处；若留置权人与提供担保者的意见相左，再按照客观的社会观念加以决定。所谓另行提供了担保，是指已经为担保债权人的债权设立了担保物权，或保证人已经与债权人签订了保证合同。②

四、其他事由

其实，留置权消灭的事由不限于本条列举的两种，债务履行期已经延缓也是一种。

留置权的成立，以债务人不履行到期债务致使被担保债权未获清偿为条件，于是，债权人同意延缓债务的履行期，留置权成立和存续的要件不复存在，留置权已无存在的余地，应归消灭。不过，留置权消灭后，债务人没有请求返还留置物，延缓的债务履行期又届满时，仍未履行债务，债权人可主张成立新的留置权。③

---

① 谢在全：《民法物权论》（下册），台北，三民书局有限公司2003年12月修订2版，第438页；梁慧星、陈华彬：《物权法》（第4版），北京，法律出版社2007年版，第379页。

② 谢在全：《民法物权论》（下册），台北，三民书局有限公司2003年12月修订2版，第438～439页；梁慧星、陈华彬：《物权法》（第4版），北京，法律出版社2007年版，第380页。

③ 史尚宽：《物权法论》，台北，荣泰印书馆股份有限公司1979年版，第471页；谢在全：《民法物权论》（下册），台北，三民书局有限公司2003年12月修订2版，第441页。

第五分编　占有

第二十章

占　有

本分编共计五个条文，汇聚占有规则，涵盖有权占有的规则，

所谓占有，是指对于物可以支配并排除他人干涉的法律之力。对此概念，可从以下方面把握。

（一）占有系以物为标的物

本分编章所称之物，包括不动产和动产（《民法典》第459条）。对于不须占有其物而可行使权利的财产权，仅能成为准占有的标的物，不是这里所说的占有，而是准占有。例如，抵押权人对于作为抵押物的建设用地使用权，构成准占有。

占有概念虽然统一适用于不动产和动产，但在不动产和动产场合存在着差异：(1) 在占有的成立方面，对动产占有的认定标准通常较对不动产占有的认定标准要严格些，因为不动产不易移动或隐藏。深山的别墅，即使被闲置两年，其占有也不受影响。不过，把照相机遗忘在风景区，经过一段时间，却可被认定为丧失占有，成为遗失物。(2) 在占有的效力方面，如占有的权利推定和权利移转，在不动产场合已经由登记制度取而代之。(3) 在占有的保护方面，方法有所不同。不动产被侵占后，占有人可以即时排除加害而回复占有。动产被侵夺后，占有人可以就地或者追踪向加害人索回。①

占有，还可以存在于物的成分之上。不论重要成分抑或非重要成分，只要在事实上可以被人直接支配，都可以成为占有的客体。这种对物的部分实施占有，

① 王泽鉴：《民法物权·用益物权·占有》（总第2册），北京，中国政法大学出版社2001年版，第162页。

称为部分占有（《德国民法典》第865条）。例如，占有宅基地的一角作为停车场，承租三居室的一间，都形成部分占有。至于图书馆等集合物，应就各个物成立占有，而非笼统地“占有”图书馆。① 这符合实际，中国法及其理论应予借鉴。

（二）占有系对标的物可以支配并排除他人干涉的法律之力

所谓对标的物可以支配并排除他人干涉的法律之力，表现为人对物有实际上的接触，或者物理上的控制。但不限于此，在社会进步和科学发达的今天，对标的物的支配日趋抽象化，占有已由直接的实力支配逐渐扩大至观念的支配。如果依社会一般观念，足以确定某物已在某人实力或观念支配下的客观事实，就可以认定具有了该人支配该物并排除他人干涉的法律之力，成立占有。可见，有无对标的物可以支配并排除他人干涉的法律之力，不宜一概而论，应当依据个案予以判断，下列规则可供参考。②

1. 从空间关系方面考察。所谓空间关系，是指人和物在场合上须有一定的结合关系，足以认定该物处于某人在事实上可以支配并排除他人干涉的势力范围。居住于房屋，耕作于田间，身着西装，固然成立占有；土地承包经营权人把农具放置于承包地，建筑公司将砂石堆放在料场，亦属占有。还有，对房屋的占有，同时意味着对基地的占有。乘客把钱包遗忘在车站，离去后数小时发觉，因车站人潮涌动，按照社会观念，可被认定为丧失占有，钱包成为遗失物。反之，将汽车停放于路旁，赴他市旅游5日，仍不失去占有。③

2. 从时间关系方面考察。所谓时间关系，是指人和物在时间上须有相当的继续性，足以认定该物处于某人在事实上可以支配并排除他人干涉的势力范围。假如人对物仅仅具有短暂性的控制，则不成立占有。例如，在餐馆使用餐具，在火车上向邻座旅客借阅报纸，在公园坐卧长椅，在图书馆取阅杂志，均不构成占有。还有，旅客就其住宿客房可成立直接占有；反之，亲友被招待在家中客房过夜，对该客房则不成立占有。④

3. 从法律和秩序方面考察。人和物虽无时间或空间上的关系，由于占有已由直接的实力支配逐渐扩大至观念的支配，人对于物的支配已无须亲自为之，于

---

① 谢在全：《民法物权论》（下册），台北，三民书局有限公司2003年12月修订2版，第510页；王泽鉴：《民法物权·用益物权·占有》（总第2册），北京，中国政法大学出版社2001年版，第162页。

②④ 谢在全：《民法物权论》（下册），台北，三民书局有限公司2003年12月修订2版，第510～511、511页。

③ 王泽鉴：《民法物权·用益物权·占有》（总第2册），北京，中国政法大学出版社2001年版，第155页；谢在全：《民法物权论》（下册），台北，三民书局有限公司2003年12月修订2版，第511页。

是，基于法律和秩序的要求应当成立占有的，应予肯定。停车于路旁，出游数日，时空远隔，仍然成立占有，其源在于一般社会秩序和对他人财产的尊重。①

（三）占有虽为事实但有一定的法律效力

占有为事实，但它不同于落叶飘零等单纯的事实，在民法上有一定的效力，如得为侵权行为的客体、不当得利返还中的利益、与本权结合后具有权利的性质。②

占有，除人对于物可以直接支配并排除他人干涉（体素）之外，是否尚需以“占有意思”（心素）为要件，存在着主观说、客观说和纯粹客观说的分歧。主观说认为，占有的成立须兼具体素和心素，即人在事实上对物有直接支配并排除他人干涉的法律之力，以及具有占有意思。至于占有意思的含义如何，看法也不相同，有的主张必须是为所有人的意思，有的认为必须有支配的意思，也有的坚持必须是人为自己意思而占有。客观说则认为，占有系人对于物有事实上的直接支配并排除他人干涉的法律之力，无须特别的意思，只要对物有事实上控制的意思即可。并且，此种意思是人对于物在事实上控制的组成部分，而非独立的要素。纯粹客观说主张，占有纯粹是客观地对物在事实上控制，不以占有意思为必要。③

占有的意思不必针对个别的特定物，只需要人具有一般占有意思即可。④ 例如，甲于其门外设置信箱，意在取得邮递员投入其中的信件，他是否实际知晓信件已经投入其中，在所不问。⑤

取得占有后，维持占有也需要有占有意思。占有意思体现于人对于物的支配状态，体素为心素的表现。甲睡卧于公园的长椅之时，小鸟落在长椅的靠背上，甲因欠缺占有小鸟的意思，不能取得对该鸟的占有。甲醒后把该鸟捕捉住，并将之放于鸟笼，然后继续酣睡，对该鸟的占有不因此而受影响。⑥

占有的意思仅为一种自然的意思，而非法律行为的意思，故占有人有无行为

---

① 王泽鉴：《民法物权·用益物权·占有》（总第2册），北京，中国政法大学出版社2001年版，第155～156页；谢在全：《民法物权论》（下册），台北，三民书局有限公司2003年12月修订2版，第513页。

② 谢在全：《民法物权论》（下册），台北，三民书局有限公司2003年12月修订2版，第514页。

③⑥ 王泽鉴：《民法物权·用益物权·占有》（总第2册），北京，中国政法大学出版社2001年版，第158～159、161页。

④ Schwab/Prüting, Sachenrecht, S. 22. 转引自王泽鉴《民法物权·用益物权·占有》（总第2册），北京，中国政法大学出版社2001年版，第160页。

⑤ Wieling, Sachenrecht, I. S. 135. 转引自王泽鉴：《民法物权·用益物权·占有》（总第2册），北京，中国政法大学出版社2001年版，第160页。

能力无关紧要。①

占有的本质，即占有是权利还是事实，素有争论，立法例也不一致。《日本民法典》明定占有为权利，称为占有权（第180条）。《瑞士民法典》则明定占有为对于物的事实上之力（第919条）。中国台湾地区的判例学说基于中国台湾地区"民法"第940条的规定，一向肯定占有为事实，而非权利。② 在德国，虽然有主张占有为权利的，但通说认为占有属于事实。③ 中国《物权法》和《民法典》将占有单列一分编，与所有权、用益物权和担保物权各分编并列，显然未把它作为物权，应为事实。

把占有作为事实更为妥当，因为物权的本质在于排他性和支配性，占有虽有排他性，却无权益归属的支配性。④ 无权占有人有义务把占有物及其孳息返还给真正的权利人（《民法典》第460条前段）。在占有人无权处分占有物，受让人善意取得占有物的所有权场合，占有人应依不当得利制度将取得的利益返还给真正的权利人。单纯的占有虽然可以作为"给付不当得利"的客体，但必须与本权结合才具有权利归属的内容，占有人才有权主张"侵害的不当得利"⑤。

［辨析］

占有作为事实，不同于权利，表现在如下几点。

(1) 凡是具有权利能力的人，均为权利主体，却不一定成为占有的主体。(2) 物的成分，原则上不得成为权利的标的物，却可以作为占有的客体。(3) 权利有主权利和从权利之分，占有则无主占有和从占有之别。(4) 权利有禁止转让或继承的情形，占有则无此情形。(5) 权利无直接和间接之分，占有却有直接占有和间接占有之别。(6) 有些权利可作为担保权的标的物，如应收账款、知识产权、股权等可以设立质权，建设用地使用权可以设立抵押权，但占有不会作为担保权的标的物。(7) 权利和权利有时会发生混同，占有和占有则无此现象，因为占有之上不可能再设立占有。(8) 即使是独立之物，有的也不得成为权利的标的

---

① 谢在全：《民法物权论》（下册），台北，三民书局有限公司2003年12月修订2版，第513页；王泽鉴：《民法物权·用益物权·占有》（总第2册），北京，中国政法大学出版社2001年版，第161页。

② 郑玉波：《民法物权》，台北，三民书局有限公司1988年版，第367页；王泽鉴：《民法物权·用益物权·占有》（总第2册），北京，中国政法大学出版社2001年版，第169页。

③ Schwab/ Prütting, Sachenrecht, S. 19; Westermann/ Gursky, Sachenrecht S. 76. 转引自王泽鉴：《民法物权·用益物权·占有》（总第2册），北京，中国政法大学出版社2001年版，第169页。

④ Westermann/ Gursky, Sachenrecht, I. S. 80. 转引自王泽鉴：《民法物权·用益物权·占有》（总第2册），北京，中国政法大学出版社2001年版，第170页。

⑤ 王泽鉴：《民法物权·用益物权·占有》（总第2册），北京，中国政法大学出版社2001年版，第170页。

物，却都能成为占有的客体。(9) 权利的继受人不得仅就其取得权利后的有利事实而为主张，但占有则不受此类限制。(10) 数人共有一物时，一个共有人若遇有其他共有人侵害其权利时，可以对该侵害人主张物权请求权；但数人共同占有一物时，各占有人就其占有物使用的范围，不得互相请求占有的保护。①

占有的主体，即占有人，包括自然人和法人。法人之所以可以作为占有人，是因为法人可以利用其机关控制占有物。

占有作为法律事实，仅仅需要自然的占有意思，不是法律行为，因而占有人不必具有行为能力，即使是无行为能力人或限制行为能力人，只要有事实上的支配能力，也可以成为占有人。不过，占有以自然的占有意思为心素，所以占有人必须对占有物有事实上控制的意识能力。如果占有人没有此种意识能力，就不会为自己原始或创设取得占有。至于占有的移转，因需受法律规定的支配，占有人具有权利能力即可，有无意识能力，在所不问。②

持有是刑法上的概念，与民法上的占有相比，相同点在于，两者均指占有人对于物具有支配并排除他人干涉的法律之力，有重叠之处，如受寄人对于寄存物品既为民法上的占有，亦为刑法上的持有。但两者更有不同点，持有重在占有人对于物的实力支配，具体表现为以下几个方面：(1) 占有可依抽象状态而为间接占有，持有却无间接占有。(2) 占有人在占有物上行使的权利，推定其适法有此权利，并推定其善意占有（《民法典》第 459 条的解释③）；持有则无类似的推定。(3) 占有可以移转，并且可以观念上的交付进行；持有则否。(4) 因盗窃、抢夺、抢劫、欺诈、恐吓而控制他人之物，构成占有，却不成立持有。(5) 绝对的违禁物，如海洛因等，可为持有之物，但不得为占有的标的物。④

占有的功能，包括保护占有的功能、表彰本权的功能和取得本权的功能。法律赋予占有的三种功能乃基于一种基本认识，即占有的背后通常存在着某种特定权利，尤其是所有权。保护占有，实际上就是在保护此种权利。⑤

1. 保护占有的功能

保护占有的功能，是指具有对物的事实支配，以实现其维护社会秩序与和平的社会作用。⑥《民法典》第 462 条第 1 款规定的物上请求权为其主要的表现。

---

①②⑥　谢在全：《民法物权论》（下册），台北，三民书局有限公司 2003 年 12 月修订 2 版，第 515～516、514、519 页。

③　胡康生主编：《中华人民共和国物权法释义》，北京，法律出版社 2007 年版，第 514 页。

④　谢在全：《民法物权论》（下册），台北，三民书局有限公司 2003 年 12 月修订 2 版，第 515 页；王泽鉴：《民法物权·用益物权·占有》（总第 2 册），北京，中国政法大学出版社 2001 年版，第 166～168 页。

⑤　王泽鉴：《民法物权·用益物权·占有》（总第 2 册），北京，中国政法大学出版社 2001 年版，第 173 页。

在占有的保护功能，我们看到了一项重要的基本原则，即任何人不能以私力改变占有的现状。①

2. 表彰本权的功能

表彰本权的功能，是指本权通常经由占有才得以实现，占有其物者往往拥有本权。因为外观的状态与实际的情形，一般而言，都八九不离十。基于这种盖然性，占有既具有事实支配标的物的外观，自应具有本权。于是，法律承认占有具有权利推定的效力，使本权的保护趋于简易，以保护静的安全；并且，以占有为动产的公示方法，还进而承认占有的公信力，建立善意取得制度，以保护交易安全。②

3. 取得本权的功能

取得本权的功能，是指在一定条件下，民法将事实支配的占有升格为法律保护的本权，而赋予占有优先取得全部或一部本权的效力的社会作用。占有既有表彰本权的功能，常常与本权相结合，则事实的支配自应被认为是实现本权内容的一种态样，而应赋予其一定的效力。在有些情况下，传统民法将占有全面提升为本权。取得时效、先占、遗失物的取得、埋藏物的发现，为其例证。在另外一些场合，民法把占有提升为取得部分本权，仅仅将占有在一定范围内与本权作相同的处理。善意占有人的孳息收取权、损害赔偿责任的减轻、费用偿还请求权，为其代表。③《民法典》免除了善意占有人的赔偿责任（第459条）、赋予了善意占有人的必要费用偿还请求权（第460条），表明已经把占有提升为取得部分本权，但尚未规定取得时效、先占，亦未规定遗失物及埋藏物由拾得人或发现人取得。

第四百五十八条

基于合同关系等产生的占有，有关不动产或者动产的使用、收益、违约责任等，按照合同约定；合同没有约定或者约定不明确的，依照有关法律规定。

本条主旨

本条是关于有权占有的规定。

① 王泽鉴：《民法物权·用益物权·占有》（总第2册），北京，中国政法大学出版社2001年版，第173页。

②③ 谢在全：《民法物权论》（下册），台北，三民书局有限公司2003年12月修订2版，第519、520页。

相关条文

《物权法》第 241 条　基于合同关系等产生的占有，有关不动产或者动产的使用、收益、违约责任等，按照合同约定；合同没有约定或者约定不明确的，依照有关法律规定。

理解与适用

一、本条含义概貌

本条是对《物权法》第 241 条的复制，确立了有权占有规则。本条带有引致性（管道性）的条款的属性，把占有的根据引向合同的约定、法律直接规定。

二、有权占有

以占有是否具有法律上的原因为标准，占有可分为有权占有和无权占有。这里的法律上的原因，也叫法律上的根据，学说称之为权源或本权。所谓本权，即得为占有的权利，是指基于一定法律上的原因而享有占有的权利。[①] 本权，可以是物权，如建设用地使用权；也可以是债权，如租赁权；还可以是因其他法律关系而产生的权利，如财产代管人对于被宣告失踪人的财产的代管权（《民法典》第 42 条等），监护人对于被监护人的财产的管理权（《民法典》第 34 条等）。

所谓有权占有，也叫正权源占有，是指有法律上的原因的占有。所有权人、建设用地使用权人、动产质权人、留置权人、承租人、借用人对标的物的占有，系分别基于所有权、建设用地使用权、动产质权、留置权、租赁权、借用权，具有占有的权源，均为有权占有。《民法典》第 458 条规定："基于合同关系等产生的占有，有关不动产或者动产的使用、收益、违约责任等，按照合同约定；合同没有约定或者约定不明确的，依照有关法律规定。"其中涉及的占有，属于有权占有。

与有权占有相对的是无权占有，亦称无权源占有，是指无法律上的原因的占有。区分有权占有和无权占有，更能彰显有权占有的价值：（1）受法律保护的程度不同。有权占有因具有权源，受到法律的强力保护，本权人请求其返还占有物时，占有人有权拒绝（《民法典》第 458 条等）。反之，在无权占有场合，占有人不得拒绝本权人请求返还占有物（《民法典》第 314 条及第 314 条、第 460 条

① 谢在全：《民法物权论》（下册），台北，三民书局有限公司 2003 年 12 月修订 2 版，第 529 页。

等)。(2) 有权占有因具有权源，没有区分有瑕疵占有和无瑕疵占有的必要。无权占有因无权源的存在，在有权源之人请求返还占有物的场合，占有人无权拒绝，负有返还的义务；并且，因无权源，有被区分为瑕疵占有和无瑕疵占有而异其法律效果的必要。(3) 非因侵权行为而取得占有，乃留置权成立的消极要件之一。如果将此要件扩充解释为也包括无权占有，则无权占有人即无主张留置权的余地。①

第四百五十九条

占有人因使用占有的不动产或者动产，致使该不动产或者动产受到损害的，恶意占有人应当承担赔偿责任。

本条主旨

本条是关于无权占有的场合，恶意占有人承担赔偿责任的规定。

相关条文

《物权法》第242条　占有人因使用占有的不动产或者动产，致使该不动产或者动产受到损害的，恶意占有人应当承担赔偿责任。

理解与适用

本条是对《物权法》第242条的复制，规定无权占有的场合，恶意占有人承担赔偿责任。

本条免除了善意占有人的损害赔偿责任；对于恶意占有人则不然，其致使占有的不动产或者动产受到损害的，应当承担赔偿责任。

本条规定占有人的赔偿责任实际上以过错为成立要件。其理由在于，该条只要求恶意占有人承担损害赔偿责任，对善意占有人不课以赔偿责任，显然是以过错为成立要件的，尽管恶意和过错并非同一层面的范畴，但恶意者必有过错，则为事实。

反对此种观点者的理由之一是，恶意占有，限于占有无法律上的根据，但无权占有之物遭受损害，处于另外的阶段，无权占有人对此损害不见得有过错。例如，无权占有之物因地震而毁损，或因飓风而毁损等，就是无权占有人对于损害

① 谢在全：《民法物权论》（下册），台北，三民书局有限公司2003年12月修订2版，第520页；王泽鉴：《民法物权·用益物权·占有》（总第2册），北京，中国政法大学出版社2001年版，第177页。

没有过错。

对此反对意见，笔者回应如下：（1）如果不从全局、全过程仅仅限于某个阶段看问题，这种反对见解可以成立，如上个自然段所举地震、飓风摧毁无权占有之物，无权占有人在这个节点上确无过错可言；但若全局地、整体地看待，无权占有人在占有伊始就返还无权占有之物，即使其后发生了地震、飓风等不可抗力或第三人的行为等通常事变，该不动产、动产被毁，也与该人无关，自然不得认定其有过错；正因为无权占有属于恶意，占有人至少具有重大过失，这种过失一直在延续，延续至不可抗力、通常事变发生，摧毁了无权占有之物，这至少可以说无权占有人的过错和不可抗力或通常事变共同作用，使该物受损害。（2）《民法典》第 590 条第 2 款关于“当事人迟延履行后发生不可抗力的，不免除其违约责任”的规定，显现出当事人因其在迟延履行上的过错，而要承受其后发生的不可抗力致使标的物毁损、灭失的后果。如果单就不可抗力使标的物毁损、灭失这一阶段之事考察，迟延履行的当事人确无过错。尽管如此，《民法典》还是责令迟延履行的当事人就标的物的全部损失承担违约责任，而未设置“但迟延履行的当事人举证证明即使不迟延也会产生同样结果的，不负违约责任”的但书。恶意地无权占有期间发生不可抗力、通常事变使占有之物毁损、灭失的，由恶意占有人承担损害赔偿责任，类似于《民法典》第 590 条第 2 款规范的情形，按照相似的事物相同处理的公平理念，也应该认为《民法典》第 459 条规定的赔偿责任采取了过错责任原则。

第四百六十条

不动产或者动产被占有人占有的，权利人可以请求返还原物及其孳息；但是，应当支付善意占有人因维护该不动产或者动产支出的必要费用。

本条主旨

本条是关于无权占有人返还原物及其孳息以及善意占有人获取必要费用的规定。

相关条文

《物权法》第 243 条　不动产或者动产被占有人占有的，权利人可以请求返还原物及其孳息，但应当支付善意占有人因维护该不动产或者动产支出的必要费用。

理解与适用

一、本条含义概貌

本条是对《物权法》第243条的复制，前段规定无权占有人有义务返还原物及其孳息，后段规定善意占有人就因维护该不动产或者动产支出的必要费用有权请求偿付。

二、无权占有之物及其孳息的返还

无权占有，即无法律根据地占有，自然应当把该无权占有之物返还给该物的物权人。

该物所生孳息呢？无权占有人占有他人之物没有正当权源，占有该物所产生的孳息亦无合法根据，按照《民法典》第985条的规定，构成不当得利。权利人有权基于不当得利制度请求占有人返还占有物所产生的孳息。无论是从文义，还是从立法目的及立法计划，都看不出本条关于占有人返还孳息的规定，排除了《民法典》第985条关于不当得利返还规定的适用。因而，占有物的孳息返还请求权与不当得利返还请求权为竞合关系。

与此不同，由于中国台湾地区“民法”第952条关于“善意占有人于推定其为适法所有之权利范围内，得为占有物之使用、收益”的规定，即为善意占有人享有占有物使用收益的法律上原因，不构成不当得利。就是说，该条的规定排除了不当得利返还请求权。但是，由于中国台湾地区“民法”第958条规定恶意占有人负有返还占有物所生孳息的义务，占有物的孳息返还请求权与不当得利返还请求权为竞合关系。

占有人，不论善意占有人还是恶意占有人，占有占有物期间所产生的孳息，也应当返还给物权人（《民法典》第460条前段）。

此处所谓孳息，包括天然孳息和法定孳息。天然孳息，是指果实、动物的出产物，及其他按照物的用法所收获的出产物。法定孳息，是指利息、租金，及其他因法律关系所取得的收益。

无权占有，有时不构成无因管理，如占有人欠缺管理意思场合即如此；有时成立无因管理。在后者场合，管理人有义务向本人返还于其管理事务过程中所收取的孳息。考察《民法典》第460条前段关于占有人返还孳息的文义和规范意旨，可知，在无权占有不构成无因管理时，《民法典》第460条前段自然排除了《民法典》第979条以下关于无因管理规定的适用；在无权占有符合无因管理的构成要件时，则相反。因而，占有物的孳息返还请求权与管理事务中所收孳息的返还请求权，有时为排斥关系，有时为竞合关系。

[比较与评论]

占有人是否向权利人返还孳息，立法例存在着差别。《瑞士民法典》（第938条第1项）、《日本民法典》（第189条第1项）、《意大利民法典》（第1148条）和中国台湾地区“民法”（第952条）都规定，善意占有人不负返还收益（孳息）的义务。与此不同，中国《物权法》规定，占有人就其占有不论善意、恶意，一律向权利人返还孳息（第243条前段）。之所以如此，是因为考虑到境外立法例关于善意占有人保留孳息的规定，是同必要费用相关的。例如《瑞士民法典》、《日本民法典》和中国台湾地区“民法”都规定，如果保留孳息，则善意占有人不得向权利人请求返还他为维护占有物而支出的必要费用。这同中国《物权法》的规定的确有区别，但两种处理方式的法律后果相差不大。原物和孳息返还给权利人，但为维护占有物而支出的必要费用可以请求权利人返还的法律结果，与孳息保留但必要费用不得求偿的法律后果，区别实际不大。同时，还应注意到，《物权法》第243条前段的规定与《民法通则》关于无因管理而产生的法律结果（第93条）是一致的。何况保留孳息的规定并非各国或地区的通例。《德国民法典》第994条规定，所有权人的偿还义务依关于无因管理的规定确定之。[①]

上述意见存在着若干疑问。(1) 孳息是占有物所产生的利益，必要费用则为占有人维护占有物所支出的费用，两者的数额不一致不在少数。所以称“两种处理方式的法律后果相差不大。原物和孳息返还给权利人，但为维护占有物而支出的必要费用可以请求权利人返还的法律结果，与孳息保留但必要费用不得求偿的法律后果，区别实际不大”，显然武断。(2) 占有人之于占有物的行为，与无因管理之间的关系较为复杂：其一，在占有人有为权利人（本人）谋利益的意思（管理意思）时，才构成无因管理。即使如此，必要费用的返还和孳息的返还也是分开的，而非合并的，尽管主张抵销时可能不再相互返还。其二，在占有人欠缺管理意思时，如占有人以所有的意思占有特定之物，或占有人故意悖逆占有物的性能而利用等，不构成无因管理，所以笼统地称《物权法》第243条前段的规定与《民法通则》第93条的规定一致，不符合事实。

《民法典》第460条前段是对《物权法》第243条的承继，故上述辨析也适合于对《民法典》第460条前段的解释和适用。

---

① 胡康生主编：《中华人民共和国物权法释义》，北京，法律出版社2007年版，第516页。

三、必要费用的偿付

《民法典》采取了占有人负有返还孳息的义务、善意占有人享有必要费用偿付请求权的模式（第460条后段）。

所谓必要费用，是指维护占有物所不可或缺的费用。所谓维护，包括保存、管理和必要的维修或修缮。它分为通常必要费用和特别必要费用。所谓通常必要费用，是指因保存或管理占有物通常所需要的费用，如维护费、修缮费、饲养费、税捐、区分建筑物的管理费、汽车定期保养费等。支出的费用是否必要，以支出时的情事，依据客观标准认定。所谓特别必要费用，或称临时必要费用，如房屋遭地震损坏、汽车被洪水淹没等而支出的重大修缮费用。①

必要费用的偿付请求权，其成立不以权利人的过错为要件，与占有人有无过错也无关系。

按照《民法典》第460条后段的规定，善意占有人有权请求权利人偿付维护占有物所支出的必要费用。就该规定作反面推论，恶意占有人无权请求必要费用的偿付。即使考察个案，有的符合不当得利的构成，也不得以此为由，主张不当得利的返还。由此可知，《民法典》第460条后段关于必要费用的规定为特别规定，排除了恶意占有人援用《民法典》第985条以下关于不当得利的规定，请求占有物的物权人返还必要费用的不当得利。只有如此解释，《民法典》第460条后段关于必要费用规定的立法目的才不会落空。与此不同，在善意占有人为维护占有物而支出了必要费用的情况下，遇到占有物的物权人请求善意占有人返还占有物（行使物的返还请求权）或返还不当得利（主张不当得利返还请求权）时，善意占有人有权将必要费用额予以扣除（有时属于抵销）。

第四百六十一条

占有的不动产或者动产毁损、灭失，该不动产或者动产的权利人请求赔偿的，占有人应当将因毁损、灭失取得的保险金、赔偿金或者补偿金等返还给权利人；权利人的损害未得到足够弥补的，恶意占有人还应当赔偿损失。

本条主旨

本条是关于无权占有人返还无权占有之物的代位物以及恶意占有人所负赔偿

---

① 王泽鉴：《民法物权·用益物权·占有》（总第2册），北京，中国政法大学出版社2001年版，第328页。

责任的规定。

相关条文

《物权法》第244条 占有的不动产或者动产毁损、灭失，该不动产或者动产的权利人请求赔偿的，占有人应当将因毁损、灭失取得的保险金、赔偿金或者补偿金等返还给权利人；权利人的损害未得到足够弥补的，恶意占有人还应当赔偿损失。

理解与适用

一、本条含义概貌

本条是对《物权法》第244条的复制，前段规定了无权占有人返还无权占有之物的代位物，后段规定代位物的返还不足以弥补物权人所受损害的，恶意的无权占有人还应负赔偿责任。

二、无权占有之物毁损、灭失的含义

与本条相当的，是《日本民法典》第191条后段、中国台湾地区“民法”第953条。这些立法例涉及的毁损、灭失及其含义，学说持有如下见解：所谓毁损，是指占有物部分受损，如地毯被污染，汽车被剐蹭，或占有人不使用占有物或滥用占有物，致使其价值降低。灭失，包括物理上的灭失和法律上的灭失。所谓物理上的灭失，又叫绝对的灭失，是指占有物全部毁灭，如房屋被大火焚毁，影碟被炉火烧化，或占有物因添附而丧失所有权。所谓法律上的灭失，又称相对的灭失，包括一切不能回复的情形。①

关于占有人将占有物转让与第三人，第三人因善意而取得所有权的情形；或不知占有物所在，从社会的观点或经济的观点看难以再发现的，是否属于法律上的灭失，境外学说存在着分歧。肯定说认为（1）从规范意旨观察，既然是自主占有的善意占有人因误信而为占有，对回复请求人应负何种责任没有预期，因而减轻其赔偿责任，以免失之过苛，则在法律上的灭失（相对灭失），同属不能返

① 谢在全：《民法物权论》（下册），台北，三民书局有限公司2003年12月修订2版，第623页；王泽鉴：《民法物权·用益物权·占有》（总第2册），北京，中国政法大学出版社2001年版，第324～325页；［日］我妻荣：《日本物权法》，有泉亨修订，李宜芬校订，台北，五南图书出版公司1999年版，第454页；［日］田山辉明：《物权法》（增订本），陆庆胜译 齐乃宽、李康民审校，北京，法律出版社2001年版，第135～136页。

还占有物的情况下，实在没有加重占有人责任的必要。① 所以，物理上的灭失和法律上的灭失，二者在法律价值判断上应作相同的处理。（2）这样解释的实际意义在于，可使回复请求人有权请求无权处分人（无权占有人）返还所得的对价。例如，占有人将占有物转让与第三人，该第三人因善意受让取得该物的所有权时，回复请求人可以请求占有人退还出卖占有物所得的价款；但其赔偿数额不得超过实际受到的损失。如占有物的价值为1万元，出售价为1.5万元时，回复请求人只能请求1万元。在这种无权处分的情况下，也可以成立不当得利，与占有物毁损、灭失的损害赔偿请求权发生竞合。至于善意占有人将占有物赠与善意第三人，未获得利益，自然无须承担赔偿责任。②

在中国大陆，有学说赞同上述观点③，本释评书亦然。

三、无权占有之物的代位物的返还

物权占有之物应该返还给该物的物权人，这是《民法典》第460条的规定，符合法理和事理。该物形变为保险金、赔偿金或补偿金时，上述法理和事理不应因此而改变，故无权占有人应负返还此类变形物的义务，可见《民法典》第461前段的规定具有根据，值得赞同。

四、无权占有人对于无权占有之物毁损、灭失承担赔偿责任

与《民法典》第459条免除了善意占有人的损害赔偿责任不同，本条规定，无论是恶意占有人还是善意占有人对于无权占有之物的毁损、灭失均须承担损害赔偿责任，只是所负责任的轻重不同：善意占有人承担有限的赔偿责任（或曰定限的赔偿责任），而恶意占有人承担完全的损害赔偿责任。稍微展开来说，善意占有人的赔偿责任，将以因占有物毁损、灭失取得的保险金、赔偿金或补偿金等返还给权利人，采取的是不当得利返还的原则④；而恶意占有人，在将因占有物毁损、灭失取得的保险金、赔偿金或补偿金等返还给权利人后，权利人的损害未得到足够补偿的，还应当再赔偿这部分损害。采取的是侵权损害赔偿原则。

本条规定的占有人的赔偿责任，是否以占有人具有过错为成立要件？需要分析。与本条相当的《日本民法典》第191条，以及中国台湾地区“民法”第953条，它们都明确规定，占有人就占有物灭失或毁损承担赔偿责任，需要可归责于

---

① 谢在全：《民法物权论》（下册），台北，三民书局有限公司2003年12月修订2版，第623页。

②④ 王泽鉴：《民法物权·用益物权·占有》（总第2册），北京，中国政法大学出版社2001年版，第324～325、324页。

③ 胡康生主编：《中华人民共和国物权法释义》，北京，法律出版社2007年版，第517～518页。

占有人的事由。其学说也如此解释。[①] 与此不同，中国大陆有学说则认为，善意占有人的责任既然限定在以其所受利益为限，则造成毁损、灭失的原因可以不必追究，无论是否可归责于占有人，只要其对占有物的毁损、灭失受有利益，就应在所受利益的范围内对权利人（回复请求人）承担责任。[②] 笔者认为，在中国《民法典》尚未完全沿袭德国法“所有权人—占有人关系”规则的背景下，尽管《民法典》第 461 条后段的规定优先于《民法典》第 238 条、第 1165 条和第 258 条的规定而适用，但总的讲，它规定的损害赔偿责任仍属于侵权损害赔偿责任，并非物权请求权。该损害赔偿责任大多属于一般侵权损害赔偿，需要过错这个主观要件；在国家机关或其工作人员履行职责时致物权以损害、高度危险作业致物权以损害、饲养的动物致物权以损害等场合，属于特殊侵权损害赔偿，无须过错这个主观要件。

对此，换个角度研讨。德国民法及其通说认为，在他主占有人臆想其享有占有权，但实际上超越了臆想的占有权的界限，有过错地使占有物毁损的情况下，应适用侵权行为法的规则。在其占有权来自第三人，该第三人相对于所有权人亦为无权占有的情况下，也是如此。[③] 借鉴此说，解释中国《民法典》第 461 条后段的规定，因该条规定了占有的不动产、动产毁损、灭失场合的损害赔偿，故可认为此种损害赔偿大多属于一般的侵权损害赔偿。此其一。在德国，故意以违背善良风俗的方法侵害他人的规则（《德国民法典》第 826 条），适用于所有人类型的无权占有人的情况[④]，即适用侵权损害赔偿规则处理无权占有人毁损占有物的赔偿案件。借鉴此说，解释中国《民法典》第 461 条后段的规定，可知该条规定的损害赔偿责任在无权占有人故意以违背善良风俗的方法损害占有物场合，属于一般的侵权损害赔偿责任。

分析《民法典》第 461 条后段的规定，可发现在赔偿责任的客观要件方面，它增加了善意占有人就受害物权而取得保险金、赔偿金或补偿金这个消极要件；

---

① ［日］我妻荣：《日本物权法》，有泉亨修订，李宜芬校订，台北，五南图书出版公司 1999 年版，第 454 页；［日］田山辉明：《物权法》（增订本），陆庆胜译，齐乃宽、李康民审校，北京，法律出版社 2001 年版，第 136 页；史尚宽：《物权法论》，台北，荣泰印书馆股份有限公司 1979 年版，第 526 页；郑玉波：《民法物权》，台北，三民书局有限公司 1988 年修订 12 版，第 402 页；谢在全：《民法物权论》（下册），台北，三民书局有限公司 2003 年 12 月修订 2 版，第 623～624 页；王泽鉴：《民法物权·用益物权·占有》（总第 2 册），北京，中国政法大学出版社 2001 年版，第 326 页。

② 胡康生主编：《中华人民共和国物权法释义》，北京，法律出版社 2007 年版，第 518 页。

③ 王洪亮：《论所有权人与占有人关系——所有物返还请求权及其从请求权》，载王洪亮、张双根、田士永主编：《中德私法研究》（第 1 卷），北京，北京大学出版社 2006 年版，第 79～80 页。

④ 同上文，第 80 页。

由此决定了，《民法典》第 461 条后段的适用范围较第 459 条的广泛，即善意占有人仍须于其受益的范围内承担损害赔偿责任。

第四百六十二条

占有的不动产或者动产被侵占的，占有人有权请求返还原物；对妨害占有的行为，占有人有权请求排除妨害或者消除危险；因侵占或者妨害造成损害的，占有人有权依法请求损害赔偿。

占有人返还原物的请求权，自侵占发生之日起一年内未行使的，该请求权消灭。

本条主旨

本条是关于占有人的物上请求权及其行使期间的规定。

相关条文

《物权法》第 245 条　占有的不动产或者动产被侵占的，占有人有权请求返还原物；对妨害占有的行为，占有人有权请求排除妨害或者消除危险；因侵占或者妨害造成损害的，占有人有权请求损害赔偿。

占有人返还原物的请求权，自侵占发生之日起一年内未行使的，该请求权消灭。

理解与适用

一、本条含义概貌

本条承继了《物权法》第 245 条，其中第 1 款规定占有人的物上请求权；第 2 款规定占有人的物上请求权的行使期间。

二、占有人的物上请求权

（一）概说

占有人的物上请求权，又叫占有保护请求权，或占有物上请求权，或占有人的请求权，或基于占有而生的请求权，指的是下述权利：占有的不动产或动产被侵占的，占有人请求返还原物的权利，即占有物返还请求权；对妨害占有的行为或状态，占有人请求排除妨害，即占有妨害排除请求权；对占有存在侵害或妨害之虞的，占有人请求消除危险，即消除危险请求权（《民法典》第 462 条第 1 款前段和中段）。

［辨析］

占有人的物上请求权与物权人的物权请求权，虽然都属于物上请求权，形式结构也相似，但内容不同：(1) 占有人的物上请求权旨在保护占有，以占有人为请求权的主体；而物权人的物权请求权旨在保护物权，以物权人为请求权的主体。(2) 占有物返还请求权以占有被侵夺为成立要件，物权人的物权请求权以他人的无权占有为成立要件。(3) 占有人返还原物的请求权，自侵占发生之日起 1 年内未行使的，该请求权消灭（《民法典》第 462 条第 2 款）。物权人的物权请求权在时间上的限制，另有规则。总之，二者的目的和效力不同，各自独立，互不相妨，可以发生竞合关系，可以合并行使，也可以先后行使。[①]

有观点认为，“占有保护请求权在性质上虽然也是对世的物上请求权”[②]，但笔者认为必须区分不同的情形而下结论：(1) 所有权、用益物权，尤其是以公示为生效要件的用益物权的对世效力，属于典型的、真正的对世效力，不但能够消极地对抗他人的主张，捍卫自己的物权，而且可以积极地行使物权。(2) 占有则与之有别，在对世效力方面则打了折扣，难以对抗所有的第三人。例如，A 房屋所有权人甲与承租人乙订立 A 房屋租赁合同Ⅰ，未赋权乙转租，但乙还是与丙订立 A 房屋租赁合同Ⅱ。此情后被甲知晓，遂以乙严重违约为由将 A 房屋租赁合同Ⅰ解除。根据法释〔2009〕11 号第 16 条第 1 款关于“出租人知道或者应当知道承租人转租，但在六个月内未提出异议，其以承租人未经同意为由请求解除合同或者认定转租合同无效的，人民法院不予支持”的规定及其反面推论，出租人于其知道或应当知道出租人转租的事实之日起 6 个月内尚未行使解除权的，次承租人丙对 A 房屋的占有应为有权占有。不过，该占有不能对抗出租人甲，可以对抗转租人乙。此其一。次承租人丙对 A 房屋的占有也对抗不了申请对 A 房屋强制执行的甲的债权人丁的请求。此其二。

（二）占有物返还请求权

占有物返还请求权，又叫回复占有请求权，是指占有人于其占有物被侵占时，可以请求返还其占有物的权利（《民法典》第 462 条第 1 款前段）。对此项权

---

① 参考王泽鉴：《民法物权·用益物权·占有》（总第 2 册），北京，中国政法大学出版社 2001 年版，第 353～354 页。

② 王洪亮：《论基于占有的物上请求权——实体与程序上的理论继受》，载《清华法学》2007 年第 3 期；吴香香：《〈物权法〉第 245 条评注》，载《法学家》2016 年第 4 期，第 156 页。

利，需要把握以下几点。

1. 请求权的主体必须是占有被侵夺前的占有人

占有物返还请求权必须由占有人行使，非占有人，纵使对于占有物有合法权源，也不得行使此项权利。至于是直接占有人还是间接占有人，自主占有人抑或他主占有人，占有是有权占有还是无权占有，恶意占有抑或善意占有，占有是否具有瑕疵，均在所不问。

2. 占有被侵占

占有被侵占，是指违反占有人的意思，以积极的不法行为，将占有物的全部或一部归自己控制，排除占有人的事实支配的现象。侵占人对此有无过错，在所不问。

［引申与扩展］

间接占有是否受到侵占，以直接占有人加以决定。例如，甲将其汽车出租给乙，被丙盗走，丙的行为侵占了甲的间接占有和乙的直接占有。假如乙把该汽车转租、转借或出卖与丙，丙没有侵占甲的占有。

间接占有人侵占直接占有人的占有物，如甲将其货车出租给乙，在租赁期间，甲擅自把该车开回自己家，构成占有物的侵占。

3. 请求权的相对人是现在的占有人

请求权的相对人是侵夺占有之人，是现在的占有人；如果现在没有占有占有物，则不属于此处的相对人。

［引申与扩展］

侵占占有之人，将占有物出租或寄存于他人之处，由直接占有人变为间接占有人时，其作为侵占人的地位，继续存在。因而，占有人仍然有权请求其返还占有物，或请求让与其对直接占有人的返还请求权。

侵占人的概括继承人也是占有物返还请求权的相对人。特定继受人是否为相对人，则见解不同。第一说认为应以恶意的特定继受人为限，善意特定继受人不在其中。① 第二说主张，特定继受人基于动产的善意取得而占有标的物，而占有物系盗窃物或遗失物的，在尚未超过2年期间时，既然可以请求回复其物，那么

① 郑玉波：《民法物权》，台北，三民书局有限公司1988年修订12版，第409页；史尚宽：《物权法论》，台北，荣泰印书馆股份有限公司1979年版，第535页；梅仲协：《民法要义》，台北，1963年自版，第459页；倪江表：《民法物权论》，台北，正中书局1981年版，第437页；黄右昌：《民法物权诠解》，1965年自版，第475页；王泽鉴：《民法物权·用益物权·占有》（总第2册），北京，中国政法大学出版社2001年版，第346页。

原占有人不问其有无本权，均可对之行使占有物返还请求权。[①] 第三说认为，善意的特定继受人在善意取得动产的情况下，其占有受法律保护，占有人不得对之行使占有物返还请求权。该说顾及了善意取得制度，较为合理。[②]

4. 请求权的内容为请求返还被侵占的占有物

占有物返还请求权的成立并行使，是无权占有人向占有人返还被侵占之物，故占有物返还请求权的效力或曰内容是请求返还被侵占的占有物。

5. 占有物返还请求权的行使期间

《民法典》第462条第2款规定，占有人返还原物的请求权，自侵占发生之日起1年内未行使的，该请求权消灭。关于该期间的法律性质，有诉讼时效说和除斥期间说的争论。[③] 中国学者有赞同后者的，理由在于，诉讼时效可因事由而中断或中止，而且自受害人知道或应当知道侵害时开始起算。如果按照诉讼时效来规定，此项期间可能远比1年要长，将使权利处于长期不稳定的状态。并且，通常情况下，占有物返还请求权因除斥期间经过而未行使的，占有人对占有物若享有物权的，可以基于物权主张物的返还请求权。有鉴于此，没有必要对占有物返还请求权的行使赋予更长的期间。[④] 笔者更倾向于权利失效期间，因为其对象为请求权，而非形成权。

(三) 占有妨害排除请求权

占有妨害排除请求权，是指占有人于其占有被妨害的情况下，可以请求排除该妨害的权利（《民法典》第462条第1款中段）。对此项权利，需要把握以下几点。

1. 请求权的主体必须为占有人

请求权的主体必须为占有人。这与占有物返还请求权的情况相同，不再赘言。

2. 必须是占有被妨害

占有被妨害，是指以侵占以外的方法妨害占有人支配其物。于此场合，占有人没有丧失占有，妨害人亦未取得占有，不过是对现实占有状态的妨害。这与占

---

① 刘鸿渐：《物权法论》，第37页。转引自谢在全：《民法物权论》（下册），台北，三民书局有限公司2003年12月修订2版，第652页。

② 姚瑞光：《民法物权论》，1990年自版，第423页；李肇伟：《民法物权》，台北，1979年自版，第566页；曹杰：《中国民法物权论》，台北，"商务印书馆"1964年版，第351页；谢在全：《民法物权论》（下册），台北，三民书局有限公司2003年12月修订2版，第652页。

③ 参考王泽鉴：《民法物权·用益物权·占有》（总第2册），北京，中国政法大学出版社2001年版，第361～362页。

④ 胡康生主编：《中华人民共和国物权法释义》，北京，法律出版社2007年版，第522页。

有物被侵占不同，因为占有物被侵占场合，占有人已经丧失，而侵占人已经取得占有。

占有被妨害的情况多发生在不动产的场合，例如，（1）丢弃垃圾、废土于他人的庭院或空地。（2）擅自在邻地架设管线，排放废水。（3）停车不当，阻挡他人使用其停车库或停车位。（4）散发煤气、臭气、烟尘、热气等到邻地，超过了社会生活能够容忍的限度。（5）树木被强风吹倒于他人的门前。

3. 请求权的相对人必须是妨害占有的人

妨害占有的人，是指因其行为妨害占有的状态，即行为妨害人，或者因其意思容许妨害占有状态存在的人，即状态妨害人。行为妨害，如丢弃垃圾于他人的庭院，状态妨害，如树被强风吹倒于邻地，尚未清除。

妨害占有的瑕疵，亦应由概括承继人或特定承继人承担，而为请求的对象。至于占有辅助人，则非属请求权的相对人。

4. 请求的内容

占有妨害排除请求权的内容在于请求排除占有的妨害，即停止妨害行为。

排除占有妨害的费用，应由妨害人负担。受害人以自己的费用排除妨害的，可以基于不当得利或无因管理的规定，请求妨害人偿付该项费用。受害人对于妨害的发生或扩大有过错的，应当减轻妨害人应负担的费用数额。《民法典》没有就排除占有妨害的费用负担设立明文，但可以把该项费用作为“因侵占或者妨害造成损害”的组成部分，占有人可以根据《民法典》第 462 条第 1 款后段关于“因侵占或者妨害造成损害的，占有人有权依法请求损害赔偿”的规定，请求侵占或妨害占有之人予以赔偿。

在诉讼上，占有妨害排除请求权应以给付之诉的方式主张。法院的判决应当宣告排除妨害的必要措施。

（四）占有危险消除请求权

占有危险消除请求权，境外学说叫作占有妨害防止请求权，是指占有人于其占有存在着被侵害或妨害的危险的，可以请求防止其侵害或妨害（消除侵害或妨害的危险）的权利（《民法典》第 462 条第 1 款中段）。对此项权利，应当注意以下几点。

1. 请求权的主体必须是占有人

请求权的主体必须为占有人。这与占有物返还请求权、占有妨害排除请求权的情况相同，不再赘言。

2. 占有必须存在着被侵害或妨害的危险

占有存在着被侵害或妨害的危险，德国、日本和中国台湾地区等立法例及其学说称作占有存在着被妨害之虞。是否存在着被妨害的危险，并非由占有人的主观意思决定，而是依据社会的一般观念，就占有发生的盖然性，客观地加以判断。只要有发生妨害占有的危险即可，不以一度发生妨害而有再度发生的危险性为必要。过去曾几度发生妨害行为的，倘若没有相反情事，通常可认为将来有妨害占有的危险。

占有存在着被侵害或妨害的危险，常见的情形有：（1）山坡地上的高楼遭地震的破坏而倾斜，有明显的倒塌的危险。（2）挖掘隧道导致地陷，危及邻近大楼。（3）兴建房屋的设计图显示，建筑物将侵占领地。

3. 请求权的相对人必须是造成侵害或妨害占有的危险状态的人

占有危险消除请求权的相对人，必须造成该项危险状态。

4. 请求权的内容为请求防止侵害或妨害占有的危险，消除该项危险状态

消除该项危险状态的费用由造成侵害或妨害占有的危险状态的人负担。占有人以自己的费用消除该项危险的，有权请求造成侵害或妨害占有的危险状态的人偿还。《民法典》没有就该项费用的负担设立明文，但可以把该项费用作为“因侵占或者妨害造成损害”的组成部分，占有人依据《民法典》第 462 条第 1 款后段关于“因侵占或者妨害造成损害的，占有人有权依法请求损害赔偿”的规定，请求造成妨害占有的危险状态的人予以偿付。

该项不作为请求权属于实体法上的权利，在诉讼上以给付之诉主张。

图书在版编目（CIP）数据

中国民法典释评：十卷本. 物权编. 下卷/崔建远著. -北京：中国人民大学出版社，2020. 8
ISBN 978-7-300-28382-1

Ⅰ. ①中… Ⅱ. ①崔… Ⅲ. ①民法-法典-法律解释-中国②物权法-法律解释-中国
Ⅳ. ①D923. 05

中国版本图书馆 CIP 数据核字（2020）第 123688 号

中国民法典释评·物权编（下卷）
崔建远　著
Zhongguo Minfadian Shiping · Wuquan Bian

出版发行	中国人民大学出版社		
社　　址	北京中关村大街 31 号	**邮政编码**	100080
电　　话	010－62511242（总编室）		010－62511770（质管部）
	010－82501766（邮购部）		010－62514148（门市部）
	010－62515195（发行公司）		010－62515275（盗版举报）
网　　址	http://www.crup.com.cn		
经　　销	新华书店		
印　　刷	涿州市星河印刷有限公司		
规　　格	170 mm×240 mm　16 开本	**版　　次**	2020 年 8 月第 1 版
印　　张	37.5　插页 3	**印　　次**	2020 年 12 月第 2 次印刷
字　　数	686 000	**定　　价**	1 860.00 元（十卷本）

版权所有　侵权必究　　　印装差错　负责调换